프랑스혁명사는
논쟁 중

프랑스혁명사는
논쟁 중

― 김응종 지음

푸른역사

머
리
말

역사는 대화이다. 역사가와 '사실'의 대화이며 역사가와 역사가의 대화이다. 그럴 수밖에 없는 것이 아무도 본래 그대로의 '사실'을 알 수 없기 때문이다. 역사가는 과거의 사건에 직접 접근할 수 없다. 역사가는 과거의 사건에 대한 증언, 그 사료에 대한 역사가의 해석 등을 통해서 그 사건에 접근할 수밖에 없다. 그런데 증인에 의해 한 번 굴절된 '사실'은 역사가에 의해 재차 굴절된다. 이러한 굴절 과정을 거쳐 생산된 역사는 '사실'이 아니라 역사가의 해석이다. 역사가와 역사가의 대화가 필요한 이유이다.

역사가와 역사가의 대화는 논쟁이다. 특히 혁명이나 전쟁 등과 같이 민감한 문제의 경우에는 더욱더 그러하다. 논쟁은 기존의 해석에 대한 새로운 해석의 도전이라는 식으로 전개된다. 기존의 해석은 정통 해석이라는 이름으로 불리고 새로운 해석은 수정 해석이라는 이름으로 불리는 것이 보통이다. 프랑스혁명사의 경우에 정통 해석은 사회경제적인 해석, 마르크스주의적 해석의 측면이 강하고, 수정 해석은 정치적 해석, 자유주의적 해석의 측면이 강하다. 프랑스 역사학계에서 수정 해석은 1960년대에 등장했으며, 오늘날에는 정통 해석의 권위와 아성을 많이 무너뜨렸다고 평가할 수 있다. 정통 해석과 수정 해석의 논쟁이 우리나라에 소개된 지 오래되었지만, 우리나라에서는 정통 해석이 여전히 지배적인 지위를 차지하고 있다. 이 글의 목적은 이러한 상황에 문제를 제기하고, 프랑스혁명사에 대한 균형 잡힌 이해를 모색하는 데 있다.

이 글은 프랑스혁명사 논쟁을 이론적으로 탐구하려는 것이 아니다. 이 글은 '폭력'이라는 주제에 초점을 맞추어 혁명과 혁명사를 검토하려는 것이다. 폭력에 초점을 맞추는 이유는 오늘날 한국에서의 프랑스혁명—아울러 혁명 그 자체—에 대한 이해가 혁명의 발발과 전개와 결과 가운데 발발—"구체제의 모순 때문에 일어난 필연적이고 정당한 사건이었다"—과 결과—"'자유, 평등, 형제애'를 전 세계에 전파한 위대한 시민혁명이었다"—만 고려할 뿐 전개 과정에서 일어난 부당하고 과도한 폭력—지롱드파인 롤랑 부인은 단두대에서 처형당하기 직전에 "오, 자유여, 너의 이름으로 얼마나 많은 범죄가 자행되었나!"라고 탄식했다—에 대해서는 정당한 시선을 던지지 않고 있다고 보기 때문이다. '혁명성'만을 부각시킬 뿐 폭력성에 대해서는 둔감한 것은 결과적으로 혁명에 대해 왜곡된 이미지를 생산하는 것이다.

'혁명'에 대해서는 열광하지만 '반혁명'에 대해서는 싸늘하다. 그런데, 혁명과 반혁명은 본질적으로 동전의 양면이 아닐까? '만들어진 것'이 아닐까? 혁명은 스스로를 혁명으로 자처하고 자기에 반대하는 세력을 반혁명으로 단죄하는 것이며, 반혁명은 반혁명대로 스스로를 혁명으로 자처하고 자기를 반혁명이라고 몰아붙이는 세력을 반혁명으로 단죄하는 것이 아닐까? 혁명이 정당성을 주장하는 만큼이나 반혁명도 정당성을 주장한다. 혁명이었다가 반혁명이 되고 반혁명이었다가 혁명이 되는 이러한 반전은 혁명기 내내 되풀이된다. 혁명 그리고 그 혁명에 수반된 내전과 외전으로 얼마나 많은 억울한 죽음이 발생했는지는 가늠하기조차 힘들다. 혁명이 정당성을 주장하면 할수록 희생도 컸다. 잉글랜드혁명보다는 프랑스혁명이, 프랑스혁명보다는 러시아혁명이 희생이 컸다.

　이제까지 한국의 프랑스혁명사 이해는 혁명을 예찬하고 방어하기에 급급했으며, 혁명을 통해 반혁명을 단죄하고, 혁명가들 가운데 로베스피에르를 기준으로 다른 혁명가들을 평가하는 데 그쳤다고 말할 수 있다. 이제는 다시 생각해볼 필요가 있다. 혁명가들의 다양한 목소리에 귀를 기울이고, 혁명의 희생자들이 겪은 고통에 대해서도 따뜻한 시선을 던지며, 그들의 사상과 행동을 재평가할 필요가 있다. 이제까지는 '혁명'이라는 빛에 초점을 맞추어 혁명을 바라보았다면, 이제는 '폭력'이라는 어둠에 초점을 맞추어 혁명을 바라볼 필요가 있는 것이다.

고등학교 교과서의 '프랑스혁명사'

한국에서의 표준적인 프랑스혁명사 이해에 접근하는 좋은 방법은 고등학교 세계사 교과서를 살펴보는 것이다. 한국의 세계사 교과서는 검인정 교과서—국가가 정한 교과서 검정기준에 합격한 교과서—로서, 미래N, 천재교육, 금성출판사, 비상교육에서 출판한 4종의 교과서가 있다. 여기에서 검토한 교과서는 2015년 개정 교육과정에 따른 교과서이다.

네 교과서의 기술은 대동소이하다. 혁명의 발발에 대해 네 교과서 모두 혁명은 "구제도의 모순" 때문에 일어났다는 식으로 기술하고 있다. '모순'이라는 용어는 혁명을 필연적이고 정당한 것으로 보게 할 소지가 있기 때문에 신중하게 사용해야 할 용어이다.

삼신분회 대표들은 스스로 국민의회를 구성하고, 〈인간과 시민의 권리선언〉을 발표하고, 봉건제를 폐지하고, 특권을 폐지하고, 헌법을 제정하는 등 혁명 과업을 수행해나갔다. 그러나 "혁명의 전파를 우려한"(혹은 "혁명을 방해하려는") 오스트리아와 프로이센이 프랑스를 위협하자 의회가 선전포고함으로써 혁명전쟁이 시작되었고, 그에 따라 혁명도 과격해졌다. 흥분한 파리 민중(상퀼로트)은 왕궁을 공격하여 왕권을 정지시켰다. 기존의 입법의회가 해산하고 새로운 의회인 국민공회가 들어섰다. 국민공회는 공화정을 선포하고 국왕 루이 16세를 처형했다.

이에 영국을 비롯한 유럽 각국이 대프랑스동맹을 결성하여 전쟁이 재개되었고, 국내에서는 반혁명세력이 반란을 일으켰다. 혁명정부는 전쟁과 내전으로 존망지추의 위기에 빠진 국가와 혁명을 구하기 위해

(혹은 구한다는 명분으로) 과격한 공포정치를 실시했다. 그러나 공포정치에 대한 불만이 커지면서 테르미도르(열월) 반동이 일어났고 로베스피에르 일파는 실각했다.

네 교과서 모두 사용하고 있는 '반동'이라는 용어는 진보에 저항하여 구체제로 돌아간다는 의미를 담고 있는 이념적이고 편향적인 용어이다. 테르미도르 반동이라는 용어보다는 '열월 정변'이라는 용어가 중립적이다. 교과서는 프랑스혁명의 진보적인 개혁이 보수세력의 저항에 밀려 "반동"으로 회귀하고 말았다는 역사 인식을 부지불식간에 담고 있는 것이다.

교과서는 극히 제한된 지면에 복잡한 역사 상황을 설명해야 한다는 한계가 있음을 감안해도 몇 가지 부적절한 기술이 눈에 들어온다. 네 교과서는 모두 '구제도'라는 용어를 사용하고 있지만 '구체제'가 더 적절한 용어이다. 혁명이 전복시킨 것은 '제도'가 아니라 '체제'이기 때문이다. 구체제의 모순을 설명하면서 제1신분과 제2신분은 "면세특권을 부여받았다"는 식으로 불평등과 모순을 강조하고 있지만, 엄밀히 말하면 사실과 다르다. 제1신분(성직자)은 세금을 면제받은 대신 기부금을 냈으며, 제2신분(귀족)도 일부 세금은 낼 의무가 있었다. 비록 탈세를 많이 했지만 말이다.

열월 정변의 주체를 '온건파'—혹은 지롱드파—라고 한 것도 사실과 다르다. 열월 정변은 로베스피에르보다 더 과격한 공포정치가들이 주도했고 여기에 그동안 중립적 입장을 취해온 국민공회 의원들—소위 평원파—이 가세해서 일어났기 때문이다. 네 교과서는 국민공회는

'반대파'—혹은 "반혁명세력" 혹은 "반혁명 혐의자", 혹은 "공화정에 반대하는 세력"—를 처형하는 공포정치를 실시했다고 기술하고 있는데, 공포정치가 반대파를 제거하기 위한 것이었다고는 말할 수 있어도 "반혁명세력"이나 "공화정에 반대하는 세력"을 처형하기 위한 것이었다고 단정할 수는 없다. 이례적으로 천재교육 교과서는 "수만 명에 달하는 반대파를 무자비하게 처형했다"고 구체적으로 수치를 제시하여 공포정치의 잔혹성을 알려주었다. 그렇지만 공포정치의 희생자들이 모두 '반대파'(반혁명파)였는지 아니면 억울한 사람들이 많았는지는 면밀한 검토가 필요한 문제이다.

그래서 그런지, 천재교육 교과서는 혁명의 의의에 대해 별다른 말이 없는 반면, 다른 세 교과서는 혁명에 대해 지나치게 긍정적인 평가를 내리고 있다. 이 점에서는 미래N 교과서의 평가가 대표적이다. "프랑스혁명은 자유·평등·우애의 이념 아래 봉건적이고 귀족적인 구제도를 타파하여 시민사회를 형성하고 이를 바탕으로 자본주의 발전의 토대를 마련하였다. 또한 인권선언과 노예제 폐지 등을 통해 인간의 보편적 권리를 확립하여 민주주의가 발전하는 데 큰 영향을 주었다. 하지만 자유와 평등의 이상을 조화롭게 실현하기는 결코 쉽지 않았다. 혁명을 통해 획득한 정치적·경제적 권리는 결과적으로 부유한 일부 시민계급에게만 주어진 것이었을 뿐 노동자와 농민에게는 적용되지 않았다." 한국에서의 전형적인 프랑스혁명 이해이다.

그 밖에 프랑스혁명의 이념을 "자유·평등·우애"로 요약한다거나 프랑스 국기의 파란색·흰색·빨간색은 각각 자유·평등·우애를 상징한다고 기술한 것은 사실적인 근거가 희박한 혁명 예찬에 불과하다. '우애'는 fraternité의 번역어인데 우애가 아니라 형제애라고 번역해야 더 정확하다. 형제애는 형제와 적을 나누는 전투 구호로도 사용될 수 있는 것이었는데, 실제로 프랑스혁명은 국내외의 적을 형제나 친구로 포용하지 않았다. 과거에 이 말을 '박애'라고 번역한 것에 비하면 낫지만 그래도 우애보다는 형제애가 정확하다.

프랑스 국기의 경우, 파란색과 빨간색은 혁명을 일으킨 파리를 상징하며, 흰색은 국왕을 상징한다. 그러니 삼색기는 혁명과 왕정의 화합을 상징하기 위해 만들어졌다고 보는 것이 사실에 부합한다. 흰색이 평등을 상징한다고 말하는 것은 비상식적이다.[1]

전국역사교사모임이 "청소년과 함께 살아 숨 쉬는 21세기 대안교과서를 만든다"는 취지로 2005년에 출판한 《살아있는 세계사 교과서》를 살펴보았다. 이 대안교과서 역시 위에서 검토한 정규 교과서의 역사 인식에서 크게 벗어나지 않았다. 공포정치에 의해 "1년 만에 50만 명이 투옥되고 3만 5천 명이 처형당할 정도였다"며 그 잔혹성을 강조했지만, 가장 과격하고 가장 잔혹한 혁명가였던 마라의 죽음을 길게 소개하고 마치 순교자처럼 부각시켜서 혼란을 자아냈다. "민중의 친구"를 자처한 마라는 진짜 민중의 친구였는가? 그 밖에 혁명전쟁은 프랑스의 선전포고로 시작되었음에도 주변국이 '반혁명연합군'을 꾸려 프랑스로 쳐들어왔다고 모호하게 기술했고, 1792년 9월의 '9월 학살'을 반혁명파 숙청이라고 단순하게 기술하는 오류를 범했다. 혁명의 폭력성이라는 차원에서 혁명의 희생자 수를 따져보는 것은 어렵지만 매우 중요한데, 이 책의 맺음말에서 상세히 다루었다.

새로워진 프랑스혁명사 연구

프랑스혁명을 "봉건적 신분제를 타파하고 시민사회와 자본주의의 발전을 위한 토대를 마련한 전형적인 시민혁명"으로 이해하는 한국의 프랑스혁명사 이해를 사학사적으로 어떻게 자리매김할 수 있을까? "구체제의 모순"에서 시작하고 "테르미도르 반동"으로 끝나는 한국의 혁명사 서술은 어떤 설명 프레임을 따르고 있는 것일까? 현대의 대표적인 혁명사가들이 1989년 프랑스혁명 200주년을 기념하여 서술한 프랑스혁명사 연구사 개요를 통해서 가늠해보자.[2]

프랑스에서 "혁명은 끝났다"고 선언되었지만, 혁명사는 결코 끝나지 않았다. 혁명사는 혁명 발발과 동시에 시작되었다. 혁명가들뿐만 아니라 관찰자들은 목하 진행 중인 그 놀라운 사건들의 원인, 성격, 결과 등을 파악하려고 부심했다. 그들은 혁명적인 변화가 일어나고 있다는 점에 대해서는 의견 일치를 보았지만, 혁명의 필요성, 수단, 근본적인 사명 등에 대해서는 날카롭게 대립했다. 19세기 내내 재생산된 정치적·철학적 혁명 해석의 전통은 19세기 말 프랑스혁명 100주년 무렵 크게 변했다. 1889년은 제3공화국의 정신적 기반인 공화주의와 실증주의의 결합에 이바지하는 혁명사 연구의 신기원을 열었다. 이 결합으로 소르본대학에 '프랑스혁명사 강좌'가 설치되었고 알퐁스 올라르가 1891년에 교수로 취임했다. 올라르는 30년 넘게 이 강좌의 주임교수로 활동하면서 최초의 프랑스혁명사 연구 학술지를 만들었고, 혁명사 사료 편찬을 주도했으며, 공화주의적이고 실증주의적인 '복음'을 전파하기 위해 연구자들을 양성했다.

올라르는 대학 시스템 내에서 공식적이고 과학적인—과학적인 것으로 추정되는—역사를 확립하고 제도화했으니, 그것은 제3공화국에서 미래를 약속받은 공화주의적이고 의회주의적인 제도의 창설을 혁명사를 통해서 정당화하려는 것이었다. 위험에 빠진 공화국을 구하기 위해 1793년에 공포정치라는 비상 체제를 발동하기로 결정한 당통이 올라르가 주도한 혁명사의 영웅이 되었다.

올라르는 제도적으로 보장된 권위, 과학적 역사가로서의 위상, 확고한 공화주의 등을 기반으로 하여 혁명에 대한 보수적인 해석들을 물리쳤으며, 혁명의 기원을 계몽사상에서 구하고 혁명의 정점을 민중 폭력의 공포에서 찾은 이폴리트 텐의 아마추어적인 설명을 희화화했고, 자코뱅파의 발생과 함의에 대한 오귀스탱 코섕의 분석을 반동적인 이데올로기라고 일축할 수 있었다. 대학 내에서, 혁명의 유산은 단순한 신조를 넘어 소중히 관리해야 할 국가유산이 되었다.

그렇다고 해서 유산 관리 방식을 둘러싸고, 신성해진 자원의 효율적인 사용을 둘러싸고, 극심한 분열이 일어나는 것을 막을 수는 없었다. 올라르의 가장 유능한 제자인 알베르 마티에가 올라르의 가장 극렬한 비판자가 되었다. 마티에는 올라르의 과학적 방법에 의문을 제기했을 뿐만 아니라 무엇보다도 자기 후견인의 당통주의적 온건주의를 혐오했다. 그는 기회주의적이고 선동적이며 배신적인 당통에 반대하여 "청렴지사"인 로베스피에르를 대안으로 내세웠으며, 민중적이고 사회주의적이며 레닌주의적인 혁명 해석을 구축했다. 러시아혁명과 프랑스혁명 사이의, 1917년과 1793년 사이의 관계는 마티에가 평생토록 구축한 마르크스주의적 공화주의 혁명 해석을 지배했다.

비록 마티에는 올라르의 프랑스혁명사 강좌 주임교수 직을 계승하지 못했지만 같은 대학에서 죽을 때까지 가르쳤다. 그와 동년배인 조르주 르페브르는 그의 정치적 감성과 그의 '아래로부터의 역사'에 대한 관심을 상당 부분 공유했으며 '로베스피에르연구회' 회장 직을 물려받았다. 르페브르가 1937년에 소르본대학의 프랑스혁명사 강좌 주임교수로 선임된 것은 역사적 유물론에 기반한 프랑스혁명의 사회적 해석이 기반을 다지고 승리하는 데 결정적이었다. 마티에보다 더 사회학적인 접근 방법을 취했고 해석에서 유연성을 보인 그는 농민들에 대한 기념비적인 연구와 사회구조에 대한 후속 연구로 혁명사 연구의 처녀지를 개척했다.

1945년 이후 세상을 떠난 1959년까지 그는 소르본대학의 프랑스혁명사연구소 소장으로서 국제적인 프랑스혁명사 연구를 주도했다. 르페브르의 방패 아래에서, 프랑스혁명에 대한 마르크스주의적이고 공화주의적인 해석은 2차 세계대전 이후 프랑스 안팎의 혁명사 해석의 지배적인 패러다임이 되었다.

르페브르의 제자인 알베르 소불은 1967년에 소르본대학의 프랑스 혁명사 강좌 주임교수 직을 계승했다. 소불은 파리의 민중(상퀼로트)에 대한 선구적인 연구로 학문적 명성을 얻었다. 그의 영향력은 이 연구를 훨씬 넘어섰다. 프랑스혁명사연구소 소장일 뿐만 아니라 프랑스공산당 고위 간부였던 소불은 자신을 "과학적인" 역사가이자 "공산주의적이고 혁명적인" 역사가라고 규정했다. 그는 프랑스혁명은 봉건제에서 자본제로의 필연적인 이행 속에 내포된 부르주아 혁명이라는 마르크스주의적 설명을 줄기차게 반복했다. 그러나 그의 엄격한 교리 옹호와 논쟁과 대립은 당대에 군림하던 혁명 해석을 기계적이고 환원적이고 오류투성이라고 몰아붙이는 수정주의의 공격을 초래했다.

프랑스혁명에 대해 헤게모니를 쥐고 있던 '소르본 해석'에 대한 도전은 1950년대 말과 1960년대 초에 제기되었다. 로버트 팔머가 프랑스혁명이 아니라 대서양 혁명의 민주주의 정치 체제로 관심을 옮기려고 시도한 것, 더 근본적으로는, 알프레드 코반이 마르크스주의 해석의 방법론적이고 정치적인 가정을 정면 공격한 것이 바로 그것이다. 그러나 이들의 시도는 파리의 비판에 부딪혔고 별다른 지지를 받지 못했다.

수정주의의 흐름은 1960년대 말과 1970년대 초에 이르러서야 비로소 지적으로나 제도적으로 토착적인 기반을 다질 수 있었다. 프랑수아 퓌레가 그 과제를 주도했는데, 그는 1956년에 공산당을 탈당한 후 자유주의 정치 노선으로 선회한 인물이다. 퓌레는 영미 학계—

더 일반적으로는 미국 생활—와 친숙해진 최초의 프랑스 역사가 가운데 한 명으로, 사회과학고등연구원의 제3대 원장으로 재직했으며, 그 기관을 사회과학과 인문학에 있어서 유럽의 주도적인 연구기관 가운데 하나, 그리고 소르본대학의 강력한 제도적 경쟁자로 발전시키는 데 기여했다. 그는 마르크스주의에 대한 환상에서 깨어났을 뿐만 아니라 그가 초기 연구에서 강력히 추구했던 아날학파의 계량적인 사회문화사 전통에서도 벗어났다. 지난 15년 동안 그는 자코뱅-레닌주의적 "교리문답"에 맹폭을 가했고, 학문적 관심의 방향을 전환시켰다.

프랑스혁명 100주년이 공식적인 공화주의 해석을 공고히 하는 기점이었던 반면 200주년은 그것의 마르크스주의적 버전의 해체를 확인했다는 것은 프랑스혁명사 연구사의 아이러니 가운데 하나이다. 탐구 영역은 지난 수십 년 전보다 더 개방되었고 더 유연하며 더 활기차다. 또한 그것은 최근세사의 변화와 경험에서 유래한 관심과 감성에 의해 형성되었으니, 그것의 포괄적인 리스트에는 지적인 힘과 정치적인 힘으로서의 마르크스주의가 쇠락한 것, 특히 프랑스에서 공산주의의 운세가 극적으로 기운 것, 서구에서 자유주의가 부흥한 것, 동유럽이 굴락에서 글라스노스트와 페레스트로이카로 변한 것, 마오쩌둥주의에서 서구주의로 변한 것 등이 포함된다. 또한 그것은 다음과 같은 역사학적인 변화들을 포함한다. 장기지속적인 전망과 계량적인 기술을 우대하는 아날학파 패러다임의 놀라운 승리와 쇠퇴, 신문화사의 부상; 사회과학고등연구원이 전통적인 프랑스 대학에 대한 균형추로 발전한 것, 프랑스 역사학의 확산; 프랑스 역사학의 헤게모니에 대한 해외 역사학의 강력한 도전. 또한 그것은 1968년 이후 혁명적 상상력의 극적인 분출과 후속 세대의 관심을 사로잡은 인종, 성, 젠더의 급진적 정치사상을 무시할 수 없다.

이러한 새로운 상황이 프랑스혁명사 연구에 끼친 영향은 지대하다. 혁명 그 자체에 대해서뿐만 아니라 혁명을 연구하는 방법에 대한 근본적인 가정들이 의문시되었다. 헤게모니적 구조의 붕괴는 이제까지 확실한 지식으로 간주되어왔던 것들의 맹점들을 드러내주었다. 공화주의-마르크스주의 관점은 일부 영역에서는 혁신을 이루어냈지만, 다른 많은 영역에서는 연구 생산성을 저하시켰다.

오늘날 혁명의 원인이나 결과에 있어서 부르주아적 성격을 언급하는 것은 가능하지 않다. 다른 사회적 요인들의 역할을 재검토할 필요가 있는 것이다. 정치적 접근 방법이 복권되었고 사회적 해석의 토대를 잠식해 들어가고 있다. 이데올로기, 담론, 젠더, 문화적 행위가 혁명사 연구의 전면으로 참신하게 떠오르고 있다. 혁명을 "하나의 덩어리로en bloc" 받아들이거나 거부하는 역사가는 점점 줄어들고 있는 반면, 혁명의 다양하고 상호 모순적인 요소들을 탐구하고 상관관계를 따지는 데 관심을 가지는 역사가는 점점 늘어나고 있다. 공포정치는 그동안 누려온 상대적인 면책의 혜택을 상실했다. 우파의 어색한 과장에도 불구하고 특히 방데 전쟁—일반적으로는 반혁명—은 더 면밀하고 균형 잡힌 연구를 요구한다는 점을 인정받았다.

프랑스혁명 200주년인 1989년에 즈음하여 바라본 이러한 회고와 전망은 30년이 지난 지금도 여전히 유효하다. 한국의 세계사 교과서는 어느 단계의 혁명사 해석을 반영하고 있는가? 한국의 프랑스혁명사 연구는 여전히 반세기 전의 "자코뱅-레닌주의적 교리문답"에서 크게 벗어나지 못하고 있다고 말해도 지나치지 않다. 우리는 그러한 해석을 정통 해석—혹은 고전 해석, 혹은 마르크스주의 해석, 혹은 자코뱅 해석—이라 부르고 그것의 아성을 허물기 위해 등장한 해석을 수정 해석—혹은 자유주의 해석—이라고 부르는데, 한국의 혁명사 해석은 여전히 정통 해석의 틀에 갇혀 있는 것이다. 이제는 한때 유행했던 사회적 해석의 도식에서 벗어나 혁명의 다양한 측면을 조명해야 하고, '혁명' 뿐만 아니라 '폭력'에도 관심을 기울여야 한다.

최근 프랑스에서 정통 해석과 수정 해석을 계승하고 있는 두 역사가가 나란히 '폭력'이라는 창을 통해 혁명을 바라본 것은 혁명사 연구의 새로운 경향을 대변하는 것이다. 장클레망 마르탱은 폭력의 편재성을 강조하면서 '공포정치'의 존재를 부정하고 공포정치의 주역이었던 로베스피에르를 변호하는 인상을 주는 반면, 프랑수아 퓌레의 문제의식을 계승한 파트리스 게니페는 공포정치가 '전쟁'이라는 상황에서 시작된 것이 아니라 혁명 자체에 이미 잠재되어 있었다며 1793년이 아니라 1789년이 분기점이었다고 주장한다.[3]

혁명의 배신

혁명은 구체제의 파괴이고 신체제의 건설이다. 이 과정이 '인권선언'
이나 헌법 제정 같은 평화적인 방법으로만 이루어진 것은 아니다. 혁명
은, 용어의 정의대로, 급격하고 폭력적으로 체제를 전복시키는 것이다.
혁명이 불가피한 만큼이나 반혁명이 일어나 혁명에 저항하는 것도 불
가피하다. 반혁명은 내전을 넘어 외전으로 비화된다. 따라서 혁명은 태
생적으로 전쟁을 동반할 가능성이 크며, 전쟁 승리라는 절대적인 목표
를 위해 혁명 그 자체를 일시적으로라도 부정하기 십상이다.

　프랑스혁명도 예외는 아니었다. 최초의 폭력은 1789년 파리 민중이
바스티유 요새를 공격하면서 발생했다. 양측에서 수백 명이 희생되었
다. 요새를 정복한 민중은 파리 시장인 플레셀, 수비대장인 로네를 비
롯한 몇몇 수비대원의 목을 잘랐을 뿐만 아니라 플레셀과 로네의 목을
창에 꽂고 미친 듯이 거리를 누볐다. 구체제에서 볼 수 있었던 민중 반
란의 모습이 재현된 것이다. 며칠 후, 전에 기근이 들었을 때 "악당들이
빵이 없다면 건초를 먹게 하라"라고 말해 민중을 자극했다는 이유로
파리 고등법원 판사 풀롱 드 두에와 그의 사위인 파리 지사 베르티에
드 소비니의 목이 잘렸다.

　국민의회에서 민중 폭력을 우려하는 목소리가 높아지자, 삼신분회
가 소집되기 전부터 도피네 지방에서 혁명을 주도해온 바르나브는 "그
들의 피가 그렇게 순수했나?"라며 두 귀족의 죽음을 용납했다. 그러나
그 역시 다른 많은 의원과 마찬가지로 민중의 개입과 폭력을 두려워했

다. 그는 프랑스에는 공화정이 시기상조라고 생각했고 입헌군주정을 지지했다. 혁명이 민중혁명의 단계로 치닫는 상황에서 입헌군주정을 지지하는 것은 반혁명으로 몰릴 위험이 컸다. 혁명의 문을 연 바르나브는 공포정치가 한창이던 1793년 '국가반역죄', 즉 반혁명으로 몰려 단두대에서 처형당했다.

당시 프랑스를 여행 중이던 미국의 보수주의 정치가 거버너 모리스는 풀롱과 그의 사위의 참혹한 죽음을 보고 "은총의 신이시여, 참으로 무서운 민중입니다!"라고 일기에 썼다. 그는 얼마 후 미국의 초대 법무장관이 되는 존 제이에게 보낸 편지에서 프랑스의 급변하는 상황을 우려하며 루이 16세는 상황 통제력을 상실했다고 말한 후, "자유를 향유할 수 있을 정도로 충분히 교육받지 못한 나라에서 일어나고 있는 작금의 모든 일은 그들이 장차 과녁을 크게 벗어날 것이라는 생각을 불러일으킵니다. 이미 과녁을 벗어나지 않았다면 말입니다"라고 썼다. 한편 당시 파리에 있던 또 다른 미국 정치가 토머스 제퍼슨은 바스티유 점령에 뒤이은 폭력에 대해 다른 견해를 피력했다. 그는 성공적인 민주주의 혁명을 이루기 위해서는 어느 정도의 피 흘림이 불가피하다고 생각했으며, 프랑스혁명은 미국혁명과 같은 길을 갈 것으로 낙관했다.[4]

두 "건국의 아버지" 가운데 거버너 모리스의 진단과 예견이 더 정확했다. 모리스는 1792년 4월 프랑스 공사가 되어 프랑스혁명의 진전을 주시했다. 그는 그해 8월 10일 민중이 왕궁을 공격하여 왕정을 정지시킨 사건을 보고 당시 국무장관이던 토머스 제퍼슨에게 파리의 상황이 더 위험해질 거라고 전망했다. 이듬해 1월 국민공회가 루이 16세를 처형하자, 그는 국무장관에게 다음과 같이 썼다.

> 역대 프랑스 왕 가운데 가장 온화한 왕, 선왕들과 달리 가혹한 조치
> 를 취하지 않았기 때문에 왕위에서 쫓겨난 왕, 아무도 잔혹한 행위
> 나 범죄행위를 했다고 비난할 수 없는 그 왕이 극악한 폭군으로 몰
> 려 처형당한 것은 참으로 아이러니합니다.

모리스는 또한 국민공회의 사형선고는 "자기 파멸의 전조"일 뿐이
라고 예언했다. 그의 예언대로 실현되었다.[5]

혁명이 과격해지자 많은 사람이 망명을 떠났다. 혁명으로 졸지에 재
산과 명예를 잃고 생명의 위협을 느낀 사람들이 혁명을 피해 망명을 떠
나는 것은 당연했다. 파리 민중이 바스티유를 점령하고 이틀 후 왕의
동생인 아르투아 백작(후일의 샤를 10세) 일행이 망명을 떠났다. 1791년
6월에는 왕의 또 다른 동생인 프로방스 백작(후일의 루이 18세)이 왕의
탈주와 때를 맞추어 망명을 떠났다. 그는 코블렌츠로 이동하여 동생과
콩데 공작 등 망명자들과 합류했고, 자신의 목표는 프랑스를 침입하는
것이라고 선언했다.

이들의 활동으로 프로이센과 오스트리아의 군주는 1791년 8월 필
니츠 선언을 발표하여 루이 16세나 그의 가족이 위해를 당하면 프랑스
상황에 개입할 거라고 위협했다. 이듬해 1월 프랑스 의회는 망명자들
을 국가반역자라고 선언했고 그들의 재산을 몰수했다. 프랑스 의회는
오스트리아에게 망명자들에 대한 지원을 중단하라고 경고했고, 최종적

으로 그해 4월 오스트리아에 선전포고했다. 혁명가들은 전제정의 파괴와 피압박 민중의 해방을 외쳤으니 유럽적인 차원의 전쟁은 불가피했다. 브리소는 전쟁을 통해서 혁명 이념을 전파하려 했고, 라파예트는 전쟁 승리를 통해서 혁명을 끝내려 했고, 왕은 전쟁 패배를 통해서 혁명을 끝내려 했다.

로베스피에르는 주전론자들의 저의를 의심했다. 그는 국내의 적을 먼저 처단한 후 외국과 전쟁하는 것이 순서라고 주장했다. 전황이 불리해지자 파리 민중이 극도로 흥분하여 9월 학살을 자행했고 다시 망명이 급증했다. 이렇게 해서 1794년 7월 로베스피에르가 실각할 때까지 대략 15만 명이 망명을 떠났다.[6] 혁명은 망명을 낳고, 망명은 다시 전쟁을 낳은 것이다. 혁명이 전쟁을 낳았다고 말할 수 있는 한 이유이다.

전쟁(내전과 외전)이라는 "상황"은 공포정치라는 괴물을 만들어냈다. 공포정치를 상황에 의해서만 설명할 수 있는지, 혁명은 전쟁을 수반하는 것이기 때문에 공포정치의 근본적인 책임은 혁명에게 있는 것인지 여부는 오랜 논쟁의 대상이다. 그렇지만 전쟁이 공포정치와 직접적인 관련성이 있다는 것은 부정할 수 없다.

학살, 공포정치, 내전, 외전 등으로 많은 사람이 죽임을 당했다. 역사에 많이 나타난 자연발생적이고 즉흥적 민중 폭력뿐만 아니라 국가가 체계적으로 조직한 폭력, 즉 공포정치도 자행되었다. 이 모든 죽음에 혁명이 상당 부분 책임이 있는 것은 부정할 수 없다. 프랑스혁명은 한편으로는 자유·평등·형제애의 이념 아래 봉건적이고 귀족적인 구체제를 타파한 위대한 사건이었지만, 다른 한편으로는 전대미문의 폭력을 야기한 비극적인 사건이었다. 이 책의 목적은 후자의 측면을 구체적으로 살펴보려는 것이다. 프랑스혁명에서는 나치의 유대인 학살과 같은 성격의 제노사이드가 자행되었다는 고발이 나올 정도이니 충격적이지 않은가? 그렇다면 혁명의 배신이라고 할 만하다.

혁명·혁명가·혁명사

앞에서 오늘날에는 프랑스혁명을 하나의 덩어리로 보지 않는다고 말한 바 있다. 이 유명한 말은 1891년 프랑스의 급진주의 정치가인 조르주 클레망소가 한 말이다. "프랑스혁명은 아무것도 떼어낼 수 없는 하나의 덩어리입니다." 그는 프랑스혁명의 극단적인 폭력을 고발하는 것에 맞서 프랑스혁명을 옹호하기 위해서 이렇게 말한 것인데, 그 후 여러 사람이 이 말에 빗대어 자기의 혁명관을 피력했다.

예컨대 클레망소보다 한 세대 후의 급진주의 정치가인 에두아르 에리오는 "혁명은 덩어리가 아니다. 그것은 훌륭한 부분과 가증스러운 부분을 포함하고 있다"라고 말했다. 역사가 프랑수아 퓌레에 의하면, "프랑스혁명에서 아무것도 이해하지 못하는 확실한 두 방법이 있다. 그것은 그것을 저주하는 것 아니면 그것을 찬양하는 것이다."

퓌레는 수정 해석의 고전이라 할 수 있는 《프랑스혁명사》에서 '하나의' 혁명에 대해 의문을 제기한 후 "여러 혁명의 충돌"이라는 견해를 제시했는데, 특히 공포정치 시기를 "혁명의 궤도 이탈"로 규정한 것은 기존의 지배적인 정통 해석을 근본적으로 '수정'하는 것이었다.[7] 왜냐하면 정통 해석은 혁명이 발발한 후 의회의 부르주아들이 추진한 부르주아적인 성격의 단계를 지나 공화정 시기에는 민중의 개입으로 혁명이 진보하고 심화되었다고 본 반면, 퓌레는 혁명이 본 궤도를 이탈했다고 보았기 때문이다.

이 책은 프랑스혁명이라는 덩어리를 혁명(반혁명), 혁명가, 혁명사로 나누어 살펴보았다. 제1부 '혁명과 반혁명'에서는 혁명기에 나타난 세 헌법과 세 '인권선언'을 분석하는 정도로 '혁명'을 살펴본 후, 방데 전쟁, 리옹 반란, 슈앙, 가톨릭교회의 수난, 열월 정변 등을 통해서 '반혁명'을 조명해보았다.

제2부 '혁명가'에서는 주요 혁명가들의 생애를 살펴보았다. 정통 해석은 로베스피에르를 혁명의 영웅으로 설정하고 로베스피에르를 기준으로 다른 혁명가들을 평가하여 그들을 반혁명가로 단죄하거나 기회주의자로 폄하하는 경향을 보였다. 그러나 그 시대, 그 상황으로 돌아가서 평가해야 한다. 혁명가들은 국가를 개혁한다는 확고하고 고귀한 생각을 가지고 혁명에 뛰어들었으나, 그들의 이상은 현실의 벽에 부딪혀 굴절하지 않을 수 없었다. 그들은 입헌군주정과 공화정, 의회제와 직접민주주의, 정치혁명과 사회혁명, 법과 정의, 질서와 폭력 사이에서 고민했고, 적당한 지점에서 혁명을 끝내려 했다. 그러나 혁명이 과격해지면서 혁명을 끝내려 했던 사람들은 모두 반혁명파로 몰렸다. 이들을 재평가할 필요가 있는 것이다.

제3부 '혁명사'는 혁명의 증인들과 역사가들에 대한 분석이다. 제1

부와 제2부는 어느 정도 공인된 '사실'을 충실하게 정리하고 소개하는 데 역점을 둔 반면, 제3부에서는 역사가들의 논쟁을 소개했고 필요한 경우 필자도 개입했다. 특히 소불, 퓌레, 장클레망 마르탱의 혁명사에 대해서는, 과감하게, 도발적으로, 그 메타역사를 분석해보았다. 역사 (역사학)는 사실임과 동시에 해석이고 논쟁이므로 그럴 필요가 있기 때문이다.

한국의 프랑스혁명사 이해는 여전히 프랑스 마르크스주의 역사학의 프레임에 갇혀 있거나 '혁명 찬가'에 머물러 있다. 이제는 프랑스 학계의 그늘에서 벗어나 독립적인 시각으로 혁명의 전모를 보아야 한다. 혁명과 함께 반혁명의 목소리에도 귀를 기울여야 한다. 다면적이고 다중적인 혁명사 이해가 필요한 것이다. 이 책이 프랑스혁명사에 대한 편협한 이해에서 벗어나 폭넓고 균형 잡힌 이해로 나아가는 데 도움이 되기를 기대한다.

연표

1789

5. 5 : 삼신분회 개회.

6. 17 : 제3신분 단독으로 국민의회 선언.

7. 9 : 국민의회가 '제헌의회'임을 선언.

7. 14 : 바스티유 요새 공격.

7. 22 : 파리에서 풀롱 드 두에와 베르티에 드 소비니 처형.

7월 말~8월 : 농민반란 및 대공포.

8. 4 : 봉건제 폐지 선언.

8. 26 : 인간과 시민의 권리선언.

9. 12 : 마라, 《민중의 친구》 창간.

10. 5~6 : 파리의 민중이 베르사유로 내려가 왕을 파리로 데려옴.

10. 21 : 계엄법 통과. 파리 시 안에 조사위원회 설치.

12월 : 헌법동지회(자코뱅 클럽) 설립.

12월 : 교회재산 매각 재원으로 아씨냐 발행.

1790

1월 : 브르타뉴, 페리고르, 케르시 등지에서 농민반란.

4~6월 : 남부 지방에서 가톨릭과 프로테스탄트 충돌.

6. 19 : 귀족 작위 폐지.

7. 12 : 성직자시민법.

7. 14 : 연맹제.

8. 31 : 부이예 후작의 군대, 낭시 스위스 수비대 반란 진압.

11. 27 : 성직자에게 성직자시민법에 충성 서약 강요.

1791

2. 7 : 성직자시민법, 반Vannes 지방에서 소요 촉발.

4. 22 : 피니스테르 도 집행부, 선서거부신부 강제 수용 명령.

5. 10 : 국가반역죄 전담 고등재판소 설치.

5. 16 : 로베스피에르, 제헌의원들의 차기 입법의회
　　　재선금지법 발의, 통과.

6. 20 : 루이 16세와 마리 앙투아네트 파리 탈주.
　　　다음날 바렌에서 체포되어 25일 파리로 돌아옴.

7. 9 : 망명자 처벌법.

7. 15 : 자코뱅파와 푀양파 분열.

7. 17 : 국민방위대, 샹드마르스에서 열린 국왕 폐위 시위 진압.

8. 8~9. 3 : 의회, 헌법 가결.

8. 27 : 필니츠 선언.

9. 14 : 루이 16세, 헌법에 선서.

9. 30 : 제헌의회 해산.

10. 1 : 입법의회 개원.

11. 9 : 루이 16세, 망명자 처벌법에 거부권 행사.

11. 29 : 선서거부신부를 혐의자로 간주하겠다고 선언.

12. 19 : 루이 16세, 11월 29일 법에 거부권 행사.

1792

2. 9 : 망명자 재산 몰수.

3. 3 : 에탕프에서 소요가 발생하여 시장 시모노 처형.

3. 10~24 : 지롱드파 내각 구성.

4. 20 : 보헤미아와 헝가리 왕 (오스트리아 황제)에게 선전포고.

4. 25 : 단두대(기요틴) 가동.

5. 27 : 선서거부신부 유형 법.

6. 11 : 루이 16세, 5월 27일 법에 거부권 행사.

6. 12 : 루이 16세, 지롱드파 내각 해산.

6. 20 : 파리 민중이 튈르리궁에 난입하여
　　　루이 16세에게 거부권 철회 요구.

7. 11 : "조국이 위기에 빠졌다" 선언.

8. 10 : 파리 민중, 튈르리궁 점령.
　　　루이 16세의 왕권 정지. 봉기코뮌 결성.

8. 11 : 왕당파 신문 폐간.

8. 13 : 탕플 감옥에 왕가 구금.

8. 17 : 8월 10일의 범죄를 재판할 특별재판소 설치.

8. 23~25 : 최초의 "정치범" 처형.
　　　왕실회계관 라포르트, 《파리의 가제트》 편집인 뒤 로주아.

8. 26 : 선서거부신부 추방법.
　　　오스트리아군, 롱위 점령. 국민공회 선거 시작.

8. 30 : 파리 가택 수색. 600명 검거.

9. 2~6 : 파리의 감옥에서 수인들 학살. 1,200명 이상 희생.

9. 20 : 입법의회 해산. 발미 전투 승리.

9. 21 : 국민공회 개원. 왕정 폐지.

10. 9 : 프랑스로 귀환한 망명자들을 24시간 내에 처형하는 법.

11. 6 : 제마프 전투 승리. 11월 14일 프랑스군, 브뤼셀 입성.

12. 11 : 루이 16세 재판 시작.

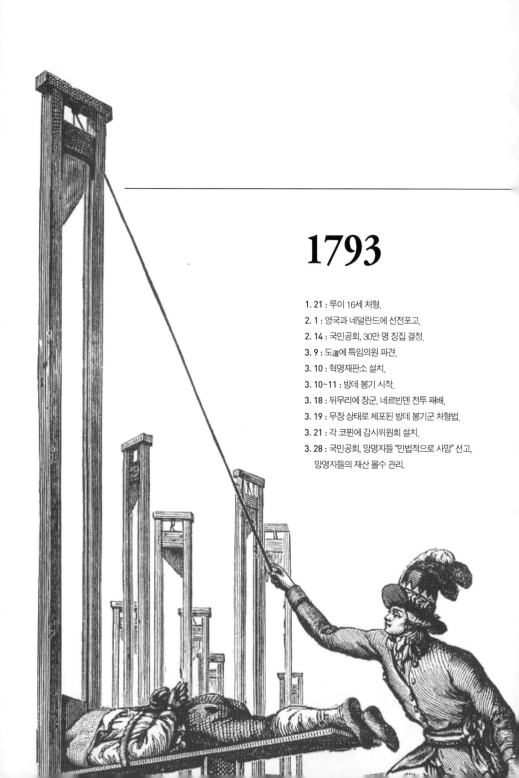

1793

1. 21 : 루이 16세 처형.
2. 1 : 영국과 네덜란드에 선전포고.
2. 14 : 국민공회, 30만 명 징집 결정.
3. 9 : 도道에 특임의원 파견.
3. 10 : 혁명재판소 설치.
3. 10~11 : 방데 봉기 시작.
3. 18 : 뒤무리에 장군, 네르빈덴 전투 패배.
3. 19 : 무장 상태로 체포된 방데 봉기군 처형법.
3. 21 : 각 코뮌에 감시위원회 설치.
3. 28 : 국민공회, 망명자들 "민법적으로 사망" 선고,
     망명자들의 재산 몰수 관리.

4. 4 : 뒤무리에 배신.

4. 6 : 공안위원회 설치. 당통과 바래르를 위시한 9명 선출.

4. 15 : 파리코뮌, 22명의 지롱드파 의원 탄핵 요구.

4. 24 : 혁명재판소, 국민공회가 고발한 마라 무죄 선고.

5. 4 : 곡물 가격 동결.

5. 18 : 지롱드파가 통제하는 12인위원회 구성, 파리코뮌 조사.

5. 20 : 부자들에게 10억 리브르 공채 강매.

5. 24 : 12인위원회, 에베르와 비를레 체포.

5. 29 : 리옹에서 반反자코뱅 반란.

5. 31 : 파리의 구區들이 국민공회 난입.

6. 2 : 파리의 구區들이 또다시 국민공회 공격, 지롱드파 몰락.

6. 13 : 쿠통과 생쥐스트, 공안위원회 피선.

6. 24 : 국민공회 산악파 헌법 통과.

6. 25 : 자크 루, 국민공회에 "격앙파의 선언" 제출.

7. 13 : 마라 암살.

7. 17 : 리옹에서 자코뱅파 샬리에 처형.

7. 27 : 로베스피에르, 공안위원회 피선.

8. 1 : 국민공회, 방데와 생드니의 왕실 묘지 파괴 명령.

8. 14 : 카르노, 공안위원회 피선.

8. 23 : 국민총동원령.

8. 27 : 툴롱, 영국에 항복.

9. 5 : 국민공회, 구區들의 공격을 받고
　　　"공포정치를 의사일정"에 올림. 자크 루 체포.

9. 6 : 비요 바렌, 콜로 데르부아, 공안위원회 피선.

9. 9 : 혁명군 창설.

9. 17 : 혐의자법.

9. 29 : 곡물 최고가격제.

10. 9 : 국민공회군, 리옹 반란 진압.

10. 10 : 국민공회, 정부는 "평화시까지 혁명적"이라고 선언.
　　　　푸셰, 니에브르에서 탈그리스도교 정책 실시.

10. 12 : 리옹 파괴법.

10. 16 : 마리 앙투아네트 처형. 와티니 전투 승리.

10. 17 : 방데군, 숄레 전투에서 패배. 봉기군, 루아르강 도하.

10. 31 : 지롱드파 처형.

11. 7 : 파리 주교 고벨, 국민공회에서 성직 포기 선언.

11. 8 : 롤랑 부인 처형.

11. 10 : 파리 노트르담 성당에서 이성 축제.

11. 17 : 인도회사 청산 부패 연루 혐의로
　　　　국민공회 의원 샤보, 바지르, 들로네 체포.
　　　　낭트에서 첫 번째 집단 수장水葬.

11. 21~22 : 로베스피에르와 당통, 탈그리스도교 비난.

11. 24 : 공화국 달력 최종 채택.

12. 4 : 혁명정부 조직법. 리옹에서 첫 번째 집단 총살.

12. 5 : 카미유 데물랭의 《원조 코르들리에》 제1호 발간.

12. 6 : 국민공회, 종교의 자유 원칙 재천명.

12. 15 : 데물랭, 《원조 코르들리에》에서 공포정치 비판.

12. 19 : 툴롱 탈환.

12. 23 : 사브내에서 방데군 소멸.

12. 25 : 로베스피에르, 혁명정부의 원칙에 대한 보고.

1794

1795

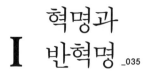

혁명과
I 반혁명 _035

c o n t e n t s

01

혁명과 반혁명

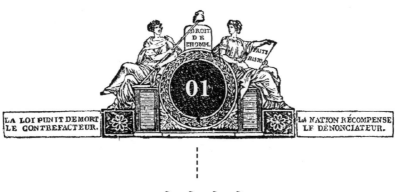

인권선언

세 헌법, 세 인권선언

역사에 빛나는 프랑스혁명의 위대한 성과는 근대적인 의회를 구성하고
헌법을 제정하고 국민주권 사상에 입각하여 공화정을 수립한 것이다.
이 모든 변화는 삼신분회의 소집에서 시작되었다. 1789년 5월 5일 베
르사유에서 삼신분회가 개회했다. 삼신분회의 소집을 요구한 특권 신
분이나 재정개혁에 초조했던 국왕이나 모두 1789년의 삼신분회는 과
거의 삼신분회와 마찬가지로 자기들의 이익에 부합하는 방향으로 진행
되기를 기대했다. 그러나 1789년의 삼신분회는 달랐다. 계몽사상의 세
례를 받은 자유주의적인 귀족, 성직자, 제3신분은 왕국의 근본적인 개

혁을 원했기 때문이다. 이들은 몽테스키외, 볼테르, 디드로, 루소 같은 계몽사상가들의 영향을 받아 절대군주제가 아니라 입헌군주제가 바람직한 정치 체제라고 생각했을 뿐만 아니라 이념적으로는 공화정을 지지하기도 했다.

삼신분회가 개회하자마자 제3신분은 국왕과 특권 신분의 저항에 맞서 제3신분 단독으로 '국민의회'를 구성한다고 선언했으며, 곧바로 헌법 제정 작업에 착수했다. 제헌국민의회는 1789년 8월 26일에 헌법의 전문에 해당하는 〈인간과 시민의 권리선언〉을 공표했다. 인권선언은 계몽사상의 유산이요 결실이었다. 1791년 9월 3일 제정된 프랑스 최초의 성문헌법은 입헌군주제를 채택했는데, 1792년 9월 21일 국민공회가 왕정을 폐지함으로써 자동 폐기되었다. 국민공회는 1793년 6월 24일 새로운 헌법을 제정하고 새로운 지향의 〈인간과 시민의 권리선언〉을 공표했다. 소위 '혁명력 1년'의 이 산악파 헌법은 시행이 유보되었다가 1794년 7월 27일 '열월 정변'으로 로베스피에르의 산악파 정권이 붕괴됨으로써 소멸되었다. 열월파 국민공회는 1795년 8월 22일 새로운 헌법을 제정했으며 〈인간과 시민의 권리와 의무선언〉을 공표했다.

헌법의 전문인 '인권선언'에는 혁명의 이념이 담겨있다. 세 헌법과 세 인권선언의 내용을 비교 분석하는 것은 혁명의 진행에 따라 혁명의 이념이 어떻게 변해갔는지 조망하는 데 도움을 준다.

1791년 헌법과 〈인간과 시민의 권리선언〉

1789년 6월 17일, 삼신분회는 '국민의회Assemblée nationale'로 개명했다. 6월 20일, 무니에의 제안에 따라 의장 바이이는 "헌법이 제정되어 확고한 토대 위에 자리 잡을 때까지 해산하지 않고 어떠한 장소에서든 회합을 가질 것"을 서약했다. 한 사람을 제외한 모든 대표가 이 '테니스장 서약'에 동참했다. 7월 7일 국민의회는 30명으로 구성된 '헌법기초위원회'를 발족시켰으며, 7월 9일에는 스스로가 '제헌국민의회'임을 선언했다.

프랑스 구체제에는 성문헌법이 없었다. 대신 '왕국의 기본법'과 관습법 그리고 상호 중첩적이며 모순적인 수많은 칙령이 있었는데, 18세기 후반 사회 현실과 부합되지 않는 것들이 많았다. 왕국의 기본법 가운데 핵심은 왕권과 관련된 것으로, 왕은 신으로부터 권력을 받아 신의 은총에 의해 통치한다는 것이었다. 그런데 이러한 신정정치적 개념은 신앙심의 약화로 인해 흔들리고 있었으며 그 여파는 왕권의 토대에까지 미쳤다.

사회는 특권을 가진 신분들로 나뉘어 있었으나, 법적인 신분사회 아래에서는 재산에 기초한 계급사회가 태동하고 있었다. 계몽사상가들은 낡고 불합리한 체제를 비판했으며 새로운 '사회계약'을 요구했다. 미국의 여러 주가 1776년부터 헌법을 채택했다는 사실은 성문헌법의 제정이 공상이 아니라 현실임을 일깨워주었다. 계몽사상가들 스스로 헌법을 작성하기도 했다. 예컨대 루소는 1768년에는 코르시카 헌법을,

1771년에는 폴란드 헌법을 작성했다. 18세기 말 프랑스의 지식인 대부분은 계몽의 진보에 맞추어 프랑스를 정치, 경제, 사회적으로 개편하기 위해서는 헌법 제정이 필수라고 확신했다. 삼신분회 대표들이 지참하고 온 '진정서'에도 그러한 필요성이 적시되어 있었다.

　30명의 헌법기초위원들은 대부분 정치적으로 온건했다. 그들은 프랑스의 기존 제도를 '성문법'으로 정리하고 전환하는 것을 자기들의 임무라고 생각했을 뿐 왕정을 전복하는 것은 전혀 고려하지 않았다. 그러나 1789년 7월 14일 파리 선거인회가 이끈 파리 민중이 절대주의의 상징인 바스티유를 정복하자 상황이 바뀌었다. 새로운 8인 헌법기초위원회가 구성되어, 무니에, 탈레랑, 시에예스, 클레르몽 토네르, 랄리 톨랑달, 샹피옹 드 시세, 르샤플리에, 베르가스가 위원으로 선출되었다. 파리 민중봉기에 뒤이어 농민봉기가 '대공포'와 함께 전국으로 확산되자 사태를 진정시키고 혁명을 진전시키는 것이 시급했다. 8월 4일 밤, 의회는 봉건제를 비롯한 모든 특권의 폐지를 선언했으며, 미국의 예를 따라 '인간과 시민의 권리선언'을 헌법에 앞서 공표하기로 결정했다.[1]

　헌법기초위원회에는 무니에, 라파예트, 랄리 톨랑달, 세르방, 시에예스, 클레르몽 토네르 등이 제출한 안을 비롯하여 많은 안이 들어왔다. 8월 5일, 의회는 '5인위원회'를 구성하여 이미 제출된 안들을 토대로 하나의 안을 만들도록 했고, 8월 17일에 미라보가 그 결과를 발표했다. 비판과 반대가 많았다. 그레구아르 신부는 서문에 신의 존재를 명시할 것을 요구했고, 라보 생테티엔 목사는 안案이 혼란스럽다고 비판했다.

8월 18일, 의회는 위원회가 라파예트의 안과 시에예스의 안 그리고 제6국이 제출한 안을 토대로 새로운 안을 만들도록 했다. 인권선언을 라파예트와 무니에가 주장하듯이 미국의 예를 따라 개조식으로 할 것인지 아니면 시에예스가 주장하듯이 서술식으로 할 것인지를 놓고 토론을 벌였는데 개조식이 채택되었다. 8월 19일, 제헌의회는 보르도 대주교인 자유주의자 샹피옹 드 시세 주도로 24개 조항으로 작성된 제6국의 안을 거의 그대로 채택했다. 그러나 토론 과정에서 여러 가지 수정이 가해졌으며 무니에와 미라보가 작성한 '서문'이 추가되었다.

가장 많은 논란을 불러일으킨 것은 종교문제였다. 인권선언이 신의 가호 아래 있음을 서문에 명시할 것인가? 안案에는 신을 지칭하는 단어가 "우주의 최고 입법가"였는데 많은 의원이 항의하자 "최고 존재Être suprême"로 수정되었다. 이 표현은 가톨릭 신자들을 만족시키면서도 다른 종교 신자들에게도 충격을 주지 않을 것으로 생각되었다. 의회의 4분의 1을 차지하는 성직자들은 가톨릭을 국교로 지정할 것을 요구했으나 거부당했다. 미라보는 '관용'이라는 말마저도 "전제적"이라며 거부했다.[2] 라보 생테티엔도 '관용'은 전제적인 용어라며 관용을 거부하고 양심의 자유를 주장했다.

8월 16일, 의회는 더이상 지체하지 않고 '인권선언'을 공표하기로 결정했다. 그러면서도 '인권선언'이 확정된 것은 아니어서 추후 헌법 논의 과정에서 필요한 내용이 생겨나면 추가할 수 있다고 여지를 남겼다. 루이 16세는 10월 5일 베르사유로 밀고 내려온 파리 민중의 압력을 받고서야 '인권선언'을 수용했다. 이때 왕에게 제출된 문서의 제목은

〈사회에 있는 인간의 권리선언〉이었다.[3] 이렇게 '인간'이 아니라 완곡하게나마 '시민'이라고 표현한 것은 추상적이고 비역사적인 자연권의 보장이 실정법을 위협하고 무제한적인 권리 주장으로 발전할 것이라는 우려를 고려했기 때문으로 볼 수 있다. 1791년 9월 3일 의회가 헌법을 가결할 때가 되면, 〈인간과 시민의 권리선언〉은 이미 종교적인 권위를 확보했기 때문에 수정이 불가능하다고 여겨졌다. 1789년의 인권선언은 후일 공표된 1793년과 1795년의 인권선언의 모델이 되었다.

　인권선언을 작성하는 데 가장 큰 공을 세운 사람은 의회 내에서는 미라보였고, 의회 밖에서는 브리소였다.[4] 1789년 프랑스 인권선언이 역사상 최초의 인권선언은 아니다. 미국의 여러 주에서 작성한 인권선언들, 특히 1776년 버지니아주의 '권리선언'은 내용과 형식에서 프랑스 인권선언의 기초자들에게 영향을 주었다. 버지니아주 권리선언이 "모든 사람은 본래 동등하게 자유롭고 독립적이며 생득적인 권리를 지닌다"라고 규정하고 국민주권을 천명했으며 삼권분립을 제시한 것 등은 프랑스 인권선언에 그대로 계승되었다.

　프랑스 인권선언이 버지니아주 권리선언의 영향을 받은 것은 분명하지만, 두 선언 모두 계몽사상의 영향을 받았다는 사실도 간과할 수 없다. 미라보는 프랑스혁명의 인권선언이 미국 헌법보다는 루소의 《사회계약론》에 더 가깝다고 강조했다. 프랑스 인권선언은 프랑스 법원 건의서의 영향도 받았다. 예컨대, 1755년 파리 고등법원의 건의서는 왕국의 기본적이고 "불변적인" 법을 언급했고, 1776년 3월 4일의 건의서는 자연권에 호소했다. 1771년 2월 18일 간접세 재판소의 건의서는 왕의 가장 중요한 의무는 신민들의 안전, 자유, 재산권을 보장하는 것이라고 선언했다.[5] 두 선언의 차이도 무시할 수 없는데, 가장 큰 차이는 미국의 권리선언이 기본적으로 버지니아주 시민들의 법적 권리를 뒷받침한다는 실용적인 목적에서 작성된 반면, 프랑스의 인권선언은 국가, 종족, 신앙을 뛰어넘어 보편성을 지향했다는 점이다.[6]

인권선언의 조항들 가운데 가장 많은 조항은 자유에 관한 것이다. 제1조에서 "모든 사람은 태어나면서부터 자유"라고 규정했고 제2조에서 '자유'를 자연권에 넣은 것은 '자유'가 가장 중요한 권리임을 선언한 것이다. 제헌의회의 부르주아가 집착한 것은 자유였다. 구체적으로 모든 시민은 사상의 자유, 종교적 견해의 자유, 언론의 자유, 출판의 자유 등을 가진다. 그러나 거주의 자유, 결사의 자유, 교육의 자유 등에 대한 언급은 없다. 한나 아렌트는 프랑스혁명에 대한 연구에서 리버티(개인적 자유)와 프리덤(공화주의적 자유)을 구분하는데, 1789년 인권선언의 자유는 리버티이다.[7]

인간은 평등하다. 그러나 자연적으로 평등한 게 아니라 권리에 있어서 평등하다(제1조). 다시 말하면 자연적으로는 불평등하지만 사회 속에 들어가 시민이 됨으로써 "권리에 있어서 평등"해진다. 이러한 권리에 속하는 것은 "자유, 소유, 안전, 그리고 압제에 대한 저항"이다. 1789년의 인권선언이 규정한 평등이 자연적 평등이 아니라 권리의 평등이었다는 점은 현실적으로 사회에 존재하는 불평등 특히 경제적 불평등을 인정한 것이다. 그것은 소유권을 "양도 불가능한 자연권"(제2조)이오, "불가침적이고 신성한 권리"(제17조)라고 강조한 데에서도 확인된다. 평등은 자유와 달리 자연권의 지위를 얻지 못했지만 소유권이 보장되고 평등이 권리의 평등에 머문 상태에서 평등은 자유와 충돌하는 개념이 아니었다.[8]

의원들은 1789년 8월 4일의 특권 폐지 선언을 추인하면서도 자기들의 재산이 침해당하는 것을 막고 자기들의 재산을 법적으로 지키려 했다. 공적인 필요가 있는 경우에 "정당하고 선결적인 보상이 이루어져야 한다"라고 규정한 것은 직접적으로는 봉건제의 폐지에 따른 봉건적 부과조賦課租의 되사기를 시사한 것이다. 인권선언은 혁명을 정당화하고 혁명을 지키려는 목적을 가지고 있었다. "압제에 대한 저항"을 자연권에 포함시킨 직접적인 목적은 바스티유를 공격한 사람들에 대한 법적인 처벌을 막는 데 있었다.[9]

인권선언은 구체제의 악행과 남용을 단죄하는 선전포고문이었다. 기초위원들은 절대주의의 토대를 파괴하려고 했다. 제3조는 시에예스가 말한 대로 주권이 왕이 아니라 국민에게 있다고 선언했고, 제6조는 루소의 영향을 받아 법은 일반의지의 표현이라고 선언했다. 다시 말하면 법은 왕의 개별의지가 아니라 주권자인 국민의 일반의지인 것이다. 법은 국민주권에서 비롯되며 일반의지의 표현이기 때문에 왕보다 우위에 있다. 국민이 왕을 따르는 것이 아니라 왕이 국민, 즉 법을 따라야 한다. 제16조는 몽테스키외의 사상에 입각하여 권력의 분할을 규정했다.

'권리'는 '의무'의 제약을 받지 않으면 남용될 위험이 많기 때문에 '의무' 조항을 두어야 한다는 요구가 있었다. 그러나 의원들은 그러한 요구를 수용하지 않고 '인간과 시민의 권리선언'이라는 제목을 채택했다.[10] 그러나 실제로는 '서문'에 "권리와 의무를 끊임없이 상기시키도록"이라는 말이 나와 있듯이 '의무'가 반영되었다. 또한, 많은 조항에서 권리와 자유는 '법'과 '공익'에 의해 제약을 받았다. 1789년 인권선언을 작성하기 위해 제출된 여러 안과 토론에는 사회적 부조扶助를 인권선언에 포함시키자는 요구가 많았으나 채택되지 않았다. 이러한 요구는 1793년 헌법의 '인권선언'에 포함된다.

프랑스혁명이 영국으로 확산되는 것을 두려워한 에드먼드 버크는 프랑스의 인권선언이 잉글랜드의 '권리청원'과 달리 모호하고 사변적이며 추상적이어서 역사적으로 형성된 제도를 파괴하는 명분으로 변할 위험을 내포하고 있다고 내다보았다.[11] 국민의회에서 추상적인 성격의 인권선언을 작성하는 것에 반대한 의원들도 바로 이러한 점을 우려했다.

1791년 교황 피우스 6세는 인권선언이 인간의 '권리'만 선언했지 '의무'는 선언하지 않았음을 지적했으며, 신을 '최고 존재'라는 이신론적 신 개념으로 대체하여 종교를 이신론 수준으로 격하시켰다고 비판했다. 여류작가이자 혁명가인 올랭프 드 구즈는 인권선언이 남성 중심인 것을 비판하며 〈여성과 여성 시민들의 권리선언〉을 작성했다. 후일 사회주의자들은 소유권을 신성불가침한 자연권으로 규정한 것을 비판했다.

여러 가지 한계에도 불구하고 인권선언은 미래사회를 위한 초석을 쌓았다고 볼 수 있다. 인권선언은 보통선거를 함축하고 있는 바, 1791년 헌법에서는 납세액을 기준으로 능동시민과 수동시민으로 나누어 수동시민의 선거권을 제한했지만 1793년 헌법에서는 능동시민과 수동시민의 구분을 없앴다. 인권선언은 모든 사람이 자유롭고 평등하다고 규정하여 노예제의 폐지를 시사했는데, 국민공회는 1794년 2월 4일에 노예제를 폐지했다. 권리의 평등은 장차 경제적 평등이나 향유의 평등으로 발전하기 십상이었다. 인권선언은 유산계급의 대표들이 작성한 것이기는 해도 유산계급이 체제에 부여한 한계를 뛰어넘을 가능성을 내포하고 있었던 것이다.

프랑스 인권선언은 그 보편적 성격 때문에 미국의 선언들보다 큰 파장을 일으켰다. 제헌국민의회에서 스스로를 "혁명의 사제"라고 여긴 바르나브는 〈인간과 시민의 권리선언〉을 프랑스의 '국민 교리문답'으로 선포하자고 제안했다.[12] 그것은 미슐레가 말했듯이, "새로운 시대의 신조"가 될 것이었다.

1791년 9월 3일 의회는 헌법을 가결했고 왕에게 제출했다. 왕은 9월 13일 헌법을 수용했으며 그다음 날 헌법에 선서했다. 헌법은 즉시 발효되었다. 데믈랭은 미라보와 시에예스를 "헌법의 아버지"라고 평가했다.[13] 헌법은 7장으로 나뉘었으며 몇 개의 장은 다시 절로 나뉘어 총 210개 조항으로 구성되었다. 전문과 제1장은 인권선언에서 제시된 원칙을 재확인하거나 부연했다. 제2장은 왕국의 행정적 구분(도, 군, 코뮌)과 시민의 자격 조건에 대한 것이다. 제3장은 입법부, 행정부, 사법부 등 공권력의 기능에 대한 것이다. 프랑스는 입헌군주국이며 왕은 의원이 아닌 사람들 가운데 대신들을 선택하고 대신들은 왕에게만 책임을 진다. 제4장은 군대에 대한 것이고, 제5장은 세금에 대한 것이며, 제6장은 "프랑스 국가와 외국과의 관계"에 대한 것이다. 마지막으로 제7장은 헌법을 수정하기 위한 조건에 대한 것이다. 의원들은 헌법 수정을 어렵게 하기 위해 까다로운 조건을 붙였지만 그것은 1년도 시행되지 못했다. 1792년 9월 21일 입헌군주정이 무너지고 공화정이 들어서면서 새로운 헌법이 필요했기 때문이다.

콩도르세 헌법안과 산악파 헌법

프랑스 최초의 헌법은 전쟁이라는 암초를 만났다. 전쟁을 수행하기 위해서는 상이한 권력기관 사이의 협력과 신속한 정책 결정이 필요한데, 헌법이 행정부와 입법부 사이의 불신을 증폭시켰고 왕은 거부권이라는 헌법적 권한을 휘둘렀기 때문이다. 지롱드파 국민공회 의원인 바르바루와 뷔조는 이 헌법이 왕의 의지와 민중의 의지가 충돌하는 것을 막을 수 없다고 말했다.[14)]

1792년 4월 20일, 의회는 왕의 요청에 따라 오스트리아에 선전포고를 했지만, 정작 왕은 반혁명적인 선서거부신부들을 추방하고 파리를 방어하기 위해 연맹군을 창설한다는 의회의 결정에 거부권을 행사함으로써 전쟁 수행을 방해했다. 격분한 파리 민중은 왕궁에 난입하여 왕을 "배신자"라고 몰아붙였다. 왕은 민중이 요구하는 대로 붉은 혁명모를 쓰고 "국가와 국민을 위해 건배"하는 굴욕을 감수했으나 거부권 철회 요구는 완강히 거부했다. 그러나 왕은 오래 버티지 못했다. 8월 10일 파리코뮌의 국민방위대와 마르세유 등지에서 올라온 연맹군이 왕궁을 공격하자 왕은 의회로 도피했다. 의회는 왕권 정지를 선언했으며 민중의 요구대로 왕과 왕실 가족을 탕플temple 감옥에 수감했다.

입법의회는 1791년 헌법의 소멸을 확인하고 새로운 의회를 소집하기로 결정했다. 미국의 예를 따라 공회convention라 이름 붙인 국민공회는 9월 21일 개원하자마자 만장일치로 왕정을 폐지했으며, 9월 25일에는 "공화국은 하나이며 나눌 수 없다"라고 선언했다. 9월 29일 국민공회는 헌법기초위원회를 구성했는데 9명의 위원 가운데 8명은 온건 좌파인 지롱드파에 속했고 한 명은 과격 좌파인 산악파에 속했다. 8월 10일 구성된 정부에서 법무장관을 맡았고 사실상의 정부 수반이었던 당통이 바로 그 사람이었다. 위원회를 주도한 사람은 저명한 계몽사상가인 콩도르세였다.

위원회는 국왕 재판과 처형(1793년 1월 21일)이 끝나고서 실질적인 활동에 들어갔다. 위원회는 바래르의 제안대로 전 세계의 "자유와 평등의 친구들"이 보내온 안들을 검토했으나 콩도르세 안을 거의 그대로 채택했다. 콩도르세 헌법안은 전문과 402개 조항으로 이루어져 있다. 전문의 제목은 "인간의 자연적이고 시민적이며 정치적인 권리들의 선언"이다. 1789년의 인권선언에 비해 서문은 간결하다. "사회 안에 있는 인간의 모든 집회의 목적은 자기들의 자연적이고 시민적이며 정치적인 권리들의 유지에 있기 때문에 이러한 권리들은 사회 협약의 토대이다. 그러한 권리들을 인정하고 선언하는 것은 그것들의 보장을 확인하는 헌법에 선행되어야 한다." 1789년 인권선언과 달리 신(최고 존재)에 대한 간구가 빠져 있는 것은 아마도 기초위원들의 무신론적 성향 때문일 것이다. 제1조는 권리선언이다. 그런데 "인간의 자연적이고 시민적이며 정치적인 권리들"을 뭉뚱그려 선언함으로써 자연권 요구를 희석시켰다. 초미의 관심사였던 '평등'의 경우, 평등을 권리에 포함시키기는 했지만 평등은 권리의 평등(제7조)이라고 명시함으로써 1789년의 인권선언을 계승했다. 그러나 사회적 보장을 권리에 포함시킨 것과 "공적인 부조는 사회의 신성한 부채이다"(제24조)라고 명시한 것은 두드러진 진전이었다.

콩도르세 헌법안의 핵심은 입법부를 약화시키고 행정부를 강화하며, 파리의 힘을 축소시키고 지방의 힘을 강화하는 것이었다. 그 방법은 '제1차 회의'에 중요한 정치적 역할을 부여하는 것이었다. 제1차 회의는 국민의회 의원들뿐만 아니라 내각도 선출할 권리를 가진다, 제1차 회의는 헌법 수정안을 수용하거나 거부할 수 있다, 제1차 회의는 국민투표에 회부될 사안들을 결정할 수 있다. 콩도르세 헌법안은 제1차 회의의 심의가 전체 민중의 합리적인 의지를 반영할 수 있도록 하기 위해 의제를 명료하게 정리하여 가부 투표로 결정할 수 있게 했다.

민주주의가 진전되었음을 부인할 수 없다. 그러나 이러한 '민주적인' 절차를 통해서 의도한 것은 과격한 소수파가 지배하는 것을 차단하고 평화적이고 근면한 시민들의 의사가 반영되는 것이었다. 직접적으로는, 과격한 파리 민중이 직접 국민주권을 행사하려는 시도를 막아 대의제를 지키려는 정치적인 의도가 기저에 깔려 있었다.[15]

당시 지롱드파와 산악파의 갈등은 최고조에 달해 있었던 만큼 토론도 격렬했다. 산악파는 지롱드파가 "국민의 대표가 한 일에 대한 민중의 검열"이라는 절차를 통해서 산악파의 정치 기반인 파리 상퀼로트의 힘을 약화시키려 한다고 비난했다.[16] 지롱드파는 개인의 권리가 사회의 권리보다 우월하다고 생각했고 1789년의 선언을 세부적인 면에서만 수정하려 했으나, 산악파는 로베스피에르의 안에 따라 인민주권을 강화하고 소유권을 약화시키려 했다. 로베스피에르는 소유권이 1789년 인권선언에서 규정한 "불가침적이고 신성하며" "자연적이고 양도 불가능한" 권리임을 부정하고 "소유권은 각 시민이 법으로 보장된 재산의 일부를 향유하고 처분할 권리"라고 선언했으며, 루소가 말한 직접민주주의를 실시하기 위해 주권자인 인민은 위임자를 해임할 수 있으며 위임자는 인민에게 보고서를 제출해야 한다는 등의 내용을 삽입하라고 요구했다.[17]

5월 29일 국민공회는 쿠통과 생쥐스트를 포함하는 5명의 산악파를 추가로 헌법기초위원으로 선출했다. 그러나 6월 2일 파리의 상퀼로트가 의회를 겁박하여 주도적인 지롱드파 의원들의 체포를 요구했고 의회가 굴복함으로써 지리한 논쟁은 종료되었다.

파리의 상퀼로트와 산악파가 폭력적으로 의회를 장악한 데 반대하여 지방 주요 도시에서 일어난 소위 연방주의 반란과 방데에서 일어난 반혁명전쟁은 맹렬한 기세로 파리를 위협했다. 의회를 장악한 산악파는 정변을 정당화하고 국정 수행 능력을 과시하기 위해 헌법 제정을 서둘렀다. 위원회는 6월 10일에 안을 제출했고, 의회는 6월 24일 거의 수정 없이 헌법을 채택했다.

이 헌법안의 핵심은 입법부의 우위를 유지하는 것이었다. 콩도르세는 산악파 헌법이 의회의 독재, 의회를 지배하는 파당의 독재를 지향한다고 비난했다. 그러나 산악파는 시대적 상황이 이러한 독재를 요구한다고 항변했다.[18)]

국민공회는 민심을 수습하기 위해 여러 가지 개혁 입법을 마련했는데, 망명자 재산을 작은 단위로 분할하여 판매하는 법, 농민들에게 공유지를 분할하는 법, 영주부과조 완전 폐지법 등이 그것이다. 이러한 조치들은 농촌의 중소 지주들을 끌어들여 연방주의 반란의 확산을 막는 데 기여했고 헌법에 대한 지지를 높였다.[19)]

산악파 국민공회는 이 헌법을 국민투표에 부쳤다. 결과는 예상을 벗어나지 않았다. 180만 1,918명이 찬성했고 1만 1,600명이 반대했다. 찬성이 압도적으로 많았다. 그러나 최소 430만 명이 기권했다. 기권이 많고 반대가 적은 것은 표결 방식이 구두 표결이었기 때문이다. 찬성한 사람 가운데 10만여 명은 지롱드파 의원들의 석방, 새로운 의회 구성, 파견의원들의 소환, 곡물 최고가격제 폐지 등의 조건을 제시했다.

헌법은 전문과 124개 조항으로 구성되어 있다. 헌법 전문의 서문 《인간과 시민의 권리선언》은 1789년 인권선언과 크게 다르지 않다. 그러나 전문의 제1조는 "사회의 목적은 '공동의 행복le bonheur commun'이다. 정부는 인간의 자연적이고 불가침적인 권리들의 향유를 보장하기 위해 세워졌다"고 명시함으로써 차이를 분명히 했다.

로베스피에르는 1793년 5월 10일 의회 연설에서 "인간은 행복과 자유를 위해 태어났다"고 말했는데 이것이 제1조에 반영된 것으로 볼 수 있다. 1년 후 생쥐스트는 "행복이란 유럽에서 새로운 사상"이라고 의미를 부여했다. 혁명의 기본 이념은 이제 자유가 아니라 행복이라는 것이다. 구체적으로 그것은 개인의 행복이 아니라 모든 사람의 행복, 사회적 행복이었다.

'행복'이라는 말이 이때 처음 등장한 것은 물론 아니다. 1776년의 미국 독립선언문은 "생명, 자유, 행복 추구"를 양도 불가능한 권리라고 선언한 바 있다. 1789년 헌법 전문 서문에도 "모두의 행복le bonheur de tous"이라는 말이 나오며 1789년 헌법을 위해 제출된 많은 안과 토론에서도 '행복'을 이야기하고 있다.

제1조에 '행복'을 규정했다는 사실은 '자유'와 '평등'의 관계에서 평등이 더욱 중요해지고 있음을 시사하는데 그것은 제2조와 제3조에서 곧바로 확인된다. 제2조에서는 "이러한 권리들은 평등, 자유, 안전, 소유이다"라며 평등을 자유보다 우선하는 자연권으로 규정했다. 1789년 인권선언에서 가장 중요한 위치를 차지했던 '자유'는 이렇게 '평등'에 밀려났을 뿐만 아니라, 국가의 안전과 공공의 행복이라는 절대명제에 밀려 크게 위축되었다. 개인적인 자유, 사적인 자유는 필요하다면 공적인 자유, 공공의 자유, 국가의 자유를 위해 희생해야 했기 때문이다.

제3조에서는 "모든 인간은 자연적으로 법적으로 평등하다"라고 규정하여, 1789년 인권선언과 콩도르세 헌법안의 인권선언에서 평등을 권리의 평등이라고 제한한 것을 넘어 자연적 평등으로 확대했다. 인간은 자연적으로도 평등하다고 했으니 사회의 의무는 그 같은 자연적 평등을 보장해야 한다. 그러나 힘과 재능과 재력 등 모든 것에서 자연적

으로 불평등하게 태어난 사람들이 사회에서 평등해질 수 있을까? 소유가 불평등한 사람들을 어떻게 평등하게 만들 수 있을까? 소유권에 제한을 가할 것인가? 자유와 평등이 충돌하고, 권리의 평등과 자연적(결과적) 평등이 충돌하는 조짐이 보이기 시작한 것이다.

로베스피에르는 4월 24일 연설에서 토지 무상분할법은 유령이요, 재산의 평등은 망상임을 분명히 하면서도 자유에 제약을 가할 필요가 있듯이 소유권에도 제약을 가할 필요가 있다고 말했는데 의회는 로베스피에르의 제안을 받아들이지 않았다. "소유권은 각 시민이 자기의 재산, 소득, 자기의 노동과 생업의 산물을 자기가 원하는 대로 향유하고 처분하는 것이다"(제16조). 소유권은 자연권이라는 1789년 이래의 부르주아적 개념은 수정되지 않은 것이다.

제21조에서는 "공적인 부조는 신성한 부채이다"라고 규정하여 콩도르세의 안을 그대로 수용했고, 마지막 조항인 제35조에서는 저항권을 "가장 신성한 권리이자 가장 불가피한 의무"로 승격시켰다. 이렇게 저항권을 강조한 것은 직접적으로는 5월 31일과 6월 2일의 정변을 정당화하기 위함이었을 것이다.

1789년의 인권선언에는 누락되어 있던 경제적 자유도 명확히 규정되었다. "어떠한 종류의 노동, 경작, 상거래도 시민에게 금지될 수 없다"(제17조). 소유권을 제한할 수 있다는 로베스피에르의 핵심 제안이 산악파 헌법에 반영되지 않은 것은 아마도 재산을 가진 부르주아를 안심시킴으로써 지롱드파의 선전을 무력화시키려는 의도였을 것으로 보인다.[20] 1794년 봄, 반대파 숙청에 성공한 로베스피에르와 생쥐스트는

경제적·사회적 평등으로의 강한 의지를 표명했다.[21]

산악파 헌법은 1789년 헌법은 물론이고 콩도르세 헌법안보다 간략하다. 조항의 수가 370개에서 124개로 줄었다. 노동권을 보장하고 저항을 권리이자 의무로까지 규정하는 등 혁명적 열정을 고양시켰지만, 국민투표 가능성을 축소하고 국무회의 위원들을 의회가 지명하게 하는 등 콩도르세 헌법안에 비해 민주주의에서 후퇴했다. 콩도르세 헌법안에 있는 헌법 수정 조항도 삭제되었다.

그러나 1793년 헌법은, 1791년 헌법에 비해서는, 민중의 사회적 권리를 보장했다. 1791년 헌법이 납세액을 기준으로 능동시민과 수동시민을 구분한 데 반해 1793년 헌법은 그러한 구분을 없앴고 보통선거를 규정했다. 의회에서 통과시킨 법은 도道에서의 과반의 반대가 없으면 법으로 확정되나 그렇지 않으면 국민투표에 붙이게 되었다. 1793년 헌법은 민주적이기는 하지만 비현실적인 요소가 많았고, 1791년 헌법과 마찬가지로 전쟁이라는 상황과 양립하기 어려웠다.

국민공회는 군주정 붕괴 기념일인 1793년 8월 10일에 성대한 기념식을 갖고 헌법을 공표했으나 헌법의 시행은 "평화시까지" 연기했다. 국내외의 전쟁이라는 상황을 이유로 내세웠지만 진짜 이유는 헌법을 시행하여 새로운 의회를 구성하게 되면 지롱드파와 왕당파에게 복수의 기회를 주지 않을까 우려했기 때문이다. 민주주의와 헌법은 독재적인 혁명정부로 대체되었다.[22]

평화가 도래하면 과연 헌법이 시행될 수 있었을까? 《사회주의 프랑스혁명사》를 쓴 조레스는 그렇게 믿었다. 그러나 대부분의 혁명사가들은 회의적이다.[23] 이 점에 있어서는 마티에도 마찬가지였다. 그는 산악파 헌법을 적용하기에는 당시 프랑스 민중의 의식 수준이 너무 낮았다고 보았다.[24] 산악파 헌법은 지나치게 이상주의적이기 때문에 시행하기 어려운 헌법이었을 뿐만 아니라, 급조된 헌법이니만큼 기술적으로도 시행하기 어려운 헌법이었다.

롤랑 부인은 산악파 헌법은 "벽보" 수준이라고 조롱했다. 법학자인 바댕테르 부부는 헌법이라기보다는 "선언문" 수준이라고 깎아내렸다.[25] 박즈코에게 이 헌법은 정치선전물에 불과했던 것으로, 산악파는 애당초 이 헌법을 시행할 의지가 없었다고 보았다. 로베스피에르의 공포정치 시기에 이 헌법을 시행하라는 요구는 반혁명 행위로 몰려 처벌받았다.[26]

열월파 헌법과 〈인간과 시민의 권리와 의무선언〉

1793년 헌법을 궤에 넣은 후 국민공회는 공화국이 처한 현실 때문에 새로운 헌법에 의거하여 헌정 체제를 구축할 수 없다는 이유로 임시정부를 수립했다. 1794년 7월 27일 '열월 정변'으로 로베스피에르의 혁명정부가 붕괴된 후에도 헌법은 궤에서 나오지 못했다.

1795년 3월에 파리 상퀼로트가 봉기를 일으켜 1793년 헌법의 시행을 요구하고 나서자 국민공회는 부속 헌법을 제정할 위원회를 구성했다. '11인 위원회'는 온건 공화파 외에도 부아시 당글루아, 티보도, 도

누, 랑쥐내 등 입헌군주정으로의 복귀도 마다하지 않을 만한 사람들로 구성되었다. 세벤 출신 프로테스탄트인 부아시 당글루아가 위원회의 보고자로 지명되었다. 부아시 당글루아는 1793년 헌법을 보완하는 부속 헌법이 아니라 열월파의 이념에 부합하는 새로운 헌법을 만들 생각이었다. 위원회와 국민공회는 그의 생각을 따랐다. 위원회는 새로운 헌법 제정에 착수했다.

부아시 당글루아는 6월 23일 제출한 보고서에서 "가장 많이 교육받고 법의 유지에 가장 많은 이해관계가 달려 있는 사람들"이 국가를 지배해야 한다고 말했다. 이러한 사람들은 "재산을 소유하고 있는 사람들"이다. "아무것도 없는 사람들"을 정치에서 배제할 필요가 있었다. "유산자가 지배하는 나라는 사회질서가 유지되나 무산자가 지배하는 나라는 자연 상태로 떨어지기" 때문이다. 의원들은 이 같은 재산소유자 지배 체제 주장에 대해 반대하지 않았다. 헌법은 의회 토론을 거쳐 1795년 8월 22일 제정되었다. 전문과 377개 조항으로 되어 있는 새 헌법은 이전의 두 헌법에 비해 길고 상세하다.

1795년 헌법의 인권선언은 '인간과 시민의 권리선언'에서 '인간과 시민의 권리와 의무선언'으로 제목이 변경되었다. 전문은 축소되었으며 몇몇 핵심 조항에 수정이 가해졌다. 토론 과정에서 의원들은 인권선언의 필요성 자체에 대해 의문을 제기했다. 1789년 인권선언을 제정할 때처럼, 추상적이고 원리적인 인권선언이 과격한 민주주의자들에게 봉기의 구실이 되지 않을까 우려했던 것이다. 그러나 이전의 두 헌법에도 있는 인권선언을 없앨 수는 없었다. 전문의 서문은 형식적이다. "프랑스 국민peuple은 최고 존재 앞에서 인간과 시민의 권리와 의무를 선언한다." 전문은 22개의 '권리' 조항과 9개의 '의무' 조항으로 구성되어 있는데, 역대 인권선언의 가장 중요한 제1조(1791년 헌법의 "인간은 태어나면서부터 자유롭고 권리에 있어서 평등하며 그 후로도 그러하다"와 1793년 헌법의 "사회의 목적은 공동의 행복이다")는 삭제되었다. 자연권 개념도 사라졌다. "사회 속의 인간의 권리는 자유, 평등, 안전, 소유이다"(제1조).

자유와 평등의 정의도 간결해졌다. 자유는 "타인에게 피해를 입히지 않는 것을 할 수 있는 권리"였고, 평등은 "출생의 구분"과 "권력의 상속"이 없는 상태로 축소되었다. 소유권이 분명히 정의되었고, 타인의 소유권을 존중하는 것은 '의무'라고 선언되었다. 이제는 더이상 인권선언을 근거로 경제적 불평등의 축소를 국가에 요구할 수 없게 되었다. "법은 시민이나 시민 대표들의 다수에 의해서 표현되는 일반의지이다"(제6조)라고 일반의지의 의미를 분명히 정의하여 일반의지가 독재의 도구로 변질되는 것을 막았다.

1793년의 인권선언과 달리, 1795년의 인권선언은 사회의 목적은 공동의 행복이라고 단언하지 않았을 뿐만 아니라 노동권, 부조권, 교육권, 봉기권도 인정하지 않았다. 사상, 언론, 의견, 출판의 자유 등은 인권선언에 나오지 않고 헌법의 제14조에 언급되었다. 1793년 인권선언의 "사회적" 조항 가운데 노예제 금지(제15조) 하나만이 1795년의 인권선언에 이어졌다.

의무들의 선언은 기념식에서 낭독하기 적당하도록 교리문답식으로 작성되었다. 제1조 권리들의 선언은 입법가들의 의무를 포함한다. 사회를 유지하기 위해서는 사회구성원들이 자기들의 의무를 알고 이행해야 한다. 제2조 인간과 시민의 모든 의무는 자연이 모든 사람의 마음에 새겨놓은 다음의 두 원칙에서 유래한다. 사람들이 너에게 하기를 네가 원하지 않는 것을 다른 사람에게 하지 마라. 네가 받기를 원하는 선행을 다른 사람들에게 행하라. 제3조 사람들의 사회적 의무는 사회를 지키고, 사회에 봉사하고, 법을 지키고, 사회의 기관들을 존중하는 것이다. 제4조 좋은 아들, 좋은 아버지, 좋은 형제, 좋은 친구, 좋은 배우자가 아니면 좋은 시민이 아니다. 제5조 솔직하고 종교적으로 법을 준수하지 않으면 좋은 사람이 아니다. 제6조 법을 공개적으로 어기는 사람은 사회와 전쟁 상태에 있다고 선언하는 것이다. 제7조 법을 공개적으로 어기지는 않더라도 교활하게 법을 피하는 사람은 모두의 이익을 침해하는 것이다. 그는 모든 사람의 호의와 존중을 받을 자격이 없다. 제8조 재산소유권의 유지는 토지 경작, 모든 생산, 모든 작업 수단, 모든 사회질서의 근본이다. 제9조 모든 시민은 법이 조국과 자유, 평등, 재산 소유의 유지를 위해 봉사하라고 요구하면 응해야 한다.

전반적으로 법의 준수와 재산권의 존중을 강조하고 선량한 시민이 될 것을 요구하는 내용이다. 제2조는 토머스 홉스가 자연권 중의 자연권이라고 평한 그리스도교의 금언으로서 1793년의 인권선언에도 나온다. 흥미로운 제4조는 상퀼로트들이 더이상 구區에서 혁명투쟁에 몰두하지 말고 가정으로 돌아가라는 권유이다. 제9조는 혁명으로 태어난 새로운 의무인 군사적 의무이다.

헌법의 본문은 다른 헌법들과 마찬가지로 공화국의 단일성과 불가분성을 확인하는 것으로 시작된다. 그런 다음에 주권을 정의하는데 주권은 '국민nation'(1791)이나 '인민peuple'(1793)에게 있지 않고 '시민들citoyens'에게 있다. 그런데 1791년 헌법에서와 마찬가지로 직접세를 내는 사람들만이 시민이다. 1795년 헌법은 시민들에게 '재산'뿐만 아니라 "읽고 쓰는 능력"까지 요구했다. 공포정치 시기의 그 무지하고 폭력적인 민중을 선량한 시민으로 교육할 필요성을 느낀 것이다.

입법부는 40세 이상의 250명으로 구성되는 '원로원'과 30세 이상의 500명으로 구성되는 500인회의의 양원제로 구성했다. 의원들은 매년 3분의 1이 교체되었다. 500인회의가 법을 발의하면 원로원은 검토하여 법제화했다. 행정권은 5명의 총재로 구성되는 총재정부에 속했다. 총재는 500인회의가 작성한 후보자 명단에서 원로원이 선출했으며 매년 5분의 1이 교체되었다. 총재정부는 국내외의 안전을 유지할 책무를 부여받았으며 내무, 외무, 육군, 해군, 법무, 재정, 경찰 등을 담당하는 6~8명의 장관의 보좌를 받았다. 그러나 재정 업무는 총재단과 별도로 선출된 경리관들에게 전적으로 위임되었다. 지방 행정조직은 분권화되었고 단순화되었다. 특히 파리는 여러 개의 자치체로 분할됨으로써 혁명의 산실이었던 파리코뮌의 위력이 약화되었다. 사법부는 완전 독립되었고 법관은 선출직이었다.

새로운 헌법은 혁명력 2년 체제로의 복귀, 다시 말하면 인민으로부터 권력을 직접 위임받았다고 자임하는 소수 집단의 독재를 막을 일념으로 제정되었다. 이를 위해 헌법은 지난 헌법들에서 루소의 인민주권 사상의 영향을 받아 제정된 것들을 배격하고, 몽테스키외의 사상을 따라 권력 분립과 중간 단체들의 역할을 강조했다. 양원제를 채택한 것도 그러한 이유에서였다. 사회적인 측면에서 1795년의 새 헌법은 1793년 헌법은 물론이고 1791년 헌법에 견주어 봐도 후퇴했다.[27]

열월파 헌법은 독재를 막는다는 목적에 너무 충실한 나머지 기관들 사이의 '견제'에 역점을 두었을 뿐 기관들 사이에서 발생할 수 있는 충돌을 해결하는 데에는 별다른 장치를 마련하지 않았기 때문에 권력은 무력했고 정국은 불안했다. 왕당파와 좌파의 거듭된 위협 속에서 샌드위치 신세가 된 총재정부 체제는 쿠데타에 의해서 연명해나갔다. 전쟁이 계속되는 상황에서, 그리고 과거처럼 혁명독재가 불가능해진 상황에서 유력한 해결책은 결국 군사독재였다.

혁명력 8년 안개월 18일(1799년 11월 9일) 나폴레옹 보나파르트는 쿠데타를 일으켜 총재정부를 붕괴시킨 후 새로운 헌법을 제정했다. 이 헌법은 '인권선언' 대신 '서문'을 채택했으며, "혁명은 끝났다"고 선언했다. 1804년에는 제정을 수립했다. 새로운 헌법 제1조는 "공화국 정부는 황제에게 위임된다. 그는 프랑스인들의 황제라는 지위를 가진다"이고, 제2조는 "현재 공화국의 제1통령인 나폴레옹 보나파르트가 프랑스인들의 황제이다"라고 규정했다. 형식적으로는 공화국 체제가 유지되고 있으나 군주정으로 돌아간 것이나 다름없다. 10년 후인 1814년에는 부르봉 왕조가 복귀함으로써 혁명 이전 체제로 돌아갔다.

자유와 평등의 드라마

1791년 헌법의 〈인간과 시민의 권리선언〉, 1793년 헌법의 〈인간과 시민의 권리선언〉, 1795년 헌법의 〈인간과 시민의 권리와 의무선언〉 세 인권선언에서 핵심적인 위치를 차지하는 개념은 자유, 평등, 소유권이다. 1789년 인권선언에서 '자유'는 '소유', '안전', '압제에 대한 저항'과 함께 자연권이라고 선언되었다. 평등은 권리의 평등으로 제한되었지만 소유권이 보장되고 권리가 평등한 상태에서 평등은 자유와 충돌하지 않았다. '소유권'은 "신성하고 불가침적인 권리"라고 재차 강조되었다.

1789년 인권선언은 주권은 국민에게 있고 국민은 법 앞에서 평등하다고 선언하여 구체제의 특권적인 신분사회에서는 벗어났으나 '자유'와 '소유권'으로 발생하는 경제적 불평등을 시정하려는 사회적 조치에 대해서는 침묵했다. 인권선언에 대한 논의 과정에서 사회적 조치에 대한 요구가 많았음에도 거부된 것은 1789년 인권선언이 부르주아적 성격을 지니고 있음을 보여주는 것이다.

1793년 새로운 헌법은 파리 민중의 요구를 반영할 필요가 있었다. "공동의 행복"이 가장 중요한 개념으로 떠올랐으며 '평등'이 '자유'보다 우선적 지위를 차지했고 '소유'는 네 자연권 가운데 말석으로 밀려났다. 공적인 자유가 개인적인 자유보다 우선시되었고, 자유와 평등이 충돌하는 양상을 보이기 시작했다.

1795년 헌법은 민중의 정치 참여와 독재자의 출현을 막는다는 목적 아래 제정되었다. 〈인간과 시민의 권리선언〉은 〈인간과 시민의 권리와 의무선언〉이 되어 권리의 남용을 막고자 했으며, 자연권 개념이 삭제되어 "자유, 평등, 안전, 소유"는 사회적 권리로 강등되었다. '소유권'을 존중하는 것은 '의무'라고 규정함으로써 소유권을 강화했다. 1795년 헌법은 1791년 헌법과 마찬가지로 부르주아가 지배하는 사회를 확고히 하고자 했던 것이다.

프랑스혁명은 '자유'와 '평등'의 드라마이다. 초기에 혁명을 주도한 부르주아 혁명가들은 '자유'와 '소유권'을 신성시했다. 그러나 입헌군주정이 붕괴되고 공화정이 수립된 단계에서 혁명을 주도한 과격 혁명가들과 파리 민중이 '평등'을 지향하면서 평등은 자유를 침해하기 시작했다. 이념적으로 '자유'와 '평등'은 양립하기 어려운 관념이다. '자유'의 손상 없이 '평등'을 정립하는 것은 참으로 어려운 일이기 때문이다.

프랑스혁명의 민중적 혁명 단계에서 흘린 '평등'의 대가는 너무나 컸다. 대내외 전쟁이라는 '상황'을 타개하기 위해 실시된 공포정치는 인권선언의 모든 가치를 침해했다. 1795년에 혁명이 다시 부르주아 단계로 복귀하면서 "자유, 평등, 안전, 소유"의 가치가 재천명되었으나 혁명은 동력을 상실했다. 혁명은 대책 없이 앞으로 나아가고 있었다. 좌절한 혁명을 기다리고 있던 것은 나폴레옹의 독재였다. 나폴레옹 헌법에는 '인권선언'이 없다. 계몽사상의 결실인 프랑스혁명은 끝났다.

방데 전쟁의
폭력성

제노사이드 논쟁

방데 전쟁이란 프랑스혁명이 한창이던 1793년 3월에 프랑스 서부의
방데 지방에서 일어난 반혁명 전쟁을 말한다. 방데의 농민군은 초기에
는 승승장구했으나 1793년 10월 숄레 전투에서 패한 후 루아르강을 넘
어 유랑하다가 최종적으로 1793년 12월 말 사브내 전투에서 와해되었
다. 엄밀한 의미의 전쟁은 이 9개월간의 내전을 말한다.

전쟁이 끝나면 승자의 전후처리가 진행되는 것이 일반적인데, 방데
전쟁의 경우 그 전후처리의 폭력성은 동시대인들도 경악할 정도로 끔
찍했다. 전쟁포로는 물론이고 여자, 어린이, 노인들과 같은 비무장인

들, 나아가 공화파 주민들, 즉 "전 주민"을 대상으로 야만적이고 체계적인 학살이 자행된 것이다. 내전과 내전 이후의 '최종 해결책'으로 전체 주민의 20퍼센트인 17만 명 정도가 희생된 것으로 추산된다.[1]

프랑스혁명사에서 방데 전쟁은 1793년 10월 1일에 공안위원 베르트랑 바래르가 국민공회에서 '방데 파괴법'을 제안하며 사용한 "이해할 수 없는 방데"라는 이미지 속에 오랫동안 갇혀 있었다. 혁명가들은 농민들이 자기들을 해방시킨 자유와 평등의 혁명에 반대하여 들고 일어난 것을 이해할 수 없었기에 무지한 농민들이 반동적인 귀족과 광신적인 사제들의 속임수에 넘어갔다고 생각했다.[2]

미슐레의 공화주의 혁명사 연구 이래 방데 전쟁을 이해하는 키워드는 농민들의 무지, 광신적인 사제들의 사주, 그리고 사제와 농민 사이의 매개체인 '여성'의 불온한 역할 등이었다. 1960년대 이후 사회경제사가 유행하면서 이해의 틀은 종교에서 사회경제로 옮겨갔다. 폴 부아는 도시 부르주아들과의 경쟁에서 패배한 부농들이 반란을 일으켰다고 보았고, 찰스 틸리는 절대군주정기에 진행된 도시 중심의 중앙집권주의가 혁명기에 강화되자 농민들이 반발했다고 본 반면, 도널드 서덜랜드는 오히려 빈농이 반란을 일으켰다고 주장했다.

한편, 방데 농민군에 가담했던 라로슈자클랭 후작 부인은 《회고록》에서 귀족, 성직자, 농민 사이에 맺어진 전통적인 온정주의를 강조했다. 이브 마리 베르세는 구체제에서는 소교구 단위의 농촌공동체에서 맺어진 유대가 가난한 농민들의 생존을 도와주었는데 혁명기에 귀족들과 성직자들이 곤경에 처하자 농민들이 도우러 나선 것이라고 주장했다.

1985년, 프랑스혁명 200주년을 기념하여 렌대학에서 "혁명에 대한 저항"이라는 주제로 열린 학술대회에서는 기존의 공화주의 해석이나 사회경제적 해석에서 도출된 단순한 도식을 넘어, 서부에서 반혁명이 일어난 배경을 "주민들의 경제적 빈곤과 문화적 고립", "제한된 도시화", "성직자와 귀족의 권위" 등에서 찾았다.[3]

그동안 방데 전쟁에 대한 연구는 방데 전쟁의 '원인'을 규명하는 데 집중되어 있었고, 그것을 방데의 지역적 특징에서 찾는 데 큰 이견이 없었다. 방데 전쟁은 그것이 "반혁명 전쟁"이었다는 점에서 사전에 이미 '악'으로 규정되었기 때문에 역사가들의 관심을 끌지 못했다. 방데 전쟁은 부끄러운 전쟁으로 여겨졌기 때문에 더더욱 그러했다. 방데인들에게는 반혁명적이고 반역적인 내전이었다는 점에서 부끄러운 사건이었고, 혁명파에게는 방데의 전면적인 파괴와 방데인들의 절멸을 목적으로 한 전쟁이었다는 점에서 부끄러운 사건이었다. 공화주의 역사가들이나 정통주의 역사가들이 방데 전쟁과 전후처리의 폭력성을 은폐 내지 축소하려는 모습을 보여준 이유도 여기에 있다.

이러한 상황에서, 레날 세세가 1986년에 발표한 《방데-방제. 프랑스인의 프랑스인 제노사이드》는 방데 전쟁에 대한 침묵을 깨고 뜨거운 논쟁을 불러 일으켰다.[4] 레날 세세는 1793년에 방데인들이 봉기를 일으킨 것은 프랑스혁명의 〈인권선언〉에 보장된 종교의 자유와 저항권을 천명한 것으로, 방데 전쟁은 반란이 아니라 "개인의 자유, 인신의 안전, 재산의 보존을 위한 십자군"이라고 주장했다.[5] 특히 그의 책에서 충격적이었던 것은 방데 전쟁의 전후처리를 나치의 유대인 학살과 같은 성격의 '제노사이드'로 규정한 것이었다. 2011년, 레날 세셰는《방데: 제노사이드에서 기억학살로―법에 의한 반인류 범죄의 메커닉》에서 논쟁을 격화시켰다.[6]

레날 세셰가 방데 전쟁을 반혁명 전쟁이 아니라 혁명을 지키는 "자유의 십자군"으로 규정하고 공포정치를 국가의 수호를 위한 불가피한 조치가 아니라 제노사이드 같은 반인류 범죄로 단죄하자, 정통주의 혁명사가들의 반격이 없을 수 없었다. 정통주의 혁명사가들도 방데 전쟁과 전후처리 과정에서 양민학살이 자행되었음을 부인하지 않는다. 심지어 장클레망 마르탱은 제노사이드를 주장하는 레날 세셰보다 희생자수를 더 높게 추산할 정도이다.[7] 그러나 전후처리 과정에서 자행된 대학살의 책임이 어디에 있냐에 대해서는 주장이 엇갈린다. 레날 세셰는 학살이 국민공회의 법에 의한 체계적인 학살이었고 그렇기 때문에 "제노사이드"라고 주장하는 반면, 장클레망 마르탱은 국민공회와 로베스피에르가 무차별적이고 야만적인 학살을 반대하는 가운데 현지 군사령관의 독자적인 판단에 의해 학살이 자행됐기 때문에 제노사이드가 아니라고 주장하는 것이다. 따라서 논쟁은 의외로 간단하다. 학살 책임이 누구에게 있는가?

반혁명 전쟁

1789년에 혁명이 발발했을 때 방데인들도 여타 지역의 프랑스인들과 다르지 않았다. 서부의 농민들도 구체제의 영주제, 중앙집권적인 정부가 부과하는 조세, 부역, 민병대 군역, 그리고 가톨릭교회에 대해서 불만이 많았다. 이들이 작성한 '진정서'에는 그러한 불만과 변화에 대한 열망이 담겨있다. 이들은 혁명의 근본 원칙을 환영했다. 교회재산의 몰수와 판매에 대해서도 환영했다.[8]

그러나 이러한 밀월관계는 오래가지 않았다. 방데인들의 기대가 실망으로 바뀐 첫 번째 중요한 사건은 성직자시민법과 성직자들의 선서 강요였다.[9] 1790년 7월 12일 제헌국민의회에서 통과되었고 그해 8월 24일 루이 16세가 공포한 성직자시민법은 프랑스 가톨릭교회의 구조를 근본적으로 바꾸었다. 신부들이 반발하자 그해 말부터 성직자들에게 선서를 강요하여 선서를 거부한 신부는 신부의 지위를 박탈했다. 낭트 교구의 주교는 선서 금지명령을 내렸으며 교황도 이를 재가했다. 낭트에서는 1,058명 가운데 159명, 방데에서는 768명 가운데 207명, 앙주에서는 332명 가운데 44명만이 선서할 정도로 선서 비율이 매우 낮았다. 선서거부신부들이 성당에서 쫓겨나고 낯선 선서신부가 부임해오는 혼란스러운 상황이 발생했다. 주민들이 선서신부를 거부하고 선서거부신부에게 성사를 부탁하자 정부는 군대를 동원하여 단속했다. 선서거부신부는 망명을 떠나거나 비밀교회를 열었고, 주민들에게 반혁명적인 설교를 했다. 이후 혁명의 역사에서 선서거부신부들은 반혁명 혐의자로 낙인찍혀 수난을 당한다.

방데 전쟁은 1793년 3월에 시작되지만, 정부와 농민 사이의 충돌은 이미 1791년부터 시작되었다. 그해 5월에 한 농민은 "나의 신을 돌려

다오"라고 외치며 죽었다. 1792년 8월에는 브레쉬르에서 대규모 봉기가 일어나 수백 명의 희생자가 발생했다. 진압에 나선 국민방위대는 코, 귀, 살덩어리 등을 총검에 꽂고 전리품으로 가져갔다.[10] 1793년 1월 21일의 루이 16세 처형 사건은 혁명가들을 분열시켰고 농민들을 동요시켰다.

결정적인 사건은 1793년 2월 23일에 국민공회가 30만 명을 징집하기로 결정한 것이었다. 18세에서 40세까지의 독신 남자들은 징집자를 결정하는 추첨에 응해야 했다. 이 결정은 구체제에서 시행된 민병대 제도의 연장이었다. 농민들은 '진정서'에서 민병대의 폐지를 요구했으나 혁명 이후에도 그것이 계속되는 것에 불만이었을 뿐만 아니라 행정관들이 징집에서 제외되는 것과 같은 불평등에 대해서도 분노했다. 1793년 3월 10일, 마슈쿨, 보부아르, 생플로랑르비외이유, 숄레 등지에서 봉기가 일어났다. 3월 19일, 이들을 진압하러 온 라로셸 주둔군의 마르세 장군이 지휘하는 전열 부대가 패배하면서 상황이 심각해졌다. 그날 국민공회는 무기를 지참하거나 백색 휘장을 두른 반도들은 사형에 처한다고 선언했다. 방데 전쟁이 시작된 것이다.

방데의 농민들은 시청을 점령하고, 행정문서를 파괴하고, 삼색기를 찢고, 무기고를 점령하고, 행정관들을 포로로 잡았다. 한 농민의 외침에는 방데인의 불만이 압축되어 있다. "그들은 우리의 왕을 죽였다. 그들은 우리의 신부들을 몰아냈고, 우리 교회의 재산을 팔았다. 돈은 어디 갔나? 그들이 모두 먹어치웠다. 그들은 이제 우리의 몸을 요구한다. 천만의 말씀이다!"[11] 농민들은 마슈쿨에서 160여 명의 애국파를 학살했다.[12] 방데 전쟁 내내 학살은 보복을 낳고, 보복은 또 다른 보복을 낳는 악순환이 계속되었다.

방데 전쟁은 강제징집에 반대하는 농민들의 봉기로 시작되었다. 말하자면 그것은 귀족들의 반혁명 음모로 시작된 것이 아니었다. 라로슈자클랭 후작 부인의 《회고록》에도 나와 있듯이, 농민봉기는 귀족의 반혁명 음모와 관련이 없었다. 귀족들은 초기에는 농민봉기에 개입하기를 꺼렸으나 농민들의 강력한 요구를 받아들여 지휘를 맡았다.[13] 그러나 파리의 혁명가들은 방데 전쟁을 단순한 농민봉기로 여기지 않고 국내외의 왕당파 및 내부의 배신적인 온건 혁명파와 연계되어 있는 반혁명 전쟁으로 규정했다.

1793년 4월 5일, 발미 전투의 영웅인 뒤무리에 장군이 적진으로 넘어가자 그러한 의심은 더욱 굳어졌다. 뒤무리에는 지롱드파와 가까웠을 뿐만 아니라 한때 서부의 라로셸 주둔군 사령관이었기 때문이다.[14] 방데의 농민봉기는 처음부터 특별한 '전쟁'으로 인식되었다. 특별한 전쟁에 대해서는 특별한 조치가 필요했다. 4월 6일, 국민공회는 공안위원회를 설치하고 매일 정오에 방데 전쟁에 대한 보고를 받기로 결정했다. 방데는 혁명정부의 제1의 적이 되었다.

이제까지 편의상 방데 전쟁, 방데인이라는 단어를 사용했으나, 여기에서의 방데가 행정구역상의 방데와 일치하는 것은 아니다. 정부는 1790년 2월 26일 행정구역을 개편하여, 푸아투 지방의 한 도道를 방데라고 명명했다. 아래 지도에서 점선으로 에워싸인 부분이 방데 전쟁의 무대였던 방데 전역戰域(Vendée militaire)인데, 방데 전역은 방데, 루아르 아틀랑

티크, 맨 에 루아르, 되 세브르의 4개 도에서 루아르강 이남 지역을 지칭한다. 공화파는 행정구역상으로 방데가 아닌 도의 사람들, 나아가 반혁명에 가담한 모든 사람에게 '방데인'이라는 통칭을 사용했다.

방데 전쟁 초기에는 방데 농민군, 즉 '백군'이 '청군'에게 승리를 거두었다. 농민들은 청군으로부터 무기를 탈취하여 무장을 갖추었고, 귀족들을 지휘관으로 영입하여 지휘체계를 정비했다. '가톨릭 근왕군'의 기치를 내세운 농민군은 전투를 끝내면 다시 밭으로 돌아가 농사를 지어야 하는 등 불리한 여건에서도 승승장구했다.

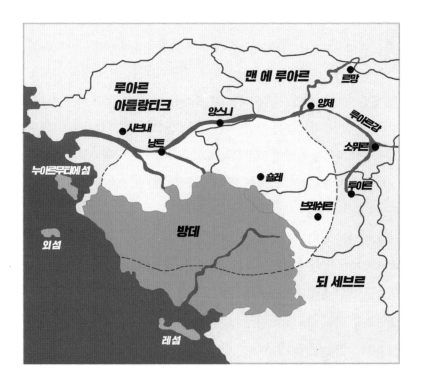

백군의 기세가 꺾인 것은 6월 29일 서부 최대의 항구인 낭트를 점령하는 데 실패하면서부터이다. 1793년 10월 17일의 숄레 전투 패배는 결정적이었다. 이날, 2만 4천여 명의 청군은 4만여 명의 백군을 상대로 공세를 취해 승리를 거두었다. 8천여 명의 백군이 죽거나 부상당했다. 치명적인 부상을 입은 방데군 사령관 봉샹은 5천여 명의 청군 포로를 석방한 후 죽음을 맞았다.

숄레 전투 패배 이후 방데인들은 루아르강을 넘어 북쪽으로 진출하는 대장정을 감행했다. 소위 말하는 '갈레른 유랑'이 그것이다.[15] 방데군 사령관인 남편 레스퀴르 후작을 따라 이 대장정에 참여한 라로슈자클랭 후작 부인의 추산에 의하면 약 8만 명의 방데인들—이 가운데 무장 병사는 6만, 나머지는 여자, 어린이, 노인—이 약 4킬로미터 행렬을 이루어 루아르강을 건넜고 노르망디 지방의 항구 그랑빌을 향해 북진했다. 이들의 희망은 루아르강 이북, 즉 브르타뉴 지방에서 농민반란을 일으키고, 그랑빌에서 영국군과 조우하는 것이었다. 그러나 이들의 희망은 그랑빌 점령에 실패함으로써 좌절되었다.

방데군의 지휘관들은 노르망디 지방에서의 반란에 기대를 걸고 계속 북진할 것을 고려했으나, 싸움에 지친 병사들은 고향으로 돌아갈 것을 고집했다. 결국 병사들의 압력에 의해 남쪽으로 방향을 튼 방데군은 공화파에게 일방적으로 쫓기는 유랑민 신세가 되고 말았다. 앙제 점령에 실패한 후 이들은 자포자기했다. 르망 전투에서는 7천여 명이 사망했다. 구사일생으로 살아남은 6, 7천여 명의 방데인들은 1793년 12월 23일 사브네에서 최후의 전투를 벌였으나 패배했다.

남편을 잃고 유랑민 사이에 끼어 있던 라로슈자클랭 후작 부인은 브르타뉴의 벽촌에서 순박한 농민들의 보호를 받으며 숨어 지내다가 1794년 말에 사면을 받고 세상에 나오게 된다. 사브내 전투의 패배로 방데 전쟁은 사실상 끝났다. 방데군의 샤레트 장군과 스토플레 장군 등이 항전을 계속했으나 대세에 영향을 끼칠 정도는 아니었다.

양민학살

사브내 전투를 끝낸 후 베스테르만 장군은 공안위원회에 다음과 같은 내용의 보고서를 보냈다.

> 공화국 시민들이여, 이제 더이상 방데는 없습니다. 방데는 그의 여자들과 어린아이들과 함께 우리의 자유의 칼 아래 죽었습니다. 나는 방데를 사브내의 늪과 숲속에 묻었습니다. 당신들이 나에게 내린 명령에 따라 나는 아이들을 말발굽으로 짓밟았고 여자들을 학살했습니다. 이제 이들은 더이상 비적들을 낳지 못할 것입니다. 단 한 명의 포로도 나를 비난하지 못할 것입니다. 나는 모조리 죽여버렸습니다.……

"방데의 도살자"라는 별명이 붙은 베스테르만의 유명한 보고서이다. 몇 달 후 베스테르만은 당통파와 함께 단두대에 오른다. 이렇게 포로는 물론이고 여자와 아이들 모두 학살했다는 것은 학살에 참여한 병사의 편지에서도 확인된다. 1793년 말 스트라스부르 출신 한 병사는 부모에게 다음과 같이 썼다. "우리는 어느 누구에게도 관용을 베풀지 않았습니다. 우리는 모든 성, 마을, 요새 등을 약탈하고 불질렀습니다. 낭트에서부터 방데 지방의 루아르강 건너편까지 모든 것은 재로 변했습니다. 이 저주받은 지역에는 나무 한 그루 남아 있지 않습니다."[16]

베스테르만이 무차별 학살은 공안위원회의 명령에 따른 것이었다고 보고한 것은 공안위원회가 국가권력의 핵심기관이었음을 말해주는 것이다. 방데 전쟁 초기만 해도 상퀼로트와 국민공회(공안위원회)는 치열한 권력다툼을 벌였다. 방데 전쟁에서 자행된 무질서한 학살은 부분적으로는 이러한 중앙집권적 통제 시스템의 '부재'에 기인한 것으로 볼 수 있다. 그러나 권력의 무게중심은 서서히 공안위원회로 이동했다. 혁명력 2년 상월霜月 14일(1793년 12월 4일)의 '혁명정부조직법'은 "국민공회는 통치의 유일한 추진체이다"라고 선언함으로써 공안위원회의 중앙집권화를 확립했다. 베스테르만 장군의 보고서는 이러한 권력관계의 변화를 확인해주는 것이다.

우리의 논의와 관련하여 중요한 것은 베스테르만의 학살이 과연 공안위원회의 명령에 의한 것인지 여부이다. 양민학살과 관련하여 중요한 법은 공안위원회를 거쳐 국민공회에서 통과된 1793년 8월 1일의 법과 1793년 10월 1일의 법이다. 베스테르만이 말한 공안위원회의 "명령"은 이 두 법이라고 볼 수 있다. 8월 1일에 공안위원회를 대표하여 제안 설명을 한 바래르는 국내외 상황을 개관한 후 방데에 대해서 다음과 같이 말했다.

우리는 국내가 평정되고, 반도들이 진압되고, 비적들이 전멸된 다음에야 평화를 얻을 수 있습니다. 외국 열강의 정복과 배신은 방데도道가 그 파렴치한 이름과 반역적인 죄인들을 잃어버리는 날 끝날 것입니다. 방데가 없으면 국왕주의도 없습니다. 방데가 없으면 특권계급도 없습니다. 방데가 없으면 공화국의 적들은 사라질 것입니다.

바래르는 비적들의 절멸을 요구한 것이다. 바래르는 이들을 "반역적인 족속"이라고 부르기도 했다. 문제는 비적의 범위가 어디까지인가 하는 점이다. 전쟁에 참여한 군인들인가 아니면 방데의 전 주민인가? 8월 1일의 법에서 주목되는 것은 바래르의 제안에 따라 다음과 같은 조항(제8조)이 포함되었다는 점이다. "여자들, 아이들, 노인들은 건물 안으로 인도될 것이며, 음식과 안전을 제공받고, 인간에게 합당한 모든 대우를 받을 것이다."¹⁷⁾ 장클레망 마르탱은 이 조항을 매우 중요하게 여긴다. 베스테르만의 양민학살은 이 법을 어긴 셈이 되기 때문이다.

1793년 10월 1일의 법은 8월 1일 법의 연장이라고 볼 수 있다. 제안자는 변함없이 "기요틴의 서정시인"으로 이름난 바래르였다. 바래르는 "이해할 수 없는 방데가 아직까지 존재하고 있습니다"라는 말로 연설을 시작하여 다음과 같은 선언으로 긴 연설을 마친다. "자유의 병사들이여, 10월 말까지는 방데의 비적들을 전멸시켜야 한다. 조국의 안전이 그것을 요구하며, 프랑스 인민의 초조함이 그것을 명하며, 프랑스 인민의 용기가 그것을 완수할 것이다.……" 베스테르만이 "이제 더이상 방데는 없다"라고 말한 것은 "이해할 수 없는 방데가 아직까지 존재하고 있다"라는 바래르의 말에 대한 화답일지 모른다. 그런데 10월 1일의 법에서 주목되는 것은 8월 1일 법 제8조의 인도주의적인 내용이 사라졌다는 것이다. 뿐만 아니라, 다음 구절은 어린이, 여자, 노인들이 비적의 범위에 포함되었다는 인상을 주기에 충분하다.

> 가톨릭교회와 국왕의 군대는 오랫동안 1만 5천 명, 2만 5천 명, 3만 명 정도로 추산되었으나, 오늘날 브레스트 해안에 파견된 파견의원들의 보고에 의하면 대략 10만 명 정도의 비적이 있다. 하나의 부대, 하나의 집단이 있는 것으로 생각했는데, 오늘날은 세 개의 부대, 세 개의 집단이 있다. 10세부터 66세까지의 비적은 괴수들의 선언에 의해 징집되었다. 여자들이 주역이다. 반란지의 전 주민이 무장 반도다.

1793년 8월 1일의 법에는 여자들과 아이들과 노인들을 학살하지 말라는 내용이 명시되어 있지만 10월 1일의 법에는 그 조항이 빠졌을 뿐만 아니라 오히려 여자들과 어린이들과 노인들을 비적 속에 포함시킨 것이다. 그렇다면 베스테르만 장군은 공안위원회의 명령을 충실히 이행한 셈이 된다. 장클레망 마르탱은 자신의 모든 저서에서 1793년 8월 1일 법의 제8조가 1793년 10월 1일의 법에도 계속된다고 되풀이 강조하는데 근거가 희박하다.

법대로 전쟁을 하는 것은 아니다. 전쟁터의 병사들이 법의 내용을 숙지하고 비적과 양민을 구분하여 준법적으로 전투를 벌였을 것으로 보기는 어렵다. 장클레망 마르탱도 인정하듯이 현장의 병사들은 8월 1

일의 법을 준수하지 않았다.[18] 현장의 병사들에게는 여자, 어린이, 노인들도 비적이었다. 방데인들의 전쟁 방식은 남자들은 전투하고 여자들은 그 기간 동안 기도하는 것이었지만, 전투가 끝나고 공화파 군인들이 패주하여 보카주 지방의 오솔길을 헤매는 동안에는 여자들과 아이들도 이들을 괴롭히는 일에 참여했기 때문이다. 라로슈자클랭 후작 부인은 이 문제에 대해 다음과 같이 기록했다.

> 청군은 언제나 손에 불을 들고 행군했다. 그들의 승리는 언제나 학살을 동반했으며, 여자들과 아이들도 예외가 아니었다. 수인囚人들도 죽임을 당했다. 마지막으로 국민공회는 전 지역을 사람이 없고 집도 없고 심지어는 나무도 없는 사막으로 만들어야 한다는 명령을 내렸다. 이 명령은, 부분적으로는, 집행되었다.[19]

이제 제노사이드 논쟁의 핵심인 '지옥종대'의 "양민학살"에 대해 살펴보자. 사브내 전투 이후 방데 전역戰域의 '징벌' 임무를 맡은 사람은 서부군 사령관 튀로 장군이었다. 튀로는 초토화 작전을 결정했다. 그는 서부군을 두 개의 군단으로 나누어, 자신이 맡은 군단은 12개의 종대로 편성했고 악소 장군에게는 8개의 종대를 편성하게 했다. 이렇게 모두 20개의 종대가 편성되었다. 전체 병력은 종대에 따라 차이가 나나 대략 1만 4천 명 정도로 추산된다. 지옥종대는 루이 16세가 처형된 1월 21일부터 5월 15일까지 초토화 작전을 벌여 2만~4만 명의 주민을 학살하고 재산을 파괴했다. 남녀노소는 물론이고 공화파 주민까지 포함한 전 주민이 학살 대상이었다. 제노사이드 논쟁과 관련하여 중요한 것은 튀로 장군이 공안위원회의 승인을 받았는가 하는 점이다.

튀로 장군은 서부군 사령관으로 부임하자마자 초토화 작전 계획을 수립하고 공안위원회에 승인을 요청하는 편지를 보냈다. 아무런 회신이 없었다. 그러자 그는 다시 1794년 1월 17일 다음과 같은 구체적인 내용의 편지를 보냈다.

여자들과 아이들을 어떻게 할 것인지에 대해 사전에 분명한 지침을 주어야 합니다. 그들 모두를 도륙해야 한다면 나는 나의 책임을 덮어줄 수 있는 명령 없이는 그러한 조치를 이행할 수 없습니다.

같은 날 튀로는 다음과 같이 명령을 내렸다. "무기를 지참하고 있는 모든 비적은 총검의 세례를 받아야 한다. 소녀들, 여자들, 어린아이들의 경우도 마찬가지이다. 수상한 자들도 마찬가지이다." "모든 마을, 농가, 숲, 꽃밭 등 불태울 수 있는 것은 모조리 불태워야 한다." "다시 반복한다. 도시, 마을, 농가를 불태우는 것은 필수이다." 튀로의 명령을 받아 위셰 장군은 자기 종대의 병사들에게 농민들과 여자들은 스파이이기 때문에 모두 죽이라는 명령을 내렸다.[20] 국민공회는 1794년 1월 말에도 여전히 무장한 여자, 어린이, 노인들을 포함한 비적들은 단호히 제거하되 무장하지 않은 여자, 어린이, 노인들은 보호하라고 말했으며, 이행 여부를 감시하기 위해 두 명의 파견의원을 급파했다. 튀로는 파리로부터 회신이 없자 다시 편지를 보냈다. 드디어 1794년 2월 8일, 공안위원회는 카르노를 통해 튀로의 작전을 승인하는 편지를 보냈다.

> 장군은 공안위원회로부터 장군의 조치에 대한 공식적인 승인을 받
> 지 못해 불만이군요. 공안위원회가 보기에 장군의 조치는 적절하고
> 완벽합니다.……비적들을 최후의 일인까지 제거하십시오, 이것이
> 장군의 의무입니다.[21]

튀로의 초토화 작전은 공안위원회의 사후 승인을 받은 것이다. 현장
에서는 공안위원회의 승인과 관계없이 무차별 학살이 자행되고 있었
다. 복수심에 불타는 병사들은 남자와 여자, 비적과 애국파, 선서신부
와 선서거부신부를 구분하지 않고 학살했다. 이들은 비무장인들을 구
분하여 별도로 수용하기도 했지만 이러한 '강제수용'은 비무장인을 보
호하려는 예방적 조치가 아니라 '보복'의 일환이었다.[22]

튀로 장군은 왜 그렇게 야만적 학살을 벌인 것일까? 그는 방데군이
여전히 위협적이라고 판단했기 때문일까? 누아르무티에에 남아 있던
샤레트의 부대를 의식한 것일까? 장클레망 마르탱은 그렇다고 본다.
그들은 여전히 '위험'했다는 것이다.[23] 그러나 라로슈자클랭 후작 부
인이 전하는 이야기는 다르다. 르망 전투에서 패배한 후 방데인들은 완
전히 전의를 상실하고 '죽음'이 불가피하다고 체념했다. 그것은 이미
그들이 숄레 전투에서 패배하고 루아르강을 넘을 때부터 예정되어 있
었다.

지옥종대의 초토화 작전과는 별도로, 1794년 1월에 앙제에서는 2천

여 명의 포로들을 학살했는데 대부분이 여자들이었다. 낭트에서는 더욱 야만적인 학살이 벌어졌다. 12월 11일, 파견의원으로 부임한 카리에는 공안위원회에 보낸 편지에서 다음과 같이 말했다. "반란이 일어난 전 지역에 있는 남녀 모두를 가리지 않고 모두 죽이고 모든 것을 불태워야 합니다.……왜냐하면 공화국에 반대하여 무기를 들지 않은 사람이 하나도 없기 때문입니다. 이 지역을 완전히 정화해야 합니다."[24]

며칠 후 르망의 군사위원회는 수천 명을 학살했다. 카리에는 총살이라는 통상적인 학살 방법 외에도 수장水葬이라는 특별한 방법을 동원했다. 최소 8차례의 수장을 통해서 3, 4천 명의 방데인들이 처형되었다. 두 명의 벌거벗긴 남녀를 한데 묶어 빠뜨려 죽이는 "공화파 결혼"도 자행되었다. 이렇게 해서 낭트에서는 여자와 어린이가 포함된 수천 명의 포로가 야만적인 방법으로 처형되었다.

현지 지휘관들은 경쟁적으로 잔인한 방법을 동원하여 학살을 자행했다. 온건한 방법을 사용할 경우 반혁명으로 몰려 처형당할 위험이 있었기 때문이다. 그러나 카리에의 수장에 대해서는 현지의 혁명가들은 물론이고 파리의 혁명가들도 경악했다. 카리에는 1794년 2월 8일 파리에 소환되어 1794년 7월 '열월 정변' 후 재판을 받고 권력남용죄로 처형되었다. '공포정치'를 청산하는 시대적 분위기 속에서 카리에의 만행은 공포정치의 상징으로 여겨져 단죄된 것으로 볼 수 있다.

반면, 튀로는 1794년에 투옥되었다가 열월파에 의해 사면을 받고 풀려났지만 자신의 경력을 관리하기 위해 재심을 청구했고 1795년 말 무죄판결을 받았다. 로베스피에르의 처형 이후 로베스피에르가 만악의 근원으로 몰리던 상황에서, 뛰로는 공안위원회의 명령을 따랐을 뿐이라고 판단했기 때문으로 여겨진다.

전쟁 중에 무장 병사를 죽이는 것은 아무런 문제를 제기하지 않는다. 그러나 비무장 양민학살은 다르다. 방데 전쟁의 경우에는 국민공회의 우려에도 불구하고 양민학살이 자행되었으며, 그 방법은 혁명가들을 경악시킬 정도로 야만적이었다. 방데군이 포로로 잡은 한 공화파 장교의 주머니 속에는 농민들에게 사면을 약속한 후 농민들이 투항하면 학살하라는 명령서가 들어 있었다.[25] 반도들은 물론이고 애국파도 학살 대상이었다. 말하자면 방데라는 특정 지역의 모든 주민이 학살 대상이었던 것이다. 방데인들은 그들의 '행위' 때문이 아니라 '존재' 때문에 학살당한 것이다.

누구의 책임인가

제노사이드란, 1948년 유엔이 채택한 〈제노사이드 방지와 처벌을 위한 협정〉에서 정의한 바에 의하면, "국가적·종족적·인종적 혹은 종교적 집단의 전체 혹은 부분을 파괴하기 위해 집단의 구성원을 죽이는 행위, 집단 구성원들에게 심각한 육체적·정신적 손상을 가하는 행위, 집단을 전체적 혹은 부분적으로 파괴하기 위해 집단의 생활조건에 의도적으로 고통을 가하는 행위, 집단 내의 출생을 방해하기 위한 행위, 한 집단의 어린이들을 강제적으로 다른 집단으로 이주시키는 행위"를 말한다. 지나치게 막연한 정의이다.

여기서 중요한 것은, 제노사이드라는 개념을 정립한 라파엘 렘킨이 주장하듯이, 이러한 파괴 행동들이 정부의 "통합적 계획"에 의해 수행되었는지 여부이다. 다시 말하면, 현장 지휘관의 우발적이거나 산발적인 행동만 가지고는 제노사이드라고 말하기에 부족한 것이다. 방데 전쟁 시기의 양민학살이 국민공회의 법에 의한 것인지 아니면 공안위원회의 지시를 따른 것인지 아니면 현지 사령관의 독단에 의한 것인지 여부가 중요한 이유가 여기에 있다.

장클레망 마르탱 같은 역사가들은 양민학살이 자행되기는 했지만 국민공회의 지시를 따른 것은 아님을 강조하는데, 그 이유는 제노사이드가 아니라고 말하기 위해서이다. 반면 레날 세세는 양민학살이 국민공회의 법과 공안위원회의 승인에 의해 자행되었기 때문에 제노사이드라고 주장하는 것이다.

레날 세세는 자기의 주장을 입증하기 위해서 공안위원회가 1793년 11월 11일과 1793년 12월 19일 사이에 작성한 20건의 문서를 제시하고 있다.[26] 레날 세세는 이 문서들이 제노사이드를 입증하는 결정적인 문서라고 말한다. 그러나 그 문서들은 "비적을 전멸시켜라", "반도들의 히드라를 괴멸시켜라", "이 불순한 족속들을 절멸시켜라", "자유의 땅을 정화시켜라" 등과 같은 과격하고 인종주의적인 용어를 동원하여 방데 전쟁을 종식시키라고 말하고 있을 뿐, 비무장 양민들도 학살하라고 말하고 있지는 않다. 따라서 레날 세세가 최초의 저서 이후에 새롭게 발견했다고 제시한 문서들은 베스테르만 보고서의 수준에 미치지 못하는 것이다.

공안위원회가 양민학살을 명령하고 승인했음을 간접적으로나마 입증해주는 문서는 베스테르만의 보고서와 공안위원인 카르노가 튀로 장군에게 양민학살을 추인해주는 편지 정도이다. 관련 문서가 사라진 것은, 레날 세셰가 말한 대로, 공안위원회가 체계적으로 "기억학살"을 범했기 때문으로 추정할 수 있다.

공안위원회는 "비적을 전멸시켜라"라고 외쳤다. 그러나 그들은 비적의 범위를 분명히 말하지 않았다. 무장 반도만 비적인가 아니면 전 주민이 비적인가? 현지의 사령관들은 비적을 전 주민으로 해석했다. 베스테르만은 명령대로 전 주민을 학살했다고 말했다. 튀로 역시 공안위원회의 지시에 따라 "자유의 땅에서 이 저주받은 족속을 완전히 정화하기 위해" 방데를 "공동묘지"로 만들려 했다고 말했다.[27] 1794년 '열월 정변' 이후에 열린 재판에서 카리에는 비적을 전 주민으로 받아들였다고 말했다.

이 재판을 자세히 분석한 바뵈프는 카리에와 로베스피에르가 방데뿐만 아니라 프랑스의 불순한 잉여 인구를 "감축"시킬 계획을 가지고 있었다고까지 말했다.[28] 공안위원회는 양민을 학살하라는 구체적인 명령을 내리지는 않았지만 비적의 범위를 분명하게 규정하지 않은 책임을 면할 수 없다.

로베스피에르는 어떻게 생각했을까? 레날 세셰에 의하면, 카리에의 만행을 전해들은 로베스피에르는 "그는 애국자이다. 그는 자기의 의무를 알고 있다. 낭트는 그러한 사람이 필요하다"라고 말했다.[29] 그러나 장클레망 마르탱의 이야기는 다르다. 로베스피에르는 낭트에 개인 정보원인 쥘리앵을 파견하여 카리에의 만행을 비판했고, 과격 혁명가들의 폭력을 제어하기 위해 노력했다는 것이다. 튀로 장군의 학살에 대해서도 장클레망 마르탱은 로베스피에르가 무관하다고 말한다. 로베스피에르는 1793년 12월부터 1794년 1월까지 방데 전쟁에 대한 논쟁에 참여하지 않음으로써 혁명가들 사이의 당파 싸움에 빠져들지 않았으며, 튀로의 승인 요청에 대해서도 카르노를 통해 원칙적인 승인을 하도록 했을 뿐이라는 것이다.[30]

누구의 책임인가? 레날 세셰와 장클레망 마르탱은 방데 전쟁을 전공한 역사가이지만 이들의 해석은 엇갈린다. 레날 세셰는 양민학살이 공안위원회의 명령과 승인 아래 진행되었으며 카리에와 튀로는 하수인에 불과했다고 말한다. 그는 방데 학살은 정부가 주도한 체계적인 학살이었을 뿐만 아니라 나치의 유대인 학살에서처럼 가스를 사용하기도 했고 인체를 용해시켜 기름을 얻었으며 심지어는 인간의 가죽을 벗겨 옷을 만들기까지 했다고 주장한다.

생쥐스트도 이러한 야만성을 알고 있었으며 1793년 8월 14일 보고서에서 다음과 같이 말했다. "뫼동에서 인간의 가죽을 무두질했다. 인간의 가죽은 야생 영양의 가죽보다 더 질기고 아름답다. 여자의 가죽은 더 부드럽고 덜 질기다."[31]

나치의 만행을 연상시키는 엽기적인 '인간 가죽'은 실제로 있었던 일인가? 장클레망 마르탱은 군의관인 페켈이 30여 구 시신의 가죽을 벗겼다고 말한다. 시신의 가죽을 벗긴 것은 사실이다. 그러나 장클레망 마르탱은 그러한 행위는 고대부터 18세기까지 흔하게 일어났던 일로서, 산업적으로 활용된 것도 아니며 어떤 정치적인 결정에 의해 체계적으로 시행된 것도 아니었다고 말한다. 의미 없는 '사건'이었을 뿐인데 레날 세셰 같은 사람이 "논쟁을 위한 창작"으로 과장했다는 것이다.[32]

장클레망 마르탱은 1793년 8월 1일 법과 10월 1일 법은 양민학살을 금했으며 베스테르만 장군의 양민학살도 지시하지 않았다고 말하는데 이는 앞에서 살펴본 것처럼 사실과 다르다. 8월 1일 법에 있는 양민학살을 금지하는 조항은 10월 1일의 법에는 빠졌을 뿐만 아니라 10월 1일 법은 양민학살을 부추기는 듯한 인상을 주기 때문이다. 지옥종대의 초토화 작전에 대해서도, 로베스피에르는 카르노를 통해 튀로의 요청에 대해 원칙적인 동의만 하게 했을 뿐이라고 말하는데 그렇다고 해서 로베스피에르의 책임이 면제되는 것은 아니다.

장클레망 마르탱은 당시는 '국가 부재'라 할 정도로 권력이 분산되어 있었던 시기로, 지방에서는 공안위원회의 통제를 벗어난 파견의원들이 자의적으로 권력을 행사하고 있었으며, 혁명가들의 권력다툼으로 폭력성이 상승했다고 말한다. 공안위원회는 권력을 장악하지 못했기 때문에 지방에서의 폭력에 대한 책임이 없으며, 특히 로베스피에르는 "과격한 연설 외에는 가능한 개입 수단을 거의 가지고 있지 못했다"고까지 말한다.[33]

그런데 당시에 상퀼로트의 권력이 아무리 강력했다고 해도 공안위원회와 로베스피에르의 권력이 그렇게 약했다고 보기는 어렵다. 1793년 12월 4일(상월 14일) 법은 그동안의 무정부 상태를 마감하고 공안위원회의 혁명 독재를 확립시켰기 때문이다. 1793년 말부터는 공안위원회가 파리코뮌, 민중협회, 지방행정기관, 파견의원 등을 제압하고 모든 권력을 장악했다. 방데의 경우, 현지의 사령관들이 공안위원회의 승인을 요청했으며 공안위원회가 카리에를 소환했다는 사실 자체가 공안위원회의 강력한 권한을 증명해준다.

설사 로베스피에르가 공안위원회를 장악한 것은 아니었다 해도 공안위원회에서의 지위가 약했다고 말할 수는 없다. 동시대의 증인인 바뵈프는 로베스피에르 혼자만으로도 공안위원 전부보다 더 강력했다고 말한다.[34] 장클레망 마르탱은 로베스피에르에게 모든 비난이 집중된 것은 1794년 '열월 정변'으로 로베스피에르를 몰아낸 사람들이 모든 책임을 로베스피에르에게 뒤집어씌웠기 때문이라고 말한다. 악명 높은 공포정치를 주도한 것은 파견의원들과 상퀼로트이며 로베스피에르는 오히려 공포정치를 저지하려 했다는 것이다.

양민학살의 책임이 누구에게 있는지 말하기는 어렵다. 1793년 말부터는 공안위원회가 국가권력을 장악하고 있었다는 점에서 공안위원회는 포괄적인 책임을 면할 수 없다. 그러나 정확한 책임 소재를 밝히는 것보다 중요한 것은 양민학살이 자행되었다는 사실을 '확인'하는 것이다. 약 수만 명의 양민들이 야만적인 학살에 의해 목숨을 잃었다. 농민들을 '비적'으로 단죄한 것부터 신체제의 혁명정부는 구체제의 군주정과 다르지 않았으며 구체제와 똑같이 진압했다.[35] 방데에는 '인권선언'도 없었고, '자유-평등-형제애'도 없었다.

혁명의 폭력성

방데 전쟁은 1793년 3월에 시작되어 1793년 12월 23일 사브내 전투로 끝났다. 역사적으로 논란이 된 것은 혁명정부의 가혹한 전후처리였다. 공화파 주민을 포함한 전 주민을 대상으로 무차별 학살이 자행되었는데 공안위원회가 이 야만적인 학살에 책임이 없다고 말할 수는 없다.

혁명정부의 폭력이 진정된 것은 1794년 7월의 '열월 정변'으로 로베스피에르가 제거되면서이다. 열월파 국민공회는 평화를 정착시키기 위해 공안위원회의 결정들을 무력화시켰고, 학살에 관련된 장군들을 체포하여 재판에 회부했으며, 방데인들에게 사면을 선포했고, 1795년 2월에는 샤레트와 5월에는 스토플레와 평화조약을 체결했다. 방데인들을 '비적'이라고 부르는 것만으로도 3일간의 구류 처벌을 내릴 정도로 이들의 화해 의지는 강력했다. 최종적으로 나폴레옹은 1799년 12월에 "부당한 법이 공포되었고 집행되었다"고 인정함으로써 방데 전쟁을 끝냈다.

그 후 방데는 역사 속으로 들어갔다. 19세기 이래 프랑스혁명사를 지배해온 공화주의 역사가들과 마르크스주의 역사가들은 방데 전쟁을 반혁명 전쟁으로 규정하고 방데 전쟁에 대한 부정적인 입장을 견지해왔다. 그들은 방데 전쟁이 벌어진 시기의 공포정치는 외전과 내전의 시기에 국가와 혁명을 지키기 위한 불가피한 조치였다고 받아들인 반면, 방데 전쟁의 폭력적인 전후처리에 대해서는 외면해왔다. 이들의 역사 서술에서 방데 전쟁이 차지하는 비중은 양적으로나 질적으로 균형을 잃었다.

방데 전쟁에 대한 새로운 해석은 수정주의 역사가들로부터 나왔다. 프랑수아 퓌레는 공안을 이유로 폭력을 용서하는 것에 반대했다. "방데의 파괴와 동시에 진행된 방데인들의 대량살육은 공안이라는 이유로 사면될 수 없는 공포정치의 최대 집단학살이었다."[36] 퓌레는 수정 해석의 문을 열었지만, 제노사이드라는 용어는 시대착오적이고 부적절하다며 거부했다.[37] 파트리스 게니페는 지옥종대의 학살에 대한 상세한 연구에서 지옥종대의 학살에 대해 '제노사이드'라는 용어는 사용하지 않았지만 "반인류 범죄"임을 부인하지 않았다.[38] 제노사이드 논쟁을 가열시킨 사람은 레날 세세였다. 그는 방데 전쟁 이후 벌어진 전후처리는 공안위원회가 주도한 제노사이드였다고 주장했다. 이에 대해 장클레망 마르탱은 공안위원회가 주도하지도 않았으며 제노사이드도 아니었다고 반박했다. 방데에서의 폭력은 구체제의 농민반란에 대해 가해진 폭력과 같은 수준의 폭력이었으며, 방데에서의 폭력보다 훨씬 더 가혹한 폭력도 많이 행해졌는데도 방데 전쟁만을 제노사이드라고 단죄하는 것은 역사적인 비판이 아니라 이데올로기적 공격에 다름 아니라는 것이었다.

제노사이드를 "집단의 전면적 혹은 부분적 학살"이라고 정의할 경우, 방데 학살은 제노사이드 범주에 들어간다. 그러나 제노사이드의 범위를 이렇게 확대하면 사실상 모든 학살이 제노사이드에 속하게 되어 제노사이드라는 말 자체가 무의미해진다. 제노사이드는 '다른 종족의 전면적인 파괴를 목적으로 한 체계적인 학살'로 한정되어야 한다. 이렇게 본다면, "프랑스인에 의한 프랑스인의 제노사이드"라는 말은 애당초 성립하지 않는다.

　방데 학살이 제노사이드인가를 판별하는 논쟁은 사실이 아니라 이데올로기에 의해 좌우되기 쉽다. 그럼에도 불구하고 이 논쟁을 통해 확인할 수 있는 것은 방데 전쟁에서 엄청난 폭력이 자행되었다는 사실이다. 폭력이라는 차원에서 볼 때 프랑스혁명은 아무런 단절을 가져오지 않았다. 구체제에서 자행되던 야만적인 폭력이 '자유―평등―형제애'를 외친 혁명가들에게 그대로 계승되었던 것이다.

LA LOI PUNIT DE MORT
LE CONTREFACTEUR.

LA NATION RÉCOMPENSE
LE DÉNONCIATEUR.

리옹
반란

혁명의 분열

프랑스혁명의 기본 정신은 국민의회가 8월 26일 발표한 〈인간과 시민
의 권리선언〉에 잘 나타나 있다. 그러나 프랑스혁명은 '인권선언'대로
진행되지 않았다. 무엇보다도 혁명가들 자신이 인권선언을 침해했다.
그것은 불가피한 일이었다. 인권선언은 말 그대로 하나의 '선언'이자
지향이었지 현실이 아니었기 때문이다. 첫 번째 중요한 침해는 국민의
회가 1790년 7월 12일 '성직자시민법'을 제정하여 가톨릭교회의 구조
를 일방적으로 개편하고 교회재산을 몰수한 것이다. 그것은 재정위기
를 타개하기 위한 조치였음에도 불구하고 종교의 자유와 소유권의 신

성함을 규정한 인권선언을 위반한 것이었다. 여기에서 영국인 버크는 자연권에 기초한 인권선언의 추상적인 이념이 실제로는 권리의 보장이 아니라 권리의 침해로 변질될 가능성이 있음을 예리하게 내다보았다.[1]

프랑스혁명은 버크의 예언대로 진행되었다. 혁명이 진행될수록 혁명에 저항하는 사람들이 생겨났고 그때마다 혁명은 '저항권'을 인정하지 않고 폭력으로 진압했다. 이 같은 '이탈'은 1792년 4월 프랑스가 오스트리아에 대해 전쟁을 선포하면서 정상으로 자리 잡았다. '인간과 시민의 권리'를 지키는 것보다는 국가의 안전을 지키는 것이 우선이었기 때문이다.

전쟁 승리를 위해서는 우선 내부의 적을 처리할 필요가 있었다. 첫 번째 타깃은 거부권을 행사하여 전쟁 수행을 방해하는 왕이었다. 1792년 8월 10일, 파리 민중과 지방 마르세유와 브레스트 등지에서 올라온 '연맹군'은 왕궁을 공격하여 왕정을 무너뜨렸다. 9월 초, 오스트리아·프로이센군이 프랑스 국경을 넘어 진격하자, 경악한 파리 민중은 파리의 여러 감옥을 공격하여 1,100명이 넘는 수인들을 무차별 학살했다. 이른바 제1차 공포정치라고도 일컬어지는 '9월 학살'이 벌어진 것이다. 그해 9월 21일 개원한 국민공회는 왕정 폐지를 공식 선언했고, 며칠 뒤에는 "공화국의 단일성과 불가분성"을 의결했다. 1793년 1월에는 국왕을 재판에 회부하여 적지 않은 반대에도 불구하고 처형했다. 혁명은 돌아올 수 없는 강을 건넜다.

혁명에 대한 저항도 심해졌다. 1793년 3월 프랑스 서부 방데 지방의 농민들은 국왕과 가톨릭교회를 수호한다는 기치를 내걸고 대규모 봉기를 일으켜 혁명을 위협했다. 왕정을 무너뜨리고 공화정을 수립하는 데 결정적인 역할을 한 파리 민중의 압력도 혁명의 방향을 좌지우지할 정도로 위협적이었다.

파리 민중과의 관계 설정을 놓고 의회 내에서 지롱드파와 산악파의 싸움도 격해졌다. 의회를 주도하고 있던 지롱드파는 의회와 법의 지배에 호소한 반면, 파리 민중과 연계한 산악파는 "파리의 선량한 민중"을 옹호하면서 인민주권의 이상에 호소했다.[2] 4월 10일 로베스피에르는 국민공회에서 "강력한 정파가 귀족적 헌법을 가진 왕을 옹립하기 위해 유럽의 전제군주들과 음모를 꾸미고 있다"며 지롱드파를 공격했다. 그는 지롱드파가 왕정의 붕괴에 반대했고 라파예트를 지지했으며 어리석게도 프랑스를 오스트리아와의 전쟁으로 몰아넣었을 뿐만 아니라 전쟁 수행 노력을 방해했고, 파리와 파리코뮌을 비방했고, 국민공회 내에 분파를 조성했고, 지방의 도에서 여론을 호도했고, 왕의 재판에서는 '국민에의 항소'를 제안했고, 뒤무리에의 반공화국 배신에 공모했다고 죄상을 열거했다.

지롱드파와 산악파·파리 민중의 대립은 극으로 치달았다. 지롱드파는 "민중의 친구" 마라를 기소했으나 마라는 무죄로 풀려나 개선했다. 5월 29일 로베스피에르는 민중봉기가 필요하다고 역설했으며 "가장 민중적인 헌법의 제정"을 약속했다. 드디어 1793년 5월 31일~6월 2일에 파리 민중은 국민공회를 겁박했고 무력한 의회는 지롱드파 의원 29명의 체포를 결의했다. 정당성을 주장하는 민중이 합법성의 보루인

의회를 제압한 것이다. 산악파와 파리 민중이 권력을 장악했다.

지방의 저항

산악파의 정치 기반이 파리였던 반면에 지롱드파의 정치 기반은 지방
이었다. 지롱드파를 주도하던 의원들은 대체로 보르도, 마르세유, 리
옹 같은 지방 대도시 출신들이었다. 산악파가 파리 민중과 손을 잡고
지롱드파를 공격할수록 지롱드파는 지방의 지원을 호소했다.

지롱드파의 대표적 논객인 베르니오는 국왕 재판을 둘러싸고 로베
스피에르와 벌인 논쟁에서 9월 학살을 자행한 파리 민중과 그들을 배
후 조종한 산악파 의원들을 비난하며, "자유의 나라와 자유의 수호자
는 도道에 있습니다"라고 말했다.[3] 지롱드파 의원들이 국왕 재판에서
"국민에의 항소"를 요구한 것은, 국민의 의지는 8월 10일 파리 민중의
봉기에서 표현되었다는 로베스피에르의 주장을 거부하는 것이었다.

산악파와 파리 민중의 지롱드파 공격이 강화되자 베르니오는 5월 4
일과 5일 보르도 시민들에게 편지를 보내 국민공회에 강력한 청원서를
보낼 것을 촉구했다. 베르니오는 파리에서의 소요에도 불구하고 보르
도 시민들이 침묵을 지키고 있는 것에 실망하여 외쳤다. "지롱드인들
이여, 일어나십시오! 국민공회는 버림받고 있기 때문에 약해지고 있습
니다. 국민공회를 위협하고 있는 복수의 여신들에 맞서 국민공회를 지
원해주십시오.⋯⋯그러면 국민공회는 진정으로 프랑스 국민에게 어울

리는 기관이 될 것입니다. 지롱드인들이여, 시간이 없습니다.……여러 분들이 무관심한 상태로 수수방관한다면 쇠사슬이 준비되고 범죄가 지배할 것입니다."[4]

보르도 시민들은 베르니오의 요청에 호응하여 지롱드파 의원들을 지지했고, 국가를 "무정부 상태"로 이끄는 파리 민중을 비난하는 강력한 청원서를 보냈다. 지방에서 볼 때 파리코뮌의 공세와 파리 민중의 폭력적인 행동은 국민공회에 합법적으로 존재하는 국민주권을 침해하는 것이었다. 6월 7일, 보르도인들은 '인민위원회'를 구성하고 "폭군, 배신자, 무정부주의자(아나키스트)에게 항구적인 전쟁을 선포할 것, 자유, 평등, 주민의 안전과 재산권, 공화국의 단일성과 불가분성을 보존할 것, 국가의 주권에 대한 정당한 존중심을 회복하기 위해 주민들로부터 위임받은 권력을 사용할 것"을 엄숙히 맹세했다.[5] 국민공회를 보호하기 위해 자원병을 파견하는 것도 결정되었다.

마르세유는 1789년 혁명 발발 초부터 혁명 열기가 뜨거운 곳이었다. 마르세유는 인근 중소 도시에 자코뱅 "선교사"를 파견하여 혁명 도시로서의 명성을 높였다. 1792년 8월 10일 마르세유에서 파리로 파견한 연맹군은 왕궁을 공격하여 왕정을 무너뜨리는 데 큰 역할을 했다. 연맹군은 1790년 7월 14일 파리에서 열린 연맹제fête de fédération에 참여하기 위해 파리로 올라간 국민방위대를 지칭한다. 지방의 저항을 지칭하는 '연방주의fédéraliste 반란'이라는 말도 여기에서 나온 것이다.

파리에서 지롱드파와 산악파의 대립이 격화됨에 따라 마르세유의 정치 지형도 변하기 시작했다. 1793년 1월에 마르세유의 과격 자코뱅파는 시정을 장악하고 "전제군주에게 죽음을! 연방주의 불가!"를 외쳤다. '연맹'이 '연방'이라는 부정적인 의미로 쓰인 최초의 사례 가운데 하나였다.[6] 그해 5월에 마르세유의 시의회와 구區들은 자코뱅파를 축출하고 시정을 탈환했다. 6월 12일 마르세유의 총위원회는 "야심적이고 범죄적인 도시[파리코뮌]가 국민주권을 공격했다"며 프랑스의 모든 도에 "프랑스인이여, 무기를 들라!"는 내용의 선언문을 발송했다.[7] 두 주 후 총위원회는 프랑스의 모든 도가 두 명의 대표들을 부르주에 파견하여 '대체의회'를 설립하자고 제안했다. 4일 후, 부슈뒤론도道는 파리를 향해 연맹군을 파견했다. 이번의 연맹군 파견은 파리 민중과 손을 잡기 위한 것이 아니라 파리 민중으로부터 국민공회를 보호하기 위함이었다.

그러나 보르도, 마르세유 등 지방 대도시에서 일어난 저항은 용두사미로 그치고 말았다. 83개 도 가운데 47개 도가 5월 31일과 6월 2일 정변에 항의하는 편지를 보낸 반면, 34개 도는 산악파 국민공회를 공개적으로 지지하거나 중립을 지켰다. 그나마도 대부분의 도는 항의 편지를 보내는 데 그쳤고 13개 도만 국민공회에 대한 저항을 계속했다. 그러니 소위 연방주의 반란에 가담한 도는 13개 도에 불과했다고 말할 수 있다.

부르주 대체의회 소집도 무산되었다. 대도시 주변의 중소 도시들도 호응하지 않았다. 파리를 향해 떠난 보르도와 마르세유의 자원병은 도계를 벗어나지 못했고, 캉Caen에서 파견한 노르망디 자원병은 제대로 싸워보지도 못하고 퇴각했다. 오직 리옹만이 오랫동안 저항을 이어갔고 그만큼 피해도 컸다.

리옹 시민 봉기

리옹은 프랑스의 남동부에 있는 유서 깊은 도시이다. 로마제국 초기에 리옹은 인구 5만 내지 8만 명의 대도시로서 "갈리아의 수도"라는 지위를 누렸다. 중세에 들어 리옹은 파리 중심의 정치권력에서 멀리 떨어져 있었기 때문에 정치적으로는 쇠퇴했으나 종교적으로는 여전히 강력했다. 리옹 대주교는 1079년부터 "갈리아의 프리마"라는 권위를 누렸다. 역사적으로 리옹은 프랑스 남부의 수도였다.

프랑스혁명이 일어날 무렵 리옹의 인구는 15만 명 정도로, 인구 50만~60만 명의 파리 다음가는 프랑스 제2의 도시였다. 리옹의 주력 산업은 견직물 산업이었다. 견직물 산업은 특히 자본주의적 산업이었기 때문에 400여 명의 부유한 상인들이 도시를 지배했다. 남자 2만 4천 명, 여자 1만 명이 견직물 산업에 종사했는데 숙련된 장인들도 단순 노동자에 불과했다. 견직물 산업은 원료 조달에서부터 판매에 이르기까지 주변 정세의 영향을 많이 받았다. 전쟁이 일어나거나, 정세가 불안하거나, 군주가 죽어 상복을 입거나, 궁정의 재정 지출이 감소하거나, 혹은 심지어 루소 식의 농촌적인 자연주의가 유행하거나 하면 곧바로 실크 수요가 감소했고 대규모 실업이 발생했다. 영국의 면, 스페인과 이탈리아의 값싼 견직물도 리옹의 견직물 산업을 위협했다. 특히 1786년 영불통상조약 이후 견직물 산업의 침체는 노동자들을 빈곤에 빠뜨렸고 자본주의적 상인들과 노동자들 사이의 사회적 갈등을 심화시켰다. 1787년과 1788년 리옹의 견직물 노동자들은 집단행동을 벌였다.

삼신분회를 위한 '진정서'에 의하면 혁명 직전 리옹의 견직물 산업은 "전면적 붕괴 위험"에 처해 있었다. 당시 이 지역을 여행한 영국인 농학자 아서 영의 눈에 비친 리옹은 흉흉했다.[8]

리옹의 또 다른 특징은 남부의 거점 도시임에도 불구하고 고등법원과 대학이 없었다는 점이다. 그만큼 리옹은 상인들이 지배하는 도시였다. 상인들이 도시 시정을 장악했으며, 시정관 임기를 마친 상인은 귀족으로 상승했다. 리옹은 파리 고등법원의 관할 구역에 속해 있었다. 혁명 전에 고등법원들이 국왕에 저항할 때 리옹은 고등법원의 대의를 지지하지 않고 국왕을 지지했다. 리옹은 실크와 식량 조달을 위해서라도 왕실에 의존하지 않을 수 없었기 때문이다. 리옹의 진정서는 국왕이 리옹의 실크 산업을 부활시켜야 한다는 호소로 가득했다.

1789년 5월에 파리에서 혁명이 일어나자 리옹의 부르주아들도 혁명의 대의를 지지했다. 그러나 그들은 민중의 힘을 두려워하여 행동에 나서기를 거부했고 민중은 이 기회를 이용하여 세력을 규합했다. 7월 초 리옹의 민중이 고물가의 주범으로 꼽힌 통관세 반대 폭동을 일으키자 시는 군대를 동원하여 진압했다. 1790년 2월 7일 리옹의 민중은 봉기를 일으켰고 무기를 탈취하는 등 세력을 강화했다.

롤랑과 샬리에 같은 리옹의 애국파는 리옹이 상인과 귀족 중심의 보수적이고 반혁명적인 도시라고 비난했다. 견직물이라는 고가의 사치품을 생산하여 귀족들과 부자들에게 판매하던 리옹은 혁명기 내내 이러한 의혹을 받았다. 1790년 9월에는 부르주아들의 클럽에 뒤이어 민중들의 클럽이 결성되었고 민중들 사이에 빠르게 확산되어 1791년 4월에는 회원 수가 4천을 넘었다. 리옹의 32개 구에 설립된 클럽은 기존의 선거구에 뿌리내림으로써 연속성을 유지했는데 이것이 리옹의 민중운동을 활성화시킨 요인이기도 했다. 각각의 클럽은 6명의 대표를 '중앙클럽'에 파견했다. 리옹에서는 파리에서와 달리 부르주아 운동보다 민중운동이 먼저 시작되었다.

1791년 6월, 국왕의 탈주 미수사건으로 정치적 분열이 심화되었다. 리옹의 애국파는 점점 더 민중 클럽에 의존했다. 도시의 상인계급은 시정에서 밀려나고 있었지만 무관심하거나 경멸적인 자세를 견지했을 뿐 반격에 나서지는 않았다. 민중이 더욱 폭력적으로 변하지 않을까 두려워했기 때문이다. 그들은 보수적인 도, 국민방위대, 과거의 명사들, 멀리 파리에 있는 국민의회에 기대를 걸 뿐이었다.

1792년 4월 프랑스가 오스트리아에 전쟁을 선포한 후, 롤랑이 내무대신 직을 맡아 파리로 올라감에 따라 파리의 정치와 리옹의 정치가 긴밀하게 결합되었다. 파리의 애국파와 리옹의 애국파는 리옹의 부르주아들에 대해 더욱 적대적이 되었다. 이러한 상황에서 샬리에가 롤랑파를 밀어내고 민중파의 지도자로 부상했다. 샬리에는 견직물 산업으로 성공하여 부를 축적한 후 리옹의 애국파로 활동하다가 파리로 진출하여 로베스피에르에게서 희망을 발견한 과격 자코뱅이었다. 샬리에는 그해 8월 왕정이 무너지자 리옹으로 개선하여 특권층에 대한 공격을 선포했다. 샬리에는 국민의회에 보내는 청원서에서 리옹의 정치 상황을 다음과 같은 사회적 용어로 정의했다.

리옹은 언제나 특권적이고 압제적인 부자들과 부담의 무게로 짓눌리고 굴욕의 무게로 비천해진 다수의 빈민으로 양분되었습니다. 부자들은 다른 사람들이 자기들과 함께 '인간과 시민의 권리선언'에 대해 생각하려는 것에 분노합니다. 그들이 평등에 대해 증오했기 때문에 리옹에서 소요가 일어났습니다. 이러한 소요는 혁명과 함께 시작되었고 계속되었으며 구체제를 회복하려는 불순한 기도와 희망 때문에 지금도 계속되고 있습니다.[9]

롤랑파와 샬리에파의 투쟁이 가열되었다. 도식적인 구분이긴 하지만, 지롱드파인 롤랑은 자유주의자인데 반해 산악파인 샬리에는 평등주의자였다. 롤랑은 더이상의 혁명에 반대하여 혁명을 종결시키기를 원했고, 법보다 개인의 의지를 앞세우면 무정부주의가 발생할 것이라고 경고했다. 전쟁 때문에 장례식이 늘어나 실크 경기가 악화되고 식량 조달이 어려워지자 최고가격제 같은 통제경제에 대한 요구와 반혁명적인 경제범죄자들에 대한 처벌 요구가 높아졌다. 이러한 요구의 배후에는 샬리에와 로베스피에르의 과격한 정치프로그램이 도사리고 있었다. 롤랑의 자유주의 원칙을 따르고 있던 리옹 시는 민중파의 요구를 수용할 수 없었다.

파리에서 9월 학살이 일어나자 그 영향을 받은 샬리에파는 장교들과 선서거부신부들을 학살하고 식료품 가게를 약탈하는 등 난동을 부렸다. 그러나 시는 이들을 두려워하여 무력 진압에 나서지 못했다. 최종적으로, 국민공회의 10월 28일 법령에 의해 실시된 보통선거에서 샬리에파가 로텔디외 같은 빈곤한 구들에 기대어 승리를 거두었다. 그러나 압도적인 승리는 아니었다. 시장 선거에서는 샬리에가 롤랑파인 니비에르콜에게 패배한 것이다. 샬리에의 과격한 정책에 놀란 부르주아들이 과거의 무관심과 방관에서 벗어나 시정에 개입했기 때문이다. 리옹의 부르주아들은 샬리에를 지지하는 가난한 구를 제외한 다수의 구에서 지지를 얻었다.

리옹에는 공포와 불신이 팽배했다. 1793년 2월 6일, '중앙클럽'은 혁명재판소를 설치할 것을 요구했다. 시장인 니비에르콜이 반대하자 민중봉기가 일어났다. 니비에르콜이 사임했다. 재선거에서 질리베르가 당선되었으나 그 역시 사임했다. 최종적으로 3월 9일 재선거에서 샬리에파인 베르트랑이 당선되었다. 그러나 부정선거라는 소문이 돌았고 반대파의 집요한 공격으로 샬리에파가 수세에 몰렸다. 국민공회에서 내려 보낸 파견의원들은 시의 임금통제 정책을 승인하고, 혁명군 창설을 승인하고, 반자코뱅적인 《주르날 드 리옹》의 편집인인 팽을 체포하고, 공안위원회를 설치하고, '수상한 자들'을 체포하는 등 샬리에파를 지원했다.

그러나 파견의원들의 일방적이고 미숙한 개입, 샬리에파의 위협적인 사회적 평등 주장, 반대파 숙청, 부자들에 대한 과세 정책 등은 부르주아들의 반발을 초래했다. 샬리에파는 6,400명 규모의 혁명군을 창설하려고 계획했으나 400명밖에 모집하지 못했다. 그럴수록 "타락한 도시" 리옹에 대한 샬리에파의 적대감은 늘어났다. 독선과 망상도 커졌다. 샬리에파는 자기들을 "혁명의 바람이 기적적으로 소돔의 도시로 보

낸 소수의 순수한 사람들"이라고 생각했다.[10]

샬리에파는 시정을 장악하기는 했지만 고물가에 시달리던 리옹 민중의 바람을 만족시킬 수 있는 수단이 없었다. 파리에서는 산악파와 상퀼로트가 연대하여 법을 만들거나 국민의회를 위협하거나 공포정치를 실시할 수 있었지만, 일개 지방도시인 리옹의 민중파에게는 그러한 것들이 불가능했다. 그들은 파리의 자코뱅과 달리 가난한 민중들에게 빵을 싸게 공급할 수 없었을 뿐만 아니라 전략적으로 중요한 도시였기 때문에 노동자들의 임금을 낮출 수밖에 없었다. 도덕성을 강조하는 자코뱅으로서는 사치품 도시 리옹의 실업문제를 해결하기 어렵다는 근본적 한계도 있었다.[11] 그들은 민중의 친구로서 권력을 잡았지만 민중의 기대를 충족시키기 어려웠다. 리옹의 자코뱅은 파리의 자코뱅을 바라보며 그들의 지원을 기다릴 수밖에 없었다.

샬리에파는 민중의 사회적·경제적 요구를 해결해주지 못했을 뿐만 아니라 클럽의 전통적인 자율성을 위협했기 때문에 민중의 불만을 샀다. 32개 구 가운데 18개 구가 샬리에파에 대한 지지를 철회했다. 4월 20일에 파견의원들이 리옹을 떠나자 샬리에파의 기세가 한풀 꺾였다. 5월 10일 리옹 지역의 군을 담당하는 새로운 파견의원들이 내려오자 긴장감이 고조되었다. 리옹 시민들이 보기에 파견의원들은 리옹 시민들의 지지를 받지 못하는 소수의 샬리에파를 지원하고 불법적인 권력을 행사하여 도를 억압하는 "순회 독재자들"에 불과했다. "도에 내려와 독재를 일삼고, 권력을 해체하고, 모든 정의와 휴머니즘의 법을 위반하고, 파렴치한 선동자들을 앞잡이로 삼은 이들 비열한 독재자들은 누구인가? 그들이 진정 인민의 대표인가?"[12]

5월 27일, 파견의원 뒤부아크랑세가 샬리에파를 지원하기 위해 리옹으로 군대를 이동시키자 경악한 반샬리에파는 시 집행부가 시민의 신뢰를 상실했다고 선언하고 도에 국민방위대 동원을 요청했다. 5월 29일 국민방위대는 무기창과 시청을 점령했다. 파견의원들은 반샬리에파 군중에게 체포되었으며 최종적으로 임시 시 집행부를 구성하는 데 동의했다. 리옹 시민들의 반자코뱅 반란은 성공했다. 이 과정에서 50여 명의 사상자가 발생했으며 샬리에를 포함하여 100여 명이 체포되었다. 그러나 대규모 학살은 벌어지지 않았다. 국민공회가 군사적으로 개입할 구실을 주지 않기 위해서였다.

샬리에파를 몰아내고 리옹의 시정을 장악한 사람들은 혁명 이후 시와 갈등을 빚어온 보수적인 도 집행부, 리옹의 시정을 담당해왔으나 샬리에파에 의해 밀려난 롤랑파, 그리고 샬리에파의 독단과 독선에 불만을 느낀 구들이었다. 그것은, 콜린 루카스에 의하면, 무질서, 고정가격, 강제 공채 때문에 재산을 위협받고 있던, 그리고 가택 수색, 검거, 무기 압수 등으로 자유를 위협받고 있던 시민들이 무정부주의에 대항하여 일어난 반자코뱅적이고 보수적인 운동이었다.[13]

샬리에파를 제거한 후 필요한 다음 수순은 반란을 정당화하는 것이었다. 이들은 5월 30일 내무장관인 가라에게 보낸 편지에서 자기들의 행동은 소수에 불과한 샬리에파가 폭력으로 '법'을 유린한 데 대해 "법의 지배를 존중한 정당한 저항"이라고 주장했다.[14] 임시 시 집행부는 국민공회에 대표를 파견하여 전임 시 집행부의 공식적인 해체, 새로운 선거, 파견의원들의 소환, 구의 상설기구화 등을 요구했다. 다른 한편, 이들은 리옹과 마찬가지로 "연방주의 반란"이 일어나고 있던 마르세유와 보르도 등지에 대표를 파견하여 지원을 요청했다.

그러나 파리에서는 리옹과 반대 방향으로 상황이 전개되었다. 리옹에서는 온건파가 과격파를 몰아낸 반면, 파리에서는 과격한 상퀼로트와 산악파가 온건한 지롱드파를 몰아낸 것이다. 6월 2일 국민공회가 29명의 지롱드파 위원들을 체포하자 리옹의 희망은 사라졌다. 6월 3일 리옹의 라손 구는 파리의 "무정부주의자들"이 국민공회 의원들을 체포했다고 비난했다. 국민공회를 장악한 산악파는 리옹의 반란을 "공화국의 단일성과 불가분성"을 파괴하는 반혁명적인 "연방주의" 반란이라고 규정했으며, 그 배후에는 지롱드파와 왕당파가 있다고 공격했다. 이미 1791년 헌법은 "왕국의 단일성과 불가분성"을 천명했고, 1792년 9월 25일 국민공회는 "공화국의 단일성과 불가분성"을 선언하고 연방주의는 사형죄에 속한다고 규정한 바 있다. 프랑스혁명은 일관되게 중앙집권적인 통일국가를 추구해왔다. 연방주의는 왕당파에 버금가는 반혁명적인 범죄였다.

연방주의라는 용어에도 불구하고, 리옹을 비롯하여 마르세유, 보르도, 캉 등의 대도시에서 일어난 반란은 프랑스를 조각내어 미국식의 연방국가로 만들려는 음모가 아니었다.[15] 리옹에는 파리에 적대적인 정서도 없었다.[16] 실크의 판매와 식량 공급을 파리에 의존하고 있는 도시가 파리를 배척한다는 것은 불가능했기 때문이다. 국민공회는 리옹의 반란이 연방주의 반란을 넘어 리옹을 수도로 하는 별도의 남부 국가를 만들

려는 음모라고 비난했으나 그것은 아무 근거 없는 정치선전이었다.[17]

연방주의 반란을 기도한다고 비난받은 사람들이 실제로 반대한 것은 파리 민중이 자행하고 있는 "무정부주의"였다. 리옹의 구들은 "무정부주의자들과 독재자들에 대한 전쟁, 대의제, 법, 합법적 권위에 대한 존중"을 맹세했다.[18] 장클레망 마르탱은 지롱드파와 연방주의자들이 "사회적 질서의 유지, 상업의 자유, 대의제를 고수했으며 상퀼로트의 과다한 권력에 반대"하는 사람들이었다고 말한다.[19]

연방주의 반란은 근본적으로 파리의 독재로부터 지방의 자유를 회복하고 상퀼로트의 탈법적 지배로부터 법의 지배를 회복하려는 것이었다. 리옹 시민들이 샬리에파의 독재와 파견의원으로 상징되는 국민공회의 중앙집권적 지배를 거부하고 리옹의 민중과 구가 주권을 가진다고 선언한 것은 인권선언의 국민주권 사상을 천명한 것으로도 볼 수 있다. '연방주의'를 이러한 의미로 이해할 때만 리옹의 반자코뱅 반란은 연방주의 반란이라고 말할 수 있다.

국민공회가 리옹 반란을 군사적으로 진압하기로 결정한 것은 당연하다고 볼 수 있다. 리옹은 반혁명적인 도시일 뿐만 아니라 정치적·경제적·전략적으로 중요한 도시였기 때문이다. 파견의원 뒤부아크랑세는 켈레르만 장군에게 리옹으로 진군하라고 명령했다. 그러나 당시 서부의 방데에서는 농민반란이 확산되고 있었고, 마르세유, 보르도, 캉, 님, 그르노블 등지에서도 반란 움직임이 있는 상황에서 신중을 기하지 않을 수 없었다. 리옹은 리옹대로 반란의 정당성을 주장하면서도 부르주에 소집된 대체의회 운동과 다른 대도시의 연방주의 운동의 추세를 관망하면서 신중한 입장을 취했다.

리옹은 7월 1일 '론에루아르도의 공공 안전을 위한 공화주의적이고 민중적인 위원회'를 구성했다. 7월 18일 민중위원회는 "공화국의 단일성과 불가분성"을 수호할 것을 재천명했고, "연방주의적인 공화국은 프랑스에는 불가능한 무정부주의적인 정부"라며 리옹 봉기가 연방주의 반란이라는 국민공회의 단죄를 거부했다.[20] '민중위원회'는 파리의 국민공회를 비난하고 새로운 국민의회가 수립될 때까지 민중위원회가 인민주권의 유일한 합법기관이라고 선언했다.

그러나 도 내에서 리옹의 지배력을 우려하던 다른 중소 도시들의 호응은 미약했다. 부르주의 대체의회 운동이나 다른 대도시들의 연방주의 운동 역시 강력하지 못했다. 산악파는 강력한 대응조치를 정당화하기 위해서 연방주의 반란의 위험을 과장했으나 실제로는 13개 도만 연방주의 운동에 가담했다. 조레스가 "절망의 연방주의"라고 표현할 정도였다.[21]

리옹 시는 점점 고립되었다. 그러나 이러한 상황을 알지 못한 리옹 시민들은 산악파 의원인 노엘 푸앵트를 체포하고 최고가격제를 폐지하는 등 강경조치를 취했다. 민중위원회는 7월 8일에 루이 16세의 입헌근위대 중령이었던 프레시 백작을 군사령관으로 임명함으로써 국민공회와의 타협을 어렵게 만들었다. 결정적인 사건은 국민공회의 반대에도 불구하고, 5월 29일 이후 체포된 산악파들을 처형한 것이었다. 샬리에는 7월 15일 재판에 회부되었고 그다음 날 처형되었다. 리옹의 빈민들은 이 "빈자들의 수호자"의 처형에 환호했다.[22] 리옹 반란이 진압된 후 샬리에는 마라, 르플르티에와 함께 "공화국의 순교자"로 선포된다.

국민공회는 강경한 조치로 대응했다. 로베스피에르는 오래전부터 연방주의 위기를 군사적으로 해결하기를 원했을 뿐만 아니라 자유를 침해하고 애국파의 피를 흘리게 한 연방주의자들을 가혹하게 응징해야 한다고 주장했다.[23] 7월 3일, 생쥐스트는 리옹 반란을 지롱드파인 롤랑이 주도한 지롱드파 반란이라고 규정한 보고서를 국민공회에 제출했다. 국민공회는 리옹이 반란 상태에 있다고 선언했다. 국민공회는 시 행정관들을 반역자라고 고발했고, 반도들의 재산을 몰수하는 한편, 성실한 시민들은 3일 이내에 도시를 떠나라고 명령했다. 7월 13일 "민중의 친구"인 마라가 암살당했다. 다음 날 국민공회는 뒤부아크랑세에게 리옹으로 진군하라는 명령을 내렸다. 7월 27일 샬리에의 후원자인 로베스피에르가 공안위원회에 들어갔다. 리옹의 상황은 돌이킬 수 없게 되었다.

리옹과 국민공회의 강경 대립은 내전의 위기로 치달았다. 리옹의 민중위원회는 9,600명 규모의 도 부대 창설을 계획했으나 순조롭지 않았다. 리옹 인근 도시들의 비협조로 도 차원의 대응이 불가능해졌으며 보르도와 마르세유 같은 도시들도 돕지 않았다. 리옹의 임시 시 집행부는 타협을 시도했다. 그러나 기본적으로 국민공회에 대한 불신이 깊었으며 부르주아들과 귀족들 중심으로 저항의 목소리가 컸다. 대외전선에서 프랑스가 패배하면 유리한 조건으로 국민공회의 인정과 사면을 얻어낼 수 있으리라는 기대도 있었다. 8월 9일, 리옹의 민중위원회가 무조건 항복 요구를 거부하자 국민공회의 포위 공격이 시작되었다.

프랑스 제1 도시와 프랑스 제2 도시 사이에 내전이 벌어진 것이다. 파리의 혁명정부에 저항한 사람들은 어떤 사람들이었나? 자코뱅 문서는 그들이 1789년 혁명을 피해 리옹에 몰려든 수천 명의 귀족, 외지인, 성직자들이라고 말하지만, 이는 사실과 다르다. 그들은 압도적으로 리옹의 시민들이었다. 귀족은 소수였으며 그나마 절반 이상이 리옹 사람이었다. 성직자 가운데 리옹 사람은 절반 이하였지만 대부분 리옹 주변 출신이었다. 8월 9일부터 10월 9일까지 2개월 동안 지속된 반혁명 저항은 리옹 시민들의 저항이었던 것이다.

약 4천 명 정도가 적극적으로 항전에 가담했고 나머지는 소극적으로 가담했는데, 항전이 계속될수록 강제 동원자의 비중은 늘어났다. 후일 리옹에 내려간 파견의원 콜로 데르부아와 조셉 푸셰는 "이 파렴치한 도시에는 인민의 암살자들이 억압하고 차꼬를 채운 사람들 말고는 죄 없는 사람들이 없다"라며, 리옹 반란이 소수의 귀족과 부르주아들이 주도한 것이 아니라 다수의 시민이 가담한 반란임을 간접적으로 인정했다.[24] 리옹이 다른 연방주의 반란 도시들에 비해 오래 저항한 것도 시민들이 적극적으로 참여했기 때문이다.

리옹 반란이 지롱드파에 의해 주도된 것도 아니었다. 지롱드파 의원인 비로토는 민중위원회가 인민주권의 유일한 합법기관이라고 선언하는 데 일조했지만 반란에 직접 개입하지는 않았다. 지롱드파 의원 세 명 가운데 샤를 샤세만 반란에 개입했으나 중요한 역할을 맡지는 않았다. 샤세와 비로토는 7월 말 이전에 리옹을 떠나 시골에 은거하면서 반자코뱅주의를 설파하는 정도였다. 롤랑은 소문과는 달리 리옹이 아니라 루앙에 숨어 있었다. 리옹 반란을 지롱드파의 반란이라고는 말할 수 없는 이유이다.

또한 리옹 반란은 왕당파의 반란이라는 의심을 받았다. 조르주 르페브르부터 프랑수아 퓌레에 이르기까지의 역사가들은 대체로 이러한 주장을 받아들였다. 그러나 이것 역시 사실과 다르다. 리옹의 민중위원회가 프레시 백작에게 지휘를 맡겼고, 항전이 진행되면서 귀족들의 비중이 높아진 것은 사실이다. 리옹 시민군에는 43명의 귀족이 있었다. 그러나 이들 귀족은 완고한 반혁명주의자들이 아니라 온건한 입헌군주주의자들이었다.[25]

리옹은 고립되었고 이탈자가 늘어났다. 리옹은 군사위원회를 설치하여 내부 반대파를 체포하고 처형하는 등 파리 식의 '공포정치'를 실시했으나 아무 효과가 없었다. 포위 공격을 받고 있던 리옹에 기근이 닥쳤다. 9월 29일에 파견의원 쿠통이 지휘한 진압군은 전면적인 포격을 가했고, 리옹의 구들은 사절을 파견하여 평화를 간청했다. 프레시 백작을 비롯한 지휘부는 스위스로 도주했다. 10월 9일 리옹은 항복했다. 이렇게 해서 5월 29일 시작된 리옹 시민들의 항전은 끝났다. 양측에서 수백 명의 희생자가 발생했다. 전후처리는 방데 전쟁의 경우 못지않게 잔혹했다.

혁명정부의 응징

혁명정부의 응징은 가혹했다. 대내적으로 방데 반혁명군의 기세가 여전히 강렬했고 툴롱과 보르도의 연방주의 반란이 완전히 해결되지 않았으며 대외적으로 스페인과 피에몬테군이 여전히 위협적인 상황에서 혁명정부의 조치는 강력한 경고의 의미를 담고 있었다. 로베스피에르 같은 과격파가 장악하고 있는 공안위원회는 특권층과 매점자들에 대한 특단의 조치를 요구하는 상퀼로트의 압력이 거세지는 상황에서 부유한 상인들의 도시인 리옹을 속죄양으로 삼아 본때를 보여주려고 했다.

파견의원들이 그 일을 맡았다. 쿠통은 리옹의 시민들이 공화국 시민으로서의 자격을 결여하고 있다고 생각했다. 그는 리옹 사람들이 기질적으로 그리고 "론강과 손강의 안개" 때문에 어리석은 생각을 했다며 리옹 시민 모두를 싸잡아 비난했다.

쿠통을 비롯한 파견의원들은 리옹 정복 당일에 무장 반도들을 처벌하기 위해 '군사재판위원회'를 설치했다. 파견의원들은 리옹의 성벽을 파괴하기로 결정했고, 군사재판위원회는 프레시 백작의 부관들을 포함한 106명을 총살했다. 파리의 국민공회는 "리옹의 반혁명 범죄자들을 지체 없이 처벌하기 위해" 특별위원회를 만들었고, 바래르가 발의한 리옹 파괴 법령을 통과시켰다. 이 유명한 법령의 내용은 다음과 같다.

리옹은 자기의 이름을 잃고 '해방 도시'라고 불릴 것이다. 리옹은 파괴될 것이다. 부자들이 살던 집은 모두 파괴될 것이다. 가난한 사람들의 집, 추방된 애국파들의 집, 산업 시설, 인도주의와 공공교육을 위한 건물만 남을 것이다. 리옹의 폐허 위에는 '리옹은 자유에 맞서 전쟁을 했다'라는 명문을 새긴 기념 기둥을 세워 후손들에게 이 도시의 왕당파들이 자행한 범죄와 그들에 대한 처벌을 알려줄 것이다. 리옹은 이제 존재하지 않을 것이다.

쿠통은 벨쿠르 광장으로 나가 국민공회의 법을 엄숙히 낭독한 다음 "법의 이름으로 나는 너에게 파괴의 벌을 내린다"라고 선언하고서 건물에 망치질을 했다. 그러나 파괴 작업은 느리게 진행되어 실제로는 파괴 대상 가옥 600채 가운데 50여 채만 파괴되었다. 몇몇 자코뱅은 이런 식의 "나무와 돌에 대한 전쟁"을 어리석다고 생각했다.[26]

쿠통은 처벌을 최소화하려 했던 것이다. 그는 주동자는 처벌하되 부화뇌동한 사람들은 재교육시키는 쪽으로 방향을 잡았다. 그는 프레시 백작과 반란 주도자들이 스위스로 도주하는 것도 막지 않을 정도였다. 이 같은 온건한 처사는 "국민적 복수"를 바라는 공안위원회의 결정에 미치지 못했다. 에로 드 세셸과 로베스피에르는 쿠통에게 다음과 같은 내용의 편지를 보냈다. "당신은 승자의 환심을 사려고 애쓰는 사람들에게 넘어간 것 같습니다.……배신자들의 가면을 벗겨내고 그들을 가혹하게 쳐야 합니다.……우리가 당신에게 보내는 법령을 준엄하게 집행하십시오."[27] 그러나 쿠통이 새로 만든 '인민재판위원회'는 주모자와 단순 가담자를 분리하여 주모자 79명만 총살했다. 쿠통은 자신의 교체를 요구했다.

10월 30일 공안위원회는 콜로 데르부아와 조셉 푸셰를 후임으로 파견했다. 새로운 파견의원들은 공안위원회의 명령을 충실히 이행했다. 이들은 '공화국 감시 임시위원회'를 만들었다. 임시위원회는 〈론에루아르도 행정관리들에 보내는 지침문〉을 발표했다. 사회는 상호 적대적인 두 계급인 부자와 빈자로 구성된다, 부자는 악하고 빈자는 고결하다, 부유한 부르주아와 귀족을 제거하는 "완전한 혁명"을 완수하지 않는 한, 구체제의 왕정과 예속은 되살아날 것이다.

이것은, '대서양 혁명론'의 팔머에 의하면, "근대에 나온 첫 번째 공산당 선언"이었다.[28] 임시위원회는 지역 행정 당국 감독, 탈기독교화 추진, 교회재산과 부자들의 재산 관리 및 빈자들에게 재분배, 혁명세 부과, 최고가격제 시행, 리옹의 식량 조달 같은 일을 맡았다.

임시위원회는 과격 자코뱅이었을 뿐만 아니라 반리옹적이었다. 이들은 "부르주아와 귀족의 오만한 도시 리옹"에 대한 계급적 반감을 품고 있었다. 심지어는 리옹의 자코뱅에 대해서도 그러한 반감을 노골적으로 드러냈다. 그들은 공안위원회의 지시를 이행하는 데에도 리옹의 자코뱅을 배제했다. 리옹은 파리의 '식민지'가 된 것이다. 공포정치 준비는 11월 25일 에베르파인 롱생이 지휘하는 2,000명의 파리 혁명군이 도착함으로써 완료되었다. 롱생의 파리 혁명군은 사실상 공안위원회의 통제에서 벗어나 있었다. 롱생은 리옹에는 반란에 가담하지 않은 사람이 1,500명 정도밖에 되지 않는다고 보고했다.

새로운 파견의원들은 쿠통이 만든 두 위원회를 해체하고 '혁명위원회'를 만들었다. 파랭 장군이 위원장을 맡았다. 이들은 리옹이 "혁명전쟁 상태"에 있다고 선언했으며, 쿠통이 면죄부를 준 사람들을 포함한 "모든 적"에게 "벼락"을 내리기로 결정했다.

혁명가들에게 이러한 수사는 단순한 엄포가 아니었다. 그것은 그 자체로 실천 방법이었다. 그들이 선택한 처형 방법은 총살이나 단두대에 의한 개별 처형이 아니라 포도탄포를 이용한 대량 처형이었다. 12월 4일 리옹의 브로토 평원에서 3대의 포도탄포에 의해 60명이 처형되었다. 포도탄포로 죽지 않은 사람들은 총이나 칼로 확인사살당했다. 다음 날 211명이 같은 방식으로 처형되었다. 병사들은 이러한 번잡한 방식을 좋아하지 않았으며 위원회가 보기에도 그다지 효율적이지 못했다. 포도탄포는 더 이상 사용되지 않았고 대신 일제사격이나 기요틴이 사용되었다.

일부 과격한 자코뱅들은 포도탄포 처형을 "덕의 제전"이라고 부르며 열광했다. 그들은 이렇게 특권층을 처형함으로써 프랑스를 비롯한 전 지구地球는 자연이 부여한 순수한 자유 상태로 돌아갈 거라고도 말했다.[29] 리옹에 있는 로베스피에르의 지지자인 아샤르는 다음과 같은 편지를 보내며 로베스피에르에게 안부를 전했다. "당신들이 어제 그제 209명의 악한에게 국민적 심판이 떨어진 것을 보았다면 크게 기뻐했을 것입니다. 장엄했습니다. 소리도 대단했습니다. 참으로 교훈적이었습니다. 많은 악한이 브로토 벌판의 먼지 속으로 사라졌습니다. 공화국의 유대는 더욱 강화되었습니다."[30]

리옹의 혁명재판소는 이렇게 11월 27일부터 4월 13일까지 20주 동안 1,673명을 처형했다. 그 이전 8주 동안 처형된 213명을 합치면 모두

1,876명 내지 1,907명이 처형되었다.[31] 이 수치는 공포정치 기간 동안 프랑스 전역에서 정식 재판을 받고 처형된 사람들의 11퍼센트 정도이다. 같은 기간 파리의 혁명재판소에서는 2,600명 정도를 처형했는데, 파리의 인구가 리옹 인구의 4배였다는 점을 고려하면 리옹에서의 처벌이 얼마나 가혹했는지 알 수 있다. 이 가운데 중산층 계급은 64퍼센트였는데, 리옹 이외의 지역에서 처형된 중산층 계급은 28퍼센트였다.

이러한 현저한 차이는 리옹 반란의 성격을 그대로 보여준다. 콜로데르부아와 푸셰는 공안위원회가 원했던 대로 "민중의 복수"를 한 것이다. 국민공회는 이렇게 타락한 도시를 "정화"한 다음, 몰수한 재산을 빈자들과 애국파에게 분배한다는 법을 제정했다. 그러나 사회적 평준화가 실제로 시행되지는 않았다. 국민공회는 반도들의 재산도 망명자들의 재산처럼 판매될 거라는 법을 공표했다.

리옹의 학살은 파리에서의 '9월 학살' 같은 무차별 학살은 아니었다. 외부의 압력이 강한 가운데 변호인도 없었고 항소 절차도 없었기 때문에 무고한 사람들이 처벌받을 가능성이 컸지만, 그것은 어쨌든 공화국의 법 절차에 따라 진행되었다. 재판은 세 위원회—인민재판위원회, 군사재판위원회, 혁명위원회—가 담당했다. 피고들에 대한 예비심문이 있었고, 혁명위원회가 제출한 증거를 무조건 채택하지도 않았으며, 유죄와 무죄를 가리려는 노력도 없지 않았다. 갈수록 재판절차가 간소화되어, 혁명위원회의 심문기록은 2~8줄에 불과했다. 신분 확인만 하고 "당신은 왜 잡혀왔는가"만 물어보는 정도였다. 전체 피고인 가운데 절반 정도는 무죄로 풀려났다.[32] 그러니 인민의 적으로 몰려 재판받은 사람의 수는 4,000여 명이 되는 것이다.

콜로 데르부아와 푸셰 같은 파견의원들은 인류를 정화하기 위해 불순한 피를 흐르게 하는 것이 인민으로부터 부여받은 신성하고 고귀한 의무라고 강변했지만, 포도탄포라는 극단적인 방법까지 동원한 것은 자코뱅의 잔인성과 야만성을 만천하에 폭로한 것이었다. 그것은 학살과 파괴를 지시했던 당사자들에게도 부담스러운 대량 학살이었다. 당시 파리에서는 당통의 '관용파'가 공포정치를 완화하자는 목소리를 높이고 있었다. 리옹 시민들은 12월 20일 자비를 간청하는 청원서를 국민공회에 보냈고, 콜로 데르부아는 자기의 행위를 변호하기 위해 파리로 올라갔다.

파리의 국민공회는 지방에서의 과격하고 독단적인 조치들에 대해 우려하기 시작했다. 이미 1793년 12월 4일의 지방 행정 통합법에 의해 총독처럼 전권을 행사하는 파견의원들을 견제하고 중앙집권적인 통일행정의 의지를 분명히 한 공안위원회는 리옹의 혁명위원회와 롱생의 혁명군을 통제하기 시작했다.

사령관 롱생은 포도탄포의 사용이 정당했다며 에베르파에게 지원을 요청했지만 체포를 면하지 못했다. 포도탄포 처형의 당사자인 콜로 데르부아는 롱생을 변호할 수밖에 없었다. 그는 자코뱅 클럽이 롱생과 롱생의 동료인 육군부 사무국장 뱅상을 지지하도록 설득했다. 롱생과 뱅상은 1794년 2월 1일 감옥에서 풀려난 후 국민공회를 상대로 공세를 펴다 3월 13일과 14일 동료 에베르파와 함께 체포되어 처형되었다.

콜로 데르부아가 파리에서 자기의 행동을 변호하고 있는 동안 푸셰는 리옹에 남아 학살을 계속했다. 푸셰는 리옹의 자코뱅 클럽을 해체하려 했다. 그러나 샬리에의 친구들은 에베르파와 비슷한 성향을 띠고는 있었지만 근본적으로는 로베스피에르주의자들이었다. 그들은 로베스피에르의 영향력을 이용하여 푸셰를 공격했다. 푸셰는 이미 과도한 탈기독교화 정책으로 로베스피에르와 혁명정부의 신임을 잃은 상태였다. 3월 27일 공안위원회는 푸셰를 소환했다. 이렇게 해서 콜로 데르부아, 푸셰, 롱생 같은 리옹의 학살자들이 리옹을 떠났고 시민 학살도 끝났다.

국민공회로 복귀한 푸셰는 리옹에서의 행동을 정당화하는 보고서를 공안위원회에 제출했다. 로베스피에르는 푸셰가 포도탄포를 사용하여 과도하게 리옹 시민들을 학살했다고 비난했다. 로베스피에르의 여동생인 샤를로트 드 로베스피에르는 《회고록》에서 다음과 같이 전한다. "오빠는 푸셰에게 그가 흘린 피에 대해 설명할 것을 요구했다. 오빠의 요구는 너무 강경해서 그는 창백해졌고 벌벌 떨었다. 그는 더듬거리며 궁색한 변명을 했고 자기의 잔인한 행위를 급박한 상황의 책임으로 돌렸다. 로베스피에르는 어떠한 것도 그 잔인한 행동을 정당화시켜주지 않는다고 일축했다. 리옹이 국민공회를 상대로 반란을 일으킨 것은 사실이지만 그렇다고 해서 무장하지도 않은 사람들을 일제사격으로 대량 처형할 이유는 되지 않는다는 것이었다."

수세에 몰린 푸셰와 콜로 데르부아는 연합전선을 구축하여 공세를 폈고, 최종적으로 1794년 7월 27일 로베스피에르를 제거하는 데 성공했다.

학살의 책임은 어디에 있는가? 리옹 학살은 공안위원회의 명령에 의해 현장의 파견의원들에 의해 집행되었다. 쿠통은 공안위원회의 명령을 충실하게 따르지 않고 사임했지만 후임자인 콜로 데르부아와 푸셰는 공안위원회의 명령을 충실하게 이행했다. 그들은 리옹을 없애라는 혁명적 수사를 그대로 실천에 옮겼다. 그들이 포도탄포까지 동원하여 대량 학살을 자행한 것은 공안위원회의 처벌 의지를 나름대로 해석하여 실천한 것으로 볼 수 있다. 로베스피에르는 푸셰가 이렇게 잔인한 방법을 동원한 것을 비난했지만, 그렇다고 공안위원회가 져야 할 리옹 파괴와 학살의 책임이 줄어드는 것은 아니다.[33]

연방주의 반란

파리에 대한 지방의 저항은 1792년 8월 10일 이후, 특히 9월 학살 이후 파리 민중이 국민공회를 무시하고 '주권'의 담지자임을 주장하고, 산악파 의원들이 이에 편승하면서 시작되었다. 보르도를 위시한 지방 대도시는 파리가 주권을 독점하는 데 반대했고, 프랑스 전체 국민의 대표인 국민공회가 주권의 담지자라고 주장했다. 연방주의 반란은 근본적으로는 주권의 소재를 놓고 벌인 투쟁이었다.

서부의 방데 전쟁이 지역 농민들의 지지를 받아 장기간 항전한 반면, 연방주의 반란은 민중의 지지를 받지 못했고 단명했다. 캉은 도주한 지롱드파 의원들이 주도했고 보르도는 지역 출신 지롱드파 의원들이 주도했다는 점에서 지롱드파의 반란으로 볼 수 있다. 그러나 마르세유, 리옹, 툴롱의 반란은 과격한 산악파에 대한 중산계급의 반란이라는 성격이 강했다. 계급전쟁의 성격을 지니고 있기는 했지만 특정 계급이 처벌 대상이었던 것은 아니었다. 반란에 참여한 계급이 가장 가혹한 처벌 대상이었다.[34]

리옹 반란은 다른 도시들의 반란에 비해 항전 기간도 길었고 그만큼 학살 규모도 컸다. 캉은 7월 13일—샤를롯 코르데가 마라를 찌른 날이다—파리로 군대를 파견했으나 진압군과의 교전은 싱겁게 끝났다. 별다른 희생자도 발생하지 않았다. 전후처리 과정에서도 두 명의 연방주의자만, 그것도 캉이 아닌 다른 지역에서 체포되어 처형되었다. 파견의원이었던 로베르 랭데는 관대했다.

마르세유도 파리로 군대를 파견했으나 주변 지역의 호응을 얻지 못했고, 8월 25일 진압되었다. 군사위원회는 기소자 218명 가운데 123명에게는 사형, 94명에게는 벌금형, 1명에게는 징역을 선고했다. 혁명위원회는 기소자 878명 가운데 289명에게 사형을 선고했고 476명을 무죄 방면했다. 행정기관이나 군의 주도자들에게는 가혹했으나 단순 가담자들에게는 관대했다. 계층을 막론하고 모든 사람이 유죄판결을 받았으나 유산자들이 가장 많았고, 변호사, 전문직 종사자, 상인들이 그 다음이었다.[35]

보르도도 파리로 군대를 진격시켰으나 노르망디군의 패배 소식을 듣고 철수했으며 10월 16일 정부군에 점령되었다. 공안위원회는 열아홉 살짜리 마르크 앙투안 쥘리앵을 파견하여 전후처리 과정을 감시했다. 쥘리앵은, 파견의원 이자뵈는 지역 유지들에게, 탈리앵은 정부인 테레즈 카바뤼스에게 지나치게 영합하고 있다고 후견자인 로베스피에르에게 직보했다. 쥘리앵이 감시하던 두 달 동안 지롱드파 의원인 가데와 바르바루를 포함하여 198명이 처형되었다. 페티옹과 뷔조는 자살했다.

지중해의 항구 도시 툴롱은 1793년 7월까지는 자코뱅파의 요새였으나 7월 중순에 지롱드파 구들에 의해 밀려났고, 8월 18일 영국에 양도되었다. 툴롱은 프랑스의 지중해 함대가 주둔하는 항구였기 때문에 툴롱의 상실은 공화국에게 엄청난 손실이고 위협이었다. 툴롱 탈환 공략은 12월 19일에 가서야 완료되었다. 이 과정에서 젊은 장교 나폴레옹 보나파르트의 활약이 두드러졌다. 정부군은 툴롱을 탈환한 후 800여 명을 재판 없이 처형했다.

연방주의 반란은 파리 정부를 크게 위협했다. 방데 전쟁과 대외전쟁을 겪고 있던 상황에서 혁명은 심각한 위험에 처했다. 파리 민중의 사회적 요구도 과격했으며, 파리의 혁명군은 리옹의 전후처리에 동원되어 잔혹함을 과시했다.

폴 핸슨은 다른 어떤 사건보다 연방주의 반란이 공포정치를 의사일정에 오르게 했다고 말한다.[36) 공포정치는 전쟁이라는 특수한 상황에서 국가를 구하기 위해 취해진 불가피한 조치라는 측면이 있음을 부인할 수는 없다. 그럼에도 불구하고 국민공회가 방데 전쟁을 진압한 후 2만~4만 명의 양민을 학살한 행위나, 리옹에서 2천 명의 시민을 학살한 행위를 정당화할 수는 없다. 그것은, 팔머에 의하면, "무책임하고 통제 불가능한 극단주의자들이 자행한 전제정치"였다.[37] 그것은 정상적인 국가의 처벌 수위를 넘어선 광적인 사회적 복수였다.

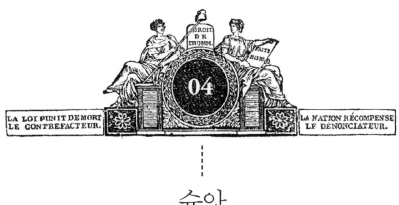

슈앙
반혁명 운동의 여러 모습

'슈앙'의 등장

프랑스혁명기에 프랑스 서부 브르타뉴 지방에서 반혁명 운동을 벌인 사람들을 지칭하는 '슈앙Chouans'이라는 말은 1793년 10월 27일 푸재르군郡 회의록에 처음 나타난다.

경작자들은 불안과 공포에 떨었다. 비적들이 발라제에 들어왔기 때문이다. 이들은 슈앙 형제가 지휘하는 15명의 작은 방데 비적이었다. 이들은 지난해 8월 중순에 몽콩투르, 샤티옹, 파르세 등지를 공격한 바로 그자들인 것 같다.[1]

이 짧은 인용문에는 많은 사실이 담겨있다. 슈앙은 1792년 8월 15일 자원병 모집에 반대하여 들고 일어난 장 코트로Jean Cottereau 일당을 지칭하는 말이다. 왜 그들을 슈앙, 즉 올빼미라고 불렀을까? 원래 슈앙은 장 코트로의 할아버지에게 붙여진 별명이었다. 그것은 그가 성격적으로 과묵하고 침울해서 마을 회의가 열리면 항상 구석에 웅크리고 앉아 있었기 때문이었다. 슈앙이라는 별명에 대한 또 다른 설명은 장 코트로 같은 소금밀매업자들이 밤중에 서로 연락하기 위해 올빼미 우는 소리를 냈기 때문이라는 것이다. 어쨌든 전쟁의 신 아테나를 상징하는 올빼미는 장 코트로 집안을 넘어 브르타뉴 지방의 반혁명파 모두를 지칭하는 이름이 되었다.[2]

혁명정부가 이들을 지칭한 공식 명칭은 '비적'이었다. 방데 반란군도 공식적으로는 비적이라고 불렸다. 비적은 구체제 시기에 반란을 일으킨 농민들, 살인·약탈·강간을 일삼는 불법적인 집단을 지칭하는 용어였다. 그러니 비적이라는 용어의 사용에 있어서 구체제와 혁명 사이에 단절은 없다. 그러나 혁명기의 '비적'은 조금 달랐다. 이들은 주로 혁명의 혜택을 본 사람들, 공화주의자들, 국유재산을 매입한 사람들, 선서신부들을 공격했기 때문이다.[3]

"작은 방데"란 1793년 10월 중순 방데 반란군이 숄레 전투에서 패배한 후 루아르강을 넘어 브르타뉴 지방으로 들어갔을 때 이들과 합세한 브르타뉴의 농민들을 가리킨다. 차갑고 습한 북서풍인 갈레른처럼 브르타뉴 지방으로 몰려간 이들 '가톨릭 근왕군'은 노르망디 지방의 그랑빌을 점령하기 위해 북진했다가 실패한 후 바람처럼 유랑하다가

1793년 12월 23일 사브내 전투를 끝으로 소멸되고 만다. 사브내 전투 이후 루아르강 이남 지방의 방데 전역에서는 공화국의 튀로 장군이 지휘하는 지옥종대의 잔혹한 학살이 자행된 반면, 루아르강 이북의 브르타뉴 지방에서는 슈앙에 의한 반혁명 운동이 계속되었다. 이러한 의미에서 슈앙은 방데 반란을 계승한 것이다.

비적과 마찬가지로 슈앙이라는 명칭도 부정적인 이미지를 담고 있다. 그들은 염세를 면제받은 브르타뉴 지방에서 소금을 매입하여 인근 지방에서 판매하는 불법적인 소금밀매업자들이며, 올빼미처럼 밤중에만 애국파를 기습 공격하는 소수 게릴라 집단이라는 이미지가 생성되었기 때문이다. 슈앙 반혁명 운동에 대한 역사 해석도 대체로 이 같은 이미지에 갇혀 있다.

프랑수아 퓌레와 모나 오주프의 《프랑스혁명 비판 사전》에서도 "슈앙은 간헐적이고 산발적인 게릴라에 불과했으며, 대체로 비적으로 돌아서고 말았다"라고 기술되어 있다.[4] 그러나, 슈앙 반혁명 운동은 브르타뉴의 여러 지역에서 산발적으로 진행되기는 했으나 비적이나 게릴라라고 단순화하기에는 규모가 큰 경우가 많았으며, 1800년 나폴레옹에 의해 일단락될 때까지, 혹은 1815년 나아가 1832년까지 간헐적으로 지속되었다.

로제 뒤피에 따르면 슈앙 반혁명 운동은 전前슈앙, 초기 슈앙, 게릴라 슈앙, 군대 슈앙, 비적 슈앙 등의 다양한 형태로 전개된 복잡한 저항 운동이었다.[5] 그러니 혁명정부가 붙인 '슈앙'이라는 음산한 그림자에 가려 있는 서부 농민 반혁명 운동의 실상을 드러내고, 그것의 면모를 종합적으로 바라볼 필요가 있는 것이다.

라로슈자클랭 후작 부인이 겪은
브르타뉴의 농민들

브르타뉴의 농민들이 방데 전쟁의 영향으로 혁명에 등을 돌리고 슈앙 운동에 나선 것은 물론 아니다. 그들의 반혁명 운동은 그전에 시작되었다. 브르타뉴의 농민들이 혁명에 대해 회의적이 된 것은 혁명 후 1년이 지나 발표된 성직자시민법 때문이었다. 신부들에게 법에 대한 선서를 강요하여 신부들이 선서신부와 선서거부신부로 나뉘었고, 이에 따라 일반 신자들도 양분되었다. 왕국 전체로는 55퍼센트의 신부가 선서했으나 브르타뉴 지방에서는 35퍼센트가 선서했고, 르동이나 오레 같은 군에서는 15퍼센트 내지 5퍼센트가 선서했다.[6]

　1792년 4월에 전쟁이 시작되자 자원병이나 징집 대상이 된 농민들의 반발이 거세졌다. 야간 종교행렬이 급증했고, 후일 방데 반란군이 가슴에 부착하는 '성심聖心' 마크가 최초로 나타났다. 농민들과 국민방위대가 충돌하여 다수의 사상자가 발생했다. 8월 15일에는 앞에서 언급했듯이 장 코트로가 자원병 모집에 반대하여 봉기를 일으켰다. 9월에는 자원병 모집 추첨을 거부한 4천여 명의 농민들이 라니옹 시를 공격했다. 반혁명 기회를 노리고 있던 귀족들의 움직임도 빨라져, 라루에리 후작 같은 사람은 망명 귀족들이 모여 있는 코블렌츠까지 가서 아르투아 백작(왕정복고 후의 샤를 10세)으로부터 지휘권을 받아왔다. 그 무렵 방데의 브레쉬르와 샤티옹에서도 반란이 일어났다. 반란을 진압한 국민방위대는 농민들의 코와 귀를 잘라서 전리품으로 가져갔다.[7]

농민들의 분노는 1793년 3월에 폭발했다. 그해 1월 21일 루이 16세의 처형으로 프랑스 안팎에서 반혁명 분위기가 고조된 상황에서 프랑스군이 벨기에를 침입하자 스페인, 영국, 네덜란드가 전쟁에 개입했고, 이에 대처하기 위해 2월 24일 국민공회는 30만 명을 징집하기로 결정했기 때문이다. 그 전해의 자원병은 주로 도시에서 차출되었기 때문에 이번에는 농민들의 부담이 늘어났다. 3월 3일부터 추첨이 시작되었다. 농민들은 추첨을 거부했다. 루아르강 좌안과 우안의 12개 도에서 농민들은 무장봉기를 일으켰다. 마옌에서는 장 코트로 형제가 다시 무기를 들었다. 브르타뉴 지방의 농민봉기는 진압되었으나 방데 지방의 봉기는 확대되어 방데 전쟁으로 발전했다. 브르타뉴 지방의 봉기가 초기에 진압된 것은 영국과 가깝다는 전략적 위치 때문에 정부가 총력을 기울였기 때문이다. 그렇다고 브르타뉴 농민들의 저항이 완전히 사라진 것은 아니었다. 그들은 루아르강을 넘어온 방데군과 합류했고, 방데군이 소멸된 후에는 독자적인 슈앙 반혁명 운동을 전개했다.

브르타뉴인들은 방데군이 1793년 10월에 루아르강을 넘을 때부터 방데군을 도왔다. 라로슈자클랭 후작 부인은 다음과 같이 전한다.

우리의 브르타뉴 병사들과 루아르강 우안 지역 주민들은 배를 끌고 와서 도망병들을 불렀다. "이리 오시오, 친구들, 우리 땅으로 오십시오. 당신들은 부족한 것이 없습니다. 우리가 당신들을 도울 겁니다. 우리는 모두 반혁명파aristocrates입니다." 방데인들은 여러 척의 작은 배에 떼 지어 올라탔다.[8]

방데군의 기대대로 브르타뉴의 농민들이 방데군에 합세하러 찾아왔다. 이들이 앞에서 말한 '작은 방데'이다.

르망 지방의 농민들과 브르타뉴 지방의 농민들이 대거 우리와 합류하러 왔다. 나는 한 부대가 "국왕 만세"라고 외치며 오는 것을 보았다. 그들은 막대기 끝에 흰색 수건을 달고 있었다. 얼마 안 있어 그들의 수는 6천이 넘었다. 그들은 '작은 방데'라는 이름을 부여받았다. 브르타뉴의 반군들은 긴 수염과 옷 때문에 쉽게 구별되었다. 그들은 대부분 털이 수북한 염소가죽 옷을 입고 있었다. 그들은 대단히 잘 싸웠지만 지방 전체가 봉기하지는 않았다. 이 부대는 많은 소교구에서 모인 젊은이들로만 구성되었다.[9]

라로슈자클랭 후작 부인의 기대와는 달리 브르타뉴 지방 전체가 봉기하지는 않았다. 방데 전쟁이 소멸된 후 브르타뉴 지방으로 도피한 방데군 장교들은 브르타뉴 지방에서 반란을 일으키려고 시도했으나 별다른 호응을 얻지 못하고 실패했다. 방데군은 그랑빌까지 진군하는 데에는 성공했으나 약속했던 영국 해군은 바다에 나타나지 않았으며 도시 점령도 실패했다. 그 후 남쪽으로 방향을 돌려 바람처럼 유랑하던 방데군은 그해 12월 23일 사브내 전투를 끝으로 소멸되었다.

사브내 전투가 벌어지기 직전, 후작 부인과 어머니는 사브내를 탈출하여 가까이에 있는 프랭키오로 도피했다. 이 마을은 주민 수가 400여 명에 불과했으며 모두가 왕당파였다. 이 마을의 젊은이들 가운데 일부는 징집을 피해 도주했고, 일부는 사브내 전투에 참가하러 떠났다. 전투를 피해 도망온 후작 부인은 이 점을 부끄럽게 생각했다. 밤낮으로 수색이 진행되는 가운데 마을 사람들은 생명의 위험을 무릅쓰고 후작 부인을 숨겨주었다. 후작 부인이 이 마을로 도주한 것은 정말 행운이었다. 큰길 건너에 있는 동주 마을과 몽투아르 마을의 주민들은 공화파였기 때문에 그 마을로 도망친 사람들은 모두 죽임을 당했다. 혁명은 브르타뉴의 벽촌 마을 주민들까지 이념적으로 분열시켜 놓았던 것이다.

가난한 농민 집을 전전하던 후작 부인과 어머니는 드레네프 성으로 거처를 옮겼다. 이 과정에서 여러 사람이, 위험을 무릅쓰고, 후작 부인을 도왔다. 스물세 살의 펠리시테 드 르수르스라는 여자는 좀 더 안전한 피신처(드레네프 성)를 제공하겠다는 편지를 두 차례 보냈으며, 캉봉 소교구의 한 노처녀는 직접 후작 부인을 찾아가 편지를 전해주었고 길을 안내했다. 프랭키오 행정 당국은 후작 부인과 어머니에게 잔이라는 이름과 마리 자귀라는 이름의 통행증을 발급해주었다. 펠리시테 드 르수르스, 캉봉의 노처녀, 피에르 리알로, 그리고 후작 부인과 어머니는 공화파 수비대의 묵인 아래 한 농민의 집에 가서 하룻밤을 지내고 나서 다음 날 드레네프 성에 도착했다. 드레네프 성은 망명을 떠난 주인을 대신하여 소작인인 뒤무스티에 부인이 지키고 있었는데, 부인과 아들 셋은 모두 반혁명의 대의를 지지했다. 얼마 후 아들 셋 모두 슈앙에 가담하러 떠난다. 후작 부인과 어머니가 성에 들어오기 전에 성에서는 선서거부 신부, 방데인 어린이, 세 명의 도망병이 뒤무스티에 부인의 보호를 받고 있었으며, 그 밖에도 많은 사람이 인근 숲에 숨어 있었다. 드레네프 성이 위치한 페그레아크 마을의 인구는 3천 여 명이었는데 모두 왕당파였다. 후작 부인은 이 마을에서 일어난 흥미로운 사건을 전해준다.

그 소교구 전역에 수색 명령이 내려져 병사 1,500명이 여러 지역에서 그곳으로 집결했다. 병사들은 아무도 도망치지 못하도록 모든 사람을 무차별적으로 검거하여 성당에 가두라는 명령을 받았다. 다행히 사람들은 제때 연락을 받았기 때문에 방데인들과 징집 거부자들은 도망칠 수 있었다. 그렇지만 소성당에서 기도하고 있던 늙은 므슈 드세사르는 연락을 받지 못해서 붙잡혔고, 그 자리에서 자기의 신분을 자백해버렸다. 나는 므슈 뒤마니가 어떤 경위로 붙잡혔는지는 알지 못한다. 그러나 그는 잘 변장했으므로 심문받지 않고 다른 사람들과 함께 성당에 갇혔다. 주민들이 다 모였을 때 청군 지휘관은 장부를 들고 점호를 하면서, 호명되면 앞으로 나오라고 명령했다. 므슈 뒤마니는 이제 끝났다고 생각했다. 그는 밖으로 나가려고 했다. 그러자 마담 뒤무스티에의 큰아들인 조제프가 그를 만류했다. 마을에 없는 사람의 이름이 호명되자 그는 므슈 뒤마니를 앞으로 나가게 하면서 말했다. "너 귀가 먹었나? 너를 부르잖아!" 그가 당황하는 것을 본 지휘관은 행정관들과 전 주민에게 물었다. "이 사람이 장부의 그 사람이 맞나?' 모든 사람이 그렇다고 대답했다. 농민들 가운데 한 사람이라도 조그만 의심의 표시를 보였다면 그는 죽었을 것이다.[10]

　이렇게 후작 부인이 숨어 있던 마을들은 주민들은 물론이고 행정관들마저도 왕당파였다. 어린아이들, 심지어는 개까지도 방데인들을 도와주었다.[11] 생명의 위험을 무릅쓰고 방데인들을 보호해준 브르타뉴인들을 보면, 이들은 가난하고 무지하여 선서거부신부들의 사주를 받아 움직인 미개한 사람들이라는 미슐레 이래의 공화주의 역사 해석이 하나의 편견이 아닐까 하는 생각을 하게 된다.[12] 이들이 가난하고 무지했던 것은 사실이나 나름대로 국왕과 종교를 지지하는 확고한 반혁명 신념을 가지고 있었으며 그 신념에 따라 능동적으로 행동하는 사람들이었기 때문이다.[13] 이들은 적극적으로 슈앙에 가담하지는 않았지만 모두 잠재적인 슈앙이었다.

　1794년 7월 27일의 '열월 정변'으로 라로슈자클랭 후작 부인의 도피생활에도 서광이 비치기 시작했다. 그해 말, 망설임 끝에 사면을 받아들인 후작 부인은 어느 정도 안정된 생활을 되찾았다. 1년간의 도피생활은 혹독한 빈곤과 고통과 불안의 시간이었으나, 벽촌 농민들의 소박한 삶과 용기와 인간미를 맛볼 수 있는 시간이기도 했다.

장 코트로 형제의 순교:
"국왕과 종교를 위하여"

장 코트로는 1767년에 라발 근처의 생베르트뱅 마을에서 태어났다. 장 코트로의 4형제(피에르, 장, 프랑수아, 르네)는 나무꾼이었던 아버지가 남긴 적은 재산으로는 살기 어려워 소금밀매업이라는 위험한 일에 뛰어들었다. 4형제 가운데 둘째인 장 코트로는 몸집도 크고 힘도 세고 성격도 대담했다. 그는 아무리 위험한 상황에 처해도 "괜찮아!"라고 말해서, 동료들은 그에게 "거짓말쟁이"라는 별명을 붙여주었다.

그는 소금밀매업을 하면서 여러 차례 단속에 걸려 감옥살이를 했다. 한 번은 밀매 단속관을 살해한 혐의를 받았는데, 힘 있는 후견인의 도움으로 군대에 들어감으로써 위기를 모면했다. 그러나 어머니의 안부 편지를 고발장으로 오해해 탈영했다가 붙잡혀 2년간 감옥살이를 한 후 풀려났다. 감옥에서 교화되었는지 성격이 반듯하고 신앙심 깊은 완전히 새로운 사람이 되어 나와 부유한 과부의 재산관리인이 되었고, 덕분에 집안도 윤택해졌다.

그 무렵 혁명이 일어났고, 혁명은 장 코트로의 삶을 송두리채 바꾸어놓았다. 그는 국왕과 종교의 대의를 위해 헌신하기로 결심했다. 재산관리인이 되면서 없어진 과거의 용기도 되살아났다. 그는 국왕의 이름으로 국민방위대가 결성되자 국민방위대 장교가 되었으나, 상황이 그의 기대와는 다르게 움직이자 사임하고서 농민들을 조직하여 반혁명 운동에 뛰어들었다. 50여 명의 농민을 이끌고 국민방위대, 치안군 등과 교전을 벌이다 도주한 그는 궐석재판에서 사형선고를 받았으나, 동생 프랑수아와 함께 서부 브르타뉴 지방으로 도피했다. 그 무렵 브르타뉴 지방에서 왕당파 연합을 조직한 라루에리 후작은 탈몽 왕족의 추천으로 장 코트로 형제에게 브르타뉴 왕당파 위원회와 맨Maine 왕당파 위원회 사이를 연락하는 임무를 맡겼다.

1792년 8월, 주민들이 선서신부를 거부해서 일어난 소요와 자원병 모집문제를 해결하기 위해 마을 성당에서 주민회의가 열렸다. 주민들의 분노가 집단행동으로 변할 조짐을 보이자 치안군이 진압에 나섰다. 주민들과 치안군 사이에 충돌이 일어날 무렵, 장 코트로가 한손으로는 치안군을 제지하고 한손으로는 주민들을 가리키면서 연설했다.

국왕이 무기를 잡으라고 하면 우리는 그렇게 할 것입니다. 그러나 당신들이 말하는 '자유'를 지키기 위해 떠나야 한다면, 자유를 원하는 당신들이나 그것을 위해 싸우시오. 우리는 국왕, 오로지 국왕에게만 속한 사람들입니다.[14]

주민들은 "그렇다! 국왕에게, 오로지 국왕에게만!"이라고 환호했고, 겁에 질린 치안군과 행정관들은 성당 밖으로 달아났다.

라루에리 후작은 1792년 10월 초에 영국에서 무기가 반입되면 서부 지방에서 전면적인 봉기를 일으킬 것이라고 선언했다. 그러나 동부 전선에서 외국 군대와 망명자 부대가 패배하자, "언제나 소심하고 기회만 노릴 뿐이었던" 왕당파 위원회는 이미 여러 차례 연기한 전면 봉기를 또다시 연기했고 라루에리 후작은 공화국의 추적을 피해 잠적했다. 장 코트로는 끝내 라루에리 후작을 만나지 못했으나 고향으로 돌아와 동지들에게 다음과 같이 연설했다.

> 신은 우리에게 고통을 주십니다. 그것은 우리를 시험하시는 겁니다. 우리가 용기를 잃지 않는다면 더 나은 시간이 찾아올 것입니다. 동지들이여, 나를 믿으십시오. 분열하지 맙시다. 건실한 사람들 모두가 우리를 도울 것입니다. 우리처럼 결코 공화국에 굴복하지 않을 양심적인 사람들이 많이 있습니다. 우리는 서로서로 도울 것입니다. 나는 희망을 버리지 않습니다. 게다가 신의 뜻에 따라 죽어야 한다면 용감하고 선량한 그리스도인으로 죽읍시다.[15]

장 코트로의 연설은 그가 국왕과 종교를 위해 행동에 나섰음을 보여주는데 그의 이러한 신념은 죽을 때까지 변하지 않는다. 1793년 10월 20일 장 코트로는 주일 미사에 참석했다가 방데인들이 루아르강을 넘어왔다는 소식을 전해듣고서는 25명의 부하를 이끌고 방데군에 합류했다. 이들은 탈몽 왕족 휘하에 배속되었다. 그러나 장 코트로의 부하들이 반대하여 장 코트로가 지휘하는 별도의 독립 부대가 편성되었는데, 이때부터 이들은 슈앙이라는 이름으로 불리게 된다. 이들은 방데군과 함께 이동하며 승리와 패배를 거듭하다가 12월 15일 르망 참패 이후 과거의 거점이었던 라발 근처의 미즈동 숲으로 숨어들었다. 방데군이 사브내에서 소멸되기 일주일 전이었다. 이들은 땅을 파고 거처를 마련했고, 배가 고프면 기도를 하며 견뎌냈다. 위고의 소설 《93년》은 이렇게 숲으로 숨어들어 전투를 벌이던 슈앙에 대한 이야기이다.

1794년 1월 루아르강 이남 지역에서 튀로 장군의 지옥종대가 주민 학살을 벌일 무렵, 루아르강 이북에서는 슈앙의 게릴라전이 본격적으로 시작되었다. 브르타뉴 지방 전체적으로 약 2만 2천 명이 슈앙에 가담한 것으로 추산된다.[16] 이들은 단일 부대를 형성하지 못했고 분산되어 있었기 때문이기도 했지만, 지형적으로도 게릴라전을 펴는 것이 최선의 선택이었다. 장 코트로와 그의 부하들도 고향 지방에서 게릴라전을 벌였다. 하루는 장 코트로 일행이 공화파의 매복에 걸려 8명이 죽고 20여 명이 부상당했다. 장 코트로는 부상당한 공화파 병사 한 명을 데리고 도주했는데, 그 병사가 더이상 걸을 수 없다며 자기를 죽이라고 하자 다음과 같이 말했다.

> 불쌍한 사람, 안심해라. 청군이 오면 우리가 너를 강제로 끌고왔다고 말해라. 그러면 너는 또다시 목숨을 구할 것이다. 안녕! 하늘이 너를 보호하기를! 장 슈앙이 비적이라는 말을 들으면 그렇지 않다고 증언해주길 바란다.[17]

장 코트로는 비적이라는 경멸적인 말을 거부한 것이다. 자신의 투쟁은 국왕과 가톨릭교회의 대의를 위한 신성한 싸움이며 자신의 행동은 종교적 '속죄'라고 생각했기 때문이다.[18] 공화파는 장 코트로의 형(피에르, 37세)과 두 여동생(프랑수아 18세, 르네 15세)을 붙잡아, 이들이 "왕과 신부들에 대한 광신"을 퍼뜨렸으며 "비적들"을 도왔다는 이유로 처형했다. 르네는 아직 열일곱 살이 되지 않았기 때문에 법적으로 사형에 처할 수 없었으나 재판기록에 그녀의 나이를 기록하지 않는 편법을 썼다. 이들은 자기들이 "비적"이라는 비난을 거부하고 장 슈앙의 형제임을 자랑스럽게 여기며 순교자의 자세로 죽음을 맞이했다.[19]

자기 형제들의 죽음에 장 코트로는 절망했다. 이후 그는 동생 르네의 강력한 요구에도 불구하고 전투에 적극적으로 나서지 않았다. 1794년 7월 27일, 파리에서 '열월 정변'이 일어난 바로 그날, 장 코트로 일행은 공화파 부대의 기습을 받았고 장 코트로는 총에 맞았다. 부하들은 그를 미즈동 숲으로 옮겼다. 장 코트로는 신부를 불러줄 것을 부탁했고, "국왕과 종교에 충실할 것"을 당부한 후 눈을 감았다. 뒤슈맹 데세포는 장 코트로의 행동을 다음과 같이 평가한다.

> 코트로는 처음에는 모험가였지만 자기들의 잘못을 속죄하기 위해 불신자들과 싸우며 죽기 위해 떠났던 옛날의 그 십자군 전사들처럼 생을 마감했다. 젊은 소금밀매업자의 잘못은 그리스도교 전사의 숭고한 행동에 의해 속죄될 것이다.[20]

자신의 행동을 '십자군'에 비유하는 것은 방데의 농민이나 슈앙에게서 자주 발견된다. 조르주 카두달의 행적을 기록한 조카 조르주 드 카두달도 농민군을 십자군으로 묘사했다.[21] '십자군'이 이들의 전유물은 아니었다. 산악파 의원인 베르트랑 바래르는 1793년 7월의 유명한 연설에서 "십자군 이래" 이렇게 많은 사람이 방데의 불을 끄기 위해 자유의 깃발 아래 자발적으로 모인 적이 없다며 혁명의 대의를 십자군에 비유했다. 슈앙이 모두 장 코트로와 같은 수준의 신앙심을 가지고 있던 것은 물론 아니다. 그들도 공화파와 전투를 벌이는 과정에서 학살과 보복을 자행했다. 그러나 그들이 구체제의 비적처럼 약탈과 파괴와 살인을 일삼은 것은 아니었다. 그들은 국왕과 종교를 위해 싸운다는 확고한 신념을 가지고 있었다. 적어도 초기의 슈앙은 그러했다.

망명 귀족에서 슈앙으로: 클로드 오귀스탱 테르시에

테르시에는 1752년에 오늘날 벨기에 도시인 필립빌에서 태어났다. 테르시에의 아버지는 스위스의 프리부르 캉통 출신으로, 척탄병 부대의 대위로 복무했다. 테르시에는 아버지의 뒤를 이어 18세에 지베의 노르망디 보병 연대에 입대했으며, 1773~1782년에는 미국의 독립전쟁에 참전한 후 1783년에 보병 대위로 귀향했다. 혁명이 일어나자 테르시에는 라파예트 후작을 혁명의 괴수로 지목하고 반혁명적인 입장을 분명히 했다. 그의 《회고록》은 "괴물 같은 혁명", "그 어떤 혁명보다도 이 세상을 황폐하게 만든 극악한 혁명"에 대한 증오심으로 가득하다. "입에는 휴머니즘이라는 말을 달고 사는 잔혹한 사람들이여, 대답하라! 이 땅이 이 비참한 기억의 시기보다 더 많은 범죄로 뒤덮였던 때가 있었는지 말하라!"[22]

테르시에는 1791년 6월에 망명을 떠나 코블렌츠에 있는 왕제의 근위기병대에 배속되었다. 1792년 4월에 전쟁이 발발하자 코블렌츠의 망명자 부대는 프로이센 군대와 함께 프랑스로 진입했다. 테르시에는 9월 20일 발미 전투에도 참전했다. 그러나 프로이센군이 퇴각함으로써 망명자 부대가 해체되자 망명자들은 절망하여 각자도생의 길을 모색했다. 테르시에는 오스트리아군에 가담하여 모뵈주 공략, 플뢰뤼스 전투 등에 참전한 후 1795년 6~8월에 영국이 주도한 브르타뉴 지방의 키브롱반도 상륙 작전에 참가했다. 이렇게 해서 테르시에와 슈앙의 만남이 시작되었다. 테르시에는 소귀족이었고 외지인이었다는 점에서 슈앙을 외부에서 관찰할 수 있는 인물이었다.

키브롱 상륙 작전의 총사령관은 노르망디 출신 귀족인 조제프 퓌제였다. 퓌제는 1789년 삼신분회에 진출했으며 영국식의 입헌군주제를 지지한 '혁명파'였다. 그러나 그는 산악파의 공포정치에 반발하여 노르망디 지방에서 연방주의 반란을 일으켰다가 실패한 후 브르타뉴 지방에서 반혁명세력을 조직하고 규합하는 일에 나섰다. 라로슈자클랭 후작 부인의 《회고록》에는 퓌제가 방데군과의 접촉을 시도한 이야기가 나오는데, 방데군은 그를 신뢰하지 않았다. 그는 방데군이나 슈앙 지도자들과 연락하고, 군사위원회를 만들고, 위조지폐를 발행하고, 영국에 사절단을 파견하는 등 적극적으로 활동했으며, 에든버러에 있던 왕제 아르투아 백작으로부터 거의 무제한적인 권력을 위임받았다. 영국으로부터는 돈과 무기 지원을 약속받았다.

1795년 6월 25일, 퓌제를 총사령관으로 하고 데르비이 백작을 사령관으로 하는 5천여 명의 원정군이 영국 함선을 타고 키브롱반도 오른쪽 해안에 있는 카르낙에 상륙했다. 키브롱 원정군은 망명자들과 영국군이 대륙에서 생포한 프랑스군 포로들로 구성되었다. 이들 포로들은 작전에 참가하는 대가로 자유를 약속받았다. 카르낙에는 카두달이 이끄는 5천여 명의 슈앙이 대기하고 있었고 3천여 명의 농민들이 "해방자"를 환영하기 위해 나와 있었다.

퓌제는 상륙 직후 곧바로 내륙으로 진격하자고 주장했으나, 데르비이는 송브뢰이유 후작의 망명자 부대와 영국군을 기다리자고 주장했다. 이렇게 퓌제와 데르비이가 작전계획을 놓고 갈등하고 있는 사이에 공화국 사령관인 오슈 장군은 병력을 증강한 후 이들을 공격하여 키브롱반도 안으로 밀어붙였다. 7월 16일, 오슈는 파견의원들에게 편지를 보냈다. "시민들이여! 여자들과 아이들을 포함하여 2만 명에 이르는 슈앙과 망명자들은 키브롱에 갇혔습니다. 이 소식을 정부에 전해주기 바랍니다."[23] 오슈가 말하듯 "마치 쥐처럼 갇힌" 원정군은 공화국 부대를 배후에서 포위 공격하기 위해 슈앙 부대를 키브롱반도의 양쪽 해안에 상륙시켰다. 왼쪽 해안에 상륙한 부대는 곧바로 소멸되었다. 오른쪽 해안에 상륙한 탱테니아크의 부대는 이동 중에 파리 왕당파 위원회의 지시를 받고 제2차 상륙군을 맞이하기 위해 코트 다르모르로 행로를 변경했다. 그러나 영국군은 없었다.

키브롱반도에 있던 데르비이는 송브레이유 백작이 지휘하는 2천여 명의 망명자 부대가 도착하자 공세를 폈으나 실패했다. 데르비이는 많은 병력을 잃었으며 자신도 치명상을 입고 사망했다. 7월 20일 오슈 장군의 총공격이 시작되었다. 퓌제는 왕당파의 명단을 지킨다는 구실로 영국군의 배를 타고 도주했고 6천여 명이 포로로 잡혔다. 테르시에도 그 속에 있었다. 망명자 부대의 송브레이유는 퓌제의 비겁한 도주를 고발하는 편지를 남겼다. 퓌제는 모르비앙 군사위원회에서 궐석재판으로 사형선고를 받았다. 그러나 아르투아 백작은 여전히 그를 신뢰했고, 그 덕에 퓌제는 한동안 지휘권을 유지했다. 그러나 그의 권위는 키브롱 참사 이전과 같지 않았다. 퓌제는 슈앙이 망명자들에게 적대적이라고 비난하며 망명자들이 농민들을 지휘하는 체제를 편성하기를 원했으나, 독립적이었던 슈앙은 이를 받아들이지 않았다.

키브롱 상륙 작전 실패는 직접적으로는 퓌제와 데르비이의 갈등 때문이었지만 구조적으로는 프로방스 백작과 아르투아 백작 두 왕제 사이의 경쟁과 분열과 갈등에서 비롯된 것이다. 아르투아 백작과 달리 프로방스 백작은 슈앙을 신뢰하지 않았는데, 데르비이와 파리 왕당파 위원회는 프로방스 백작의 지시를 따르고 있었다.[24]

테르시에의《회고록》은 키브롱 참사, 재판, 브르타뉴 주민들의 저항, 슈앙 운동 등에 대한 증언이다. 투항하면 살려주겠다는 오슈의 약속과는 달리, 국민공회는 포로들에 대한 가혹한 처벌을 지시했다. 법에 의하면 망명자들은 사형이었다. 오슈는 슈앙에 대해서는 관대한 처벌을 요청했다.[25] 파견의원인 탈리앵이 처벌을 주도했다. 망명자와 슈앙 757명이 재판을 받고 처형되었다. 송브레이유 백작도 처형되었고, 돌 Dol의 주교를 포함한 10여 명의 선서거부신부도 처형되었다. 저녁 때 여자들이 와서 손수건에 주교의 피를 묻혔다. "순교자의 피"로 여겨졌던 것이다.[26] 몇 명은 탈출에 성공했는데, 테르시에도 그중 한 명이었다. 테르시에는 포로로 잡혀 있을 때에도 정부군 앞에서 의연하고 거침없이 혁명정부를 비판했다. "뭐라고! 프랑스인들은 자기 국민들의 피를 보는 데 재미 붙인 그 잔인한 인간들에게 복종함으로써 살인자가 되고 있다. 당신들은 전 유럽의 치욕이고 공포이다."[27] 테르시에는 자기는 군인이 아니라 민간인이기 때문에 자기를 포로로 다루는 것은 부당하다고 항의하여 최종적으로 사형선고를 면했다. 그러나 정부군은 그를 계속 감금했고, 정부군을 신뢰하지 않은 테르시에는 탈출을 감행했다.

라로슈자클랭 후작 부인의 경우와 마찬가지로, 브르타뉴인들, 특히 여자들은 키브롱의 포로들에게 도움을 주었다. 그들은 포로들에게 음식을 제공하고(정부는 포로들의 음식을 책임지지 않았다) 탈주자들을 숨겨주었다. 한 브르타뉴 여자는 애국파인 남편 몰래 부아에로라는 이름의 탈주자를 3개월이나 자기 집 곳간에 숨겨주었다. 마을 주민들은 한 인쇄공의 부인에게 감옥에 갇혀 있는 테르시에의 음식물 조달 책임을 맡겼다. 테르시에가 감옥에서 탈출하자 기다리고 있던 인쇄공 부인은 테르시에를 옷가게 주인집으로 안내했고, 저녁 때 그들은 테르시에를 마을 외곽의 안전한 장소로 데리고 갔다. 마을의 부자들은 한 여자를 그곳으로 보내 테르시에에게 필요한 도피 자금을 제공했다.[28] 이렇게 마을에는 탈주자를 돕는 네트워크가 조직되어 있었던 것이다. 테르시에는 다음과 같이 브르타뉴의 여자들을 찬양한다.

많은 왕당파들이 탈출하고 생존한 데에는 서부 지방의 왕당파 여자들에게 힘입은 바가 크다는 것을 솔직히 인정하지 않을 수 없다. 그 영웅적인 여자들은 동정심 하나만으로 그토록 용감했다. 왜냐하면 어디에서나 그 여자들은 헌신적이었으며, 우리의 군사 작전에서는 우리를 기적적으로 도움으로써 절반의 몫을 해냈기 때문이다.[29]

감옥을 탈출한 후 슈앙 지역으로 들어간 테르시에는 퓌제를 만나 키브롱 재앙의 책임자 밑에서는 복무할 수 없다고 말해 그의 원한을 샀다. 퓌제는 그를 죽이려 했으나 테르시에는 카두달의 도움으로 위험에서 벗어났다. 테르시에는 카두달 밑에 배속되었다가 세포 자작 휘하에서 맨의 슈앙 부대를 지휘했다. 1796년 5월 평화조약이 체결되자 테르시에는 아미앵으로 돌아갔지만 계속 왕당파 인물들과 접촉하면서 반혁명을 모의했다. 1798년 12월 말에는 여권문제로 검거되어 탕플 감옥에 갇힌 적이 있다. 1804년 조르주 카두달이 나폴레옹을 암살하려는 음모를 꾸몄고, 테르시에는 그 음모에 연루된 혐의를 받고 체포되었다.

카두달과 11명의 왕당파는 처형되었으나 테르시에는 풀려났다. 테르시에가 혁명 전에 미국에서 알고 지냈던 조세핀이 개입했기 때문일까?[30] 테르시에는 1815년 봉기 음모에도 가담했으나 왕당파의 분열에 격분하여 아미앵으로 돌아갔고, 그곳에서 왕정복고를 맞이했다.

망명 귀족 신분으로 키브롱 상륙 작전에 참가한 후 슈앙 농민군을 지휘한 테르시에는 게릴라전에 익숙한 농민군에 적응하는 데 어려움을 겪었다. 테르시에는 초기 농민 슈앙군이 압제에서 벗어나고 국왕과 종교의 대의를 지키기 위해 보여준 노력과 성공을 높이 평가했지만, 키브롱 재앙 이후의 슈앙은 지휘체계가 문란하고 지휘관들은 야심과 탐욕에 젖어 있어서 통합 작전을 수행하는 데 근본적인 한계가 있었다고 보았다. 그런 가운데 테르시에는 조르주 카두달만큼은 방데 가톨릭 근왕군의 사령관인 봉샹, 레스퀴르, 라로슈자클랭에 버금가는 인물이라고 높이 평가한다.[31]

불굴의 전사 조르주 카두달

조르주 카두달Georges Cadoudal은 1771년 1월 1일 남부 브르타뉴 지방의 모르비앙도에 있는 케를레아노라는 작은 마을에서 농민의 아들로 태어났다. 형제는 모두 10명이었으나 4명만이 생존해 성년이 되었다. 모르비앙 지방은 켈트족의 문화가 많이 남아 있는 지역으로서, 지역의 유명한 성인인 성카독(Saint Cadoc 혹은 Kadoc)은 전사들의 수호성인이었다. 여기에서 이름을 딴 조르주 카두달은 이름 그대로 슈앙의 역사에서 불굴의 전사로 남아 있다.[32]

　카두달은 종교 안에서 성장했으며, 오레에서 초등교육을, 반Vannes의 콜레주에서 중등교육을 받았다. 카두달은 이곳에서 도시 부르주아들의 아이들과 만났고, 도시에 퍼진 계몽사상을 접했지만 물들지는 않았다. 후일 카두달을 위시한 100여 명의 슈앙 지도자들은 반의 콜레주 출신이었다. 이들은 대부분 성직자가 되기를 원했으나 혁명정부가 종교를 박해하자 성소가 아니라 전쟁터를 선택한 것이다.

혁명이 발발하기 직전, 절대주의에 저항하는 고등법원의 투쟁이 파리를 넘어 지방으로 확산되었다. 렌 고등법원도 브르타뉴 지방의 특권을 파괴하려는 브리엔 칙령의 등기를 거부하면서 저항에 동참했고, 렌 대학 학생인 모로를 중심으로 대학생들이 투쟁에 나섰다. 반의 콜레주 학생인 카두달은 모로를 지지하는 단체를 결성했으며 지지 서한을 보내기도 했다. 몇 달 후 카두달은 고향으로 돌아와 공증인 사무소에서 일하면서 저녁에는 지식인 부르주아들의 클럽에서 벌어진 시국 토론에 참여했다.

혁명에 대한 브르타뉴인들의 기대를 결정적으로 무너뜨린 것은 성직자시민법이었다. 브르타뉴 지방에서는 다른 지방에서보다 많은 신부가 선서를 거부했고 일반 신자들도 선서거부신부들을 따랐다. 카두달의 전기를 쓴 조카 카두달은 성직자들과 신자들의 양심에 대한 이 같은 독재적인 기도가 없었더라면 브르타뉴 지방, 특히 반 지방은 혁명의 추세를 평화롭게 관망했을 거라고 말한다.[33] 슈앙의 진정한 원인은 '종교'였다는 것이다.

1793년 3월에 시작된 징집은 그동안 축적된 불만과 분노를 폭발시킨 도화선이었다. 농민들의 시위는 마치 종교행렬 같았다. 카두달은 아버지처럼 따르던 삼촌이 구금되자 삼촌 대신 감옥에 들어가 있다가 며칠 후 풀려났다. 당시만 해도 정부는 농민들이 자발적으로 반란을 일으킨 것이 아니라 광신적인 사제들과 귀족들의 조종을 받았다고 보았기 때문에 관대했다. 카두달은 반 콜레주의 동료들을 규합했다. 그들은 모르비앙에서는 반란이 실패로 끝났지만 방데 지방에서는 반란이 성공한 것을 알고서는 방데군에 가담했다. 사브내 전투를 마지막으로 방데군이 소멸되자 카두달과 동료들은 고향으로 돌아왔다. "고결한 영웅들의 무덤이었던 방데는 그들의 요람이었다."[34]

군청은 카두달의 귀향과 음모를 감지해 그와 가족을 체포하여 수감했다. 그들 모두의 죽음이 예상되는 가운데 1794년 7월 28일 로베스피에르의 죽음이 그들을 살렸다. 라로슈자클랭 후작 부인과 조르주 카두달의 사례만으로도 '열월 정변'의 위력을 알 수 있다. 카두달은 동료들과 함께 탈옥했다. 이 무렵 소규모 슈앙 부대들이 결성되기 시작했는데, 카두달은 반 콜레주 동창인 피에르 길모와 함께 병사들을 규합했다. 길모는 당시 35세였고 부인과 자녀들이 있었으나 반혁명에 투신했다.

1795년 키브롱 상륙 작전이 벌어지기 전, 퓌제는 코르마탱 남작에게 전권을 맡기고 영국으로 건너가 상륙 작전을 협의하고 있었다. 그러나 코르마탱은 퓌제의 뜻과 다르게 서둘러 정부와 평화조약을 체결했다. 조약의 골자는 국민공회는 브르타뉴인들에게 가톨릭 신앙을 허용하고 1만 5천 프랑의 배상금을 지불하며 공화국의 비용으로 2천 명의 엽보병獵步兵을 운영하고 망명자들의 재산 압류를 해제하는 반면, 슈앙은 공화국을 인정하고 공화국 법을 지키며 무기를 버린다는 것이었다. 카두달을 위시한 대부분의 슈앙 지휘관들은 서명을 거부했다.

퓌제가 추진한 키브롱 상륙 작전은, 앞에서 말했듯이, 실패로 끝났다. 양측에서 1만 명이 넘는 병사들이 참가한 전투는 대단히 잔인했다. 공화파는 집을 불태우고 시신을 조각냈으며 어린이들의 시신을 총검에

꼽고 행진했다. 공화파 사령관인 오슈 장군은 공안위원회에 다음과 같은 내용의 편지를 보냈다.

나는 농촌에서 벌어지는 잔인함 때문에 마음이 찢어집니다. 군인들이 자행하지 않은 범죄가 없습니다. 강간, 살해, 약탈 등 어느 것도 빠지지 않습니다. 내가 할 수 있는 것은 범죄를 저지른 자들을 붙잡아 군사재판에 회부하는 것인데 별 효과가 없습니다.[35]

슈앙은 잔인함으로 보복했다. 키브롱 희생자들에 대한 보복으로 샤레트는 수백 명의 정부군 포로를 처형했으며, 카두달도 한동안 포로를 인정하지 않고 모두 처형했다. 카두달에게 붙어 있는 잔인하다는 평가는 여기에서 나온 것이다. 방데와 브르타뉴에서 잔인한 폭력이 자행되었다. 정부군과 반혁명군 모두 잔인하기는 마찬가지였다. 모두가 자기들은 '복수'한다고 생각했기 때문이다.

키브롱 상륙부대가 오슈 장군의 군대에 밀려 키브롱반도에 갇혀 있을 때, 사태를 타개하기 위해 키브롱반도 우안 해변에 파견된 탱테니아크의 부대에 카두달도 있었다. 그러나 탱테니아크는 카두달의 반대에도 불구하고 파리 위원회의 지시를 왕의 지시로 여겨 행군 목적지를 변경했다. 탱테니아크가 사망한 후, 카두달은 병사들의 투표로 사령관이 되었다. 슈앙은 키브롱반도에서 입고 온 영국군의 붉은 제복을 벗어 던지고 본래의 슈앙으로 되돌아갔다.

키브롱 참사 이후 슈앙은 게릴라전을 재개했다. 1796년 초 슈앙 지도자들은 대략 5만 명의 슈앙을 동원할 수 있었을 것으로 추산된다.[36] 오슈는 1796년 봄에 방데에서 저항을 계속하고 있던 샤레트와 스토플레의 부대를 진압한 후 브르타뉴 총공격에 나섰다. 열세에 놓인 카두달은 오슈와 평화협정을 맺지 않을 수 없었다. 1796년 7월 13일 오슈는 총재정부에 "서부의 혼란은 종식되었다"고 보고했다.

평화조약을 맺긴 맺었으나 평화는 오지 않았다. 학살과 박해는 계속되었다. 1797년 선거에서 왕당파가 원로원과 500인회의에서 다수당이 되자 총재정부는 쿠데타를 일으켜 선거 결과를 무효화했다. 슈앙은 선거를 통해 왕정복고를 달성한다는 환상에서 깨어나 다시 무력투쟁에 돌입했다. 1798년 8월 징집령이 발동되자 징집 대상 젊은이들이 징집을 피해 슈앙으로 몰려들었다. 슈앙은 슈앙대로 부족한 병력을 충원하기 위해 강제 징집을 실시했으며 탈영자들을 처형했다. 심지어는 선서거부신부들에게 명령을 내려 젊은이들의 결혼을 금지시키기도 했다. 정부가 인질법을 제정하여 귀족과 망명자들의 부모나 반혁명파의 부모를 인질로 잡자, 슈앙은 애국파의 부모를 학살하는 것으로 보복했다.

이 무렵 슈앙은 게릴라가 아니라 정규군의 모습을 띠었다.[37] 카두달은 8천여 명의 슈앙을 지휘했다. 1799년 9월에 200여 명의 슈앙 지휘관이 라종셰르 성에 모였다. 그들은 1,200여 명의 농민군이 경비를 서는 가운데 공동전략을 모색했고 전쟁을 재개하기로 결정했다. 그해 11월 9일 쿠데타로 권력을 잡은 제1통령 나폴레옹 보나파르트는 브르타뉴의 전쟁을 끝내기로 마음먹었다. 그는 1800년 2월 14일까지 항복하라는 최후통첩을 보냈다.

카두달은 굴복하지 않을 수 없어 평화조약에 서명했고 파리로 올라가 나폴레옹을 만났다. 나폴레옹은 카두달에게 소장 계급을 제안했으나 카두달이 거부하자, 정치를 떠나 조용히 산다는 조건으로 10만 리브르의 연금을 제공하겠다고 제안했다. 카두달은 재차 거부했다. 나폴레옹은 카두달을 체포하라는 명령을 내렸고 카두달은 영국으로 도피했다. 나폴레옹은 1801년 7월 15일 교황과의 정교협약에 서명했다. 이로써 성직자시민법으로 시작된 혁명정부의 종교 정책은 폐기되었다. 프랑스 가톨릭교회는 국교의 지위를 회복하지는 못했지만 프랑스인 "다수의 종교"임을 인정받았다. 종교의 자유가 회복됨으로써 슈앙의 존재이유도 상당 부분 사라졌다.

런던에서 카두달은 왕제로부터 소장 계급을 받았고 모르비앙, 코트뒤노르, 피니스태르, 일에빌랜 지역의 총사령관으로 임명되었다. 카두달은 나폴레옹의 이탈리아 원정을 틈타 전쟁을 재개할 것을 계획했으나 왕제의 궁정은 호전적인 카두달에 우호적이지 않았다. 그들은 나폴레옹이 오래가지 못할 것으로 보고 사태를 관망하는 분위기였던 것이다.

1800년 6월 초 카두달은 브르타뉴에 잠입해 들어와 과거의 동지들을 규합했다. 6만여 명의 슈앙이 전투 준비를 갖추었으나 6월 14일 나폴레옹이 마렝고에서 승리를 거둠으로써 마지막 꿈이 무산되었다.[38] 나폴레옹은 서부의 전쟁을 끝내라는 명령을 내렸다. 백여 명의 왕당파 장교들뿐만 아니라 카두달의 친동생인 쥘리앵 카두달, 카두달의 의형제인 메르시에 라방데 등도 죽임을 당했다. 조르주 카두달을 사살하라는 명령이 내려졌다. 카두달은 슈앙을 이끌고 나폴레옹을 공격할 계획을 세우기도 했으나 이미 판세는 기울고 있었다.

1804년 카두달은 체포되어 재판받고 그해 7월 25일 처형되었다. 이렇게 해서 10년에 걸쳐 계속된 서부의 전쟁은 사실상 종결되었다. 카두달은 "우리의 신앙과 우리의 왕의 적들을 상대로 승리를 거둘 수 있도록 용기와 의지를 보여주자"는 말을 동료들에게 남기며 죽음을 맞이했다. 당통이 재혼할 때 주례를 본 케라베낭 선서거부신부가 카두달의 최후를 지켰다. 나폴레옹은 카두달의 강인한 성격을 높이 평가했다.

제2의 방데 전쟁

슈앙은 어느 단계에 있었든지 모두 '종교'와 '국왕'이라는 대의를 위해 헌신한 사람들이었다. 토크빌은 프랑스혁명이 "반종교적인 광신주의"의 형태를 띠고 있었다고 말한 적이 있다. 이렇게 양측이 모두 종교적이었다는 점은 공화국의 크리그 장군이 오슈가 풀어놓은 폭력적인 '가짜 슈앙'을 비난하는 글에서도 나타난다.

> 그들은 선량한 군인이고 용감한 사람들이다. 다소 지나치게 광신에 젖어 있기는 하지만 말이다. 그러나 모든 사람은 이 세상에서 자기의 광신을 가지고 있다. 그들은 옛 종교의 광신을 가지고 있고, 우리는 자유의 광신을 가지고 있다.[39]

브르타뉴 지방에서는 '방데 전쟁'과 달리 대규모 전쟁이 벌어지지 않았고, 지역적으로 분열된 슈앙에 의한 게릴라전이 전개되었다. 그러나 슈앙이 소규모 게릴라전으로만 그친 것은 아니다. 키브롱 상륙 작전에서는 만 명이 넘는 대규모 병력이 동원되었으며, 시간이 지나면서 조르주 카두달을 중심으로 군사조직이 갖추어지기도 했다. 장 코트로, 테르시에, 카두달은 이렇게 조직이 확대되어가는 모습을 보여준다.

빅토르 위고의 《93년》은 엄밀히 말하면 서부의 반혁명 전쟁 가운데 슈앙 반혁명 전쟁을 다룬 책이다. 그는 두 반혁명 전쟁을 굳이 구분하지 않고 동일한 성격의 저항으로 보고 있다. 슈앙 반혁명 전쟁을 제2의 방데 전쟁으로 보고 있는 것이다. 공화주의자 위고의 시선은 부정적이다. 그에게 서부의 반혁명 전쟁은 "진리와 정의와 권리와 이성과 해방에 맞선, 당당하되 긴 무지의 저항", 중앙에 대한 지역의, 문명에 대한 야만의 저항이라는 오랜 역사에 종지부를 찍은 저항, 그런 의미에서, 역설적이지만, "진보에 공헌한" 저항이었다.[40)]

그렇다고 해서 위고가 '1793년'의 공포정치를 일방적으로 지지하거나 찬양한 것은 아니다. 소설의 세 주인공인 랑트낙 후작(구체제 상징), 고뱅(랑트낙 후작의 증손자로서 공화주의 상징), 시무르댕(혁명파 사제)은 혁명이 진행되면서 이념과 휴머니즘 사이에서 갈등한다. 랑트낙 후작은 최후의 항거를 하던 불타는 성으로 되돌아와 '세 어린아이'(혁명의 불쌍한 희생자)를 구하고 붙잡힌다. 충격을 받은 고뱅은 증조할아버지의 탈출을 도운 다음 단두대에 오른다. 모든 병사가 젊은 지휘관의 사면을 외치는 가운데 "법의 효력을 발동하라!"며 제자의 처형을 명령한 시무르댕은 자살한다.

위고는, 고뱅을 통해서, 다음과 같이 고뇌한다. "도대체 인간을 변질시키는 것이 혁명의 목적이란 말인가? 가족을 파괴하고 인간성의 숨통을 조이기 위해 혁명을 감행했단 말인가? 전혀 그렇지 않다. 1789년 혁명이 불쑥 모습을 드러낸 것은 그 지고의 실체들을 확인하기 위해서지 그것들을 부정하기 위해서가 아니었다."[41]

가톨릭교회의
수난

성직자시민법과 선서

구체제의 프랑스는 명실상부한 가톨릭 국가였다.[1] 교회는 약 140개의
주교구, 약 4만 개의 본당, 약 1,000개의 수도원과 수녀원, 수백 개의
구호기관과 교육기관을 운영하고 있었다. 하나의 본당에는 한 명의 본
당신부가 있었으니 전국적으로 약 4만 명의 본당신부가 있었으며, 여
기에 더해 약 4만 명의 보좌신부 및 비본당신부가 있었다. 이렇게 신부
는 약 8만 명이었으며 여기에 140명의 주교를 포함한 약 8천 명의 고위
성직자들이 있었다. 그러니 구체제 프랑스에는 성직자가 약 9만 명 있
었던 것이다. 수도자(수도사와 수녀)는 서품을 받지 않은 사람들이기 때

문에 엄밀한 의미의 성직자로 분류되지 않는데, 이들은 수만 명으로 추산된다. 당시 인구 60만 명이었던 파리에는 50여 개의 본당과 수도원이 있었으며, 도시 전체 토지의 4분의 1을 소유하고 있었다.[2]

혁명 초부터 성직자들은 국민의회의 구성에 기여했다. 약 17만 명의 신부와 수도자들은 296명의 대표를 베르사유에 보냈는데, 이 가운데 귀족 출신인 주교 47명을 포함한 고위성직자는 88명이었고 제3신분 출신 신부들은 208명이었다. 성직자들, 특히 하급성직자들은, 계몽주의, 은총에 의한 구원을 강조하는 얀센주의, 갈리카니즘(프랑스 교회 독립주의) 신학자인 에드몽 리셰, 비엔의 신부인 앙리 레몽 등의 영향을 받아 갈리카니즘, '성직자 시민주의', 성직자 민주주의 원칙에 입각한 교회 개혁을 요구했다.[3]

직전 삼신분회인 1614년의 삼신분회에서는 하급성직자들의 수가 10퍼센트 미만이었지만 1789년의 삼신분회에서는 3분의 2를 넘었다는 사실에서 성직자 민주주의의 분출을 확인할 수 있다. 르망에서는 4명의 제1신분 대표 가운데 주교가 맨 마지막으로 선출되었다. 르망의 한 신부는 주교를 주교님Monseigneur이라고 부르지 않고 므슈Monsieur라고 불렀으며, 자크 잘레 신부는 고위성직자들 면전에서 "우리는 당신들과 동등합니다. 우리는 당신들과 마찬가지로 시민입니다"라고 말할 정도였다.[4] 성직자들의 불만, 이상, 참여 등이 없었더라면 혁명은 좌초되지 않았을까 하고 생각할 수 있을 정도로 성직자들의 참여는 프랑스혁명의 운명에 결정적이었다.

1789년 8월 4일, 프랑스 농촌을 휩쓴 '대공포'에 직면한 국민의회

의원들은 각종 특권, 봉건적 부과조 같은 봉건제의 폐지를 선언했다. 이러한 혁명 열기에 고무된 성직자 의원들은 십일조, 성직사례금 등을 폐지하겠다고 화답했다. 《제3신분이란 무엇인가》에서 국민주권을 천명했고 국민의회 결성을 주도했던 시에예스 신부는 십일조 폐지에 반대하여 사람들을 놀라게 했다. 8월 27일의 〈인간과 시민의 권리선언〉은 신이라는 용어 대신 '최고 존재'라는 계몽주의 용어를 선택하고, 프로테스탄트와 유대인을 포함한 모든 사람에게 종교의 자유를 부여함으로써 가톨릭교회를 놀라게 했다. 가톨릭교회는 중세 이래 누려온 국교의 지위를 상실했다.

교회 수입의 커다란 부분을 차지하는 십일조를 폐지하면 어떻게 할 것인가? 십일조 폐지가 야기한 문제는 교회의 구조적 개편을 통해서만 해결될 수 있었다. 혁명은 혁명대로 국가의 재정위기를 타개하기 위해 교회재산에 눈독을 들이던 참이었다. 1789년 10월 28일 정부는 수도서원을 금지함으로써 수도원 해체의 시동을 걸었고, 11월 2일에는 교회재산 국유화를 선언했다. 국가와 교회는 일체이기 때문에 국가는 교회재산을 사용할 수 있다는 것이 주된 논리였다. 이렇게 해서 가톨릭교회는 토지재산을 빼앗겼으며 십일조 같은 주요 수입원을 상실했다. 이제 교회가 생존할 수 있는 유일한 길은 국가의 전적인 지원에 의존하는 것이었다. 정부가 제시한 해결책은 '성직자시민법'이었다.

성직자시민법은 1790년 7월 12일 의회에서 통과되었고 8월 24일 국왕이 재가함으로써 시행되었다. 그것은 가톨릭교회의 교리에 관한 법이 아니라 성직자들에 관한 시민법이다. 물론 중세 이래로 교회가 국가로부터 완전히 독립한 것은 아니었다. 교회는 국가 내에 영지를 보유하고 있었기에 국가의 지원 내지 간섭에서 자유로울 수 없었기 때문이다. 교회와 국가는 주교의 서임을 둘러싸고 갈등을 벌여왔는데, 1122년 보름스 제국의회에서 황제가 동의하는 사람을 교황이 교회법적으로 서임한다는 식으로 타협이 이루어졌다. 프랑스의 경우에도 1516년의 볼로냐 정교협약에서 그러한 식으로 타협이 이루어졌다. 그러나 1790년의 성직자시민법은 국가가 '일방적으로' 제정한 것이며 그 내용도 훨씬 과격했다.

성직자시민법은 '성직', '성직 임명', '급료와 연금', '거주'의 네 부분으로 구성되어 있다. 주요 내용으로는 한 도에 하나의 주교구를 설치한다는 것, 주민 수 6천 명을 기준으로 본당을 설치한다는 것, 전통적인 성당참사회를 폐지하고 보좌주교와 신학교 주임신부들을 중심으로 교구위원회를 구성한다는 것, 수도원을 폐지한다는 것, 주교와 본당신부는 주민들의 선거로 선출한다는 것, 성직자는 국가로부터 급료를 받는다는 것, 주교는 교황으로부터 성직 임명을 받지 않는다는 것, 성직자는 "국가, 법, 왕에게 충성할 것"을 선서한다는 것 등이다.

성직자시민법의 취지는 비대해지고 왜곡된 교회조직을 '합리적으로' 개편한다는 명분을 가지고 있었다. 행정구역이 83개의 도로 개편되었고 한 도에 하나의 주교구를 두기로 함에 따라 50여 개의 주교구와 모든 대주교구가 폐지되었다. 주교구의 크기에 따라 20개에서 1,200개로 난립하던 본당의 수가 조정되어 수백 개의 본당이 사라졌다. 교회조직이 이렇게 주교구와 본당으로 간소화되었고, 수도원을 포함한 수천 개의 종교단체가 '사회적 무용성'이라는 이유로 폐지되었다. 국가가 성직자들의 급여를 지급했는데, 대체로 고위성직자들은 수입이 감소한 반면 하위성직자들은 수입이 증가했다. 전체적으로 수도자를 포함한 성직자 가운데 5분의 3이 자리를 잃거나 급료가 삭감될 위기에 처했다.

성직자의 일도 대폭 축소되었다. 이제 성직자들은 미사를 봉헌하고 성사를 집행하는 등의 순수한 종교적인 일만 관장할 뿐 본당 구역의 세례, 결혼, 장례 대장을 관리하는 일은 세속 행정기관에 이관되었다. 경제적인 영역에서도 신부들은 토지재산 소유자로 간주되지 않았다. 그들은 이제 정해진 일을 하고 임금을 받는 공무원이 되었다.

더욱 과격했던 것은 주교와 본당신부를 일반 행정관들과 똑같이 주민들의 선거로 뽑는다는 것이었다. 주교로 출마하기 위해서는 해당 주교구에서 최소 15년간 본당신부, 외근신부, 보좌신부, 신학교 주임신부, 보좌주교 등으로 일한 경력이 있어야 했고, 본당신부로 출마하기 위해서는 해당 주교구에서 최소 5년간 보좌신부, 병원신부, 자선기관 신부 등으로 일한 경력이 있어야 했다. 주교는 보좌주교를, 본당신부는 보좌신부를 신부들 가운데에서 임명할 수 있었다. 얀센주의나 리셰주의 같은 개혁사상에 젖어 있던 국민의회 의원들은 로마시대까지만 해도 주민들이 선거로 성직자를 뽑았다고 생각하여, 선거제가 순수한 제도라고 보았다. 놀라운 것은 그레구아르 신부 같은 개혁신부들의 반대에도 불구하고 가톨릭 신자가 아닌 주민들도 성직자 선거에 참여할 수 있도록 했다는 점이었다.[5]

가톨릭교회가 성직자시민법에 강력 저항한 것은 당연했다. 그러자

의회는 1790년 11월 27일 성직자들이 성직자시민법에 선서할 것을 요구했다. 모든 신부가 선서 대상이었던 것은 아니다. 신부 가운데에서도 '공적인public' 신부들, 즉 주교, 본당신부, 보좌신부, 외근신부, 신학교·대학·콜레주 신부 등이 대상이었다. 신부들은 다음과 같은 내용의 선서를 해야 했다. "나는 나에게 맡겨진 본당(혹은 주교구)의 신자들을 충실히 돌보고 국가, 법, 왕에 충성을 다하며, 국민의회가 제정하고 왕이 수용한 법을 전력을 다해 지킬 것을 선서합니다."

선서신부는 성직을 유지할 수 있지만, 선서거부신부는 성직을 박탈당하고 다른 선서신부로 대체될 것이었다. 어떻게 할 것인가? 신부들에게는 치명적인 도전이었다.

국민의회는 성직자시민법이 합리적인 개혁안이라고 생각하여 일부 보수적인 주교를 제외한 절대다수의 신부들이 지지할 것으로 생각했지만 의회의 예측은 크게 빗나갔다. 주교 가운데 7명만 선서했고 신부 가운데 55퍼센트 정도가 선서했다. 티모시 태키트의 상세한 연구에 의하면, 본당신부보다는 보좌신부, 교구신부보다는 비교구신부들이 거부를 많이 했으며, 대학교 신부는 5분의 1 정도가 선서했고, 국민의회 의원 신부 가운데에는 3분의 1(263명 가운데 81명)만 선서했다. 지리적으로는 도시보다 농촌에서 선서 거부가 많았는데, 1793년 봄부터 반혁명 전쟁이 일어나는 서부의 농촌 지방에서 특히 선서 거부가 두드러졌다.

1791년 3월 10일, 교황 피우스 6세는 성직자시민법은 물론이고 〈인간과 시민의 권리선언〉, 종교적 관용, 표현의 자유에 대해서도 반대 입장을 천명했고, 국민의회를 이단적이며 분리주의적이라고 비난했다.

교황이 성직자들에게 선서를 거부할 것과 이미 선서한 신부들은 철회할 것을 촉구하자 6퍼센트 정도의 신부가 선서를 철회했다.

이렇게 해서 대략 절반 정도의 신부가 선거를 거부했고 성직을 상실했다. 이후 혁명이 과격해지면서, 선서신부는 애국파로 간주되지만 선서거부신부는 반혁명 혐의자로 간주되어 망명, 유형, 처형 등의 박해를 받게 된다. 교회는 선서신부 교회와 선서거부신부 교회로 나뉘었고, 신자들은 선서신부 지지 신자와 선서거부신부 지지 신자로 나뉘었다. 두 교회 사이에 교리와 예식의 차이는 없었지만, 선서 교회는 선서 거부 교회를 몽매하고 광신적이라고 비난했고, 선서 거부 교회는 선서 교회를 분열적이고 이단적이며 무신론적이라고 비난했다. 고해소에서 신부는 신자들에게 "당신은 어느 쪽입니까"라고 물어 신자들을 당황하게 하기도 했다.[6] 라로슈자클랭 후작 부인에 의하면, 방데 가톨릭 근왕군은 청군에 대해서는 관용적이었지만 선서신부만큼은 용서하지 않았다.

선서는 혁명이냐 가톨릭교회냐를 묻는 일종의 국민투표였다. 티모시 태키트가 작성한 선서 지도는 현대 프랑스의 종교 지형도는 물론이고 정치 지형도와도 일치할 정도로, 성직자시민법에 대한 선서는 구조를 반영하는 사건일 뿐만 아니라 '구조를 만든 사건'이었다.

선서거부신부 처벌법과 수난

1791년 10월, 방데에 파견되었다 돌아온 입법의회 의원 갈루아와 장소네는 선서거부신부들이 주민들을 부추겨 반란을 획책하고 있다고 보고 했다. 로베스피에르는 자코뱅 클럽에서 선서거부신부들에 대한 처벌을 요구했고, 쿠통은 입법의회에서 선서거부신부들을 고발했다. 11월 29일에 입법의회는 최초로 선서거부신부 처벌법을 통과시켰다.

> 시민적 선서는 8일 이내에 해야 한다. 선서를 거부한 자는 반란 혐의자로 간주될 것이며 당국의 감시를 받을 것이다. 그들이 종교 소요가 일어난 코뮌에서 발견되면 도 당국은 그들을 통상적인 거주지 밖으로 격리시킬 수 있다. 복종하지 않으면 최소 1년 이상 구금될 것이며, 불복종을 사주하면 2년간 구금될 것이다. 무장 군인들이 개입하게 되면 그 필요한 경비는 코뮌이 부담한다. 성당은 국가의 지원을 받는 예식의 경우에만 사용될 것이다. 그렇지 않은 예식을 위해 성당을 사용할 때에는 돈을 내야 한다. 선서를 거부한 자들은 성당을 사용할 수 없다. 자치체들은 도에, 도는 의회에 선서신부와 선서거부신부의 명단을 제출해야 하며, 의회가 반란을 뿌리 뽑을 수단을 강구할 수 있도록 그들과 망명자들 사이의 연대에 대한 관찰기록을 첨부해야 한다.

루이 16세는 거부권을 행사했다. 1792년 4월 20일 전쟁이 선포된 후 내부의 적에 대한 경계심이 커졌다. 5월 26일, 의회는 20명의 능동시민이 고발한 선서거부신부를 추방할 것이라고 공표했다. 루이 16세는 또다시 거부권을 행사했다. 왕은 이 법과 함께 2만 명의 연맹군을 창설하여 파리에 주둔시키는 법에 대해서도 거부권을 행사했다. 왕이 전쟁 수행을 방해한다고 생각한 파리 민중은 6월 20일 튈르리궁을 공격하여 왕을 위협했으나 왕은 굴욕 속에서도 거부만큼은 철회하지 않았다. 분노한 민중이 성직자들을 구금하고 학살하는 일이 벌어졌다.

1792년 8월 10일 파리 민중과 연맹군이 왕궁을 공격하여 왕정을 붕괴시켰다. 8월 14일 선서신부건 선서거부신부건 모든 신부는 국가의 급여나 연금을 받는 모든 프랑스인과 마찬가지로 새로운 선서—소위 말하는 "작은 선서" 혹은 "자유와 평등" 선서—를 해야 했다. "나는 국가에 충성을 다하고 자유와 평등을 지키거나 아니면 그것들을 지키다가 죽을 것임을 선서한다."

8월 26일, 의회는 조국이 위기에 빠졌고 프랑스인들 사이의 통합이 시급하기 때문에 선서거부신부들을 그들이 원하는 망명지로 추방한다고 결정했다. 망명을 거부하는 선서거부신부들은 남아메리카의 프랑스령 귀안으로 추방될 것이었다. 선서거부신부들은 15일 이내에 나라를 떠나야 했다. 망명 가겠다고 해놓고서 프랑스에 남거나 망명 갔다가 되돌아온 신부들은 10년간 구금될 것이었다. 병약자나 고령자(60세 이상)는 프랑스에 남을 수 있지만, 주요 도시에 집단 거주하며 행정관들의 감시를 받을 것이었다. 성직자시민법에 선서할 의무가 없는 성직자들도 단순 고발만 있으면 구금될 수 있었다. 지롱드파 의원인 이스나르는 이들을 "페스트 환자"에 비유했다.[7]

1792년 9월 초 프로이센군이 국경을 넘어 진격하는 데 경악한 파리 민중은 파리의 감옥들을 공격하여 1,100여 명의 수인들을 학살했는데

(9월 학살), 이 가운데 약 270명이 선서거부신부였다. 1793년 3월 13일에는 추방령을 선고받고도 프랑스에 머물다가 붙잡힌 선서거부신부는 24시간 내에 재판받고 처형된다고 결정했고, 1793년 4월에는 "자유와 평등 선서"를 하지 않은 신부들은 즉시 남아메리카의 귀안으로 추방된다고 결정했다.

6월 초에 파리 민중과 산악파가 연합하여 지롱드파를 몰아내자 지롱드파를 지지하는 남부의 주요 도시에서 소위 연방주의 반란이 일어났는데, 일부 선서신부들이 지롱드파에 동조했음이 드러나자 이제는 선서신부들도 수난의 대상이 되었다. 1793년 9월 17일 제정된 '혐의자법'은 추방된 신부들을 '망명자'로 간주하여 그들이 프랑스에서 발견되면 망명자들과 마찬가지로 처형한다고 결정했다. 1793년 10월 20일, 선서거부신부뿐만 아니라 수도자들은 군사위원회의 재판을 받고 24시간 이내에 처형되거나 유형에 처한다고 결정했다. 1794년 4월 11일에는 '혐의자법'으로 붙잡힌 신부들은 처형한다고 결정했다. 시민들은 추방 대상인 성직자들을 고발해야 했는데, 고발하지 않고 은닉하고 있다가 붙잡히면 동일한 처벌을 받았다.

선서거부신부들이 겪은 수난은, 망명, 유형, 처형, 성직 포기 등 다양했다. 백여 명의 주교들이, 그다음으로는 약 4만 명의 신부들이, 온갖 고초를 겪으며 영국, 스페인, 이탈리아, 벨기에, 스위스, 이탈리아, 네덜란드, 독일 등지로 망명을 떠났다. 흥미롭게도 프로테스탄트 국가인 영국으로 가장 많은 수인 1만 천여 명이 떠났고 가장 좋은 대우를 받았다.[8] 망명을 떠나지 않고 프랑스에 남은 선서거부신부는 지하로

숨을 수밖에 없었다. 그들은 선서신부를 거부한 신자들에게 성사를 베풀거나, 극히 일부이지만 반혁명군에 가담하여 군종신부로서의 역할을 수행했다.

붙잡힌 신부들을 기다리고 있는 것은 유형이었다. 이들은 일단 감옥에 수용되었다가 서부의 로리앙, 낭트, 보르도, 로슈포르 같은 항구로 이송되어 국외 유형을 기다렸다. 국내에서의 이송부터 고통스러웠다. 이들은 2명씩 혹은 7명씩 묶인 채 호송마차에 실려 이송되었다. 애국파는 민중을 동원하여 이들에게 욕설을 퍼붓고 돌을 던지거나 구타하거나 얼마 안 되는 지참물을 빼앗아갔다. 일례로 리모주에서는 사제복을 입힌 나귀, 숫염소, 교황 장신구를 단 돼지 등을 끌고 와서 호송행렬을 멈춰 세운 다음, 신부들을 동물들과 짝지어 광장까지 걸어가게 한 후 그중 한 명을 기요틴으로 처형했다.[9]

프랑스의 신부들뿐만 아니라 프랑스가 점령한 벨기에의 신부들도 프랑스로 끌려와 수용되었는데, 1793년 이래 1만 2,500명의 수도자들이 수도원에서 쫓겨났고, 주교와 신부 등 성직자들은 도주했으며, 체포된 성직자들은 로슈포르로 이송되어 수용되었다. 8천여 명의 신부들이 유형 선고를 받았으며, 수천 명이 구금되었고 256명이 귀안으로 추방되었다. 혁명 프랑스는 프랑스 이외의 지역에서도 성직자와 교회에 대한 종교전쟁을 자행했던 것이다.

이들은 원래 귀안, 아프리카, 스페인 등지로 유형 보낼 예정이었으나 영국이 제해권을 장악하고 있었고 또 기상적인 이유 때문에 로리앙, 낭트, 보르도, 로슈포르 같은 항구나 대서양 연안의 섬 등에 집단 수용되었다가, 1796년 12월 4일에 가서야 상황이 나은 수도원 등지로 이송되었다. 로리앙, 낭트, 보르도, 로슈포르 등지에서는 감옥, 수도원, 선박(과거의 노예수용선) 등에 수용되었는데, 굶주림, 피로, 불결함, 추위, 더위, 질병, 해충 등으로 고생했고, 감시인들의 학대에 시달렸다. 혁명 열기가 뜨거웠던 로슈포르에서 밤에는 감옥, 배 밑창, 선실에 짐처럼 수용되었고, 낮에는 갑판 위에 서서 햇볕을 쬐었다. 수용소 생활 자체가 죽음과 다름없는 형벌이었다. 강제수용소에서의 사망률은 60퍼센트가 넘었다. 일례로 로슈포르에 강제 수용된 850여 명 가운데 274명만 살아남을 정도였다.[10]

얼마나 많은 신부가 유형에 처해졌을까? 위베르 맬패에 의하면, 총 5만 명의 신부가 유형에 처해졌는데, 그중 절반 이상은 수용소에서 사망했다.[11] 유형을 면하고 숨어 있던 신부, 망명 갔다가 돌아와 숨어 있던 신부, 유형에 처해졌다가 돌아와 숨어 있던 신부 등 모든 선서거부 신부는 처형 대상이었다. 병약자나 고령자들은 법적으로는 유형을 면했지만 실제로는 처형당한 경우가 많았다. 방데에 파견된 파견의원 카리에는 넘쳐나는 포로 수천 명을 "혁명의 강"인 루아르강에 수장시켰다. 제1차 수장에는 96명의 신부가 포함되었고 제2차 수장에는 74명의 신부가 포함되었는데, 이들은 추방을 피했거나 질병이나 고령을 이유로 유형에서 면제된 사람들이었다.[12] 1793년 말에서 1794년 초에 진행된 루아르강 수장에서 얼마나 많은 신부가 수장되었는지는 알지 못한다. 같은 무렵, 리옹의 '연방주의' 반란을 진압한 파견의원들은 약 2천 명을 처형했는데, 그중 100여 명이 신부와 수도자였다.

망명, 유형, 처형을 피하고 용감하게 남아 있던 신부들, 힘든 외국 생활을 견디지 못하고 돌아온 신부들, 선서신부들은 무엇을 했나? 그들 가운데 다수는 강압에 굴복하여 사제직을 포기했거나 결혼했다. 1793년 11월 7일 파리의 선서 주교인 고벨은 붉은 혁명 모자를 쓰고 국민공회에 나타나 "이제 자유와 신성한 평등을 숭배하는 것 이외의 다른 숭배는 필요 없다"고 선언하고 자기의 종교적인 삶은 "사기 행위" 였다고 고백한 후 사제직을 포기했다. 보좌주교들과 400여 명의 신부들이 그 뒤를 따랐다.

고벨 주교는 성직자시민법에 선서한 주교이며 1791년 3월 13일 파리 주교로 선출되었으나 로마 교황청의 인정을 받지는 못했다. 그는 자코뱅 클럽에서 적극적으로 활동했고 에베르파와 가까웠다. 그는 사제직을 포기한 후 반혁명 음모와 무신론 혐의를 받고 1794년 4월 26일 처형되었다.

미셸 보벨의 추산에 의하면, 대략 2만 명 정도의 신부들이 사제직을 포기했는데 이 가운데 절반 정도는 선서신부였다.[13] 반면에 국민공회 의원이었던 그레구아르 주교는 사직을 거부했다. 그는 온갖 위협을 받았으나 로베스피에르가 탈그리스도교를 비난할 때까지 꿋꿋하게 견뎌냈다. 자발적이고 적극적으로 사제직을 포기한 신부, 소위 말하는 "붉은 신부"는 전체의 10퍼센트 정도에 불과했다.

신부들만 그런 것이 아니었다. 프로테스탄트 목사들은 대체로 혁명을 지지했으며 선서신부들과 마찬가지로 지롱드파와 가깝다는 의심을 받는데, 탈그리스도교 운동에 의해 랑그독 지방에서만 69퍼센트에 달하는 106명이 목사직을 버렸다.[14] 대표적인 프로테스탄트 목사인 라보 생테티엔은 1793년 지롱드파 숙청 후에 처형되었다.

사제직 포기를 불가역적으로 만들기 위해서 결혼이 장려되었다. 신부의 결혼은 탈그리스도교가 시작되기 전에도 있었으나, 신부들의 대규모 결혼은 탈그리스도교와 병행하여 진행되었다. 보벨은 대략 6천 명의 신부들이 환속한 후 결혼한 것으로 추산한다. 선서 교회는 성직자의 절반 이상을 상실했다. 신부들의 결혼은 공포와 박해와 강요에 의한 위장결혼이 없지 않았으나 다수는 실제적인 결혼생활을 영위했다. 결혼한 신부들 가운데 35퍼센트는 자녀를 낳았고 상당수는 세속 직업을 가지고 가족을 부양했다. 이들은 1801년 정교협약 이후에도 성직에 복귀하지 않았다.[15]

세르주 비앙키에 의하면, 신부직을 포기하지 않은 신부들이 3만 명 남아 있었다. 그러나 성당은 폐쇄되었고, 미사는 금지되었다. 이들은 무엇을 했을까? 반혁명 전쟁에 참가했을까? 라로슈자클랭 후작 부인의 《회고록》에는 아그라 (가짜)주교를 위시하여 몇 명의 신부들이 등장한다. 이들은 방데군과 함께 다니면서 군종신부로서의 역할을 했다. 그 가운데에는 방데군 사령관인 스토플레를 정신적으로 지배했던 베르니에 신부 같은 사람도 있었다. 그러나 전투에 직접 참가한 신부는 드물었다. 라로슈자클랭 후작 부인은 "방데 신부들의 잔혹한 광신주의에 대한 이야기들은 선입견을 가진 무신론자들의 비방에 속하는 것"이라고 덧붙인다. 오맨 지방의 선서거부신부들을 연구한 티에르 트리모로도 슈앙과 연계하여 반혁명적인 활동을 벌인 신부는 3명에 불과했다고 말

한다.[16]

탈그리스도교

'탈그리스도교Déchristianisation'라는 용어는 혁명 당시에 사용되던 용어가 아니다. 당대인들은 '탈광신', '탈도덕', 혹은 '탈가톨릭'이라는 용어를 사용했다. '탈그리스도교'라는 용어는 1840년대에 뒤팡루 주교가 종교적 믿음과 실천으로부터 벗어나려는 운동 혹은 상태라는 의미로 처음 사용했다.[17] 공포정치 시기에 자행된 탈그리스도교는 반성직주의anticléricalisme나 세속화laïcisation, sécularisation의 차원을 넘어 탈그리스도교, 반그리스도교, 반종교라는 극단적인 방향으로 치달았다.

그리스도교회로부터의 이탈이 프랑스혁명 나아가 공포정치 시기에 시작된 것은 물론 아니다. "미신을 타도하라"라는 볼테르의 성전 구호는 다름 아니라 가톨릭교회에 대한 공격이었다. 미셸 보벨은 계몽주의 시대에 프랑스 남부 프로방스 지방에서 작성된 유언장을 계량적으로 분석하여 주민들이 '바로크적'인 요란한 종교 행위로부터 벗어나고 있었음을 증명했고, 모리스 아귈롱은 주민들이 전통적인 신심형제회에서 프리메이슨으로 옮겨가는 현상을 확인했으며, 로제 샤르티에는 죽음에 대한 태도의 변화, 피임 확산, 사제서품과 수도자 종신서원 감소, 국왕의 탈신성화, 세속화 등의 지표를 통해 프랑스혁명 전에 이미 문화적으로 탈그리스도교가 진행되었음을 밝혀냈다.[18]

계몽주의 시대에 숙성된 문화적 배경 아래에서 프랑스혁명기의 탈그리스도교는 폭력적으로 가속되었다. 그것은 두 가지 양상으로 전개되었는데, 하나는 교회를 파괴하는 것이었고 다른 하나는 대안종교를 세우는 것이었다.

정부는 망명, 유형, 처형 같은 폭력적인 방법을 사용하여 신부들의 신체를 파괴했고, 성직 포기, 결혼 등을 강요하여 성직을 제거했다. 또 성당을 폐쇄하거나 파괴하고, 성당을 이성의 신전, 학교, 치안군 사무실, 창고 등으로 개조하고, 성모 마리아 상을 떼어내어 광장에서 목을 자른 다음 불태우고, '자유의 나무' 앞에서 십자가, 성물, 성서 등을 불태우고, 그리스도교 예술 작품을 파괴하고, 이성과 평등의 이름으로 성당의 첨탑을 허물고, 종을 떼어내어 무기를 만들고, 성당의 은 제기를 경제적으로 재활용하고, 국가의 문화유산을 파괴했다.

또 다른 방법은 그리스도교를 문화적으로 파괴하는 것이었다. 전통적인 그리스도교 이름 대신 혁명 영웅들의 이름을 보급하고, 코뮌의 이름을 세속화하거나 혁명적인 이름으로 개명하고, 전통적인 가톨릭 축제를 혁명 축제, 공화국 승전 축제로, 성인 숭배를 마라, 샬리에, 르플르티에 같은 공화국 순교자 숭배, 인민대표 개인 숭배 등으로 대체한 것이 여기에 속한다. 가장 '혁명적'인 것은 전통적인 그레고리우스 달력을 폐기하고 새로운 혁명력을 만들어 사용한 것이다. 이제 한 해의 시작은 예수의 탄생이나 부활이 아니라 9월 22일이었으니, 상징적으로 공화국이 그리스도교를 대체했다. 일주일이 7일이 아니라 10일로 조정됨으로써 일요일도 사라졌다.[19] 로베스피에르는 39개의 순일旬日 축제를 제안했다. 최고 존재 축제, 자연 축제, 인류 축제, 프랑스 국민 축제, 인류의 은인 축제, 자유의 순교자 축제, 자유 축제, 평등 축제, 공화국 축제, 세계의 자유 축제, 조국애 축제, 폭군과 배신자에 대한 증오 축제, 진리 축제, 정의 축제, 순결 축제, 영광 축제, 불멸 축제, 우정 축제, 검약 축제, 용기 축제, 선의 축제, 영웅심 축제, 무사무욕 축제, 스토아주의 축제, 사랑 축제, 부부의 신의 축제, 부성애 축제, 모성애 축제, 효 축제, 어린이 축제, 청년 축제, 노년 축제, 늙음 축제, 불행 축제, 농업 축제, 생업 축제, 조상 축제, 후손 축제, 행복 축제.

　탈그리스도교는 그리스도교를 파괴하는 것을 넘어 '이성 숭배'와 '최고 존재 숭배'라는 혁명 종교를 세웠다. 이성 숭배는 1793년 10월에 지방에 파견된 파견의원들의 주도로 시작되었다. 다시 말하면 그것은 파리의 공안위원회 주도로 시작된 것이 아니었다. 아베빌에서는 신부들의 학살자인 앙드레 뒤몽이, 로슈포르와 인근 지역에서는 래뇰로와 르키뇨가 옛 종교를 공격하고 '조국 숭배'를 강요했으며 신부들을 결혼시켰다. 부르주에서는 라플랑슈가, 니에브르에서는 푸셰가 이 운동을 주도했다. 이들은 계몽주의의 유물론과 무신론을 계승한 과격 혁명가들이었다. 예컨대, 르키뇨는 성당을 개조하여 만든 '진리의 신전'에서 다음과 같이 말했다. "아닙니다, 시민들이여, 내세는 존재하지 않습니다.……우리 몸을 구성했다가 해체된 원자들과 지나간 존재의 기억만 우리에게서 남을 것입니다." 그렇다면 인간의 행복은 어디에 있는가? "어디냐고요?, 시민들이여! 자기 자신 안에, 자기의 마음 깊숙한 곳에, 자제와 금욕 안에, 노동과 타자에 대한 사랑 안에 있습니다."

르키뇨는 혼자가 아니었다. 푸셰는 니에브르의 공동묘지 벽에 "죽음은 영원한 잠이다"라고 썼다.[20] 파리 지역에서도 코뮌의 주도로 혁명 종교가 만들어졌다. 1793년 11월 10일에 파리의 노트르담 성당에서 이성 축제가 거행되었다. 노트르담 성당은 '이성의 신전'으로 개조되었다. 유명 오페라 가수인 마드무아젤 마이아르가 이성의 여신이 되어 진리의 횃불을 들고 내려와 회중의 존숭을 받았다. 프랑스의 전체 코뮌 가운데 4분의 1에 이성의 신전이 세워졌다.

탈그리스도교 운동이 교회 파괴와 무신론으로 치닫고, 파리의 중앙 집권적인 통제를 벗어나 지방의 파견의원들과 혁명군에 의해 무정부주의적으로 자행되자, 국민공회의 산악파 혁명가들은 크게 우려했다. 루소주의자인 로베스피에르는 국가를 통치하는 데에는 '종교'가 필요하다는 실용주의적인 생각을 가지고 있었다. 마키아벨리와 마찬가지로 그에게도 종교는 통치의 수단이었다.

로베스피에르는 폭력적인 교회 파괴 운동에 대해 민중이 저항하고 있음을 확인했고,[21] 무신론은 프랑스를 분열시키려는 외국의 음모가 아닌가 의심했다.[22] 1793년 10월 25일 로베스피에르는 파견의원인 앙드레 뒤몽이 취한 반그리스도교적인 조치들을 비난했다. 11월 26일, 로베스피에르와 전략적으로 제휴한 당통은 국민공회에서 "우리는 미신의 지배를 무너뜨리고 무신론의 지배를 확립하기를 원치 않는다"고 선언했다.

12월 6일, 의회는 종교의 자유를 엄숙히 선언했고 로베스피에르는 국가기관은 공공의 안전과 치안 유지에만 관여해야 한다고 주장했다.

12월 25일, 로베스피에르는 혁명정부의 원칙을 제시한 연설에서 "수도자들의 어깨옷을 걸치고 있는 광신주의자들과 무신론을 설교하는 광신주의자들은 다르지 않다"며 이성 숭배주의자들을 공격했다. 로베스피에르의 논리와 논고에 의하면, 무신론은 영혼불멸을 인정하지 않기 때문에 부도덕하며, 그렇기 때문에 덕의 공화국을 파괴하며, 그렇기 때문에 반애국적이며, 그렇기 때문에 반혁명적이다.

로베스피에르는 1794년 3월 24일에 에베르파를 제거하고, 4월 5일에는 전략적 동지였던 당통파를 제거함으로써 독재 기반을 다졌다. 5월 7일, 로베스피에르는 "국민공회를 이끄는 정치도덕 원리"에 대한 연설에서 "최고 존재와 영혼불멸의 관념은 정의에 대한 지속적인 환기이다. 그러므로 그것은 사회적이고 공화국적"이라고 선언했고, 국민공회는 "프랑스 국민은 최고 존재와 영혼불멸의 존재를 인정한다"는 법을 제정했다. 6월 8일, 로베스피에르는 파리에서 최고 존재 숭배의식을 엄숙하게 주재하면서 "무신론이라는 괴물의 초상"을 불태웠다.

그리스도교를 물리치고 대안종교로서 등장한 이성 숭배와 최고 존재 숭배의 싸움에서 최고 존재 숭배가 최종적으로 승리를 거두었다. 혁명가들의 싸움은 겉보기에는 무신론과 유신론의 싸움이었으나 그것을 순수한 종교전쟁으로 보는 것은 피상적이다. 로베스피에르는 무신론자들의 종교 파괴에 맞서 종교의 자유를 옹호했으나, 그가 말하는 종교란 그리스도교와 같은 계시종교가 아니라 루소 식의 시민종교였다. '덕'의 혁명가에게는 종교도 국가에 헌신해야 했던 것이다. 이성 숭배는 파견의원들이 임지를 떠나면 중단되었고, 최고 존재 숭배 역시 로베스피에르의 죽음과 함께 끝났다. 대안종교는 일회적이었던 것이다.

세르주 비앙키는 탈그리스도교 운동을 '문화혁명'이라는 개념으로 설명한다. 상퀼로트는 1789년에 시작되었고 1792년 8월에 제2혁명으로 승화된 혁명을 완성하기 위해 문화혁명을 추진했으나, 소수의 전투적인 상퀼로트에 의해 무리하게 진행되었고 비현실적이었을 뿐만 아니라 무엇보다도 부르주아 혁명가들의 헤게모니를 위협했기 때문에 이에 반발한 부르주아 혁명가들의 제동으로 실패했다는 것이다.[23]

이들이 세속적이고 애국적이며 평등주의적인 새로운 가치와 문화를 추구한 것은 부인할 수 없다. 그러나 그들이 '인권선언'에 명시된 재산권과 종교의 자유를 존중하지 않고 파괴한 것을 '문화혁명'이라는 이름으로 미화할 수는 없을 것이다. 혁명은 1794년 1월에 그레구아르 주교가 비판했듯이 "문화적 갱생"의 길에서 벗어나 반문화적인 반달리즘vandalisme으로 탈선하고 말았다.[24]

'열월 정변' 이후

1794년 7월 27일 '열월 정변'으로 로베스피에르가 축출되자 상황이 호전되기 시작했다. 1794년 9월 18일, 국가 재정을 책임지고 있던 캉봉은 경제적인 이유 때문에 선서 교회에 대해 예산을 지원하지 않는다고 선언했다. 이미 2년 전에 캉봉은 선서신부들의 급료와 연금은 사회가 아니라 교회가 책임져야 한다고 말한 적이 있다. 이제 교회 예산은 전적으로 신자들의 몫이었다.

이로써 성직자시민법은 사실상 폐기되었고, 국가는 세속화되었다. 공적인 미사는 아직 아니었지만 사적인 미사는 허용되었다. 1794년 12월 21일, 그레구아르 주교는 완전한 신앙의 자유를 요구했다. 1795년 2월 17일, 라조네에서 체결된 평화는 방데의 반도들에게 신앙의 자유를 부여했다. 최종적으로, 1795년 2월 21일 국민공회는 "어떤 종교의식도 방해받지 않는다"(제1조), "공화국은 어떤 급여도 지급하지 않는다"(제2조)라고 선언했다. 이로써 성직자들이 사제복을 입고 교회 밖으로 나온다거나 거리나 광장에서 의식을 거행한다거나 교회 종을 울린다거나 하는 행위는 금지되었지만, 공포정치 시대의 박해와 수난은 끝났다.

그렇지만 가톨릭교회의 부활이 순탄했던 것은 아니다. 왕당파의 세력이 커지자 왕당파의 부활을 두려워하던 국민공회는 선서거부신부들에 대한 억압 조치를 부활시켰다. 1795년 9월 6일 법은 유형에 처한 신부들을 영구 추방할 것을 결정했고, 10월 25일 법은 선서거부신부들을 유형과 감금에 처한다는 1792년과 1793년의 법을 재시행하기로 결정했다. 국민공회가 해산하며 결정한 10월 16일의 사면에서도 신부들은 제외되었다.

1797년 3월의 선거에서 성공을 거둔 왕당파는 의회에서 종교의 자유를 위한 공세에 나섰다. 그러나 1797년 9월 4일의 쿠데타로 상황이 역전되었다. 쿠데타 직전에 나온 완화 조치들이 폐기되고 강경한 조치들로 대체되었다. "왕정에 대한 증오의 선서"가 강요되었다. 신부들에 대한 처벌이 재개되었으나 공포정치 시기와는 달리 처형보다는 유형이

주를 이루었다. 이들은 로슈포르 감옥이나 섬에 수용되거나 귀안으로 추방되었다.

1798년 7월의 '강도 억압법'은 망명자나 유형에 처할 신부들을 고발하는 자에게는 보상하고 선서거부신부를 숨겨주는 자는 6개월에서 1년 이하의 징역에 처할 것을 예고했다. 총재정부는 성당 폐쇄, 십자가와 종 철거, 교회건물 매각 등 과거의 탈그리스도교 조치들을 취하기도 했다.[25]

1799년 나폴레옹의 브뤼메르 (무월) 18일의 쿠데타로 모든 것이 끝났다. 종교와 화해하는 것이 질서 회복의 근본이라고 생각한 나폴레옹은 가톨릭교회에 대한 적대적인 정책을 버리고 교황과 협상하기 시작했다. 나폴레옹은 국가는 종교와 분리된 세속적인 존재이며 정치는 종교보다 우위에 있다고 생각했다. 교황은 정치의 자율적인 영역을 인정했지만 종교가 정치에 복종하는 것은 받아들이기 어려웠다. 우여곡절 끝에 1801년 7월 15일 자정에 협상이 타결되었다.

타결된 정교협약(콩코르다)의 정식 명칭은 '교황 피우스 7세와 프랑스 정부 간의 협정'으로 모두 17개 조항과 전문으로 구성되어 있다. 교황은 가톨릭이 구체제에서처럼 국교의 지위를 회복하기를 원했지만, 나폴레옹은 가톨릭을 프랑스의 국교로 인정하기를 거부했다. 가톨릭은 "프랑스인 대다수의 종교"가 되었을 뿐이었다. 제1조는 예배의 자유를 부여한다고 규정했지만, "프랑스 정부가 공공질서에 필요하다고 판단하는 경찰 규정에 합치한다는 조건에서"라는 제한 규정을 두었다.

프랑스 교회는 완전히 새롭게 재편되었다. 교구와 본당의 경계가 새로 규정되었다. 주교와 신부를 선거로 뽑는 제도도 사라져, 주교는 제1 통령이 임명하고 교황이 서임하도록 했다. 주교는 본당신부를 임명하고 교구 내에 신학교와 참사회를 둘 수 있게 되었다. 정부는 주교에게 혁명 기간에 매각되지 않은 모든 성당을 위임했지만, 이미 매각된 교회 재산의 회수는 허락하지 않았다. 주교와 신부들은 국가가 지급하는 급여를 받았다. 주교와 본당신부들은 미사가 끝나면 "주여, 공화국을 구원하소서, 통령을 구원하소서"라는 성가를 부르도록 규정했다. 교황은 제1통령이 구체제에서 국왕이 누리던 특권적 지위를 차지하는 것을 인정한 것이다.[26] 새로운 방식으로 주교들을 임명하기 위해서는 선서파든 선서 거부파든 기존의 주교들을 사임시켜야 했는데 교황청으로서는 매우 어려운 작업이었다. 정교협약에 반대한 신부들은 '작은 교회'를 세워 독립해 나갔다.

1801년의 정교협약으로 교회 박해는 끝났고 교회의 분열도 끝났다. 교회는 대체로 구체제의 형태로 되돌아갔다. 그러나 중요한 변화가 있었으니, 가톨릭교회는 국교의 지위를 보장받지 못했을 뿐만 아니라 구체제에서와 같은 정치적인 영향력을 상실했다. 정교협약은 100년 후인 1905년 '국가와 교회 분리법'에 자리를 물려주고 역사 속으로 사라졌다.

정교 분리

중세 이래 가톨릭은 국교로서의 특권을 누려왔다. 1789년 혁명이 일어나 왕정이 붕괴되고 공화국이 수립되자 오랜 기간 왕정과 공생해오던 가톨릭교회 역시 붕괴를 면하기 어려웠다. 〈인간과 시민의 권리선언〉과는 반대로, 프랑스혁명은 종교의 자유를 부여한 것이 아니라 종교를 박해했다. 혁명은 선서 거부파는 물론이고 선서파도 박해했으며, 나아가 프로테스탄트교회, 유대교회 등 일체의 종교를 박해했다. 기존의 종교는 미신에 불과했고, 프랑스혁명이 계시이자 섭리이자 진정한 종교였다. 프랑스혁명이라는 종교는 '다른' 종교와 양립하기를 거부했다.

성직자시민법, 선서 강요, 탈그리스도교 등으로 강화된 박해에 의해 수많은 신부가 수난을 당했다. 얼마나 많은 신부가 희생되었는지 정확히 알 수는 없다. 역사가들은 대략 3만 명이 망명 내지 유형에 처해졌고, 3천 명에서 5천 명이 처형당했다고 보나 정확한 수치는 물론 아니다.[27] 대략 혁명 전의 전체 성직자 가운데 절반 정도가 선서를 거부했고, 선서거부신부 가운데 절반 정도가 망명을 떠났거나 유형에 처해졌으며, 수천 명의 신부가 강제수용소에서 사망하거나 공포정치에 의해 처형되었다고 볼 수 있을 것이다. 처음에는 선서거부신부만 처벌 대상이었으나 탈그리스도교가 진행되면서 선서신부들도 처벌을 받았다. 성당은 폐쇄되었고 미사는 금지되었을 뿐만 아니라 그리스도교 문화 자체가 파괴되었다. 반혁명 전쟁에 가담하여 저항한 신부는 극소수에 불과했다. 한마디로, 교회는 파괴되었고 신부들은 순교했다.

프랑스혁명은 종교를 박해했고 종교에 강한 영향력을 행사했으나, 종교를 종교 본연의 일에만 전념하게 함으로써 결과적으로 '세속화'라는 유산을 남겨주었다. 세속화란 정치와 종교가 분리되어, 정치는 종교에 개입하지 않고 종교 역시 정치에 개입하지 않는 것을 말한다. 세속화는 이런 의미에서 종교가 정치라는 오염에서 벗어나 순수해진 것으로, 공포정치 시대에 극성을 부리던 파괴적인 탈그리스도교와 구분된다. 가톨릭교회는 엄청난 희생을 치르고서야 종교 본연의 모습으로 돌아간 것이다. 이성의 간계 혹은 신의 섭리라고 말할 수 있을 것인가? 참으로 잔인했다.

'열월 정변'과
공포정치의 청산

부적절한 개념, '반동'

프랑스혁명력 2년 열월熱月(테르미도르) 9일(1794년 7월 27일) 로베스피에르는 국민공회에서 법외자로 단죄되었고, 다음 날 생쥐스트, 쿠통 등과 함께 단두대에서 처형되었다. 이로써 1793년 5월 31일과 6월 2일 파리 민중(상퀼로트)의 도움을 받아 국민공회에서 지롱드파를 몰아내고 권력을 잡은 산악파의 통치도 막을 내렸다. 열월파는 마지막 산악파와 마지막 상퀼로트의 저항을 물리친 후 1795년 8월 22일 '혁명력 3년의 헌법'을 제정하고 그해 10월 총재정부Directoire를 출범시킴으로써 혁명력 2년의 공포정치에서 벗어났다. 이로써 혁명은 민중혁명으로의 궤도 이탈에서 벗어나 부르주아 혁명으로 복귀했다.

열월파의 일원인 바래르는 로베스피에르가 단두대에 오른 바로 그날 국민공회 보고서에서 사건의 의미를 규정했다. "5월 31일 민중은 자기의 혁명을 했고, 열월 9일 국민공회는 자기의 혁명을 했다. 자유는 이 두 혁명에 박수갈채를 보냈다. 이 끔찍한 시대, 광신과 예속이 왕좌에 앉은 폭군들보다 더 위험한 이 새로운 폭군들이 혁명의 마지막 뇌우雷雨이기를!"

전국의 자치단체, 민중협회, 군대 등은 앞다투어 국민공회의 "혁명"을 지지하는 서한을 국민공회에 보냈다. 로베스피에르의 지지 기반이었던 자코뱅 클럽과 파리의 구區도 승자의 편에 섰다. 이들은 "새로운 카틸리나", "새로운 크롬웰" 같은 표현으로 로베스피에르의 공화주의 파괴 음모를 비난했으며, 바래르가 규정한 '혁명'을 "행복한 혁명", "명예혁명" 등으로 수식했다. 박즈코의 연구에 의하면, 그 무렵 아무도 로베스피에르를 방어하지 않았으며 아무도 국민공회의 "혁명"에 이의를 제기하지 않았다.[1] 열월파 국민공회 시기와 총재정부 시기에 국민공회의 거사는 "행복한 혁명"으로 공식 기념되었다.[2]

그러나 역사가들은 열월 9일의 사건을 '혁명'으로 규정하지 않는다. 대신 역사가들이 자주 사용하는 용어는 reaction이다. reaction의 사전적 의미는 "어떤 작용이나 움직임에 대하여 그 반대로 일어나는 작용이나 움직임" 혹은 "역사의 진보나 발전에 역행하여 구체제를 유지 또는 회복하려는 입장이나 정치 행동"이다. 첫 번째 의미는 "반작용", "반발" 등으로, 두 번째 의미는 "반동"으로 옮길 수 있을 것이다. reaction이라는 단어는 자코뱅 클럽이 국민공회에 보낸 지지 서한에도 등장한다.

자코뱅 클럽은 "위대한 사건"이 일어났으며, "독재자는 더이상 존재하지 않는다"라고 운을 뗀 다음 "그토록 오랫동안 억압받은 후이니 우리가 개탄해 마지않는 악에 대한 강력하고 적절한 reaction을 기대하지 않을 수 없다"며 reaction을 당연시했다. 그것이 과도하게 자행되지 않을까 우려할 뿐이었다. 이들이 사용한 reaction의 의미는 보복, 반발 등이었다.[3] 열월파 국민공회 시기에 백색공포가 벌어지고 왕당파 반란이 일어나자, reaction이라는 용어가 정치 담론에 들어와 "과다함", "반혁명" 등의 의미로 사용되기도 했다.[4]

공화주의 역사가인 미슐레는 방대한 《프랑스혁명사》를 로베스피에르 죽음 직후의 reaction에 대한 기술로 끝마치는데, 그가 사용한 reaction 역시 반발, 보복 등의 의미를 벗어나지 않았다. 아직 역사의 방향성, 진보와 보수, 발전과 후퇴 등의 의미는 스며들지 않은 것이다. 역사학에서 reaction이 반동의 의미를 지니는 것은 러시아혁명 이후다. 레닌이 죽은 후, 트로츠키주의자들은 스탈린주의자들을 혁명을 '타락'시킨 새로운 열월파라고 비난했다.[5] 프랑스혁명사의 자코뱅 해석에 의하면, 자코뱅과 산악파와 상퀼로트가 순수하고 강고한 혁명을 전개하던 혁명력 2년의 영웅적인 시기는 열월 9일에 파괴되었고 그 후 '반동'이 진행되었다.[6]

반면, 수정 해석을 지지하는 역사가들은 "열월의 반동" 대신 "열월 9일" 혹은 "열월파 국민공회" 같은 용어를 선호하며, 열월 9일의 사건을 "과거로의 회귀"라는 부정적인 시각으로 바라보지 않는다. 프랑수아 퓌레는 열월 9일을 혁명 자체의 끝이 아니라 민중적 형태의 혁명에 의해 감추어졌던 또 다른 형태의 혁명을 드러내준 사건으로 본다.[7] 그의 유명한 표현에 따르면, 전쟁과 공포정치 때문에 궤도에서 이탈한 혁명을 본궤도로 복귀시킨 사건이었다. 박즈코가 열월의 사건을 혁명의 종식이 아니라 "공포정치의 종식"으로 보는 것도 같은 맥락이다. 수정해석은 바래르의 '국민공회 혁명론'으로 복귀하는 듯한 인상을 준다. 오늘날 열월의 사건은 더이상 "반동"이라는 개념에 의해 획일적으로 부정되지 않는다.[8]

그렇지만 국내에서 이 시기에 대한 이해는 "열월의 반동"에 갇혀 있는 것 같다. 민석홍 교수는 자코뱅 해석에 동조하면서 "'열월의 반동'을 획책한 주요 인물들은 로베스피에르에 비하면 보잘것없는 테러리스트와 부패분자 또는 기회주의자였다"고 도덕적인 비난을 가했다.[9] 그러나 역사를 도덕적 잣대만으로 단죄할 수 없으며, 로베스피에르를 기준으로 다른 혁명가들을 평가할 수도 없다. 로베스피에르에 반대했던 혁명가들도 계몽사상—로베스피에르와는 다른—으로 무장한 사람들이었음을 인정해야 한다.[10]

'반동'이라는 용어는 특정 시기를 이해하는 데 적절한 용어가 아니다. 우선 그것은 이념적인 색채가 강한 용어여서 열월 9일 사건으로 실각한 로베스피에르를 영웅으로, 로베스피에르의 시대를 혁명의 심화기로, 그 로베스피에르를 실각시킨 열월 9일과 열월파 국민공회를 퇴행적인 수구반동으로 바라보게 만들 위험이 있다. 역사학적으로도 그 용어는 부적절하다. 그것은 '부정'의 함의가 강해서 열월파 국민공회 시기에 진행된 공포정치의 청산과 화해 같은 긍정적인 노력을 간과하거나 과소평가할 위험이 있기 때문이다.[11)

결국 관건은 공포정치를 어떻게 볼 것인가, 그 주역인 로베스피에르를 어떻게 볼 것인가이다. 로베스피에르의 죽음을 혁명의 죽음으로 볼 것인가 아니면 공포정치의 죽음으로 볼 것인가? 열월 9일은 혁명을 죽인 것인가 아니면 죽어가던 혁명을 살린 것인가?

로베스피에르의 몰락

1794년 3월과 4월에 로베스피에르파는 과격한 에베르파와 "관용적인" 당통파를 제거한 후 권력을 장악했다. 혁명 동지요 동료 의원인 당통파를 제거하는 것을 보고 국민공회 의원들은 공포정치의 칼끝이 자기들에게로 향하고 있다고 생각했다.[12) 의원들의 불안감은 목월牧月 22일(1794년 6월 10일) 법으로 공안위원회가 권력을 독점하고 '대공포정치'가 가동되자 더욱 커졌다. 의원들은 동요하기 시작했다.

공포정치의 주축인 공안위원회와 파견의원들이 싸우고, 공안위원회와 보안위원회가 갈등하고, 공안위원들이 로베스피에르를 경계하면서 공안위원회 내에서 로베스피에르의 입지가 흔들리기 시작했다. 로베스피에르는 국민공회 의장 임기를 마치고 6주 동안이나 공안위원회에 참석하지 않는 대신 자코뱅 클럽에 공을 들이며 반전을 도모했다.

공포정치에 대한 부정적인 여론이 높아지자 타협과 화해의 요구가 있었으나 로베스피에르는 요지부동이었다. 국내외의 전황이 호전됨으로써 공포정치는 더이상 정당화될 수 없었지만 "덕의 공화국"을 건설하기 위해서도 강력한 중앙집권 정부가 필요하다고 생각했고, 그럴수록 "음모자들"과 "배신자들"을 제거할 필요가 있다고 믿었기 때문이다. 그는 국민공회에서 정면 돌파하기로 결심했다.

열월 8일(1794년 7월 26일), 로베스피에르는 오랜만에 국민공회 단상에 올라갔다. 그는 전후좌우를 위협적인 시선으로 둘러보았다. 그가 음모의 괴수라고 지목한 푸셰는 참석하지 않았다. 2시간이 넘도록 계속된 연설은 에베르파와 당통파 제거의 정당화, 덕과 최고 존재 숭배 찬양, 반혁명 음모 고발, 국민공회와 보안위원회와 공안위원회의 "배신자들"에 대한 공격 등으로 가득했다. 로베스피에르는 자신이 "선을 행하고 악을 저지할 수 없는 무력감 때문에" 6주 동안 공안위원회에 출석하지 않았을 때 학살이 급증했다며 자신의 학살 책임을 부인했으며, 의도적으로 학살을 자행하여 자기에게 책임을 전가하려는 음모를 고발했다. 그는 캉봉이 이끄는 재정부가 빈민을 괴롭히고 국유재산 구매자들을 어렵게 만든다고 비판했으며, 보안위원회와 공안위원회를 숙정하고 보안위원회를 공안위원회에 종속시켜야 한다고 주장했다. 그는 당통, 데물랭, 에베르, 샤보, 쇼메트의 추종자들이 혁명을 타락시키고 있다고 말했으나 그들의 이름을 구체적으로 거명하지는 않았다. 마티에는 이 연설이 "감동적"이었다고 평했지만, 그날 국민공회 의원들에게는 그렇지 않았다. 그것은 공포를 불러일으키는 무서운 연설이었다.

연설이 끝나자 연설문을 인쇄하여 배포하는 문제가 논의되었다. 로베스피에르의 연설은 당연히 인쇄되어 전국에 배포될 것이었다. 한때 로베스피에르를 비판한 적이 있던 르쿠앵트르는 연설문을 인쇄하자고 제안했다. 목월 22일 법에 반대했던 부르동 드 루아주는 인쇄에 반대했다. 바래르는 출판의 자유를 내세워 인쇄할 것을 지지했다. 결국 쿠통의 동의에 따라 연설문을 인쇄하여 전국에 배포하기로 결정되었다.

그러나 로베스피에르는 승리의 문턱에서 전에 없는 반발에 직면했다. "새로운 메시아"를 임신했다고 떠벌린 자칭 "신의 어머니" 카트린 테오 음모사건(그녀는 로베스피에르가 새로운 메시아라고 주장했다)과 관련하여 그날 로베스피에르로부터 쓴소리를 들은 보안위원 바디에가 해명에 나섰고, 재정 정책으로 비판받은 캉봉도 반발했다. 캉봉은 "한 사람이 국민공회의 의지를 마비시키고 있다. 그는 방금 연설한 사람이다. 그는 로베스피에르다"라고 말하여 박수를 받았다.

이에 고무된 비요 바렌은 로베스피에르의 연설문을 전국의 코뮌에 배포하기 전에 공안위원회와 보안위원회에서 검토하도록 하자고 제안했다. 비판의 대상이었던 양 위원회로 하여금 연설문을 검토하게 하자는 것이니 로베스피에르로서는 굴욕이었다. 파니는 로베스피에르에게 그가 고발한 의원들의 이름을 대라고 요구했다. 이 결정적인 문제에 대해 로베스피에르는 답변을 거부했는데 이것이 그의 파멸을 불렀다. 의원 모두가 봄의 대학살을 기억했기 때문이다.

방타볼은 연설문을 인쇄하기로 한 결정을 파기하라고 요구했다. 샤를리에는 로베스피에르가 리스트에 올린 사람들의 이름을 대라고 재차 요구하여 박수를 받았다. 분위기가 반전되는 것을 느낀 바래르는 다수의 편에 섰다. 그는 로베스피에르가 공안위원회에 오랫동안 불참했다고 지적하면서 만일 그렇지 않았더라면 그런 내용의 연설문을 쓰지 않았을 거라고 말했다. 결국 국민공회는 연설문을 배포하기로 한 애초의 결정을 뒤집고 양 위원회에서 연설문을 검토하기로 결정했다. 로베스피에르의 패배였다.

그날 저녁, 로베스피에르는 자코뱅 클럽에서 국민공회에서의 연설을 되풀이했다. 그는 그 연설문이 "유언장"이라고 말했다. 오랜만에 자코뱅 클럽에 참석한 비요 바렌과 콜로 데르부아는 발언권을 얻지도 못하고 쫓겨났다. 파견의원 자보그는 한 사람이 자코뱅 클럽을 지배하는 것을 원치 않는다고 외쳤고, 로베스피에르는 "조국의 적과 나의 적을 알려주어서 고맙다"고 응수했다. 로베스피에르의 연설은 국민공회에서와는 달리 박수갈채를 받았다. 일부 자코뱅 회원들은 연설에 대해 거부감을 표했지만 방청석을 가득 메운 파리 민중의 함성에 묻혀버렸다. 콜로 데르부아와 비요 바렌은 5월 31일의 사건이 재연되는 것이 아닌지 두려워했다.

로베스피에르는 자코뱅 클럽에서의 성공에 고무되어 다음 날 국민공회에 기대를 걸었다. 그날 밤, 로베스피에르 제거 음모를 꾸며온 의원들과 공포정치에 지친 국민공회 평원파 의원들 사이에 거래가 이루어졌다. 의회의 다수를 차지하면서도 기회주의적으로 로베스피에르에 동조해온 평원파는 공포정치의 포기와 로베스피에르를 맞바꿀 것이었다.

열월 9일, 국민공회가 개회했다. 생쥐스트는 비요 바렌, 콜로 데르부아, 카르노 등의 공안위원에게 모든 책임을 전가하고 로베스피에르를 변호하는 내용의 연설문을 읽기 시작했으나, 탈리앵의 저지로 한 문장밖에 읽지 못하고 내려왔다. 탈리앵은 로베스피에르와 생쥐스트가 조국의 병을 악화시키고 있다고 비난하여 박수를 받았다. 비요 바렌은 전날 저녁 자코뱅 클럽의 분위기를 전하면서, 또 하나의 "5월 31일 사건"이 벌어질 것이며 그것은 국민공회의 학살로 끝날 거라고 겁주었다.

모든 의원들은 "노!"라고 외쳤고 방청객들은 "국민공회 만세!"를 외쳤다. 그는 로베스피에르가 목월 22일 법의 주역이며 폭군이라고 비난했다. 의원들은 "폭군에게 죽음을!"이라는 함성으로 화답했다. 비요 바렌은 로베스피에르가 입으로는 정의와 덕을 외치지만 실제로는 부정한 사람이라고 비난했다. 로베스피에르가 발언하려고 하자 의원들은 "폭군을 죽여라!"라고 소리쳤다. 탈리앵은 로베스피에르가 살생부를 만들었다고 비난했으며, "새로운 크롬웰"을 둘러싸고 있는 부패 무리를 체포하라고 요구했다. 이리하여 파리 국민방위대장 앙리오와 파리 혁명재판소장 뒤마의 체포동의안이 가결되었다.

로베스피에르가 또다시 발언하려고 하자 콜로 데르부아의 뒤를 이어 의장 자리에 앉은 튀리오가 제지했다. 바래르는 혁명정부가 위험에 처해 있으며 파리는 국민공회를 지켜야 한다는 내용의 대국민 포고령을 발표했다. 바디에는 카트린 테오의 침대 밑에서 로베스피에르에게 보내는 편지가 발견되었다고 고발했다. 드디어 전직 신부이자 당통파인 루셰가 로베스피에르 체포동의안을 발의했고 만장일치로 통과되었다. 동생인 오귀스탱 로베스피에르와 르바는 로베스피에르와 운명을 함께하겠다고 나섰다. 쿠통과 생쥐스트에 대한 체포령도 통과되었다.

욕설과 외침이 계속되었다. 르장드르가 "당통의 피가 너를 질식시키고 있다"고 말하자 로베스피에르는 "아! 너는 당통의 복수를 하는구나! 왜 그때 그를 방어하지 않았는가?"라고 반박했다. 콜로 데르부아가 "여러분은 조국을 구했습니다. 여러분의 적은 또 다른 5월 31일이 필요하다고 말했습니다"라고 외치자, 로베스피에르는 "거짓말이다"라고 반격했다. 로베스피에르의 마지막 말이었다. 체포된 의원들은 보안위원회로 이첩되었다. 콜로 데르부아는 그날의 사건에 대한 최초 해석을 내렸다. "이것은 폭정에 대한 봉기이다. 이 봉기는 조국을 구했다." 방청객들은 국민공회에서 나와 이 놀라운 소식을 구민들에게 전했다.

이날 모두 35명의 국민공회 의원들이 로베스피에르를 비난하는 발언을 했는데, 2명은 평원파였고 나머지 33명은 산악파였다. 탈리앵은 지롱드파의 적이었고, 비요 바렌은 공안위원들 가운데 가장 극단적인 인물이었으며, 바디에는 악명 높은 보안위원이었다. 이들이 반로베스피에르 음모에 가담한 이유는 다양했지만, 분명한 사실은 모두 공포정치가의 전력을 가지고 있었다는 점이다.

파리코뮌은 국민공회에 저항하기로 결정했다. 파리 시장과 국가위원은 시 참사회원들에게 자기 구로 돌아가 비상신호를 울리도록 요구했다. 그러나 5월 31일과 달리, 구민들은 코뮌을 지원하는 데 미온적이었다. 48개 구 가운데 16개 구만 코뮌에 국민방위대원들을 파견했다. 그렇지만 3천여 명을 동원했으며 파리 주둔 30개 포병중대 가운데 17개 중대와 대포 32문을 확보하여 국민공회군보다 병력과 화력에서 우위를 차지했다. 코뮌군은 시청 앞 그레브 광장에 집결했다.

그러나 어처구니없는 일이 발생했다. 국민방위대장 앙리오가 체포된 의원들을 구하기 위해 보안위원회 건물 안으로 들어갔다가 오히려 체포당하고 만 것이다. 그 광경을 본 로베스피에르와 그의 동료들은 절망했다. 이들은 파리의 여러 감옥으로 분산 이송되었지만 코뮌의 명령을 따르는 관리들의 도움으로 풀려나 시청으로 이동했다.

저녁 여덟 시경에 혁명재판소 부소장 코피날은 2천여 명의 병력을 이끌고 국민공회로 진격하여 앙리오를 구출했다. 코뮌의 병력은 국민공회 병력보다 우세했지만 어찌 된 일인지 국민공회를 공격하지 않고 시청으로 돌아갔다.[13] 이때 앙리오가 두려움에 떨고 있던 국민공회를 공격했다면 코뮌이 승리를 거두었을지도 모른다.[14]

국민공회는 냉정을 되찾고 로베스피에르파 의원들과 앙리오를 법외자로 규정했다. 국민공회군의 지휘를 맡은 바라스는 거리로 나가 앙리오가 법외자임을 알렸고 온건한 구민들을 끌어들였다. 로베스피에르가 왕이 되려고 했다는 거짓말도 퍼뜨렸다. 국민공회에 저항하거나 국민공회의 법령을 무시하는 사람은 모두 법외자로 단죄될 거라고 선언했다. 이 무서운 조치는 코뮌군을 공포에 빠뜨렸다.

시청에 모인 의원들은 군사 작전을 수행할 능력과 경험이 없는 사람들이었다. 로베스피에르와 쿠통은 군대에 보내는 포고문을 국민공회의 이름으로 할지 인민의 이름으로 할지를 놓고 고심하고 있었다. 그들은 이렇게 국민공회를 공격할 골든타임을 놓쳤다. 파리 시청 앞에 모여 있던 국민방위대와 포병은 명령도 보급도 받지 못한 채 방치되어 있었는데, 법외자로 단죄된다는 소문이 전해지자 하나둘 자리를 뜨기 시작했다. 그레브 광장은 텅 비었고 자코뱅 클럽 문도 닫혔다.

이제 국민공회군이 시청을 접수하면 상황은 종료될 것이었다. 바라스는 새벽 2시경에 시청을 공격했다. 절망한 오귀스탱 로베스피에르는 창문 밖으로 몸을 던졌고, 르바는 권총으로 자살했다. 로베스피에르는 턱에 부상을 입고 피를 흘리고 있었다. 자살을 시도했는지 진압군의 총을 맞은 것인지 확실하지 않다. 생쥐스트는 부상당한 로베스피에르를 돌보고 있었고, 하반신 불구자인 쿠통은 책상 밑에 웅크리고 있었다. 파리코뮌은 무기력하게 패배했다.

열월 10일 저녁, 로베스피에르, 생쥐스트, 쿠통, 그리고 그들을 지지하던 19명이 단두대에서 처형당했다. 이들은 국민공회에서 법외자로 선고되었기 때문에 재판 없이 신원확인만으로도 처형할 수 있었으나 시 행정관들이 모두 잠적했기 때문에 신원확인 절차도 없이 단두대에 올랐다. 다음 날, 코뮌파 71명이 단두대에서 처형되었다. 그 후 한 달 동안 단두대가 가동되어 총 108명이 처형되었다. 이 가운데 87명은 파리코뮌 소속이었다. 이로써 프랑스혁명의 산실이었던 파리코뮌은 붕괴되었다.

국민공회와 파리코뮌의 싸움은 이렇게 국민공회의 승리로 끝났다. 로베스피에르파가 패한 이유는 어디에 있을까? 파리 민중이 종전과는 달리 코뮌을 지지하지 않은 이유는 어디에 있을까? 파리 민중이 코뮌을 지지하지 않은 이유로는 산악파 정부가 1793년 5월 31일 이후 상퀼로트의 세력을 순치해왔다는 점, 에베르파가 제거됨으로써 상퀼로트 지도자들이 사라졌다는 점, 민중혁명 지도자들이 혁명정부 관리로 임용됨으로써 혁명적 열정이 식어가고 있었다는 점, 많은 애국파가 수도를 떠나 전선에 나가 있었다는 점, 그리고 최고가격제가 제대로 시행되고 있지 않은 상황에서 열월 5일(7월 23일) 파리코뮌이 그동안 미루어오던 최고임금제를 실시하여 임금노동자들을 실망시킨 점 등을 들 수 있을 것이다. 전에는 에베르파를 지지한 구區조차 파리코뮌이 아니라 국민공회 지지로 돌아섰다.

열월 9일 오후에 노동자들은 그레브 광장에서 집회를 열었으나 파리코뮌을 지지하기 위해서가 아니라 최고임금제 폐지를 요구하기 위해서였다. 그들은 다음 날 시청 관리들이 단두대로 끌려갈 때에도 "최고임금제를 집어치우라"고 외쳤다. 소불은 부르주아인 공안위원들과 상퀼로트 사이의 계급모순에서 그 원인을 찾고 있다. 다시 말하면, 경제적 자유주의를 신봉하는 공안위원회는 민중이 생존권 수호 차원에서 요구하는 통제경제에 미온적이었을 뿐만 아니라 최고임금제를 실시하여 노동자들의 이익을 침해했다는 것이다.[15]

국민공회 의원들이 로베스피에르를 버린 이유는 어디에 있을까? 공포정치 자체의 모순에서 그 이유를 찾아볼 수 있을 것 같다. 공포정치는 처음에는 대외전쟁과 내전이라는 극한 상황을 극복하기 위해 용인된 비상수단이었으나 1794년 봄 이후 전세가 호전되자 더이상의 명분을 찾기 어려웠다. 로베스피에르는 '덕의 공화국'을 내세우며 공포정치를 연장하려 했지만,[16] 국민공회 의원들은 거기에서 독재의 음모를 보았을 뿐이었다. 당통의 죽음과 목월 22일 법 이후 의원들은 공포정치의 화살이 자신들을 향하고 있다고 생각했다.

공포정치는 음모와 배신에 대한 불안과 불신으로 가동되는 것이기에 최종적으로는 공포정치가들 자신에게로 화살이 돌아올 수밖에 없었다.[17] 근본적으로, 혁명은 불안, 불신, 공포, 고발, 학살이라는 "비극적인 내적 논리"에 의해 "자기 자식을 잡아먹는" 자기 파괴의 메커니즘이었다.[18] 공포정치는 '상황'의 부산물이자 동시에 혁명 자체의 귀결이었다. 로베스피에르는 1794년 열월 10일에 죽지 않았더라도 언젠가는 반혁명파로 몰려 죽었을 것이며, 마라도 샤를롯 코르데에 의해 암살당하지 않았더라도 언젠가는 반혁명파로 몰려 죽었을 것이라는 이야기는 엉뚱한 상상이 아니다.[19]

공범자들

반로베스피에르 음모를 꾸민 사람들은 어떤 사람들인가? 그들이 어떤 이유로 그러한 음모를 꾸몄고 동조했는지 이해하기 위해서는 로베스피에르파가 권좌에 오르게 되는 과정을 짚어볼 필요가 있다. 그 과정에서 적대자들이 생겨났기 때문이다.

로베스피에르가 권력을 장악하게 된 것은 1793년 5월 31일과 6월 2일의 정변이 성공하면서부터였다. 지롱드파와 산악파·파리 민중의 싸움이 치열해지는 가운데 지롱드파가 구성한 12인위원회가 파리의 과격파를 공격하자 로베스피에르는 5월 26일 자코뱅 클럽에서 "타락한 의원들"에 맞서 폭동을 일으킬 것을 호소했다. 5월 31일, 코르들리에 클럽이 이끄는 파리 민중은 국민공회를 에워싸고 지롱드파 지도자들의 제명, 혐의자 체포 등을 요구했다. 6월 2일 폭동이 재개되어 앙리오가 지휘하는 8만 명의 국민방위대가 국민공회를 에워싸고 위협하자 국민공회는 결국 굴복했고 29명에 달하는 지롱드파 의원들의 체포를 승인했다. 이렇게 해서 지롱드파가 몰락하고 공안Salut public을 최고의 법으로 하는 산악파와 상퀼로트가 권력을 잡았다.

조르주 르페브르는 이 사건을 "혁명"이라고 평가했다.[20] 반면, 퓌레는 무장세력이 국민의 합법적인 대표기관에 총을 겨누었다는 점에서 6월 2일 사건은 지롱드파의 패배만이 아니라 혁명의 패배였다고 평가했다.[21] 로베스피에르는 여세를 몰아 7월 27일 공안위원회에 입성했다.

산악파와 상퀼로트가 떠맡은 국가 상황은 어려웠다. 전쟁은 계속되고 있어서 국민총동원령이라는 비상조치가 필요한 지경이었다. 방데 전쟁은 확대일로에 있었고, 설상가상으로 캉, 보르도, 님, 마르세유, 툴롱, 리옹 등의 대도시들과 많은 도에서 파리의 산악파 독재에 저항하는 소위 연방주의 반란이 일어났다. 리옹은 2개월 이상 끈질기게 저항하다가 10월 9일 항복했고, 방데 전쟁은 12월 말에 가서야 일단락되었다.

산악파는 지롱드파에 비해 민중 친화적이었고(로베스피에르는 "나는 민중이다!"라고까지 말했다), 민중(상퀼로트)의 지지를 받아 권력을 장악했지만, 산악파와 민중은 상이한 이념을 가진 집단이었다. 도식적인 구분이지만, 산악파는 의회민주주의를 지지한 반면 상퀼로트는 인민주권론에 입각하여 직접민주주의를 열망했다. 산악파는 '법'을 내세운 반면 상퀼로트는 '정의'로써 법을 재심再審하려 했다. 부르주아인 산악파는 경제자유주의를 지지했으나 상퀼로트는 경제의 자유보다 생존권을 우선했다. 산악파는 상퀼로트가 요구하는 통제경제 같은 반자유주의적 요구를 수용하는 데 소극적이었다. 산악파와 상퀼로트가 권력투쟁을 벌이는 것은 예정된 수순이었다.

1793년 9월 4~5일 에베르와 쇼메트가 이끄는 상퀼로트는 또다시 국민공회를 무력으로 겁박했다. 국민공회는 상퀼로트의 요구인 최고가격제 실시, 혐의자 체포, 상퀼로트로 구성되는 파리 혁명군 창설 등을 수용하지 않을 수 없었다. 이미 지방에 설치된 혁명군의 뒤를 이어 파리에도 보병 6천 명과 1,200명의 포수로 이루어진 혁명군이 창설된 것은 상퀼로트의 승리였다. 이로써 에베르파가 주도하는 파리코뮌은 국가 안의 국가가 되었다. 혁명군은 도시와 군대를 위한 곡물 확보, 반혁명파 타격, 탈영병 수색, 세금 징수, 교회 물품으로 무기 제조 등의 임무를 맡았다. 국민공회는 9월 17일에는 '혐의자법'을, 29일에는 가격과 임금에 대한 '전반적인 최고가격법'을 제정했다. 공포정치가 가동하기 시작한 것이다.

혐의자법에 의하면 혁명에 적대적인 사람들뿐만 아니라 혁명에 미온적이거나 시민으로서의 의무를 이행하지 않는 사람들도 혐의자였다. 의심과 불안이 만연했고 고발이 난무하는 공포 분위기가 조성되었다. 혁명재판소는 기소자들의 절반 가까이를 단두대에 보냈다. 에베르파의 압력에 의해, 6월에 체포된 21명의 지롱드파 의원들이 10월 31일 처형되었다. 왕비 마리 앙투아네트, 평등공 필립, 바르나브, 바이이, 롤랑 부인도 처형되었다. 처형되기 직전에 롤랑 부인은 로베스피에르에게 편지를 보내 조심하라고 경고했다. "운명은 덧없는 것이고 민중의 지지도 그러한 것이기 때문"이었다. 그녀는 처형대에서 "오, 자유여, 너의 이름으로 얼마나 많은 범죄가 자행되었나!"라는 유명한 말을 남겼다.

국민공회(공안위원회)가 상퀼로트의 압력에 굴복하기만 한 것은 아니었다. 국민공회는 부의 재분배를 요구하는 과격한 격앙파를 공격하여 "붉은 사제" 자크 루, 바를레, 르클레르 등을 체포했다. 국민공회는 1792년 7월 25일부터 시행된 구區의 상설화를 폐지하고 구의 회합을 일주일에 2회로 제한한 반면 참석자에게는 수당을 지급했다. 과격한 민중 클럽, 여성 클럽 등도 폐쇄했다. 상퀼로트는 인민주권에 대한 침해라고 반발했지만, 국민공회는 이런 식으로 상퀼로트를 순치시켜나갔다. 로베스피에르는 지롱드파 의원들의 체포에 항의한 의원들을 처형하라는 상퀼로트의 요구를 막아냄으로써 국민공회 평원파 의원들을 안심시켰다.[22] 10월 10일, 국민공회는 생쥐스트의 제안에 따라 "자유를 침해"할 위험이 있는, 실제적으로는 국민공회를 거북하게 할 수 있는, 산악파 헌법의 시행을 무기한 유보했고, "프랑스 임시정부는 평화가 도래할 때까지 혁명적"이라고 선언했다. 전쟁 상황임을 이유로 혁명정부는 헌법 없이 독재할 수 있는 기반을 마련한 것이다.

국민공회는 위기에 대처하기 위해 도와 군軍에 특임의원들을 파견했다. 주로 산악파 의원들이 파견되었다. 파견의원들은 총독과 같은 전권을 가지고 임무를 수행했다. 리옹에 파견된 파견의원은 뒤부아크랑세, 쿠통, 푸셰, 콜로 데르부아였다. 푸셰와 콜로 데르부아는 쿠통의 뒤를 이어 부임하여 약 2천 명의 리옹 시민을 처형했는데, 포도탄포까지 동원한 학살 방법이 너무 잔인하여 공안위원회의 비난을 받고 파리로 소환되었다. 탈리앵은 보르도에서 공포정치를 실시하여 악명을 떨쳤는데, 부유한 망명 귀족의 부인인 테레자 카바뤼스의 후견인이 된 후에는 귀족들을 관대하게 처리하여 로베스피에르의 의심을 받고 파리로 소환되었다. 툴롱에서는 바라스와 프레롱이 집단 처형을 주도했다.

12월 4일 제정된 '혁명정부 조직법'은 전시공화국을 위한 임시헌법이었다.[23] "공포정치의 기본법"으로도 불리는 이 법으로 국민공회 특히 공안위원회를 중심으로 하는 중앙집권 체제가 확립되었다. 모든 국가기관과 공무원은 공안위원회의 직접적인 감독 아래에 놓이게 되었다. 국내 치안과 관련된 감독권은 여전히 보안위원회에 귀속되었으나 공안위원회는 공직자들을 감시하고 처벌할 수 있는 권한을 부여받았다. 또한 감찰관을 폐지하고 공안위원회가 임면하는 국가위원을 파견하여 지방 행정을 통제했다. 국가위원과 혁명위원회뿐만 아니라 파견 의원들도 정부의 양 위원회에 정기적으로 보고서를 제출해야 했다. 도의 혁명군은 해체되었다.

공안위원회는 법이 보장한 권력 장악에 나섰다. 로베스피에르는 "혁명정부는 두 개의 암초, 즉 허약과 만용, 온건론과 과격론 사이를 헤쳐나가야 한다"며 타격 대상을 설정했다. 겨울이 끝나가면서 식량위기가 닥치자 분위기가 흉흉해졌다. 파리 혁명군 사령관 롱생은 코르들리에 클럽에서 새로운 봉기가 필요하다고 선언했고, 에베르는 "신성한 봉기"를 일으키자고 선동했다. 그러나 48개 구 가운데 2개 구만이 호응할 정도로 반응은 얼어붙었다. 공안위원회는 이들의 준동을 방관하지 않았다. 3월 13~14일 밤, 공안위원회는 에베르, 롱생, 뱅상 등 코르들리에파 지도자들을 체포했으며 열흘 뒤 신속하게 처형했다. 파리코뮌의 군대였던 파리 혁명군도 해체되었다.

다음 차례는 당통을 중심으로 하는 온건파였다. 로베스피에르는 친구인 당통과 카미유 데물랭에 대해서는 망설였다. 그러나 이들이 권력을 국민공회에 돌려주고 1793년 헌법을 시행하라고 요구하고 나서자 인내심이 한계에 도달했다. 3월 29~30일 밤에 당통, 카미유 데물랭, 들라크루아, 필리포 등이 체포되었다. 공안위원 랭데는 "나는 시민들을 보호하는 사람이지 애국파를 죽이는 사람이 아니다"라며 체포영장에 서명하기를 거부했다. 르장드르는 이들의 체포에 분노하며 체포된 의원들에 대한 청문회 개최를 요구했다.

로베스피에르는 다음과 같이 답변했다. "무서워 떠는 사람은 죄가 있는 사람이다. 죄 없는 사람은 결코 공적인 감시를 두려워하지 않을 것이기 때문이다." 의원들은 로베스피에르의 무시무시한 말에 박수를 보내지 않을 수 없었다.[24] 당통파는 4월 5일 단두대에서 처형되었다. 며칠 후에는 파리코뮌의 감찰관인 무신론자 쇼메트, 선서파 신부였다가 환속한 파리 주교 고벨, 데물랭의 부인과 에베르의 부인 등이 단두대에 올랐다. 모두 40여 명이 처형되었는데 그 가운데 11명이 의원이었다.

상퀼로트는 자기들의 이익과 열망을 대변하던 코르들리에파가 제거되고 자율적인 민중운동 기구들이 파괴되는 것을 보고 혁명정부를 불신하게 되었다. 국민공회 의원들은 동료 의원들이 처형되는 것을 보고 다음 차례는 자기들이 아닌가 하고 두려워했다. 당통파 의원 르네 르바쇠르는 "그것은 공안위원회의 현격한 승리였다. 그러나 동시에 그것은 공안위원회 몰락의 제1원인이었다"라고 썼다.[25] 소불에 의하면 그것은 "열월 반동"의 서막이었다. 퓌레에 의하면 공안위원회는 자기 무덤을 팠다.[26]

이제 공안위원회의 독재를 가로막는 것은 아무것도 없었다. 공안위원회는 파리코뮌에 대한 숙정 작업을 진행했고, 파리 시장 파슈를 검거했다. 구區 민중협회가 해체되었다. 집행위원회를 폐지하고 공안위원회의 감독을 받는 12개의 행정위원회를 신설했다. 4월 15일에는 혁명재판을 파리 혁명재판소로 일원화시켰다. 4월 19일에는 지방에 파견된 파견의원 21명을 파리로 소환했다. 파트리스 게니페에 의하면, 공안위원회는 구체제의 절대군주보다 더 절대적인 권력을 행사할 수 있게 되었다. 그러나 공안위원이 12명인 것이 문제였다. 공안위원회는 "머리가 12개인 전제군주"였다.[27]

공안위원회를 위협한 또 다른 힘은, 아이러니하게도, 전세가 호전되어간다는 것이었다. 임시정부는 "평화시"까지만 혁명적이라고 선언했기 때문에 혁명정부 체제를 유지하려면 외부로부터의 위협이 지속될 필요가 있었다. 그러나 1794년 봄이 되면서 전세가 호전되어감에 따라 혁명정부 체제는 점점 더 존재 이유를 상실했다. 로베스피에르는 공포정치를 '평화' 이후에도 지속시키기 위해서 '덕의 공화국'을 제창했다. 1794년 6월 8일(가톨릭의 성령강림 대축일!) 거행된 '최고 존재와 자연의 축제'는 도덕정치를 축성하는 제전이었다. 로베스피에르는 국민공회

의장 자격으로 의식을 주재했다.

그의 종교는 루소가 설파한 시민종교였다. 그것은 시민이 국가에 충성하는 종교였기 때문에 시민이 국가에 충성할 것을 요구하는 '덕의 공화국'과 다르지 않았다. 마티에가 보기에 최고 존재 숭배는 사회적 프로그램, 국민 통합 수단이었다.[28] 로베스피에르가 열월 8일의 절박한 연설에서도 두 차례나 푸셰와 쇼메트의 무신론을 비판한 것—"아니야, 쇼메트, 아니야, 푸셰, 죽음은 영원한 잠이 아니야. …… 죽음은 불멸의 시작이야"—은 무신론을 선동한 파견의원들과 보안위원들에 대한 정치적인 위협이었다.

소불은 최고 존재 숭배의식이 "감동적이었다"고 평했지만,[29] 그 자리에 있던 푸셰에게는 우스꽝스럽기만 했다. 로베스피에르가 제단으로 올라갈 때, 푸셰는 "너의 몰락이 멀지 않았다"고 외쳤고 20여 명의 동료가 그 소리를 들었다. 로베스피에르 뒤에 있었던 당통주의자인 보도에 의하면 우스꽝스러운 의식과 "괴물 같은" 로베스피에르의 견딜 수 없는 "독재"를 비난하는 소리들이 흘러나왔다.[30] 로베스피에르는 공안위원회에서 푸셰와 푸셰의 동료 20여 명의 목을 요구했으나 거부당했다. 자신이 소수임을 확인한 로베스피에르는 이후 공안위원회에 출석하지 않고 자코뱅 클럽에 공을 들이며 역습 기회를 노렸다. 그는 자코뱅 클럽에서 푸셰가 새로운 음모를 꾸미고 있다고 비난했다. 그러나 자코뱅 클럽은 로베스피에르가 최고 존재 숭배의식을 거행하기 며칠 전에 푸셰를 자코뱅 클럽 의장으로 선출함으로써 로베스피에르의 "미신으로의 복귀"에 대한 의구심을 드러냈다.[31]

로베스피에르 암살 미수사건이 벌어졌다. 5월 22일 아드미랄이라는 이름의 남자가 로베스피에르의 하숙집 근처에서 콜로 데르부아에게 총을 쏘았다는 이유로 체포되었다. 그는 자기가 원래 노렸던 사람은 로베스피에르였는데 로베스피에르를 찾지 못해서 대신 콜로를 쏘았다고 자백했다. 다음 날에는 세실 르노라는 소녀가 체포되었다. 그녀는 로베스피에르를 찾아다니고 있었다고 자백했다. 그 소녀는 작은 칼(미슐레에 의하면 장난감 칼) 두 개를 소지하고 있었다.

로베스피에르는 죽음의 공포에 사로잡혔고 불안에 떨었다. 자신의 그림자를 보고도 암살 위협을 느낄 정도였다.[32] 그의 반응은 의원들에게는 지나친 소심함과 위선의 표식으로 보였다.[33] 5월 25일 자코뱅 클럽에서 의장인 볼랑은 "자유민들의 신이 그들을 돌보았으며 섭리가 그들의 방패였다"고 흥분했다. 르장드르는 암살 음모가 있으니 의원들에게 경호원을 붙이자고 제안했다. 그러자 쿠통은 "우리가 더 나은 경호를 받으려 하는 것은 우리 친구들과 인민과 섭리를 모독하는 것"이라고 반박했다.

르장드르는 의원들에게 경호원을 붙이는 것은 '반혁명적'이라며 자기의 발언을 취소했다. 쿠통의 의연함은 허세에 불과했다. 로베스피에르가 암살자들을 단죄함에 따라 아드미랄과 르노는 6월 17일에 다른 52명의 '공범'과 함께 신속하게 처형되었다. 이들은 모두 붉은색 옷을 입고 단두대에 올랐는데 붉은색 옷은 존속살해범에게 입히는 옷이었다. 로베스피에르는 "조국의 아버지"라는 의미였을까?

로베스피에르와 콜로 데르부아 암살 미수사건은 공포정치를 강화시키는 결정적인 구실이 되었다. 목월 22일(1794년 6월 10일) 법이 바로 그 것이다. 권력이 사실상 공안위원회에 집중되었고 재판 절차가 간소화되어 신속 준엄한 공포를 가능하게 했다. '혁명의 적'의 범위가 크게 확대되었다. 공적인 자유를 해치는 자, 왕정의 회복을 원하는 자, 국민공회와 혁명정부를 위해하는 자, 공화국을 배신하는 자, 파리나 공화국의 보급을 방해하는 자, 적의 계획을 돕는 자, 국민이나 국민의 대표를 기만하는 자, 폭군의 기도를 이롭게 하기 위해 사기를 저하시키는 자, 국민을 분열시키기 위해 가짜뉴스를 퍼뜨리는 자, 도덕을 타락시키는 자, 반혁명적인 글로써 혁명 원칙의 순수성을 훼손하는 자, 악의와 불성실로 공화국의 안전을 위협하는 자……

사실상 아무도 공포정치에서 벗어날 수 없었다. 특히 이 법은 공안위원회가 국민공회를 거치지 않고 직접 혁명재판소에 기소할 수 있도록 했기 때문에 의원들의 불체포특권을 침해할 소지가 있어서 4월의 당통파 제거를 보고 두려워한 의원들을 더욱 불안하게 만들었다.

쿠통이 '대공포정치' 법안을 발의하자 뤼앙프, 르쿠앵트르, 바래르 등은 법안 토론을 연기하자고 제안했다. 로베스피에르가 나서서, 법안 토론을 연기하는 것은 조국의 안전을 위협하는 것이고 가혹한 법은 음모를 꾸미는 자들과 자유의 적들에게만 무시무시할 것이라는 상투적인 논리를 전개했다. 부르동 드 루아즈는 위원회의 권한이 의원들에게 확대되는 것을 우려했고, 메를랭 드 두에도 같은 의견을 개진했다. 다음 날 국민공회에서 법안 토론이 벌어져, 쿠통이 윽박지르고 로베스피에르가 거드는 가운데 별다른 수정 없이 채택되었다.

쿠통의 법이 통과되는 장면은 로베스피에르가 최고권력자임을 여실히 보여준다. 로베스피에르의 사법 독재가 시작되었다. 처형자 수가 엄청나게 늘어났다. 이 법이 제정되기 전 45일 동안에는 577명이 처형된 데 반해 이 법이 제정되고 로베스피에르가 몰락하기까지 45일 동안에는 1,286명이 처형되었다. 양 위원회는 경쟁적으로 법을 집행했고 로베스피에르는 신속한 재판을 재촉했다.[34] 혁명을 지지하고 로베스피에르를 지지한 사람들도 이제는 고개를 돌렸다.[35] 로베스피에르는 국민공회 최후의 연설에서 이렇게 처형자가 늘어난 것을 자기에 대한 음모라고 몰아붙였다.

로베스피에르가 독재 체제를 강화할수록 동료 의원들의 불만과 불안은 커져만 갔다. 공안위원회와 쌍두 체제를 구축했던 보안위원회는 자기들의 위상이 하락하는 것을 용납할 수 없었다. "혁명의 적"의 재산을 몰수하여 애국자들에게 분배하는 것을 골자로 하는 풍월의 법을 뒷받침하기 위해 설치된 인민위원회를 로베스피에르가 통제하고 공안위원회가 4월 말에 그 직속으로 경찰국을 신설한 것은 보안위원회의 영역을 침범하는 것이었다. 로베스피에르가 경찰국을 관장했기에 더욱 그러했다. 목월 22일의 법은 공안위원회와 보안위원회에 기소권을 부여했지만 실질적으로 권력의 추는 이미 공안위원회 쪽으로 기울어 있었다. 6월 15일, 보안위원회 의장인 바디에가 "신의 어머니" 카트린 테오 사건을 새로운 법에 따라 직접 혁명재판소에 기소하지 않고 국민공회에서 보고한 것은 로베스피에르와 최고 존재 숭배를 조롱하기 위함이었다.

공안위원회와 보안위원회의 반목이 심해지는 상황에서 공안위원회도 분열했다. 전쟁을 담당하고 있던 카르노는 6월 26일 플뢰뤼스 전투 승리 이후 전쟁 확대 여부를 놓고 로베스피에르, 생쥐스트와 충돌했다. 그는 로베스피에르와 생쥐스트에게 "웃기는 독재자들"이라고 퍼부었다고 전해진다.[36] 에베르와 가까웠던 콜로 데르부아와 비요 바렌은 로베스피에르의 최고 존재와 덕에 대한 훈시를 받아들일 수 없었다. 랭데, 카르노, 프리외르 드라 코트 도르 같은 '전문가'들은 로베스피에르와 생쥐스트의 유토피아주의를 무시했으며, 통제경제를 못마땅하게 여기고 있었다.

로베스피에르는 6월 18일 국민공회 의장직에서 물러나면서 '열월 정변'까지 6주 동안 공안위원회에 출석하지 않았다. 국민공회와 자코뱅 클럽 출석도 줄어들었다. 로베스피에르는 전에도 과로로 병을 얻어 몇 차례 공적 활동에서 물러난 적이 있는데 이번에도 그런 이유에서 그런 것인지 아니면 전략적으로 그렇게 한 것인지는 확실하지 않다. 그러나 그의 최후 연설에는 병에 대한 언급이 없으며 그가 자코뱅 클럽에 참석하여 대책을 마련하느라 부심한 것을 보면 전략적인 이유가 컸던 것으로 보인다.[37]

비요 바렌은 그가 새로운 파당을 만들려는 것이 아닌지 의심했다.[38] 로베스피에르는 자신에 대한 음모가 진행되고 있다고 생각했다. 그는 전선에 나가 있던 생쥐스트를 불러들이고 쿠통과 힘을 모아 난관을 헤쳐나가기로 결심했다. 그는 자신이 장악하고 있는 자코뱅 클럽, 국민방위대, 파리코뮌, 혁명재판소의 힘으로 국민공회를 굴복시킬 수 있다고 생각했다. 실제로 그의 힘은 변함없이 강력했다. 그는 에베르파와 쇼메트를 제거한 후 파리코뮌을 자기 사람으로 채워놓았기 때문에 코뮌의 지지를 확신하고 있었으나, 정부의 통제를 받기 시작한 파리코뮌이 민중으로부터 멀어지고 있었음을 알지 못한 것이 그의 불행이었다.[39]

양 위원회는 합동회의를 열어 화해를 모색했다. 비요 바렌은 "우리는 모두 너의 친구다. 우리는 언제나 함께 걸었다"라며 로베스피에르를 설득했다. 생쥐스트와 쿠통은 화해의 목소리에 귀를 기울였지만 로베스피에르는 요지부동이었다. 로베스피에르는 열월 8일 국민공회에 나가 문제를 해결하려고 했다. 마티에는 로베스피에르의 비타협적인 성격이 그를 파멸의 길로 몰아넣었다고 보았다.[40]

공포정치의 청산

소불은 혁명력 2년 열월 9일(1794년 7월 27일)부터 혁명력 4년 안개월 4일(1795년 10월 26일)까지 1년 3개월 동안 지속된 열월파 국민공회 시기를 다음과 같이 평가한다.

로베스피에르가 몰락하고 혁명정부가 더이상 지탱하지 못하게 되자 반동Réaction은 급속도로 진전되었다. 필사적인 정치적 투쟁의 혼란기에서 두드러진 것은 그 테르미도르 시기가 반동적인 사회적 속성을 지니고 있다는 점이다.[41]

혁명력 2년의 체제가 민중적 속성을 지니고 있었음은 부인할 수 없다. 상퀼로트는 혁명정부에 공포정치와 통제경제를 강요하는 등 커다란 영향력을 행사했다. 그러나 민중운동은 에베르파의 몰락 이후 급격히 약해지기 시작하여 열월 9일 이후 결정적으로 쇠퇴했다. 혁명력 3년 목월(1795년 5월) 봉기 실패 이후 상퀼로트는 무장해제 당했고 혁명은 부르주아 노선으로 선회했다. 소불은 이 시기를 기술할 때 반동이라는 용어를 사용하는데, 그것은 혁명이 민중적 속성을 상실하고 부르주아적 속성으로 퇴보했음을 강조하는 것이다.

열월파 국민공회는 '공포정치'를 청산하려고 시도했다. 열월파 자신이 공포정치가였다는 점에서 공포정치의 청산은 모순적이었지만 사회 분위기는 공포정치의 청산을 강력하게 요구하고 있었다. 혁명정부의 개편, 자코뱅 클럽의 폐쇄, 통제경제의 폐지, 산악파와 상퀼로트의 축출, '백색공포'·'열월 정변' 주역들의 제거 등은 모두 공포정치의 청산이라는 차원에서 일어났다. 한마디로, 혁명력 2년 시기에는 '공포정치'가 의사일정에 올라 있었다면 열월파 국민공회 시기에는 '정의'가 의사일정에 올라 있었다.[42]

국민공회 의원 티보도가 말했듯이, 당대인들에게 열월 9일은 환희와 해방의 시간이었다.[43] 열월 9일의 주동자들을 보고 실망한 르바쇠르 같은 사람에게도 열월 9일은 "기쁨"의 시간이었다. 백색공포의 참상을 고발한 보도 같은 사람에게도 "공화국은 로베스피에르와 함께 로베스피에르를 통해서는 유지될 수 없었다." 로베스피에르의 죽음만이 혁명을 정상화시킬 수 있다고 본 것이다.[44]

열월 9일 직후부터 국민공회는 국민공회의 역할을 강화하는 작업에 착수했다. 우선 의원들의 인신을 위협하는 목월 22일 법을 폐기하여 의원들을 안심시켰다. 잠재적인 위협인 파리코뮌을 약화시키기 위해 파리혁명위원회를 축소했다. 공안위원회와 보안위원회를 통제하기 위한 조치도 빠지지 않았다. 양 위원회는 매달 전 위원의 4분의 1을 교체하며 물러난 위원은 한 달이 지나지 않고서는 다시 위원으로 선출될 수 없도록 규정했다. 일종의 내각인 집행위원회들을 공안위원회가 아니라 해당 위원회들에 소속시킴으로써 공안위원회는 다른 위원회들을 통제할 수 없게 되었다. 공안위원회의 권한은 전쟁과 외교 문제로만 축소되었고, 보안위원회는 경찰권과 감독권을 유지했으며, 법제위원회는 권한이 확대되어 국내 행정과 사법 행정을 관장했다. 국민공회만이 입법권을 가졌고 위원회들은 단지 법을 집행할 뿐이었다. 이제 공안위원회가 아니라 국민공회가 통치의 중심이 되었다.

국민공회는 사법 개혁에 나섰다. 로베스피에르의 사람들로 구성된 혁명재판소 조직을 개편했으며, 악명 높은 혁명재판소 공공검사 푸키에 탱빌을 처형했다. 범죄 의도 유무가 처벌 기준이 되었다. 그 결과 반혁명적인 죄가 입증된 사람들도 반혁명적인 의도가 없으면 석방되었다. 국민공회는 감옥의 문을 열고 수감자들을 석방하기로 결정했다. 공포정치 시기에 대략 50만 명이 구금되었으며 1794년 7월에는 파리에만 7천 명이 구금되어 있었다. 열월 18일부터 23일까지 보안위원회는 파리에서만 478명을 석방했는데 논란을 의식하여 숫자와 명단은 공개하지 않았다.[45] 볼네, 데스튀 드 트라시, 가라, 송토낙스, 앙토넬, 엘베시위스 부인, 소피 드 콩도르세, 헬렌 마리아 윌리엄스, 토머스 페인 등이 '열월 정변' 덕분에 죽음을 면했다. 국민공회는 연방주의에 내린 유죄판결을 무효화함으로써 지롱드파와 화해했다. 1793년 5월 31일~6월 2일 사건에 항의하여 체포되었다가 처형을 면한 71명의 의원들이 1794년 12월 8일 국민공회에 복귀했고, 죽은 자들은 "자유의 순교자"로 추대되었다. 1796년 4월, 정부는 순교한 지롱드파의 유족들에게 연금을 지급하기로 결정했다.[46]

메에 드 라 투슈는 1794년 8월 26일 《로베스피에르의 꼬리》라는 제목의 소책자에서 "로베스피에르는 죽었지만 로베스피에리즘은 죽지 않았다"며 "대혁명" 이후에도 여전히 바래르, 비요 바렌, 콜로 데르부아가 공안위원회에 남아 있다고 비난했다. 이 소책자는 수만 부가 팔리면서 여론을 형성했다. 3일 후, 르쿠앵트르는 국민공회에서 이 3인방과 보안위원회의 바디에, 아마르, 불랑, 다비드가 로베스피에르와 공모하여 공포정치를 주도했다고 공격했다. 50여 명의 의원이 토론을 벌였는데, 공포정치의 책임이 이들 7명을 넘어 국민공회, 국민, 혁명에게로 비화되는 조짐을 보였다.

구피요 드 퐁트내는 르쿠앵트르가 혁명 자체를 재판에 회부하며 국민공회의 분열을 조장하고 있다고 비난했다. 국민공회는 공포정치의 책임이 확산되는 것을 막기 위해 서둘러 토론을 종결했다. 이틀 후 공안위원회 의원을 갱신할 때 비요 바렌과 콜로 데르부아는 사임했으며 바래르는 투표로 교체되었다. 그러나 '정의'가 의사일정에 올라있는 이상 공포정치가들의 처벌을 막을 수 없었다. 루아르강 수장水葬의 주범인 카리에가 파리로 올려보낸 낭트의 "연방주의자" 94명에 대한 재판, 낭트 혁명위원회에 대한 재판, 카리에에 대한 재판이 열리면서 공포정치의 실상이 드러났고, 청산 필요성이 절실해졌다.

카리에는 12월 16일 "반혁명 범죄"를 범했다는 판결을 받고 처형된 반면, 함께 재판을 받은 28명은 반혁명 의도가 없었다는 이유로 석방되었다. 국민공회는 12월 27일 바래르, 비요 바렌, 콜로 데르부아, 바디에 등의 범죄사실을 조사하기 위한 위원회를 구성했고, 종월 12일의 민중봉기를 제압한 후 재판 절차 없이 서둘러 남아메리카의 귀안으로 유형 보냈다. 호전적인 자코뱅들도 함께 숙청했다. 이렇게 해서 "마지막 산악파"가 제거되었다.

공포정치 시기에 억압되었던 언론의 자유가 회복됨으로써 출판물의 수가 급증했다. 각종 출판물이 경쟁적으로 공포정치를 비판했다. 그럴수록 언론의 자유가 중요해졌고, 그리하여 '정의'와 마찬가지로 "표현의 자유"도 의사일정에 올랐다.[47] 한 놀라운 일화는 당시의 분위기를 전해준다. 거리에서 《자코뱅의 정체》를 판매하던 가두판매원이 자코뱅에게 붙잡혀 보안위원회로 끌려왔는데, 보안위원회는 불법적으로 잡혀온 판매원에게 배상금을 지불하고 그녀를 불법적으로 붙잡은 자코뱅을 구속함으로써 출판의 자유를 존중했다.[48]

로베스피에르의 아성이었던 자코뱅 클럽은 열월 9일 이후 존립위기를 맞게 되었다. 열월 9일 직후, 자코뱅 클럽은 "행복한 혁명"을 지지하는 성명을 발표했으며 자체 정화에 나서 600여 명의 과격 자코뱅을 축출했고, 로베스피에르 시대에 축출된 후 열월 9일에 주도적인 역할을 한 푸셰, 탈리앵, 뒤부아 크랑세 등을 다시 받아들이는 등 자세를 낮추었다. 그러나 공포정치의 축이었던 자코뱅 클럽이 무사하기는 어려웠다. 국민공회로서는 자코뱅을 공격하는 것이 국민공회에 가해지는 책임에서 벗어나는 길이기도 했다. 11월 11일에는 수백 명의 청년행동대원들이 "자코뱅 타도, 국민공회 만세!"라는 함성을 부르며 자코뱅 클럽 본부를 공격했고 거리의 군중이 합세했다. 보안위원회는 사태를 수수방관했다. 국민공회는 자코뱅 클럽을 폐쇄하기로 결정했다.

1794~1795년의 겨울, 상퀼로트 축출 운동이 일어났다. 152명의 전직 혁명위원회 위원들을 포함하여 200명에 달하는 민중 투사가 기소되었다. 청년행동대원들은 길거리에서 반대파들에게 폭력을 가했다. 그들은 친자코뱅파 카페를 공격했고, 극장에서는 〈라마르세예즈〉의 연주를 금지한 대신 〈공포정치가에 대항하여 민중이여 각성하라〉는 곡을 연주하게 했다. 르플르티에와 마라의 흉상이 철거되었고, 마라의 유해가 팡테옹에서 축출되었다. 연방주의 반란이 일어났던 남부의 리옹과 마르세유 등지에서는 예수단, 여호아단, 태양단 같은 행동대가 조직되어 공포정치가들, 자코뱅파 인사들, '89년의 애국파 인사들', 국유재산 매입자들 등을 공격했다.

백색공포는 목월의 민중봉기 후 기승을 부렸다. 백색공포는 학살자 명단을 남기지 않았기 때문에 학살자 수를 정확히 알 수 없지만 전체적으로 2천 명 정도가 희생된 것으로 추산된다. 백색공포의 폭력성은 혁명력 2년의 공포정치에 비해서는 산발적이고 소규모였다.[49]

상퀼로트적인 검소함, 투박함 등이 밀려나고 화려함, 사치, 세련됨

등이 부활했다. 공화주의적 덕과 금욕에 억눌렸던 유산계급은 쾌락을 추구했다. 춤이 유행하여, '희생자들의 무도회'에는 단두대에서 처형된 가족이 있는 사람들만 입장이 허용되었다. 혁명의 호칭인 시투아이앵과 시투아이엔을 대신해서 신사monsieur, 숙녀madame라는 전통적인 호칭이 부활했다. 탈리앵과 결혼한 카바뤼스는 쇼미에르(초가집이라는 뜻)라는 이름의 살롱을 개설했고, 찬미자들은 그녀를 '열월의 성모'라고 불렀다. 선서파 신부인 그레구아르 주교는 공포정치가들과 상퀼로트가 자행한 문명 파괴를 '반달리즘'이라는 신조어를 동원하여 비판했다.

열월파는 최고가격제를 폐지했다. 혁명정부가 붕괴되고 공포정치가 막을 내린 상황에서 혁명정부는 이윤 추구의 자유와 경제적 자유를 신봉하는 생산업자와 상인들에게 더이상 강제력을 행사할 수 없었다. 통제경제의 포기로 야기된 아씨냐 지폐의 가치 폭락과 극심한 인플레이션으로 민중은 더욱 빈곤해졌다. 민중의 절망은 폭동으로 폭발했다.

종월 12일(1795년 4월 1일) 민중은 국민공회에 난입하여 1793년의 헌법을 시행하고 기근 구제책을 마련하라고 요구했다. 국민방위대는 시위자들을 해산시켰다. 기근의 고통이 계속되자, 혁명력 2년의 체제가 좋았다는 여론이 고개를 들었다. 혁명력 3년 목월 1일(1795년 5월 20일) 파리 국민방위대는 국민공회를 향해 진격했고 국민공회 의원 페로를 학살하여 그의 목을 장대 끝에 걸었다. 다음 날 국민방위대는 또다시 국민공회를 향해 진격했다. 국민공회 의원들과의 협상에서 민중 대표는 "빵과 1793년의 헌법으로!"라는 요구조건을 제시했다. 국민공회 의장은 그를 포옹했고 국민방위대는 각자의 구로 되돌아갔다.

1789년 7월 14일부터 프랑스혁명을 추동해온 민중운동은 이렇게 끝났다. 민중운동은 조직이 파괴되고 지도자를 상실한 반면 부르주아 진영은 전열을 정비했다. 소불은 "목월의 민중봉기에서 혁명의 활력인 민중운동이 분쇄되었으며 혁명은 그 막을 내렸다"고 평가한 반면, 박즈코는 국민공회가 "열월 9일을 완성했다"고 평가했다.[50]

남은 문제는 서부 지방의 반혁명 전쟁을 해결하는 것이었다. 1795년 1월에 방데 전쟁과 슈앙 지도자들과의 협상이 개시되어 평화협정이 맺어졌다. 반도들에게 신앙의 자유가 부여되었다. 그러나 1795년 6월 27일 망명자들과 프랑스군 포로로 구성된 부대가 영국 함정을 타고 브르타뉴 지방 남부 키브롱반도 인근에 상륙한 사건은 반혁명세력의 위협이 상존함을 보여주었다. 세력이 강화된 왕당파는 1795년 10월 5일에 폭동을 일으켰다. 2만 명이 넘는 폭도들이 수도의 대부분 지역을 장악했고 국민공회를 위협했다. 파리 수비를 맡은 바라스는 젊은 장교 보나파르트에게 협력을 요청했다. 자코뱅 당원이자 미래의 제1통령은 폭동을 진압하여 이름을 알렸다.

국민공회를 장악한 평원파는 헌법 개정에 나섰다. 신헌법의 핵심은 독재를 막고 민중의 정치 개입을 차단하며 부르주아의 이익을 보호하는 것이었다. 헌법 전문의 제목은 1791년 헌법처럼 "인간과 시민의 권리선언"이 아니라 "인간과 시민의 권리와 의무의 선언"으로 바꾸었다. "자연적이고 양도 불가능한 권리"라는 표현이 사라졌고, 선량한 시민의 '의무'가 추가되었다. 주권은 민중peuple이 아니라 "시민citoyen 모두"에게 있다고 명시되었다. 평등은 절대적 평등이 아니라 시민적 평등으로 제한되었다. 제1조에 "사회에서의 인간의 권리는 자유, 평등, 안전, 소유권"이라며 소유권을 명백히 규정했다. 민중의 무분별한 개입을 막기 위해 저항권을 언급하지 않았다. 독재를 막기 위해 삼권분립을 엄격히 했고, 한 사람이 의회를 장악하는 것을 막기 위해 양원제를 채택했을 뿐만 아니라 매년 3분의 1을 교체하도록 했다. 행정은 의회가 임명하는 5명의 총재로 구성되는 총재단이 맡았으며 매년 5분의 1을 교체하도록 했고 의장도 3개월마다 교체했다.

이 모든 것은 공포정치의 재림을 막기 위한 고육지책이었다. 공화주의자 페인은 이 헌법안이, 특히 권력분립을 근거로, "인간의 지혜가 만든 최고의 헌법"이라고 격찬했다.[51] '혁명력 3년 헌법'은 9월 6일 국민투표에 의해 승인되었다. 1795년 10월 26일 국민공회는 "순전히 혁명과 관계된 것들"을 모두 사면한다는 결정을 내리고 해산했다.

공포정치로부터의 해방과 화해라는 측면에서 열월파 국민공회 시기는 종래의 자코뱅 해석에서 내린 '반동'이라는 부정적인 단죄를 거부한다. 장클레망 마르탱에 이어 프랑스혁명사연구소장이 된 피에르 세르나가 총재정부 시기를 '반동'이라는 이념적인 평가에서 벗어나 "공화주의의 엄격한 도덕성의 기반 위에서 문명개화를 이룩하고자 했던 공화국"이라고 평가한 것은 새로운 프랑스혁명사를 기대하게 한다.[52]

부르주아 혁명으로의 복귀

혁명력 2년 열월 9일, 국민공회는 로베스피에르파를 제거한 후 공포정치 청산을 의사일정에 올렸다. 공포정치의 청산과 함께, 로베스피에르를 제거하는 데 앞장선 공포정치가들도 청산되었으며 민중운동도 쇠퇴했다. 전쟁, 내전, 공포정치에 지친 민중운동은 열월 9일 이전에 이미 동력을 상실한 상태였다. 열월파 국민공회는 통제경제를 폐지하고, 상퀼로트를 축출하는 등 민중운동을 억압했으나 민중의 저항은 약했다. 열월파 국민공회는 혁명력 3년 헌법을 제정하여 공포정치의 재림과 상퀼로트의 정치 개입을 막기 위해 온갖 안전장치를 마련했다. 혁명은 민중혁명에서 벗어나 부르주아 혁명으로 복귀했다.

열월파 국민공회 시기는 억울한 혐의자들을 석방하고, 지롱드파 의원들을 복권시키고, 가톨릭교회에 대한 야만적인 박해를 중단하고, 방데인들을 사면함으로써 내전을 완화시키고, 과격한 자코뱅 혁명가와 상퀼로트를 제거하는 등 사회를 안정시키고 혁명을 진정시키기 위해서 노력한 시기였다. 한마디로 공포정치를 청산한 시기였다. 파트리스 게니페는 다음과 같이 열월 정변의 의미를 긍정적으로 설명한다.

열월 9일은 결말인 동시에 시작이다. 그것은 1789년부터 지배하기 시작한 유토피아와 '절대'의 추구를 마감했고(이러한 점에서 1789~1794년의 단 하나의 혁명이 있을 뿐이다) 정치의 시대를 개막했다. 열월은 이러한 의미에서 이로운 위기였다. 그것은 혁명가들을 시니크하고 피곤하게 만들었다. 열월의 고난은 혁명가들을 5년간의 도취에서 깨어나게 했으며 1789년의 믿음과 환상을 떼어내게 했다.[53]

　'열월 정변'과 열월파 국민공회는 무엇보다도 공포정치를 청산했다는 점에서 긍정적인 평가를 받을 만하다. 이 시기를 '반동'으로 낙인찍는 것은 적절하지 못하다. 소불이 공포정치의 청산을 "정치적 반동"이라고, 가톨릭교회에 종교의 자유를 부여한 것을 "종교적 반동"이라고, 일상생활이 활기를 되찾은 것을 "도덕적 반동"이라고 평가한 것은 어색하다. 소불이 reaction이라는 용어를 단순히 '반발'의 의미로 사용했는지 아니면 '반발'과 '반동'이라는 이중적인 의미로 사용했는지는 알 수 없다. 그러나 번역은 이러한 이중성을 허용하지 않는다. '반동'은 역사의 퇴보라는 의미가 뚜렷하기 때문이다. 공포정치의 청산을 역사의 퇴보라고 평가할 수는 없다.

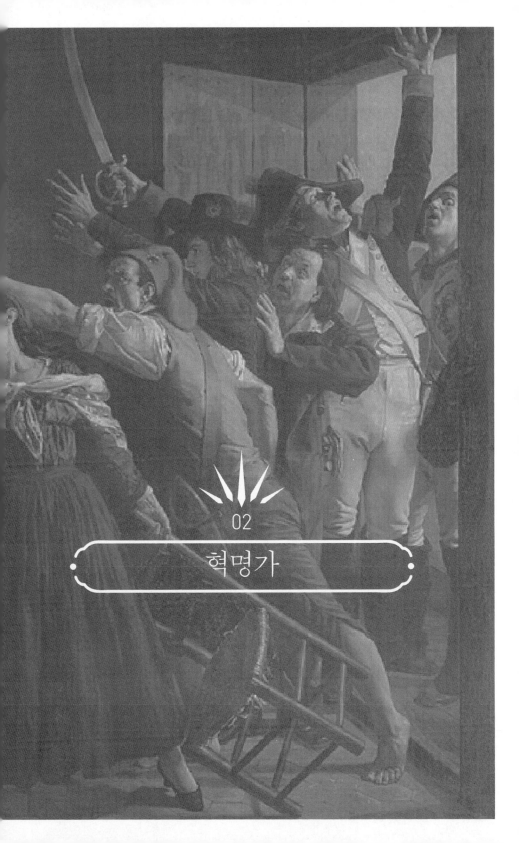

02

혁명가

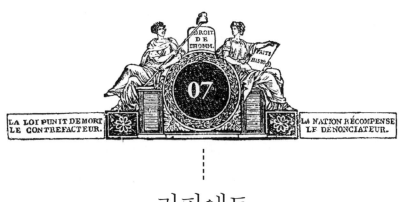

라파예트
—세 혁명의 영웅

자유주의 귀족

라파예트 후작Gilbert Motier de La Fayette은 1757년 오베르뉴 지방의 샤바니아크 성에서 태어나 1834년 파리에서 사망했다. 그의 집안은 오베르뉴 지방의 유서 깊은 귀족 가문인 모티에 드 라파예트 가문에 속했지만 지차之次 집안이었기 때문에 평범한 시골 귀족에 지나지 않았다. 아버지는 척탄병여단 대령이었으며 1759년 민덴 전투에서 영국군의 총알을 맞고 25세의 나이로 사망했다. 어머니 마리 루이 쥘리 드 라리비에르는 생브리외의 부유한 궁정 귀족 가문 출신으로, 남편이 죽은 후 파리의 뤽상부르궁으로 돌아가 살다가 1770년에 33세의 나이로 사망했다. 친척들의 양육을 받으며 샤바니아크에서 살고 있던 라파예트는 외할아버지인 라리비에르 후작의 유산을 상속받았고, 같은 무렵 사망한 외삼촌으로부터도 많은 유산을 상속받아, 13세의 라파예트 후작은 당시 프랑스에서 가장 부유한 사람들 가운데 한 명이 되었다.

라파예트의 외가 친척들은 그를 교육시키기 위해 파리로 불러올렸다. 라파예트는 13세의 나이로 왕립 근위기병중대에 들어가 중위로 복무했으며, 콜레주 드 플레시스(오늘날의 루이 르그랑)에서도 공부했다. 유서 깊은 궁정 귀족 가문인 노아이유 가문과 혼담이 오가는 가운데, 라파예트는 장래의 장인이 살고 있는 베르사유로 거처를 옮겼다.

그는 왕제 아르투아 백작(후일 샤를 10세)을 위시한 귀족 자제들이 다니는 승마학교에 들어갔으나, 궁정 귀족 자제들의 화려한 생활에 적응하지 못하고 촌티를 드러내 종종 웃음을 샀다. 1774년 그는 아앵 공작(1793년부터는 노아이유 공작)의 딸인 아드리엔(1759~1807)과 결혼했다. 신랑은 17세, 신부는 15세였다. 부부 사이에 아들 하나와 딸 셋이 태어난다. 라파예트는 아들의 이름을 자기에게 아버지 같은 존재인 워싱턴의 이름을 따서 지었다.

장인은 사위의 출세를 위해 왕제 프로방스 백작(후일 루이 18세)의 시종직을 약속받았다. 그러나 라파예트는 그러한 자리를 좋아하지 않았다. 후일 그는 다음과 같이 썼다. "나의 새로운 친척들이 궁정에 자리를 마련해주었을 때, 나는 독립을 유지하기 위해 왕제의 노여움을 사는 일을 주저하지 않았다."[1] 라파예트는 왕제를 자극함으로써 약속을 파기할 수 있을 것으로 생각했다.

라파예트는 무도회에서 왕제에게 다가가 사고 능력이 없는 바보들만이 좋은 기억력을 자랑한다고 말했다. 평소 기억력에 자부심을 가지고 있던 왕제는 놀라서 "누구 얘기인가?"라고 물었고, 라파예트는 "내가 지금 보고 있는 청색 옷을 입고 있는 사람"이라고 대답했다. 분노한 왕제는 시종직 약속을 파기했다. 라파예트의 행동이 투박하고 미숙하여 궁정사회에 적응하지 못했음을 보여주는 일화인가? 아니면 그 자신의 말대로 '독립'을 추구했음을 보여주는 일화인가? 어쨌든 왕제 앞에서 그렇게 당당하게 말할 수 있다는 것이 놀랍다. 이로써 사위를 궁정사회에 입문시키려던 장인의 시도는 무산되었다.

1775년 라파예트는 동부 국경 지방의 메츠 수비대에 파견되었다. 어느 날 그는 상관인 브로이 백작이 영국 왕 조지 3세의 동생인 글루체스터 공작을 위해 마련한 만찬에 참석했는데, 여기에서 공작이 아메리카 식민지 반란을 지지하는 이야기를 들었다. 이 유명한 '메츠 만찬'에서 라파예트는 식민지 독립을 위해 싸우기로 결심했다. 라파예트는 그해 가을 파리로 돌아가 여러 사상협회에 출입하면서 계몽사상을 접했고, 당시 많은 군인이 그러했듯이 프리메이슨에도 가입했다. 1776년 12월 라파예트는 식민지 봉기군 위임관인 실라스 딘을 만나 봉기군에서 소장으로 복무하기로 약속했다. 딘은 "그의 고귀한 출생, 유력한 친척들, 궁정 귀족으로서의 높은 위상, 왕국 내 광대한 영지, 개인적 장점, 평판, 사심 없음, 우리의 자유에 대한 그의 열정"을 기록했다.

미국 독립혁명 참전

라파예트는 미국으로 갈 준비를 했다. 그는 자비를 들여 220톤의 선박 빅투아르호를 구입한 후 대포 2문과 총 2천 여 정을 선적하여 항구에 정박시켰다. 그는 영국 스파이와 프랑스인 반대자들을 속이기 위해 영국으로 가서 얼마간 지낸 다음 영국에서 빠져나와 보르도로 갔다. 국왕은 공식적으로 그의 출발을 금지시켰고 체포명령서를 발급했다. 라파예트는 마르세유로 가라는 지시에 따라 역마차를 타고 몇 킬로미터 가다가 방향을 틀어 스페인 국경 지방의 바욘 항으로 갔다. 드디어 1777년 4월 20일 라파예트 일행 14명은 빅투아르호를 타고 출항하여 6월 13일 조지타운 인근에 도착했다.

라파예트는 대서양을 건너면서 부인에게 편지를 썼다. "미국은 덕, 고결함, 관용, 평등, 평온한 자유의 훌륭하고 안전한 피난처가 될 것입니다." 찰스턴에 도착해서는 자기의 꿈이 실현되었음을 알렸다. "이곳 사람들의 습속은 소박하고 정직하여, 모든 것이 자유라는 아름다운 이름을 외칩니다." 또 다른 편지에서도 "습속의 소박함", "나라와 자유에 대한 사랑", "관대한 평등성", "청결", "시민들의 형제애" 등을 강조했다.[2]

라파예트는 8월 1일 조지 워싱턴을 만났다. 워싱턴은 딘이 약속한 대로 그에게 소장 계급을 수여했고 참모본부에서 부관으로 근무하게 했다. 필라델피아 의회 의원들의 초기 반응은 미온적이었다. 의원들은 돈과 명예를 좇아 미국으로 몰려드는 모험가들을 경계하고 있었기 때문이다. 라파예트의 상관이었으며 라파예트의 미국행을 지원한 브로이 백작 같은 사람은 미국이 독립하면 왕이 되려는 허황된 꿈을 꾸고 있었다. 그러나 라파예트는 달랐다. 그는 명예욕과 허영심으로 가득 찬 모험가가 아니었고, 사적인 이익을 챙기려고 온 사람도 아니었다. 그는 귀족으로서의 명예심을 지니고 있었다. 라파예트는 곧바로 전투에 참가했다. 그는 1777년 9월 11일 브랜디와인 전투에서 다리에 총상을 입었고, 혹독한 겨울 추위에도 연대의 선두에 서서 육박전을 벌였다. 라파예트에 대해 미심쩍어 했던 칼베 같은 모험가도 그의 용맹성을 인정하기에 이르렀다.

라파예트는 "사심 없는 사람"이라는 평가를 받았다.[3] 그는 자비를 들여 미국으로 건너왔을 뿐만 아니라 자비를 보태 부대를 운영했다. 그는 유럽에서 온 귀족으로서의 우월감을 가지고 있지 않았다. 그는 유럽의 문화를 강요하지 않았고, 미국의 문화, 관습, 평등주의, 공화주의, 공화주의 혁명 등을 배웠다. 미국인들은 유럽의 귀족이 자기들의 공화주의를 인정했다는 점을 강조하기 위해, 라파예트를 항상 "후작"이라고 불렀다. 라파예트는 병사들로부터 영어를 배워 영어를 능숙하게 구사할 수 있었다. "나는 가르치러 온 것이 아니라 배우러 왔다"고 수시로 말했다. 그는 미국의 대의를 존중했을 뿐만 아니라 미국인들을 존중하고 배려했기 때문에 그들로부터 존경을 받았다. 워싱턴은 라파예트가 돈과 계급을 노리고 들어오는 유럽인들과 다르다는 점을 인정했다.

미국 독립운동 지도자들은 라파예트의 가문을 통해 프랑스의 지원을 받을 수 있지 않을까 기대했는데 기대대로 실현되었다. 1778년 2월 6일에 프랑스와 미국은 공식적인 협정을 체결하여 프랑스는 지원군을 파견하기로 약속했다. 7월 5일 샤를 데스탱 백작이 지휘하는 16척의 함정이 메릴랜드의 시드니 후크에 도착했다. 영국과 프랑스의 전쟁 가능성이 높아지자 라파예트는 1779년 2월 6일 프랑스로 돌아갔다. 라파예트는 프랑스 여론에 미국인들의 대의와 자기가 미국에 간 이유를 널리 알렸다. 그는 미국인들이 자유, 진보, 평등, 인권을 위해 투쟁하고 있다고 말했다. 그는 프랑스로 개선했고 열렬한 환영을 받았지만 왕명을 어기고 미국으로 갔기 때문에 처벌을 면할 수는 없었다. 그러나 그에게 내려진 처벌은 10여 일간 부인과 함께 가택연금된 것이 전부였다.

라파예트는 1780년 3월 20일 다시 미국으로 갔다. 이번에는 국왕의 지시에 따른 프랑스 대표 자격이었다. 로샹보 장군이 이끄는 6천여 명의 원정군은 몇 주 후에 도착했다. 미국군 장교로서 라파예트는 버지니아 부대를 지휘하여 영국군을 괴롭혔으며, 워싱턴의 부대, 로샹보의 부대와 합동 작전을 벌여 1781년 10월 17일 요크타운 전투에서 결정적인 승리를 거두는 데 기여했다. 라파예트는 미국인들의 영웅이 되었다. 버지니아주 의회는 라파예트의 흉상을 제작하여 작별 선물로 주었다.

라파예트 일행은 미국 정부가 마련해준 배를 타고 1781년 12월 23일 미국을 떠나 이듬해 1월 17일 프랑스에 도착했다. 라파예트는 워싱턴에게 다음과 같은 편지를 남겼다. "안녕히 계십시오, 존경하는 나의 장군님, 나는 당신의 마음을 잘 알기에 어떠한 거리도 나에 대한 당신의 사랑을 바꾸지 못할 것이라 확신합니다. 나는 나의 사랑, 나의 존경심, 나의 감사하는 마음을 말로 표현할 수 없음을 솔직히 말씀드립니다. 지금 당신을 떠나며 당신과 나를 묶어주었던 우정을 그 어느 때보다도 더 강하게 느낍니다." 그리고 "당신을 존경하는 당신의 친구, 라 파예트"라고 편지를 맺었다. 미국에 도착하여 처음 만난 이후 라파예트 는 워싱턴을 친구이자 아버지처럼 존경하고 따랐다.

라파예트는 프랑스에서도 영웅으로 환대받았다. 그는 1월 19일 파 리에 도착했는데, 그날 왕, 왕비, 궁정 귀족들은 파리 시청에서 왕자의 탄생을 축하하는 파티를 벌이고 있었다. 라파예트의 부인인 아드리엔 도 왕비의 수행원 자격으로 그 자리에 있었다. 라파예트는 이 소식을 듣고 밤늦게야 부인을 만날 수 있을 것으로 생각했다. 궁정 예법은 파 티 도중에 그녀가 왕비 곁을 떠나는 것을 허용하지 않기 때문이다. 그 는 잘하면 궁정 행렬이 노아이유 저택 앞을 지날 때 부인을 볼 수 있을 것으로 기대하고 저택 문 앞에 서 있었다. 그런데 왕비의 마차가 저택 앞에 섰는데, 놀랍게도 마차에는 아드리엔이 왕비와 함께 타고 있었다. 라파예트가 도착했다는 소식을 들은 왕비는 모든 격식을 깨고 아드리 엔을 자기 마차에 태워 데려온 것이다. 이러한 파격은 궁정이 얼마나 라파예트를 환대했는지를 보여준다. 라파예트는 준장으로 승진했다. 수많은 팸플릿, 시, 그림, 조각 등이 라파예트를 찬양했다. 라파예트는 사교계의 우상이 되었다.

미국에서의 전쟁이 아직 끝나지 않았기 때문에, 라파예트는 미국과 프랑스 사이에서 미국 지원 노력을 계속했다. 프랑스와 스페인 연합군 의 미국 파병이 결정되어 라파예트도 배에 올랐으나 영국과 미국 사이 에 예비평화조약이 체결되어 미국 원정계획은 취소되었다. 라파예트는 파리에 거처를 마련했다. 서재의 반은 미국 독립선언문으로 장식했다.

방문자들이 나머지 반은 어떻게 할 거냐고 물으면 프랑스 인권선언으로 채울 거라고 대답했다.[4]

라파예트는 콩도르세나 브리소 같은 진보적인 지식인들과 접촉했다. 브리소는 라파예트가 미국에서 군사적인 무훈을 보여주었을 뿐만 아니라 자유의 확대와 인류와 이성의 진보에 기여했다고 찬양했다.[5] 라파예트는 마담 테세, 마담 네케르 등의 살롱에 출입했으며, 자기도 살롱을 열었다. 미국 독립전쟁 참전용사들과 미국인 방문자들이 라파예트의 집과 살롱을 찾았다. 라파예트 부부는 1783년 9월 3일 파리조약 체결을 기념하여 파티를 열었는데, 여기에는 영국인 피트(1759~1806)도 참석했다. 후일 피트는 영국 수상으로서 프랑스와 전쟁을 벌인다. 1784년 1월 라파예트는 워싱턴의 초청을 받아 미국을 방문한 후 이듬해 초 귀국했다. 돌아올 때 인디언 소년을 한 명 데리고 왔다. 그는 프랑스에서 교육을 받은 후 1790년에 미국으로 돌아갔다.

라파예트는 미국 경험을 바탕으로 프랑스 사회를 개혁하려 했다. 그는 프랑스의 프로테스탄트들이 종교적인 불관용을 겪고 있는 것은 부당하다고 여겼다. 그는 프로테스탄트 목사인 라보 생테티엔을 만났고 국왕에게 종교적 관용을 청원했다. 노예 해방은 라파예트가 관심을 기울인 문제였다. 브리소는 1788년에 클라비에르, 미라보와 함께 '흑인우호협회'를 설립했는데, 라파예트, 콩도르세, 베르가스, 라로슈푸코, 볼네, 페티옹, 시에예스, 그레구아르 신부 등이 이 협회에서 활동했다. 라파예트는 남아메리카의 프랑스 식민지 귀안에 토지를 구입하여 노예를 이주시킨 다음 그들을 해방시키는 구상을 했으나, 프랑스혁명이 일어나고 라파예트의 영지가 몰수됨으로써 실패로 끝났다.

"두 세계의 영웅"에서
"혁명의 배신자"로

루이 16세는 왕국의 재정위기를 해결하기 위해 1787년 2월 베르사유에서 명사회를 열었다. 라파예트도 참석했고, 아르투아 백작이 주재하는 위원회에 배치되어 국가 개혁을 논의했다. 라파예트는 신분제 방식이 아니라 민주적인 방식으로 운영되는 지방의회 설립, 소금세 폐지, 봉인장 폐지, 국가 감옥 폐지, 형법 개정 등을 요구했다. 대담하게 삼신분회 소집도 요구했는데 그가 염두에 두었던 삼신분회는 전통적인 신분제 의회가 아니라 "삼신분회 이상의 것", "국민의회"였다. 라파예트는 프랑스에서 '국민의회'라는 말을 최초로 사용한 사람이었다.[6]

명사회가 실패로 돌아가자 루이 16세는 1789년 5월 5일에 삼신분회를 소집했다. 라파예트는 오베르뉴 귀족 대표로 선출되어 삼신분회에 진출했다. 삼신분회는 스스로 '국민의회'임을 선언하고 헌법 제정에 착수했다. 라파예트는 7월 11일 자신이 그해 1월부터 제퍼슨과 함께 마련한 '인권선언안'을 제출했는데, 그 내용은 다음과 같다.

1. 자연은 인간을 자유롭고 평등하게 만들었다. 사회질서에 필요한 구분은 전체의 유용성에만 근거한다. 2. 모든 사람은 양도할 수 없고 침해할 수 없는 권리를 가지고 태어나는데, 이러한 권리로는 의견의 자

유, 명예와 삶의 돌봄, 소유권, 자기의 인신, 노동, 재능의 자유로운 사용, 가능한 모든 수단에 의한 사상의 전달, 행복 추구, 압제에 대한 저항 등이다. 3. 자연권 행사가 다른 사람들의 자연권 향유를 방해해서는 안 된다. 이것이 유일한 제한이다. 4. 어떤 사람도 자기나 자기의 대표들이 동의하고 사전에 제정되었으며 합법적으로 적용된 법이 아니고는 예속되지 않는다. 5. 모든 주권의 원칙은 국민에게 있다. 어떤 단체나 개인도 그것으로부터 나오지 않는 권위를 행사할 수 없다. 6. 모든 정부의 유일한 목적은 공공의 복지이다. 이를 위해 입법권, 행정권, 사법권은 분리되어야 하고 정부의 조직은 시민들의 자유로운 대표성, 위임관들의 책임성, 재판관들의 불편부당성을 보장해야 한다. 7. 법은 모든 시민에게 분명하고 정확하고 공평해야 한다. 8. 세금은 자유로운 의사에 따라 동의되고 비례적으로 배분되어야 한다. 9. 남용이 개입하고 세대들이 이어지면서 모든 인간적인 산물들의 수정이 필요해지기 때문에, 특별한 경우에 의원들을 특별 소집하는 것이 가능해야 한다. 이 특별 소집의 유일한 목적은 헌법의 잘못된 점을 검토하고 필요하다면 개정하는 것이다.

이렇게 자유와 평등, 자연권, 법치, 국민주권, 삼권분립 등을 골자로 한 라파예트의 안은 그해 8월 24일 확정된 〈인간과 시민의 권리선언〉에 커다란 영향을 끼쳤다.

라파예트가 혁명 초에 수행한 중요한 역할은 파리 국민방위대의 지휘를 맡은 것이다. 1789년 7월 14일 파리 민중이 바스티유 요새를 점령한 후, 의회는 파리 시의 요구에 따라 라파예트를 파리 국민방위대 대장으로 임명했다. 그날 국민의회에서 무니에는 라파예트가 바스티유 사건 이후 질서를 회복한 것을 찬양했으며, 라파예트를 "두 세계의 자유에 소중한 영웅"이라고 불렀다.[7] "두 세계의 영웅"이라는 라파예트의 유명한 별명은 이렇게 생겨났다. 라파예트는 바스티유 감옥을 파괴한 후 그 열쇠를 워싱턴에게 보내며 다음과 같이 말했다. "이것은 아들이 양아버지에게, 부관이 장군에게, 자유의 선교사가 자유의 총대주교에게 보내는 공물입니다."

7월 17일 루이 16세가 파리 시청을 방문했을 때 국왕 근위대는 파리 시에 들어올 수 없었기 때문에 파리 국민방위대가 왕의 경호를 맡았다. 새로운 시장 바이이는 왕을 영접했고, 왕을 "혁명의 아버지요 민중의 해방자"라고 찬양했으며, 삼색 모표를 왕에게 건네주었다. 왕은 삼색 모표를 자기 모자에 부착함으로써 혁명을 수용하는 몸짓을 했다. 혁명을 상징하는 이 삼색 모표는 왕의 방문을 기해 라파예트가 기존의 파리 시를 상징하는 청색과 적색에다가 부르봉 왕가를 상징하는 백색을 조합해 만든 것으로 알려졌다. 이 무렵 국민방위대장 라파예트의 권력과 인기는 대단했다. 후일 라파예트는 미국 공사 거버너 모리스에게, 그때 마음만 먹었으면 왕을 포로로 삼을 수도 있었다고 말했다.[8]

라파예트는 국민방위대장으로서 막강한 권력을 가졌지만, 이러한 권력은 오히려 "두 세계의 영웅"으로서의 명성을 위태롭게 할 소지가 많았다. 국민방위대장으로서 '질서'를 유지하기 위해서는 '혁명'이라는 이름으로 사방에서 분출되는 요구와 폭력을 통제해야 했기 때문이다. 라파예트는 민중의 분노로 목숨이 위태로웠던 사람들—예를 들면 당통이 억류한 쉴래스—의 목숨을 구해주었다. 그러나 파리 민중이 풀 롱과 베르티에 드 소비니를 학살하는 것은 막을 수 없었다. 그는 무력 감 때문에 국민방위대장직을 사임했으나 민중의 환호로 철회했다.

10월 5일과 6일 파리 민중이 베르사유로 몰려가 왕과 왕비를 파리 로 데려온 사건은 라파예트에게도 중요한 사건이었다. 라파예트는 가 난한 여자들, 혹은 일부 여장 남자들이 이끄는 3만여 명의 파리 민중이 베르사유로 몰려가는 것도, 파리 민중이 왕궁에 난입하는 것도 막지 못 했다. 민중은 왕비를 위협하며 발코니로 나오라고 외쳤다. 라파예트는 불안에 떠는 왕비를 진정시키고 기사처럼 왕비의 손에 입을 맞추어 민 중을 진정시켰다. 민중은 "장군 만세! 왕비 만세!"를 외쳤고, 왕은 "파 리로!"라는 민중의 요구를 수용했다. 라파예트는 이렇게 왕비를 구했지 만, 그날 밤 대책 없이 잠을 자다가 왕궁으로 황급히 달려갔다는 이유 로 "잠꾸러기 장군"이라는 수치스러운 별명을 얻었다. 왕실의 굴욕을 조장한 공모자라는 비난도 나돌았다.

1790년 초 라파예트는 혁명과 질서에 대한 자신의 입장을 천명하는 유명한 연설을 했다. "혁명을 위해서는 무질서가 필요했습니다. 왜냐하 면 구체제는 예속에 다름 아니었기 때문입니다. 그 경우에 봉기는 인간 의 권리 가운데 가장 신성한 권리입니다. 그러나 헌법을 위해서는 새로 운 질서가 확립되어야 하며 법이 존중되어야 합니다."

이미 '인권선언'은 압제에 대한 저항을 자연권으로 규정했으며, 1793년의 산악파 헌법은 저항권을 "가장 신성한 권리이자 가장 불가피 한 의무"로 규정하니, 이때 라파예트가 봉기는 "신성한 권리"라고 말한 것은 그다지 새로운 것이 아니다. 이 연설에서 라파예트가 강조한 것은 '헌법' 제정 작업이 진행되고 있으니 '질서'와 '법'을 지켜야 한다는 것이었다. 라파예트의 이러한 보수적 입장은 혁명의 진전을 요구하고 있던 혁명가들과 민중의 의심을 샀다. 라파예트는 봉기를 조장한다는 비난과 혁명을 저지한다는 비난을 동시에 받았다.

그러나 라파예트의 위상은 확고했다. 민중이 바스티유 감옥을 점령한 지 1년이 지난 1790년 7월 14일 왕과 혁명의 화해를 상징하는 연맹제가 샹드마르스에서 성대하게 열렸다. 라파예트는 흰 말을 타고 화려하게 등장했다. 오튕의 주교인 탈레랑이 미사를 집전했고 라파예트가 국민방위대를 대표하여 충성을 맹세했다. "우리는 국민(국가), 법, 왕에게 영원히 충성을 바치고, 헌법을 수호할 것을 맹세합니다." 국민의회 의원들의 선서가 이어졌고, 마지막으로 왕이 "헌법이 위임한 권력을 행사하고 헌법을 지킬 것"을 맹세했다. 왕과 헌법을 중심으로 한 국민 통합 열기는 절정에 달했다. "왕 만세! 라파예트 만세! 국민 만세!"가 울려 퍼졌다.

그러나 연맹제는 하나의 축제에 불과했다. 혁명가들은 라파예트가 이 단계에서 혁명을 끝내려 한다고 비난했다. '민중의 친구' 마라는 라파예트가 국민방위대를 부자들의 도구로 만들었으며, 반혁명파의 지도자, 국민의 배신자라고 비난했다. 《라파예트의 범죄》라는 팸플릿도 나돌았다. 우파는 우파대로 라파예트가 봉기는 "신성한 권리"라고 말하며 봉기를 선동하고 있다고 비난했다.

혁명과 질서 사이에서 라파예트의 입지는 갈수록 좁아들었다. 라파예트가 1790년 8월의 낭시 수비대 반란사건을 "반국가적인 대역죄"로 규정하고 강경 진압하자 그의 명성은 추락했다.[9] 1791년 2월에는 상테르가 이끄는 파리 민중이 뱅센 성을 공격하여 이곳을 제2의 바스티유로 만들려는 것을 분쇄하여 민중의 분노를 샀다. 같은 무렵 튈르리궁에서 왕당파와 국민방위대가 대치하자 라파예트는 국민방위대 편을 들고 왕당파를 무장해제했다. 4월 8일 루이 16세는 부활절 종교의식을 거행하기 위해 생클루로 가려 했으나 민중은 왕이 탈출하려는 것이라고 생각하여 저지했다. 라파예트는 왕의 통행을 자유롭게 하라는 명령을 내렸으나 국민방위대는 그의 명령을 따르지 않았다. 5월 초 의회에서 흑인들의 권리에 대한 토론이 벌어지자 '흑인우호협회' 회원이었던 라파예트는 흑인들의 대의를 지지했다. 그러자 그의 이름은 "식민지 문제에서 영국을 위해 투표한 의원" 명단에 올랐다.

라파예트는 국민방위대장직을 사임하겠다는 의사를 표명했으나, 또다시 국민방위대원들의 요청에 굴복하여 철회했다. 그러나 그가 국민방위대장직에 머무른 것은 개인적으로는 불행이었다. 6월 20일 국왕 탈주사건이 일어났기 때문이다. 이 사건은 국왕이 단순히 혁명을 배신한 사건이 아니라 외국군의 힘을 빌려 혁명을 파괴하려는 사건이었기 때문에 왕의 운명과 혁명의 운명에 결정적인 영향을 끼쳤다.

국민방위대장으로서 튈르리궁의 경비를 책임지고 있던 라파예트는 국왕의 탈출을 막지 못했다는 책임을 면할 수 없었다. 국왕의 탈주를 방조했거나 공모했다는 비판이 나오는 것도 당연했다. 국왕이 혁명을 버리고 탈주했다는 것은 입헌군주정 헌법을 마련하고 있던 보수적인 의원들의 입지를 흔드는 것이었다. 이들은 루이가 〈모든 프랑스인에게 보내는 성명서〉를 남기고 파리를 떠났음에도 '탈주'가 아니라 '납치'라고 얼버무렸다.

라파예트는 왕이 튈르리궁으로 돌아오자 "전하, 저는 전하를 위해 행동합니다. 그러나 전하가 민중의 대의와 헤어진다면 저는 민중 편에 설 것임을 아셔야 합니다"라고 말했다. 그는 루이 16세의 왕권을 유지하자는 바르나브의 견해를 지지하면서 루이 16세는 "그의 가문에서 가장 훌륭하고, 유럽의 군주 가운데 가장 훌륭한 군주"라고 덧붙였다. 7월 13일 의회는 왕이 무책임하게 행동하기는 했지만 유죄 요소는 없고 왕은 헌법상 불가침권의 보호를 받고 있다고 선언했다. 의회는 왕권을 일시 정지시키되 왕이 앞으로 제정되는 헌법을 수용하면 왕위를 유지할 수 있다고 결정했다.

라파예트는 과격해진 자코뱅 클럽을 탈퇴하고 푀양 클럽을 창설하여 자신이 입헌군주주의자임을 분명히 했다. 자코뱅 클럽은 국왕 폐위를 요구하는 청원서를 작성했으나 의회의 결정이 나오자 철회했다. 코르들리에 클럽은 국왕 재판과 새로운 내각 구성을 요구하는 청원서를 작성했다. 7월 17일, 1년 전 연맹제가 열렸던 바로 그 샹드마르스 광장에 민중이 집결했고 '조국의 제단'에서 청원서에 대한 서명이 시작되었다. 약 6천 명의 시민이 서명을 했다. 청원 자체가 불법이었기 때문에 라파예트는 국민방위대를 이끌고 그곳에 갔다. 그에게 총알이 몇 발 날아왔다. 국민방위대가 발포하여 50여 명의 민중이 사망했다. 라파예트의 인기와 명성은 회복 불능 수준으로 추락했다.

국왕 탈주사건을 계기로, 전부터 공화주의 사상을 품고 있던 콩도르세, 토머스 페인, 브리소, 아실 뒤 샤스텔레, 마담 콩도르세 등은 왕정 폐지와 미국식 공화주의를 요구했다. 브리소는 과거의 동지였던 라파예트를 다음과 같이 비난했다. "자신은 공화주의자라고 나에게 수도 없이 말했고, 자신을 공화주의자인 콩도르세의 친구라고 불렀고, 오늘날 자신이 손잡고 있는 비열한 인간들을 싫어한다고 나에게 말했던 그 사람이 이러한 일을 저질렀다.……이제 그와 나 사이에는 아무런 공통점이 없다."[10]

혼란을 수습하기 위해서는 시급히 헌법을 제정할 필요가 있었다. 의회는 입헌군주정을 골자로 하는 헌법안을 가결했고, 9월 13일 왕은 이 헌법을 수용했다. 라파예트는 이 헌법을 환영했다. 혁명은 끝난 듯했다. 라파예트는 10월 8일 국민방위대장직을 사임하고 고향 샤바니아크로 내려갔다. 국민방위대는 그에게 금날 장식 칼을 선물했고, 파리시는 그의 업적을 기리는 메달을 주조했으며, "그가 영광스럽게 닮고 싶어 했던 사람을 언제나 볼 수 있도록" 대리석으로 만든 워싱턴 상을 제작하여 그에게 선물했다. 그러나 그의 인기는 회복되지 않았다. 그는 바이이가 떠난 파리 시장직에 출마하나 페티옹에게 고배를 마심으로써 정치 무대에서 멀어졌다.

10월 1일 출범한 입법의회의 주요 의제는 '전쟁'이었다. 오스트리아와의 전쟁 가능성이 커지자 12월에 3개 군이 편성되었다. 라파예트는 중부군 사령관으로 임명되어 메츠로 떠났다. 1792년 4월 20일 프랑스의 선전포고로 전쟁이 시작되었다. 루이 16세는 프랑스가 전쟁에서 패하면 혁명이 붕괴되어 권력을 되찾을 것으로 기대했으나 그것은 치명적인 오산이었다. 의회는 점점 더 과격해져 왕은 내각을 구성할 수조차 없게 되었다. 왕은 점점 혁명의 적이요 국가의 적이 되어갔다.

6월 16일 라파예트는 의회에 장문의 편지를 보냈다. 그는 자신이 입헌군주주의자임을 천명한 후, 헌법이 보장한 왕의 권리를 존중할 것과 내부의 폭군인 자코뱅파로부터 나라를 구할 것을 의원들에게 요청했다. 대담한 편지였다. 자코뱅파는 분노했다. 당통은 "라파예트는 유럽의 폭군들과 손잡은 귀족들의 괴수"라고 비판했으며, 로베스피에르는 "라파예트를 쳐라, 그러면 나라를 구할 것이다!"라고 외쳤다.

6월 20일 파리 민중이 거리로 나왔다. 라파예트의 경고에 대해 민중이 답한 것이다. 그들은 튈르리궁에 난입하여 왕이 붉은 혁명모를 쓰고 혁명을 위해 건배할 것을 강요했다. 왕의 생명 자체가 위험한 상황이었다. 메츠에 있던 라파예트는 파리로 진군하여 자코뱅파를 해체하고 질서를 회복하여 왕에게 헌법이 보장한 지위를 회복시킬 것을 생각했으나 부대가 그의 요구를 따르지 않아 무산되었다. 라파예트는 부대를 떠나 홀로 파리로 갔다. 28일, 그는 의회에서 민중의 튈르리궁 난입에 항의하고 자코뱅파를 비난했으며 헌법 준수를 촉구했다. 우파를 중심으로 한 다수는 라파예트 행동과 연설에 환호했으나, 좌파는 라파예트의 행동이 군율 위반이자 헌법 불복종이라며 처형을 요구했다.

라파예트는 의회에서 나와 왕에게 갔다. 그러나 왕과 왕비는 냉랭했다. 그들은 라파예트의 노선이 바뀐 것을 알았으나 혁명을 시작한 사람을 용서할 수 없었다. 라파예트는 파리를 떠나 부대로 귀환했다. 파리의 거리에서는 그의 초상들이 불탔다. 의원들은 그가 합법적인 체제를 군사독재로 바꾸려는, 헌법을 전복하려는 새로운 크롬웰이요 몽크 장군이라고 비난했다.

7월 20일 로베스피에르는 라파예트를 기소했다. "라파예트는 처벌받지 않았습니다. 이것은 우리가 헌법을 가지고 있지 않다는 것을 의미합니다. 한 사람이 법 위에 있는 한 헌법은 없는 것이기 때문입니다." 8월 8일 '21인위원회'는 라파예트를 기소했으나 또다시 기각되었다. 민중은 흥분했다. 반대표를 던진 의원들은 테러 위협을 받았다. 8월 10일 민중과 연맹군은 튈르리 왕궁을 공격했다. 민중의 압력을 받은 의회는 왕권을 정지시키고 왕가를 탕플 감옥에 수감했다. 사실상 왕정이 붕괴되었다.

스당에 있던 라파예트에게는 파국이었다. 그는 정부가 파견한 위임관들을 체포한 후, 부대를 이끌고 파리로 진군할 계획을 세웠다. 그러나 부대는 그를 따르지 않았다. 의회는 뒤무리에를 라파예트의 후임으로 임명했고 라파예트를 체포하라고 명령했다. 라파예트는 도주하기로 결심했다. 8월 19일 라파예트 일행은 리에주로 떠났다. 최종 목적지는 미국이었다. 그러나 라파예트 일행은 오스트리아군에 체포되었다. 며칠 후 그들은 프로이센으로 이첩되어 베셀 요새에 수감되었다가 마그데부르크, 나이세 등지에 수감되었다. 1795년 5월 라파예트 일행은 오스트리아로 이송되어 모라비아의 올로모츠 요새에 분산 수용되었다.

라파예트가 외부와 차단된 채 포로생활의 고초를 겪고 있는 동안 프랑스 정부는 그에 대한 복수를 자행했다. 의회는 그의 재산을 몰수했다.

마담 라파예트는 1792년 9월에 체포되었으나 브리소의 명령으로 석방되어 샤바니아크 성에 유폐되었다가 1795년 1월 21일에 자유를 얻었다. 그 사이에 그녀의 외할머니, 어머니, 여동생 등은 혁명재판소에서 처형당했다. 마담 라파예트가 처형을 면한 것은 아마도 미국 공사 거버너 모리스의 개입과 압력 때문인 것으로 여겨진다. 그녀의 다음 행보는 남편을 만나러 가는 것이었다. 마담 라파예트와 두 딸은 온갖 고난을 겪고 빈에 가서 황제에게 청원하여 올로모츠 요새에서 남편을 만날 수 있었다. 그들은 남편이 석방될 때까지 감옥에서 함께 지냈다!

'열월 정변'으로 들어선 총재정부는 라파예트에게 적대적이지 않았다. 세계적으로 유명한 프랑스 시민이 오스트리아 감옥에 갇혀 있는 것은 국가의 체면을 손상시키는 일이었다. 프랑스 정부는 1797년 초 그의 석방을 요구하기로 결정했다. 때마침 나폴레옹이 이탈리아에서 오스트리아군을 연파함으로써 기회가 찾아왔다. 1797년 9월 19일 캄포포르미오 평화조약으로 라파예트 일행은 석방되었다. 그러나 총재정부는 그들이 프랑스에 돌아오는 것은 허락하지 않았기 때문에 라파예트는 네덜란드에서 망명생활을 하면서 귀국 기회를 엿보았다.

새로운 권력자인 나폴레옹 역시 그의 귀국을 원치 않았다. 그러자 라파예트는 1799년 11월에 귀국을 감행했고 파리 도착 사실을 나폴레옹에게 통지했다. 제1통령은 라파예트의 무단 귀국에 분노했다. 라파예트는 부인의 영지인 라그랑주 성으로 들어가 은거했다. 1800년 3월 제1통령은 국민의회 의원들을 망명자 명부에서 삭제했다. 이제 라파예트는 합법적으로 프랑스에 거주할 수 있게 되었다. 라파예트는 파리로 올라가 제1통령을 만났고, 제1통령은 그를 환대했다. 라파예트의 아들인 조르주 워싱턴 드 라파예트는 경기병 연대의 장교가 되었다. 라파예트는 연금도 받게 되었다.

그러나 라파예트는 정치적으로는 나폴레옹을 지지하지 않았다. 그는 상원의원직과 미국 외교사절직을 모두 거절했으며, 나폴레옹의 종신 통령 투표와 황제 투표에서 반대표를 던졌다. 두 사람의 관계는 다시 냉랭해졌다. 라파예트는 브리에 있는 영지로 돌아가 농경에 종사했다. 마담 라파예트는 1807년 세상을 떠났다. 그녀는 평생토록 남편을 지지했고, 존경했으며, 거의 종교적으로 숭배했다. 임종 직전 그녀는 자신이 라파예트주의자라고 남편에게 말했다.[11]

라파예트는 1814년의 왕정복고를 환영했다. 왕제들은 어릴 적 동반자들이었다. 그는 장군 복장에 백색 휘장을 두르고 튈르리궁에 갔다. 루이 18세를 처음이자 마지막으로 방문한 것이었다. 그렇지만 라파예트는 나폴레옹의 귀환을 두려워했다. 그의 귀환은 수많은 희생 끝에 얻은 유럽의 평화를 위협할 것이기 때문이었다. 그러나 나폴레옹이 튈르리궁으로 돌아와 100일 천하를 시작했다. 라파예트는 나폴레옹이 부르봉 왕가보다 더 자유를 유린했다고 비난했고 그와의 만남을 거절했다. 라파예트는 의회에 진출하여 부의장에 당선되었다.

나폴레옹이 워털루 전투에서 패한 후, 의회 해체와 군사독재 소문이 무성했다. 6월 21일 그는 오랜만에 의회 단상에 올라 "조국이 위기에 빠졌다"고 말한 후, "자유, 평등, 공공질서라는 1789년의 삼색기를 중심으로 결집하자"고 호소했다. 의회는 나폴레옹에게 퇴위할 것을 요구했다. 그 요구대로 되었다.

1830년 혁명의 영웅

1815년 왕정복고 이후 왕당파의 반동이 심해졌다. 라파예트는 왕정복고 처음 3년은 은거생활을 하다가, 1818년 11월에 사르트도 대표로 선출되어 의회에 진출했다. 그는 의회에서 극좌에 자리 잡았고 1830년 혁명까지 이 같은 정체성을 고수했다. 1818년 무렵부터는 프랑스에 퍼진 카르보나리 비밀결사에 가담했으며, 이 운동이 성공하면 새로운 정부에서 중요한 역할을 맡기로 약속했다. 카르보나리 비밀결사는 1822년 초 프랑스 동부 벨포르에서 정부 전복 음모를 꾸몄으나 실패했다. 그때 라파예트는 그들을 지휘하러 파리에서 내려갈 예정이었는데 사정이 생겨서 출발을 하루 연기한 덕분에 현장 기습을 면했다. 같은 해 그는 소뮈르에서 베르통 장군이 꾸민 음모에도 연루되었다. 그 후 카르보나리 운동은 역사의 무대에서 퇴장했다.

라파예트는 왜 이렇게 무모하고 비현실적인 음모에 가담한 것일까? 20세에 미국 독립혁명에 뛰어든 그 이상주의가 부활한 것인가? 라파예트는《회고록》을 위한 메모에서 카르보나리 비밀결사는 반동적인 복고 왕정 체제가 국민의 권리를 앗아간 상황에서 국민주권을 회복하려고 했기 때문에 자기에게 어필했다고 말했다.[12]

1823년 루이 18세가 스페인의 페르디난도 7세를 지원하기 위해 군대를 파견하자 프랑스에 왕정주의 바람이 불었고 의회 선거에서 야당 지도자들이 대거 낙선했다. 라파예트도 1824년 선거에서 패배했다. 이 강제 휴식기를 틈타 라파예트는 1824년 8월부터 이듬해 9월까지 13개월 동안 미국을 여행했다. 라파예트의 아들과 라파예트를 양아버지처럼 따르던 스코틀랜드 여권운동가 파니 라이트가 동행했다. 라파예트는 국빈 대접을 받으며 24개 주, 182개 도시를 순회했다. 미국 대통령 존 퀸시 애덤스는 라파예트가 40년 동안 "자유의 대의"를 위해 헌신했다고 말했다. 미국 의회는 그가 미국 독립을 위해 헌신한 데 대한 보답으로 20만 달러와 12,000헥타르의 땅을 주었다.

1825년 루이 18세가 사망하자 동생인 아르투아 백작이 샤를 10세로 즉위했다. 샤를 10세는 형들보다 더 보수적인 인물이었다. 1827년에 다시 의회에 진출한 라파예트는 샤를 10세 정부의 반동적인 경향을 강하게 비난했으며 납세거부운동 같은 불복종 운동을 벌이자고 외쳤다. 샤를 10세는 헌법의 제약을 불편해했고 구체제로 복귀하려 했다. 그는 자유주의자들이 다수를 차지한 의회를 해산하고 새로운 선거를 실시했으나 또다시 자유주의자들이 다수를 차지하자 헌법을 정지시킨 다음, 언론 검열, 의회 해산, 선거제도 변경, 9월 선거 실시 등을 골자로 하는 칙령을 공포했다.

7월 25일 칙령이 언론을 통해 알려지자 7월 27일부터 29일까지의 '영광의 3일' 동안 노동자와 학생을 중심으로 한 파리 시민들은 바리케이드를 설치하고 샤를 10세의 퇴진과 헌법 수호를 외쳤다. 이미 그해 1월, 공화주의를 지지하는 학생들과 노동자들은 '1월 결사' 혹은 '애국파 결사' 혹은 '라파예트 음모'라고 불리는 준군사적인 비밀결사를 조직했다. 라파예트는 이 조직의 명예 '총사령관'이었다. 27일 밤, 그들은 의원들을 찾아가 자유주의 정부를 수립하고 라파예트를 국민군 대장으로 임명하며 의원들이 봉기에 가담하라고 요구했으나 의원들은 주저했다. 28일, 이들은 혁명의 상징인 파리 시청을 점령하려고 시도했다. 시청과 노트르담 성당에 삼색기가 계양되었다. 29일, 시민들은 튈르리궁을 공격했고 치열한 전투 끝에 튈르리궁을 점령했다. 다음 날, 승리자들은 라파예트를 찾아가 공화국 선포를 요청했다.

의회는 샤를 10세에게 7월 25일 칙령을 철회하라고 요구했으나 거절당하자 오를레앙 가문의 루이 필립에게 왕위를 넘기기로 결정했다. 의회는 오를레앙 공작에게 '국왕 대리인'직을 제안했고 그는 그 직을 수락했다. 7월 29일 의회는 공화파 지도자인 라파예트를 프랑스 국민방위대장으로 임명했다. 이로써 라파예트는 1789년 이상으로 명성과 권력을 획득했다. 당시 사람들은 라파예트를 프랑스혁명의 살아있는 화신, "국민의 왕", "구원자"라고 생각했으며, 공화주의의 영웅인 라파예트가 임시공화국의 대통령직을 맡을 것으로 예상했다.[13]

실로 라파예트는 자기가 원하면 뭐든지 할 수 있었다.[14] 그러나 라파예트는, 1789년 혁명에서와 마찬가지로, 국민방위대장으로서 의원들과 민중들과 공화주의자들 그리고 왕당파 사이에서 중재와 타협을 시도했다. 그는 혁명과 질서 사이에서 질서를 회복하는 데 역점을 두었다. 라파예트는 국민주권 원칙을 강조했으며, 오직 의회만이 새로운 정부를 구성할 권리를 가지고 있다고 말했다. 의원들은 1789년과 같은 아나키(무정부 상태)를 피하기 위해서 신속히 오를레앙 공작을 왕으로 옹립하기로 결정했다.

라파예트는 의회의 결정을 받아들여, 31일 샤를 10세와의 타협이 불가능하기 때문에 왕은 더이상 통치하지 않는다고 선언한 후, 파리 시청에서 오를레앙 공작과 대화를 나누었다. 두 사람은 미국식 공화주의가 우월한 제도이나 프랑스는 미국이 아니기 때문에 "공화주의 제도들로 둘러싸인 군주정"이 필요하다는 데 동의했다. 두 사람은 삼색 휘장을 두르고 시청 발코니에 나가 환호하는 군중에게 타협하는 모습을 보여주었다. 다음 날 라파예트는 오를레앙 공작을 만나 국민주권 원칙, 세습귀족제 폐지, 사법제도 개혁, 광범위한 선거권을 보장하는 선거법 개정, 하급판사 선거, 산업독점 개혁, 이 모든 사항에 대한 국민의 비준 등을 골자로 하는 '시청계획'을 제시했고, "공화주의 제도로 둘러싸인 국민의 왕"이 되어줄 것을 요청했다.

8월 2일 샤를 10세는 손자 보르도 공작에게 양위하고 오를레앙 공작을 섭정으로 임명했다. 그러나 8월 7일 의회는 오를레앙 공작을 왕으로 선출했고, 왕은 의회에 가서 헌법을 준수하겠다고 선서했다. 1793년 4월 5일 뒤무리에 장군과 함께 프랑스를 버리고 적국으로 탈주했던 인물이 왕으로 선출된 것이다!

새로운 왕 루이 필립은 국민의 동의에 의해 통치한다는 의미에서 '프랑스의 왕'이 아니라 '프랑스인들의 왕'임을 선언했다. 왕은 군중의 환호에 답하기 위해 라파예트와 함께 의회 발코니에 나갔다. 라파예트는 새로운 왕을 군중에게 소개했다. "우리에게 필요한 군주가 여기 있습니다. 이분은 가장 공화주의적인 군주입니다!"

사실 1791년 헌법이 지향한 입헌군주제는 여기에서 말하는 공화주의적 군주제와 다르지 않다. 로베스피에르도 1791년 헌법에 대해 "공화주의적 군주제"라고 말한 바 있다.[15] 또 그것은 일찍이 루소가《사회계약론》에서 정의한 공화정 개념에서 벗어나지 않는다. 새로운 왕조가 출범한 후 라파예트의 명성과 인기는 절정에 달했다. 라파예트를 찬양하는 예술 작품들과 문학 작품들이 대거 발표되었다. 파리 시민들은 그에게 대포 2문을 선물했다. 8월 15일, 파리시는 라파예트를 위해 성대한 만찬을 열었는데, 1789년 혁명의 화신은 다음과 같이 두 혁명의 관계를 설명했다.

> 1789년에는 분열과 아나키의 치명적인 체제가 태어났고 여러분은 그 슬픈 결말을 잘 알고 있습니다.……그러나 오늘날 국민의 탁월한 정신은 우리를 그러한 불행으로부터 지켜줄 것입니다.

라파예트는 "그러한 불행"으로부터 혁명을 지키기 위해 질서를 유지하고 폭력을 제압하는 일에 전념했다. '공화주의적 군주제'에 만족하지 못하는 순수 공화주의자들은 루이 필립의 정부를 전복하려고 시도했으나 라파예트의 국민방위대는 그러한 기도를 무산시켰다. 라파예트는 무력충돌을 막기 위해 노력했고 왕도 그의 노력에 존경과 감사의 뜻을 표했다.

그러나 질서가 잡힐수록 왕은 라파예트의 존재를 부담스러워했다.

그해 말, 의회는 왕의 요구로 프랑스 국민방위대장이라는 직위가 1830년 헌법에 위배된다며 그 직을 폐지하기로 결정했다. 왕은 라파예트에게 명예대장직을 제안했으나 라파예트는 거부하고 프랑스 국민방위대장직에서 물러났다. 의회로 돌아간 라파예트는 과거처럼 극좌에 자리잡았다. 그는 언제나 정부 정책에 대해 비판적인 시선을 거두지 않았고, '시청계획'을 준수할 것을 요구했다.

자유주의자 라파예트가 프랑스에서의 혁명에만 관심을 가진 것이 아니었다. 그는 벨기에, 그리스, 이탈리아, 폴란드, 스페인, 남아메리카 등지에서 일어난 혁명을 지지했다. 그는 이들 지역에서 민중을 억압하는 것은 곧 프랑스를 공격하는 것이라며 프랑스의 개입을 촉구했다. 파리와 라그랑주에 있는 라파예트의 저택은 전 세계에서 몰려온 반체제 인사들의 도피처로 이용되었다.

미국 독립혁명에서 1789년 혁명과 1830년 혁명까지 세 혁명에 참가하며 '자유'의 대의를 위해 헌신한 라파예트는 1834년 5월 20일 폐렴으로 세상을 떠났다. 그의 죽음을 애도하는 성대한 장례식이 거행되었고, 그는 파리 픽퓌스 공동묘지의 부인 곁에 묻혔다. 10년 전 미국 여행에서 가지고 온 흙이 '두 세계의 영웅'을 매장하는 데 사용되었다. 미국 양원은 초대 대통령 조지 워싱턴의 죽음에 버금가는 조의를 표했다. 미국 의회 의사당에는 회기 내내 검은 장막이 드리워졌다. 정통 왕조파의 지도자였던 낭만주의 작가 샤토브리앙은 다음과 같이 적었다.

올해 1834년 라파예트가 사망했다. 나는 이제껏 그에 대해서 부당하게 말했을지도 모르겠고 또 두 개의 얼굴과 두 개의 명성을 지닌 하찮은 사람으로 소개했는지도 모르겠다. 대서양 건너에서는 영웅으로, 이쪽에서는 어릿광대 같은 사람Gilles으로 소개했던 것이다. 사람들이 라파예트에게 인정해주기를 고집스럽게 거부했던 장점들을 인정하는 데 40년 이상 걸렸다. 그의 생애에는 어떤 더러운 때도 묻지 않았다. 그는, 신세계에서는 새 사회를 만드는 데 이바지했고 구세계에서는 낡은 사회를 파괴하는 데 공헌했다. 워싱턴에서는 자유가 그를 불렀고 파리에서는 무정부 상태가 그를 불렀다.[16]

'자유'의 혁명가

라파예트는 '혁명'과 '질서'의 조화를 잡으려고 노력한 인물이었기 때문에 그에 대한 평가는 동시대인들부터 현대인들에 이르기까지 양분된다. 라파예트에 대한 가장 유명한 평가는 그를 "두 세계의 영웅"이요 프랑스의 워싱턴으로 보는 것이다. 이 평가는 라파예트가 자유의 대의를 위해 헌신했다고 말하는 것이다. 그러나 1792년에 공화정이 수립된 후 혁명 프랑스를 탈출한 라파예트는 당시의 혁명가들로부터 혁명과 조국을 배신한 자라는 비난을 면하지 못했다.

라파예트에 대한 또 다른 평가는 그의 성격과 능력에 대한 것이다. 1789년 초 라파예트와 함께 혁명을 주도했던 미라보는 라파예트를 질 세자르Gilles César라고 불렀다. 로마의 카이사르처럼 독재를 획책한 인물이지만 어리석고 순진한 바보Gille라는 뜻이다. 같은 차원에서 유명한 평가는 나폴레옹의 평가이다. 나폴레옹은 세인트헬레나에서 작성한 《회고록》에서 라파예트를 "멍청이"라고 평가했다.

라파예트의 후년에 미국을 방문한 알렉시 드 토크빌은 미국 사람 가운데에도 라파예트를 멍청이라고 평가하는 사람이 있다는 얘기를 했다. 이러한 부정적인 평가는 라파예트가 명예욕에 사로잡힌 공상주의자이자 무능하고 미성숙한 인물이라고 보는 것이다. 그러나 미라보와 나폴레옹의 평가는 맥락적으로 이해할 필요가 있다. 두 사람은 라파예트의 인기를 이용하여 그를 정치적으로 이용하려다 라파예트가 거절하자 그렇게 부정적으로 평가한 것이기 때문이다.

19세기 공화주의 역사가인 미슐레를 비롯한 대부분의 역사가는 미라보와 나폴레옹의 평가를 수용하여 라파예트를 현실 정치와 사회적 갈등에 무지한 미성숙하고 무식하고 공상적이고 허영심 가득한 모험가로 보았다.[17] 라파예트 전문가인 고트촉은 젊은 귀족 라파예트가 미국혁명에 뛰어든 것은 화려하고 세련된 궁정사회에 적응하지 못한 젊은이가 도피한 것으로 보았다.[18] 전기작가인 베르니에는 라파예트의 개인적인 명예욕과 아버지에 대한 복수심이라는 심리적인 이유를 덧붙였다.[19]

그러나 역사가 크라머는 라파예트가 자유주의 사상가, 낭만주의 지식인, 반체제 인사들, 예컨대 스탈 부인, 자유주의 철학자인 뱅자맹 콩스탕, 데스튀 드 트라시(라파예트와 사돈지간이었다), 공리주의 철학자 벤담, 화가 애리 셰퍼, 작가인 스탕달, 하인리히 하이네, 메리 셸리, 시드니 오웬스 모르간, 제임스 페니모어 쿠퍼, 스페인 오페라 가수인 마리아 가르시아 말리브란, 인권운동가인 파니 라이트, 크리스티나 벨지오조소 등과 교류한 내용을 분석하면서, 라파예트가 명청이었다는 평가를 반박한다. 라파예트는 자유주의 활동가였을 뿐만 아니라 사상가였다는 것이다.

역사가들과 달리 대중은 라파예트에 대해 호의적이었다. 미국에서는 도시, 학교, 거리, 광장, 산 등 600곳이 넘는 장소가 라파예트의 이름을 땄으며, 라파예트를 명예시민으로 추대했다. 파리에는 로베스피에르의 이름을 딴 거리는 없어도 라파예트의 이름을 딴 거리는 있다. 1989년 프랑스혁명 200주년을 맞이하여 실시된 여론조사에서 프랑스인들이 가장 존경하는 혁명가는 라파예트였다. 그다음은 당통과 생쥐스트였다. 2007년 라파예트 탄생 250주년을 맞이하여 '두 세계의 영웅'을 팡테옹에 안치하자는 움직임이 일어났다. 사르코지 대통령은 이 주장에 찬성했다. 그러나 라파예트가 자유의 대의에 헌신했음을 인정한다 해도, 혁명전쟁이 한창일 때 조국을 버린 사람이라는 사실 또한 무시할 수 없기 때문에 라파예트의 팡테옹 이장 시도는 무산되었다.

'두 세계의 영웅'은 '자유'의 대의를 위해 헌신했다. 그는 계몽주의의 영향을 받아 자연권의 존재를 인정했다. 그가 자연권 가운데 가장 소중하게 여긴 것은 자유였다. 그에게 '자유'는 종교와 마찬가지였다. 1790년 라파예트는 "봉기는 인간의 권리들 가운데 가장 신성한 권리"라고 말한 바 있다. 그는 구체제의 폭정이건 자코뱅의 폭정이건 외국의 폭정이건 어디에서건 자유를 억압하는 폭정에 맞서 저항이라는 신성한 권리를 행사했다. 어릴 때부터 라파예트를 알고 있었던 샤를 10세도 라파예트는 자유의 옹호자로서 확고한 신념을 가지고 있음을 인정했다. 1793년 6월, 당시 감옥에 갇혀 있던 라파예트는 에냉 부인에게 보낸 편지에서 자유를 "나의 신성한 광기"라고 소개했다.[20]

낭만주의 작가인 메리 셸리는 1830년 7월 혁명 후에 라파예트에게 보낸 편지에서 다음과 같이 "세 혁명의 영웅"을 찬양했다.

> 저처럼 미천한 사람이 삼가 세 혁명의 영웅에게 편지를 보냅니다. 저는 그 영웅의 마지막 승리를 축하하는 기쁨을 억누를 수 없습니다. 프랑스가 어떻게 세상 사람들이 보는 앞에서 스스로를 구원했는지, 프랑스가 과거의 시도에서 묻은 오점을 이번 7월의 위대한 위업에서 씻어버렸는지, 유럽의 모든 사람들이 파리에서 울려 퍼지는, 세상을 자유롭게 하려는 그 장엄한 목소리에 어떻게 반응했는지 ……참으로 존경하는 장군님, 한 여인이 함부로 끼어드는 것을 용서하십시오. 저는 당신이 체화한 사상을 소중히 여기는 한 남자의 아내입니다. 당신은 그 사상을 위해 순교하셨으며 현재는 그 사상을 빛내주고 계십니다.[21]

시에예스 신부
─ 혁명의 시작과 끝

신부에서 혁명가로

시에예스 신부Emmanuel Joseph Sieyès는 1748년 5월 3일 프랑스 남부 프로방스 지방의 작은 도시 프레쥐스에서 태어났다. 아버지는 지방 우체국장과 조세징수관을 지냈고 어머니는 공증인의 딸이었다. 부모는 가난했지만 아들의 교육에 신경을 많이 썼다. 1765년 아버지는 아들을 성직자로 만들기 위해 파리의 생쉴피스 소小신학교에 보냈다. 이렇게 시에예스는 아버지의 욕심에 떠밀려 성직자의 길에 들어섰다.

그러나 그는 신학교 생활에 전혀 흥미를 느끼지 못했다. 생쉴피스 신학교는 시에예스가 계몽사상에 관심이 많은 것을 보고 학교를 떠나라고 요구했다. 시에예스는 생피르맹 신학교로 옮겼고 소르본대학에서도 신학을 공부했지만 종교에는 여전히 관심이 없었다. 종교는 인간의 지식과 행복의 증진을 막는 "인간의 첫 번째 적"이라고 쓸 정도였다.[1] 그가 관심을 가진 것은 철학, 경제학, 정치학이었다. 그는 콩디약, 보네, 로크, 메르시에 드 라리비에르, 몽테스키외, 케네, 미라보, 튀르고, 디드로, 볼테르, 엘베시위스, 루소, 돌바크, 애덤 스미스 등의 책을 탐독했고, 수학, 음악, 자연사 등에도 관심을 가졌다.

시에예스는 종교에 대해 적대적이었지만 성직을 포기하지는 않아서 1772년에 사제 서품을 받았다. 1775년 시에예스 신부는 브르타뉴 지방의 항구 도시 트레기에의 주교인 뤼베르삭의 비서로 성직을 시작했다. 1780년에 뤼베르삭이 샤르트르의 주교가 되자 그를 따라가 총대리신부가 되었고 1783년에는 성당 참사회원이 되었다. 1786년에는 프랑스 성직자 최고회의에 자문위원으로 참석했고, 1787년에는 오를레앙 지방의회에 성직자 대표로 참석했으며, 1788년에는 샤르트르 성당 참사회 고문이 되었다. 이렇게 시에예스는 신부라기보다는 교회행정가로 활동했다.

그는 평민 출신으로서 교회의 높은 지위에 올랐으나 불만이 많았다. 일반 사회에서와 마찬가지로 교회에서도 출세하는 데에는 본인의 능력 이상으로 귀족의 후원이 필요했기 때문이다. 사실 그가 뤼베르삭 주교의 비서가 된 것도, 왕의 고모인 마담 소피의 구휼품 관리신부가 된 것도, 성당 참사회원이 된 것도 모두 귀족의 후원 덕분이었다.

시에예스처럼 능력이 출중하고 자존심과 자부심이 강한 사람에게,

귀족이 주교직을 독점하고 평민 출신 신부들은 귀족의 후원을 통해서만 승진할 수 있다는 것은 굴욕적이었다. 시에예스는 아버지에게 보낸 편지에서 "주교가 나를 데리고 놀고 있지만 나는 할 수 있는 게 아무것도 없다"고 불만을 토로했다. 시에예스가 그 어떤 것보다 중요하게 여긴 원칙은—아마도 디드로에게서 빌린 것인데—모든 특권은 본질적으로 정의롭지 못하고 가증스러우며 정치사회의 최고 목적에 위반된다는 것이었다.[2]

시에예스는 주로 파리에 체류하면서 개혁가들과 접촉했다. 그는 프리메이슨에도 가입한 것으로 보인다. 당시 프리메이슨은 고급 사교단체로서 고위귀족, 주교, 신부들이 많았다. 시에예스는 '철학자들의 로주 loge(집회소)'라고 불린 '아홉 자매 로주'에 속했던 것으로 보이는데, 라로슈푸코, 브리소, 콩도르세, 바이이, 콜로 데르부아, 라보 생테티엔, 카미유 데물랭, 페티옹, 당통 등이 멤버였다.[3] 프랑스혁명을 프리메이슨 같은 비밀결사의 음모라고 단죄한 바뤼엘 신부의 주장을 액면 그대로 받아들이지는 않는다 해도, 프리메이슨이 계몽사상을 전파하는 데 일정한 역할을 했으며 혁명가들 가운데 상당수가 프리메이슨이었을 뿐만 아니라 그 비밀결사의 상징과 담론을 많이 차용했다는 점은 부인할 수 없다.[4]

구체제의 재정적·정치적 위기가 심화되면서 루이 16세는 나름대로 여러 가지 개혁안을 마련했으나 빈번히 귀족의 저항에 막혀 실패했다. 왕이 최후 수단으로 삼신분회 소집을 결정하자 국가 개혁안을 담은 팸플릿들이 봇물 터지듯 쏟아져나왔다. 이 방면에 관심이 많았던 시에예스도 1788~1789년 겨울에 세 편의 팸플릿을 발표했다. 《프랑스의 대표들이 1789년에 사용할 수 있는 집행 수단에 대한 견해》, 《특권론》, 《제3신분이란 무엇인가?》.

이 가운데에서 "제3신분이란 무엇인가? 모든 것이다. 그것은 정치계에서 이제까지 무엇이었나? 아무것도 아니었다. 그것은 무엇이 되기를 원하는가? 그 무엇"으로 시작하는 《제3신분이란 무엇인가?》는 과격한 논설, 명쾌한 논리, 수사학으로 세인의 관심을 집중시켰다. 불과 몇 달 사이에 3판이 발행되었고, 3만 부가 팔렸으며, 백만 명이 읽은 것으로 알려졌다. 시에예스는 일약 유명 인사가 되었다. 카페에서는 "제3신분을 읽었습니까?"가 인사말이 될 정도였다. 미라보는 시에예스가 책을 보내준 데 감사하며 "프랑스에는 한 사람밖에 없다"고 칭송했다. 그는 유명 살롱에 초대받았고, 왕의 동생인 오를레앙 공작이 만든 '발루아 클럽'에 참석하여 라파예트, 탈레랑, 샹포르, 콩도르세, 라메트 형제 등을 만났으며, '30인협회' 회원이 되어 애국파의 선거 활동을 도왔다. 자기 자신도, 비록 성직자 대표로 선출되는 데에는 실패했지만, 파리의 제3신분 대표로 선출되었다.

1789년 5월 5일 베르사유에서 삼신분회가 열렸다. 파리 삼신분회 선거는 늦게 실시되었기 때문에 시에예스는 5월 말에야 베르사유에 도착했다. 시에예스는 미라보, 그레구아르, 바르나브 같은 제3신분 대표들의 리더들과 접촉했고 비공식 대변인이 되었다.

제3신분의 대표 수는 두 배로 늘었지만 정작 중요한 표결 방식은 과거의 신분별 표결 방식이 강요되고 있었다. 왕은 표결 방식에 대해서는 말하지 않았고, 신분별로 회의를 열어 대표들의 자격을 심사하라고 명령했다. 제3신분은 거부했다. 왜냐하면 그렇게 하는 것은 신분별 표결의 선례를 남길 우려가 있기 때문이었다. 제3신분은 3신분이 합동으로 자격심사를 하자고 제안했다. 귀족은 별도로 회의를 열었으나, 제3신분과 동조하는 신부들을 많이 포함하고 있던 성직자단은 행동을 미루었다. 이렇게 타협에 실패하고 교착 상태에 빠져 있을 무렵에 시에예스가 제3신분 회의에 참여한 것이다.

6월 10일 그는 제3신분 대표들이 다른 신분 대표들을 "호출하여" 제3신분과 합류하도록 하자고 제안했다. 그들이 거부하면 제3신분 단독으로 모든 대표의 자격을 심사할 것이며 불참한 사람들은 하자가 있는 것으로 간주한다는 것이었다. 시에예스의 제안은 제3신분이 의회로서의 권력을 장악하고 기능을 수행하자는 것이었다.

6월 12일부터 자격심사가 시작되었고 성직자 대표들이 합류하기 시작했다. 6월 15일 시에예스는 삼신분회의 명칭을 바꾸자고 제안했다. 그는 '프랑스 국민의 인정을 받고 공인받은 대표들의 의회'라는 명칭을 제안했다. 미라보는 '국민peuple의 대표들'이라는 명칭을 제안했으나 거부되었다. 왜냐하면 peuple은 귀족과 성직자를 제외한 국민의 일부, 즉 민중이라는 의미도 담고 있었기 때문이다. 무니에는 '프랑스 국민의 소수의 부재 속에 활동하는 다수의 대표들'이라는 소심한 명칭을 제안했으나 역시 거부되었다. 베리 출신 르그랑이 '국민의회'라는 간단한 명칭을 제안했다. 이 명칭은 시에예스가 《제3신분이란 무엇인가?》에서 사용한 명칭이었다. 6월 17일 이를 수용한 시에예스의 수정 동의가 통과되었고, 제3신분 대표들과 일부 성직자 대표들로 국민의회가 구성되었다. 6월 27일 루이 16세는 귀족 대표들과 성직자 대표들이 국민의회에 합류하기를 권하면서 국민의회를 인정했다. 이렇게 해서 구체제의 삼신분회는 근대적인 의회로 탈바꿈했다.

시에예스는 7월 14일 헌법기초위원회에 선출되었고 '인권선언'을 기초하는 일을 부여받았다. 8월 4일 밤, 국민의회는 모든 특권을 폐지한다고 선언했다. 그러나 시에예스는 십일조를 보상 없이 폐지하는 데 반대했다. 사람들은 시에예스의 태도를 이해할 수 없었다. 왜냐하면 그는 누구보다도 특권의 폐지를 요구해온 사람으로 알려졌기 때문이었다. 시에예스의 인기는 하락했고 영향력은 쇠퇴했다.

6월 17일의 국민의회 구성부터 8월 4일의 특권 폐지까지 혁명은 시에예스가 《제3신분이란 무엇인가?》에서 제시한 대로 진행되었다. 시에예스의 팸플릿은 마치 '스크립트'인 것 같았다.[5] 그런데 시에예스는 특권의 폐지를 강력히 요구했으면서도 왜 십일조 폐지에 대해서는 반대했을까? 바래르가 말했듯이 자기의 수입을 지키려는 이기적인 생각 때문이었을까? 재산권의 신성함을 지키려는 것이었을까? 사람들이 《제3신분이란 무엇인가?》를 오독했기 때문일까?

《제3신분이란 무엇인가?》의 수사학

팸플릿의 구성은 비교적 간단하다. 세 가지 물음—"제3신분이란 무엇인가?", "제3신분은 정치계에서 이제까지 무엇이었나?", "제3신분은 무엇이 되기를 원하는가?"―에 답하는 형식이다. 구체제의 3신분론―제1신분인 "기도하는 사람", 제2신분인 "싸우는 사람", 제3신분인 "일하는 사람"으로 구성된―에 의하면 제1신분과 제2신분이 "모든 것"이었고 제3신분은 "아무것도 아니었다."

시에예스는 중세적 기준에서 벗어나 "국가의 생존과 번영"이라는 사회경제적인 기준에 따라 사회구성을 나누었다. 인간의 활동은 사적인 활동과 공적인 활동으로 나뉘며 사적인 활동은 4계급에 의해 수행된다. 제1계급은 토지 노동에 종사하는 사람들, 제2계급은 자연이 준 선물의 가치를 높이기 위해 노동하는 사람들, 제3계급은 생산과 소비를 매개하는 상인들, 제4계급은 사회를 지탱해주는 일체의 직업에 종사하는 사람들이다.

이 4계급의 일은 모두 제3신분이 수행한다. 귀족은 사적인 일을 하지 않는 대신 공적인 일을 수행한다는 반론에 대해 시에예스는 공적인 활동의 대부분 역시 제3신분이 수행하며 귀족은 그나마 배부르고 명예로운 일만, 그것도 자신의 능력에 의해서가 아니라 비경쟁적인 독점에 의해 차지하고 세습적 지위에 의해 수행할 뿐이라고 말한다. 한마디로 제3신분은 생산적인 활동을 함으로써 국가의 생존과 번영에 기여하는 반면, 귀족은 노동하지 않는 '게으른 사람들'일 뿐이라는 것이다. 귀족은 국가에 도움이 안 되는 사람, 없어도 되는 사람이다.

시에예스는 전통적인 사회구성을 전복하고 "노동이 부를 형성한다"는 경제학에 의거해 새로운 사회구성을 제시한 것이다. 대부분의 계몽사상가와 달리 정치경제학 지식이 풍부했던 시에예스는 애덤 스미스가

《국부론》을 발표하기 2년 전인 1774년에 이미 〈경제학자들에게 보내는 편지〉에서 노동 분업을 강조했다. 그에 따르면 노동 분업이야말로 부의 생산을 증가시킨다, 노동하지 않는 사람은 부의 생산에 기여하지 않는 사람이며 부의 교환에 참여할 수 없다, 다시 말하면 다른 사람이 노동하여 생산한 부를 향유할 수 없다, 노동이 전부인 세계에서 게으른 자들은 무無이니 없어도 무방하다. 그러니 제3신분이 자체적으로 완전한 국민을 구성하기에 충분한 모든 것을 가지고 있다고 말할 수 있지 않을까? 제3신분은 한 팔은 사슬에 매여 있는 강건한 사람과 같다. 특권 신분이 제거된다면 국민은 무엇인가 줄어드는 것이 아니라 무엇인가 늘어나는 것이다. 그러면 제3신분이란 무엇인가? "모든 것", 그러나 족쇄에 매여 있고 억압받고 있는 "모든 것"이다. 그것은 특권 신분이 없다면 무엇이 될 것인가? 그것은 자유롭고 번영하는 모든 것이 될 것이다. 제3신분이 없다면 아무것도 기능할 수 없다. 다른 두 신분들이 없다면 모든 것은 한없이 더 잘 기능할 것이다.

단순하고 명쾌한 논리가 자극적이다. 마르크스가 《공산당 선언》에서 말한 "공산주의 혁명에서 프롤레타리아가 잃을 것은 족쇄뿐이고 그들이 얻을 것은 전 세계이다. 전 세계 노동자들이여, 단결하라!"라는 구호를 연상시킨다. 제3신분이 귀족으로부터 해방되는 것은 자유를 얻는 것이오, 평등해지는 것이다. 구체제에서 제3신분은 '국민'이 아니라 아무것도 아니었으나 이제는 제3신분이 국민이다. 시에예스는 다음과 같이 '국민'을 정의한다. "국민은 모든 것에 앞서 존재하고 모든 것의 원천이다. 국민의 의지는 언제나 합법적이다. 국민은 법 자체이다."

시에예스는 마지막 장인 제6장에서 혁명 전략을 제시한다. 삼신분회가 소집되면 국가 개혁에 대한 논의가 시작될 것이다. 삼신분회에서 표결방식이 신분별 표결에서 머릿수 표결로 바뀌지 않는다면 제3신분이 원하는 대로 개혁이 이루어지지 않을 것이다. 그러면 어떻게 할 것인가? 국민의 절대다수를 차지하는 제3신분의 대표들이 단독으로 국민의 대표를 자처할 수 있을까?

시에예스는 이 결정적인 문제에서 귀족은 국민이 아니고 제3신분이 국민이기 때문에 제3신분 단독으로 의회를 구성할 수 있다고 말한다. 오히려 귀족을 제외한 제3신분이 더 순수한 국민이다. 시에예스는 다음과 같이 멋있게 말한다. "제3신분 단독으로 삼신분회를 구성할 수 없다고 말할지 모른다. 그럼 더 잘 되었다! 제3신분은 국민의회를 구성할 것이다."

6월 17일 제3신분 대표들은 스스로 국민의회를 구성한다고 선언했고, 여세를 몰아 8월 4일 프랑스에서 일체의 특권을 폐지한다고 선언했다. 시에예스는 8월 4일 회의에 불참했다. 8월 10일 시에예스는 의회에 출석하여 십일조를 보상 없이 폐지하는 것에 반대했다. 성직자는 귀족과 달리 특권 신분이 아니며 예배, 교육, 빈민구호 같은 공적인 기능을 수행하는 '직업'이기 때문이라는 것이다. 성직자들이 이런 기능을 수행하기 위해서는 재산이 필요한데 십일조를 폐지하는 것은 신성한 재산을 침해하는 것일 뿐만 아니라 부유한 지주들만 더욱 부유하게 만들 뿐이라는 것이다.

시에예스의 말대로 성직자는 '하나의' 신분이 아니었다. 성직자 가운데 주교나 수도원장 같은 고위성직은 귀족이 독점했고 하위성직자는 제3신분 출신이었다. 고위성직자와 하위성직자는 사실상 별개의 신분이었다. 모든 성직자가 특권 신분이었던 것이 아니라 성직자 가운데 귀족만이 특권 신분이었던 것이다. 시에예스가 《특권론》과 《제3신분이란 무엇인가?》에서 공격한 것은 제1신분과 제2신분이 아니라 특권을 가진 신분, 즉 귀족이었다. 그러나 시에예스의 지지자들은 시에예스가 제1신분과 제2신분을 공격한다고 생각했고, 그러기에 시에예스가 제1신분의 십일조 폐지에 반대하자 실망한 것이다. 특권에 관한 시에예스의 입장은 분명했지만, 귀족의 특권에 대한 공격이 성직자의 특권을 포함한 일체의 특권에 대한 공격으로 확대되는 것은 피할 수 없었다. 시에예스의 반특권론은 부메랑이 되어 돌아왔다.

시에예스가 적시한 제3신분의 적은 귀족이었다. 구체적으로 말하면, 제1신분 가운데 고위성직자 그리고 제2신분이 바로 제3신분의 적이었다. 시에예스는 "사회적 범죄", "진짜 전쟁 행위", "공동체에 대한 배신 행위", "영불전쟁 시기의 영국과도 같은 적", "합법적인 상업을 등쳐먹는 바르바리아 해적", "불행한 인간의 살을 파먹는 무서운 질병", "기생충" 같은 용어를 동원하여 귀족을 공격했다. 시에예스는 제3신분이 그들의 유용성과 능력과 계몽에도 불구하고 귀족에게 굴욕적으로 종속되었음을 여러 차례 강조했다. 그것은 자기 자신이 겪은 일이기도 했다. 그는, 시에예스의 정신적 후계자라는 평을 받는 뱅자맹 콩스탕이 말했듯, 누구보다도 귀족을 싫어했다.

제3신분은 국가의 모든 생산을 담당하는 '모든 것'이다. 그런데 그것은 단일 계급인가? 시에예스는 제3신분이 4계급으로 구성된다고 말한 바 있는데, 제3신분은 크게 부르주아와 비부르주아—도시 수공업자와 농민—으로 구성된다. 여기에서 부르주아는 자본가를 지칭하지는 않는다. 당시 프랑스 사회에는 자본가라고 부를 만한 사람이 많지 않았다.

부르주아는 어원대로 도시bourg 거주민이라는 뜻이다. 중세 이래 구체제에서 부르주아는 시민권과 정치적인 권리를 가진 도시 거주민으로 '법적으로' 인정된 계급이었다. 부르주아의 18세기 의미는 도시에 거주하는 비귀족, 교양인, 부유한 토지 소유 계급이었다.[6] 우리가 흔히 프랑스혁명을 부르주아 혁명이라고 말할 때 그 부르주아의 의미는 자본가라는 의미가 아니라 시민이라는 의미이다.

시에예스는 바로 이러한 부르주아 계급으로 태어났고 본인도 이런 의미로 그 단어를 사용했다. 시에예스가 혁명적 역할을 기대한 계급은 제3신분 모두가 아니라 제3신분 가운데 부르주아 계급이었다.《제3신분이란 무엇인가?》에서 시에예스는 제3신분은 충분히 계몽되지 않았기 때문에 귀족 가운데에서 제3신분 대표를 뽑아야 한다는 주장을 다음과 같이 반박한다.

이 기이한 주장은 일고의 가치도 없다. 제3신분 가운데 여유 계급classes disponibles을 생각해보라. 다른 사람들과 마찬가지로 내가 말하는 여유 계급은 교양교육을 받고 공적인 일에 관심을 갖도록 정신을 연마할 여유가 있는 계급이다. 그러한 계급은 국민의 이익 외에는 관심을 가지지 않는다. 국민을 올바르게 대표할 만큼 모든 방면에서 교양 있고 정직하고 부유한 시민들이 그러한 계급에 충분하지 않은지 판단해보라.

시에예스가 여기에서 말하는 여유 계급이 바로 부르주아이다. 부르주아가 제3신분의 대표를 뽑아야 한다는 것이다. 시에예스는 제3신분을 부르주아와 민중으로 구분했고, 부르주아에 혁명적 역할을 기대했다. 그는 《제3신분이란 무엇인가?》에서 여자들, 유랑민, 걸인, 하인 같은 사람들에게는 자유와 권리를 제한해야 한다고 주장했다. 그는 헌법 논의 과정에서 제3신분을 '능동시민'과 '수동시민'으로 구분했으며 수동시민에 대한 경멸감을 드러냈다. 미출판 노트에서는 노동자를 "노동기계", "자유, 도덕, 지식도 없는 두 발로 걸어 다니는 도구"라고 비하했다.

시에예스는 제3신분이 국민이요, 최고법이라고 말함으로써 귀족에 대한 투쟁에서 제3신분의 지지를 받을 수 있었다. 그러나 그는 철저히 부르주아적인 관점을 지니고 있었다. 혁명이 정치혁명을 넘어 사회혁명으로 심화되고 부르주아 혁명을 넘어 민중혁명으로 발전할 때 시에예스는 점점 소외되었다.

부르주아 혁명의 비전

1789년 8월 4일 사건 이후 시에예스는 더이상 애국파를 대표하지도 혁명을 주도하지도 못했다. 그렇다고 그가 혁명의 무대에서 사라진 것은 아니었다. 그는 국민의회 의원이었고 헌법기초위원회 위원이었으며 인권선언의 기초를 담당했다. 8월 26일 발표된 〈인간과 시민의 권리선언〉은 시에예스의 철학적 서문이 빠져 있고 훨씬 짧지만 그의 영향이 많이 배어 있는 것은 부인할 수 없다.

국왕에게 거부권을 줄 것인지 여부를 놓고 논쟁이 벌어졌다. 혁명의 진전을 바라지 않는 미라보 같은 귀족들과 무니에 같은 부르주아들은 국왕에게 절대적 거부권을 주자고 주장했다. 반면 페티옹이나 바르나브 같은 사람들은 국왕과 의회 사이에 타협이 이루어지지 않을 경우 두 차례의 의회 임기, 즉 4년 동안 법의 시행을 유예하는 한시적 거부권을 주장했다. 민주파인 로베스피에르는 국왕에게 거부권을 주는 것 자체를 반대했다.

시에예스는 9월 7일 이 문제에 대해 연설하면서 절대적 거부권이건 유예적 거부권이건 일체의 거부권에 반대했다. 입법부와 행정부가 분리된 상황에서 행정부의 수반인 왕은 법의 제정이 아니라 법의 집행에만 관여한다는 논리였다. 기본적으로 권력분립론에 입각한 주장인데 노동분업론의 흔적을 엿볼 수 있다. 9월 10일 국민의회는 국왕에게 한시적 거부권을 부여한다고 결정했다. 그런데 시에예스의 9월 7일 연설에서 주목되는 것은 대의제와 민주주의에 대한 소신을 분명히 밝히고 있다는 점이다.

> 스스로 대표를 임명한 시민들은 스스로 법을 만드는 것을 포기해야 한다. 그들은 강요할 개별 의지를 가지고 있지 않다. 만일 그들이 의지를 강요한다면 프랑스는 더이상 대의제 국가가 아니라 민주주의 démocratique 국가가 될 것이다. 반복하건데, 민중peuple은 민주주의가 아닌 국가에서(장차도 프랑스는 민주주의가 아닐 것이다) 자기들의 대표에 의해서만 이야기하고 행동할 수 있다.

《제3신분이란 무엇인가?》에서 언급된 민중에 대한 불신이 표출된 것이다. 시에예스는 대의제야말로 "혁명의 진정한 목표"라고 보았다. 1791년 헌법의 "프랑스 국제는 대의제이며, 대표들은 의회와 국왕이다"라는 내용은 거의 그대로 시에예스의 펜에서 나온 것이다.[7] 미라보는 시에예스를 "진정한 대의제를 세상에 알려준 사람"이라고 평가했다. 시에예스는 당대의 정치이론가들 가운데 뛰어난 대의제 이론가였다. 그의 대의제 옹호는 루소에서 로베스피에르로 이어지는 직접민주주의 옹호와 뚜렷이 대조된다. 시에예스는 공포정치와 자코뱅 독재를 겪으며 대의제야말로 자유, 특히 개인의 자유를 지키는 수단임을 확신했다.

시에예스는 프랑스의 행정 구역을 합리적으로 개편하는 작업에도 참여했다. 혁명 전 프랑스의 행정 구역은 극도로 복잡했다. 행정 구역, 군사 구역, 교회 구역, 사법 구역, 조세 구역 등은 불분명했고 중첩되어 있었다. 동시대인들에게는 지방province이 생활공간과 가장 잘 부합했다. 그러나 이 지방의 경계도 분명하지 않았으며 역사적·언어적 표상과 관련되어 있었다. 이미 18세기 초부터 행정 구역을 단순화하여 왕국을 바둑판 모양으로 정비하자는 목소리가 높았다.

1787년 지방의회 설치령은 지방을 '도'로 나누었다. 1788년 콩도르세는 하나의 원칙을 제시했는데 그것은 반나절 거리를 '군'의 최대 반경으로 한다는 것이었다. 혁명 후에 논의가 본격적으로 진행되었다. 1789년 7월 30일 뒤포르는 왕국을 동일한 면적을 가지는 70개의 도(그리고 군, 자치체)로 개편하는 행정 구역 개편안을 제출했다. 9월 7일 시에예스는 왕국을 81개 도로 개편하는 안을 제출했다. 그것은 파리 도를 제외하고 각 '도'는 한 변이 18리외(1리외lieue는 약 4킬로미터)인 정사각형이고, 각 도는 한 변이 6리외의 정사각형인 9개의 '군', 각 군은 한 변이 2리외의 정사각형인 9개의 '면'으로 나누는 안이었다. 1789년 12월 22일 국민의회는 '도'를 창설하는 법을 통과시켰고, 1790년 1월 15일에 도의 수를 83개로 확정했다. 국민의회의 최종적인 행정 구역 개편은 시에예스의 안과 일치하지 않지만 그의 안을 많이 수용한 것은 부정할 수 없다.

시에예스는 1790년 1월 20일 '출판의 자유'에 대한 법안을 발의했다. 44개조로 구성된 이 장문의 법안은 박수를 받았고 인쇄하여 배포하기로 결정되었다. 그러나 법안은, 예상과는 달리, 출판의 자유를 보호하는 것이 아니라 오히려 억압하는 내용을 담고 있었다. 예컨대 제6조는 다음과 같다. "한 책이 직접적으로 시민들로 하여금 범죄를 저지르도록 부추기거나 그 범죄가 자행되기 일주일 전에 출판되어 그것을 자행하도록 부추겼다고 판단된다면, 그 책에 책임이 있는 사람들은 기소 당하고 그 범죄의 공범으로 처벌될 수 있다." "민중의 친구", 코르들리에 클럽 등은 시에예스를 격렬히 비난했다.

시에예스는 사법 개혁에도 참여했다. 그러나 시에예스가 제안한 여러 안 가운데 시민배심원제도는 로베스피에르의 지원에도 불구하고 채택되지 않았다. 자존심이 강한 시에예스는 또다시 패배했다고 생각했다. 그렇지만 의회 내에서의 입지는 탄탄해서 그는 6월 6일 드디어 국민의회 의장으로 선출되었다.

국민의회는 십일조를 폐지한 데 이어 전면적인 교회 개혁에 착수했다. 10월 10일 오툉의 주교인 탈레랑은 국가재정 문제를 해결하기 위해 교회재산을 국유화하고 판매하는 안을 제출했다. 국민의회는 1789년 11월 2일에 교회재산을 국가에 귀속시켰고, 이듬해 7월 12일에는 '성직자시민법'을 제정하여 가톨릭교회를 국가교회로 개편했다. 교회의 반발이 거세지자 국민의회는 11월 26일에 성직자들이 이 법에 선서할 것을 의무화했다. 신부 가운데는 55퍼센트 정도가 선서했고 국민의회 의원 신부들 가운데는 3분의 1만 선서했다.

시에예스는 십일조를 보상 없이 폐지하는 것에 반대한 데 이어 교회재산을 몰수하는 것에 대해서도 반대했다. 그러나 교회 개혁 자체에 반대한 것은 아니었다. 시에예스는 1790년 2월에 '성직자 임시법령안'을 제출하여 나름대로 교회 개혁안을 제시했다. 시에예스는 성직자 신분을 완전히 개편할 것을 요구했다. 성직자들도 다른 공무원들과 마찬가지로 국가의 임금—국가가 교회재산으로 조성한 기금에서 주는—을 받는 공무원이 될 것이다, 외국의 주교나 외국에서 서품 받은 사람은 프랑스의 신부가 될 수 없다, 성직자로는 주교·신부·부제만 두고, 수도원과 참사회 등은 폐지한다, 성직자가 되고 싶은 사람은 소속 자치체의 허가를 얻어야 한다, 성직자 순결서약은 폐지한다, 성사를 수행할 때를 제외하고는 성직자의 옷을 입지 않는다.

시에예스의 안은 교회를 국가교회로 만든다는 점에서 성직자시민법과 동일했다. 모든 특권을 벗은 성직자는 다른 모든 사람과 동등한 시민이 된다. 수도원을 폐쇄한 것은 '게으른 자들'을 추방한다는《제3신분이란 무엇인가?》에서 피력한 정신의 연장임과 동시에, 수도원은 국제적인 연결망을 가진 조직이라는 점에서 국가교회를 만들려는 정신의 표현이었다.[8] 그러나 시에예스는 교회재산 몰수를 전제로 할 뿐만 아니라 얀센주의를 반영하고 있는 성직자시민법과 선서 강요에 반대했다. 그는 공적 기능을 수행하는 성직자가 아니었기 때문에 선서 대상이 아니었고 선서하지 않았다.

1790년 초 시에예스는 자코뱅 클럽에서 나와 콩도르세, 라파예트, 미라보 등과 함께 '1789년협회'를 만들었다. 그러나 이 새로운 협회는 오래가지 못했다. 1790년 중반 이후 시에예스는 혁명의 주류에서 멀어졌다. 1791년 6월 20일 루이 16세 탈주사건이 벌어지자 시에예스는 입헌군주제에 대한 믿음을 상실했으며 1791년 헌법의 최종 수정 작업에서 아무런 역할을 하지 않았다. 1791년 9월 말에 국민의회가 임기를 마치고 해산하자 시에예스는 파리 근교 오퇴유에 은거하며 정치를 멀리했다.

시에예스는 1792년 8월 10일 왕정이 붕괴된 것을 환영했다. 그러나 민중이 정치에 깊숙이 개입하는 것은 우려했다. 그는 국민공회 의원으로 선출되어 다시 의회에 진출했다. 성직자 의원은 42명이었다. 200여 명의 지롱드파가 국정을 주도하는 가운데 시에예스는 중도파인 평원파에 자리 잡았다. 300~400명의 평원파는 경우에 따라서는 지롱드파를, 경우에 따라서는 산악파를 지지하면서 혁명의 과격화와 퇴보를 막으려 했다. 시에예스는 지롱드파 지도자인 브리소, 뷔조, 베르니오, 마담 롤랑 등과 가까웠다. 산악파 가운데 마라와 로베스피에르는 좋아하지 않았지만 당통의 애국심은 높이 평가했다. 시에예스는 국민공회의 독립성을 위협하는 파리 민중에게 강력히 대응하라고 지롱드파에게 주문했다.

국왕 재판이 시작되었다. 로베스피에르는 루이는 이미 재판을 받은 것이나 다름없기 때문에 재판을 하자는 것은 반혁명적이라며 재판 자체를 반대했다. 지롱드파인 페티옹은 재판할 것을 주장했다. 국민공회는 재판하기로 결정했다. 흥미롭게도 시에예스는 로베스피에르처럼 재판 자체를 반대했다. 로베스피에르처럼 재판 없는 처형을 원한 것인가? 아니면 국왕은 면책특권을 가졌기 때문에 재판할 수 없다고 생각한 것인가? 그도 아니면 의회가 국왕을 재판했다는 책임을 면하려는 것이었나?

실제 투표에서 시에예스는 왕의 유죄를 인정했고, 국민 항소에 반대했으며, 사형에 찬성했고, 집행유예에 반대했다. 시에예스는 산악파와 뜻을 같이한 것이다. 그는 사형에 찬성투표를 할 때 아무런 이유를 말하지 않고 그냥 "사형"이라고 했다. 그런데 기록사가 "la mort, sans phrase"(죽음, 아무 말 없이)로 기록하는 바람에 그는 "말이 필요 없는 죽음"을 주장한 잔혹한 국왕 시해자라는 오해를 받았다.[9]

시에예스는 왜 산악파를 지지한 것인가? 왕의 죽음은 거스를 수 없는 운명이라고 보았기 때문일까? 산악파의 승리가 필연이라고 보고 영합한 것인가? 공포심 속에서 목숨을 보존하기 위해서인가? 이후 국민공회 내내 시에예스는 산악파와 지롱드파, 산악파와 상퀼로트의 권력다툼의 소용돌이 속에서 침묵했다. 친구인 콩도르세가 작성한 이른바 '지롱드파 헌법안' 논쟁에 참여하지 않았고, 혁명재판소, 감시위원회 설치, 망명자처벌법 같은 공포정치 법에도 반대하지 않았다. 5월 31일 ~6월 2일 정변에도 침묵했다. 이 사건은 파리 민중이 폭력적으로 의회를 겁박한 사건으로, 시에예스가 혁명 내내 지켜온 원칙과 고수한 혁명의 종말이었는데도 말이다.[10]

탈그리스도교 운동이 한창이던 1793년 11월 10일 파리 입헌 주교 고벨을 필두로 여러 신부가 신부직을 포기했다. 시에예스는 자기는 신부가 아니기 때문에 신부직을 포기할 필요가 없다는 식으로 신부직 포기 강요를 회피하며 다음과 같이 말했다. "나는 자유와 평등 이외에는 아무것도 숭배하지 않으며, 인류에 대한 사랑과 조국에 대한 사랑 이외에는 다른 종교를 가지고 있지 않다." 그 후 시에예스는 로베스피에르가 몰락한 1794년 7월 27일까지 정치 무대에 나타나지 않았다. 바래르는 《회고록》에서 다음과 같은 일화를 전한다.

1794년 초 어느 날 로베스피에르가 생쥐스트와 함께 매우 늦은 시간에 공안위원회에 왔다. 그는 시에예스가 국민공회를 혼란스럽게 했으며 앞으로도 그렇게 할 분파들의 비밀요원이라고 비난했다. 그는 시에예스를 땅을 파헤치고 나서 땅속으로 사라지는 혁명의 두더지라고 불렀다. 로베스피에르는 고발자로서의 본능 외에는 아무런 증거도 제시할 수 없었기 때문에 위원회는 그날의 의사일정으로 넘어갔고, 그래서 시에예스는 치명적인 위험에서 벗어났다.

후일 시에예스는 공포정치 시기에 무엇을 했느냐는 질문을 받고 "죽지 않고 살았다"라고 대답했다고 한다.

보나파르트와 더불어 혁명에 마침표

'열월 정변' 후 몇 달이 지나 1794년 12월 시에예스는 조심스럽게 정치에 복귀했다. 그는 21인위원회에 선출되어 '열월 정변'의 주역인 바래르, 콜로 데르부아, 비요 바렌, 바디에의 공포정치 연루 여부를 조사하는 임무를 맡았다. 시에예스는 이 위원회를 주도했고 공포정치가들을 고발하는 보고서를 제출했다. 며칠 후 시에예스는 공안위원회에 선출되어, 지롱드파 의원들을 검거한 데 대해 항의했다는 이유로 수감되었던 "항의파" 의원들의 복권을 지지하는 연설을 했다.

며칠 후 파리 민중이 "빵과 1793년 헌법"을 요구하며 의회를 압박하자 시에예스는 1793년 6월의 정변을 떠올렸는지 민중봉기를 가혹하게 처벌하는 법안을 제출했다. 그는 1795년 4월 20일부터 5월 6일까지 국민공회 의장직을 맡았고, 임기 후에는 네덜란드 헤이그로 파견되어 바타비아 공화국과 평화협정을 체결했다. 공포정치 시기에는 전쟁이 혁명이었고 평화가 반혁명이었으나, 이제는 국내외적으로 평화조약을 맺으며 혁명을 종식시키는 방향으로 상황이 진행되고 있었다.

혁명을 종식시키는 데 필요한 또 하나의 과제는 새로운 헌법을 마련하는 것이었다. 1795년 4월 3일에 7인위원회가 구성되었다. 시에예스는 1793년 헌법은 국민투표로 통과되었기 때문에 존중되어야 한다고 말해 위원들을 놀라게 했다. 그러나 국민공회는 헌법 개정 작업을 수행하기 위해 4월 18일 11인위원회를 구성했다. 시에예스는 위원으로 선출되었으나 공안위원회에 속해 있었기 때문에 겸직할 수 없었다. 헌법 논의는 시에예스 없이 진행되었다. 6월 23일 부아시 당글라는 국민공회에 보고서를 제출했다.

1795년 7월 20일 시에예스는 국민공회에서 자신의 헌법안을 밝혔다. 시에예스의 헌법안은 의회의 독재를 예방하고 민중의 정치 참여를 제한하여 공포정치가 재연되는 것을 막는 것이 핵심이었다. 그러기 위해서는 법이 헌법에 부합하는지를 심사하고 통제하는 일종의 헌법재판소를 만드는 것이 중요했다. 루소의 인민주권 개념에 절대적인 가치를 부여하는 데 반대한 시에예스는 '합헌배심원'을 제안했다. 이 기구는 국가기관들의 활동이 헌법에 부합하는지를 심사하고 통제하는 권한을 가진다. 시에예스는 《제3신분이란 무엇인가?》에서는 제3신분 대표들이 국민을 대표하는 전권을 가진다고 주장했으며 1791년 헌법을 제정하는 과정에서도 미국식이나 영국식의 양원제에 반대했는데, 공포정치의 체험은 그로 하여금 단원제 의회를 불신하게 만든 것이다.

권력분립도 정교하게 할 필요가 있었다. 그는 권력을 4개로 분리하자고 제안했다. 법제 심의원(83개 도에서 각 3명씩 선출하여 구성하며, 국민이 필요로 하는 법을 대의회에 제안한다), 대의회(각 도에서 9명씩 선출하여 구성하며, 법안을 발의하지는 못하고 정부나 법제 심의원이 발의한 것을 심의한다), 합헌배심원(108명으로 구성되며 대의회가 가결한 법의 합헌 여부를 판단한다), 정부(7명으로 구성되며 법을 집행할 뿐만 아니라 법안도 발의한다). 시에예스는 이렇게 복잡한 견제와 균형을 통해 독재와 공포정치를 막고, 나아가 혁명을 끝내려 했던 것이다.[11] 그러나 국민공회는 시에예스의 헌법안을 거부하고 양원제와 5인 총재단 구성을 골자로 하는 헌법을 통과시켰다. 그것은 시에예스의 헌법안과 마찬가지로 재산권을 보장하고 부르주아 공화국을 확립하며 공포정치의 재림을 막기 위한 것이었으나 시에예스는 합헌배심원제도가 무시된 것에 분노했다.

1795년 말 총재정부가 수립되었다. 시에예스는 새로운 입법부인 500인회의 의원으로 선출되었다. 그는 총재단에도 선출되었으나 거부했고 외무장관직도 거부했다. 그는 의회 안팎에서 우파와 왕당파가 득세하는 것을 우려했으며 수확월 18일(1797년 9월 4일) 총재단이 왕당파와 우파를 견제하기 위해 일으킨 쿠데타를 지지했다. 1796년 11월 21일 시에예스는 500인회의 의장으로 선출되었다. 1798년 5월에는 베를린 궁정에 특별대사로 파견되었는데, 그의 임무는 프로이센이 프랑스와 동맹을 맺거나 평화협정을 맺도록 하는 것이었다. 그는 프로이센이 오스트리아에 대항해 프랑스와 동맹을 맺도록 하는 데에는 실패했지만, 프로이센이 프랑스와 제2차 대불동맹 사이의 임박한 전쟁에서 중립적인 입장을 취하도록 하는 데는 성공했다.

1799년 4월 6일 의회 선거에서 시에예스는 다시 당선되었고 5월 16일에는 총재단에 선출되었다. 시에예스는 베를린을 떠나 6월 7일 파리에 도착했다. 파리는 그의 귀환을 성대하게 환영했다. 혁명력 7년 목월 30일(1799년 6월 18일) 쿠데타 ("의회의 복수")로 5명의 총재 가운데 3명이 제거되고 로제 뒤코가 총재단에 들어왔으며 시에예스는 총재단 의장이 되었다. 시에예스는 신자코뱅파 덕분에 권좌에 올랐지만 신자코뱅파를 좋아하지 않았고 신자코뱅파도 그를 좋아하지 않았다. 의회를 지배하고 있는 신자코뱅파는 시에예스가 왕정으로 복귀하려 한다고 비난했다.

시에예스는 프랑스가 혁명의 피로에서 벗어나야 한다고 생각했다. 부르봉 왕조로의 복귀나 공포정치로의 복귀도 안 될 일이지만 무능하고 무질서한 총재정부의 지속도 안 될 일이었다. 시에예스는 혁명을 끝내기 위해서는 쿠데타가 필요하다고 생각하여 쿠데타의 성공을 보장할 '칼'을 물색했다. 물망에 오른 주베르 장군은 1799년 9월 15일 노비 전투에서 패하고 사망했다. 그러던 중 보나파르트가 이집트에서 프랑스로 떠났다는 소식이 들려왔다. 10월 16일 보나파르트가 파리에 도착하여 총재단의 열렬한 환영을 받았다. 시에예스와 보나파르트는 모든 면에서 달랐지만 상황 진단만큼은 일치했다. 프랑스는 지쳤고 혁명 열정은 식었으며 아나키를 조장하는 헌법을 끝내야 한다는 인식을 공유했다.

시에예스는 혁명의 문을 연 혁명의 상징이었고, 보나파르트는 혁명의 영광과 후광과 권위를 지닌 공화주의적 장군이고 영웅이었다. 시에예스와 보나파르트 사이에서 탈레랑과 뤼시앵 보나파르트가 분주히 움직였다. 드디어 시에예스와 보나파르트는 자코뱅의 음모를 구실로 체제를 전복하는 데 합의했다. 그러나 쿠데타는 순조롭지 않았다. 500인회의 의원들은 "독재자를 타도하라! 헌법 아니면 죽음을!"이라고 외치며 저항했고, 상황을 타개하러 온 보나파르트에게 "보나파르트를 법외자로!"라고 외치며 몰아붙였다. 당황한 보나파르트가 시에예스에게 말했다. "그들은 나를 법외자로 단죄하려 합니다." 시에예스가 대답했다. "그들을 법외자로 몰아내십시오." 보나파르트는 군대를 동원하여 의회를 간단히 제압했다. 혁명력 8년 안개월 18~19일(11월 9일과 10일) 쿠데타 성공으로 권력은 입법부에서 시에예스, 보나파르트, 뒤코의 '임시집행위원회'로 넘어갔다. 이들은 "하나이고 나눌 수 없는 공화국, 자유, 평등, 대의제"를 수호할 것을 맹세했다.

시에예스는 오래전부터 구상한 새로운 헌법안을 마련했다. 기본 관념은 1789년의 이념으로 돌아가는 것이었다. 정부(국무회의)는 두 명의 통령consul이 맡는데 한 명은 내치를, 한 명은 외교를 담당한다. 입법은 1795년 헌법안과 마찬가지로 세분되어 법제 심의원과 입법의회가 맡는다. 시에예스는 두 기관을 새로 구상했는데 대선거인과 보호자단이 그것이다.

대선거인은 일종의 선출직 입헌군주로서, 군림하나 통치하지는 않는다. 대선거인은 국민이 여러 단계를 거쳐 선출한 '국민 리스트'에서 통령 같은 정부의 주요 공직자들을 임명한다. 보호자단은 1795년 헌법안의 합헌배심원과 같은 것으로 100명으로 구성되고 임기는 종신이며 자체적으로 위원들을 호선한다. 보호자단은 대선거인과 입법의회 의원들을 선출한다. 이 헌법안은 아래로부터의 후보 선출과 위로부터의 최종 임명이라는 복잡한 구조로 되어 있다. 국민은 다단계로 국민 리스트를 선출할 뿐 최종 임명은 대선거인, 통령, 보호자단이 하기 때문에 결과적으로 대표를 직접 뽑을 권리를 상실한다. 시에예스는 노동 분업 원칙에 따라 국민을 통치자와 피치자로 나누고 교육, 덕망, 재산이 있는 6천 명의 명사들이 나라를 통치하게 한 것이다. 보호자단은 다른 직무를 겸직하는 것이 금지되었기 때문에 결과적으로 국가에 위해를 가할 우려가 있는 사람들을 가두는 기능, 즉 아테네의 도편추방제 같은 기능도 수행했다.[12]

시에예스는 자신이 대선거인이 되려 한 것일까? 보나파르트를 대선거인에 앉히려는 것이었을까? 보나파르트는 대선거인으로 주저앉을 생각이 전혀 없었다. 보나파르트는 대선거인과 보호자단을 거부하고 자기의 의중을 반영한 헌법을 마련했다. 보나파르트는 제1통령이 되고 두 통령의 보조를 받는다. 보호자단은 상원으로 명칭을 변경했다. 법제심의원은 법안 발의권을 상실하고 유명무실해졌다. 통령은 상원에서 선출하고 임기는 10년이며 무한 재선이 가능하다. 보나파르트는 시에예스에게 통령을 지명하라고 권했다. 시에예스는 보나파르트의 의중대로 제1통령에 보나파르트, 제2통령에 캉바세레스, 제3통령에 르브룅을 지명했다. 그 대가로 보나파르트는 시에예스를 제1상원으로 지명했다.

헌법이 확정되었다. '인권선언' 대신 '서문'—아마 시에예스가 작성했을 것이다—을 넣었다. "혁명은 끝났다"는 선언이었다.

시에예스는 1799년에 보나파르트와 함께 쿠데타를 성공시켰으나 자신이 구상한 헌법을 제정하지는 못했다. 혁명은 시에예스의 방식이 아니라 보나파르트의 방식으로 종식되었다. 권력은 제1통령인 보나파르트가 장악했다. 시에예스는 상원의장이 되었으나 사실상 정치에서 은퇴했다. 그는 보나파르트로부터 '국가의 보답'으로 거대한 영지를 받았다. 1802년 보나파르트는 종신 통령이 되어 이 복잡한 헌법을 폐기하고 새로운 헌법을 마련했으며, 2년 후에는 황제가 되었다. 상원의원 가운데 다섯 명을 제외하고 모두 찬성했다. 시에예스는 반대했다고 하지만 확실하지는 않다.

시에예스는 과거 공포정치 기간에 침묵했듯이, 보나파르트가 종신 통령이 되고 황제가 되는 과정에서도 침묵했다. 1808년 시에예스는 제국 백작 작위로 보답 받았다. 《제3신분이란 무엇인가?》에서 그렇게 귀족을 적대했던 사람이 귀족이 된 것이다. 1814년 5월 부르봉 왕조가 복귀했다. 본의 아니게 국왕 시해자로 몰린 시에예스에게 공포가 엄습했다. 시에예스는 또다시 침묵했다. 1815년 3월에 나폴레옹이 복귀했고, 시에예스는 상원의원이 되었다. 1816년 1월, 복귀한 루이 18세가 국왕 시해자 추방을 결정하자 1월 21일(루이 16세가 처형당한 날!) 시에예스는 브뤼셀로 망명을 떠났다. 1830년 혁명이 일어나 국왕 시해자인 평등공 필립의 아들이 '프랑스인들의 왕' 루이 필립이 되자 망명자들이 돌아왔다. 시에예스도 돌아왔다. 시에예스는 1836년에 세상을 떠났다.

의회주의자

프랑스혁명사에서, 시에예스는 1789년에 《제3신분이란 무엇인가?》로 혁명을 열었으며 1799년에 보나파르트와 함께 쿠데타를 일으켜 혁명을 끝낸 사람이다. 프랑스혁명사에서 그의 이름은 무엇보다도 '국민의 회'의 탄생에 뚜렷이 새겨져 있다. 그는 프랑스혁명이 부르주아 혁명에서 민중혁명 단계로 이탈한 기간에는 혁명의 무대에 나서지 않았다. 그는 "제3신분은 모든 것이다", "제3신분은 국민이다", "국민이 법이다"라는 유명한 공식이 주는 선입견과는 달리 민중을 인정하지 않았다. 시에예스는 철저히 부르주아적인 비전을 지니고 있었고, 혁명이 부르주아 혁명에서 이탈하지 않도록 제도적 장치를 마련하는 데 누구보다도 공을 들였다.

시에예스는 그 어느 동료 혁명가보다도 지적으로 뛰어난 인물이었다. 그만큼 그는 우월감을 지니고 있었고 다른 사람들을 무시하고 경멸했다. 그는 총재들 앞에서도 "당신들은 나를 이해하지 못할 것이기 때문에 당신들에게 말하지 않을 것이다"라고 말했다고 한다. 그는 이기적이고 인간혐오적인 성격이어서 친구도 없었다.

역사가들의 평가도 대체로 부정적이다. 민중을 경멸하고, 상황과 권력에 따라 변절한 사람이라는 인식이 강했기 때문이다. 예컨대, 조르주 르페브르는 시에예스를 주교가 되지 못해 귀족에 대해 반감을 가진 이기적이고 탐욕스러운 정치가, "지식인들 가운데 가장 저주스러운 부류의 사람들, 자기들의 원한과 오만함을 충족시키기 위해 정치하는 사람들"과 가까이하면서 자기의 모순 사이를 오가고 이해관계가 바뀔 때마다 생각이 바뀌는 사람이라고 평했다.[13] 로베스피에로가 말한 '두더지'라는 평도 유명하다.

그러나 시각을 바꾸어 부르주아 혁명의 관점에서 시에예스를 바라보면 다른 면이 보인다. 시에예스는 산악파와 상퀼로트가 지향한 직접민주주의에 반대했고, 그것의 토대가 된 그리스와 로마의 정치적 덕에도 반대했다. 시에예스에게는 정치적 덕이 아니라 물질적 복지가 근대 유럽 국가의 목표였다.[14] 시에예스는 혁명이 19세기와 20세기에 유럽과 유럽 이외의 지역에 전달한 대의제 관념을 가장 완벽하게 대변한 인물이었다.[15] 시에예스는 루소와 달리 대의제가 개인의 자유를 보호한다고 보았고, 이러한 사상은 뱅자맹 콩스탕 같은 19세기 자유주의자들의 지지를 받았다.

콩도르세
– 계몽사상가에서 혁명가로

투쟁적인 계몽사상가

콩도르세Marie Jean Antoine Nicolas de Caritat, Marquis de Condorcet는 1743년 9월 17일 피카르디 지방의 리브몽에서 태어나, 산악파의 공포정치가 한창이던 1794년 3월 29일 부르 드 레갈리테의 감옥에서 사망했다. 이 도시의 원래 이름은 부르 라렌(왕비의 도시라는 뜻)이었으나 혁명기에 부르 드 레갈리테(평등의 도시라는 뜻)로 개명되었다. 혁명정부는 saint(성인), roi(왕), reine(왕비), comte(백작) 같은 단어가 들어간 봉건적인 지명을 혁명적인 지명으로 바꾸어, 전체 코뮌 가운데 10분의 1 정도를 개명했다. 예컨대 베르사유Versailles는 Berceau-de-la-Liberté(자유의 요람), 몽마르트르Montmartre는 Mont−Marat(마라의 산)가 되었다.

그의 카리타Caritat 가문은 원래 도피네 지방의 유서 깊은 귀족 가문으로, 먼 조상인 앙리 드 카리타는 프랑스 종교전쟁이 벌어지기 직전인 1561년에 칼뱅파 개혁종교로 개종했으나 1685년에 루이 14세가 낭트 칙령을 폐기하자 강압에 의해 가톨릭교회로 되돌아갔다. 콩도르세 집안은 가난한 지방 귀족이었고 아버지는 기사에 지나지 않았다. 아버지 콩도르세 대위는 아들이 태어나고 한 달 만에 전방에서 훈련 중에 사망했다. 남편을 잃은 어머니는 어린 콩도르세의 생존 여부 때문에 불안해했다. 어머니는 아들을 성모 마리아에게 봉헌하여 성모 마리아의 보호를 받게 했고, 아홉 살 때까지 흰색 여자아이 옷을 입혀 키웠다. 이 같은 일은 광신적이던 시대에도 드문 일이었다. 콩도르세는 아홉 살 때 갑Gap의 주교인 삼촌 자크 드 콩도르세가 가정교사로 보낸 예수회 수도자에게서 교육을 받았고 11세 때에는 랭스의 예수회 콜레주에 들어가 열다섯 살까지 혹독한 교육을 받았다. 당시 예수회 학교에서는 체벌이 일상적인 교육수단이었다. 후일 콩도르세가 보여주는 반교권주의의 싹은 이곳에서부터 자라기 시작했으며, 그가 심혈을 기울여 마련한 공교육 개혁안도 이때의 체험을 반영하고 있다.

콩도르세는 15세 때 파리대학 부속 나바르 콜레주로 옮겼다. 나바르 콜레주는 파리대학 부속학교 가운데 가장 우수한 학교에 속했다. 1752년에 왕은 이 학교에 프랑스 최초로 실험 물리학 강좌를 개설했다. 콩도르세는 이 학교에서 수학에 흥미를 느꼈으며 뛰어난 지적 능력을 발휘하여 주목을 받았다. 16세에 학사학위 논문을 발표했는데, 심사위원으로 참여한 저명한 수학자이자 계몽사상가인 달랑베르(1717~1783)의 눈에 띄어 그의 제자가 되었다. 콩도르세는 귀족 가문의 전통인 군직과 성직을 거부하고 수학에 헌신하기로 결심했다. 1765년에 그는 최초의 저술인《적분론》을 발표하여 호평을 받았다. 4년 후에는 달랑베르의 도움을 받아 왕립과학학술원 회원으로 선출되었고 1776년에는 종신 사무국장으로 선출되었다.

콩도르세는 평생 멘토인 달랑베르를 통해서 학술원 회원들과 만났을 뿐만 아니라 쥘리 드 레스피나스의 살롱을 비롯한 여러 유명 살롱을 출입하며 계몽사상가, 중농주의자, 이데올로그들을 만났다. 그중에서도 튀르고, 볼테르, 디드로, 콩디약, 베카리아, 애덤 스미스, 제퍼슨, 프랭클린, 토머스 페인 등이 콩도르세에게 커다란 영향을 주었다. 1770년에 콩도르세와 달랑베르는 멀리 페르네로 볼테르를 찾아가 2주가량 머물면서 자유, 계몽철학, 인류의 미래에 대해 이야기를 나누었다. 이들은 의기투합했고 서로의 사상을 지지했다. 달랑베르는 진실에 대한 사랑을, 튀르고는 공공선에 대한 열정을, 볼테르는 불의에 대한 저항정신을 콩도르세에게 물려주었다.[1]

콩도르세는 계몽사상가들과의 만남을 통해 사회문제에 관심을 가지기 시작했다. 그는 모든 형태의 억압과 폭력에 저항했고 희생자들과 약자들을 지원했다. 당시 영국에서는 피고가 증인을 요청하거나 변호사의 조력을 받을 수 있었으나, 프랑스에서는 여전히 중세의 이단 재판 같은 자의적인 재판이 자행되고 있었다. 콩도르세는 고문과 사형제에 반대했는데, 튀르고는 콩도르세의 전반적인 생각을 지지하면서도 사형제 폐지에 대해서는 주저할 정도로 콩도르세의 생각은 과격했다.

1766년 7월 1일, 21세의 젊은 기사 라바르가 종교행렬이 지나가는 데도 모자를 벗지 않았으며 십자가를 훼손하고 성상에 오물을 투척했다는 혐의로 체포되었다. 그는 아무런 증거도 없이 고문당하고 사형선고를 받았는데 파리 고등법원은 그 부당한 판결을 확정했다. 라바르의 목이 잘렸고 시신은 그의 집에서 발견된 볼테르의 《철학사전》과 함께 불태워졌다. 볼테르는 달랑베르가 전해주는 사건 소식을 듣고 분노했다. 1774년 튀르고가 재무총감이 되자 볼테르는 라바르 복권투쟁에 나섰다. 콩도르세는 재심을 청구하는 데 필요한 자료를 모아 볼테르에게 전해주었다. 그러나 파리 고등법원을 상대로 벌인 투쟁은 실패로 끝났다. 라바르는 혁명 후인 1793년 11월 15일 국민공회 법령으로 복권된다. 콩도르세는 1766년에 인도에서 영국군에 패했다는 이유로 국가반역죄로 처형당한 랄리 톨랑달의 복권을 위해 1780년부터 고등법원을 상대로 투쟁을 벌였으나 이 역시 실패했다.

콩도르세는 반교권주의 투쟁에도 적극적이었다. 1772년 사바티에 신부가 계몽사상을 신과 왕의 적이라고 비난하자, 콩도르세는 한 신학자의 입을 빌려 가톨릭교회의 계몽사상가 박해, 자유와 학문 억압, 이단 재판과 학살, 프로테스탄트 학살, 유대인 학살, 흑인과 인디언 노예화, 라바르 기사 처형 같은 만행을 공격했다. 볼테르는 콩도르세의 글에 박수를 보내면서도 자기의 과격한 피호인이 피해를 입지 않을까 우려했다.

콩도르세는 계속 성직자들의 악행을 공격했고, 악행이 자행된 날짜를 적은 〈반미신 달력〉을 만들기까지 했다. 콩도르세는 자기의 멘토들보다 더 과격했다. 달랑베르는 계시종교가 필요하다고 보았고 볼테르는 시계 제조공 같은 자연종교의 신이 있다고 여겼으며 튀르고는 '목적인目的因'을 인정했지만, 콩도르세는 이러한 개념들을 모두 배격했다. 그는 계몽사상가들 가운데 가장 급진적인 이성주의자였다. 볼테르보다 과격한 반교권주의자였고 과격한 무신론자였다.[2] 그는 무신론자 계몽사상가인 돌바크 남작을 옹호하는 편지를 볼테르에게 보낸 적이 있다. 그가 보기에 인간의 행복을 저해하는 장애물은 "편견, 불관용, 미신"이었다. 그는 볼테르의 동지였다가 1778년에 볼테르가 세상을 떠난 후에는 제2의 볼테르가 되어 반교권주의 투쟁을 전개했다.

콩도르세는 튀르고의 적이었던 보호무역주의자 네케르에 반대하여 튀르고의 중농주의를 지지했다. 그는 자유무역이야말로 인류의 진보에 필수라고 생각했다. 콩도르세는 튀르고의 곡물 자유무역, 동업조합 폐기, 부역 폐지 등을 지지했고, 도량형 체계 개혁을 촉구했으며, 운하 건설의 공학적 원리를 결정하는 유체역학 실험에 참여했다. 콩도르세는 튀르고의 요청으로 조폐국장이 되었으나, 튀르고가 2년 만에 재무총감직에서 물러나자 크게 실망했다. 혁명 발발 후 콩도르세는 프랑스 전국에서 사용되고 있는 다양한 형태의 도량형 단위를 통일하는 작업에 참여했다. 1791년 3월 26일 의회는 '미터'를 국가 도량형의 표준 단위로 결정했다.

콩도르세는 달랑베르의 뒤를 이어 《백과전서》의 편집에 적극 참여하여 수학 관련 논문 24편을 기고했다. 콩도르세를 통해서 수학과 통계는 사회문제를 해결하는 데 응용되는 근대적인 학문이 되었다. 콩도르세는 이러한 정치 수학이 사회 발전에 기여할 것임을 의심하지 않았다. 구체적으로 그는 수학적 계산을 통해 단기명 투표 방식은 선거인들의 의사를 정확하게 반영하지 못한다고 주장했다. 사형제에 반대한 것도 시민배심원단의 평결에 대한 수학적 분석을 통해서 나온 결론이었다.

1779년 라파예트 후작이 미국 독립혁명에 참가한 후 돌아와 열렬한 환영을 받았다. 콩도르세는 자유주의 사상을 공유했으며, 신생 공화국 미국의 인권선언과 헌법이념을 지지했다. 콩도르세는 정치적·행정적·경제적 개혁을 요구했으며, 여성·프로테스탄트·유대인·흑인노예 같은 소수자들의 인권을 옹호하는 팸플릿들을 발표했다. 《흑인노예제에 대한 고찰》이라는 팸플릿을 써서 노예제 폐지를 요구했고, 브리소, 클라비에르, 미라보가 설립한 '흑인우호협회'에 가입했으며 협회 규약을 썼다. 1789년 당시 이 협회 회원은 라파예트, 그레구아르 신부, 시에예스 신부, 라로슈푸코-리앙쿠르 공작, 루이 모네롱, 페티옹, 카라, 베르가스, 볼네, 레날 등 141명이었다. 콩도르세는 아드리앵 뒤포르가 설립한 '30인협회'에 가입하여 삼신분회 선거 관리와 진정서 작성을 위해 활동했다. 그러나 그는, 달랑베르와 튀르고와 마찬가지로, 프리메이슨에 가입하지는 않았다.

콩도르세는 1782년에 학술원 회원으로 선출되었다. 그는 유럽 여러 나라의 학술원 회원으로도 선출될 정도로 국제적으로 명성이 높았다. 학술원 입회 연설에서 그는 "진실이 승리했습니다. 인류는 구원받았습니다. 매 세기는 그 전 세기에 새로운 빛을 더해줄 것입니다. 이제 어느 것도 이러한 진보를 막을 수도 정지시킬 수도 없습니다"라고 말했다.

1786년 콩도르세는 스물한 살 연하의 소피 드 그루시(1764~1822)와 결혼했다. 미모와 재능을 겸비한 마담 콩도르세는 콩도르세와 개혁사상을 공유했으며 유명한 살롱을 운영했다. 라파예트, 브리소, 에티엔 뒤몽, 카바니스, 가라, 볼네, 뱅자맹 콩스탕, 보마르셰, 토머스 페인, 아나카르시스 클로츠, 데이비드 윌리엄스, 제퍼슨, 애덤 스미스, 베카리아 등이 이 살롱에 출입했다.

입법의회와 국민공회 의원

혁명 전 프랑스 사회에는 개혁 요구가 빗발쳤다. 계몽사상가들의 전반적인 개혁 요구도 있었지만, 루이 16세는 재정문제를 해결하기 위해서도 개혁을 추진하지 않을 수 없었다. 콩도르세는 튀르고의 사상을 이어받아 지방의회와 국가의회로 구성된 대의제를 지지했으며,《지방의회의 구성과 기능에 대한 시론》(1788)에서 이 같은 중농주의자들의 주장을 구체화했다. 그는 재무총감인 로메니 드 브리엔의 개혁안이 합리적이고 평화적인 결실을 맺기를 기대했다. 브리엔의 개혁이 실패하자 왕은 최후의 수단으로 삼신분회를 소집하기로 했다.

콩도르세는 지론인 지방의회가 먼저 구성되어 정착되지 않은 상태에서 삼신분회라는 전국적인 의회를 소집하는 것에 대해 의구심을 표명했다. 이성의 수준이 미성숙한 상태에서 소집된 삼신분회는 극단적인 요구, 무책임한 선동, 소모적인 논쟁으로 끝날 가능성이 커보였기 때문이다.

삼신분회 선거를 앞두고 정치 개혁 요구를 담은 팸플릿들이 경쟁적으로 쏟아져나왔다. 콩도르세는 1788년 가을 《전제정에 대한 생각들》에서 여러 가지 형태의 전제정을 공격한 데 이어, 진정서 작성을 계도하기 위해 《권리선언》을 발표했다. 콩도르세는 계몽된 대표들로 구성되는 의회가 이성적인 정치의 근간이라고 생각했다.[3]

콩도르세는 망트와 파리의 귀족 신분 대표로 출마했으나 세 신분이 합동으로 삼신분회 대표를 뽑자는 주장 때문이었는지 선거인회의 지지를 얻는 데 실패했다. 이렇게 콩도르세는 낙선했지만, 콩도르세의 친구들은 대거 삼신분회에 진출하여 삼신분회를 국민의회로 개편하고, 헌법 제정 작업에 착수하고, '인권선언'을 작성하는 등 국가 개혁 작업에 참여했다.

콩도르세는 8월 26일의 〈인간과 시민의 권리선언〉이 너무 선언적이고 추상적이어서 자유와 권리를 실질적으로 보장하기 어렵지 않을까 우려했다. 논란이 되었던 왕의 거부권 문제에 대해서는, 아마도 미국 대통령이 그러한 거부권을 가졌다는 점을 고려해서였는지, 거부권 부여를 지지했다. 긴급한 현안이었던 재정문제에 있어서는, 교회재산은 국가에 속한다고 보았기 때문에 아씨냐 지폐의 발행과 유통 방법에 대해서는 비판적이었지만 교회재산 몰수는 찬성했다. 선거제도의 경우, 《지방의회의 구성과 기능에 대한 시론》에서는 재산 제한 선거제를 주장했었지만, 납세액을 기준으로 능동시민과 수동시민을 구분하여 선거권을 제한하는 제도에는 반대했다.

1789년 7월 14일 바스티유 요새 점령사건 이후 콩도르세는 라파예트가 책임을 맡은 파리 국민방위대에 등록하여 활동했고, 9월 18일에는 파리 시의회 의원으로 선출되었다. 10월 6일 국왕과 국민의회가 베르사유에서 파리로 옮겨옴에 따라 파리는 100여 년 만에 수도의 지위를 되찾았을 뿐만 아니라 명실상부한 혁명의 중심이 되었다. 당시 콩도르세는 라파예트, 미라보, 시에예스, 라로슈푸코 공작, 몽모랑시 백작 등 유력 인사들과 가까웠다.

콩도르세는 '헌법동지회'(자코뱅 클럽)에 가입했으나, 1790년에는 자코뱅 클럽에 대응하기 위해 시에예스 신부, 라파예트, 미라보 등과 함께 '1789년협회'를 설립했으며, 이 협회에서 멀어진 후에는 니콜라 드 본빌과 클로드 포세가 1790년 2월에 설립한 '사회 서클'(혹은 '진리의 친구들')에 참여했다. 이 사회 서클은 과격한 계몽사상을 공유한 혁명가들이 활동한 클럽으로, 이들의 목적은 지식인들이 주도하는 보편적인 '공화국'을 만드는 것이었다. '여성해방'과 노예해방과 같은 보편적 대의를 위해 애쓴 사람들은 대체로 사회 서클을 중심으로 활동하던 사람들이었다. 1791년 3월, 독일에서 망명해온 에타 팜은 사회 서클 안에 '진리의 친구들의 자선 애국협회'라는 여성협회를 만들었다.

콩도르세는 프로테스탄트, 유대인, 흑인노예, 여성과 같은 소수자들의 권익을 위한 투쟁을 계속했다. 그의 가장 독창적인 일은 여성의 인권을 향상시키려는 노력이었다. 그는 여성이 시민권을 행사하지 못하는 한 민주적인 국가는 존재하지 않는다고 생각하여 여성에게도 시민권을 부여해야 한다고 주장했다. 1789년의 〈인간과 시민의 권리선언〉은 권리의 평등 원칙을 여성에게는 적용하지 않았다고 비판했다. 재능 있는 여성이 없나? 그것은 여성에게 교육의 기회를 주지 않았기 때문이다. 성의 차이는 자연적인 것이 아니라 교육과 부당한 법에 의해 사회적으로 만들어진 것이다. 마담 콩도르세가 운영하는 살롱에는 여권운동가들이 많이 참여했는데, 그 가운데에는 1791년 9월에 〈여성과 여성 시민의 권리선언〉을 쓴 올랭프 드 구즈도 있었다.

콩도르세는 혁명 전부터 공화주의 체제가 이상적인 정치 체제라고 생각했다. 브리소 역시 그렇게 생각했다.[4] 그러나 미국식의 공화주의를 프랑스에 적용하기는 어려운 일이었다. 프랑스는 미국과 달리 오랫동안 군주정 체제 아래 있었을 뿐만 아니라 공화정은 작은 나라에만 적합하다는 정치사상—예컨대 몽테스키외의 사상—이 뿌리 깊었기 때문이다. 중요한 것은 정부 형태가 아니라 공화주의적 헌법을 갖는 것이었다. 입헌군주정이라도 국민주권을 기반으로 하고 헌법에 따라 통치한다면 공화정과 다르지 않다고 볼 수 있기 때문이다.

콩도르세를 포함한 많은 혁명가들이 이러한 생각을 공유하고 있었다. 프랑스를 당장 미국과 같은 공화국으로 만들자고 주장한 사람은 없었다. 그런데 1791년 6월 20일 국왕이 외국으로 탈출하여 외국군을 데리고 돌아와 혁명을 파괴하려 한 사건이 발생했다. 이 사건은 콩도르세의 생각을 근본적으로 바꾸어놓았다. 6월 말 콩도르세는 토머스 페인, 브리소, 아실 뒤 샤스텔레, 마담 콩도르세와 함께 '공화주의협회'를 창설했고, 7월 1일 아침에 의회의 벽에 군주제를 비난하는 벽보를 붙였다. 의원들은 경악했다. 7월 8일 콩도르세는 '사회 서클'에서 〈공화국에 대하여. 왕이 자유를 확립하는 데 필요한가?〉라는 제목의 연설을 했다. 모든 혁명가가 주저할 때 콩도르세는 분연히 일어나 왕의 폐위, 즉 미국식 공화주의를 주장한 것이다. 콩도르세는 공화주의를 확산시키기 위해《공화주의자》를 창간했다.

의원들은 공화주의에 대해 불안해했다. 시에예스도 로베스피에르도 마찬가지였다. 의회는 왕의 불가침성을 선언했고 콩도르세와 토머스 페인을 성토했다. 7월 17일, 왕의 재판과 새로운 행정부 구성을 요구하는 코르들리에 클럽의 청원서가 샹드마르스 광장의 '조국의 제단'에 놓였다. 광장은 서명하러 나온 사람들과 산책하러 나온 사람들로 가득했다. 마담 콩도르세도 14개월 된 딸을 데리고 나왔다.

불법 시위를 진압한다는 이유로 라파예트가 지휘하는 국민방위대가 도착했고, 시위대에 총격을 가해 수십 명의 사망자가 발생했다. 분노한 콩도르세는 라파예트와 결별했다. 의회는 무력 진압을 지지했으며 주모자 검거에 나섰다. 당통, 데물랭, 마라는 도주했다. 로베스피에르는 침묵했으며 자코뱅파는 무관함을 강변했다. 입헌군주정파는 헌법 제정을 서둘렀고 루이 16세는 헌법을 수용했다. 의회는 1788년 5월 1일 이후 행해진 범죄에 대해 사면할 것을 결의한 후 "혁명은 끝났다"고 선언했다. 9월 말 의회는 헌법 제정이라는 역사적 소임을 마치고 해산했다.

1791년 10월 1일 콩도르세는 파리 대표로 선출되어 입법의회에 진출했다. 로베스피에르의 발의로 제헌의회 의원들이 입법의회에 출마하는 것이 금지되었기 때문에 입법의회 의원들은 대체로 신인들이었고 부르주아들로 구성되었다. 전체 745명 가운데 절반은 서른 살이 안 되었다. 콩도르세는 나이 오십을 바라보는 저명한 학술원 회원이었기 때문에 젊은 신참 의원들은 그의 옆에 앉는 것만으로도 영광으로 여겼다. 우파를 구성한 264명은 바르나브, 라메트, 라파예트 등과 가까운 푀양파였고, 좌파를 구성한 136명은 자코뱅파였다. 나머지는 독립파였다.

콩도르세는 자코뱅파 가운데 특히 지롱드파와 가까웠다. 공화주의를 천명한 과격한 사상가라는 점이 의혹과 경계를 자아내기도 했으나 입헌군주정 헌법을 수호한다는 의원 선서를 했기에 그의 공화주의는 정치적 신념이라기보다는 철학적 이상으로 여겨졌다.[5]

콩도르세의 의회 데뷔 연설은 망명자에 대한 것이었다. 망명자 문제는 이동의 자유라는 원칙과 공안이라는 원칙이 충돌하는 문제였다. 일찍이 1791년 2월 25일 바르나브는 국가가 위험에 빠졌을 때에는 필요한 모든 조치를 취할 수 있다며 망명자들에 대한 조치를 요구한 바 있다. 입헌군주주의자인 바르나브가 마치 후일의 공포정치가들처럼 이렇게 강경한 요구를 한 데에는 의회에서의 인기를 회복하려는 목적도 있었다.[6]

7월 9일 의회는 망명자들이 한 달 이내에 돌아오지 않으면 세 배의 세금을 부과할 것이며 전쟁이 일어날 경우에는 반역자로 선포할 것이라는 법을 통과시켰다. 당시 사람들이 꼭 정치적인 이유만으로 망명을 떠난 것은 아니었으나 망명 이유를 불문하고 망명자라는 특정 집단을 처벌한다는 점에서 공안이라는 원칙이 최종 승리를 거둔 것이다. 파트

리스 게니페는 1791년 7월 9일을 공포정치 역사의 시점으로 본다.[7]

콩도르세는 거주 이전의 자유라는 차원에서 망명은 개인의 자유이지만 망명자가 조국을 배신하는 행위는 용납할 수 없는 것이기 때문에 모든 망명자가 시민선서를 하는 조건하에 권리를 보장하자고 제안했다. 그러나 그의 제안은 수용되지 않았다. 11월 9일 의회는 모든 망명자는 1792년 1월 1일 이전에 귀국해야 하며 그렇지 않으면 모반죄를 적용해 전 재산을 몰수하고 사형에 처한다고 결정했다. 왕은 이 법에 대해 거부권을 행사했다. 1792년 7월 27일 법은 망명자들의 재산을 몰수했으며, 1793년 3월 1일 법은 망명자들이 "민사적으로 죽었다"라고 선언했다.

1791년 8월 27일 오스트리아 황제와 프로이센 왕이 프랑스 왕정을 수호하겠다고 '필니츠 선언'을 발표한 후 전쟁문제가 긴급 현안으로 떠올랐다. 전쟁 논의를 주도한 사람은 콩도르세의 동료인 브리소였다. 브리소는 1791년 10월부터 "모든 군주에 대한 보편적인 전쟁"을 제창했다. 콩도르세는 이 전쟁이 이제까지의 전쟁과는 다른, 자유로운 국민이 그들의 자유를 위협하는 왕들과 싸우는 전쟁이지 외국의 형제들과 싸우는 전쟁이 아니라고 선언하여 박수를 받았다. 후일 공포정치에 쫓겨 베르네 부인 집에 은신했을 때 콩도르세는 다음과 같이 자기의 입장을 정당화시켰다. "나는 전쟁을 싫어했지만 전쟁 선언을 지지하는 표를 던졌다. 전쟁만이 궁정의 음모를 분쇄하는 유일한 수단이었기 때문이다."

콩도르세는 1792년 2월 5일부터 19일까지 의회 의장으로 활동했으며, 엄격한 재정 집행, 자연법에 의거한 민법 제정, 자유 프랑스와 계몽주의에 어울리는 국민교육, 공공부조 체계, 보편적 자유의 전쟁을 골자로 하는 〈프랑스인들에게 보내는 선언문〉을 발표했다.

계몽사상가 콩도르세의 삶을 관통한 것은 이성에 대한 신뢰와 진실에 대한 사랑이었다. 콩도르세는 혁명이 성공하고 혁명이 진정으로 자유를 확립하려면 최악의 적인 무지로부터의 해방이 필요하다고 생각했다. 콩도르세는 공교육위원회에 배속되어 위원장으로 선출되었으며, 1792년 4월 9일과 18일에 대담하고 포괄적인 국가 교육 체계 개편안을 제출했다. 교육의 목적은 인간을 자유롭게 하는 데 있기 때문에 교육은 보편적이고 평등하며 완전해야 한다, 교육은 남자와 여자, 부자와 빈자 모두에게 공평하게 실시되어야 한다, 교육은 능력에 따라 초등, 중등, 고등, 대학교로 나뉘어, 무상으로 실시되어야 한다.

콩도르세는 개인적으로는 모든 신앙과 모든 의견을 존중할 것을 요구했지만, 학교에서는 자연종교를 포함한 일체의 종교 교육을 배제해야 한다고 생각했다. 나아가 교육은 종교로부터는 물론이고 정치로부터도 중립을 지켜야 한다고 생각했다. "헌법이나 '인권선언'도 숭배하고 믿어야 할 계시와 같은 것으로 시민들에게 제시해서는 안 된다"고 말할 정도였다.

공교육위원회를 통과한 교육 개혁안은 4월 20일 의회에 제출되었다. 그러나 불행하게도 그날 의사일정의 핵심은 전쟁 선포였다. 콩도르세는 공교육 개혁안을 다 읽지도 못하고 연단에서 내려왔다. 다음 날 콩도르세는 연단에 올라 나머지를 읽었으나 의원들은 냉랭한 반응을 보였고 심의를 연기했다. 콩도르세의 공교육 개혁안은 1795년 10월 25

일 열월파 국민공회에서 채택되었고, 근대 프랑스 교육 체계의 토대가 되었다. 콩도르세의 공교육 개혁안은 사적인 개인교수, 남녀분리 교육, 자연주의 교육에 초점을 맞추는 루소의 교육안, 그리고 로베스피에르와 생쥐스트가 루소주의에 의거하여 마련한 스파르타 식 공동체 교육안과도 대조되었다.[8] 그것은 근대적이고 계몽적이고 개인주의적인 사회를 위한 것이었다.[9]

전쟁은 정치 투쟁을 격화시켰다. 로베스피에르는 라파예트를 군지휘관에서 해임할 것을 요구했는데 그것은 라파예트 개인뿐만 아니라 라파예트를 지지한 나르본, 나르본을 지지한 브리소파(지롱드파)에 대한 공격이었다. 콩도르세는 브리소파를 강력히 지지했다. 로베스피에르는 "반역자의 가면을 벗겨야 할 때가 왔다"라고 반격했다. 샤보는 콩도르세를 처형해야 한다고 말했고, 콜로 데르부아는 콩도르세의 친구인 브리소가 라파예트를 옹립하려는 음모를 꾸몄다고 고발했다. 브리소는 다음과 같이 자기 동료를 옹호했다.

> 이 위대한 시민을 비방하는 사람들이여! 당신들은 무슨 자격으로 그렇게 오만하게 그를 괴롭힙니까?……조국과 자유와 계몽주의에 대한 그의 기여는 어디 갔습니까? 그는 30여 년 동안 볼테르, 달랑베르, 디드로와 함께 미신과 광신과 고등법원과 대신들의 전제정에 대해 수많은 공격을 가했습니다. 당신들도 그렇게 했습니까? 당신들은 콩도르세를 괴롭히고 있습니다. 그의 혁명적인 삶은 국민을 위한 희생의 연속이었는데 말입니다. 그는 계몽사상가면서 정치가였고, 아카데미

회원이면서 저널리스트였고, 귀족이면서 자코뱅이었습니다.

콩도르세는 4월 26일 로베스피에르와 그의 동료들을 다음과 같이 비난했다.

> 두 부류의 사람들이 우리의 자유를 위협합니다. 한 부류는 통치하고 음모를 꾸미고 부유해지기를 원하는 사람들입니다. 다른 부류는 자기들의 몸값을 챙기고 싶어 하는 사람들입니다. 첫 번째 부류의 사람들은 부자들을 선동하는 사람들이고, 두 번째 부류의 사람들은 민중을 선동하는 사람들입니다. 모두 자유의 친구들을 비방하고 고발하는 사람들입니다. 동일한 주인의 하수인들이고, 동일한 금고에서 돈을 받으며, 똑같이 배신하는 사람들입니다.[10]

"청렴지사"라는 명예로운 별명을 가지고 있는 로베스피에르로서는 참을 수 없는 비판이었다. 다음 날 로베스피에르는 콩도르세의 계몽사상에 대해 반격을 가했다.

> 브리소가 모델로 제시한 아카데미 회원들과 수학자들은 신부들을 공격하고 조롱하기는 했지만 귀족들과 군주들에게 아부하면서 호의호식했습니다. 그들은 자기들이 장 자크 루소의 '덕'과 자유의 정신을 얼마나 가혹하게 박해했는지 모르고 있습니다. 나는 지금 그분의 신성한 이미지를 보고 있습니다. 내 생각으로는 이 진정한 철학

자만이 과거의 모든 유명한 사람들 가운데 유일하게 공공의 존경을 받을 자격이 있습니다.[11]

로베스피에르는 콩도르세와 브리소의 공화주의 선언이 1791년 7월 17일 샹드마르스 학살사건을 야기했다고 책임을 물었다. 콩도르세와 브리소는 라파예트를 비난했는데 말이다.[12] 로베르피에르의 기억 속에 브리소와 콩도르세는 혁명의 적으로 각인되었다.

콩도르세의 앞길은 험난했다. 그는 전쟁을 지지했지만 전황은 불리해져만 갔다. 왕은 선서거부신부 강제이주법과 2만 명의 연맹군 창설법에 거부권을 행사함으로써 전쟁 수행을 방해했다. 6월 20일 파리 민중이 왕궁에 난입하여 왕을 위협하고 모욕하는 사건이 일어났다. 콩도르세는 이들을 지지했다. 전선에 나가 있던 라파예트가 직접 의회에 나타나 파리 민중과 자코뱅파를 비난하자 콩도르세는 격노하여 라파예트를 공격했다.

7월 11일 의회는 "조국이 위기에 빠졌다"며 국가 비상사태를 선언했다. 콩도르세와 동료들에게 유일한 정치적 출구는 새로운 지롱드파 내각을 구성하고 왕을 의회에 종속시키는 것이었다. 콩도르세는 임시 내각인 '21인위원회'의 의장으로 선출되었다. 7월 21일 위원회는 왕에게 내각을 구성하라고 촉구했다.

그러나 민중이 요구한 것은 왕의 폐위였다. 콩도르세와 브리소는 민중의 요구에 반대했다. 민중의 지지는 서서히 로베스피에르와 당통에게 향했다. 7월 31일 모콩세이유 구는 루이 16세를 왕으로 인정하지 않는다고 선언했다. 8월 1일 왕가에 피해를 입히면 파리를 완전히 파괴할 것이라는 브라운슈바이크 선언이 알려졌다. 이제 "자유가 아니면 죽음을"은 단순한 구호가 아니라 현실로 다가오고 있었다. 해결책은 왕의 폐위밖에 없었다. 어떻게 폐위시킬 것인가? 의회가 폐위시킬 것인가 민중봉기가 폐위시킬 것인가?

콩도르세는 의회가 있는 이상 의회에서 폐위시켜야 한다고 주장했다. 그러나 의회는 왕의 폐위를 반대할 것이 분명했다. 의회가 법치주의를 고집하는 사이에, 8월 10일 2만여 명의 파리 민중과 연맹군은 왕궁을 공격했다. 왕정이 붕괴되었다. 8월 10일 새로운 내각이 구성되었고, 파리 민중의 지지를 받는 당통이 법무장관으로 선출되었다. 내각은 지롱드파 내각이었지만 실질적인 지배자는 산악파인 당통이었다. 콩도르세는 당통이 적임자라며 지지했다.

의회는 법적인 권력을 가지고 있지만, 실세는 봉기코뮌이었다. 이렇게 민중혁명은 의회 없이, 의회 밖에서, 의회에 반대하여 진행되고 있었다. 봉기코뮌과 의회, 산악파와 지롱드파 사이의 권력투쟁이 가열되었다. 봉기코뮌은 의회로부터 왕가를 인수 받아 탕플 감옥에 수감했고, 귀족, 왕당파, 혐의자들을 잡아들이기 시작했다. 8월 10일의 범죄자들을 처벌하기 위한 특별형사재판소가 설치되었지만, 봉기코뮌은 이 재판소가 너무 쉽게 풀어주고 너무 느리게 재판한다고 비난했다. 8월 말 민중은 직접 가택수색에 나섰다. 파리의 감옥들은 혐의자들로 꽉 찼다. 지롱드파는 왕의 전제정보다 더 심한 전제정이 자행되지 않을까 우려했다. 콩도르세는 봉기코뮌이 국민주권을 침해하고 있다고 비난했다.

콩도르세는 의회를 중심으로 단합할 것을 호소하는 포고문을 작성했다. 그러나 이 시점에서 법은 무력했다.

브라운슈바이크 공작이 지휘하는 오스트리아–프로이센군이 국경을 넘어 진군했다. 9월 1일 로베스피에르는 브리소파가 브라운슈바이크를 프랑스 왕으로 옹립하려는 음모를 꾸몄다고 코뮌에 고발했다. 9월 2일 베르됭 함락 소식이 파리에 전해졌다. 파리는 공포에 빠졌다. 9월 2일 아침, 코뮌은 시민들에게 전투태세에 돌입하라는 포고문을 발표했다. 당통은 의회에서 "우리에게 필요한 것은 대담함, 또한 대담함, 언제나 대담함입니다. 그러면 프랑스를 구할 수 있을 것입니다!"라는 격정적인 연설을 했다.

그날 오후 선서거부신부들을 비롯한 혐의자들을 태운 마차가 아베이 감옥에 도착했고 야만적인 학살이 시작되었다. 학살은 7일까지 계속되어 2,800여 명의 수감자들 가운데 1,100여 명이 즉결 처형되었다. 민중의 광적인 폭력 앞에서 의회는 무력했다. 의회는 '민중의 친구' 같은 선동자들이나 정적들을 비난했지 정작 민중은 비난하지 못했다. 범죄를 고발하는 포고문이 아니라 자유, 평등, 안전, 재산을 지키자는 내용의 포고문을 내는 정도였다. 콩도르세는 연단에 올라 경악하고, 분노하고, 수치스러워할 뿐 민중을 비난하거나 단죄하는 데까지는 가지 못했다.[13] 법무장관인 당통도 침묵했고 국민방위대장 상테르도 침묵했다. 민중의 폭력 앞에서 혁명가들은 무력했다.

학살이 진행 중일 때에도 로베스피에르와 비요 바렌은 고발을 계속했다. 코뮌 위임관들이 브리소의 집을 수색했다. 코뮌은 내무장관인 롤랑에 대한 체포영장을 발부했으나 당통의 항의로 철회되었다. 왕당파는 공화주의자인 콩도르세가 9월 학살의 배후조종자라고 비난했다. 상호 고발이 난무하고 학살이 자행되는 공포 분위기 속에서 국민공회 의원 선거가 실시되었다. 그 덕분인지 로베스피에르, 당통, 마라 등은 파리에서 당선되었다. 콩도르세는 파리에서 낙선했지만 다른 5개 도에서 당선되었고 고향인 엔도의 대표로 국민공회에 진출했다.

1792년 9월 21일 국민공회가 개회했다. 페티옹이 의장으로, 콩도르세는 부의장으로 선출되었다. 국민공회는 입법의회와 달리 첫 15일 동안만 부의장을 두었기 때문에 콩도르세는 국민공회의 유일한 부의장이었다. 콩도르세는 브리소가 이끄는 지롱드파와 가까웠지만 무엇보다도 통합을 외쳤다. 그는 로베스피에르와 마라는 싫어했으나 프로이센군의 공격 앞에서 위기에 빠진 나라를 구한 당통은 높이 평가했다.

국민공회의 당면과제는 국왕 재판이었다. 콩도르세는 1791년 헌법이 왕에게 불가침성을 부여했지만 왕은 헌법의 보호를 받지 못할 범죄를 저질렀기 때문에 재판을 받아야 한다고 생각했다. 그러나 입법기관인 국민공회가 재판을 담당하는 것은 반대했다. 게다가 국민공회는 이미 왕의 범죄를 고발한 상황이기 때문에 고발자인 국민공회 의원들이 공평한 재판관이 될 수 없을 것은 분명해 보였다. 콩도르세는 별도의 재판소를 구성해서 재판할 것을 제안했다.

그러나 국민공회에서 재판하기로 결정되었다. 콩도르세는 왕이 유죄라고 투표했고 국민에의 항소에 반대했다. 그러나 사형제 반대라는 평소의 신념에 따라 왕의 처형에는 반대했다. 그는 왕이 평생토록 갤리선에서 노를 젓게 하자고 제안했다. 집행유예 여부를 묻는 투표에서는 기권했다.

국왕 재판이 끝나고 헌법 제정 작업이 본격적으로 진행되었다. 헌법 기초위원회를 주도한 콩도르세는 1793년 2월 17일 의회에 보고서를 제출했다. 지롱드파는 콩도르세의 헌법안이 지롱드파의 헌법안이라고 생각했기 때문에 이 헌법안을 통과시켜 국정을 장악하려 했다. 반면에 산악파는 이 헌법안을 받아들일 수 없었다. 지롱드파와 산악파의 대립으로 의회 심의는 지지부진했다. 4월 17일, 헌법안을 검토할 6인위원회가 구성되었다. 바래르, 장 드브리, 메르시에, 발라제, 랑쥐네, 롬 가운데 바래르와 장 드브리는 콩도르세가 공교육위원회에서 함께 일했던 사람들이고, 롬을 제외한 나머지는 지롱드파와 가까운 사람들이었다. 그러나 콩도르세는 6인위원회에서 배제됨으로써 헌법 심의에서 소외되었다. 5월 10일 콩도르세는 의회 연단에 올라 공화국 안팎의 위험을 극복하는 유일한 방법은 공화국 헌법을 제정하는 것이라고 역설했다. 5월 29일 의회는 에로 드 세셸, 생쥐스트, 롬, 마티외, 쿠통으로 특별위원회를 만들어 일주일 후 새로운 헌법안을 제출하라고 요구했다. 콩도르세 헌법안은 완전히 폐기되었다.

5월 31일과 6월 2일, 파리 민중은 산악파의 요청에 화답하여 의회를 겁박했고 의회는 불과 120여 명이 참석한 가운데 29명의 지롱드파 의원 체포를 결정했다. 이제 의회는 산악파가 장악했다. 그 배후에는 파리 민중이 있었다. 75명의 의원들은 불법적인 의회 결정에 반대하여 항의서를 작성했다. 당시 콩도르세는 의회에 참석하지 않았고 '항의서'에도 서명하지 않았다. 그러나 그는 엔도 의원 7명의 항의에는 동참했다. 콩도르세는 6월 2일의 폭거를 비난했으며, 자신이 심혈을 기울여 만든 헌법안이 폐기되고 산악파가 헌법안을 급조하는 것을 용납할 수 없었다. 그는 연단에 올라 산악파 헌법안을 비판했고, 〈새로운 헌법에 대하여 프랑스 국민에게 고함〉을 써서 국민들에게 호소했다.

1793년 7월 8일 국민공회는 콩도르세가 "공화국의 단일성과 불가분성에 대한 음모"를 꾸몄다는 이유로 체포 명령을 내렸다. 동서인 카바니스를 통해 이 소식을 들은 콩도르세는 카바니스가 사전에 물색해 놓은 파리의 베르네 부인 집으로 도피했다. 콩도르세가 도착하자 그녀는 "고결한 사람"이라고만 알고 있는 그 사람의 이름도 묻지 않고 문을 열어주었다. 그때부터 9개월 동안 그녀는 콩도르세가 집을 떠나지 않도록 부단히 감시했다. 콩도르세는 정치적 원한과 분노를 잊고 계몽사상가로 돌아왔다. 숨어 지내던 마담 콩도르세는 이따금 남편을 방문하여 《인류의 진보에 대한 역사적 개요》의 집필을 독려했다.

콩도르세는 고독과 가족의 안전에 대한 불안을 견디기 힘들었다. 10월 3일 국민공회는 궐석재판을 열어 콩도르세에게 사형을 선고했고, 같은 달 31일 지롱드파 의원들을 단두대에서 처형했다. 브리소, 베르니오, 가데 등 콩도르세의 친구들이 죽임을 당했다. 콩도르세는 베르네 부인에게 자신의 신분을 밝히고 자기의 신분이 드러나면 부인도 화를 입을 거라고 말했다. 부인은 다음과 같이 대답했다. "공안위원회는 사람들을 법 바깥에 놓을 권리가 있습니다. 그러나 사람들을 인류 바깥에 놓을 권리는 없습니다. 여기에 머무르십시오."

3월 13일 법령으로 콩도르세는 '법외자'가 되었다. 1794년 3월 25일 콩도르세는 더이상 관대하고 용감한 베르네 부인을 위험에 빠뜨릴 수 없어서 집에서 나왔다. 콩도르세는 이 마을 저 마을 헤매었으며 제대로 먹지도 자지도 못했다. 그는 과거의 친구들이 보호해줄 것을 기대했으나 그들은 두려움 때문에 콩도르세를 받아들이지 않았다. 3월 27일 콩도르세는 배고픔을 이기지 못해 클라마르의 한 식당에 들어가 달걀 12개로 만든 오믈렛을 주문했다. 이상한 주문이었다. 마침 식당에 있던 상퀼로트들은 그를 감시위원회에 고발했다. 콩도르세는 자신의 정체를 감추었으나 말과 행동이 지나치게 세련되고 몸 수색에서 은시계와 호라티우스의 책이 나오자, 그들은 그를 부르 레갈리테로 이송했다. 그는 그날 밤 감옥에 수용되었다가 3월 29일 사망했다. 의사인 카바니스가 준 독약을 몸에 숨기고 있다가 복용하고 자살한 것인지 아니면 심장마비나 뇌졸중으로 죽은 것인지 사인은 확실하지 않다. 다음 날 그의 시신은 공동묘지에 매장되었다. 미슐레는 다음과 같이 '자살'에 대해 썼다. "공화국은 공화국의 존재를 가능하게 해준 계몽사상가들 가운데 마지막 계몽사상가를 죽이는 부모살해 범죄를 면할 수 있었다."[14]

콩도르세가 베르네 부인 집에 숨어 지낼 때 마담 콩도르세는 콩도르세에게 이혼을 제안했다. 그것은 그녀가 어머니로부터 물려받은 재산을 지켜 딸에게 조금이라도 물려주기 위한 고육지책이었다. 그러나 이혼은 콩도르세가 죽은 다음에야 허가되었다. 콩도르세는 망명자로 간주되어 전 재산을 몰수당했기 때문에 부인은 절망과 빈곤 상태에 떨어졌다. 부인은 출판과 초상화 그리기(당시 전선으로 떠나는 병사들의 초상화를 그리는 일이 많았다) 등으로 생계를 이어가면서 남편의 유업을 계승했다. 공포정치가 끝나고 1795년에 그녀는 《인류의 진보에 대한 역사적 개요》를 출판했다. 그녀는 카바니스, 조셉 가라 등과 함께 콩도르세 전집 21권을 출판하는 작업을 시작했고, 나폴레옹 시기에는 살롱을 열어 독재에 반대하는 공화주의자들을 위한 담론 공간을 제공했다.

그들 가운데 가장 열정적인 멤버인 뱅자맹 콩스탕은 교육과 인간의 완전성에 대한 콩도르세의 사상뿐만 아니라 근대인들의 자유와 고대인들의 자유를 나누는 근본적인 차이에 대해 분석했다. 뱅자맹 콩스탕은 근대의 시민적 자유는 고대인들의 시민적 자유와 달리 '개인'의 권리 개념에 근거를 두는데, 프랑스혁명기의 공포정치가들은 이러한 차이를 인식하지 못하고 고대적인 자유를 추구했기 때문에 개인의 자유를 억압하는 결과를 낳았다고 보았다. 콩스탕은 근대의 자유주의가 콩도르세의 자유와 진보 철학에 빚지고 있음을 보여주었다.[15]

불발로 끝난 민주적 헌법안

1793년 2월 15일과 16일 콩도르세는 헌법기초위원회를 대표하여 국민공회에 헌법안을 제출했다. 콩도르세는 헌법안 제안 설명에서 "평등을 토대로 하는 공화주의 헌법이 자연, 이성, 정의에 부합하는 유일한 헌법이며, 시민들의 자유와 인류의 존엄을 보존할 수 있는 유일한 헌법"이라고 말했다. 그는 이렇게 '평등'을 강조했지만, 그가 말하는 평등은 권리의 평등이었고 이런 점에서 1791년 헌법과 다르지 않다.

헌법 본문은 간단한 서문—"프랑스 국가는 하나이고 나눌 수 없는 공화국이다. 프랑스 국가는 스스로 인정하고 선언한 인권과, 자유, 평등, 국민주권의 원칙 위에 정부를 세우고, 다음과 같은 헌법을 채택한다"—과 13장—영토, 시민, 일차 회의, 지방 행정, 국무회의, 국가재정, 입법부, 입법 행위에 대한 국민의 검열과 청원, 국민회의, 사법부, 군대, 세금, 외교—으로 구성되어 있다. 1791년 헌법과 비교해서 다른 점은 무엇보다도 프랑스는 더이상 왕국이 아니라 공화국이라는 점이다. 제1장에서는 "프랑스는 하나이고 나눌 수 없는 공화국이다"라고 재차 강조했다.

콩도르세 헌법안은 디드로, 돌바크 남작, 엘베시위스, 마블리, 레날 같은 과격 계몽사상가들의 공화주의와 민주주의의 결정판이었다.[16] 콩도르세 헌법안은 1791년 헌법에 비해 민주적이다. 1791년 헌법에서는 시민의 선거권을 납세액에 따라 제한했으나 이 제한 규정이 사라졌다. 그러나 콩도르세의 남녀평등 사상에도 불구하고 남성과 여성의 차별은 사라지지 않아 여성은 선거권을 얻지 못했다. 21세 이상의 성인 남성은 선거권을 가지며 '1차 회의'에서 선거권을 행사한다. 그런데 1791년 헌법과 달리 콩도르세 헌법에서는 1차 회의의 기능을 '선거'로만 제한하지 않고 "공화국의 전반적인 이익이 걸린 문제에 대해 심의"할 수 있도록 규정했다. 구체적인 심의 사안은 1. 헌법안 혹은 헌법 수정안을 수용하거나 거부할 때, 2. 국민회의의 소집이 제안되었을 때, 3. 입법부가 공화국 전체에 관한 문제에서 시민 전체의 의견을 물을 때, 4. 입법부로 하여금 어떠한 문제에 대해 심의하도록 요구하거나 혹은 국민대표들의 행위에 대해 국민의 감사가 필요할 때이다.

콩도르세 헌법안은 시민의 의회 감시 기능을 강화하여 직접민주주의의 요소를 가미한 것인데 제8장에서 다시 이를 부연하고 있다. 그런데 콩도르세가 이렇게 국민검열권을 강화한 것은 국민의 이름을 독점하고 초법적으로 혁명에 개입하고 있는 파리의 상퀼로트를 견제하기 위한 목적도 있었다. 콩도르세는 헌법안을 제안하는 보고서에서 이러한 의도를 분명히 밝히고 있다. "부분적이고 충동적인 주장, 법적 성격을 갖지 않음에도 멋대로 공적 성격을 취하는 자발적이고 사적인 집회, 일차 회의로 변형된 시와 구 회의들, 바로 이런 것들을 우리는 정규적이고 합법적인 요구, 법의 이름으로 소집되고 법이 정한 형식에 따라 정확하고 일정한 임무를 수행하는 회의들로 대체하고자 했다."[17] 지방행정 개편에서도 농촌의 힘을 강화하고 도시의 힘을 약화함으로써 결과적으로 자코뱅과 상퀼로트를 견제하려 했다.

콩도르세 헌법안의 또 다른 특징은 의회에 맞서 행정부의 힘을 강화한 것이다. 의회 의원의 임기는 1791년 헌법에서는 2년이었으나 1년으로 단축되었다. 1791년 헌법에서는 왕이 대신들을 임명했으나 콩도르세 헌법안에서는 1차 회의에서 장관들을 선출하며 장관의 임기는 2년이고 매년 절반이 갱신된다. 각 도에는 행정위원회가 설치되며 행정위원회는 국무회의에 종속된다. 장관들은 의회의 투표에 의해 국민배심원단에 기소될 수 있지만 국민배심원단은 시민에 의해 직접 선출되므로 의회로부터 독립적이다.

콩도르세의 헌법안을 둘러싸고 의회 내에서 산악파와 지롱드파의 토론이 격렬하게 이어지던 중 5월 31일과 6월 2일에 민중봉기가 일어나 지롱드파가 제거됨으로써 헌법안도 폐기되었다. 불안한 상황을 진정시키기 위해 산악파인 에로 드 세셸이 콩도르세 헌법안을 참고하여 급하게 헌법안을 만들어 6월 10일 제출했고, 2주 후 거의 원안대로 통과되었다. 산악파 국민공회는 6월 2일 정변을 정당화하기 위해 이 헌법을 국민투표에 붙여 압도적인 지지를 얻었다. 그러나 산악파 헌법은 통과되자마자 "평화시까지" 시행이 유예되었으며, 1년 후 '열월 정변'으로 자동 폐기되었다.

인류 진보에 대한 낙관

콩도르세의 계몽사상과 혁명사상은 그의 유작인 《인류의 진보에 대한 역사적 개요》에 종합되어 있다. 혁명이 폭력과 아나키의 위협을 받고 자신의 앞날에는 기요틴이 기다리고 있는 절망적인 상황에서도 그는 계몽사상가로서 인류의 진보는 계속될 거라는 낙관적인 전망을 간직했다.

콩도르세의 진보관은 인간은 야만이라는 최초의 단계에서부터 꾸준히 진보하여 자기 시대에 이르렀으며 이러한 진보는 미래에도 계속되리라는 것이다. 인류의 역사는 9단계로 나뉜다. 첫 번째 단계에서 인류는 수렵·어로 생활을 하는데 초기 형태의 공적 권위, 가족관계, 언어 등이 나타난다. 두 번째 단계는 목축 단계로서 사유재산이 도입되고 이와 함께 불평등, 노예제 등이 발생하나 지식과 기술도 발전한다. 세 번째 단계는 농경 단계이다. 부가 증가하고 여가가 늘어나며 노동이 적절히 조직된다. 교통과 통신 수단이 발달하고 문자가 사용됨으로써 진보가 가속화된다. 네 번째와 다섯 번째 단계는 그리스와 로마 시대이다. 철학자들은 신화적인 세계를 공격하여 진보에 이바지했으나, 반이성적이고 독선적이며 불관용적인 종교인 그리스도교의 등장과 발전으로 진보의 흐름이 꺾였다. 콩도르세는 그리스도교를 "재앙"이라고 단죄한다. 그리스도교의 승리는 과학과 철학이 완전히 몰락하는 신호였다. 여섯 번째 단계는 중세의 시작에서 십자군전쟁까지의 중세 전기이고, 일곱 번째 단계는 인쇄술의 발명까지의 중세 후기이다. 중세는 수도자들이 만들어낸 기적과 우화, 신학자들이 꾸며낸 상상의 철학, 신부들이 자기들의 도그마를 의심하거나 자기들의 사기를 간파하거나 자기들의 범죄에 분노하거나 맹목적인 복종에서 잠시라도 벗어나거나 자기들과는 조금이라도 다르게 생각하는 사람들을 불태우는 장작불을 통해서 지배했다. 그러나 이성이 깨어나는 것을 막을 수는 없었다. 십자군전쟁으로 지평이 확대되고 새로운 문명이 유입된 것이 시작이었다. 아리스토텔레스의 철학, 인민주권 사상, 절대군주 사상, 주권론, 마키아벨리즘, 코페르니쿠스와 갈릴레이의 자연과학 등이 어둠을 뚫고 빛을 비추기 시작했다.

여덟 번째 단계는 인쇄술의 발명에서 데카르트의 철학적 혁명까지의 시기이다. 교회와 전제정의 저항과 박해에도 불구하고 과학과 철학은 지속적으로 미신과 몽매를 약화시켰다. 아홉 번째 단계는 "데카르트에서 프랑스 공화국 형성까지의 시기"이다. 과학혁명, 계몽철학, 자연권, 진보사상 등은 "이성, 관용, 휴머니즘"을 전투 구호로 외치며 그리스도교의 아성을 결정적으로 무너뜨렸다. 미국 독립혁명은 전제정에 대한 승리의 결정체이다. 전제정의 굳건한 동맹체였던 그리스도교회를 무너뜨리는 것은 프랑스혁명의 몫이었다. 그렇기 때문에 프랑스혁명의 과제는 더욱 광범위했고 더욱 철저했으며 그런 만큼 저항도 컸다.

미국 독립혁명은 영국의 지배로부터 벗어나 공화국을 세우는 정치혁명으로 그쳤으나, 프랑스혁명은 전제정으로부터 벗어나는 것으로 그치지 않고, 전제정을 떠받치고 있던 귀족들과 교회의 지배로부터도 벗어나는 사회혁명으로 치달았을 뿐만 아니라, 프랑스 전제정과 연대하고 있던 유럽의 전제군주들의 간섭과도 싸워야 하는 일종의 국제혁명으로 확대되었다. 프랑스혁명은 인간정신의 진보에 크게 기여했다.

그러나 인류의 완성을 위해서는 할 일이 많이 남아 있다. 인간의 자유를 위해서 상당한 진전이 있었지만, 인간의 행복을 위해서는 거의 이루어진 것이 없었다. 짙은 어둠이 여전히 넓은 지평을 덮고 있다. 이러한 일은 열 번째 단계에서 성취될 것이다.

미래, 즉 열 번째 단계에서는 국가 사이의 불평등이 파괴되고, 국민 사이의 평등이 진전되며, 인간은 지적으로, 도덕적으로, 육체적으로 완전해질 것이라고 콩도르세는 전망했다. 이렇게 해서 진보가 종착점에 도착하면 인간사회는 자유롭고, 평등하고, 행복한 사회가 된다. "태양이 지구 위에서 자기들의 이성 외에는 아무런 주인도 인정하지 않는 자유로운 사람들만을 비추는" 시대가 된다.[18]

그러면 완전히 평등한 사회인가? 당시 급진적인 혁명가들 사이에서 논란이 되었던 '평등' 문제에서 콩도르세는 완전한 평등을 시도하는 것은 "더 많은 불평등을 유발할 수 있으며, 인간의 권리에 더 직접적이고 더 치명적인 타격을 입힐 수 있다"고 경고한다.[19] 권리의 평등을 넘어 경제적인 평등을 시도하는 것은 역효과를 낳을 수 있다. 이 지점에서 콩도르세가 제시하는 방안은 그 자신이 1793년의 지롱드파 헌법안에서 제시한 사회부조와 교육 그리고 그가 시종일관 강조한 남녀평등이다.

콩도르세는 미래에 대해 낙관적이다. 인간은 "휴머니즘, 자선, 정의"로 나아갈 것이며, 자연은 인간이 해체할 수 없는 체인으로 "진리, 행복, 덕"을 묶어줄 것이다. 인간의 도덕적 선함은 인간의 무한한 개선을 가능하게 해줄 것이다. 끝으로 국가 간의 연맹체가 조직되고, 보편언어가 사용될 것이며, 전쟁이 사라지고 영구평화가 도래할 것이다.

'진보'가 콩도르세의 독창적인 개념은 아니다. 보댕, 파스칼, 데카르트 같은 프랑스 근대 철학자들은 인류의 역사가 진보한다고 생각했으며, 18세기의 사상가 가운데 카스텔뢰, 세바스티앵 메르시에, 볼네도 진보를 지지했다. 특히 콩도르세의 정치적 멘토인 튀르고는 1750년 소르본대학에서 《인간정신의 연속적인 진보에 대한 철학적 개요》를 발표한 바 있다. 콩도르세는 섭리의 개념을 전적으로 배제하고 완전히 세속적인 차원에서 '진보'를 주장했다는 점에서 이전의 진보론에서 진보했다.

콩도르세는 혁명이라는 맥락에서 진보를 재검토하고 정리했다. 그가 자코뱅 독재라는 진보의 장애물 앞에서도 진보에 대해 확신한 것은, 모든 억압과 굴절에도 불구하고 인류는 완전성을 향해 진보할 것임을 확신한 것이다. 이 책은 1795년에 출판되었고 국민공회는 즉시 이 책 3천 부를 구입하여 전국의 학교에 배부했다. "이 책은 불행한 계몽사상가가 학교에 보내는 고전적인 책입니다. 이 책에서 사회상의 완성은 인간 정신의 가장 고귀한 목표로 제시되어 있습니다. 학생들은 과학과 학예의 역사를 배움으로써 자유를 소중히 여기고 일체의 폭정을 저주하고 분쇄하는 것을 배우게 될 것입니다."《인류의 진보에 대한 역사적 개요》는 계몽철학의 유언이었고 포스트 테르미도르의 참고서가 되었다.[20]

위대한 휴머니스트

콩도르세는 학술원 회원으로 선출된 저명한 수학자이며, 혁명이 발발한 후에는 혁명전선에 뛰어든 혁명가였다. 저명한 계몽사상가 가운데 유일하게 프랑스혁명에 투신한 사람이라고도 말할 수 있다. 그는 볼테르처럼 "편견, 불관용, 미신"을 타도하기 위해 투쟁했고, 여성, 유대인, 흑인노예 같은 약자들의 권리를 지지했으며, 불의와 억압과 폭력에 저항했다. 그는 프랑스에서 가장 먼저 공화주의를 지지했고, 민주적인 헌법안을 만들었으며, 교육을 통해 평등사회를 건설하려 했다. 그러나 계몽사상가의 이성은 혁명의 격류에 밀려 번번이 좌절되었다.

콩도르세는 자유와 평등은 인간의 자연권이라고 보았다. 그는 종교와 절대군주정의 억압으로부터 인간을 해방시키기 위해 투쟁했다. 콩도르세는 〈인권선언〉과 '헌법'도 계시와 같은 것으로 만들어 시민들에게 숭배와 믿음을 강요해서는 안 된다고 강조했다. 헌법도 주기적으로 개정되어 새로운 세대의 요구를 반영해야 한다고 생각했다. 콩도르세는 동시대의 어떤 혁명가보다도 평등을 원했다. 그는 여성에게도 평등한 교육 기회를 줄 것을 요구했고 보통선거제를 추구했다. 콩도르세는 인류사회가 더 자유롭고 더 평등한 사회로 진보할 거라고 낙관했다.

달랑베르는 콩도르세를 "눈 덮인 화산"이라고 평했고, 정치적 동료들은 그를 "격노한 양"이라고 평가했다. 마드무아젤 레스피나스는 자기의 살롱에 출입하는 콩도르세를 다음과 같이 묘사했다. "그는 일상생활에서는 조용하고 온화한 영혼을 소유했지만, 억압받는 사람들을 보호하고 사람들의 자유와 불행한 사람들의 덕과 같은 소중한 것들을 보호하는 문제에 있어서는 헌신적이고 열정적이었다."

그는 은신처에서 딸에게 다음과 같은 유언을 남겼다. "행복의 원천인 이 고결한 감성은 우리로 하여금 모든 생명체의 슬픔을 공유하게 만드는 자연적인 감정에서 나온다. 그것의 순수함과 힘을 간직하여라. 그것을 사람들의 고통으로만 국한시키지 마라. 너의 인간애를 동물에게까지 확대하여라. 너에게 속하는 그 무엇도 불행하게 하지 마라." 그는 사람은 물론 동물과 곤충의 생명도 존중했다. 콩도르세는 계몽사상가요 혁명가였지만, 무엇보다도 위대한 휴머니스트였다.

1989년 12월 12일, 프랑스혁명 200주년을 기념하여 콩도르세의 유해는 프랑수아 미테랑 대통령이 참석한 가운데 그레구아르 신부, 가스

파르 몽주의 유해와 함께 파리의 팡테옹으로 이장되었다. 전에 콩도르
세의 시신은 부르 라렌의 공동묘지에 매장되었는데 19세기에 공동묘
지가 폐쇄되는 바람에 유해를 찾을 수 없어서 콩도르세의 관은 빈 채로
이장되었다. 문화부 장관인 자크 랑은 이 세 사람(각각 성직자, 귀족, 평
민)은 사상과 말과 행동으로 혁명에 참여했지 '피'를 사용하지는 않았
다고 말했다.

당통
─구국의 영웅인가 부패한 기회주의자인가

왕실참사회 변호사

조르주 자크 당통Danton(혹은 d'Anton)은 1759년 10월 26 샹파뉴 지방
의 작은 코뮌 아르시 쉬르 오브에서 태어났다. 아버지인 자크 당통은
법원 정리로 일하다가 아르시 쉬르 오브의 검찰관직을 매입하여 검찰
관이 되었다. 구체제의 검찰관직은 돈을 주고 살 수 있는 관직이었다.
변호사가 되기 위해서는 법학사 학위가 필요했지만 검찰관이 되기 위
해서는 그럴 필요가 없을 정도로 검찰관의 지위는 변호사보다 낮았다.
그는 1754년에 결혼하여 아이 넷을 두었는데, 당통의 어머니는 다섯째
아이를 낳다가 사망했다.

당통은 트루아의 예비신학교를 다닌 다음 오라토리오 수도회에서 운영하는 콜레주에 들어가 공부를 계속했다. 1780년 21세의 당통은 파리로 올라가 고등법원 검찰관인 비노의 사무실에서 서기로 일하다가 1784년 랭스대학에서 법학사 학위를 받고 변호사가 되어 다시 파리로 올라갔다. 그는 카페 파르나스를 즐겨 출입했는데, 여기에서 카페 주인의 딸인 앙투안 가브리엘 샤르팡티에를 만났고 1787년에 결혼했다. 조세징수 청부사무소 징수관이기도 했던 장인은 부유했다.

결혼 전에 당통은 친구인 마드무아젤 프랑수아즈 뒤오투아르의 권유로 위에 드 페지로부터 왕실참사회 변호사직을 매입하려는 계획을 세웠다. 왕실참사회 변호사는 파리나 지방의 고등법원 판결에 대한 왕실참사회의 항소심을 담당하는 변호사로서 1790년 당시 70명에 불과할 정도로 변호사로서는 가장 명망 높은 자리였다.[1] 위에 드 페지가 요구한 가격은 7만 8천 리브르였다. 당통은 6만 8천 리브르는 계약 즉시 지불하고 나머지는 왕실참사회 변호사로 공식 임명되면 지불하기로 계약을 맺었다. 당통은 자기 돈 5천 리브르, 마드무아젤 뒤오투아르에게 빌린 3만 6천 리브르, 약혼녀의 결혼지참금 2만 리브르를 담보로 미래의 장인에게서 빌린 1만 5천 리브르로 총 5만 6천 리브르를 조달했고, 나머지 1만 2천 리브르는 이자와 함께 4년간 분할 납부하기로 양해를 구했다.

1787년 6월 12일 당통은 왕실참사회 변호사로 공식 임명되었다. 시골 법원 정리의 손자요 검찰관의 아들이 고등법원 변호사를 거쳐 왕실참사회 변호사로 고속 신분상승을 이루어낸 것이다. 지위와 직무에 걸

맞은 충분한 교육을 받지 못하고—랭스대학은 학위를 잘 주는 대학으로 유명했다—충분한 실무 경험을 쌓지 못한 사람이 왕실참사회 변호사 일을 잘 해냈을까? 기대했던 대로 높은 신분의 부유한 고객들을 확보했을까? 당통을 둘러싼 의심은 이 지점에서부터 시작된다. 당통은 왕실참사회 변호사로 활동하면서 이 관직이 폐지되는 1791년 5월(보상금으로 6만 9천 리브르를 받았다)까지 22건의 사건을 수임했다. 당통은 1789년 12월에 잔금을 청산했고 마드무아젤 뒤오투아르에게 갚아야 할 빚도 1792년 8월에 조기 상환했을 뿐만 아니라 고향에 집과 토지도 매입했다. 무슨 돈으로 그렇게 했을까?

코르들리에 선거구의 투사에서 법무장관으로

당통이 왕실참사회 변호사로 활동할 무렵 프랑스 사회에는 변혁의 물결이 요동치고 있었다. 1789년 5월에 삼신분회가 소집된다고 공고되었다. 당시 신분상승 가도를 밟고 있던 당통은 삼신분회 선거와 관련된 정치활동은 물론 제3신분의 진정서 작성에도 참여하지 않았다.[2] 그에게 중요했던 것은 왕실참사회 변호사의 지위를 이용해 수입과 명성을 얻는 것이었다. 당통은 왕실참사회 변호사가 되면서부터 자기 이름을 마치 귀족처럼 d'Anton으로 서명하기 시작했다. 당통의 변호사 사무실에서는 여러 사람이 일했는데, 혁명기에 사무장이었던 파레는 내무장관, 드포르그는 외무장관, 비요 바렌은 공안위원회 위원이 된다.

1789년 5월 5일 삼신분회 개회, 6월 17일 국민의회 구성, 그리고 7월 14일 바스티유 요새 점령. 이제 혁명은 돌아올 수 없는 다리를 건넜다. 당통은 바스티유 공격에는 참가하지 않았으나 그다음 날 밤 행동에 나섰다. 당통은 자기가 살고 있는 코르들리에 선거구의 부르주아 민병대 중대장 자격으로 순찰대를 이끌고 바스티유를 공격했고, 임시사령관 슐레를 붙잡아 시청으로 끌고 갔다. 바로 전날 슐레의 전임자인 로네는 이런 식으로 끌려가 그레브 광장에서 참수당했다. 그러나 슐레는 파리 국민방위대장 라파예트의 개입으로 풀려났다.

　　당통이 활약하기에 적합한 무대는 '선거구'였다. 지역 행정의 중심이자 정치 토론의 장인 선거구는 풀뿌리 민주주의의 기초 단위로서 활기를 띠고 있었다. 특히 당통이 살고 있는 코르들리에 선거구는 법조인, 서적상, 기자, 인쇄업자들의 거주지로, 인쇄 매체의 수요가 폭등한 혁명기에 혁명 열기로 뜨거웠다. 카미유 데물랭은 당통과 같은 건물에서 살았고 마라는 이곳에 인쇄소를 열었다. 후일 상퀼로트를 이끄는 콜로 데르부아, 비요 바렌, 모모로, 르장드르, 롱생, 뱅상, 쇼메트 등도 이 지역에서 혁명가로 자라고 있었다.

　　당통은 타고난 웅변가였다. 그는 연설문을 미리 작성하지 않고 즉흥연설을 하여 청중을 열광시켰다. 동시대인들의 말에 의하면 그의 거대한 체구는 상대에게 두려움을 자아냈고 목소리는 쩌렁쩌렁했다. 르바쇠르는 "그의 큰 목소리는 병사들에게 진격을 알리는 포성처럼 의사당에 울려 퍼졌다"고 말했다. 당통은 로베스피에르 같은 혁명가들과 달리 고대 로마의 문학, 철학, 역사 지식을 동원하여 연설문을 꾸미지 않은 예외적인 혁명가에 속한다. 이런 이유로 그는 다른 혁명가들에 비해 지적 수준이 떨어진다는 평을 받기도 했으나 그의 서가에 꽂힌 책들은 그가 계몽사상은 물론이고 다양한 분야에 관심을 가지고 있었음을 보여준다.

당통은 9월에 선거구 의장으로 선출되었다. 카미유 데물랭의 말에 의하면, 그는 파리 민중이 베르사유로 내려가 왕실을 파리로 옮겨온 10월 5~6일 사건에서 일정한 역할을 했다. 그는 벽보를 작성하고 붙였지만 봉기에 직접 참가하지는 않았다. 직접민주주의의 무대인 선거구는 파리시의 간섭과 통제에 맞서 자율성을 확보하기 위해 투쟁했다. 1790년 1월 당통은 파리시가 자기 선거구에 살고 있는 마라를 체포하는 것을 막기 위해 애썼다. 당통의 명성은 빠르게 확산되었다.

1790년 5월 국민의회는 선거구의 힘을 약화시키기 위해 60개의 선거구를 48개의 구로 개편했다. 당통의 거주 지역은 테아트르 프랑세 구가 되었다. 구의 역할은 법으로 엄격히 제한되었으며 능동시민만 참여할 수 있었고 선거 때나 50인 이상의 요구가 있을 때에만 열렸다. 그러자 당통을 위시하여 코르들리에 선거구를 주도했던 사람들은 선거구의 영향력을 유지하기 위해 "인간과 시민의 권리 동지회" 클럽을 만들었는데, 이 클럽은 흔히 코르들리에 클럽이라고 불린다.

코르들리에 클럽은 자코뱅 클럽과 함께 프랑스혁명을 대표하는 정치 클럽으로 발전한다. 자코뱅 클럽이 전국적인 조직망을 가진 데 반해 코르들리에 클럽은 파리에 집중하여 국가기관들에 대한 감시와 통제 기능을 수행했다. 코르들리에 클럽의 상징 문양이 '눈'인 것은 바로 이러한 감시 기능을 천명한 것이다. 코르들리에 클럽은 자코뱅 클럽과 달리 회비가 없었고 여성과 수동시민에게도 문호를 개방했다. 그만큼 자코뱅 클럽보다 민중적인 성격이 강했으며 그만큼 더 과격했다. 미슐레에 의하면, 자코뱅 클럽은 "냉혹한 광신주의의 타산적인 열정"으로 무장한 반면에 코르들리에 클럽은 "본능적이고 자연발생적인 천분天分"을 지니고 있었다.[3] 그러나 '클럽'은 '선거구'와 달리 법적 지위가 결여되었기 때문에 영향력을 행사하는 데 한계가 있었다. 코르들리에 클럽은 다수의 의회 의원들이 가입한 자코뱅 클럽과 같은 강력한 정치력을 가지고 있지 못했다. 당통은 자코뱅 클럽에도 가입했다.

1790년 8월, 당통은 파리코뮌의 시장과 감찰관직에 출마했으나 연거푸 고배를 마셨다. 그의 출신 구조차도 그를 지지하지 않았다. 강성 이미지와 부패 의혹 때문으로 보인다. 그는 국왕을 위해 일하는 것으로 알려진 미라보의 공작 대상 리스트에 올라 있다는 소문이 돌았으며, 루이 16세를 밀어내고 왕이 되고 싶어 했던 오를레앙 공작을 위해 일한다는 소문도 있었다. 당통은 파리 시와 인근 지역으로 구성되어 있는 파리 도의회 의원으로 선출되었다.

1791년 6월 20일 국왕이 튈르리궁을 탈출하여 도주하다 바렌에서 붙잡혔다. 국왕이 혁명을 거부할 뿐만 아니라 외국 군대를 이끌고 프랑스로 돌아와 혁명을 무너뜨리려 한다는 것이 드러났다. 군주정의 위기이자 혁명의 위기가 될 수 있는 중대한 사건이었다. 자코뱅 클럽은 루이 16세가 6월 21일에 왕위를 포기했음을 의회가 인정하고 "헌법이 보장하는 모든 방법으로 왕을 교체하라"는 내용의 청원서를 작성했다. 자코뱅 클럽이 과격해지자 다수를 차지하고 있던 온건파는 클럽에서 탈퇴하여 푀양 클럽을 세웠고 입헌군주정을 고수했다.

로베스피에르가 이끄는 자코뱅 클럽 소수파는 의회의 경고를 받아들여 청원서 제출계획을 철회했다. 과격한 코르들리에 클럽은 왕의 '교체'가 아니라 공화정을 원했다. 17일 오전, 테아트르 프랑세 구 의장인 세르장은 당통의 집을 방문하여 그곳에 있던 데물랭, 프레롱, 브륀, 파브르 데글랑틴, 모모로, 상테르 등과 함께 집회 전략을 논의했다. 그러던 중 알렉상드르 라메트가 보낸 르장드르가 와서 파리를 떠나라고 충고했고, 당통, 데물랭, 프레롱은 당통의 장인이 소유한 시골집으로 도피했다.

17일, 코르들리에 클럽은 샹드마르스에서 국왕 재판, 새로운 의회 구성, 공화정 수립 등을 요구하는 청원서를 작성했고, 세르장, 모모로, 상테르, 에베르, 쇼메트 등 6천여 명이 서명했다. 파리 시 당국은 계엄령을 선포했다. 파리 시장 바이이와 파리 국민방위대장 라파예트는 국민방위대를 이끌고 현장으로 갔다. 국민방위대의 발포로 50여 명이 사망했다. 과격파들에 대한 추적이 진행되자 당통은 고향으로 도피했다가 영국으로 건너갔다.

9월 13일 왕은 헌법을 수용했고 의회는 국왕의 헌법 수용을 기념하여 사면을 선포했다. 사면 혜택을 받은 당통은 입법의원 선거와 파리 시 감찰관 선거에 출마했으나 또다시 고배를 마셨다. 마침내 당통은 1791년 11월 파리 시 감찰관 마뉘엘의 제2감찰관보 선거에 출마하여 콜로 데르부아를 누르고 당선되었다. 당통이 획득한 최초의 행정직이었고 연 6천 리브르의 급여가 보장되었다.

1791년 말에 시작된 자코뱅 클럽에서의 전쟁 관련 토론에서 브리소의 전쟁론과 로베스피에르의 반전론이 대립했다. 당통은 로베스피에르에 기울었지만 토론에 적극 참여하지는 않았다. 1792년 4월 프랑스는 오스트리아에 선전포고했다. 그러나 전황은 불리했다. 프랑스의 국토가 유린당하고 혁명이 파괴될 위험이 커졌다.

1792년 7월 30일 당통은 쇼메트, 모모로와 함께 조국이 위기에 빠졌으니 구민들이 무장할 것을 촉구하는 '정치선언문'을 발표했다. 마르세유에서 올라온 연맹군이 코르들리에 클럽 회원 집에 숙박함으로써 테아트르 프랑세 구는 생탕투안 교외 지구와 함께 봉기의 중심이 되었다. 당통의 집은 무장 시민들로 북적거렸다. 드디어 8월 10일 튈르리 왕궁에 대한 공격이 시작되었다. 당통이 속한 테아트르 프랑세 구는 공격에 적극적으로 가담했다.

당통이 봉기에 참가했는지 여부는 확실하지 않으나, 후일 당통은 자신이 8월 10일을 "만들었다"고 자랑했다. 장클레망 마르탱은 당통의 역할이 "결정적이었다"고 본다. 의회는 왕권 정지와 새로운 의회 구성을 결정했으며 임시행정위원회를 창설했다. 당통은 영향력을 인정받아 일약 법무장관에 임명되었다.

"대담함, 또한 대담함, 언제나 대담함"

임시행정위원회는 6인으로 구성되었다. 내무에는 롤랑, 육군에는 세르방, 재정에는 클라비에르, 해군에는 몽주, 외무에는 르브룅, 그리고 법무에는 당통이 임명되었다. 의회를 장악하고 있던 지롱드파는 8월 10일 혁명을 주도한 봉기코뮌과 공조하기 위해 민중의 지지를 받는 인물이 내각에 들어오기를 원했는데 그가 바로 당통이었다. 8월 19일 당통은 프랑스의 모든 재판소에 보내는 서신에서 다음과 같이 말했다.

> 내 모든 사상이 지향하는 것은 정치적·개인적 자유, 법의 통치, 공공의 평안, 83개 도道의 통합, 국가의 광휘, 국민의 안위, 그리고 재산의 평등이 아니라 권리와 행복의 평등입니다. 재산의 평등은 불가능한 것입니다.

당통은 1789년 인권선언에 명시된 권리의 평등을 넘어 "재산의 평등"으로 나아가려는 과격한 사회혁명 요구를 "불가능한" 요구라고 선을 그은 것이다. 당통은 온건, 중도, 유화, 타협의 길을 선택했다. 그는 법관들에게 서신을 보내 새로운 출발에 동참할 것을 요청했다. "여러분은 국민의 신뢰를 회복할 수 있습니다. 왕정이 여러분의 손을 통해 자유의 사도들에게 휘두르려 했던 정의의 칼을 배신자들과 공공복지의 적들을 향해 휘둘러야 할 것입니다." 당통은 장관 취임시에 했던 말— "법의 정의가 시작되면 민중의 정의가 멈출 것입니다"—을 되풀이했다. 그는 앞으로도 여러 차례 이 말을 되풀이한다.

당시 프랑스는 위기에 처해 있었다. 서부 지방에서는 농민봉기가 일어났고, 브라운슈바이크 공작은 8만여 명의 오스트리아—프로이센 군대를 이끌고 파리를 향해 진격하고 있었다. 봉기코뮌은 반대파 신문의 폐간, 혐의자 가택 수색, 선서거부신부와 특권 계층과 옛 푀앙파 대신들의 체포, 특별재판소 설치 등과 같은 과격한 조치를 요구했다. 8월 28일 내무장관 롤랑을 위시한 장관들은 파리를 포기하고 루아르강 이남으로 후퇴할 것을 제안했다. 당통은 이 제안을 강력 반대하여 무산시켰다. 당통은 의회에서 코뮌의 조치들을 지지했을 뿐만 아니라 자원병 모집—파리와 인접 도에서 3만 명—과 곡물 징발을 담당할 위임관들을 도에 파견하자고 제안했다. 그 자신이 직접 대부분 코뮌 구성원들 가운데에서 위임관들을 뽑았다.

9월 2일, 브라운슈바이크 공작이 베르됭을 점령했다는 소식이 파리에 전해졌다. 이제 적군은 이틀이면 파리에 들어올 수 있었다. 파리는 공포에 휩싸였다. 당통은 붉은색 옷을 입고 의회 연단에 올라 그 유명한 '대담함' 연설을 했다.

우리가 울리려는 종은 경계 신호가 아니라 조국의 적들에 대한 공격 신호입니다. 그들을 물리치기 위해 우리에게 필요한 것은 대담함, 또한 대담함, 언제나 대담함입니다. 그러면 프랑스를 구할 수 있을 것입니다!

의원들의 우레와 같은 박수 속에 당통은 즉시 코뮌으로 달려가 시민들의 자원입대를 호소했다. 당통의 노력 때문인지 전쟁 수행에 동력이 붙었고 군대는 정부의 결전 의지를 확인했다. 당통은 불신과 증오심에 사로잡혀 있던 코뮌이나 무기력한 지롱드파보다 전쟁 수행 의지와 혁명적 통합의 열정을 상징했다. 당통은 임시행정위원회의 진정한 리더였다. 전쟁을 일으킨 것은 지롱드파였지만 전쟁을 수행한 것은 당통이었다. 미슐레에 의하면, 이 시기의 당통은 "가장 강력하고 가장 통찰력 있는 혁명가"였다.[4]

9월 2~7일, 프로이센-오스트리아군의 침입 소식과 마라와 에베르의 살인 선동으로 격앙된 공포 분위기 속에서 파리의 상퀼로트들은 감옥에 수감되어 있던 1,100여 명의 수인들을 무차별 학살했다. 이 가운데 정치적인 이유로 감금되었다가 학살당한 사람은 30퍼센트에 불과했다. 당국은 당황했고 속수무책이었을 뿐만 아니라 위협당하고 있었다. 9월 4일, 학살이 시작되자 잠적했다 돌아온 당통은 민중은 "처벌권"을 가지고 있다며 민중의 행동을 인정했다. 법무장관이었지만 민중의 처벌 의지를 막기 위해 할 수 있는 것은 아무것도 없었다. 그가 할 수 있는 것이라고는 코뮌의 감시위원회가 발급한 롤랑과 브리소에 대한 체포영장을 찢어버리고 아드리앵 뒤포르, 탈레랑, 샤를 라메트 등을 도피시키는 정도였다.

법무장관 당통이 '9월 학살'에 책임이 있는가? 왕당파나 지롱드파는 당통에게 책임을 물었다. 역사가들은 엇갈린다. 텐, 티에르, 마티에 같은 역사가들은 당통의 책임을 인정했으나 루이 블랑이나 미슐레 같은 역사가는 당통의 책임을 인정하지 않았다. 오늘날 역사가들은 당통이 학살을 막기 위해 아무것도 하지는 않았지만 학살을 선동했다고는 보지 않는다.

전쟁과 학살의 공포 분위기 속에서 국민공회 의원 선거가 실시되었다. 파리에서 로베스피에르는 가장 먼저 선출되었고(525표 가운데 338표), 다음 날 당통이 가장 많은 표를 얻어 선출되었다. 마라, 카미유 데물랭, 르장드르, 파브르 데글랑틴도 선출되었다. 24명의 파리 대표를 뽑는 선거는 8월 10일 사건의 주역들, 특히 코르들리에 클럽의 승리였다. 당통은 의회에 진출하기 위해 임시행정위원회를 사임했다. 겸직이 금지되었기 때문이다. 파리코뮌과 코르들리에 클럽은 의원 선거에서 낙선한 에베르, 롱생, 뱅상, 쇼메트, 모모로 같은 과격파의 수중에 들어갔다. 이렇게 해서 한편으로는 의회와 자코뱅 클럽, 다른 한편으로는 파리코뮌과 코르들리에 클럽의 대결 구도가 형성되었다.

제1기 공안위원

9월 20일의 발미 전투 승리 다음 날 국민공회가 개원했다. 749명의 국민공회 의원들은 모두 혁명운동에 가담한 사람들이었다. 국민공회 내에서 지롱드파와 산악파는 주도권을 잡기 위한 투쟁에 돌입했다. 의원들의 다수인 '평원파'(혹은 '소택파')는 사안에 따라 산악파와 지롱드파를 왔다 갔다 했다. 당통은 산악파와 함께 왼쪽에 앉았지만 과격한 산악파와는 거리를 유지했다.

국민공회의 당면과제는 8월 10일과 9월 학살 이후 과도한 권력을 행사해온 파리코뮌을 통제하는 것이었다. 9월 학살 이후 폭력에 반대하는 여론이 감돌았다. 일부 구들은 과격한 코뮌과 거리를 유지했으며, 구의 과격한 상퀼로트들이 자원병으로 전선에 나감으로써 코뮌의 세력이 약해졌다.[5] 최종적으로, 파리코뮌은 파리코뮌이 지방에 파견한 위임관들이 잘못을 범할 경우 국민공회가 처벌할 수 있음을 인정함으로써 굴복했다. 당통은 민중이 과격한 행동을 하기 전에 의회가 나서서 과격한 행동을 하는 것이 9월 학살 같은 민중의 폭력을 막는 길이라고 생각했다.

그러기 위해서는 혁명가들의 분열을 봉합하는 것이 중요했다. 당통은 지롱드파의 집요한 공격을 받으면서도 화합을 위해 노력했다. 그는 여러 차례 "신성한 화합"을 외쳤다. 후일 로베스피에르는 당통을 기소할 때 썼다. "우리가 당통에게 지롱드파를 비판해도 소용이 없었다. 그는 파당은 없으며 모든 것은 허영과 개인적인 적의의 결과라고 주장했다." 지롱드파는 당통, 마라, 로베스피에르의 소위 삼두파가 민중에 기대어 독재를 획책한다고 공격했다. 당통은 로베스피에르를 변호했으나 마라와는 연대하지 않았다. 당통은 마라의 과격하고 잔인한 선동이 국가의 통합을 해친다고 보았다.

지롱드파는 당통이 법무장관 시절 비밀자금을 관리했다고 비판했다. 내무장관인 롤랑은 자기의 회계보고서를 제출하여 당통을 궁지에 몰았으나 당통은 끝내 회계보고서를 제출하지 않았다. 당통은 회계 관리를 철저하게 하지 않았음을 인정했지만, 사적으로 사용하지는 않았으며 장부에 기록할 수 없는 특별 비밀 지출의 내용에 대해서는 밝힐수 없다고 맞섰다. 특별 비밀 지출이 무엇을 위한 것이었는지는 알 수없다. 법무장관 시절 당통은 프랑스의 진정한 적은 오스트리아라고 생각하여 다른 적들을 매수하려는 막후 공작을 벌였다. 그는 토바고를 영국에 양도하고서라도 영국의 중립을 얻어내려 했다. 프로이센 군대를발미 전투에서 저지한 후 프랑스군 사령관 뒤무리에는 벨기에에서 오스트리아군을 몰아내기 위해 부대를 북부로 이동시키려 했다. 프로이센 왕 역시 자기의 병들고 지친 군대를 신속히 프랑스에서 빼내고 싶어했다. 양측의 이해관계가 일치하여 협상이 벌어졌는데, 당통은 측근인파브르 데글랑틴, 베스테르만, 비요 바렌을 파견하여 협상을 도왔다.협상의 전모를 알 수는 없지만 프로이센군은 프랑스군의 공격을 받지않고 무사히 후퇴할 수 있었으며 프로이센군 사령관 브라운슈바이크는독일로 돌아가 자신의 막대한 빚을 다 갚을 수 있었다. 당통이 프로이센군을 매수했다고 보는 이유이다. 당통의 비밀자금 혹은 비밀자금의일부는 여기에 사용되었을지 모른다. 그러나 동시대인들은 여기에서배신과 부패의 냄새를 맡았다.[6]

지롱드파는 당통이 연단에 서기만 하면 "회계 보고는?" 하며 연설을 방해했다. 당통의 영향력은 떨어졌다. 지롱드파의 집요한 공격에 상처를 입어서였는지 당통은 벨기에 파견을 자원했다. 당시 북부군 사령관인 뒤무리에 장군은 국민공회가 자기의 군수품 공급자인 전직 신부에스파냐을 교체하고 새로 앉힌 구매담당자에 대해 불만이 많았다. 당통은 루이 16세에 대한 재판이 시작되던 11월 30일 북부군의 요구사항을 조사하기 위해 세 명의 동료와 함께 벨기에로 떠났다.

루이 16세 재판을 피하기 위해 떠난 것인가? 로베스피에르는 당통을 기소할 때 그렇게 생각했다. "당통은 폭군의 죽음을 원치 않았다. 그는 폭군을 추방하는 정도로 만족했다." 당통은 평화를 구하기 위해서는 왕을 죽이지 말아야 한다고 생각했을지 모른다. 루이 16세를 구하기 위해 런던에서 돌아온 입헌군주주의자인 테오도르 드 라메트는 《회고록》에서 당통이 자기를 돕기로 약속했다고 썼다. "나는 신중하지만 대담하게 내가 할 수 있는 최선을 다할 것이다. 나는 성공 가능성이 보이면 위험을 무릅쓰겠지만 모든 희망이 사라지면 그의 목과 내 목이 함께 떨어지는 것을 원치 않기 때문에 그를 단죄하는 사람들 속으로 갈 것임을 당신에게 분명히 말한다." 당통은 냉정하게 덧붙였다. "재판 받고 있는 왕을 구할 수 있을까? 그가 재판관 앞에 출두하는 순간 그는 죽은 목숨이다."

당통은 벨기에에서 파리로 돌아와 사형에 찬성표를 던졌고 집행유예에 반대했다. 그는 사형에 찬성하며 다음과 같이 말했다. "우리는 폭군들과 타협하지 않는다는 것을 모르는, 우리는 군주의 머리만을 친다는 것을 모르는, 우리는 유럽의 폭군들에게 무력으로만 대항할 뿐이라는 것을 모르는 그런 사람들에 나는 속하지 않는다. 나는 폭군의 죽음에 표를 던진다!"

당통의 벨기에 임무는 정치적이고 군사적인 차원으로 넘어갔다. 벨기에는 독립공화국으로 자립할 것인가 아니면 프랑스에 병합될 것인가? 전쟁 비용 부담은 어떻게 할 것인가? 국민공회 재정담당관이었던 캉봉에 의하면, 공화국이 전쟁 비용을 지불해야 한다면 전쟁을 지속하는 것은 불가능했다. 당통은 병합을 지지했다. 당통은 뒤무리에와 벨기에 애국파의 염원을 무시하고 점령지의 행정에 대한 법령을 준비했다. 점령지 주민들의 주권 인정, 귀족제와 특권 폐지, 성직자와 귀족 재산 몰수, 임시행정부 설치 등을 선포하는 것이 골자였다. 조르주 르페브르에 의하면 "프랑스의 총검으로 벨기에인들을, 그들의 의사를 묻지 않고, 그들의 비용으로, 행복하게 하려는 것"이었다.

1월 31일 당통은 벨기에 병합을 주장하며 유명한 "자연국경론"을 개진했다. "공화국의 국경은 자연에 의해 새겨졌습니다. 우리는 라인강, 바다, 피레네산맥, 알프스산맥에서 거기에 닿을 것입니다." 당통은 법령을 집행하기 위해 카뮈, 들라크루아와 함께 다시 벨기에로 갔다.

당통이 벨기에에 있을 때 당통 부인은 셋째 아이를 낳고 얼마 후인 1793년 2월 10일 사망했다. 2월 16일 급거 귀국한 당통에게 로베스피에르는 감동적인 위로 편지를 보냈다. "만일, 너의 영혼과 같은 영혼을 흔들 수 있는 그 불행 속에서, 부드럽고 헌신적인 친구를 가질 수 있다는 확신이 너에게 조금이라도 위안이 된다면, 나는 너에게 그를 준다. 나는 어느 때보다도, 그리고 죽을 때까지, 너를 사랑한다. 이 순간 이후 나는 너다. 네 친구를 포옹하라."

당통은 2월 17일부터 3월 8일까지 국민공회에 나오지 않았다. 6개월 후, 당통은 첫 번째 부인의 친구인 열여섯 살 소녀 세바스티엔 루이즈 젤리(1776~1856)와 재혼했다. 흥미롭게도, '9월 학살'을 모면한 케라베낭 선서거부신부가 주례를 섰다.

벨기에에서의 군사적 고난 외에도 공화국의 내부 상황은 심각했다. 30만 명을 징집한다는 결정 이후 서부에서는 대규모 봉기가 일어났고 전쟁으로 확산되었다. 파리에서는 격앙파가 최고가격제의 실시와 사회 개혁을 요구했다. 정부는 장군들, 행정위원회 장관들, 국민공회로 나뉘었고, 국민공회는 다시 지롱드파와 산악파로 갈렸으며, 이들은 파리 상퀼로트의 압력에 시달렸다.

당통은 '국민통합정부'를 구성할 것을 여러 차례 제안했다. 당통의 화합 호소는 만장의 환호를 받았다. 혁명재판소 설립에 대한 논의가 진행되었다. 혁명재판소는 항소심이 없고 판결은 24시간 내에 집행된다. 다수 의원은 망설였다. 6시가 되자 의장은 폐회를 선언했다. 그러자 당통이 연단으로 달려 나가 외쳤다. "미랑다 장군이 패했고 포위당한 뒤 무리에가 항복하게 된 마당에 여러분은 공공의 안녕이 요구하는 중대한 조치들을 결정하지 않고 헤어질 수 있습니까? 나는 왜 반혁명파를 처단할 조치들을 취하는 것이 중요한지 압니다." 누군가가 "9월!"이라고 외쳤다. "인민의 안녕은 중대한 수단과 무서운 조치들을 요구합니다. 방금 누군가가 모든 선량한 시민들이 슬퍼한 그 잔인한 날들을 언급하셨으니 하는 말인데, 만일 그때 혁명재판소가 있었더라면 그 잔인했던 날에 민중은 그들을 학살하지 않았을 겁니다. 입법의회가 하지 않았던 것을 합시다. 민중이 무서운 일을 하는 것을 막기 위해 우리가 무서운 일을 합시다."

당통의 유명한 연설이다. 혁명재판소가 애국파를 건들지 못하도록 하자고 로베스피에르가 거든 후 혁명재판소법이 통과되었다. 3월 10일

혁명재판소가 설치되었다.

3월 15일 국민공회는 뒤무리에의 위협적인 편지를 받았다. 뒤무리에는 패전의 책임을 국민공회에 전가했다. 의원들은 분노했다. 그러나 당통은 뒤무리에를 고발하는 데 반대했다. 당통은 뒤무리에를 설득하는 임무를 띠고 벨기에로 갔다. 그 사이에 뒤무리에는 네르빈덴 전투에서 패배했다. 당통은 20일 뒤무리에를 만났으나 설득에 실패하고 다음 날 파리로 떠났다. 당통은 26일 국방위원회에 나타나 또다시 뒤무리에를 변호했다.

로베스피에르는 당통의 태도에 놀랐고 뒤무리에를 즉시 사령관직에서 해임할 것을 요구했다. 그러나 당통은 지롱드파와 연대하여 그것을 부결시켰다. 다음 날 로베스피에르는 국민공회에서 또다시 뒤무리에를 기소했다. 30일 국민공회는 뒤무리에의 출석을 요구하기 위해 위임관들을 파견했다. 그러나 뒤무리에는 그들을 체포해서 오스트리아군에 넘겼다. 4월 5일 뒤무리에는 자기 군대를 이끌고 파리로 진격하려 했으나 군대가 거부하자 몇몇 장군을 대동하고 오스트리아 진영으로 넘어갔다. 그와 함께 넘어간 사람 가운데 샤르트르 공작이 있었는데 그는 1830년에 '프랑스인들의 왕' 루이 필립이 된다. 아들의 배신으로 아버지인 오를레앙 공작 평등공 필립은 단두대에 올랐다.

뒤무리에의 배신은 당통과 지롱드파의 결별을 야기했다. 지롱드파는 당통을 공모 혐의로 고발했고 당통은 산악파의 지원을 받아 반격했다. "나는 폭군의 죽음을 원했던 산악파와 애국파, 그리고 폭군을 구하기 위해 전 프랑스인들 앞에서 우리를 중상한 그 비열한 자들 사이에 이제 휴전은 없다고 생각합니다."

산악파는 지롱드파가 설치한 보안위원회에 맞서 3월 21일에 각 코뮌에 외국인과 혐의자들을 감시하는 감시위원회를 설치하게 한 데 이어, 4월 6일 공안위원회를 설치하는 데 성공했다. 전시 비상내각이라 할 수 있는 공안위원회는 매달 갱신될 수 있는 9명의 위원으로 구성되며 회의는 비밀이었다. 바래르를 필두로 평원파 7명, 산악파에서는 당통과 그의 친구 들라크루아가 선출되었다. 당통은 공안위원회를 지배했고, 공안위원 전원이 5월 10일, 6월 10일 재선되었다.

당통은 공안위원회에서 대외업무를 담당했다. 그는 혁명을 굳건히 하고 더이상의 폭력을 피하기 위해서는 국내외의 반혁명세력을 무장해제하는 것이 필요하다고 생각했다. 그는 뒤무리에가 오스트리아와 맺은 휴전을 연장하려 했다. 로베스피에르는 적과 협상할 것을 요구하는 사람은 누구든지 사형에 처하자고 제안했으나, 당통은 공화국을 무제한적인 전쟁으로 빠뜨릴 위험이 있다며 반대했다. 국민공회는 당통의 제안에 따라 프랑스가 다른 열강의 국내문제에 개입하지 않는다고 선언했다. 그는 대불동맹에 균열을 일으키기 위해 비밀협상을 시도했으며, 평화를 얻기 위해서라면 왕비를 양도할 준비가 되어 있었다. 국내문제에서도 당통은 파리의 구와 클럽들이 요구하는 통제경제, 국민총동원령, 혐의자법 등에 반대했다.

지롱드파와 산악파의 투쟁은 계속되었다. 산악파는 상퀼로트와 연대하기 위해 그들의 과격한 사회적 요구들을 수용하려 했다. 4월 15일 에베르는 파리코뮌 대표단을 이끌고 국민공회에 가서 22명의 브리소파 의원들이 뒤무리에와 공모하여 프랑스를 연방국가로 만들려 했다고 고발했다. 지롱드파는 당통의 반대—그는 "국민공회를 손대지 마라!"라고 외쳤다—에도 불구하고 마라를 고발함으로써 대응했다. 그러나 혁명재판소는 마라를 무죄 방면했고 마라는 민중의 환호를 받으며 의회로 개선했다. 국민공회는 코뮌의 봉기 위협을 조사하기 위해 전원 지롱드파로 구성된 12인위원회를 발족시켰고, 위원회는 에베르와 바를레를 체포했다.

이스나르는 그들의 석방을 요구하러 온 대표단에게 "파리를 완전히 파괴할 것"이라고 위협했다. 5월 26일 로베스피에르는 자코뱅 클럽에서 민중봉기의 때가 왔다고 외쳤다. 5월 31일 파리 국민방위대장 앙리오가 이끄는 상퀼로트는 국민공회를 에워싸고 지롱드파의 체포와 사회적 조치들의 시행을 요구했다. 6월 2일 8만 명의 상퀼로트가 150대의 대포로 무장하고 국민공회를 포위했다. 국민공회는 지롱드파 의원 29명의 체포 요구에 굴복했다. 이로써 지롱드파는 혁명의 무대에서 사라졌다. 이와 동시에 디드로, 돌바크 남작, 엘베시위스, 콩도르세의 계몽사상에 의거한 혁명도 종언을 고했다. 민중 담론으로 무장한 로베스피에르의 독재가 시작되었다. 조나단 이스라엘에 의하면 "혁명의 비극"이었다.[7]

로베스피에르를 위시한 산악파의 핵심세력은 민중의 개입을 환영했으나 국민공회 의원들의 다수는 의회 모독에 분노했다. 당통은 어느쪽 입장도 취하지 않았다. 코르들리에 클럽은 그가 상퀼로트의 행동을 막으려 했다고 비난했다. 자택에 구금된 지롱드파 의원들은 느슨한 감

시—의도적인?—를 뚫고 탈출했다. 공안위원회의 태도에 고무된 75
명의 의원들은 '항의서'를 작성했다.

당통은 지쳤고 세력도 약해졌다. 당통은 자코뱅 클럽과 국민공회에
나오지 않았을 뿐만 아니라 공안위원회도 소홀히했다. 7월 10일 공안
위원회를 개편하는 날 그는 자기를 제외해줄 것을 요구했다. 국민공회
는 그의 요구에 따라 그를 배제했다. 로베스피에르파가 대거 공안위원
회에 들어갔고 로베스피에르 본인도 2주 후에 들어갔다.

단두대에 오른 관용파

1793년 여름에 파국적인 사건들이 연이어 일어났다. 리옹, 보르도, 마
르세유 같은 지방 대도시에서 연방주의 반란이 일어났고 방데에서는
'가톨릭 근왕군'이 기세를 올리고 있었으며 국경 전선에서는 발랑시엔
과 마인츠(마양스)가 항복했다. 파당들 간의 권력투쟁이 치열했고 경제
위기도 심각했다.

당통은 7월 12일에 자코뱅 클럽으로 돌아왔고, 국민공회 의장으로
선출되었다(7월 25일~8월 8일). 8월 12일 그는 파리에 모인 일차 회의
대표들의 열기에 고무되어 국민공회 해체, 혁명력 1년(1793) 헌법의 즉
각 시행, 국민 총동원, 혐의자 체포, 탈영자 처형 등과 같은 과격한 조
치들을 요구한 후 "1차 회의 대표들이 국내의 적에게 '공포'의 타격을
가했으니 이제 우리가 그들의 바람에 호응해야 한다"고 역설했다. 전에

도 그랬듯이, 당통은 민중이 폭력을 행사하기 전에 국가가 나서서 민중의 행동을 대신해야 한다고 주장한 것이다.[8]

상퀼로트를 주도한 에베르파는 당통의 '온건주의'를 비난했다. 육군부 사무국장인 뱅상은 코르들리에 클럽에서 "이 인간은 말은 거창하게 하고 애국심을 과시하지만 우리는 속지 않는다"라고 말했다. 9월 2일, 지중해의 항구 도시 툴롱이 영국에 넘어갔다는 소식을 들은 상퀼로트는 코뮌의 지지 속에 새로운 봉기를 준비했다. 9월 5일 시위자들은 국민공회를 에워싸고 '공포정치'를 요구했다. 상퀼로트의 요구대로 파리 혁명군이 창설되었고 혐의자법이 제정되었다. 비요 바렌과 콜로 데르부아가 공안위원회에 들어갔다.

9월 5일과 6일, 국민공회는 당통이 공안위원회에 들어갈 것을 결의했으나 그는 거절했다. 그는 9월 13일 썼다. "나는 어떤 위원회에도 들어가지 않고 모든 사람의 박차拍車가 될 것이다." 그러던 그가 갑자기 사라졌다. 10월 13일 국민공회 의장은 당통의 편지를 낭독했다. "나는 심각한 병을 고치고 회복 기간을 단축하기 위해 고향의 공기를 마시려고 합니다. 국민공회는 내가 아르시 쉬르 오브에 가는 것을 허락해주길 바랍니다. 회복되는 대로 복귀할 것입니다." 그의 말대로 지쳤기 때문일까? 아니면 마리 앙투아네트 재판과 지롱드파 재판이라는 힘든 순간을 피하려 했기 때문일까?

그의 부재중에도 그의 동지들은 공안위원회를 계속 공격했다. 25일 뛰리오는 공안위원회의 경제 정책과 사회 정책을 비판했다. 국민공회는 발랑시엔이 항복할 때 발랑시엔에 파견 나가 있던 브리에를 공안위원으로 선출했다. 로베스피에르는 이 결정을 철회하지 않으면 자신이 공안위원회를 떠나겠다고 위협했다.

로베스피에르는 국민공회가 공안위원회를 전폭적으로 신뢰할 것을 요구했고 국민공회는 기립하여 그의 요구에 응했다. 10월 말 지롱드파 22명이 혁명재판소로 소환되었다. 마담 롤랑, 바이이, 바르나브, 우샤르, 비롱 등 177명이 1793년의 마지막 3개월 동안 처형당했다. 고향에 있던 당통은 "나는 그들을 구할 수 없다"며 침통해했다. 그는 도미티크 가라에게 말했다. "나는 지롱드파에게 여러 차례 평화를 제안했지만 그들은 거절했다. 그들은 나를 믿지 않았고 나를 파멸시키려 했다. 그들은 우리를 상퀼로트주의의 무기 아래로 몰아넣었다. 상퀼로트주의는 그들을 먹어치웠으며 우리를 먹어치울 것이고 자기 자신을 먹어치울 것이다."

당통은 11월 20일 인도 회사 청산법령 위조 사건에 연루된 자기 동지들을 구하기 위해 돌아왔다. 샤보와 바지르는 11월 9일 체포되었다. 공안위원회는 파브르 데글랑틴의 불법 서명에 대해 알고 있었지만 그대로 두었다. 에베르파의 탈그리스도교 운동을 공격하기 위해서 당통이 필요했기 때문이다. 탈그리스도교 운동과 상퀼로트에 대한 공격을 고리로 로베스피에르-당통 축이 형성되었다. 당통파는 로베스피에르의 암묵적인 동의하에 에베르파 지도자들을 공격했다. 카미유 데물랭은 코르들리에 클럽을 장악하고 있는 에베르파를 겨냥하여 《원조 코르들리에》라는 새로운 신문을 간행했다. 처음 몇 호에서 그는 에베르파와 탈그리스도교 운동을 공격하여 큰 성공을 거두었다. 그 무렵 전승 소식이 전해졌다. 방데 전쟁은 승기를 잡았고, 리옹 반란을 진압했으며, 툴롱을 되찾았다. 국경에서는 대불동맹군을 격퇴했다.

당통은 군사적인 상황이 호전되면 공포정치를 끝내고 평화를 수립해야 한다고 생각했다. 11월 24일 국민공회는 혁명정부를 공안위원회와 보안위원회 통제 아래에 두는 법을 논의했다. 당통은 공안위원회가 임면하는 국가위원들이 중앙권력을 대신하여 지방 정부를 감독하게 하자고 제안했다. 코르들리에 클럽이 장악하고 있는 파리코뮌의 권한을 제한하려는 것이었다.

11월 26일 당통은 파견의원들이 자행하는 공포정치를 고발했다. "우리는 배신자들을 끝까지 추적하되 실수와 범죄를 구분해야 한다. 민중의 의지는 공포정치가 실시되어야 한다는 것이지만, 그것은 공화국의 진정한 적들에게만 향해야 한다. 혁명적 열정이 부족한 사람을 죄인인 양 다루는 것은 민중의 의지가 아니다." 로베스피에르는 당통이 온건주의자라는 비난을 받자 당통은 자기 못지않은 '애국자'라고 옹호했다.

당통파는 에베르파를 공격하는 것으로 그치지 않고 공포정치와 혁명정부 자체를 공격했다. 12월 12일 부르동은 국민공회에서 공안위원회의 인적 갱신을 요구했고 메를랭 드 티옹빌은 매달 3분의 1을 교체하자고 제안했다. 17일 파브르 데글랑틴, 부르동, 필리포는 공안위원회와 보안위원회에 알리지 않고 국민공회로 하여금 두 명의 에베르파 지도자인 롱생과 뱅상을 체포하라고 요구했다. 《원조 코르들리에》는 억울하게 체포된 진정한 혁명가들을 풀어주기 위해 '관용위원회'를 설치하자고 주장했으며, 자코뱅 클럽과 공안위원회를 공격했고, 로베스피에

르를 "덕의 교회에 있는 공화주의 퓨리턴"이라고 비판했다.[9]

로베스피에르는 당통과의 연대 희망을 버렸다. 로베스피에르는 두 적대적인 파당이 동일한 음모를 꾸미고 있다고 공격했다. 12월 25일, 로베스피에르는 말했다. "입헌정부의 중요 관심사는 시민적 자유이고 혁명정부의 중요 관심사는 공적 자유입니다. 입헌정부 아래에서 개인은 국가권력의 남용에 맞서 개인의 자유를 지킬 수 있지만, 혁명정부 아래에서 국가는 국가를 공격하는 파당에 맞서 스스로를 지키지 않을 수 없습니다. 혁명정부는 선량한 시민들 덕분에 국가를 지킵니다. 국민의 적들에게는 죽음만이 있습니다."

당통과 데물랭의 운명은 결정되었다. 비요 바렌과 콜로 데르부아는 당통과 로베스피에르를 떼어놓기 위해 보안위원회를 움직였다. 1월 12일 파브르 데글랑틴이 체포되었다. 당통은 고립되었다. 관용파의 공세는 실패로 끝났다.

최고가격제로 악화된 생계위기, 롱생과 뱅상의 석방(2월 2일) 등은 상퀼로트의 반격을 예고했다. 코르들리에 클럽이 공격을 개시했다. 공안위원회는 새로운 최고가격제 실시, 빈곤한 애국파를 돕기 위한 혐의자들의 재산 몰수 등으로 응수했다. 3월 2일 롱생은 봉기를 선동했다. 에베르는 로베스피에르가 관용파와 손을 잡았다고 비난했고, 카리에는 "신성한 봉기"를 외쳤다. 그러나 코뮌이 따르지 않아 봉기는 실패했다. 고립된 코르들리에 지도부는 3월 13~14일 밤에 체포되었다. 공안위원회는 이들을 '외국의 음모'의 공범처럼 보이도록 하기 위해 이들과 외국인 망명자인 클로츠, 프롤리, 페레이라 등을 뒤섞어 재판했고 3월 24

일 모두 처형했다.

로베스피에르는 3월 15일 국민공회에서 "모든 파당은 일거에 격멸해야 한다"며 관용파를 공격했다. 그러나 그는 혁명 동지인 당통을 살생부에 넣는 데는 주저했다. 그는 당통을 만나 이야기를 나누었다. 두 사람 사이에 무슨 이야기가 오갔는지는 알 수 없지만, 대화를 마친 후 로베스피에르는 더욱 차가워졌다. 로베스피에르는 루이르그랑 콜레주 동창이며 자신이 결혼식 증인을 선 데물랭에 대해서도 망설였다. 그러나 콜로 데르부아, 비요 바렌, 생쥐스트의 압력이 그의 결심을 굳혔다.

당통 체포영장이 작성되었다. 비요 바렌이 먼저 서명했다. 카르노는 서명하면서 말했다. "당통과 같은 인물의 목은 많은 목을 요구할 것이다." 로베스피에르는 마지막에 서명했다. 공안위원 가운데 랭데는 서명을 거부했다. 당통은 도주하라고 조언하는 사람들의 말을 듣지 않았다. "신발 밑창에 조국을 가지고 갈 수는 없다."

3월 30일 공안위원회는 당통, 들라크루아, 카미유 데물랭, 필리포의 체포를 명했다. 생쥐스트가 국민공회에서 보고할 책임을 맡았다. 국민공회에서 르장드르는 피고들의 방어를 허용할 것을 요구했고 일부 의원들이 동조했다. 그러자 로베스피에르가 개입했다. "르장드르는 당통에 대해 이야기합니다. 아마도 그 이름에 특권이 붙어있다고 생각하기 때문에 그러는 것 같습니다. 아닙니다. 우리는 특권을 원하지 않습니다! 우리는 우상을 원하지 않습니다!" 그는 르장드르를 노려보면서 덧붙였다. "떠는 사람은 죄가 있는 사람입니다." 생쥐스트는 로베스피에르가 넘겨준 메모를 참고해서 작성한 보고서를 제출했다. 당통 재판 전날 로베스피에르가 작성한 메모장(20여 페이지)에는 다음과 같은 내용이 들어있다.

1. 당통은 내가 '덕'에 대해 말하자 그는 매일 밤 자기 부인에게 보여주는 덕보다 더 확실한 덕은 없다고 말했다.

2. 내가 공적 매체에 나타난 브리소파의 중상·비방들을 당통에게 보여주자 그는 "아무려면 어떤가! 여론은 매춘부고, 후손들은 바보야!"라고 말했다.

3. 당통에게 지롱드파에 대해 불만을 털어놓아도 소용이 없었다. 그는 파당은 없으며 모든 것은 허영심과 개인적인 적개심의 결과라고 말했다.

4. 당통은 사기꾼을 이용해야 한다고 말할 정도로 불순한 음모자들로 둘러싸여 있다. 그는 악덕에 대한 관용을 말했는데, 세상에 타락한 인간들이 있는 만큼 그에게 동조자들이 붙을 것이다. 이것이 아마 그의 정치의 비밀일 것이다.

5. 로베르가 주최한 다과모임을 잊어서는 안 된다. 파브르, 당통, 빔펜이 참석했고, 오를레앙 공은 펀치를 만들었다. 그들은 산악파 의원들을 유혹하고 타락시키려 했다.

6. 그는 폭군의 죽음을 원치 않았다. 그는 뒤무리에처럼 폭군을 추방하는 정도로 만족했다.

7. 그는 5월 31일 혁명을 두려워했다. 그는 그것을 무산시키려 했거나 혹은 앙리오가 국민공회 의원들의 자유를 훼손했다는 구실로

앙리오의 목을 침으로써 그것을 자유에 대한 공격으로 전환시키
려 했다.

8. 당통은 모든 죄인을 사면하기를 바랐고 그 이유를 공개적으로 설
명했다. 따라서 그는 반혁명을 원한 것이다. 그는 국민공회의 해
산, 정부의 파괴를 원했다. 그는 따라서 반혁명을 원한 것이다.

9. 당통은 배은망덕하고 음험하다. 그는 데물랭의 마지막 글을 칭찬
했다. 그는 자코뱅 클럽에서 데물랭의 글을 위해 언론의 자유를
요구했다. 내가 그것들을 불태울 것을 제안했을 때 말이다. 나의
마지막 방문에서 그는 데물랭에 대해 경멸적으로 말했다. 그는
그의 탈선을 사적이고 부끄러운 악덕 탓으로 돌렸다. 그것은 혁
명과는 전혀 어울리지 않는 악덕이다.[10]

실질적으로는 로베스피에르가 작성한 것이나 다름없는 생쥐스트의
보고서는 당통이 부패했으며, 미라보, 입헌군주주의자들, 오를레앙파,
지롱드파 등을 지지했고, 왕의 처형을 반대했으며, 1793년 5월 31일의
거사에 반대했고, 뒤무리에를 도와 프로이센군의 퇴각을 도왔으며, 뒤
무리에와 함께 국민공회를 전복시키려 했다고 비난했다.

에베르파의 경우와 마찬가지로, 이들도 정치범들, 독직자들(파브르,
샤보, 바지르, 들로네), 전직 신부 에스파냑 같은 군수업자, 오스트리아
은행가인 프라이, 스페인 재정가 구즈만 등과 뒤섞여 합동으로 재판을
받았다. "외국의 음모"로 엮기 위해서였다.

판결은 미리 나와 있었다. 두 차례 폐회 후에 검사인 푸키에 탱빌과

재판장인 에르망은 피고들이 민중에게 호소하려 한다며 공안위원회가 행동지침을 내려줄 것을 요청했다. 생쥐스트는 의회에 가서 피고들이 법정에 반대하는 반란을 일으켰으며, 데물랭의 부인과 디옹 장군이 피고들을 구하고 공안위원회 의원들을 살해할 음모를 꾸몄다고 말했다. 의원들은 데물랭 부인의 체포를 결정했고 혁명재판소를 모독한 수인들을 재판에서 배제하고 재판할 수 있다고 결정했다.

이로써 재판은 사실상 종결되었다. 배심원들은 유죄 평결을 내렸다. 한 배심원은 말했다. "이것은 재판이 아니라 정치적인 행위이다. 우리는 배심원이 아니라 정치인이다. 두 사람이 공존하는 것은 불가능하다. 한 사람은 죽어야 한다. 당신은 로베스피에르가 죽기를 원하는가? 아닐 것이다. 그렇다면 당신은 당통을 단죄한 것이다."[11]

당통의 말 가운데 일부가 남아 있다. "내가 매수되었다고! 내가! 나처럼 강인한 사람은 돈으로 살 수 없다!" 성, 이름, 거주지를 묻자 "얼마 있으면 무無에 있을 것이고, 내 이름은 팡테옹에 있을 것이다"라고 대답했다. 실증주의자인 오귀스트 콩트는 특히 이 구절에 주목하여 당통이 무신론자이고, 계몽사상가인 무신론자 디드로의 영향을 받았다고 보았다.[12] 콩트에 앞서 미슐레는 당통이 루소, 디드로, 돌바크 남작, 엘베시위스의 제자라고 말했다.[13]

당통은 4월 5일 서른네 살의 나이로 단두대에 올랐다. 그는 수레에 실려 로베스피에르 집 앞을 지나면서 "로베스피에르, 너는 내 뒤를 따를 것이다!"라고 외쳤으며 단두대에 오르기 전에는 "잊지 말고 내 머리를 인민에게 보여주어라. 내 머리는 그럴 만한 가치가 있을 것이다"라고 말했다고 전해진다.

실용주의적 혁명가

당통과 로베스피에르는 혁명 동지이자 친구였다. 그들은 대조적인 성격을 지녔지만 서로 상대방을 높이 평가하고 비호하면서 혁명을 이끌어왔다. 그들은 "혁명의 두 기둥", "자유의 두 기둥"으로 불렸다.[14]

19세기에 공화주의 전통은 당통을 복권시켰다. 미슐레는 1792년 여름 "위기에 빠진 조국"을 구한 당통을 혁명의 화신이라고 평가했고, 당통의 죽음과 함께 공화국이 죽었다고 보았다. 에드가 키네는 당통의 "대담함" 연설에서 민중의 함성을 들었다. 그 무렵, 실증주의자인 콩트는 당통을 실증주의의 예언자로 묘사했다. 프랑스 계몽주의에는 볼테르의 부정적 합리주의, 루소의 종교성, 디드로의 원原실증주의라는 세 가지 흐름이 있는데, 그것은 혁명기에 각각 "지롱드파의 회의주의, 로베스피에르의 신정정치, 당통의 갱생적 해방"으로 이어졌다는 것이다.

갱생적 해방이란 그리스도교로부터의 해방을 의미한다.[15] 제3공화국의 공화주의자들은 혁명의 공화주의적 화신이면서도 공포정치에 연루되지 않은 사람을 찾았는데 당통이 그에 부합하는 인물이었다. 당통의 이름을 딴 거리, 학교, 조각, 함정이 나왔고, 그의 이름은 많은 공공 기념행사에서 언급되었다. 당통은 조국이 위기에 빠졌을 때 조국을 구한 인물이었다.

20세기 초, 급진주의자인 알퐁스 올라르와 사회주의자인 알베르 마티에 사이에 당통과 로베스피에르를 두고 대논쟁이 벌어졌다. 올라르는 1886년에 소르본대학에 설치된 프랑스혁명사 강좌의 초대 주임교수였고 마티에의 박사학위 논문 지도교수였다. 올라르는 당통이 프랑스혁명을 상징하는 위대한 인물이라고 평했으나 마티에는 스승의 해석에 반기를 들었다. 마티에는 당통의 회계보고서를 샅샅이 조사하고 그의 의심스러운 친구들을 꼼꼼히 분석하여 당통의 부패를 입증했다. 그는 《프랑스혁명사 연보》를 창간하여 로베스피에르의 업적을 찬양하고, 로베스피에르와 생쥐스트의 논고를 뒷받침하는 자료를 발굴했다. 그를 중심으로 결성된 '로베스피에르연구회' 역사가들에게 당통은 부패한 위선자였다. 마티에는 다음과 같이 요약했다. "당통은 향락적인 대중선동가였다. 그는 궁정, 라메트, 군수업자, 반혁명가 등 모든 사람의 매수에 넘어갔다. 그는 승리를 의심하고 어둠 속에서 적과 부끄러운 평화를 모색한 나쁜 프랑스인이었고 왕당파의 최고 희망이었던 위선적인 혁명가였다."[16]

로베스피에르는 '청렴지사'였다는 점에서 당통의 부패는 더욱 비교되었다. 그런데 과연 당통은 부패했을까? 당통의 부패 의혹은 많다. 왕실참사회 변호사직 매입 잔금과 채무를 어떻게 변제했을까? 집과 교회재산 매각 토지는 어떻게 구입했을까? 미라보가 관리한 궁정의 돈을 받았을까? 왕이 베르사유에서 파리로 옮겨갈 때, 튈르리궁을 공격할 때 돈을 받았을까? 오를레앙 공작의 돈을 받았을까? 국왕 재판에서 사형을 피하도록 공작하면서 돈을 받았을까? 점령지 벨기에에서 귀중품을 빼돌렸을까? 의혹을 입증하는 증언, 증거, 편지, 회고록 등은 많지만 시대 상황으로 볼 때 신뢰성을 확신할 수는 없다. 마티에의 뒤를 이어 조르주 르페브르에서 알베르 소불, 모나 오주프를 거쳐 프랑수아 퓌레에 이르는 거의 모든 역사가는 당통이 돈을 받았을 것으로 본다.

프랑수아 퓌레는 마티에가 입증한 자료들이 당통의 부패를 확인해 준다고 인정했지만, 역사는 "도덕의 학교가 아니다"라며 당통이 혁명의 대의를 위해 기여한 바를 간과하지 않았다.[17] 구국의 영웅인가 부패한 기회주의자인가? 제라르 왈테르는 다음과 같이 명쾌하게 결론 내린다.

> 우리는 당통에게 무엇을 묻는가? 그가 정치하면서 얼마나 많은 돈을 벌었고 어떻게 벌었나? 그가 혁명에 기여한 것이 무엇인가? 이 두 번째 측면에서 그를 판단하려 한다면, 알아야 할 것은 그의 재산목록이 아니라 그의 행동목록이다. 그의 행동목록이 당통의 행동은 혁명의 승리에 실제로 기여했음을 입증한다면 그가 궁정으로부터 혹은 다른 곳으로부터 3만 리브르를 받았는지 30만 리브르를 받았는지 심지어는 300만 리브르를 받았는지는 별로 중요하지 않다. 반대로, 그가 단 한 푼도 손대지 않았다는 사실이 증명될지라도, 그가 독일군과 망명 귀족들이 파리를 향해 진군할 때 혁명 프랑스의 구원자가 아니었다면 우리는 그를 '참으로 정직한 사람'이라고 선언할 수는 있지만 위대한 혁명가의 명단에서 삭제할 수도 있을 것이다.[18]

국가가 혁명과 전쟁이라는 위기에 빠져 있을 때 혁명가를 평가하는 기준이 '도덕'이나 '이상'일 수는 없을 것이다. 당통은 혁명을 이상주의적인 관점에서가 아니라 실용주의적인 관점에서 바라보았다. 그는 완전히 새로운 인간을 창조한다거나 '덕의 공화국'을 건설한다거나 하는 천년왕국적인 관념을 가지지 않았다. 그에게 혁명은 인간의 조건을 현실적으로 개선하는 것이었다. 그는 언제나 현실에 발을 내리고 있었다. 그는 적을 박멸하기보다 화합하려 했고, 위기에 빠진 조국을 구하려 했으며, 전쟁보다 평화를 원했다.

로베스피에르
─혁명의 수사학

루소의 사도

막시밀리앵 드 로베스피에르Maximilien de Robespierre는 1758년 5월 6일 아르투아 지방의 아라스에서 태어났다. 그의 집안은 16세기 말 아르투아 지방에 정착한 이래, 검사, 공증인, 변호사 등 법률가 집안으로 기반을 다졌다. 이들은 법복귀족의 작위를 취득하지 못해 귀족은 아니었지만 귀족임을 뜻하는 드de를 이름에 사용했는데, 이렇게 부르주아에서 귀족으로의 신분상승을 바란 것은 당시에는 유별난 일이 아니었다. 로베스피에르는 혁명 후에도 종종 자기 이름을 '드 로베스피에르'라고 표기하다가, 귀족제가 공식 폐지되고 3개월이 지난 1790년 9월부터

'de'를 사용하지 않았다.

아버지인 아라스의 변호사 프랑수아 드 로베스피에르는 지역 양조업자의 딸인 자클린 카로와 결혼했다. 결혼 당시 신부는 임신 중이어서 신랑의 부모는 수치심 때문에 결혼식장에 나오지 않았다. 부부는 막시밀리앵, 샤를로트, 앙리에트, 오귀스탱을 낳았다. 앙리에트는 아홉 살이 되던 1780년에 사망했고, 오귀스탱은 '열월 정변' 때 형과 함께 단두대에 올랐으며, 샤를로트는 두 형제에 대한 회고록을 남기고 1834년에 세상을 떠났다. 1764년 7월 어머니가 다섯째 아이를 낳은 직후 사망하자 상심한 아버지는 2년 후 집을 떠나버렸다. 아이들은 외조부와 이모들의 손에서 자랐다.

1765년 로베스피에르는 가톨릭교회에서 운영하는 아라스 콜레주에 들어갔다. 그는 학업 능력을 인정받아 파리에서 공부할 수 있도록 수도원 장학금을 받았고, 그 덕분에 1769년 명문 루이르그랑(루이 14세) 콜레주에 들어가 12년간 공부했다. 로베스피에르는 동료들과 잘 어울리지 못했지만 학업 성적은 뛰어났다. 특히 라틴어, 라틴 문학, 철학, 역사 등 고대 공화국 로마와 그리스 문명 과목에서 두각을 나타냈다. 학생들로부터 '로마인'이라고 불리던 수사학 담당 에리보 신부는 로베스피에르에게 각별한 관심을 보였고 제자가 로마인을 닮았다고 말했다.

그가 현실에서 추종한 인물은 루소였다. 그는 루소의 저작에 심취했고 직접 루소를 찾아가 만나기도 했다. 루소의 영향 때문인지, 후일 그는 "별로 독실하지 않은 가톨릭신자"였다고 고백했다. 확실하지는 않지만 프리메이슨에 가입했을지도 모른다. 1775년 로베스피에르는 루이 16세가 랭스에서 축성을 받고 베르사유로 돌아가는 길에 관례대로 루이르그랑 콜레주를 경유하자 학생 대표로 왕과 왕비를 환영하는 축사를 낭독했다. 젊은 왕과 왕비는 빗속에 무릎 꿇고 있는 그를 그대로 남겨둔 채 아무런 답도 하지 않고 귀로를 재촉했다.

로베스피에르는 1780년 파리대학 법학부에 들어가 이듬해 5월 법학사 학위를 취득했고 2주 후 파리 고등법원 변호사가 되었다. 그러나 그는 곧바로 고향으로 돌아가 1781년 11월 아르투아 지방 재판소 변호사가 되었다. 1782년 3월에는 아라스 교구 재판소 판사직을 겸했으나 사형선고를 내리는 것이 괴로워 사직했다.

1783년에 수임한 두 사건이 그를 지역의 유명 인사로 만들었다. 첫 번째 사건은 생토메르 피뢰침 사건이었다. 생토메르의 주민들은 비스리라는 물리학자가 자기 집에 피뢰침을 설치하자 신성모독 행위라며 제소했고 재판관은 피뢰침 철거를 명령했다. 로베스피에르는 이 사건을 수임하여 승소했다. 그의 변론은 벤자민 프랭클린에게 경의를 표하는 것으로 시작하여 과학적 근거들과 계몽사상에 대한 칭송으로 가득했다.

두 번째 사건은 드퇴프 사건이었다. 앙생의 베네딕트 수도회 소속 방탕한 수도사 돔 브로냐르는 자기의 구애를 거절한 여성에게 복수하기 위해 그녀의 오빠인 밧줄 제조공 드퇴프를 절도죄로 고소했다. 드퇴프의 변호를 맡은 로베스피에르는 드퇴프에 대한 기소 취하를 얻어낸 후, 브로냐르를 비호한 수도원을 상대로 손해배상 청구 소송을 제기했다.

젊은 변호사는 야심만만했고 능력을 인정받았다. 1783년 11월에는 아라스 아카데미 회원으로 선임되었고, 이듬해에는 메츠 아카데미 콩쿠르(《범죄자가 받는 명예형과 결부된 치욕의 일부를 그 가정의 구성원들에게 확장해야 한다는 견해는 무엇에 근거한 것인가?》)에 응모하여 400리브르의 특별상을 받았다. 이 논문에서 로베스피에르는 몽테스키외와 루소의 가르침에 기대어 덕은 건강한 사회의 초석이며, 공화국에서 개인의 이익은 전체의 이익을 위해 희생해야 한다고 주장했다.[1]

1786년에는 아라스 아카데미의 회장(1년 임기)으로 선출되어 사회적 불평등, 빈곤, 편견을 비판하는 연설을 했다. 그는 여기에서 공병 대위였던 라자르 카르노를 만났는데, 두 사람은 후일 공안위원회에서 함께 일한다. 1787년에는 로자티회라는 지역 명사들의 문학 서클에 들어가 짧은 연시를 발표하기도 했다. 아마도 여기에서 과학 교사이며 동생 샤를로트에게 구애했던 조셉 푸셰와의 악연이 시작된 것으로 보인다.

로베스피에르는 성공적으로 지역사회에서 기반을 다지고 있었다. 1788년 8월 8일, 삼신분회 소집 공고가 나왔다. 1789년 1월에 로베스피에르는 〈아르투아 삼신분회 개혁의 필요성에 대하여 아르투아 주민에게〉라는 글을 발표하여 사회적 불평등을 비판했고 개혁의 필요성을 천명했다. 로베스피에르는 가난한 제화공들의 진정서를 작성하는 책임을 맡았다. 선거일에 즈음하여 그는 〈아라스의 제3신분 회의에서 벌어진 일에서 가면이 벗겨진 조국의 적들〉이라는 글을 발표하여 개혁적인 민중변호사로서의 존재를 과시했다. 그는 1789년 4월 26일 아르투아 제3신분 대표 8명 가운데 한 명으로 선출되었다.

1789년 5월 5일 베르사유에서 삼신분회가 열렸다. 로베스피에르는 루이르그랑 콜레주에서 고대 그리스와 로마의 문학과 역사를 공부했고 문학 아카데미에서 시를 발표했으며 변호사로서의 변론 경험을 쌓았기 때문에 치밀한 논리와 화려한 수사학을 동원하여 연설문을 작성할 수 있었다.

로베스피에르는 자신을 루소와 동일시했다. 그는 〈막시밀리앵 로베스피에르가 장 자크 루소의 망혼에게 바치는 헌사〉를 쓰며 혁명 의지를 다졌다. 로베스피에르가 실제로 〈헌사〉를 썼는지에 대해서는 논란이 있지만, 연구자들은 동생인 샤를로트의 증언을 받아들여 로베스피에르를 실제 작성자로 본다.[2]

〈헌사〉는 정치적 유언 같은 분위기를 띠고 있다. 로베스피에르는 죽음을 마다하지 않고 새로운 사회를 건설하는 데 헌신하겠다고 다짐하는데, 그가 꿈꾼 새로운 사회는 '덕'이 지배하는 사회이고, 그 '덕'은 "신과 같은 분"으로 추앙하는 루소가 계시한 것이다. 〈헌사〉에서 유독 《고백》만 강조한 것은 '박해받는' 루소의 이미지를 자기의 이미지에 투영했기 때문이 아닐까 싶다. 로베스피에르는 루소가 동시대의 계몽사상가들로부터 박해받았듯이 자신도 동시대의 혁명가들로부터 박해받고 있다고 생각했다. 이러한 박해의식은 혁명이 심화될수록 그를 더욱 강하게 압박했다. 혁명기의 일반적인 정신병리가 그렇듯이 로베스피에르는 의심, 불안에 시달렸으며 그럴수록 집요하게 음모를 고발했다. 그에게 비우호적인 매체들은 그를 "정신병자", "광인"이라고 부르는 등 그의 심리 상태를 의심하기도 했다.[3]

"민중이 주권자다"

베르사유에 도착한 로베스피에르는 미라보, 제롬 페티옹, 라메트 형제 (로베스피에르와 같은 아르투아의 제2신분 대표), 시에예스 신부, 그레구아르 신부 등과 함께 과격한 의원들의 모임인 브르통 클럽에서 활동했다. 이 클럽은 자코뱅 클럽으로 발전한다.

로베스피에르는 1789년 5월 18일 최초로 연단에 올라 발언했다. 라보 생테티엔이 제3신분 대표를 보내 특권 신분 대표들과 회담하게 하자고 주장한 데 반대하여 그는 성직자들에게만 "우정의 초청장"을 보내자고 주장했다.[4] 5월 30일에는 사형제에 반대하는 감동적인 연설을 했다. 그는 1789년 말까지 60여 회, 1790년에는 100여 회, 1791년 1월에서 9월 말까지 100여 회 발언했다.[5]

국왕에게 거부권을 부여하는 문제에 대해 미라보는 절대적인 거부권을 주장하고 바르나브는 두 회기 동안 입법부의 결정을 유예할 수 있는 한시적 거부권을 주장한 반면 로베스피에르는 일체의 거부권 부여에 반대했다. 의회가 바르나브의 제안을 채택하자 로베스피에르는 자기의 미발표 연설문을 인쇄하여 공론에 호소했다. 로베스피에르는 납세액을 기준으로 시민을 능동시민과 수동시민으로 나누어 능동시민에게만 선거권을 주는 데 반대했으며, 유대인과 배우들—"신뢰할 수 없는 사람들"—을 포함하는 모든 사람에게 선거권을 주자고 주장했고, 노예제의 폐지를 요구했다. 그러나 여성의 불평등에 대해서는 언급하지 않았다.

로베스피에르는 전적으로 민중의 편에 섰다. 풀롱과 베르티에 학살을 놓고 민중의 폭력을 우려하는 목소리가 높아지자 "풀롱 씨는 민중의 결정으로 교수형에 처해졌다"라고 간단히 말했다. 로베스피에르에게 민중의 폭력은 정당했다. 그것을 단죄하는 것은 민중을 단죄하는 것이며, 7월 14일의 민중폭력이 없었더라면 성공할 수 없었던 혁명을 단죄하는 것이었다.[6]

로베스피에르는 바스티유 요새 점령에 놀란 랄리 톨랑달 백작이 무장 병력을 동원하여 민중운동을 진압할 수 있도록 하자는 법안을 제출하자 "죄 있는 사람들의 목이 잘렸을 뿐"이라며 반대했다. 10월 21일 파리의 민중은 제빵업자 드니 프랑수아가 빵을 감추어두었다는 이유로 무참히 살해한 후 그의 목을 창에 꽂고 행진했다. 미라보뿐만 아니라 바르나브의 지지를 받은 라파예트의 동료들이 군대가 무력으로 민중집회를 해산할 수 있도록 하는 계엄령 입법을 의회에 요구하자, 로베스피에르는 근원적으로 민중을 배고프게 만드는 반혁명적인 음모를 바라보아야 한다며 반대했다. 그러나 의회는 압도적 다수로 계엄령을 채택했다.

1790년 8월 말 메츠 군사령관인 부이예가 라파예트의 비호 아래 낭시 수비대를 유혈 진압하는 사건이 벌어졌다. 로베스피에르는 장교와 사병 각각 절반으로 군사재판소를 구성할 것을 제안했으나 수용되지 않았다. 1790년 12월 5일 수동시민을 국민방위대에서 배제하자는 라보 생테티엔의 안이 논의되자 로베스피에르는 다음과 같이 질타했다.

여러분의 주권자는 민중입니다. 그들을 권리를 누릴 자격이 없는 야만적이며 타락한 존재라고 부름으로써 그들을 중상하고 모독하는 일을 그만둡시다. 정의롭지 못하고 부패한 자들은 바로 여러분입니다. 여러분은 민중의 권력을 부유한 특권 계급에게 넘겨주기를 원하고 있습니다. 선량하고 인내심 강하고 관대한 것은 민중입니다.

민중은 본질적으로 선하지만 빈곤과 강자들의 이기적인 행동 때문에 타락했다는 루소의 사상이 메아리친다. 한쪽으로는 권력자와 부자, 다른 한쪽으로는 민중이라는 이분법적 구분이 두드러진다. 부자들에 대한 적대감, 민중이 혁명의 주역이라는 의식, 동료 의원들에 대한 불신이 작렬한다. '인권선언'에서 신성한 권리로 규정된 재산권에 맞선 민중의 생존권 요구가 솟구친다. 로베스피에르는 자코뱅 클럽에서 이 연설문을 낭독했지만 의회에서는 발언권을 얻지 못해 낭독할 수 없었다. 그는 이 연설문을 인쇄하여 또다시 공론에 호소했다.

로베스피에르는 교회 개혁과 교회재산 국유화를 지지했다. 교황령인 아비뇽의 프랑스 병합에 대해, 로베스피에르는 "상호 동의에 의해 두 국민이 통합되어 하나가 되거나 국민의 일부가 국민 전체에 다시 합류하는 것"은 정복이 아니라는 논리를 내세워 병합을 지지했다. 실제로 아비뇽 주민들은 압도적인 다수결로 프랑스에의 병합을 결정했고 국민의회는 1791년 9월에 그것을 승인했다.

병합되고 한 달쯤 지난 10월 16~17일 밤에 아비뇽의 교황궁에서는 '글라시에르 탑(식품저장고) 학살'이 벌어졌다. 가난한 애국파들이 교회 기물을 약탈한 데 분노한 코르들리에 수도원의 교황파들이 코뮌의 재판소 서기인 레스퀴에를 범인으로 보고 살해하자, 이에 대한 보복으로 애국파들이 60여 명의 살해 혐의자들을 체포하여 잔혹한 학살극을 벌인 후 시신을 글라시에르 탑 구덩이에 묻어버렸다. 마라는 《민중의 친구》에서 이 학살을 정당한 처벌이라고 지지했다. 혁명정부가 파견한 조사위원들은 학살 책임자들을 체포하고 기소했으나, 1792년 3월 19일 입법의회는 이들을 사면했다. 로베스피에르도 마라나 지롱드파 의원들과 다르지 않았다. 그도 이 사건을 귀족과 교황파가 자유를 열망하고 프랑스에 병합되기를 바라는 애국파에게 저지른 학살에 대한 정당한 보복이라고 보았으며 의회의 사면을 지지했다.

1791년 5월 로베스피에르는 무제한적인 언론의 자유를 옹호하는 연설을 했다. 미라보나 라메트, 뒤포르, 바르나브 같은 소위 삼두파가 궁정과 결탁하는 것을 우려하여, 마라나 카미유 데물랭 같은 언론인들이 혁명의 파수꾼 역할을 충실히 할 수 있도록 보장하기 위해서였다. 같은 달 로베스피에르는 제헌국민의회 의원들이 부패했다며 제헌국민의회 의원들이 다음 번 의회에 재선되는 것을 금하는 동의안을 제출했다.

1791년 6월 14일 노동자들의 결사와 파업을 금하는 르샤플리에법이 통과되었다. 이때부터 프랑스에서 파업은 1864년까지 노동조합은 1884년까지 금지된다. 마라는 이 법의 심각성을 간파하고 이 법에 저항했으나 로베스피에르는 이 법에 무관심했다. 장 마생은 로베스피에르가 자본주의의 문제점을 보지 못했기 때문이라고 설명한다. 로베스피에르는 민중의 정치적 권익에는 관심이 많았지만 경제적·사회적 권익에는 관심이 없어서 투표권이나 청원권을 위해서만 싸웠지 가난한

사람들의 노동이나 임금을 위해서는 싸우지 않았다는 것이다.[7]

로베스피에르는 원칙주의와 비타협성 때문에 의회 내에서는 기피 인물이었지만 의회 밖에서는 인기가 높았다. 그는 1790년 4월에 자코뱅 클럽 의장으로, 같은 해 10월에는 베르사유 군 재판소장으로 선출되었다. 반혁명적인 매체들은 그를 "수많은 사람을 교수형에 처할" "범죄자"라는 딱지를 붙였다.[8] 1791년 6월 10일에는 파리 도 형사재판소 공공검사에 선출되었다. 재판소장으로 선출된 아드리앵 뒤포르는 그의 선출에 항의하여 사임했다. 카미유 데물랭은 그가 "청렴의 상징인 로베스피에르"를 거부했다고 비난했다.

국민의회에서 로베스피에르는 시종일관 민중의 입장을 대변했다. 미라보는 "저 사람은 멀리 갈 것이다. 그는 자신이 하는 말을 모두 믿고 있다"고 말했다. "민중의 친구" 마라는 "드 로베스피에르 씨는 대원칙을 알고 있는 것으로 보이는 유일한 의원"이라고 평가했다. 후일 로베스피에르의 분신이 되는 생쥐스트는 1790년 8월 19일 로베스피에르에게 "폭정과 음모에 맞서 이 비틀거리는 나라를 지탱하고 있는 당신은 신과 마찬가지로 제게 경이로울 뿐입니다"라며 최고의 경의를 표현했다.

"혁명은 끝나지 않았다"

혁명 과정에서 중요한 전기가 된 사건은 1791년 6월 20일의 바렌 사건이다. 그날 왕은 자신이 2년 동안 재가한 것을 모두 무효로 돌린다는 내용의 성명서를 남기고 튈르리궁을 탈출했다. 그는 외국 군대를 데리고 프랑스로 돌아와 혁명을 파괴하고 절대군주정을 회복시킬 생각이었다. 민중은 왕의 '배신'에 분노했다. 왕은 탈주에 실패하여 6월 25일 파리로 '이송'되었다. 입헌군주정 수립계획이 무산되지 않을까 우려한 보수적인 의원들은 왕이 탈주한 것이 아니라 '납치'되었다는 주장을 폈으며, 왕권을 일시 정지시키는 선에서 사건을 마무리하려 했다.

7월 13일부터 의회에서는 헌법이 왕에게 부여할 왕의 불가침성과 권력에 대한 토론이 벌어졌다. 공화주의자들은 왕의 폐위를 요구했다. 7월 14일 로베스피에르는 국민을 배신한 왕은 불가침적이지 않다고 주장했다. 그레구아르 신부, 페티옹, 뷔조, 바디에 등은 새로운 의회를 구성하여 왕을 재판하자고 요구했다. 다음 날 입헌군주주의자인 바르나브는 "자유의 길에서 한걸음 더 나아가는 것은 왕권의 폐지요 평등의 길에서 한걸음 더 나아가는 것은 소유권의 폐지가 될 것"이라며 혁명을 끝내자고 역설했다.

코르들리에 클럽은 공화정의 수립을 요구하고 국민이 왕을 재판할 것을 요구하는 청원서를 작성했다. 자코뱅 클럽도 루이 16세의 왕권 회복에 반대하는 청원서 작성에 착수했다. 자코뱅 클럽의 청원서 작성에 반대한 삼두파—바르나브, 뒤포르, 라메트—는 다수의 자코뱅 클럽 회원을 이끌고 자코뱅 클럽을 떠나 푀양 클럽을 세웠다. 로베스피에르와 브리소는 자코뱅 클럽에 남아 클럽을 정비했다.

의회는 왕권을 정지시키되 왕이 헌법을 수용하면 왕권을 회복시킬 것이라고 선언했다. 의회가 청원서 작성을 불법으로 규정하자 로베스피에르는 청원서가 민중 탄압의 구실이 되지 않을까 우려하여 자코뱅 클럽의 청원서 제출계획을 철회했다. 7월 17일, 샹드마르스 광장에는 코르들리에 클럽이 작성한 청원서에 서명하기 위해 수많은 사람이 모였다. 연맹제가 열렸던 '조국의 제단'에서 6천여 명이 서명했다. 계엄령이 선포되었고, 파리 시장 바이이와 파리 국민방위대장 라파예트는 국민방위대를 이끌고 현장으로 갔다. 국민방위대의 발포로 50여 명이 사망했다. 로베스피에르는 라파예트가 "1,500명의 평화적인 시민들을 학살했다"고 과장했다.

바렌 사건을 계기로 혁명 전부터 계몽사상가들이 모색한 공화주의가 수면 위로 떠올랐다. 7월 1일, 토머스 페인, 브리소, 콩도르세를 비롯한 공화주의자들은 《공화주의자》라는 제목의 잡지 발간계획을 알리는 벽보를 게시했다. 많은 의원은 혁명 전부터 왕정을 증오하고 공화정을 선호했지만 프랑스같이 인구가 많고 큰 나라에 공화정이 가능할지에 대해서는 회의적이었다. 가장 진보적인 인물이었던 마라도 공화정은 과두정으로 변질되기 쉬운 것이라며 프랑스에는 군주정이 적합한 통치 형태라고 말했다.[9]

로베스피에르도 마찬가지였다. 그는 자기의 정체성을 모호하게 규정했지만, 바렌 사건 당시의 로베스피에르는 공화주의자가 아니었다. 그가 보기에 공화주의는 무의미하고 분열적인 지적 도그마에 불과했다. 로베스피에르는 브리소, 콩도르세, 페인, 카라가 군주정과 공화정을 불필요하게 가르고 있다고 비난했다.

의회는 1791년 9월 3일 헌법을 가결하여 왕에게 제출했고 열흘 후 왕은 헌법에 선서했다. 같은 날 의회는 1788년 5월 1일 이후 행해진 범죄에 대해 사면할 것을 결정했다. "프랑스혁명의 목적은 제국에 헌법을 부여하는 것이었는바 헌법이 완성되고 국왕이 헌법을 받아들였으니 혁명을 끝내야 한다." 그러나 과연 혁명을 이 지점에서 끝낼 수 있을까? 1791년 9월 29일 제헌국민의회의 마지막 발언에서 로베스피에르는 "혁명은 끝났다?······나는 혁명이 끝났다고 믿지 않습니다"라고 의미심장하게 말했다.

제헌국민의회 시기에 로베스피에르는 민중과 민주주의 원칙에 충실했고 현실과 타협하지 않았다. 1791년 6월 무렵부터 로베스피에르는 '청렴지사incorruptible'라는 별명을 얻었다.[10] 제헌의회가 해산하자 루이르그랑 학생들은 삼색 리본을 두른 화환을 자랑스러운 선배에게 증정하고 "시민적 덕성과 청렴함"을 찬양했다.

로베스피에르는 제헌의원으로서의 역할을 성공적으로 마치고 아라스로 금의환향했다. 로베스피에르는 고향에서 한 달 반 정도 체류하면서 혁명이 불완전한 상태에 있으며 반혁명의 위협이 크다는 것을 느끼던 차에 파리 도 재판소 공공검사로 선출되자 파리로 돌아갔고, 자코뱅 클럽 의장 직무에 전념한다는 이유로 공공검사직을 사임했다.

5월 16일 로베스피에르의 발의로 제정된 제헌의원 재선 금지법 때문에 정작 혁명을 만들었고 혁명을 지켜야 할 사명을 지닌 의원들은 입법의회에 진출할 수 없었다. 로베스피에르는 의회에 진출할 수는 없어도 자코뱅 클럽에서 기반을 다졌기 때문에 계속 영향력을 행사할 수 있는 입장이었다.

"적은 우리 안에 있다"

10월 1일 개원한 입법의회의 최대 현안은 '전쟁'이었다. 당시 자코뱅파는 브리소파와 로베스피에르파로 분열되어 있었다. 브리소는 삼신분회에 진출하는 데는 실패했으나 파리코뮌에서 활동하며 정치력을 키웠다. 특히 그는 바스티유 요새 점령 직후 《프랑스의 애국자》라는 신문을 간행하여 여론 형성을 주도했다.

브리소파는 전쟁을 원했다. 그들은 전쟁이 네 가지 중요한 이익을 가져다줄 것이라고 주장했다. 전쟁은 망명자들과 국왕들이 가하는 외적 위협으로부터 혁명을 구해줄 것이다, 전쟁은 루이 16세를 진퇴유곡에 빠뜨리고 그가 정말 헌법에 충성하는지 보여줄 것이다, 전쟁은 민중의 불만을 다른 곳으로 돌려 적을 분쇄하는 데 이용하게 해줄 것이다, 마지막으로 전쟁은 아씨냐 지폐를 구제하고 승리한 부르주아에게 유럽 시장을 열어줌으로써 상공업의 발전을 촉진할 것이다.[11]

로베스피에르도 처음에는 전쟁을 지지했다. 11월 28일 로베스피에르는 말했다. "우리는 당신[황제]에게 지체 없이 그들[망명자들]을 쫓아낼 것을 촉구한다. 그렇지 않으면 우리는 프랑스 국민의 이름으로, 독재자의 적인 모든 국민의 이름으로, 전쟁을 선포할 것이다." 그러던 그가 2주 후에는 생각을 바꾸어 전쟁에 반대했다.

왜 생각을 바꾸었을까? 음모를 의심했기 때문이다. 음모가 판치는 혁명기에 '의심'은 아마도 정치가의 필수적인 무기일 것이다. 그는 왕, 라파예트, 브리소파 등 정적들이 한목소리로 전쟁을 지지하는 것을 의심했다. 그는 일련의 사건을 면밀히 관찰하면서 전쟁의 '함정'을 간파했다. 프랑스는 왕이 바라는 대로 패배할 가능성이 크며, 승리한다 해도 단기적으로는 라파예트의 군사독재, 장기적으로는 민중의 지지를 받은 장군의 군사독재로 끝나지 않을까 우려했다.

로베스피에르는 브리소파가 전쟁은 "자유의 십자군"이라고 부추기는 것에 대해 "아무도 무장 선교사를 좋아하지 않는다"며 반박했다. 로베스피에르는 외부의 적에 앞서 내부의 적을 먼저 처단해야 한다고 역설했다. 그러나 로베스피에르는 고립되었다. 시간이 흐를수록 민중은 전쟁을 지지했다. 4월 20일 입법의회는 루이 16세의 요구에 따라 '헝가리와 보헤미아의 왕'에게 전쟁을 선포했다.

프랑스혁명사에서 로베스피에르는 일관되게 전쟁에 반대한 것으로 유명하다. 물론 그만이 평화주의자였던 것도 아니고 그만이 전쟁을 반대했던 것도 아니다. 마라, 비요 바렌 등은 그에 앞서 음모를 간파했고 전쟁을 반대했다. 그러나 이들은 전쟁의 불가피성을 인정하는 방향으로 선회했지만 로베스피에르는 줄기차게 전쟁을 반대했다. 그러나 엄밀히 말하면 그가 전쟁 자체를 반대한 것은 아니었다. 로베스피에르는 후일 이렇게 썼다. "나는 결코 전쟁에 반대한 적이 없다. 단지 내가 말한 것은 내부의 적을 평정한 다음에 전쟁을 해야 한다는 것이었다."[12]

전쟁을 이렇게 국내정치와 연관시킨 것은 브리소도 마찬가지였다. 브리소파는 전쟁이 불가피하다거나 망명자들이 위협적이라고 생각하지 않았다. 그럼에도 그들이 전쟁 담론을 만들어낸 이유는 전쟁이라는 비상 상황을 이용하여 의회가 공공안전을 위한 비상조치를 취할 수 있도록 하는 것이며, 나아가 입헌군주정 헌법이 부과한 제약에서 벗어나 공화정으로 나아가는 명분을 마련하려는 것이었다.[13] 그러기 위해 필요한 것은 권력을 장악하는 것이었다. 그러나 왕이 예상 밖으로 전쟁 요구를 받아들여 전쟁이 일어남으로써 상황은 브리소가 애당초 원하지 않은 방향으로 밀려갔다. 지롱드파는 전쟁을 일으켜놓고 제대로 수행하지 못한 책임을 면할 수 없게 되었다. 파트리스 게니페는 브리소가 왕과 의회의 갈등을 부추기고 혁명을 폭력으로 몰고간 책임이 크다고 비판한다.[14]

로베스피에르와 브리소의 싸움이 가열되었다. 롤랑 부인의 증언에 의하면, 브리소에 대한 로베스피에르의 적대감은 너무 커서 그는 군주정이건 종교건 전쟁이건 식민지건 대의제건 브리소와 관련된 안은 자동적으로 반대했다.[15] 로베스피에르는 브리소가 헌법을 개정하려는 음모를 꾸미고 있다고 의심했다.

로베스피에르는 1792년 5월에 자신의 신문인 《헌법의 수호자》에서 "나는 귀족적인 원로원과 독재자의 채찍 아래에서 노예처럼 타락한 민중보다는 민중적인 의회와 자유롭고 존중받는 시민들이 왕과 함께 있는 것을 보기를 원한다"며 입헌군주정 체제를 인정했다. 그가 보기에 사회문제를 해결하는 데 있어서 "공화정이냐 왕정이냐"는 중요한 것이 아니었다.[16]

전쟁은 모든 것을 바꾼다. 이제 혁명 수행이 아니라 전쟁 승리가 우선순위를 차지하게 되었고, 전쟁 승리를 위해서는 혁명을 유보하거나 파괴할 수 있게 되었다. 외부의 적을 치기 전에 내부의 적을 칠 필요가 있었고, 민중이 그 일을 맡기 위해 개입하게 된다. 민중은 혁명의 주도 권을 놓고 혁명가들과 싸울 것이며, 혁명가들은 민중과의 연대 여부를 놓고 싸울 것이다. 브리소가 로베스피에르는 민중의 우상이 되었으며 공익보다 사익을 더 중시한다고 비난하자, 로베스피에르는 루소에 기대어 다음과 같은 유명한 '민중 담론'을 펼쳤다.

> 나는 장 자크 루소가 예고한 도덕적이고 정치적인 위대한 진실, 민중만이 선량하고 공정하고 관대하며, 부패와 폭정은 그들을 멸시하는 모든 사람의 배타적인 전유물이라는 진실을 이해했습니다. 나는 민중의 아첨꾼도, 중재자도, 웅변적 옹호자도, 보호자도 아닙니다. 나 자신이 바로 민중입니다.[17]

6월 8일 육군대신 세르방은 전국에서 2만 명의 연맹군을 징집하여 파리에 주둔시키는 법령을 제정하도록 의회에 요청했다. 표면적인 목표는 적의 공격으로부터 수도를 지키는 것이었고, 진짜 목표는 반동적 쿠데타에 대비하는 것이었다. 로베스피에르는 이 조치가 수도에서의 민중운동을 억압하기 위한 것으로 의심하고 반대했다. 루이 16세는 20명의 능동시민이 요구하면 선서거부신부들을 유형에 처할 수 있게 한 법과 연맹군을 파리에 주둔시키는 법에 대해 거부권을 행사했다. 6월 16일 라파예트는 의회가 자코뱅 클럽과 민중협회들을 무력화시키지 않으면 군대를 이끌고 돌아와 척결하겠다고 통고했다. 로베스피에르는 연맹군에 대한 의심을 풀고 연맹군을 동원해 라파예트의 전복 기도에 저항하자고 말했다. 브리소파는 정면 대응보다는 민중봉기를 기대했다. 로베스피에르는 민중봉기는 라파예트에게 빌미를 제공할지 모른다며 신중할 것을 요구했다. 6월 20일 1만여 명의 민중이 튈르리궁으로 몰려가 국왕에게 거부권 행사를 철회하라고 요구했다.

민중 개입에 놀란 의회 중도파는 우파에게 도움을 요청했고, 파리의 왕당파 2만여 명이 들고 일어나 주동자 처벌을 요구했다. 전선에서 달려온 라파예트는 의회 연단에서 자코뱅 클럽과 코르들리에 클럽을 폐쇄하라고 촉구했다. 브리소는 라파예트를 기소하겠다고 선언했고 로베스피에르도 동의했다. 그러나 라파예트의 높은 인기 때문에 의회는 라파예트를 기소하지 못했다. 7월 11일, 의회는 "조국이 위기에 빠졌다"며 국가 비상사태를 선포하여 왕의 거부권을 무력화시켰다.

7월 14일 연맹군이 파리로 몰려들었다. 파리의 구가 상설화되었고, 48개 구 가운데 47개 구가 국왕 폐위를 지지한다고 선언했다. 연맹군도 국왕 폐위를 요구했다. 로베스피에르는 국민을 배신한 왕을 폐위시킬 것과 왕과 공범인 의회를 해산하고 새로운 의회를 구성하라고 요구했다. 의회는 국민방위대에 수동시민을 받아들이는 법령을 통과시켰다.

8월 1일 브라운슈바이크 선언이 파리에 알려졌다. 파리는 경악했다. 8월 3일 파리 시장 페티옹은 국왕 폐위를 요구하는 청원서를 의회에 제출했다. 9일 밤 기존의 파리코뮌이 해체되고 새로운 봉기코뮌이 결성되었다. 10일 아침 파리 민중은 연맹군과 함께 튈르리궁을 공격했다. 왕은 의회로 피신했다. 봉기코뮌의 승리가 확실해지자 의회는 왕권을 정지시켰다.

역사적인 8월 10일 사건에서 로베스피에르는 어떤 역할을 했을까? 로베스피에르는 페티옹에게 보낸 편지에서 자기는 무장봉기에 대해 알지 못했다고 말했다. 로베스피에르의 적들은 그가 자기 집 지하실에 숨어 있었다고 비난했다. 로베스피에르가 봉기에 참가하지 않은 것은 확실하다. 그렇다고 로베스피에르가 8월 10일 사건에 끼친 영향을 무시할 수 없다. 그는 왕의 음모를 고발하고 민중 행동을 고무하는 데 앞장섰기 때문이다. 피쿠 구는 로베스피에르를 구의 대표로 지명하여 봉기 코뮌에 파견했다. 로베스피에르는 공화주의자가 아니었지만 8월 10일 사건의 최대 수혜자였다.

전황은 불리했다. 브라운슈바이크의 위협이 현실이 될지도 모르는 상황이었다. 봉기코뮌은 혐의자들의 가택 수색에 나섰고 3천여 명을 체포해서 투옥했다. 9월 2일 베르됭 함락 소식이 파리에 전해지자 코뮌은 전시태세에 돌입했다. 병사들이 국경으로 떠나면 투옥되어 있는 혐의자들이 봉기할 것이라는 소문이 돌았고, 마라는 민중의 적에게 가족의 운명을 맡기지 말라고 선동했다. 의용군, 연맹군, 상퀼로트, 국민방위대들이 감옥으로 몰려가 학살을 시작했다. 파리에서만 1,100여 명이 참혹한 죽음을 맞이했다.

당국은 속수무책이었다. 법무장관 당통은 아무런 통제력을 행사할 수 없었다. 봉기코뮌의 절대권력 앞에서 로베스피에르를 포함한 대부분의 의원은 무력했다. 국민공회 선거가 실시되는 상황에서 선거를 유리하게 이끌기 위해 음모만 꾸밀 뿐이었다. 로베스피에르는 브리소파가 브라운슈바이크를 프랑스 왕으로 옹립하려 했다고 고발했다. 코뮌은 브리소의 집을 수색했다. 코뮌은 내무장관 롤랑에 대한 체포영장을 발부했으나 당통의 저지로 철회되었다. 브리소와 콩도르세는 9월 학살의 야만성에 경악했고 코뮌과 산악파 지도자들에게 책임을 물었다. 학살을 막지 못한 일차적인 책임은 당시 파리 시장이었던 페티옹과 내무장관이었던 롤랑에게 돌아갔다. 샤를로트 로베스피에르에 의하면, 그녀의 오빠와 페티옹의 오랜 우정은 9월 학살을 계기로 회복 불능 상태로 악화되었다.[18]

9월 학살의 공포 분위기에서 진행된 국민공회 의원 선거에서 로베스피에르, 당통, 마라를 위시한 산악파 지도자들은 파리에서 압승을 거두었다. 국민공회에서 9월 학살의 책임 공방이 벌어진 것은 당연했다. 11월 5일 지롱드파가 파리코뮌과 로베스피에르의 책임을 거론하자 로베스피에르는 다음과 같이 9월 학살을 옹호했다. 로베스피에르의 유명한 말이다.

시민들이여, 여러분은 혁명 없는 혁명을 원합니까?……공공의 안전이 요구하는 유익한 예방책들을 형법전을 손에 들고 평가해야 합니까?……왜냐하면 이 모든 것들이 불법이라면 혁명도, 왕정 붕괴도, 바스티유 감옥 점령도, 심지어는 자유도 불법이기 때문입니다.

그 후에도 그는 여러 차례 9월 학살을 정당화했다. 1793년 2월 4일에는 9월 학살을 "기념비적인 8월 10일의 필연적인 연속"이라고 말했으며, 1794년 4월 10일에는 "혁명적 정의"라고 말했다.

국민공회는 개원하자마자 왕정을 공식 폐지하고 공화정을 출범시켰다. 탕플에 수감되어 있는 왕을 어떻게 할 것인가? 지롱드파는 국왕 기소와 재판에 대해 미온적이었던 반면 산악파는 공세를 폈다. 생쥐스트는 "누구도 죄 없이 군림할 수는 없습니다. 군림하는 왕의 광기는 너무도 명백하기 때문입니다. 모든 왕은 반도이며 찬탈자입니다"라는 간결한 논리로 왕의 사형을 주장했다. 로베스피에르는 민중이 이미 8월 10일에 판결을 내렸기 때문에 "루이 16세를 재판할 것을 제안하는 것은 혁명 자체를 기소하는 것"이라는 논리를 내세웠다. 그러나 의회는 루이 16세를 재판에 회부하기로 결정했다. 개별 호명식 표결 방식이 채택되었다. 국왕의 유죄는 거의 만장일치로 인정되었다. 지롱드파가 요구한 국민에의 항소는 424대 281로 부결되었다. 투표에 참여한 721명 의원 가운데 431명이 사형에 찬성했고, 집행을 유예하자는 안은 380대 310으로 부결되었다.

로베스피에르는 루이 16세의 사형에 찬성 투표하면서 다음과 같이 말했다. "제헌의회에서 나로 하여금 사형제 폐지를 요구하게 만들었던 그 감정은 오늘 그것을 조국의 압제자와 그가 구현한 왕정 자체에 적용할 것을 요구하게 하는 감정과 같은 것입니다."[19] 사형제 반대라는 평소의 소신을 지키지 못한 것을 이렇게 말한 것이다.

국민공회 의원이었던 미국인 토머스 페인은 로베스피에르의 사형제 폐지론을 인용하면서 루이 16세의 사형에 반대했다. 브리소는 왕을 처형하면 전쟁이 재개될 것이라는 이유로 왕의 처형을 유예하자고 주장했다. 처형 전날 르바는 다음과 같이 썼다. "주사위는 던져졌다. 우리

뒤에 퇴로는 없다. 좋든 싫든 앞으로 나가야 한다."

영국의 주도로 제1차 대불동맹이 결성되었다. 프랑스는 스위스와 스칸디나비아 제국을 제외한 전 유럽과 전쟁 상태에 돌입했다. 방데 지방의 농민들은 왕과 가톨릭교회를 수호한다는 기치를 들고 반혁명 전쟁을 일으켰다.

산악파와 지롱드파의 투쟁은 극한으로 치달았다. 산악파는 지롱드파의 전쟁 수행 의지와 능력을 불신했다. 1793년 4월 3일 로베스피에르는 "뒤무리에와 공모한 혐의를 받는 자들"을 반혁명적이라고 공격했다. 베르니오는 산악파가 토지분할법과 전제정을 도모하고 있다고 응수했다. 지롱드파와 산악파의 투쟁이 격화되는 가운데, 로베스피에르는 5월 26일 자코뱅 클럽에서 민중들에게 폭동을 일으킬 시기가 도래했다고 말했다.

로베스피에르는 지롱드파의 탄핵을 요구했다. 흥분한 파리 민중은 5월 31일과 6월 2일 국민공회를 무력으로 에워쌌고, 국민공회는 민중의 요구에 굴복하여 29명의 지롱드파 의원과 두 명의 장관을 체포할 것을 결정했다. 이렇게 해서 의회 내에서 지롱드파와 산악파의 싸움은 산악파의 승리로, 로베스피에르와 브리소의 오랜 싸움은 로베스피에르의 승리로 끝났다. 로베스피에르는 지롱드파를 제거함으로써 산악파가 의회의 다수를 차지하며 국민공회와 위원회들은 "일반의지"를 대변한다고 생각했다. 이제 여기에 저항하는 세력은 적과 공모하고 있다는 의심을 면하지 못했다.[20]

산악파가 당면한 일은 새로운 헌법을 제정하는 것이었다. 산악파는 지롱드파와의 차별성을 과시하기 위해 민주적인 헌법 제정을 서둘렀다. 의회는 6월 24일 별다른 수정 없이 헌법을 채택했으며, 6월 2일 정변을 정당화시키기 위해 국민투표에 붙였다. 의회는 군주정 붕괴 기념일인 8월 10일에 성대한 기념식을 갖고 헌법을 공표했다. 그러나 국내외의 위기 상황에서 헌법을 시행하기는 어려웠다. 의회 선거를 새로 해야 한다는 것도 부담이었다. 국민공회는 8월 23일 국민 총동원령을 내렸고, 10월 10일에는 헌법의 시행을 "평화시까지" 연기했다. 헌법 없는 통치가 시작된 것이다.

로베스피에르는 산악파 헌법을 마련하는 데 적극 개입했다. 그는 1793년 4월 24일 국민공회에서 〈소유권에 대한 연설과 인간과 시민의 권리선언 안〉이라는 제목의 연설을 했고, 5월 10일에는 국민공회에서 헌법에 대해 연설했다. 4월 24일 연설의 핵심은 소유권에 제한을 가하자는 것이었다.

1. 소유권은 각자가 법에 보장된 재산의 일부를 향유하고 처분하는 권리이다.
2. 소유권은, 다른 모든 권리와 마찬가지로, 타인의 권리들을 존중하는 의무에 의해 제한된다.
3. 소유권은 동료들의 안전, 자유, 생존, 소유권에 해를 끼쳐서는 안 된다.
4. 이 원칙을 위반하는 모든 소유, 모든 거래는 불법이고 부도덕하다.

소유권 개념과 마찬가지로 '자유' 개념도 1789년 '인권선언'에서 벗어났다. 로베스피에르가 제안한 '인권선언'의 제4조는 다음과 같이 자유의 한계를 규정했다. "자유는 인간이 자기의 뜻대로 자기의 모든 능력을 발휘할 수 있는 힘이다. 자유는 정의를 준칙으로, 타자의 권리를 한계로, 자연을 원칙으로, 법을 보호막으로 가진다."

로베스피에르는 5월 10일 연설에서 헌법 개정 이유와 방향을 설명하고 나서 20개 조항의 '인권선언'을 제시했다. 연설의 시작은 루소의 가르침이었다. "인간은 행복과 자유를 위해 태어났으나 어디에서나 노예이고 불행합니다. 사회의 목적은 인간의 권리를 보존하고 인간의 존재를 완전하게 하는 것이나, 어디에서나 사회는 인간을 타락시키고 억압합니다." 일반의지, 인민주권론, 덕, 반反대의제, 직접민주주의 등과 같은 루소의 사상은 로베스피에르의 이 연설에 그대로 녹아있다.

이분법적 사고도 두드러진다. 부자와 빈자, 부르주아와 민중, 강자와 약자, 정부와 시민, 민중의 대리인과 민중. 전자는 악이고 악덕이며 후자는 선이고 덕이다. 로베스피에르는 로마의 호민관에 대해서도 불신을 드러낸다. "내가 인정할 수 있는 유일한 호민관은 민중 자신입니다." 민중은 민중의 대리인들이 타락하는 것을 막기 위해 그들을 부단히 감시해야 하며 필요하면 해임하고 처벌해야 한다. 민중은 의사당에 가서 의원들을 감시해야 한다. 로베스피에르는 대의제를 "대의적 전제정"이라고 비판하고 직접민주주의를 주장하기에 이른다.

덕과 공포

로베스피에르는 7월 27일 공안위원회에 입성했다. 로베스피에르는 이후 정확히 1년 동안 공안위원으로서 국정을 주도한다. 산악파는 상퀼로트의 도움을 받아 지롱드파를 몰아내고 권력을 장악했으나, 이제는 상퀼로트의 압력에 직면했다. 산악파는 상퀼로트가 요구하는 통제경제 같은 반자유주의적 요구를 수용하는 데 소극적이었다. 1793년 9월 4~5일, 에베르와 쇼메트가 이끄는 상퀼로트는 국민공회에 난입하여 무력시위를 했다. 국민공회는 상퀼로트의 요구인 최고가격제 실시, 혐의자법, 파리 혁명군 창설 등을 수용했다. 이로써 공포정치가 시작되었다.

혁명정부는 상퀼로트의 압력에 시달리면서도 1793년 12월 4일(상월 14일) 혁명정부 조직법을 공표하여 공안위원회 중심의 중앙집권 체제를 확립하는 데 성공했다. 국민공회는 통치의 중심이 되었고, 모든 국가기관과 공무원은 공안위원회의 직접적인 통제 아래에 놓였다. 로베스피에르는 1794년 2월 5일 국민공회에서 공안위원회의 이름으로 "공화국의 내부 행정에 있어서 국민공회가 따라야 할 정치적 도덕의 원칙"에 관한 보고서를 발표했다. 이 유명한 보고서에서 로베스피에르는 민주주의를 다음과 같이 정의했다. "민주주의는 주권자 민중이 자기들이 만드는 법에 의해 자기들이 잘할 수 있는 모든 것을 스스로 행하고, 자기들의 대표들에 의해 자기들이 스스로 할 수 없는 모든 것을 행하는 체제이다." 이제 권력의 핵심은 파리코뮌이나 상퀼로트가 아니라 국민공회라는 것이다.

이어서 로베스피에르는 혁명의 적을 다스리는 '공포'의 필요성을 역설했다.

평화시 민중적 정부의 동력이 덕이라면 혁명시 민중적 정부의 동력은 덕인 동시에 공포입니다. 덕이 결여된 공포는 흉악하지만 공포가 결여된 덕은 무력합니다. 공포는 신속하고 준엄하며 단호한 정의 이외의 다른 것이 아닙니다. 따라서 그것은 덕으로부터 나오는 것이며, 무슨 특별한 원칙이라기보다는 조국의 보다 긴급한 요구에 적용되는 민주주의의 일반 원칙의 귀결인 것입니다.

혁명이 진행 중일 때와 국내외의 반혁명세력과의 전쟁이 한창일 때에는 '덕'과 '공포'가 정치적 도덕의 원칙이라는 것이다. 그런데 '덕'이란 무엇인가? 그것은 선행, 고매함, 관대함, 절제 등과 같은 도덕적이고 철학적인 덕이 아니었다. 로베스피에르가 말하는 덕은 몽테스키외가 《법의 정신》에서 말한 정치적인 덕, 루소가 몽테스키외를 이어받아 《사회계약론》에서 말한 바로 그 정치적인 덕이었다. 로베스피에르는 이 보고서에서 '덕'을 분명히 규정했다.

민중정부의 근본 원칙은 무엇입니까? 그것을 지탱하고 그것을 움직이는 근본 동력은 무엇입니까? 그것은 덕입니다. 나는 그리스와 로마에서 수많은 기적을 만들어내고, 공화국 프랑스에서는 더욱 놀라운 기적을 만들어낼 '공적인 덕'을 말하는 것입니다. 이러한 덕은 조국과 조국의 법에 대한 사랑 이외의 그 어떤 것도 아닙니다.

　요컨대, 프랑스 국민은 '덕'으로 무장해야 하는바 그것은 국가의 법을 따르고 조국을 위해 헌신하는 것이다. 바로 이 덕으로부터 공포가 나온다. 사적인 이익을 앞세우는 사람은 반혁명적이기 때문에 '공포'의 대상이 된다. 평화시라면 이런 사람들은 정상적인 법 절차에 따라 재판받고 처벌받을 것이지만 혁명시에는 이러한 절차를 따를 수 없다. "신속하고 준엄하며 단호한 정의"가 필요하다.

　같은 연설에서 로베스피에르는 "혁명정부는 폭정에 대한 자유의 전제專制이다"라는 유명한 말을 했다. "자유의 전제"라는 모호하고 모순적인 말은 자칫 로베스피에르를 아나키스트 같은 자유주의자로 오해하게 할 수 있으나, 그가 말한 자유는 혁명기의 자유였고, 개인적인 자유나 시민적인 자유가 아니라 공적인 자유, 국가의 자유였다. 따라서 자유의 전제는 국가의 안전을 위해 필요하다면 개인의 자유를 억압할 수 있는 반反자유를 내포하고 있다. 결국, 혁명가 로베스피에르에게 공포정치, 자유의 전제, 덕의 공화국은 동일한 수사였다.

덕의 공화국

에베르파와의 권력투쟁이 한창이던 1794년 2월 26일(풍월 8일) 로베스피에르의 복심인 생쥐스트는 국민공회의 연단에 올라 "조국의 적은 재산을 소유할 수 없습니다.……애국파들의 재산은 신성합니다. 음모자들의 재산은 불행한 사람들을 위한 것입니다. 불행한 사람들은 지상의 권력자입니다"라고 말했다. 국민공회는 혁명의 적의 재산을 몰수한다는 법을 통과시켰다.

3월 3일(풍월 13일) 국민공회는 생쥐스트의 보고에 따라 모든 코뮌은 가난한 애국파의 명단을 작성하고 모든 감시위원회는 약 30만 명으로 추산되는 정치적 수감자 명단을 보안위원회에 제출한다는 법을 통과시켰다. 6개의 '인민위원회'가 구성되어 이들을 세 집단으로 분류하는데, 첫 번째 집단은 석방하고 두 번째 집단은 집단수용소에 감금하며 세 번째 집단은 혁명재판소로 이송한다. 두 번째 집단과 세 번째 집단에 속하는 "혁명의 적"의 재산은 몰수해 "가난한 애국자들"에게 분배한다. 이것이 유명한 풍월의 법이다. 이 법은 로베스피에르가 1793년 헌법의 인권선언을 위한 제안에서 사회경제적 불평등을 시정하기 위해 소유권에 제한을 가할 필요가 있다고 말한 것을 구체화시킨 것이다. 로베스피에르의 파격적인 주장은 산악파 헌법에는 반영되지 않았으나 생쥐스트의 입을 통해 풍월의 법으로 부활한 것이다. 공안위원회가 인민위원회의 활동을 감독하게 되어 있으니 이 법도 결과적으로는 공안위원회, 구체적으로는 로베스피에르의 권력을 강화시키는 법이었다.

재산 몰수가 처음은 아니다. 의회는 혁명 초기에 교회재산과 망명자들의 재산을 몰수하여 판매했다. 그러나 이번의 법령은 재산을 몰수하여 "가난한 사람들"에게 분배한다는 것이었다. 이 법은 진지한 것이었을까? 마티에는 이 법에 대한 선구적인 연구에서 긍정적인 결론을 내렸다. "풍월의 법에 대한 연구는 재산의 불평등을 완화시키고 공화국에 대한 방책과 지지대가 될 재산 소유 상퀼로트를 창출하기 위해 공포정 치라는 수단을 동원하여 가난한 계급을 위해 재산을 재조정하고자 한 로베스피에르파의 사회 정책을 분명히 밝혀주었을 뿐만 아니라 양 위원회와 국민공회가 분열한 근본적인 이유를 이해할 수 있게 해주었다."

마티에에 의하면, 법이 제정되고 다음 날 일어난 에베르파 반란이 실패한 이유는 민중이 풍월의 법을 지지했기 때문이다.[21] 마티에는 목월 22일의 소위 대공포정치법은 풍월의 법의 연장으로서 '인민의 적'의 재산을 빈민에게 분배하기 위한 법이라고 해석했다. 그러나 르페브르와 소불은 보상 방식이 유상인지 무상인지 땅을 주는 것인지 판매대금을 주는 것인지 불명확할 뿐만 아니라, 무엇보다도 토지 소유문제를 충분히 해결할 수 없었다는 이유로 풍월의 법은 에베르파의 과격한 요구에 대응하기 위한 전술이었다고 평가절하했다.[22] 파트리스 게니페는 풍월의 법은 빈민들에게 재산을 분배하는 것이 아니라 로베스피에르 지지세력에게 분배하려는 것일 가능성이 있다고 보았다.[23]

이 법은 실현 가능한 법이었을까? 마티에에 의하면, 혐의자와 극빈자의 명단을 작성하는 것은 불가능에 가까울 정도로 어려운 일이었다. 정부와 지방의 유기적인 협조를 당시로서는 기대하기 어려웠기 때문이다. 국유재산 취득자들과 상인들과 같은 부르주아들은 그 법이 장차 모든 재산소유권을 위협하는 법이 아닌가 의심했고, 빈민들은 이 법이 자기들을 강제 추방하기 위한 전주곡이 아닌가 우려하기도 했다. 이 법은 시행되지 못했고 '열월 정변' 후 폐기되었다.

생쥐스트는 이 법에 대한 보고를 다음과 같은 유명한 말로 마무리했다. "유럽은 여러분이 더이상 불행한 자들을 원하지 않는다는 것과 프랑스 땅에는 더이상 압제자가 존재하기를 원하지 않는다는 것을, 이러한 사례는 땅에서 수확의 결실을 맺을 것이고 덕과 행복에 대한 사랑을 땅 위에 퍼뜨릴 것임을 알게 될 것입니다. 행복은 유럽에서 새로운 관념입니다."

재산을 평등하게 하는 것은 이러한 민주주의 사회를 건설하는 데 필요한 수단이었다. 이제까지 공포정치는 전쟁과 내전이라는 상황을 극복하기 위한 수단이었다면, 이제부터 공포정치는 덕의 공화국을 건설하기 위한 수단이었다.[24] 혐의자들의 재산을 몰수하고 분배한다는 풍월의 법은 전술적 수단을 넘어 덕의 공화국을 건설하려는 근본적인 사회 철학이요 사회 정책이었던 것이다.

에베르파와 당통파를 제거한 후 로베스피에르는 독재 체제를 강화할 필요를 느꼈다. 1794년 6월 8일(목월 18일) 로베스피에르는 '덕의 공화국'의 종교를 제정하는 조치를 발표했고, 이틀 후인 목월 20일 국민공회 의장 자격으로 '최고 존재와 자연의 축제'를 주재했다. 암살 위험을 모면한 로베스피에르는 최고 존재의 빛을 상징하는 횃불을 들고 단위에 올라가 "무신론의 흉측한 얼굴"을 불태웠다.[25]

로베스피에르는 과거 의회 연설 중에 섭리를 믿는다고 하여 무신론적 성향을 가진 의원들로부터 비판받은 적도 있지만 그가 말하는 섭리는 그리스도교의 섭리가 아니었다. 그는 루소와 볼테르와 마찬가지로 이신론자였다. 그는 1793년 11월 21일 자코뱅 클럽 연설에서 "만일 신이 없다면 신을 만들어내야 할 것"이라고 볼테르처럼 말했다. 같은 연설에서 그는 "무신론은 특권층의 것입니다. 압제당하는 무고한 사람들을 보살피고 의기양양한 범죄를 처벌하는 절대적인 존재가 있다는 믿음은 민중의 것입니다"라고 말했다.

로베스피에르가 최고 존재 숭배를 국가종교로 만든 것은 루소가 《사회계약론》의 마지막 장에서 제시한 '시민종교'를 세우려는 것이었다. 루소에 의하면, 통치자는 "선량한 시민과 충실한 국민"을 만들기 위해 시민종교를 제정해야 한다. 시민종교의 신자는 사회정의를 사랑하고 의무를 수행하기 위해 목숨을 바친다. 시민종교의 신자가 의무를 실천하지 않으면 "죽음의 벌"을 받는다. 시민종교의 교리는, 로베스피에르 식으로 말하면, '덕'이다. 덕, 즉 국가에 대한 충성을 실천하지 않는 사람에게 로베스피에르가 준비한 벌은 공포, 즉 죽음이다. 모나 오주프는 로베스피에르의 종교는 국가종교이고 그것의 목적은 "공포정치의 버팀목"이었다고 말한다.[26] 마르크스주의 역사가인 소불은 최고 존재 숭배에 대해 "경제사회적 조건을 분석할 수 없었던 로베스피에르는 사상의 힘이 전능하다고 믿었으며 덕성에 호소하는 것으로 모든 것이 가능하다고 생각했다"며 아쉬워했다.[27]

이틀 후 쿠통은 유명한 6월 10일(목월 22일)의 법을 발의했다. 권력을 공안위원회에 집중시키고 혐의자들의 재판을 파리의 혁명재판소로 일원화하여 "신속하고 준엄하며 단호한 정의"를 가능하게 하기 위함이었다. 애국주의를 공격하는 것뿐만 아니라 풍습을 타락시키는 것도 반혁명이었다. '혁명의 적'이 모호하게 규정되어 아무도 안심할 수 없었다. 피고에 대한 변호와 예비심문제도가 폐지되었고, 배심원들은 심리할 때 심증만으로 충분하게 되었으며, 재판소는 석방과 사형 가운데 양자택일만이 가능하게 되었다.

의원들이 동요하자 로베스피에르가 나서서 법안 토론을 연기하는 것은 조국의 안전을 위협하는 것이고 가혹한 법은 음모를 꾸미는 자들과 자유의 적들에게만 무시무시할 것이라는 상투적인 논리로 위협하여 법안을 통과시켰다. 사형이 엄청나게 늘어났다. 이 법이 제정되기 전 45일 동안에는 577명이 처형된 데 반해 이 법이 제정되고 로베스피에르가 몰락하기까지 45일 동안에는 1,286명이 처형되었다.

로베스피에르는 '열월 정변' 직전의 국민공회 연설에서 자기는 공안위원회에 출석하지 않았기 때문에 이 많은 죽음에 대해 책임이 없다고 말했다. 자기의 적들이 음모를 꾸몄고 그것을 자기 책임으로 돌렸다는 것이다. 장클레망 마르탱, 맥피 같은 역사가들은 이러한 진술을 받아들여 로베스피에르의 적들이 로베스피에르를 학살자로 몰아붙이기 위해 학살을 양산했다고 본다.[28]

그러나 그가 체포를 명하고, 혁명재판소장을 자주 만났으며, 생쥐스트가 그에게 파일을 가져다주었다는 사실도 간과할 수 없다.[29] 근원적으로 로베스피에르는 목월 22일의 법을 제정한 책임에서 벗어날 수 없다. 공포정치는 그의 "덕과 공포" 연설에, 더 나아가 그가 1793년 7월에 공안위원이 되었을 때부터 이미 예정되어 있었다. 그때부터 그는 혁명재판소의 개혁을 최우선 과제로 설정하고 있었기 때문이다.[30] 파트리스 게니페는 목월 22일의 법은 범죄일 뿐만 아니라 치명적인 정치

적 잘못이라고 보았다.[31]

로베스피에르가 이렇게 "대공포정치법"을 동원하여 세우려 한 '덕'의 공화국은 어떠한 사회인가? 로베스피에르의 사상에서 핵심은 '덕'이었고, 덕은 "공화국의 영혼"이었다. 로베스피에르는 세상의 역사를 덕과 악덕의 이분법으로 바라보았다. "악덕과 덕은 지구의 운명을 통제한다. 악덕과 덕은 지구의 운명을 놓고 싸우는 정신들이다." 덕의 공화국의 시민은 국가에 충성해야 하며 법을 지켜야 한다. 덕의 공화국에서의 자유는 주권자로서 국정에 참여하는 것, 국가를 위해 헌신하고 법을 지키는 것이다. 이러한 공화주의적 자유는 사실 권리라기보다는 의무에 가까운 것으로 개인적 자유를 보장한다기보다는 제약하는 것이다.

실제로 공포정치 시기에는 '인권선언'에 명시된 사상의 자유, 출판의 자유, 표현의 자유 등 개인의 자유가 억압되었다. 로베스피에르는 '헌법'에 대한 연설에서 "헌법은 법이 공공선을 이롭게 하지 않는 개인의 자유를 보장하기를 원하지 않습니다"(제12조)라고 말했다. 로베스피에르가 말한 "자유의 전제"는 이러한 공화주의적 자유를 말하는 것이다. 그는 같은 연설에서 "권력에 속하지 않는 것은 모두 개인의 자유에 돌려주십시오"라며 마치 개인의 자유를 옹호하는 듯이 말했다. 그러나 권력에 속하지 않는 것이 있었을까?

조르주 르페브르는 로베스피에르의 사회적 이상을 다음과 같이 정의했다. "모든 사람이 하나의 토지, 하나의 작은 작업장, 하나의 상점을 소유하고 자신의 가족을 부양할 수 있으며 자신의 생산물을 자신과 동등한 사람들의 생산물과 직접 교환하는 소생산자들의 사회."[32] 로베스피에르가 생각한 이상적인 사회는 소생산자들이 자기의 땅에서 농사를 짓고 국가를 위해 전쟁에 나서는 공화정기 로마였다. 로베스피에르의 이상사회는 기계화 및 대규모 공장들의 집중과 양립할 수 없었고 그런 점에서 퇴보적이며 비현실적이었다.

로베스피에르가 모델로 삼은 고대 도시국가들을 단순히 소생산자들의 사회라는 사회경제적인 측면에서만 바라보면 그 모습이 충분히 드러나지 않는다. 2월 5일의 보고서에서 로베스피에르는 "그리스와 로마에서 수많은 기적"이 일어났으며 "아테네와 스파르타가 아시아의 폭군들에게 승리를 거두었다"고 말하면서 그 요인을 '덕'에서 찾았다. 루소는 아테네를 "학문과 예술의 발전" 때문에 타락한 나라, 즉 덕을 상실한 나라라고 비난하고 스파르타를 덕의 공화국의 모델로 삼았는데 로베스피에르 역시 그러했다. 로베스피에르는 자신이 선호하는 체제는 스파르타의 전설적 입법자인 "리쿠르고스의 체제"라고 밝힌 바 있다. 로베스피에르는 아테네보다는 스파르타의 엄격한 헌법을 찬양했으며 프랑스를 스파르타로 개조하는 것을 입법가로서의 자신의 역할로 삼았다.[33] 스파르타와 공화국 로마의 시민들은 국가의 승리와 영광을 위해 헌신했으며 부에 대한 욕심이 없는 "타락할 수 없는 사람들"이었다. 로베스피에르는 "재산은 흔히 타락으로 이어지므로 그것을 잃은 사람들보다 그것을 소유하고 있는 사람들에게 더 해로운 것"이라고도 말했다.[34]

로베스피에르는 앞의 보고서에서 프랑스 공화국을 "스파르타의 주형"에 넣으려는 것은 아니라고 말했지만 그러한 부정은 오히려 로베스피에르의 지향을 드러내줄 뿐이다. 공포정치 시기에 국민공회는 대학, 신학부, 의학부, 예술학부, 법학부, 극장 등을 폐쇄했고 배우들을 검거했다. 학문과 예술은 사회를 타락시킨다고 보았기 때문이다. 로베스피에르는 루이 16세가 처형당하기 전날에 암살당한 르플르티에 생파르고의 교육 개혁안을 이어받아 부모로부터 아이들을 분리시켜 국가가 교육을 맡는 국가교육안을 제창했다. 로베스피에르는 "종교적·도덕적 관념과 공화주의 원칙, 그리고 국민 축제의 관계에 대한 보고서"(1794년 5월 7일)에서 "조국만이 아이들을 키울 수 있다"고 말했으며, 형제애와 갱생의 강력한 수단으로서 최고 존재 축제를 비롯한 39개의 국민 축제를 제안했다. 그의 교육 개혁안의 목표는 "완전한 갱생"을 이루어내는 것, "새로운 인간"을 창조하는 것이었다.[35] 새로운 인간, 그것은 리쿠르고스가 양성한 스파르타의 시민들이었다. 로베스피에르와 생쥐스트의 교육 개혁안은 자유주의적이고 계몽주의적인 콩도르세의 공교육 개혁안과 달리 스파르타의 교육 체제로 돌아가는 것이었다.[36] 아이들에게는 수다와 꾸밈이 금지된다, 언행은 간결하고 절도가 있어야 한다, 식사는 간소하고 의복은 검소하다, 소년들은 군대식으로 조직되어 군사훈련과 농업을 배운다, 상업은 당연히 배격된다. 소년들은 병영에서 장기간 집단 교육을 받으니 가족이 해체되고 친구 사이의 우정이 형성된다. 소년들은 전사로 양성되어 전쟁이 일어나면 국가를 위해 목숨을 바친다. 반면에 소녀들은 집에서 교육받고 공공행사에는 부모와 함께 아니면 나오지 않는다. 이 모든 것은 시민들의 의지와는 관계없이 강제적으로 이루어진다. 로베스피에르는 공화국을 위해 목숨을 바친 소년

병사 조셉 비알라와 조셉 바라를 이상적인 소년상으로 제시했다.

　로베스피에르가 덕의 공화국의 모델로 삼은 스파르타는 소수의 '동
등자' 시민이 다수의 국가노예를 지배하는 전체주의 사회였다는 점에
서 루소에게서 발원한 전체주의 사상이 로베스피에르에게도 계속되고
있음을 엿볼 수 있다. 지롱드파인 베르니오는 "당신들은 이상적인 완전
함, 공상적인 덕을 추구하느라 마치 짐승처럼 행동하고 있다"고 비판
했다.[37) 베르니오는 덕으로 포장된 야만성과 폭력성을 간파한 것이다.
덕의 공화국은 루소가 말한 자연으로 돌아가는 것이었다. 루소는 문명
이 악이고 자연이 선이라고 생각했으니 결국은 반문명적인 사회로 돌
아가는 것이었다. 덕의 공화국은 농업사회였고, 남성사회였고, 전사사
회였고, 자유가 없는 전체주의 사회였으며, 폭력이 지배하는 반문명적
인 사회였다.

타협을 거부한 이상주의자

로베스피에르는 이상과 현실의 괴리를 인정하지 않고 이상과 원칙을
고수했으며 타협을 거부했다. 민중은 그의 원칙주의와 '청렴함'에 열
광했으나 동료 혁명가들에게서는 지지와 우려가 교차되었다. 그는 시
종일관 완전한 개혁을 요구했고, 그럴수록 그의 수사학은 이분법적으
로 단순화되어 적을 만들어내고 적의 음모를 고발하는 무기가 되었다.

　1794년 7월 27일(열월 9일) 로베스피에르는 국민공회에서 '폭군',

'독재자'로 몰려 체포되었다. 국민공회는 로베스피에르를 지지하는 파리코뮌을 어렵지 않게 제압했고, 7월 28일 로베스피에르, 생쥐스트, 쿠통 등을 단두대에서 처형했다. 로베스피에르는 이렇게 자신이 반혁명 혐의를 씌워 단두대에 보낸 많은 혁명가와 마찬가지로 '반혁명'으로 몰려 최후를 맞이했다.

　로베스피에르를 어떻게 볼 것인가? 로베스피에르는 자신을 어떻게 보았는가? 로베스피에르는 자신을 독재자라고 고발하는 사람들에게 "사람들이 비난하고 있는 나는 누구입니까? 자유의 노예이며 공화국의 살아있는 순교자이며 범죄의 적이자 희생자입니다"라고 말한 적이 있다.[38] 로베스피에르의 말을 따를 것인가 아니면 역사가의 시각으로 분석할 것인가? 로베스피에르는 프랑스혁명을 정치혁명에서 사회혁명으로 승화시키려고 애쓴 위대한 혁명가인가 아니면 공포정치와 독재로 혁명을 탈선시키고 파괴한 반혁명가인가? 그가 세우려 한 덕의 공화국은 자신의 별명처럼 부패하지 않은 사회인가 아니면 전체주의 사회인가? 공포정치는 전쟁으로부터 조국을 구한 비상조치였나 아니면 독재 체제를 유지하기 위한 폭력 수단이었나? 역사가들은 입장에 따라 로베스피에르를 긍정하기도 하고 부정하기도 한다. 그 사이에서 타협은 어렵다.

　'열월 정변' 이후 19세기 전반기까지는 프랑스혁명에 대한 부정적인 시선이 강했기 때문에 로베스피에르에 대한 평가도 대체로 부정적이었다. 공화주의자 토머스 페인은 로베스피에르가 혁명을 파괴했다고 보았다. 미슐레는 민중을 혁명의 주역으로 보는 공화주의 프랑스혁명사를 서술했으나 민중의 대변인을 자처했던 로베스피에르에 대해서는 비판적이었다.

로베스피에르에 대해 최초로 긍정적인 전기를 쓴 사람은 에르네스트 아멜Ernest Hamel이다. 그는 1865~1867년에 출판한 로베스피에르 전기에서 로베스피에르를 "민주주의의 창시자"일 뿐 아니라 "역사상 가장 위대한 선인 가운데 한 명"이라고 평가했다. 그러면서도 로베스피에르는 공포정치를 완성하려는 욕망에서 목월 22일의 법이라는 악법을 만들었다는 비판을 덧붙였다.[39]

1871년 파리코뮌을 겪은 제3공화국 시기에 프랑스혁명사 연구를 선도했던 올라르는 부정적으로 바라보았다. 로베스피에르를 부정한 역사가들은 로베스피에르의 공포정치를 비판하고 관용적인 정책을 제시하다가 죽임을 당한 당통에게 호의적이었다. 그러나 루이 블랑 이래의 사회주의 역사가들은 대체로 로베스피에르에 대해 긍정적이었다. 로베스피에르를 결정적으로 부활시킨 역사가는 알베르 마티에였다. 그 후 조르주 르페브르, 알베르 소불, 그리고 장클레망 마르탱까지 소위 정통 해석을 따르는 역사가들은 대체로 로베스피에르를 지지하고 변호했다.

로베스피에르를 긍정적으로 바라보는 역사가들은 공포정치가 로베스피에르의 이미지는 '열월 정변' 이후 만들어진 "신화"라고 말한다. 그들은 로베스피에르보다는 비요 바렌이나 콜로 데르부아 같은 열월파가 더 악명 높은 공포정치가였다고 말한다. 그들은 비요 바렌, 바래르, 캉봉 같은 사람들이 '열월 정변'에 가담한 것을 후회했다는 고백을 반기며 '열월 정변'을 고발한다. 그들은 로베스피에르가 공포정치를 통제하려 했다가 극렬 공포정치가들로부터 반격을 당해 죽임을 당했다고 말한다. '대공포정치법'으로 알려진 목월 22일 법은 재판을 신속하게 하기 위해 만든 법이 아니라 억울한 혐의자가 무차별 학살당하는 것을 막기 위한 법이었다고 말한다. 그 법 이후 처형자가 급증한 것은 반대파들이 로베스피에르에게 공포정치가의 이미지를 덮어씌우기 위해 그 법을 악용했기 때문이라고 말한다. 그들은 로베스피에르가 1793년 6월 2일 봉기에 항의하여 지롱드파 구명운동을 벌인 국민공회 의원들에 대해 관대했다는 점을 들어 로베스피에르가 잔인하지 않았다고 변호한다. 그들은 로베스피에르가 리옹 학살을 자행한 푸셰와 콜로 데르부아를 용서하지 않았다며 로베스피에르를 두둔한다. 그들은 로베스피에르가 방데에서 벌어진 카리에의 루아르강 수장이나 튀로 장군의 양민학살과는 무관하다고 말한다. 그들은 공포정치가 반혁명적인 전쟁으로부터 프랑스를 구하기 위해 어쩔 수 없었던 '상황'의 산물이었다고 주장한다. 근본적으로 그들은 1793년 9월 5일에 "공포정치가 의사일정에 오른" 증거가 없으며 공포정치는 법에 의해 체계적으로 시행되지 않았다고 말한다. 공포정치는 중앙이 아니라 지방에서, 로베스피에르가 아니라 지방에 파견된 파견의원들이 임의로 자행한 폭력이었다는 것이다. 로베스피에르는 공포정치를 강화하려 한 것이 아니라 경쟁적인 집단들 사이의 충돌에서 발생하는 폭력을 제어하고 국가에 의한 합법적인 폭력을 행사하려 했다는 것이다.[40]

역사는 논쟁이니만큼 "로베스피에르를 위한 변명" 하나하나에 대해 반대 사실과 논리가 존재한다. 장클레망 마르탱의 변호에도 불구하고, 로베스피에르의 '덕과 공포' 연설 이후 공포정치가 시행되었다는 사실을 감출 수는 없다. 로베스피에르는 유일한 공포정치가가 아니라 여러 공포정치가 가운데 한 명이었던 것은 맞다. 그러나 그는 최고권력을 장악한 공포정치가였기 때문에 공포정치에 대해 가장 많은 책임을 져야 한다는 것은 부인하기 어렵다. 로베스피에르를 유토피안이나 신비주의자 등으로 보려 하는 것은 그 자체로 틀린 것은 아니지만, 로베스피에르가 심판받아야 할 지점은 그의 도덕주의나 이상주의가 아니라 현실정치가로서의 행위일 것이다. 로베스피에르를 청렴지사라고 본다거나 위대한 민주주의 정치사상가로 보는 것은 문제를 회피하는 것이다. 퓌레가 말했듯이 역사는 도덕의 학교가 아니기 때문이다.

역사가들은 로베스피에르를 청렴지사라고 부르지만, 동시대인들 특히 공포정치의 희생자들은 그렇게 보지 않았다. 스탈 부인에게, 로베스피에르는 위선자였고 공포정치는 설명할 수도 설명되지도 않은 괴물 같은 현상이었다.[41] "인류의 대변인" 클로츠는 로베스피에르가 민중 사이에서는 청렴지사로 불리는 것에 대해 다음과 같이 반박했다. "그는 두 발 동물 가운데 가장 사악하고 타락한 인물이다. 그의 거짓 추론과 궤변은 우리를 파멸, 무정부주의, 예속으로 이끌 것이다."[42]

누구보다도 로베스피에르를 잘 알고 있던 페티옹은 그를 다음과 같이 묘사했다. "생각이 고압적이고, 자기 자신에게만 귀를 기울이고, 반대를 용납하지 않고, 자신의 허영심에 상처 입히는 사람을 결코 용서하지 않고, 실수를 인정하지 않고, 자기에 대한 사소한 비판에도 무책임하게 고발하고, 언제나 자기의 업적을 자화자찬하고, 사람들은 모두 자기를 박해하려고만 한다고 생각"하는 사람, 언제나 의심하고 어디에서

나 음모만 찾아내는 사람이었다.[43) 콩도르세는 로베스피에르를 "종교 지도자가 아니라 이단 종파 지도자"라고 보았다.[44) 물론 로베스피에르 에게 호의적이었던 동시대인들도 많았다. 호의적이었다가 실망하고 절 망한 사람도 많았다.

역사가들의 평가도 엇갈리고 동시대인들의 증언도 엇갈린다. 일반 시민들의 평가도 엇갈리며, 시대에 따라 변한다. 1989년 프랑스혁명 200주년을 기념하여 실시된 여론조사에서 로베스피에르는 가장 부정 적인 느낌을 일으키는 인물로 선정되었다. 그는 루이 16세나 마리 앙투 아네트보다 긍정적인 면에서 뒤졌다.[45) 오늘날의 프랑스인들은 로베스 피에르를 청렴지사나 덕의 혁명가가 아니라 잔혹한 공포정치가로 기억 하고 있는 것이다.

로베스피에르를 중심에 놓고 프랑스혁명을 바라보면 프랑스혁명이 과연 근대적 혁명이고 부르주아 혁명이었는지 의문이 든다. 로베스피 에르는 고대의 도시국가들을 모델로 삼았다는 점에서 그가 추진한 혁 명은 진보를 향한 근대적인 혁명이 아니라 과거의 황금시대로 회귀하 려는 복고적인 혁명이라고 볼 수 있기 때문이다. 로베스피에르는 가난 을 찬미하고 부를 경멸했으며 부유한 부르주아를 민중의 적으로 삼았 다는 점에서도 그가 지향한 혁명은 부르주아 혁명이라기보다는 반부르 주아 혁명이었다. 프랑스혁명이 한마디로 부르주아 혁명이었는지 아닌 지 판단하기 어려운 이유이다.

마라와 코르데
—혁명의 두 순교자

"민중의 친구"

'민중의 친구'는 마라Jean-Paul Marat(1743~1793)가 1789년 9월 16일 창간한 신문 제명이다. 마라는 9월 12일에 《파리의 정론가》라는 신문을 창간했다가 5호를 발간한 후 《민중의 친구》로 제명을 바꾸었다. 그는 1790년 6월 자신의 비방자들과 더욱 효과적으로 싸우기 위해 《프랑스의 유니우스》라는 신문을 창간했는데 경제적인 이유로 13호를 발간하고 막을 내렸다. 유니우스는 로마 공화국을 세운 루키우스 유니우스 브루투스, 혹은 카이사르를 암살한 마르쿠스 유니우스 브루투스이다.

8절판 8면으로 된 《민중의 친구》는 마라가 의심, 고발, 과격한 논설 때문에 검거를 피해 잠적했거나 영국으로 도피했거나 경제적인 이유로 중단된 때를 제외하고는 1792년 9월 21일 마라가 국민공회에 입성할 때까지 꾸준히 발간되었다. 그 후 마라는 《프랑스 공화국 신문》이라는 새로운 신문을 발간했는데, 1793년 4월 지롱드파가 국민공회 의원의 신문 발간을 금지하는 법을 제정하자 《프랑스혁명의 정론가》로 바꾸어 —제명에서 '신문'을 빼고— 죽을 때까지 발간했다.

마라가 발행한 신문의 제명만으로도 마라의 사상을 엿볼 수 있다. 마라는 민중, 즉 빈자들과 약자들의 친구를 자처했으며 공화주의 이념을 지니고 있었다. 《민중의 친구》는 제8호와 제9호(9월 18일과 19일)에 처음 쓴 사설에서부터 국민의회의 숙정을 요구했다. 주권자 민중은 '민중의 적'에게 저항하여 '정의'를 행사할 권리를 가진다는 것인데 그 구체적인 수단은 폭력과 학살을 넘어 '절멸'로 치달았다. 혁명가들은 마라의 과격한 언사에 경악했다.

마라는 오늘날 스위스 뇌샤텔 캉통의 부드리 코뮌에서 태어났다. 마라의 아버지는 사르데냐에서 태어나 카푸친 수도회 수도자 생활을 하다가 칼뱅파로 개종했으며 직물 디자이너, 어학 교사 등으로 살았다. 어머니는 프랑스에서 제네바로 망명 간 칼뱅파의 후손이었다. 마라는 공부에 재능이 있었고 프랑스어, 영어, 이탈리아어, 스페인어, 독일어, 네덜란드어 등을 구사했다.

열여섯 살이 되는 해에 마라는 세상을 배우기 위해 집을 떠나 프랑스 남서부의 대도시 보르도의 한 선주 집에서 가정교사로 있다가 1762년부터 1765년까지 파리에서 독학으로 의학을 공부한 후 영국으로 건너가 런던과 뉴캐슬에서 의사생활을 했다. 마라는 1770년과 1774년 사이에 서간체 소설인 《젊은 포토프스키 백작의 모험》, 《인간의 영혼》, 《인간에 관한 철학적 에세이》 등을 발표했다. 영국에서는 이 책들에 대한 반응이 좋았으나 프랑스에서는 그렇지 못했다. 볼테르는 마라의 인간론이 과장된 수사에 불과하다고 비판했다.

마라의 첫 번째 정치논설인 《노예의 사슬》은 "군주들이 국민의 자유를 파괴하고 노예로 만들기 위해 저지르는 온갖 범죄에 대한 역사적·철학적 개요"였다. 그는 영국의 헌법이 민주적이지 않다고 비판하고 전제정, 교회의 폭압, 사회적 불평등을 고발했는데 이 때문에 혹독한 박해를 받았다. 1774년 마라는 런던의 프리메이슨에 가입했다. 1년 후 마라는 스코틀랜드의 성앤드류스대학에서 의학박사 학위를 받은 후—이 대학은 학위를 판매하는 대학으로 알려졌다—파리로 돌아와 의사생활을 했다. 그는 로베스핀 후작 부인의 병을 기적적으로 고친 후 "불치병의 의사"라는 명성을 얻었고 그 덕분에 왕제 아르투아 백작의 근위대 소속 의사가 되었다.

다른 한편으로, 그는 물리학 실험실을 운영하며 불의 속성, 빛, 전기 등에 대한 실험을 했는데 파리 과학학술원의 인정을 받지 못해 분노했으며, 콩도르세나 바이이 같은 과학학술원 회원들에 대해 원한을 품었다. 그는 베른의 부르주아들이 공모한 논문 콩쿠르에 논문을 제출했으나 사회비판적이고 전복적인 내용 때문이었는지 선택받지 못했다.

흥미롭게도 그는 사르데냐 출신인 자기 집안이 스페인 귀족임을 인정받으려 애썼으나 그 역시 실패했다. 마라의 혁명적인 사상이 알려지면서 아르투아 백작의 근위대 의사직에서도 쫓겨났다. 이후 마라는 절망, 빈곤, 질병(포진성 피부염) 등으로 고생했다. 이처럼 혁명 전 마라는 의사요 물리학자요 작가로서 재능을 보여주었으나, 그가 존경했던 루소와 마찬가지로 주변인이었고 박해받고 있다는 피해의식에 시달렸다. 혁명은 반전의 기회였다.

1789년 7월 25일 헌법기초위원회의 무니에는 헌법안을 의회에 제출했다. 이에 마라는 "인간과 시민의 권리선언 안과 정의롭고 지혜로우며 자유로운 헌법 안"을 제출했다. 여기에서 마라는 국민주권에 의거한 사실상 공화정과 다름없는 군주정 체제를 제시했다. "최고권력은 국민에게 있다. 국민이 국민의 대표들에게 위임한 권력은 제한적이다. 국민은 대표들이 만든 법을 수정하고 재가할 권리를 가진다. 왕은 국민의 첫 번째 대리인에 불과하다." '인권선언'에 대해서 마라는 '권리'와 함께 '의무'를 규정할 필요가 있다고 말했다.[1]

이처럼 정상적이고 온건한 모습은 민중에 대해 생각할 때면 달라진다. 마라는 "인간은 생존을 위해서는 타인의 재산, 자유, 생명을 침해할 권리가 있다. 억압에서 벗어나기 위해 억압하고 노예화하고 학살할 권리가 있다"고 말했다. 마라는 의회의 혁명가들과는 차원이 달랐다. 마라는 《민중의 친구》를 간행하면서 철저하게 민중의 입장을 대변했다. 마라의 신문은 1789년 10월 5일 파리 민중의 베르사유 행진에 큰 영향을 끼쳤다. 1790년 6월 30일 자 신문에는 〈수동시민의 탄원서〉가 실려 있다. "우리가 귀족들의 특권 계급을 파괴해서 얻은 게 무엇인가? 그것이 부자들의 특권 계급으로 대체된다면 말이다. 우리가 이 새로운 벼락

부자들의 명에 아래에서 신음해야 한다면 말이다." 마라는 해방된 유색인들의 대의를 지지했고, 흑인노예제의 점진적 폐지를 요구했으며, 생도맹그 노예반란 소식이 전해지자 반란자들을 지지했다.

1790년 8월 5일 일어난 낭시 수비대 폭동 사건을 국민방위대장 라파예트가 강경 진압하여 22명의 스위스 병사가 교수형에 처해졌고, 한 명이 산 채로 차형에 처해졌으며, 41명이 브레스트의 도형장에 수감되었다. 마라는 2,600명(여자와 아이들 400명 포함)이 죽었고 1,500명이 부상당했으며, 공격자들은 1,400명이 사망했다고 과장했다.[2] 마라는 강경 저항을 촉구하는 벽보를 붙였다. "500~600명의 머리를 잘라내면 여러분의 평안, 자유, 행복이 보장될 것이다."

입법의회 시기에 마라는 지롱드파의 호전주의에 반대하여 방어적 전쟁론을 폈다. 마라는 1791~1792년 겨울 4개월 동안 재정적인 문제 때문에 신문 발행을 못하다가 내연녀 시몬 에브라르의 도움으로 속간했다. 전쟁이 발발하자 마라는 사병들이 반란을 일으켜 장교들을 학살할 것을 촉구했다. 1792년 8월 10일 민중이 왕궁을 공격하여 왕궁 수비대와 교전이 벌어지고 수많은 희생자가 발생했다. 국왕 측에서는 스위스 용병 600여 명을 포함하여 800여 명이 죽었고, 혁명파에서는 400여 명이 죽었다. 마라는 민중 학살 책임자들을 처벌하라고 외쳤다.

마라는 파리코뮌 비밀회의에 참석하여 학살계획을 세웠으며 특히 선서거부신부들을 학살하라고 요구했다. 9월 2일에는 파리코뮌의 감시위원회에 선출되어 학살을 조직했다. 그날부터 학살이 자행되었고 마라는 감시위원회의 이름으로 전 도에 선언문을 발송했다.

파리코뮌은 민중이 감옥에 수용된 잔인한 음모자들의 일부를 학살했음을 전 도의 형제들에게 급하게 알린다. 그것은 그들이 적과 싸우기 위해 전선으로 나아가기 전에, 시내에 숨어 있는 수많은 반역자를 공포에 몰아넣기 위해 행한 불가피하고 정당한 행위였다. 연달아 배신이 일어나 온나라를 파멸의 구렁으로 떨어뜨리는 상황에서 나라 전체는 공공의 안전을 위해 필요한 그 같은 수단을 신속히 받아들여야 할 것이고, 모든 프랑스인은 파리의 민중처럼 외쳐야 할 것이다. '우리는 전선으로 간다. 우리는 악한들이 우리의 아이들과 우리의 여자들을 죽이도록 남겨놓지 않을 것이다'.

9월 학살이 벌어져 파리에서만 1,100여 명이 야만적으로 무차별 도륙되었다. 마라 혼자 이 선언문을 쓴 것이 아니라 10명의 감시위원들이 서명했지만 당시 감시위원회에서 마라가 차지한 위상으로 볼 때 마라는 9월 학살의 책임에서 자유로울 수 없다.

9월 학살의 공포 분위기 덕분이었는지 마라는 국민공회 의원 선거에서 파리 시민의 선택을 받았다. 지롱드파는 이 학살 선동자를 퇴출시켜야 한다고 생각했다. 지롱드파는 마라가 로베스피에르, 당통과 함께 삼두파를 구성하여 의회를 장악하고 독재를 획책하려 한다고 비난했다. 국민공회에서 진행된 루이 16세 재판에서 마라는 로베스피에르, 생쥐스트 등과 달리 왕의 범죄를 밝혀줄 진정한 재판을 원했다. 마라는 왕의 처형에 찬성했고, 국민에의 항소와 집행유예에 반대했으며, 왕의 처형에 미온적이었던 브리소파를 격렬하게 비난했다.

1793년 4월 5일 자코뱅 클럽 의장으로 선출된 후 마라는 의회를 장악하고 있던 지롱드파에 맞서 봉기할 것을 촉구하는 선언문을 작성했다. "반혁명이 국민공회에서 진행되고 있습니다. 봉기합시다. 예, 봉기합시다! 혁명의 모든 적과 혐의자들을 체포합시다. 우리가 절멸당하지 않으려면 모든 음모자를 가차 없이 절멸시킵시다. 뒤무리에가 왕정을 회복하기 위해 파리로 진군하고 있습니다!"

4월 12일 지롱드파인 가데는 이 거짓 선언문—뒤무리에는 실제로는 오지 않았다—을 이유로 마라를 체포할 것을 요구했고 국민공회는 체포를 가결했다. 파리의 구들은 이에 반발하여 지롱드파 의원 22명을 제거할 것을 의회에 요구했다. 4월 24일 재판이 진행되었으나 '민중의 친구'는 우호적인 배심원단 덕분에 풀려나 승리의 월계관을 쓰고 개선했다. 혁명재판소를 나온 마라는 자기의 신문을 가동하여 지롱드파에 대한 보복을 선동했다.

5월 31일과 6월 2일 파리 민중은 국민공회를 압박하여 지롱드파 의원 29명을 축출하는 데 성공했다. 그러나 이날 이후 마라는 국민공회에 거의 출석하지 않았다. 피부병이 악화되어 매일 유황 물로 목욕을 해야 했고, 두통을 완화하기 위해 식초 적신 수건을 머리에 둘러야 했기 때문이다. 마라는 욕조에 들어가서도 쉬지 않고 국민공회에 보복을 촉구하는 편지를 보냈지만 의원들은 마라에게 귀를 기울이지 않았다. 마라의 생물학적 생명은 물론 정치적 생명도 사실상 끝났던 것이다. 이런 상태에서 며칠 뒤 마라는 샤를롯 코르데의 칼을 맞고 혁명가의 삶을 마감한다.

1792년 6월 2일 국민공회가 주도적인 지롱드파 의원 29명의 체포를 결정하자 프랑스의 주요 대도시에서는 지롱드파를 지지하는 연방주의 반란이 일어났다. 산악파는 "공화국은 하나이며 나눌 수 없다"라는 원칙에 입각하여 파리 중심의 강력한 중앙집권 체제를 주장한 반면, 지롱드파는 파리와 파리 민중의 세력을 약화시키기 위해 "파리는 83개 도 가운데 하나"라는 지방분권적인 원칙을 주장했는데, 산악파는 이것을 '연방주의 반란'이라고 규정한 것이다. 6월 9일 칼바도스도道 봉기 의회는 파리로 진군하기로 결정했다. 삼신분회 귀족 대표였던 빔펜이 사령관으로 임명되었다. 그러나 병력 모집은 지지부진했다. 이러한 상황에서 자택 구금되었던 지롱드파 의원들은 파리를 탈출하여 잠적했고 칼바도스도의 캉을 집결지로 정했다. 바로 코르데가 사는 곳이다.

코르데의 결심

샤를롯 코르데Marie Anne Charlotte de Corday d'Armon는 1768년 7월 27일 노르망디 지방의 생사튀르냉 데리뉘리에서 태어났다. 가난한 시골 귀족이었던 그녀의 아버지는 군 장교로 복무했으나 부대를 구매할 돈이 없어서 제대하고 낙향했다. 그녀는 비극작가 피에르 코르네유의 후손인데, 후일 감옥에서 아버지에게 편지를 쓸 때 코르네유의 시구를 인용할 정도로 가문에 대한 자부심이 강했다.

1782년 어머니가 사망하자 아버지는 혼자 아이들을 키울 수 없어서 샤를롯 코르데와 여동생을 캉의 수녀원에 맡겼다. 코르데는 이 수녀원에 기숙하며 수녀처럼 생활했고 수녀들로부터 종교는 물론 역사, 지리, 라틴어, 이탈리아어, 스페인어, 예법 등을 배웠다. 독서를 좋아해 피에르 코르네유(특히 《키나》와 《폴리에욱트》), 플루타르코스 등을 읽고 고대인들의 영웅적인 덕을 동경했으며 볼테르, 레날 신부, 루소 등의 계몽사상을 접했다. 그녀의 영웅은 카토, 루키우스 유니우스 브루투스, 마르쿠스 유니우스 브루투스, 코리올라누스, 그라쿠스 형제의 어머니인 코르넬리아, 국가를 위해 자기 동생을 죽인 호라티우스 등이었다.[3]

후일 그녀는 자신이 혁명 전부터 공화주의자였으며 고대 로마의 공화주의적 가치가 자기의 이상적인 모델이었다고 말했다. 그러면서도 코르데는 가톨릭 신앙을 유지했으며 아예 수녀가 되려는 생각을 하기도 했다. 그녀는 성경을 읽다가 유다의 여인 유딧이 아시리아 침략군 장군인 홀로포로네스를 죽이고 물리친 내용에 밑줄을 그었다.

국민의회가 수도원을 해체하자 코르데는 1791년 2월에 수녀원에서 나와 캉에 있는 먼 친척 집에 들어갔다. 코르데는 고독 속에서 독서, 글쓰기, 사색 등으로 시간을 보냈다. 공화주의 신념은 더욱 굳어졌다. 어느 날 가족 식사모임에서 참석자들이 왕의 건강을 위해 건배할 때 코르데는 술잔을 들지 않았다. 주위의 질책을 받자 다음과 같이 말했다. "나는 그가 덕이 있다고 생각합니다. 그러나 나약한 왕은 선할 수가 없습니다. 그는 자기 백성들의 불행을 막을 수 없습니다."[4] 혁명이 과격해지면서 코르데의 오빠와 동생, 그리고 선서거부신부인 삼촌은 망명을 떠났다. 코르데는 망명을 나약한 행동이라며 경멸했다.

1792년 4월 캉에서 벌어진 사건은 후일 마라 살해 사건과 관련하여 코르데의 단호한 성격을 잘 보여준다. 그날 600여 명의 국민방위대원이 선서거부신부를 잡으러 갔다가 신부가 눈치채고 도주한 것을 알고 주민들을 폭행하고 약탈했다. 코르데는 이 소식을 친구에게 전하면서 "봉기가 임박한 것 같다. 사람은 한 번 죽는다. 우리의 상황이 두렵기는 하지만 그래도 나를 안심시키는 것은 나를 희생하면 아무도 죽지 않는다는 것이다"라고 말했다.[5]

9월 학살이 벌어지자 학살 선동자인 마라를 비난하는 소리가 높아졌다. 올랭프 드 구즈는 "죄인들의 피라 하더라도 잔인하고 과다하게 흘린 피는 혁명을 더럽힌다"며 마라를 비난했다. 올랭프 드 구즈, 브리소, 콩도르세 같은 지롱드파가 마라를 비판하는 소리가 캉에도 전해졌다. 코르데는 이듬해 1월 21일 왕이 처형되었다는 소식을 듣고 대성통곡했다. 1793년 4월 5일 코르데를 신앙적으로 이끌어주었고 어머니를 도와준 공보신부가 단두대에서 죽었다. 4월 8일 코르데는 아르장탕에 사는 아버지를 만나러 가기 위한 여권을 신청했고, 4월 23일에는 파리에 가기 위한 여권을 신청했다.

1793년 6월 지롱드파 의원들이 캉으로 숨어들었다. 이들은 코르데의 집에서 멀지 않은 곳에서 회합을 가졌고 편지, 선언문 등을 발표하여 캉의 반란을 고무했다. 6월 18일 바르바루는 노르망디인들이 파리로 진군하여 파리를 억압하고 있는 반도들로부터 파리를 해방시키자고 외쳤다. 특히 마라를 죽여야 한다고 강조했다. 바르바루는 혁명 전에 마라의 광학 강의를 듣고 마라를 존경했으나 마라를 저주하게 된 인물이었다.

이틀 후 코르데는 바르바루를 찾아가 만났다. 바르바루는 다음과 같이 말했다. "새로운 잔다르크가 없다면, 하늘이 보낸 해방자가 없다면, 프랑스는 끝장이다." 코르데는 레날 신부의 책을 읽고 폭군 살해는 정당하다고 생각했기 때문에 마라 살해는 정당한 행동일 뿐만 아니라 구국의 행동이라는 생각이 들었다. 비록 쇠락한 귀족이지만 귀족으로서의 명예심도 코르데를 자극했다.

코르데는 한번 결심하면 흔들리는 법이 없는 강인한 성격의 소유자였다. 7월 7일 열린 빔펜의 열병식을 지켜본 코르데는 크게 실망했다. 남자들이 나서지 않으니 자기가 나서야 한다고 생각했다. 그날 오후 코르데는 바르바루를 만나러 갔다가 페티옹과 마주쳤다. 페티옹은 "아름다운 귀족이 공화주의자들을 보러 왔군요" 하며 농담했다. 그녀는 "당신은 나를 알지 못하면서 판단하는군요. 내가 누군지 곧 알게 될 겁니다"라고 대답했다.

7월 9일 코르데는 영국으로 간다는 편지를 아버지에게 남기고 캉을 떠났다. 이틀 후 그녀는 파리에 도착하여 프로비당스(섭리라는 뜻!) 호텔에 투숙했다. 그날 오후 그녀는 바르바루가 써준 소개장과 문서 몇 개를 들고 지롱드파 의원인 뒤페레를 찾아갔다. 마라는 병 때문에 더이상 국민공회에 나오지 않는다는 말을 듣고 국민공회 안에서 장렬하게 마라를 죽이려던 계획을 변경하지 않을 수 없었다. 12일 오전 코르데와 뒤페레는 내무장관인 가라를 만나러 갔다가 허탕쳤다. 그날 오후 코르데는 〈법과 평화의 친구인 프랑스인들에게 보내는 편지〉를 작성했다.

오! 불행한 프랑스인이여, 당신들은 언제까지 혼란과 분열 속에 있을 겁니까? 너무나 오랫동안 반도들과 악한들은 자기들의 야심을 모두의 이익으로 위장했습니다. 그들의 광기의 희생자들이여, 왜 당신들의 파멸을 눈 뜨고 보고만 있습니까? 프랑스의 파괴 위에 그들의 폭정의 욕망을 세우게 할 것입니까?

도당들이 사방에서 터져나오고, 산악파가 범죄와 폭압으로 승리를 거두고, 우리의 피를 마신 괴물들이 저주스러운 음모를 꾸미고, 아씨냐 지폐와 거짓말에 눈이 멀어 오만가지 방법으로 우리를 벼랑 끝으로 몰아내고 있습니다. 우리가 자유를 정복하기 위해 더 뜨거운 열정과 힘을 쏟지 않는다면 우리는 파멸하고 말 겁니다. 오! 프랑스인들이여, 이제 머지않아 우리에게는 존재의 기억밖에 남지 않을 것입니다.

이미 분노한 도들이 파리를 향해 진군하고 있습니다. 이미 불화와 내전의 불길이 이 거대한 나라의 절반을 불태우고 있습니다. 아직 불을 끌 수 있는 수단이 있지만, 그 수단은 신속해야 합니다. 악한들 가운데 가장 비열한 악한은 그 이름만으로도 모든 범죄의 이미지를 새겨놓은 마라입니다. 그를 복수의 칼 아래 쓰러뜨림으로써 산악파를 뒤흔들고, 피의 옥좌에 앉아 있는 당통과 로베스피에르 같은 또 다른 반도들을 겁먹게 만들어야 합니다. 인류의 복수의 신들은 그들의 추락을 더욱 눈부시게 하기 위해서만 그리고 기만당한 민중의 파멸 위에 자기들의 부를 쌓으려는 사람들을 두렵게 하기 위해서만 벼락을 멈춥니다.

프랑스인들이여! 당신들은 적이 누구인지 알고 있습니다. 봉기하십시오! 앞으로 나아가십시오! 산악파는 형제들과 친구들을 남겨놓지 않습니다! 나는 하늘이 우리를 위해 공화주의 정부를 마련해줄지 어떨지 알지 못합니다. 그러나 하늘은 과도한 복수심에 사로잡힌 한 산악파 인간을 우리의 주인으로 줄 지도 모릅니다. 법의 지배가 아나키를 뒤따르고 평화, 화합, 형제애가 모든 파당을 없애야 합니다. 오, 프랑스여! 당신은 법이 집행되어야 평화를 찾을 수 있습니다. 내가 마라를 죽이는 것이 그것에 피해를 주지는 않습니다. 온 우주의 징벌을 받은 마라는 법외자입니다. 어떤 재판소가 나를 재판할까요? 내가 유죄라면 괴물들을 퇴치한 알키비아데스도 유죄입니다.

오, 나의 조국이여! 당신의 불행이 내 심장을 도려냅니다. 나는 당신에게 내 목숨밖에 드릴 게 없습니다. 내가 그것을 처분할 자유를 가진 것을 하늘에 감사합니다. 내 죽음으로 피해 보는 사람이 없기를 바랍니다. 내가 나를 죽이는 것이 르플르티에 드 생파르고를 죽인 파리스를 모방하는 것은 아닙니다. 나는 나의 최후의 숨이 동포들에게 유용하기를, 파리에 내걸린 나의 목이 모든 법의 친구들의 결집 신호가 되기를, 비틀거리는 산악파가 자신의 파멸이 나의 피로 씌어졌음을 보기를, 내가 그들의 마지막 희생자이기를, 복수한 우주는 내가 인류에 기여했다고 선언해주기를 바랍니다.

산악파에 맞서 봉기할 것을 호소하는 격문이다. 코르데는 자기의 희생이 봉기의 도화선이 되기를 희망했다. 코르데는 루이 16세의 처형에 찬성표를 던진 르플르티에 드 생파르고를 암살하고 자결한 파리스처럼 생을 마감할 생각이 아니었다. 코르데가 생각한 것은 당당하게 현장에서 체포되어 재판받고 단두대에서 죽음으로써 자신의 대의를 널리 알리는 것이었다. 코르데는 볼테르의 비극 《카이사르의 죽음》에 나오는 시구를 인용하여 '폭군 살해'를 정당화했다.

코르데에게 있어서 마라 살해는 사람을 죽이는 것이 아니라 악을 없애는 것이기에 정당한 살인일 뿐만 아니라 선한 행동이었다. 이 '정치적 유언장'은 종교적으로 말하면 순교였다. 종교를 위한 순교가 아니라 공화국을 위한 순교였다. 코르데는 다음 날 마라를 죽이러 떠날 때 이 '편지'를 지참하고 떠났다. 혁명정부가 이 편지를 은폐하는 것을 막기 위함이었다.

마라의 죽음

7월 13일 아침 코르데는 칼을 산 다음 마라를 만나러 갔으나 관리인과 시몬 에브라르가 문을 열어주지 않아 만날 수 없었다. 코르데는 호텔로 돌아와 옷을 갈아입고 미용사를 불러 머리를 손질한 후, 마라가 솔깃할 내용의 편지를 써서 시내 우편으로 보냈다. "저는 캉에서 왔습니다. 당신의 조국에 대한 사랑은 이곳에서 모의되는 음모에 대해 궁금하실 것으로 생각합니다. 당신의 답을 기다립니다." 코르데는 만일의 경우에 대비해 편지 한 통을 더 썼다. "마라 씨, 제가 오늘 아침에 보낸 편지를 받으셨나요? 제가 잠깐 만나뵐 수 있을까요? 당신이 그 편지를 받으셨다면 매우 흥미로운 일이 있을 것이기에 저를 만나주실 것으로 생각합니다. 저는 매우 불행하다는 것만으로도 당신의 보호를 받을 권리를 요구할 수 있습니다."

코르데는 돈, 출생증명서, 〈법과 평화의 친구인 프랑스인들에게 보내는 편지〉, 두 번째 편지 등을 몸에 지니고 마라의 집으로 향해 저녁 7시경 마라의 집에 도착했다. 시몬 에브라르는 여전히 문을 열어주지 않았다. 코르데는 마라에게 긴히 할 이야기가 있으니 문을 열어달라고 사정했으나 내연녀는 요지부동이었다. 그날 오전에 바르바루와 바래르 고발장을 작성한 마라는 방금 전에 읽은 그 편지를 보낸 여자가 왔다고 생각하고 들여보내라고 말했다.

마라의 방은 어두컴컴했다. 마라는 욕조에 있었고, 욕조 위 나무 판에는 마라가 받은 편지들, 마라가 작성한 고발장들이 널려 있었다. 코르데는 자기의 불안감이 드러날까 두려워 마라를 쳐다보지 못했다. 마라는 캉에 숨어있는 지롱드파 의원들의 이름을 대라고 말했다. 코르데는 18명 가운데 5명은 생각이 나지 않아 13명만 이름을 댔고, 칼바도스 도의 행정관들 이름도 댔다. 마라는 이름을 다 적고 나서, "좋소! 이들은 8시간 있으면 모두 단두대로 갈 거요!"라고 말하며 미소 지었다. 마라의 적개심이 코르데의 복수심을 자극했다. 코르데는 가슴 속에서 칼을 꺼내 마라의 가슴을 찌른 후 칼을 빼내 바닥에 던졌다. 마라는 거친 소리를 내며 숨을 거두었다.

〈그림 1〉은 살해 당시 마침 가까운 곳에 있다가 마라의 집으로 달려

간 테아트르 프랑세 구의 국민방위대 장교인 독일인 화가 요한 야콥 하우어가 그린 것이다. 코르데가 쓰고 있는 검은 모자, 검은 칼집, 욕조의 나무 판, 마라의 오른쪽 부위 상처, 다량의 피 등은 현장 증인들의 증언과 일치한다. 이 그림은 마라의 죽음을 가장 사실적으로 보여주는 그림으로 평가받는다. 마라의 얼굴은 고통으로 일그러져 있다. 눈알은 돌아가 있고 거의 튀어나올 정도다. 코르데의 팔은 힘이 있고 아직 칼을 들고 있다. 표정은 날카롭고 단호하다. 〈법과 평화의 친구인 프랑스인들에게 보내는 편지〉에 나타난 여전사의 이미지이다.

〈그림 2〉는 다비드의 유명한 〈마라의 죽음〉이다. 이 그림은 1793년 10월 16일에 대중에게 공개되었다. 하우어―하우어는 다비드의 제자이다―의 그림과 달리 마라의 죽음만 표현되어 있지 코르데는 없다. 코르데는 편지로만 존재한다. 마라가 손에 쥐고 있는 편지는 코르데가 쓴 두 번째 편지다. "저는 매우 불행하다는 것만으로도 당신의 자비를 받을 권리를 요구할 수 있습니다." 사실 이 편지는 코르데가 몸에 지니고 있었으니 마라는 이 편지를 보지 못했다. 다비드는 원래 편지에는 '보호'로 되어 있는 것을 '자비'로 바꾸었다. 코르데의 배은망덕을 부각시키기 위함이었다. 마라의 얼굴은 하우어의 그림과 달리 고통을 미소로 승화시킨 느낌이다. 마라의 팔은 미켈란젤로의 〈피에타〉나 카라바조의 〈십자가에서 내려온 예수〉의 모습이다.

코르데는 도망치거나 자결하지 않았다. 집 안에 있던 사람들이 달려와 코르데를 제압하고서 의사와 국민방위대를 불렀다. 구의 경찰이 달려와 코르데를 심문하고 조서를 작성했다. 경찰은 이 사건을 보안위원

<그림 2>

회, 공안위원회, 코뮌위원회에 알렸다.

국민공회 의원인 샤보와 드루에가 마라의 집으로 달려왔다. 에베르와 카미유 데물랭도 왔다. 이들은 거대한 음모가 진행되고 있다고 확신했다. 코르데는 조서에 서명하고 시신을 확인한 후 "그렇습니다. 내가 그를 죽였습니다"라고 말했다. "나는 내 일을 마쳤습니다. 다른 사람들이 나머지를 할 것입니다." 동네 사람들이 모여들었다. 마라의 집은 혁명 열기가 뜨거운 코르들리에 거리에 있었기 때문에 당국은 성난 민중이 코르데를 죽이고 제2의 9월 학살을 일으키지 않을까 우려했다. 코르데를 아베이 감옥으로 이송할 때 분노한 군중이 에워쌌지만 법의 이름으로 이들을 진정시키며 무사히 이송을 마쳤다.

마라의 죽음 소식을 들은 혁명가들은 불안해했다. 쿠통은 지롱드파가 방데인들과 공모하여 암살을 자행했으며, 파리를 불안하게 만들어 왕자를 구출하려는 것이라고 말했다. 혁명정부는 연방주의 반란, 지롱드파의 음모, 파리에 숨은 왕당파의 음모 등을 고려하여 7월 14일로 예정되었던 헌법 제정 기념 축제를 연기했고, 대신 마라의 장례식을 성대하게 거행하기로 결정했다. 보안위원회 위원인 자크 루이 다비드가 장례식 준비를 주관했다. 마라의 시신은 7월 15일 코르들리에 수도원 교회에 안치되어 조문을 받았다. 펜을 들고 있는 오른팔은 늘어뜨렸고 머리에는 떡갈나무로 만든 관을 둘렀다. 시신 양 옆에는 마라의 욕조와 피 묻은 옷을 전시했다.

장례식은 7월 16일 저녁 5시에 시작되어 17일 2시에 끝났다. 다비드는 16일 아침 국민공회에서 다음과 같이 말했다. "그의 묘지는 명예로운 빈곤 속에서 죽은 타락할 수 없는 공화주의자에게 어울리는 단순성을 가질 것입니다. 그는 지하에서 민중들에게 적과 친구를 가려줄 것입니다. 그는 죽음으로 돌아갔지만 그의 삶은 우리에게 모범을 남겼습니다. 카토, 아리스테이데스, 소크라테스, 티몰레온, 파브리키우스, 포키온, 당신들은 내가 존경하는 삶을 살았지만 나는 당신들과 함께 살지는 않았습니다. 그러나 나는 마라를 압니다. 나는 마라를 당신들만큼 존경합니다. 후세는 그가 옳다고 인정할 것입니다."

코르들리에 교회에서 장례행렬이 출발했다. 치안군이 선두에 섰고, 노병, 구 대표, 민중협회, 무장한 여자들, 국가기관 대표들, 80명의 자코뱅파 의원들이 뒤를 따랐다. 마라의 욕조가 마치 왕좌처럼 행렬에 참석했다.[6] "마라는 죽었다. 민중 만세!"가 울려 퍼졌다. 군주정 시대의 "왕이 죽었다. 왕 만세!"라는 외침과 비슷한 외침이었다. 자정 무렵에 행렬은 코르들리에 수도원으로 돌아왔고 시신은 정원에 매장되었다. 묘지석에는 "여기 민중의 적들이 암살한 마라가 눕다"라고 새겼다. 내장과 폐는 별도로 묻었고 심장은 떼어내어 따로 보관했다. 국민공회 의장은 마라의 복수를 하되 너무 성급하고 무분별한 방식으로 복수를 해서 조국의 적들의 비난을 초래해서는 안 된다며 민중을 진정시켰다. 성난 민중은 밤새 횃불을 들고 거리를 누비며 "민중의 친구"의 죽음을 애도했고 "불멸"의 마라에 대한 복수를 외쳤다.

코르데 재판

마라의 장례식 때문에 코르데의 심문과 재판이 늦어졌다. 코르데를 만났던 불행한 뒤페레와 칼바도스 출신 국민공회 의원인 입헌주교 포셰도 아베이 감옥에 잡혀 들어왔다. 코르데는 치안군의 감시 없이 잠을 잘 수 있게 해줄 것과 자기의 초상화를 그릴 수 있게 해줄 것을 보안위원회에 부탁했다. 코르데는 바르바루에게 그간의 소식을 전하는 편지를 썼는데 다음과 같이 장소와 날짜를 표기했다. "아베이 감옥의 과거 브리소의 방에서, 자유를 준비하는 두 번째 날".

7월 16일 심문이 시작되었다. 자크 베르나르 마리 몽타네가 재판장이었고 푸키에 탱빌이 공공검사였다. 재판장은 사전에 작성한 긴 심문서에 따라 질문했고 코르데는 솔직하고 당당하게 답했다. 마라가 무슨 죄를 지었기에 죽였냐는 질문에 코르데는 다음과 같이 대답했다. "그는 9월 학살을 일으켰고, 독재자 혹은 다른 무엇이 되기 위해 내전의 불을 지폈으며, 5월 31일 국민공회 의원들을 체포하고 구금하기 위해 국민주권에 위해를 가했다." 무슨 근거로 그렇게 말하느냐고 묻자, "증거를 댈 수는 없지만 미래는 프랑스의 여론을 알 것이며 마라는 얼굴에 가면을 쓰고 있다"고 말했다. 재판장은 긴 심문을 마치고 나서 변호인이 있냐고 물었다. 코르데는 "로베스피에르나 샤보를 생각했다"고 익살스럽게 대답한 후 캉 출신 국민공회 의원인 둘세를 지명했다. 코르데는 심문서에 서명한 후 감옥으로 돌아와 아버지에게 편지를 썼다. "저는 많은 억울한 희생자들의 복수를 했습니다. 저는 많은 다른 재앙을 막았습니다. 어느 날 환상에서 깨어난 민중은 폭군으로부터 해방된 것을 기뻐할 것입니다."

17일 아침에 재판이 열렸다. 파리의 신문들이 코르데 사건을 대서특필했기 때문에 청중석은 만원이었다. 스물다섯 살의 젊은 여자가, 그것도 미모의 여자가 그러한 살인을 했다는 것이 호기심을 자극한 것이다. 12명의 배심원단(15명이라는 이야기도 있다)은 코르데가 거부하지 않았기 때문에 그대로 구성되었다. 둘세는 연락을 받지 못해 변호인으로 참석하지 못했다. 재판장은 청중으로 참석한 쇼보 라가르드를 변호인으로 직권 지명했다. 공공검사의 논고, 증인 심문, 재판장의 심문이 이어졌다. 언제 계획을 세웠냐는 질문에 코르데는 "국민의 대표들을 체포한 5월 31일 이후"라고 대답했고, "10만 명을 구하기 위해 한 명을 죽였다"고 그 이유를 말했다. 공공검사는 코르데가 감옥에서 쓴 편지들을 읽었지만 〈법과 평화의 친구인 프랑스인들에게 보내는 편지〉에 대해서는 침묵했다. 공공검사는 코르데가 캉 주둔 부대 장교였던 앙리 드 벨쥔 남작의 약혼녀였는데 그가 학살당한 데 대한 복수로 마라를 죽였다는 근거 없는 주장을 펼쳤다. 푸키에 탱빌은 포셰와 뒤페레를 코르데의 공범으로 엮으려 했으나 코르데는 단독범행임을 강조했다. 공공검사는 아이가 몇인지, 캉에서 선서신부에게 고해했는지 선서거부신부에게 고해했는지, 어떻게 그렇게 능숙하게 찔렀는지 등 코르데의 순수성을 해치는 질문을 한 후 사형을 구형했다.

다음은 변호인 차례였다. 쇼보 라가르드는 저명한 변호인이었지만 재판 당일에야 변호인으로 지명되었기 때문에 변론을 준비할 시간이 없었다. 쇼보 라가르드는 피고가 범죄 사실을 시인했음을 지적한 후, 그녀가 죽음 앞에서 보여준 "냉정함과 숭고한 희생은 초자연적인 것이다. 그것은 그의 손에 칼을 쥐게 한 정치적 광신주의의 흥분에 의해서만 설명될 수 있다"고 말했다. 후일 쇼보 라가르드는 "공공검사가 말하는 동안에 배심원단은 나에게 조용히 하라는 말을 전했고, 재판장은 피고가 미쳤다는 것만 말하라고 전했다"고 털어놓았다.[7]

배심원은 피고가 "사전에 계획된 범죄 의도를 가지고 살인했다"고 인정했다. 재판관은 코르데에게 사형을 선고했고, 존속살인자들이 입는 붉은색 셔츠를 입혀 형장으로 이송할 것을 명했다. 재판장은 마지막으로 할 말이 있으면 하라고 했다. 코르데는 "아나키의 괴수는 이제 없습니다. 여러분은 평화를 얻게 될 것입니다"라고 말한 후, 형장으로 가기 전에 자기의 초상화를 마저 그릴 수 있도록 해달라고 부탁했다. 확신, 단호함, 여유 등은 계속 사람들을 놀라게 했다.

재판은 재판장, 검사, 변호인, 배심원으로 구성되고, 피고인의 변호사 지명권과 피고인의 배심원단 구성 동의권을 인정하고, 증인심문, 예비심문, 본심문 등으로 사실관계를 확인하고 증거를 확보하려고 노력하는 등 근대적인 재판의 모습을 보여주었다. 재판장과 변호사는 코르데에게 우호적이어서 사형을 막으려고 노력했다. 그렇기는 해도 코르데의 재판은 코르데의 배후에 지롱드파가 있음을 확증하기 위한 정치적 재판이었다. 필요에 따라 증거가 조작되었고, 거짓 증인들이 동원되었으며, 배심원도 자코뱅파였다. 재판은 사형선고를 내리기는 했지만 그들의 바람대로 되지는 않았다. 코르데는 혼자서 범행을 계획했고 실행했음을 강조했기 때문이다. 공공검사는 재판장이 코르데에게 우호적으로 재판을 진행했다고 고발했다. 재판장은 투옥되었다가 '열월 정변' 후에 풀려났다.

형장으로 가기 전까지의 시간에, 선서신부가 종부성사를 주러 찾아왔으나 코르데는 거부했다. 그러나 하우어는 반갑게 맞이했다. 코르데는 옷매무새를 가다듬고 포즈를 취했다. 간수가 코르데의 머리를 깎는 동안 하우어는 초상화를 그렸다. 코르데는 자기의 머리카락을 하우어에게 감사의 표시와 기념으로 주었다. 초상화는 코르데가 사형수 호송차에 오르기 직전에 완성되었다. 코르데는 그림을 본 후 약간의 수정을 요구했고, 초상화 한 부를 가족에게 보내달라고 부탁했다.

하우어가 그린 초상화(⟨그림 3⟩)는 살해 장면 그림과는 다른 이미지를 담고 있다. 코르데의 황금색 머리카락과 맑은 눈은 순수함, 길고 오뚝 솟은 코와 뾰쪽한 턱은 단호함, 넓은 이마는 지혜로움, 백색 옷은 고귀함과 순결함을 상징한다. 두 손은 살포시 무릎 위에 놓아 조신한 여성의 모습을 보여준다. 미모, 고결함, 온후함은 완벽한 여성의 이미지이다. 다비드의 마라가 예수라면 하우어의 코르데는 성모 마리아다.[8] 이 그림은 코르데가 죽은 지 며칠 후에 공개되었다.

최후의 화장을 마친 후 코르데는 혁명광장으로 이송되었다. 길가의 민중은 코르데에게 비난과 욕설을 퍼부었고, 당국은 민중의 분노가 학살로 번지지 않도록 조심했다. 호송마차에서 코르데는 꼿꼿하게 서서 의연하게 주위를 둘러보았다. 코르데는 마차에서 내려 단두대에 올라갔고 칼 아래에 목을 내밀었다. 사형집행인 상송은 급하게 자기 자리로

〈그림 3〉

가서 칼을 떨어뜨렸다. "일초라도 이 용감한 여인의 고통을 줄이기 위해서." 코르데의 목이 떨어지자 사형보조원인 르그로가 코르데의 목을 움켜쥐고 흔들어 모든 사람들에게 보여준 후 민중의 복수를 하려는 듯 따귀를 때렸다.

처형 직후 산악파는 그녀가 처녀인지 여부를 조사했다. 그녀의 단독 범행을 받아들이기 어려워 그녀가 동거남의 사주를 받은 것으로 몰아가고 싶었던 것이다. 그들의 기대와는 달리 그녀는 처녀임이 밝혀졌다.[9] 산악파는 코르데를 타락한 여자로 몰아가려 했지만 오히려 코르데의 순수성을 부각시켰으며 산악파의 야만성을 노출시키고 만 것이다.

공화주의 역사가 미슐레에게 코르데는 천사였다. 라마르틴은 살인은 동의할 수 없다면서도 코르데를 "암살의 천사"라고 불렀다. 한 현장 목격자는 "그녀는 빛의 천사 같았다"고 말했다. 사형집행인 상송은 "라바르 기사 이후 죽음 앞에서 이렇게 용감한 여자를 본 적이 없다"고 회고했다. 라바르는 가톨릭 종교행렬이 지나가는데도 경의를 표하지 않았다는 이유로 참수된 인물이다.

코르데가 마라를 죽였다는 사실보다는 한 인간이 죽음 앞에서 그토록 당당할 수 있다는 사실이 사람들을 놀라게 했다. 코르데는 자기방어나 거짓말이나 눈물 없이 당당하게 자기가 마라를 죽였음을 인정했으며, 코르네이유의 시와 볼테르의 시를 인용할 정도였으니 청중들을 매료시키기에 충분했다. 이듬해 로베스피에르 암살 미수 혐의를 받고 처형된 세실 르노도 코르데의 영향을 받았는지 비슷한 식으로 말했다. 단두대에서 보여준 당당함과 근엄함은 그녀의 아름다움과 어우러져 그녀가 살인자가 아니라 순교자로 보이게 했다.

자유의 순교자?

코르데를 처형하고 난 다음 날인 7월 18일 두 번째 행사가 열렸다. 마라의 심장을 코드들리에 클럽 회의실로 이동하여 보관한 것이다. 한 애국파는 마라의 심장과 예수의 심장을 비교하는 연설을 했다.

오! 마라의 심장, 신성한 심장, 숭고한 내장! 너는 예수의 심장이 광신적이고 어리석은 나사렛인들의 숭배를 받을 권리를 가졌던 것만큼이나 해방된 프랑스인들의 종교적 존경을 받을 권리를 가지고 있지 않은가? 마리아의 아들의 업적과 선행은 민중의 친구의 그것들과, 그의 사도들은 우리의 신성한 산악파의 자코뱅과, 바리새인들은 귀족들과, 징세청부인들은 재정가들과 비교할 수 있는가? 그들의 예수는 거짓 예언자였던 반면에 마라는 신이다! 마라의 심장 만세!

마라 숭배가 시작되었다. 마라는 르플르티에 생파르고와 함께 '자유의 순교자'로 추앙되었다. 며칠 후 리옹 반란으로 처형된 샬리에가 '자유의 순교자'에 합류했다. 8월 19일 "혁명적 시민들"은 마라의 흉상을 앞세우고 카루셀 광장까지 행진했다. 그의 흉상은 많은 공공기관에 세워졌다. 마라의 덕을 기리는 노래들이 만들어졌고 연극이 상연되었다. 마라의 상이 새겨진 기념품들이 판매되었다. 민중은 마라의 이름으로 성호를 그었고, 마라의 '사도신경'을 암송했으며, 아이의 이름을 '마라'라고 지었다. 코르들리에 클럽은 마라 클럽이 되었고, 코르들리에 거리는 마라 거리가 되었으며, 몽마르트르는 몽마라가 되었다. 40여 개의 코뮌이 마라의 이름으로 개명했다.

마라의 친구들은 마라가 죽었을 때부터 마라를 팡테옹에 안치하자고 요구했다. 그러나 로베스피에르는 팡테옹에는 부패한 미라보가 누워있다는 이유를 대며 반대했다. 드디어 1793년 11월 14일 국민공회는 마라를 팡테옹에 안치하기로 결정했다. 로베스피에르는 상퀼로트의 세 순교자를 견제하기 위해 방데와 아비뇽의 애국순교자인 젊은 바라와 비알라를 영웅으로 만들었다.[10] 로베스피에르는 마라의 이장을 계속 미루었으나 1794년 '열월 정변'으로 더이상 막을 수가 없었다. 마라는 1794년 9월 21일 팡테옹에 입성했다.

그러나 마라 숭배는 오래가지 못했다. 1794년 말부터 마라의 흉상은 국민공회에서 퇴출되었다. 공공건물에 세워졌던 흉상들은 파괴되었고 많은 도시와 거리도 옛이름으로 돌아갔다. 카루셀 광장에 세워진 마라 기념물이 파괴되었고 전국적으로 마라 퇴출 운동이 벌어졌다. 다비드의 그림은 국민공회에서 철거되었다. 자코뱅 클럽에서는 마라의 마네킹을 화형했다. 1795년 2월 4일 《르모니퇴르》는 어린아이들이 마라의 흉상을 끌고 다니다가 시궁창에 버린 후 "마라, 여기가 네 팡테옹이다!"라고 말했다고 전했다. 1795년 2월 26일 국민공회는 "상퀼로트의 원형"인 마라를 팡테옹에서 퇴출시켰다. 19세기 중엽 미슐레는 마라를

'자유의 순교자'에서 몰아냈다. "전혀 사려 깊지 않다. 극단적이고 과격할 뿐이다. 언제나 같은 말의 반복이다. 파렴치한, 사악한, 악마 같은. 언제나 동일한 후렴이다. 죽음."

민중은 친구의 복수를 다짐했고 친구를 숭배했다. 그러나 혁명가들은 그렇지 않았다. 마라는 혁명가들의 친구라기보다는 경쟁자였기 때문이다. 그들은 '민중의 친구'의 과격한 폭력성을 우려했다. 1792년 1월 로베스피에르가 마라를 처음 만나 한 말도 마라의 폭력성이 비정상적으로 과격하다는 것이었다. 혁명 상황을 타개하기 위해서는 로마 공화정기의 독재관이나 호민관이 필요하다고 생각한 마라는 로베스피에르의 미온적인 반응에 실망하고서, 로베스피에르는 선량한 사람이고 애국자이지만 "국가 지도자로서의 안목과 대담함을 가지고 있지 못하다"고 평했다.

마라는 국민공회 의원이었고 자코뱅 클럽과 코르들리에 클럽 회원이었으며 파리코뮌에 강력한 영향력을 행사한 인물이어서 무시할 수 없는 존재였으나 거북한 존재였다. 국민공회 내에서 지롱드파로부터 마라와 함께 삼두 체제를 이루며 독재를 도모하고 있다는 비판을 받은 로베스피에르와 당통은 마라와 연대할 생각이 추호도 없었다. 로베스피에르는 지롱드파가 마라를 기소하는 것을 막지 않았으며, 그의 사후 진행된 신성화에도 반대했다.

마라를 가장 잔인한 혁명가로 꼽는 데 역사가들 사이의 이견은 없다. 당통은 민중의 폭력 행사를 막기 위해 의회가 대신 폭력을 행사하자고 말했으나 마라는 민중의 직접 폭력을 촉구한 인물이었다. 마라는 전쟁과 반혁명으로 상황이 급박해짐에 따라 극도로 과격해졌고, 학살 대상도 처음에는 궁정, 의회, 교회, 군 같은 공식 기관의 공적 인물로 제한했으나 점점 모든 반혁명파, 모든 혐의자로 확대했다. 숫자도 500명, 5만 명, 10만 명, 20만 명, 30만 명, 나아가 모든 반혁명파로 늘어났다. 마라는 정확한 근거에 의해 살생부를 작성한 것이 아니라 '공포'를 조성하려는 심리적인 의도로 학살을 외쳤다. 학살의 방법도 처음에는 법의 테두리 내에서 학살할 것을 요구했으나 점점 법의 테두리를 뛰어넘어 무차별 학살로 변해갔다.

피카소가 그린 '마라의 죽음'이다.
코르데는 악마의 모습이다. 마라의 얼굴은 비정상적으로 작아서 코르데에게 먹힐 듯하다.
이 유명한 공산주의 화가의 정치이념이 잘 표현되어 있다.

구국의 순교자?

마라를 죽인 후 코르데는 자유가 도래했음을 확신했다. 단두대에서 코르데는 죽음이 아니라 불멸을 향해 걸어가는 것 같았다. 코르데의 시종일관 의연하고 초연한 자세는 사람들을 놀라게 했고 민중의 분노를 누그러뜨렸다. 혁명에 대해 의심하고 실망하고 절망한 사람들은 코르데의 뒤를 따라가려 했다. 〈법과 평화의 친구인 프랑스인들에게 보내는 편지〉를 비롯하여 코르데가 감옥에서 작성한 편지들이 공개되고 신문에 게재되어 코르데의 대의가 널리 알려졌다. 코르데가 기대했던 대로 코르데는 위대한 로마인, 구국의 영웅, 제2의 유딧, 제2의 잔다르크로 다시 태어났다. 마라 숭배와 더불어 코르데 숭배도 시작되었다.

앙드레 세니어는 마라의 기억을 파괴하고 코르데의 숭고한 덕을 기리기 위해 시를 발표했다.

오직 덕만이 자유롭다. 우리 역사의 영예,
우리의 불멸의 치욕은 거기에서 너의 영광과 함께 산다;
너만이 남자였고 인류의 복수를 했다!

시인은 1794년 3월 7일 체포되어 7월 25일 단두대에 올랐다.

아담 룩스도 뒤를 따라갔다. 아담 룩스는 프랑스에 합병되기를 원하는 마인츠시 주민회의에 의해 프랑스에 파견되어 프랑스 시민권을 획득하고 혁명이념을 받아들인 인물이다. 그러나 그는 혁명이 자행하는 폭력에 절망했다. 지롱드파 숙청은 그에게 결정적인 타격이었다. 두 아이의 아버지인 28세의 룩스는 자살을 결심했다. 그때 그는 샤를롯 코르데 사건 소식을 듣고 단두대까지 가서 코르데를 보았다. 며칠 후 그는 코르데를 찬미하는 글을 썼는데 그것은 자기들의 사명을 망각한 혁명가들을 비난하는 동시에 코르데의 침착함, 용기, 온화함을 찬양하는 것이었다. "……그녀는 단두대에 올랐다……그녀는 숨을 거두었다…… 샤를롯, 천상의 영혼이여, 너는 죽음을 면할 수 없는 존재인가?"

아담 룩스는 코르데를 죽였듯이 자기를 죽이라고 자코뱅에게 요구했다. 아담 룩스는 자기의 글을 인쇄해서 주요 혁명가들에게 보냈고 대중에게 돌렸다. 그는 체포되어 구속되었다. 처형이 늦어지자 처형을 재촉했다. 마침내 11월 4일 사형선고가 내려졌다. 그는 마치 코르데와 만날 약속이라도 한듯 옷을 멋지게 차려입고 코르데처럼 당당하고 우아하게 칼 앞에 목을 내밀었다. "코르데를 위해 죽는 것"이 너무 행복한 듯했다. 칼이 내려오자 그는 "드디어!"라고 중얼거렸다.[11]

사형집행인 샹송은 자신의 회고록에서 코르데를 "자유의 순교자일 뿐만 아니라 민주주의의 잔다르크"라며 찬양했다.[12] 1861년 폴 보드리는 미슐레에게서 영감을 받아 〈코르데〉를 그렸다(〈그림 4〉). 중심은 다비드의 그림과 달리 마라가 아니라 코르데이다. 코르데는 마라를 죽이고 나서 당당하게 우뚝 서서 측면을 응시한다. 칼은 아직 마라의 가슴에 꽂혀 있다. 마라는 상대적으로 왜소하고 비참하며, 고통스러운 표정으로 입을 벌린 채 죽어 있다. 코르데의 뒤에 프랑스 지도가 있는 것은 코르데가 프랑스를 구했음을 상징한다. 코르데의 왼쪽에 있는 창을 통

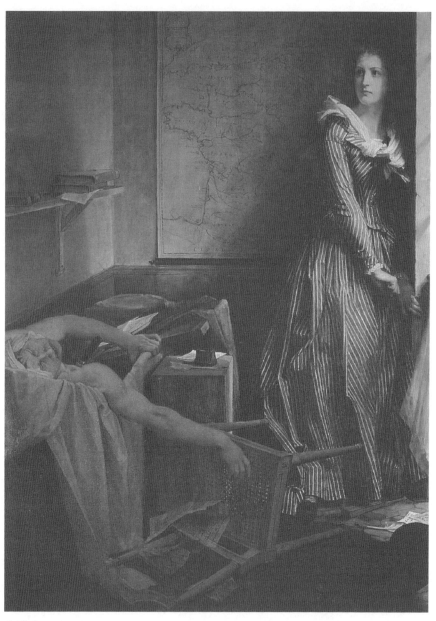

〈그림 4〉

해 들어오는 햇빛은 코르데의 행동 덕분에 프랑스에 비치는 서광이다.

코르데는 구국의 영웅이면서 동시에 통합의 영웅으로도 인식되었다. 코르데는 귀족이면서 공화주의자였기 때문에 공화파와 왕당파로 분열된 나라를 통합하는 인물로 기념될 수 있었던 것이다. 게다가 그녀의 그리스도교 이름 Marie Anne Charlotte Corday은 쉽게 그녀를 공화국의 수호여신 '마리안'으로 변모시켰다.

코르데는 원했던 대로 마라를 죽였고 희망했던 대로 천사로, 잔다르크로 다시 태어났다. 그러나 그녀가 기대했던 마라의 죽음과 함께 자유가 찾아왔는가? 마라는 이미 정치적 생명이 끝난 사람이었기 때문에 굳이 죽일 필요가 없었다. 마라의 경쟁자들은 내심 마라가 죽기를 바라고 있었으니 코르데는 본의 아니게 그들을 도와준 셈이 되었다. 코르데는 마라를 영웅으로, 자유의 순교자로 만들었고, 그의 숭배에 불을 붙인 것이다.

7월 11일 그러니까 코르데가 마라를 처단하기 위해 파리로 향한 지이틀 후 캉의 반란군이 파리로 진군했다. 7월 13일 코르데가 마라를 죽인 날, 국민공회는 1,500명의 병력을 파견하여 반란군을 진압했다. 마라 암살 사건은 전국적으로 반혁명에 대한 분노를 일으켜 연방주의 반란의 기반을 약화시켰다. 10월 30일 파리에 갇혀 있던 21명의 지롱드파 의원들이 처형되었다. 캉에 모여 있던 지롱드파 의원들은 보르도 지역으로 도주했으나 주민들의 지원을 받지 못하고 고생하다가 모두 죽거나 자살했다.

정치적·이념적 입장에 따라 마라와 코르데는 상이한 모습으로 나타난다. 마라가 혁명이면 코르데는 반혁명이고 마라가 천사이면 코르데는 악마이다. 반대로 코르데가 혁명이면 마라는 반혁명이고 코르데가 천사이면 마라는 악마이다. '마라의 죽음' 직후 두 사람의 이미지는 시대 상황에 따라 변해갔다. 마라를 '민중의 친구'로, 코르데를 반혁명적인 왕당파로만 보는 것은 복잡한 역사 현실을 지나치게 단순화시키는 것이다.

03

혁명사

버크와 페인의
엇갈린 예언

증언과 논쟁

에드먼드 버크(1729~1797)와 토머스 페인(1737~1809)은 프랑스혁명에
대해 치열한 논쟁을 벌였다. 버크는 1790년 11월에 프랑스혁명을 비판
하고 비관적으로 전망한 《프랑스혁명에 대한 성찰》(이하 《성찰》로 표기)
을 출판했으며, 페인은 이듬해 3월 버크의 '성찰'을 비판하는 《인권》을
출판했다.[1) 《성찰》은 1년 동안 영국에서만 1만 9천 부가 팔릴 정도로
반응이 좋았다. 즉시 프랑스어로 번역되어 1만 3천 부가 팔렸고 루이
16세도 탐독했다. 이탈리아어판과 독일어판도 이듬해 출판되었다. 《성
찰》에 대한 찬반 논설이 쏟아져 나왔는데 그중 가장 유명한 것이 페인

의 《인권》이다.

《인권》은 즉시 프랑스, 독일, 네덜란드 등지에서 번역 출판되었고 《성찰》보다 훨씬 더 많이 팔렸다. 출판 후 10년 동안 40만 권 내지 50만 권이 팔렸을 것으로 추산되는데, 당시 영국의 독서인구 가운데 10분의 1이 그 책을 구입했다는 계산이다.[2] 버크는 자신이 속한 휘그당에서조차 《성찰》의 보수적인 시각에 대한 비판의 소리가 높아지자 1791년 《신 휘그의 입장에서 구 휘그에게 항소함》을 출판하여 《성찰》에서의 주장을 되풀이했다. 그러자 페인은 1792년 2월에 《인권》의 제2부를 출판하여 지론인 공화주의를 재천명했다.

두 사람은 미국 독립혁명을 위해 함께 싸웠고, 그런 인연으로 서로를 높이 평가하고 있었다. 프랑스혁명 전 영국을 방문한 페인은 버크의 집에서 며칠을 지낼 정도였다. 페인은 미국 독립혁명에서 버크가 수행한 역할을 인정하여 그를 "인류의 벗"이라고 불렀으며, 프랑스혁명 직전 파리에 머물 때에는 프랑스의 개혁 열기를 버크에게 전해주었다. 페인은 미국 독립혁명의 영웅인 라파예트 후작을 비롯한 프랑스혁명 지도자들과 친분이 있었고, 〈인간과 시민의 권리선언〉의 초안을 작성하는 데에도 도움을 주었다.

그러나 버크는 페인의 기대와는 달리, 그리고 영국의 휘그당 정치가들과 지식인들의 환호와도 달리 프랑스혁명에 대해 우려했다. 1789년 10월 파리 민중이 베르사유로 몰려가 왕과 왕비를 파리로 '호송'하고 11월에는 국민의회가 가톨릭교회의 재산을 국유화하자 버크의 우려는 반혁명적인 확신으로 굳어졌다. 버크는 프랑스혁명이 프랑스인들에게 자유를 가져다주기는커녕 독재와 공포정치로 전락할 것으로 내다보았다.

반면에 페인은 버크와 달리 미국 독립혁명과 프랑스혁명을 동일한 혁명으로 파악하여, 프랑스도 미국과 마찬가지로 '공화주의'를 성취함으로써 군주정의 원죄인 전제와 전쟁과 인민수탈이라는 질곡에서 벗어나 번영을 이룩할 수 있을 뿐만 아니라 프랑스혁명은 유럽혁명으로 확산될 것이라는 낙관적인 전망을 펼쳤다.

정치사상적 차원에서 버크와 페인은 각각 보수주의와 진보주의(혹은 공화주의)를 대표하는 사상가다. 버크는 프랑스혁명이 왕정을 무너뜨리고 공화주의로 나아가려는 것에 반대하여 왕정을 옹호했다는 점에서 역사의 진보를 거스른 사상가라는 평가를 받기 쉬운 반면, 공화주의를 주장한 페인은 역사의 진보를 내다본 사상가라는 평가를 받기 쉽다. 그러나 버크를 평가할 때, 그 시대에는 거의 모든 사람이 왕정을 지지했지 공화정을 지지한 사람은 드물었다는 사실을 간과해서는 안 된다. 버크의 보수주의를 일체의 변화와 개혁에 반대하는 수구주의로 보는 것 역시 편견이다. 버크가 반대한 것은 개혁이 아니라 혁명이라는 과격하고 급진적인 수단이었다. 버크는 미국의 독립을 지지했지만 말과 글 어디에서도 그것을 '혁명'이라고 부르지 않았다.[3] 《성찰》의 다음 구절은 유명하다. "변화할 수단을 갖지 못한 국가는 보존을 위한 수단도 없는 법이다. 국가가 변화할 수단을 갖지 못한다면 독실한 마음으로 보존하려 했던 헌정의 부분을 상실하는 위험에까지 빠질 수 있다."[4]

버크가 프랑스혁명에 반대한 것은 혁명이 아니라 개혁이 가능하다고 보았기 때문이다. 버크는 프랑스가 역사와 전통에 기반한 헌정 체제를 유지하면서 개혁을 이루어야 했음에도 불구하고 추상적인 이론으로 무장한 과격 이상주의 혁명가들과 난폭한 민중들에 의해 파국을 맞이할 것을 우려한 현실정치가였던 반면, 페인은 미국에서 시작된 '자유'의 혁명이 구대륙으로 확산되기를 기대한 이상주의자이자 국제혁명가였다.

버크와 페인은 치밀한 논리와 역사적 논증을 통해 각각 보수주의와 진보주의 이론체계를 구축한 사상가일 뿐만 아니라 프랑스혁명이라는 대사건 앞에서 고민했던 역사의 증인이자 프랑스혁명의 미래를 내다본 예언자이기도 하다. 《성찰》과 《인권》은 프랑스혁명에 대한 증언으로서 높은 가치를 가진다.

버크의 비판적 성찰

버크는 보수주의 이론가로 정평이 나 있지만 버크의 시대에는 '보수주의'라는 말이 존재하지 않았다. 이 말은 프랑스의 왕정주의 정치가이자 낭만주의 작가인 샤토브리앙이 발행한 《보수주의자Conservateur》에서 유래한 것으로, 프랑스혁명 후 왕정복고기의 정치가와 문필가들이 구체제의 유산과 19세기의 성취를 조화시키기 위해 기획한 운동의 명칭으로 선택한 단어였다.

버크는 1759년 영국 정계에 입문한 후 1794년 은퇴할 때까지 30여 년간 휘그당 하원의원으로 활동했다. 버크는 국왕의 권력과 관련된 논쟁에서 왕권을 제한하는 정당의 역할을 강조했고, 아메리카의 식민지 주민들이 영국의 압제에서 벗어나 독립하려는 것을 지지했으며, 정치적인 불이익을 감수하고도 아일랜드와의 자유무역 및 아일랜드 가톨릭 교도들의 해방을 지지했는가 하면, 영국의 식민통치가 인도인들에게 고통을 주고 있다는 이유로 총독인 헤이스팅스를 탄핵했다.

프랑스혁명 전까지 버크의 일관된 사상은 자유주의였다. 그런데 프랑스혁명이 일어나자 버크는 혁명의 '자유'라는 대의를 지지하지 않고 구체제의 왕과 귀족을 지지했다. 버크가 변심한 것인가? 아니면 일관되게 '자유'라는 대의를 지지한 것인가? 다시 말하면, 버크는 국민의회가 공포한 〈인간과 시민의 권리선언〉에 담긴 이상적인 내용과는 달리 프랑스혁명은 프랑스인들에게 '자유'를 가져다주지 않고 오히려 자유를 억압할 가능성이 있다고 보았고, 그리하여 그 불길한 혁명에 반대한 것인가? 그렇다면 버크는 미국인들의 자유를 옹호했듯이 프랑스인들의 자유를 옹호한 것이 된다.

《성찰》을 보수주의에 대한 편견에서 벗어나 프랑스혁명에 대한 증언으로 바라볼 경우, 프랑스혁명이 독재와 공포로 파국을 맞을 것이라는 예언을 자주 접할 수 있다. 《성찰》은 파리 고등법원의 샤를 드퐁이 버크에게 보낸 국민의회 지지 서한에 대한 답신 형식으로 되어 있다. 이 장문의 편지는 1789년 11월 4일 비국교도 목사인 리차드 프라이스 박사가 명예혁명 100주년을 기념하여 행한 설교에 대한 비판으로 시작된다.

프라이스 박사는 명예혁명이 프랑스혁명을 예비했으며 프랑스혁명은 성서적 예언의 실현이라고 주장하면서 프랑스 국민의회에 지지 서한을 보내자고 제안했다. 버크는 프라이스 박사의 주장—"우리의 통치자를 선택할 권리, 부당 행위를 한 통치자를 추방할 권리, 우리의 힘으로 정부를 세울 권리"—은 명예혁명으로 세워진 영국의 헌정에 대한 왜곡이라고 비판한다. 버크에 의하면, 영국인은 세습으로 이어지는 영국의 왕정을 "예속의 표지가 아니라 자유의 보장", "안정과 영속성에 대한 보증"으로 여긴다는 것이다.[5]

버크는 영국 헌정의 실상을 보여줌으로써 프라이스 박사의 주장이 오류임을 지적한 후, 프랑스혁명의 실상을 보여줌으로써 프라이스 박사의 주장이 위험함을 경고한다. 미국 독립혁명과 달리 프랑스혁명은 영국의 헌정을 위협하고 있다는 위기의식이 버크로 하여금 《성찰》을 쓰게 한 것이다. 버크는 국민의회 의원들의 저급함과 미숙함, 자연권 이론의 오류, 10월 6일 사건, 궤변가·수전노·투기꾼들로 인한 기사도 정신의 실추, 국민의회의 반교회 정책 등을 고발한 후, 국민의회의 새로운 국가 건설계획을 다음과 같이 평한다.

이 주제 넘은 시민들이 기하학적 배분과 산술적 처리의 정신 속에서 프랑스를 정복된 나라와 똑같이 취급한다는 점을 인식하지 못할 수는 없다. 그들은 정복자처럼 행동하면서 그 가혹한 인종의 가장 가혹한 정책을 모방했다. 정복당한 민족을 경멸하고 그들의 감정을 모욕하는 그러한 야만적 승리자들의 정책은 한결같이 종교, 국가조직, 법률, 그리고 풍습에 담긴 옛 국가의 모든 흔적을 가능한 한 파괴하는 것이었다. 지역적 경계를 뒤섞고, 전부 가난하게 만들고, 그들의

재산을 경매에 붙이고, 왕족, 귀족, 그리고 성직자들을 없애버리는 것이었다.[6]

버크는 프랑스의 혁명가들을 과거 로마제국의 문명을 파괴한 게르만 정복자들에 비유했다. 버크의 분석에 의하면, 국정을 담당한 국민의회 의원들은 실제 정치 경험이 없는 이론가들이었고, 법률가라 해도 시골 법률가들이었으며, 성직자 대표라 해도 시골 보좌신부들이 대부분이었다. 구체제의 귀족과 비교하면 저급하고 무능한 사람들일 뿐이었다.[7] 그러나 티모시 태키트는 삼신분회에 참여한 100여 명의 의원들이 쓴 일기, 편지, 보고서들을 분석하여 삼신분회 의원들의 다수는 법을 공부한 사람들이며, 지방 행정기구 등에서 충분한 정치와 행정 경험을 쌓은 사람들이라고 주장한다.[8]

국민의회는 "인간은 자유롭고 평등하게 태어났다"며 "인간의 자연적이며 양도 불가능하고 신성한 권리들"을 선언했지만, 버크는 이러한 추상적인 계몽주의 이론을 받아들이지 않는다. 버크에게 자연법과 자연권은 형이상학적으로는 진리이지만 도덕적으로나 정치적으로는 허위다.[9] 국민의회 의원들이나 파리 민중같이 무지하고 천박한 사람들이 말하는 자유는 진정한 자유가 아니다. "지혜가 없고 미덕이 없는 자유는 어떤 것인가? 그것은 있을 수 있는 모든 해악 중 최대의 것이다. 그것은 감독이나 규제가 없는 상태의 어리석음, 죄악, 광기이기 때문이다."[10] '평등'에 대해서도 다음과 같이 경고한다.

수평이 되게 맞추려는 자는 절대로 평등을 이룰 수 없다. 모든 사회는 다양한 종류의 시민들로 이루어지는 법이어서 그중 어떤 부류가 최상위에 있기 마련이다. 그러므로 평등화하려는 자들은 사물의 자연적 질서를 변화시키고 전복시킬 뿐이다. 구조를 공고히 하기 위해서는 땅 위에 두어야 할 것을 그들은 공중에 세움으로써 사회라는 건축물에 무거운 부담을 준다.[11]

버크는 국민의회가 말로는 '자연'을 내세우며 국가를 개조하려 하고 있지만 "자연의 큰 길에서 벗어나 헤매는 듯하다"고 말한다.[12] 버크가 보기에 가장 반자연적인 사건은 10월 6일 파리의 민중이 베르사유에 있는 왕과 왕비를 위협하여 파리의 튈르리궁으로 데려가 사실상 감금한 것이다. "저들의 사고방식에 의하면 국왕은 한 남자에 불과하고 왕비는 한 여자에 불과하다."[13] 야만으로의 회귀는 왕과 왕비를 이렇게 한낱 남자와 여자로 강등시키면서 시작되었다. 인간은 자연 상태에서 평등하게 태어나는 것이 아니라 인위적인 사회 속에서 불평등하게 태어나는 것이기에 평등 자체가 반자연적이다. 버크는 반자연적인 평등주의 사상에 은폐된 폭력성을 고발한다.

이 야만적인 철학의 사고방식은 냉정한 가슴과 불명료한 이해력의 소산이며 모든 아취와 고상함이 결여된 것만큼이나 확실한 지혜도 결핍되어 있다. 여기서 법은 그것이 유발하는 공포에 의해서만 유지된다. 아니면 법은 각자가 사적인 궁리로 찾은 관심사에 따라서 또는 자신의 사적 이익에서 보아 할애한 부분에 따라서만 지지될 것이다. 그들의 아카데미의 덤불에서는 사방을 둘러보아도 그 끝에 보이는 것은 교수대뿐이다.[14]

버크는 평등이 '공포'와 '교수대'로 이어질 것임을 정확히 예언하고 있다. 버크에게 충격을 준 또 다른 사건은 국민의회가 가톨릭교회의 재산을 몰수하고 성직자들을 박해한 것이다. 버크에게 있어서 "종교는 문명사회의 기반이며 인간은 종교적 동물"이기에 이 사건은 반문명적이며 반자연적인 사건이다.[15] 국민의회는 소유권이 자연권이라고 선언했으나 교회재산을 몰수함으로써 그 선언이 허구임을 자인한 셈이다. 버크는 16세기 종교개혁 시대에 재침례파들의 광기가 독일과 유럽 사회를 공포에 빠뜨렸듯이, 파리 혁명가들의 "무신론적 광신주의"가 프랑스 사회를 "야만스러운 잔혹성"으로 채워놓을 것이라고 예언했다.[16]

버크가 《성찰》을 집필할 무렵까지만 해도 공화주의는 혁명가들의 이념 속에 들어오지 않았다. 버크는 10월 6일 사건에서 공화주의를 예감하며, 광신적인 혁명가들과 무지한 민중이 지배하는 '민주정'은 한 사람의 군주가 지배하는 전제정보다 훨씬 잔혹할 것임을 예견한다.[17]

버크는 이렇게 프랑스혁명이 왕정을 무너뜨리고 민중의 자의적인 전제정으로 전락한 다음 최종적으로는 민중적 장군의 지배로 끝맺을 것임을 예언한다.

하나의 권위는 취약하고 모든 권위는 부침을 거듭하는 속에서 장교들은 한동안 불온한 채로 파쟁에 휩싸여 있을 것이다. 마침내 병사의 호감을 얻는 기술을 이해하고 지휘의 진정한 기백을 갖춘 어느 민중적 장군이 출현하여 모든 사람의 시선을 자신에게 집중시킬 것이다.[18]

이 구절은 나폴레옹의 등장을 예언한 것으로 유명하다. 로베스피에르도 혁명전쟁에 대한 논쟁에서 전쟁이 최종적으로는 장군의 권력 장악을 초래할 것이라는 이유로 전쟁에 반대한 것으로 유명하다.

버크의《성찰》에서 주목되는 예언은 1793년 6월 로베스피에르의 산악파가 권력을 장악하고 시작되는 잔혹한 '공포정치'의 도래에 대한 예언이다. 공포정치는《성찰》이 출간되고 3년이 지나서야 극성을 부린다는 점에서 혁명 초기의 비교적 온건한 단계에서 이미 공포정치를 내다본 버크의 통찰력이 뛰어나다고 평가하지 않을 수 없다. 프랑스혁명이 추상적이며 형이상학적인 자연법에 의거했기 때문에 공포정치로 탈선했다는 버크의 성찰은 이데올로그나 공리주의자들 같은 19세기 초 자유주의 이론가들에게 계승되었다.[19] 버크는 루소가 살아있었다면 제자들이 벌이는 "광란"에 충격을 받았을 거라고 말했는데, 실제로 페인은 루소의 제자들이 벌인 바로 그 광란 때문에 고난을 겪는다.

페인의 이상과 좌절

페인은 1737년 영국에서 태어났다. 아버지는 농민이고 코르셋 제조업자였다. 페인은 런던과 지방을 떠돌며 고단한 생활을 하던 중 벤자민 프랭클린을 만나 그의 권유로 1774년에 아메리카로 떠났다. 당시 아메리카에서는 모국의 식민지 정책에 대한 저항이 일어나고 있었다. 페인은 《상식》을 출판하여 영국과의 전통적인 유대가 식민지의 번영과 복지에 필요하다는 식민주의 주장을 일축하고 영국의 부당한 압제에서 벗어나 독립할 것을 주장하여 큰 파장을 일으켰다.

대륙회의는 1776년 7월 4일 〈독립선언문〉을 채택하여 독립 이유를 내외에 천명했다. 인간은 평등하게 태어났고, 생명·자유·행복 추구라는 양도할 수 없는 천부의 권리를 지니며, 정부는 피치자의 동의에 의해 이러한 권리를 보호하기 위해 수립된 것이기 때문에 정부가 그러한 목적을 파괴하는 경우 피치자는 새로운 정부를 수립할 권리를 가진다고 선언한 것이다. 이 〈독립선언문〉에는 《상식》의 논지가 그대로 반영되어 있어 제퍼슨이 아니라 페인이 실제 작성자가 아닐까 하는 의문이 제기되기도 했으나 학계의 정설에 의하면 제퍼슨이 실제 작성자이다.[20]

《인권》은 버크의 《성찰》을 반박하는 것이기에 프랑스혁명을 옹호하는 내용으로 가득하다. 《인권》의 제1부에서 페인은 버크에게 충격을 준 사건들—10월 6일 사건과 교회재산 몰수 등—에 대해 변호한 후 '결론'에서 정부 형태에 대해 논의한다. 제2부에서는 정부 형태에 대한 논의를 심화시킨 후, 인민의 빈곤을 치유하기 위해 누진세 같은 사회 개혁안을 도입하라고 당시로서는 혁신적인 제안을 한다. 버크가 예찬하는 영국식 혼합정은 책임 소재가 불분명한 제도이며 부패할 수밖에 없는 제도라며 일축한다.[21]

페인은 시종일관 공화주의라는 시각으로 프랑스혁명을 바라본다. 제1부 '결론'에서 페인은 세상에는 두 가지 형태의 정부가 있다고 말한다. 하나는 선거와 대의에 의한 정부이고 다른 하나는 세습에 의한 정부인데 선거와 대의에 의한 정부가 바로 공화정이다.[22] 제2부에서는 민주정, 귀족정, 군주정, 대의정이라는 네 종류의 4가지 정부 형태가 있다고 말한다. 공화정은 특별한 형태의 정체가 아니다. 공화정은 군주정을 제외한 다른 세 형태의 정부와 결합할 수 있는데 대의정과 가장 잘 어울린다.[23] 버크는 국민의회 구성원들이 현실정치 경험이 없는 무능하고 저급한 사람들이라고 비난했지만, 페인에게는 의원들의 자질보다는 의원들의 존재 자체가 더 중요한 의미를 지니고 있었던 것이다. "선거와 대의"가 핵심이었기 때문이다.

페인은 왜 공화주의를 주장하는가? 왕이 자기 권력을 아들에게 물려주고 국민이 그에게 복종하는 세습제는 우선 부당하기 때문이다. 페인의 말에 따르면 "죽은 자는 산 자의 권리와 자유에 대한 권위"를 갖지 못하기 때문이다.[24] 페인은 인민이 스스로 통치자를 선택하는 것은 "인간의 권리"라고 말한다. 프랑스혁명은 "인간의 권리에 대한 이성적 성찰" 속에서 일어난 혁명이다.[25]

페인이 공화주의를 주장하는 또 다른 이유는 공화주의는 근본적으로 "공공의 이익"을 위하기 때문이다. 왕은 본래 폭력적인 수단에 의해 권력을 강탈하고 왕좌에 오른 사람으로, 왕정을 유지하고 세습하기 위해서는 폭력에 의지할 수밖에 없다. 따라서 왕은 페인에 의하면 전쟁을 하지 않을 수 없고 전쟁을 하기 위해 인민에게 과중한 세금을 부과한다. 이에 반해 공화정은 "공공의 이익"을 위한다. 인민이 과중한 세금 부담을 무릅쓰고 전쟁을 할 리 만무하기 때문이다. 따라서 공화정은 기본적으로 평화주의적이다.

이렇게 "왕정은 전쟁, 공화정은 평화"라는 단순 도식은 《인권》에서 누누이 강조된다. 페인은 유럽의 모든 나라가 공화국으로 바뀌면 전쟁이 사라질 것이라고 말하며,[26] 《인권》 제2부 헌사에서는 미국 독립혁명 동지인 라파예트 후작에게 독일 지역으로 혁명을 확산시키는 운동을 벌이자고 제안한다. 워싱턴 대통령에게 바친 제1부 헌사에서는 "구세계를 갱생시키자"고 했다.

페인이 보기에 공화주의에 접어든 프랑스혁명은 "행복한 상태"에 있었다. 버크에게 충격을 준 폭력적인 10월 6일 사건에 대해서도 페인은 다르게 생각한다. 왕이 의회에 저항하고 있었고, 왕이 외국군을 동원할 계획을 세우고 있었으며, 국왕 근위대가 베르사유의 연회에서 삼색기를 모독했고, 베르사유 수비대가 도발하여 민중을 자극했다는 것이다. 민중은 모든 주교를 죽이라고 외쳤다고 하는데 이 소리는 당시 상황을 왜곡하여 버크에게 전한 랄리 톨랑달 외에는 들은 사람이 없다는 식으로 페인은 버크의 주장을 반박한다.[27] 폭력은 적었으며, 보복은 없었다는 것이다.[28]

《인권》 제1부 출판 후 3개월이 지난 1791년 6월에 국왕 탈주 미수

사건이 일어났다. 당시 파리에 있었던 페인은 군중들의 시위를 보러 나갔다가 흥분한 군중들에게 귀족으로 몰려 죽을 뻔했으나 미국인임을 내세워 구사일생으로 살아났다. 국왕 탈주 미수 사건 이후 공화주의가 구체화된다. 7월 1일 페인과 콩도르세 같은 공화주의자들은《공화주의자》라는 제목의 잡지를 발간할 것임을 예고하는 벽보를 게시함으로써 마라와 로베스피에르 등 공화주의에 대해 확신이 없었던 대부분의 의원들을 놀라게 했다.

페인은《인권》에서 〈인간과 시민의 권리선언〉 전문을 소개하고, 프랑스혁명은 혁명을 넘어 "인간의 갱생"을 지향한다고 격찬했다.[29] 그러나 이미 그때부터 혁명가들 자신이 인권선언을 유린하고 있었음을 페인은 모르고 있었던 것인가? 페인은 버크를 분노케 한 교회재산 몰수 같은 '소유권' 파괴에 대해서 분개하지 않았다. 국가가 주도하여 가톨릭교회를 국가교회로 개편하는 1790년 7월 12일의 '성직자시민법'은 "종교와 정치의 결합은 종교를 타락하게 한다"는 페인의 세속화 신념에 위배되는 것이지만 이에 대해서도 침묵했다.[30] 일체의 계시종교를 거부하는 이신론자 페인은 가톨릭교회 파괴를 지지한 것일까? 페인은 1794년에 출판된《이성의 시대》에서 교회는 국가와 "간음관계"를 맺고 있다며 교회의 붕괴를 당연하게 여겼다.[31] 이 과격한 이신론 교본에는 반그리스도교적 내용이 가득할 뿐 당시 진행되던 파괴적인 탈그리스도교 운동을 비판하는 내용은 없다.

《인권》 제2부의 프랑스어 번역판은 1792년 4월에 출판되었다. 번역자인 페인의 친구 프랑수아 랑트나(랑트나는 브리소의 친구이고 브리소는 페인의 친구이다)는 라파예트 후작에게 보내는 헌사를 삭제해버렸다. 혁명은 라파예트가 고수한 입헌군주정 단계를 넘어 공화정을 향해 나아가고 있었기 때문이다. 영국 정부는 《인권》의 과격한 정치사상과 사회사상이 대중 속으로 확산되는 것을 우려하여 페인을 반란죄로 몰아 기소했다. 그러나 페인을 구속할 경우 페인 지지자들이 폭동을 일으킬까 염려하여 페인의 도주를 묵인했다. 당시 런던에 있던 페인은 1792년 9월 프랑스로 건너갔고, 영국 정부는 궐석재판을 벌여 페인에게 유죄를 선고했다.

페인은 프랑스에서 열렬한 환영을 받았다. 프랑스의 명예시민이 되었을 뿐만 아니라 국민공회 의원으로 선출되었다. 프로이센 출신 공화주의자이며 무신론자인 아나카르시스 클로츠도 국민공회 의원으로 선출되었다. 페인은 친구 콩도르세가 주축이 된 8인헌법위원회에 소속되어 새로운 헌법을 만드는 데 참여했다.

그러나 혁명은 더이상 "아름다운 상태"에 있지 않았다. 페인이 영국에서 프랑스로 도망쳐 나올 무렵, 페인의 친구이자 미국 독립혁명 동지였던 라파예트는 의회에서 "국가 반역자"로 선고받고 프랑스를 탈출했다. 프랑스혁명은 자유와 질서를 벗어나 무질서한 폭력으로 치닫고 있었다. 9월 초 흥분한 파리 민중은 파리의 감옥을 공격하여 1,100여 명의 수인들을 무차별 학살했다. 혁명가들은 민중의 만행을 공개적으로 규탄하는 것을 두려워했다.

페인이 '9월 학살'에 대해 어떻게 생각했는지는 알 수 없으나, 공화주의자 서클에서 페인과 협력했던 니콜라 드 본빌이 이 사건을 공개적으로 비난한 것으로 미루어 페인의 생각을 짐작할 수 있다.[32] 민중의 폭력적 개입은 페인이 미국 독립혁명에서 겪지 못한 일이었다. 이렇게 프랑스혁명은 페인이 예상하지 못했던 변수에 의해 예상하지 못했던 방향으로 나아가고 있었다. 프랑스혁명은 미국 독립혁명과 다르다는 사실을 페인도 실감하게 된 것이다.

1792년 9월 21일 국민공회는 만장일치로 왕정 폐지를 결정했다. 그러면 루이 16세를 어떻게 할 것인가? 국민공회로서는 정당성 확보 차원에서 루이 16세를 재판하여 유죄판결을 내리지 않을 수 없었다. 페인은 프랑스혁명은 잉글랜드혁명과 달리 군주 개인에게 반대한 혁명이 아니라 전제적이고 세습적인 왕정에 반대한 혁명이기 때문에 왕을 처형할 필요가 없다고 생각했다. 혁명 초 페인은 군주정에 대한 적대감에도 불구하고 루이 16세에 대해 호의적이었을 뿐만 아니라 루이 16세를 개혁적인 군주, "공화주의적 군주"라고 생각하고 있었다.[33] 또한 미국 독립혁명의 은인인 루이 16세의 처형이 미국을 자극하여 프랑스가 절대적으로 필요로 하는 곡물 수입을 어렵게 만들지 않을까, 영국을 자극하여 영국을 참전케 하지 않을까 우려했다.[34]

페인은 재판 투표에서 루이 16세와 가족에게 추방을 선고하고 감옥에 가둔 다음 전쟁이 끝나면 미국으로 추방할 것을 제안했다. 페인은 전략적으로 로베스피에르의 사형제 폐지 주장을 인용하며 프랑스가 사형제를 폐지한 첫 번째 국가가 되기를 바란다고 덧붙였다. 그러나 사형이 선고되었고 집행유예안도 부결되었으며 1793년 1월 21일 처형이 집행되었다. 처형에 반대한 페인은 로베스피에르의 적이 되었다. 버크는 "그것은 그 괴물 같은 드라마의 모든 선행 부분들의 필연적인 귀결이었다"라며 자기의 예언이 실현되었음을 확인했다.[35]

페인은 1791년 6월 국왕 탈주 미수 사건 이후 또다시 폭력을 체험한 것이다. 페인은 미국으로 돌아갈까 생각했으나 영국 해군이 바다를 장악하고 있는 상황에서 미국으로 돌아가는 것은 불가능했다. 페인은 파리 인근 생드니로 '내부 망명'을 떠났다. 1793년 4월 20일 페인은 토머스 제퍼슨에게 보낸 편지에서 "혁명이 애초의 원칙을 고수했다면 유럽의 대부분 지역으로 자유를 확산시킬 가능성이 있었지만 나는 더이상 그러한 희망을 가지고 있지 않습니다"라며 절망적인 심경을 토로했다.[36]

루이 16세 재판에서 드러났듯이 지롱드파와 산악파의 대립은 극심했다. 페인은 유일한 산악파 친구인 당통에게 편지를 보내(1793년 5월 6일) 그 점을 우려했다. "이제 유럽의 자유라는 위대한 목적이 실현되는 것을 볼 가망이 없습니다. 저의 절망감은 외국의 연합세력이나 귀족과 사제들의 음모로부터 나오는 것이 아니라, 작금의 혁명이 안고 있는 내적 갈등으로 인한 혼란스러운 조치들에서 나옵니다." 페인은 파리 민중이 합법적인 기관인 의회와 의원들을 겁박하는 것을 공화국을 와해시키는 행동으로 규정했으며, 파리코뮌이 고발한 지롱드파 의원들이야말로 "진정한 애국파"라고 변호했다.[37]

1793년 5월 31일과 6월 2일에 파리 민중이 국민공회를 포위하자 파리 근교 생드니에 있던 페인은 국민공회로 달려갔다. 그는 국민공회 의원 신분이었지만 광포한 민중에 떼밀려 의사당 안으로 들어갈 수 없었다. 때마침 그곳에 있던 당통이 그를 피신시킴으로써 페인은 민중의 살생부에 들어갈 위기를 모면했다. 당통은 비통한 심정을 토로하는 페인에게 "혁명은 감상적으로 만들어지지 않는다"고 대답했다.[38] 국민공회는 무력했다. 국민의 대표기관은 민중의 압력에 굴복하여 지롱드파 의원 29명의 체포를 결정했다. "로베스피에르의 무시무시한 날이 시작되었다"라고 페인은 썼다.[39]

주변국과의 전쟁이 지속되는 상황에서 프랑스에 망명 온 외국인들에 대한 의심이 고조되었다. 페인에게도 위험이 다가왔다. 페인에게는 영국의 스파이라는 누명이 씌워졌다. 산악파는 외국인을 국민공회 의원직에서 축출하는 법을 통과시킨 후, 그해 12월 말 페인을 체포하여 뤽상부르 감옥에 수감했다. 독일 남작이었던 클로츠도 동일한 운명을 면치 못했다.

파리에 거주하는 미국인들은 페인의 석방을 요구하는 청원서를 보냈으나 소용이 없었다. 보안위원회 의장인 바디에는 페인이 영국인이라고 고집했다. 페인은 자신이 미국 시민이라고 항변했으나 소용없었다. 왜 페인을 가둔 것일까? 로베스피에르를 위시한 산악파는 페인이 지롱드파이며, 영국 태생이어서 영국을 위해 일할 위험이 있고, 석방되어 미국으로 돌아가면 프랑스에 불리한 이야기를 하고 다닐 것을 우려하여 감옥에 가두었을까?

당시 프랑스 주재 미국 공사이며 "건국의 아버지" 가운데 한 명인 거버너 모리스가 페인의 석방을 위해 노력하지 않은 이유는 무엇일까? 왕당파적 성향을 가지고 있던 모리스는 페인의 공화주의 사상에 동의하지 않았고, 미국식 공화주의를 프랑스에 적용하는 것은 시기상조라고 생각했기 때문일까? 페인의 과격한 사상에 부담을 느낀 워싱턴이 페인을 그대로 두려 했기 때문일까? 페인은 미국 시민이면서 동시에 프랑스 시민일 뿐만 아니라 특히 국민공회 의원이었기 때문에 미국 정부가 개입하기 어려웠던 것일까? 프랑스 정부는 미국으로부터 곡물을 수입해야 하는 절박한 상황에서 모리스의 눈치를 보지 않을 수 없었던 것일까?[40)]

페인은 후일(1796년 7월) 워싱턴이 자기의 석방을 위해 아무런 조치도 취하지 않았다며 그를 배은망덕한 배신자로 고발하는 장문의 편지를 보낸다. 모든 것은 불확실하지만 한 가지 분명한 것은 로베스피에르는 페인의 죽음을 원했다는 것이다. 로베스피에르는 자기의 일기에 다음과 같이 썼다. "미국과 프랑스 양국의 이익을 위해 페인에 대한 고발장을 제출할 것."[41)]

페인은 뤽상부르 감옥에서 죽음의 사자를 기다리고 있었다. 페인과 함께 뤽상부르 감옥에 수감되어 있던 "인류의 시민" 클로츠는 1794년 3월에 에베르파와 함께 처형되었다. 1794년 4월 5일, 뤽상부르 감옥에 수감된 당통은 처형장으로 끌려가기 전에 페인에게 다음과 같은 작별인사를 했다고 한다. "나는 즐거운 마음으로 갈 것입니다. 당신이 당신의 나라의 자유를 위해 했던 일을 나는 나의 나라의 자유를 위해 했으나 뜻으로 이루지 못했습니다. 나는 당신보다 운은 적었지만 순수함마저 적지는 않았습니다."[42)]

페인은 기적적으로 죽음을 면했다. 7월 24일 그날 페인은 열병을 앓고 있었기 때문에 문을 열어놓고 있었는데 간수는 문 안쪽에 다음 날 처형될 것임을 알리는 표시를 했다. 다음 날 아침 페인의 방문 바깥쪽에 표시가 없어 간수가 그냥 지나갔기 때문에 페인은 처형장으로 끌려가지 않았다. 3일 후 '열월 정변'이 일어나 로베스피에르가 처형되었고 페인은 죽음의 위험에서 벗어났으나 즉시 석방되지는 않았다. 페인은 새로운 미국 공사인 제임스 먼로의 노력으로 1794년 11월 초에야 석방되었다. 페인은 국민공회에 복귀했고 그동안 받지 못했던 급료도 지급받았다.

열월파 국민공회는 "로베스피에르의 꼬리"를 자르고 자코뱅과 왕당파의 저항을 물리치며 공포정치 청산 작업을 추진하면서 1795년 말 새로운 헌법을 제정했다. 국민공회 의원인 페인은 이 헌법이 공포정치의 재림을 막기 위해 애쓴 점은 인정하면서도 선거권을 제한한 것은 공화주의 이념상 받아들일 수 없어서 반대토론을 했다. 그렇지만 2년 후 총재정을 지키기 위한 쿠데타가 일어났을 때에는 이 헌법을 "인간의 지혜가 만들어낸 최고의 헌법"이라고 극찬하면서 쿠데타를 "불가피한" 사건이라고 받아들였다.[43]

페인이 쿠데타라는 비상수단을 인정하면서까지 옹호했던 공화정은 1799년 나폴레옹의 쿠데타로 붕괴되었다. 1802년 페인은 프랑스혁명에 대한 실망을 토로하며 미국으로 돌아갔다. 당시 미국 대통령은 페인의 친구인 토머스 제퍼슨이었다. 그러나 페인을 기다리고 있던 것은 《이성의 시대》의 무신론자 페인, 워싱턴을 공격한 민주공화파 페인, 워싱턴과 연방파에 대한 반감이 지나쳐 프랑스군의 미국 상륙을 요구하기까지 한 반역자 페인에 분노한 미국 시민들의 냉대였다. 1809년 6월

8일 페인은 쓸쓸한 죽음을 맞이했다.

공포정치

1793년 6월 2일부터 1794년 7월 27일 '열월 정변'까지는 산악파의 공포정치 시기이다. 버크는 "공포", "교수대", "민중이 자행하는 박해" 등의 표현으로 공포정치의 도래를 예언했다. 페인은 공포정치를 직접 체험했다. 1794년 8월 7일 그러니까 아직 감옥에 갇혀 있던 페인은 국민공회에 보낸 석방 요구 편지에서 로베스피에르를 "극도의 위선과 잔인함"으로 자기를 파멸시킨 "나의 완악한 적", "고결한 덕과 휴머니즘을 가진 모든 사람의 적"이라고 비난했다.

페인은 감옥에서 쓴 《이성의 시대》 제1부에 이은 제2부(1795)에서 "구약성서에는 신의 분명한 명령에 의해 행해졌다고 이야기되는 것들이 있는데, 그것들은 로베스피에르, 카리에, 조셉 르봉이 프랑스에서 한 것 못지않게 인류에게 충격을 주었고 도덕적인 정의 관념에 충격을 준 것들이다"고 말했다. '서문'에서는 다음과 같이 프랑스혁명의 '탈선'에 대해 언급했다.

철학에 의해 먼저 퍼진 혁명의 정당하고 인간적인 원칙들은 탈선했다. 사제들은 죄를 용서할 수 있다는 관념, 전능하신 분의 권위를 손상시키는 것만큼이나 사회에 위험한 그 관념은 이제는 더이상 존재하지 않지만, 인간에 대한 감정을 무디게 하고 사람들이 온갖 범죄를 저지를 수 있도록 방관했다. 교회가 자행한 박해의 불관용적인 정신은 그대로 정치로 전이되어, 소위 혁명재판소는 이단 재판소를 대신했고 기요틴은 화형장을 대신했다. 나는 나의 가장 친한 친구들이 죽거나 감옥으로 끌려가는 것을 보았다. 나는 똑같은 위험이 나에게도 닥쳐오고 있다고 믿었다.[44]

페인이 감옥에 수감되기 직전의 심경이다. 페인은 프랑스혁명이 중세의 이단 재판으로 변질되었다고 말하는 것인데, 이것은 페인이 할 수 있는 최악의 평가였다. 이렇게 프랑스혁명의 성격을 종교적으로 보는 데는 버크도 다르지 않았다. 버크는 〈프랑스 사태에 대한 성찰, 1791년 12월〉에서, 프랑스혁명은 이전의 혁명들이 일국혁명이었는데 비해 국제적 확장성을 가진 것이 특징이라며 프랑스혁명을 16세기 '종교개혁'에 비유했다. 프랑스혁명은 선교를 핵심으로 하는 "교리와 이론적 도그마"의 혁명이라는 것이다.[45] 선교는 선교이되 무장 선교인 것이다.

페인에 의하면 "진정한 공화주의자들은 로베스피에르의 시대에 가장 극심한 고통을 겪었다." 지롱드파가 진정한 공화주의자이며 로베스피에르는 공화주의를 파괴했다는 말이다. 그러니 로베스피에르가 주도한 공포정치는 공화주의 혁명이 아닐 뿐만 아니라 혁명이라고 불릴 수도 없다. 페인은 파리 민중이 합법적인 기관인 국민공회를 위협하는 것을 크게 우려했으며, 미국 독립혁명의 예를 들어 아씨냐 지폐의 발행, 통제경제 등을 비판했다. 페인은 열월파 국민공회가 만든 1795년 헌법이 선거권을 제한했다는 이유로 국민공회에서 반대토론을 했지만, 민중의 과다하고 불법적인 개입에 대해서는 동의하지 않았다.[46] 버크는 1795년의 편지에서 로베스피에르를 "잔혹한 폭군", "저주스러운 악한"이라고 비난하며 혁명 체제들을 "이제까지 지구상에 나타났던 모든 정부 가운데 가장 절대적이고, 가장 폭압적"이라고 비난했다.[47]

혁명이 공포정치로 전락한 이유는 어디에 있을까? 올라르 이래의 유력한 설명은 '상황론'이다. 전쟁과 내전이라는 국가 존망의 위기 상황이 공포정치라는 비상조치를 요구했다는 것이다. 상황론은 특히 자코뱅 해석을 지지하는 역사가들의 설명 모델로 사용되어왔다. 그러나 상황론은 전황이 유리한 상황에서 자행된 1794년의 '대공포정치'와 총재정부 시기의 전쟁 승리를 설명하지 못한다. 수정주의 역사가들은 혁명 자체를 공포정치의 원인으로 본다. 혁명은 전쟁을 동반하고 전쟁은 공포정치를 동반하니 결국 혁명은 공포정치를 동반한다는 논리이다.

버크는 이 점을 내다보았다. 미국 독립혁명을 지지했던 버크가 프랑스혁명을 반대한 이유가 바로 여기에 있다. 버크는 미국과 달리 오랜 역사와 전통을 가진 프랑스는 혁명이 정치혁명으로만 끝나는 것이 아니라 사회혁명으로 발전하고 반혁명을 촉발하며 대외전쟁으로 확산될 위험이 있음을 간파한 것이다. 실제로 혁명가들은 불법적으로 주권을 찬탈한 전제군주들로부터 인민을 해방시킨다는 혁명전쟁을 선포했다. 버크는 영국인들이 영국에서 프랑스혁명을 모방하는 혁명을 일으키고 프랑스가 이들을 지원하기 위해 무력으로 개입하는 것을 우려했다. 버크는 〈프랑스의 군주 시해자 총재정부와의 강화 제안에 대해 의회 의원들에게 보내는 편지〉에서 일관되게 프랑스와의 강화를 반대하고 전쟁이 유일한 선택임을 강조했다. 버크에게 있어서 반혁명 전쟁은 프랑스에 대한 전쟁이 아니라 프랑스 내의 광신적인 집단에 대한 전쟁, 유럽의 옛 질서와 옛 문명을 지지하는 사람들과 프랑스의 정복에서부터 시작하여 보편 제국을 건설하려는 광신적인 집단의 전쟁이었다.[48]

페인도 버크와 마찬가지로 프랑스혁명이 국제적인 성격을 가지고 있다고 보았다. 페인은 미국 독립혁명을 이어받은 프랑스혁명이 유럽혁명 나아가 세계혁명의 기폭제가 되기를 기대했다. 페인이 희망한 혁명은 공화주의 혁명이었다. 그는 유럽의 모든 나라가 불법적인 전제군주에서 해방되어 공화국을 수립하면 전쟁이 사라질 것이라고 낙관했으며 '유럽의회'의 구성을 내다보았다.[49]

페인은 평화주의자였다. 평화는 목표일뿐만 아니라 수단이기도 했다. 페인은 미국 독립혁명처럼 "평화적으로" 전제국가에 저항할 것을 강조했다.[50] 1793년 10월 페인은 토머스 제퍼슨에게 "프랑스가 유럽혁명을 선도할 전망이 없음"을 토로하면서 교전국 사이의 평화회담을 중재할 사절단의 파견을 요청하는 편지를 보냈다.[51] 페인은 영국에 대해서만큼은 호전적이었다. 페인은 1797년 10월 총재정부에 만 명의 병력을 영국에 파병하여 "인류의 재앙"인 영국 정부를 파멸시킬 것을 제안했다. 나폴레옹은 페인을 만나 《인권》의 애독자로서 페인의 조언을 구한다고 말했으나 페인의 영국 상륙안을 받아들이지 않았다.

혁명은 전쟁과 공포정치로 탈선했다. 혁명이 전쟁과 민중 개입을 유발해 공포정치로 탈선할 것이라는 혁명의 메커니즘을 내다보지 못한 페인에게 그것은 탈선이었다. 그러나 혁명의 메커니즘을 내다본 버크에게 그것은 탈선이 아니라 혁명 본래의 행로였다. 페인은 프랑스에서도 미국 독립혁명과 같은 공화주의 혁명이 성공하여 번영을 이룰 것으로 생각했으나 전통적인 왕국 프랑스와 신생국 미국은 다르다는 것을 알지 못했다. 보수주의자 버크는 이 모든 것을 다 내다보았다. 페인의 이상주의는 고상했으나 비현실적이었다. 이상주의자는 시련과 좌절을 겪었다.

증인이자 예언가였던 버크와 페인

프랑스혁명은 〈인간과 시민의 권리선언〉과 함께 장엄하게 시작되었다. 그러나 혁명가들 자신이 '인권선언'을 지키지 않았다. 자유와 평등은 선언에 불과했고 불법과 폭력을 동반했다. 혁명은 '공포정치'의 나락으로 떨어지고 말았다.

버크는 유구한 역사와 전통으로 빛나는 프랑스의 왕정 체제가 혁명에 의해 붕괴되는 것을 보고 대중독재와 전쟁, 그리고 장군의 지배를 예견했다. 버크의 예언은 정확했다. 페인은 미국에서 일어난 공화주의 혁명을 프랑스를 넘어 전 유럽에 확산시키려 한 이상주의자였다. 그는 프랑스혁명이 정치혁명에서 사회혁명으로 비화되어 파국을 맞이할 것을 내다보지 못했다.

버크가 혁명에 반대한 것은 프랑스가 왕정 체제를 유지하면서 의회를 구성하고 의회에서 법을 만드는 영국식 입헌군주정 체제로 발전할 수 있다고 보았기 때문이다. 버크 자신이 휘그당 하원의원이었으며 의회제를 옹호했음을 기억할 필요가 있다. 1791년 9월 공포된 프랑스 최초의 헌법은 입헌군주정을 채택하여 버크의 기대에 부응하는 듯했으나 프랑스혁명이 이 단계에서 끝나는 것은 불가능했다. 미국 독립혁명과 달리 프랑스혁명은 사회혁명과 반혁명 그리고 전쟁의 공격을 받았기 때문에 과격해지지 않을 수 없었다.

페인은 미국 독립혁명과 프랑스혁명에 직접 참여한 혁명가이며 인민의 자유와 평화를 위해 헌신했다. 그러나 그의 고귀한 이념은 프랑스에서는 실현되지 못했다. 프랑스혁명은 전 유럽적인 혁명으로 확산되어 평화를 구축할 수 있을 것이라는 희망도 무산되었다. 혁명전쟁은 정복전쟁으로 변질되어 유럽을 고난에 빠뜨렸다.

버크와 페인은 프랑스혁명의 증인이자 예언자이다. 프랑스혁명은 버크가 예언한 대로 공포정치와 군사독재로 막을 내렸다. 페인은 버크가 예견한 바로 그것 때문에 고초를 겪었고 좌절했다. 페인의 공화주의 예언은 단기적으로는 아니었지만 장기적으로는 실현되었다.

미슐레의 공화주의
프랑스혁명사

혁명의 "소생"

쥘 미슐레Jules Michelet(1798~1874)는 근대 프랑스 역사학의 비조鼻祖이다. 독일에 랑케가 있다면 프랑스에는 미슐레가 있다. 두 동시대 역사가의 역사학은 대조적이다. 랑케는 역사학의 사명을 "본래 그것이 어떠했는가"를 밝히는 데 있다고 규정한 반면, 미슐레는 "역사는 과거의 총체적 소생"이라고 정의했다. '소생'시키는 사람은 역사가이니, 역사는 역사가에 의해 창조되는 셈이다.[1]

　랑케의 역사학이 사실주의적이라면 미슐레의 역사학은 낭만주의적이다. 그렇지만 이러한 단순화는 보여주는 것 이상으로 많은 것을 감추기도 한다. 랑케의 역사학에 반발하여 사회사 운동을 제창한 뤼시앵 페브르가 자기의 학문적 계보의 정점에 미슐레를 위치시키고 있다는 점은 미슐레의 역사학이 낭만주의라는 하나의 지류로만 한정되지 않음을 시사해준다. 미슐레 역사학의 다양한 면모는 그의 역작인 《프랑스혁명사》를 검토함으로써 확인할 수 있지 않을까 한다.

미슐레는 1830년 혁명의 섬광 속에서 프랑스사 집필을 구상하여 1833년에 《프랑스사》 제1권을 발표한 후 1867년에 《18세기 프랑스사—루이 15세와 루이 16세》로 필생의 대작을 완결하는데, 《프랑스혁명사》는 1847년부터 1853년까지 6년에 걸쳐 출간되었다.[2] 제1권은 '1789년의 선거'에 대한 기술이고 마지막 제21권은 '1794년 열월 9일'에 대한 기술이니, 미슐레의 프랑스혁명은 '열월 정변'으로 끝난다고 볼 수 있다.

랑케는 역사가는 "자신을 해소시키고" "사물이 스스로 말하고 강력한 힘들이 스스로 나타나게" 해야 한다고 말했지만, 미슐레는 혁명사에 적극 개입하여, 심판하고 교훈을 찾고 독자들에게 고취시킨다. 그렇다고 해서 미슐레의 주관적이고 직관적인 역사학이 역사학의 기본인 사료를 무시하는 것은 아니다.

미슐레는 1789년에서 1794년까지의 격동기를 직접 체험하지는 않았지만 혁명의 증인들을 만나 생생한 체험담을 들을 수 있었다. 방데 전쟁을 기술할 때에는 현장을 방문하고 사료를 수집하고 증인들을 만나기 위해, 그리하여 프랑스혁명사를 '소생'시키기 위해 역사의 현장인 낭트로 거처를 옮길 정도였다. 미슐레는 국립고문서보관소의 역사부장을 역임했거니와, 고문서보관소의 사료뿐만 아니라 시청, 경찰청 등지에 널려 있던 간행 사료 및 비간행 사료를 광범위하게 참고했다. 미슐레는 《프랑스사》 서문에서 기존의 역사를 "너무나 덜 물질적"이고 "너무나 덜 정신적"이라고 비판했는데, 이것은 자기 역사학의 지향을 설명한 것으로 볼 수 있다. 《프랑스혁명사》를 옛 낭만주의 역사가의 편견이라고 도외시할 수 없는 이유이다.

　미슐레는 《프랑스혁명사》의 〈결론〉에서 다음과 같이 자기의 혁명사를 자리매김한다. "이제까지 혁명사는 모두 본질적으로 군주주의적이었다. 예컨대 루이 16세를 위한 책, 로베스피에르를 위한 책이었다. 이 책은 최초의 공화주의적인 책이다. 우상들과 신들을 파괴한 책이다. 이 책의 첫 페이지에서 마지막 페이지까지 주인공은 오직 한 명, 바로 민중이다."[3]

　미슐레가 1846년에 출간한 《민중》은 1년 후에 나올 《프랑스혁명사》의 방향을 예고한 것이다. 미슐레의 공화주의 혁명사는 민중이 주역인 혁명사이다. 미슐레는 1847년의 〈서문〉에서부터 이 점을 분명히 하고 출발한다. "우리의 혁명의 인간적이고 온정적인 시기는 민중이, 모든 민중이, 모두가 행위자였다."[4]

민중과 엘리트

앞에서 미슐레는 "혁명의 인간적이고 온정적인 시기"에는 민중이 주역이었다고 말했다. 이 말은 "혁명의 인간적이고 온정적인 시기" 이후의 시기에는 민중은 혁명에서 멀어지고 엘리트 혁명가들이 혁명을 주도했다는 말이다.

미슐레는 혁명을 두 시기로 나누며 두 시기에 대해 대조적인 평가를 내리고 있음을 주목할 필요가 있다. 민중이 주도한 시기는 "인간적이고 온정적"이었던 반면, 엘리트 예컨대 로베스피에르 같은 혁명가가 민중을 배제하고 혁명을 주도한 시기는 혁명기라기보다 혁명을 파괴한 시기라는 것이다. 미슐레는 1789년 5월 5일의 삼신분회에서부터 서술을 시작하여 1792년 말의 공화정 시기에 도달한 후, 국왕 재판, 지롱드파 축출, 공포정치 같은 혁명의 비극에 대한 서술을 앞두고 다음과 같이 혁명의 구조에 대해 설명한다.

1. 그 혁명의 비극 옆에는 그것과는 독립적이고 자연의 힘처럼 불가항력적이며 변함없이 흐르는 규칙적인 흐름이어서 혁명의 도도한 흐름이라고 말할 수 있는 중요한 사실이 있다. 그것은 프랑스에 의한 프랑스의 내적인 정복이요 경작자에 의한 토지 정복으로서 고대의 농지법과 게르만족의 침입 이래 재산상에 일어난 가장 커다란 변화이다.

2. 이 두 움직임이 전부는 아니다. 토지의 정복과 혁명의 비극 아래에서 우리는 움직이지 않는 세계, 모호한 세계, 더 내려가면 탁하고 중압적인 공적 무관심의 소택지를 발견한다. 우리는 그것을 1792년 말부터 도시에서 특히 파리에서 볼 수 있다. 마라는 12월에 그것을 통탄했다. 구區에는 인적이 뜸했으며 클럽들은 거의 비

어 있었다. 1789년의 위대한 군중들, 1790년에 연맹제의 제단을 둘러쌌던 수백만 명의 사람들은 어디 있는가? 모른다. 1793년에 민중은 집으로 돌아갔다. 그해가 가기 전에 그들이 되돌아오게 하기 위해서는 수당을 지불할 필요가 있었다.

3. 이렇게 점증하는 무관심 속에서 그리고 그것을 치유하기 위해서 1792년에 약해졌던 무시무시한 기계, 자코뱅 클럽이 관할하는 공안salut public의 기계가 다시 만들어졌고 다시 가동되었다.[5]

미슐레에게 구조, 즉 가장 저변을 흐르는 힘은 민중의 개입이다. 그 민중은 1789년 5월 5일 삼신분회의 소집으로 "탄생"했다. 하나의 '신분'에 불과하던 민중이 국민이 되었고, 신민에 불과하던 민중이 주권자가 되었다. 민중은 7월 14일에 전제정의 상징인 바스티유 요새를 점령했고, 민중 특히 여자들은 10월 6일에 왕을 정복했다. "10월 6일의 혁명"은 "필요했고, 자연적이었으며, 합법적이었고, 자발적이었고, 예상치 못한 것이었고, 진정으로 민중적인" 혁명이었다.[6]

국민의회의 수립으로 민중은 주권자임을 천명했다. 8월 4일 밤에 봉건제—실제로는 장원제—가 폐지되면서 모든 특권, 모든 세습성, 모든 계급성, 모든 지역적 배타성이 사라졌다. "그 경이로운 저녁 이후에 더이상의 계급은 없다. 프랑스인들이 있다. 더이상의 지방들도 없다. 하나의 프랑스가 있다! 프랑스 만세!"라고 역사가는 감격한다.[7]

하나의 프랑스는 1790년 7월 14일의 '연맹제'에서 정점에 다다른다. 샹드마르스 광장에 행사장이 마련되고 제단이 설치되었으며, 비가 내리는데도 불구하고 40만 명이 의식에 참가했다. 각 도에서 파견한 시민군의 행진이 끝난 후 탈레랑은 '조국의 제단'에서 장엄하게 미사를 올렸다. 그런 다음, 파리 국민방위대장 라파예트가 국민—법—왕에 대한 충성 선서를 했다. 이어서 국민의회 의원들, 왕, 왕비가 선서했다. 미슐레는 감동적인 언어를 동원하여 연맹제를 서술한다. 십자군, 조국, 형제애의 기적, 시민 축제, 새로운 예배, 새로운 종교, 새로운 어머니, 인민주권, 새로운 삶vita nuova……[8]

그러나 연맹제의 환상은 오래가지 않았다. 1791년 6월 21일의 바렌 사건, 미슐레가 "아버지가 자식들을 팔아 넘겼다"고 표현한 그 국왕 탈주 사건으로 국민—법—왕의 조화가 깨졌다. 혁명가들 사이에 균열이 일어나고 폭력이 스며들기 시작했다. 권력을 장악하고 있던 입헌군주주의자들이 탈주 사건을 납치 사건이라고 얼버무리자 최초의 공화주의자들이 연맹제가 거행되었던 그 신성한 장소에서 시위를 벌였고 국민방위대가 발포하여 수십 명의 희생자가 발생했다. 혁명가가 혁명가를 죽인 것이다.

주변 열강들의 위협으로 프랑스는 혁명과 전쟁을 동시에 수행해야 하는 힘든 상황에 빠져들었다. 장기적으로 전쟁은 혁명을 탈선시키고 타락시키는 결정적인 변수로 작용한다. 그러나 미슐레는 전쟁에서 연맹제의 감동을 다시 느낀다. 지롱드파의 담론에 녹아 있는 전쟁은 정복전쟁이 아니라 해방전쟁이었다. 미슐레는 '십자군', '해방', '구원', '자유의 사도', '형제의 만남', '정의', '영원한 이성', 예수의 살과 피에 대한 은유 등을 동원해서 전쟁을 찬미한다. 지롱드파가 이상주의자였던 만큼이나 미슐레도 이상주의자였고, 지롱드파가 호전적이었던 만큼이나 미슐레도 호전적이었다.[9] 미슐레는 프랑스 다시 말해 민중은 혁명을 원했던 만큼이나 전쟁을 원했다고 말한다. 따라서 성전에 반대한 사람들, 예컨대 내부의 적만 바라보고 외부의 적은 소홀히한 로베스피에르 같은 사람들, "이기적인 마음"으로 징집을 거부하여 반란을 일으킨 방데의 농민들은 미슐레의 비난을 면치 못한다.[10]

왕은 거부권을 행사하여 전쟁을 방해함으로써 국가의 적이 되었고 존재 이유를 상실했다. 왕정은 폐지되어야 했다. 미슐레에게 6월 20일과 8월 10일 사건은 프랑스를 구한 극단적인 행동, "민중의 위대한 행동"이었다.[11] 특히 왕정을 정지시킨 8월 10일의 봉기는 파리 민중만이 아니라 '연맹제' 참가자들이 가담했다는 점에서 국민적 봉기였다. 미슐레는 마라, 로베스피에르, 자코뱅파, 지롱드파 같은 엘리트들은 여기에 가담하지 않았음을 강조한다.

왕권이 정지된 후 입법의회의 마지막 6주는 봉기코뮌과 의회의 충돌로 점철되었다. 봉기코뮌은 반혁명 범죄를 심리하기 위한 특별재판소 설치를 요구했다. 적은 도처에 있었다. 외국군이 "신성한 프랑스 땅"에 발을 디디기 시작했다. 9월 2일 밤, 300~400명의 파리 민중은 감옥을 공격하여 1,100여 명의 수감자들을 즉결 처형했다. 이렇게 9월 학살로 제1차 공포정치가 시작되었다. 민중의 광적인 학살을 어떻게 평가할 것인가?

9월 학살의 민중은 우리의 민중사가를 실망시켰다. 그 민중은 이제까지 혁명을 구해왔던 평화적이고 관대한 민중과 달랐기 때문이다. 그러나 역사가는 이 사건을 축소하거나 은폐하지 않고 상세히 기술한다. 미슐레는 자신이 9월 학살에 대해 최초로 상세히 기술했다고 말한다. 민중사가의 기술 속에는 안타까움이 서려 있다. "복수"가 아니라 "영원한 권리의 정당한 분개" 같은 표현으로 민중을 감싸기도 하고 죽은 자들을 원망하기도 하지만("살아있는 동안 프랑스에게 많은 악을 행했던 그들은 죽음으로써 영원한 악을 행했다"),[12] 학살이 승리의 원동력이었다는 생각만큼은 받아들일 수 없었다.

미슐레는 프랑스는 범죄의 힘으로 승리하지 않았다고 말한다. 7월 14일과 8월 10일 사건을 주도한 생탕투안 지역의 민중은 9월 학살에 가담하지 않았으며, 전선의 군인들은 귀대한 9월 학살자들을 혐오했다는 것이다. 9월 학살은 프랑스의 명예심을 더럽혔으며, 프랑스 특히 파리의 생명력을 마비시키는 결과를 초래했다.[13] 그것은 전쟁의 승리를 가져다주지 못했다. 내부의 적을 없애기는커녕 만들어냈고 프랑스인들의 분열을 심화시켰다. 민중이 집으로 돌아간 상황에서 혁명의 원초적 이상인 정의, 평등한 인간애와 같은 원리가 쇠퇴하고, 임기응변, 이익, 공안 같은 강제적이며 인위적인 원리가 득세했다. 이러한 것들 때문에 프랑스는 "프랑스를 빼앗겼다."[14]

8월 10일의 민중은 혁명을 구한 반면, 9월 학살의 민중은 혁명을 파괴했다. 민중의 광적인 분노와 처벌 의지 앞에서 혁명 엘리트들은 무기력했다. 파리 시장이었던 페티옹, 법무장관이었던 당통도 손을 쓸 수 없었다. 로베스피에르는 학살에 직접 참가하지는 않았지만 언제나 그렇듯이 음모를 고발했다. 미슐레는 로베스피에르가 행동하지는 않고

말만 했지만 그에게는 말이 곧 행동이라며 책임을 묻는다.[15]

민중의 해방된 본능은 절제되지 않을 경우 광기로 변하는 것인가? 민중의 본능을 절제시키는 것이 엘리트의 몫이었다. 1792년 6월 20일의 폭동이 프랑스를 구하는 것으로 끝난 것은 당통이 민중의 자연적이고 자발적인 운동을 리드했기 때문이었다. 9월 학살을 경험한 미슐레에게 엘리트의 역할은 소중해졌다. "민중의 운동을 유산시키지 않기 위해서", "민중운동이 자연스러운 흐름을 계속하도록 하기 위해서", "민중의 영혼이 거짓 현자들에 대한 존경심 때문에 침묵하고 압박당하지 않도록 하기 위해서."[16]

지롱드파의 이상주의나 민중의 처벌 의지만으로는 국내외의 위협으로부터 혁명을 지켜낼 수 없었다. 강한 집중력과 조직이 필요했다. 자코뱅 클럽은 자발적이며 자연적인 혁명의 감시인으로 출발했다. 그러나 자코뱅들은 최종적으로 파리코뮌을 제거하고 당통파를 제거함으로써 민중으로부터 이완되었고, 그리하여 혁명의 추진력을 상실했다. 미슐레는 자코뱅에 대해서 대단히 비판적인 언어를 구사한다. 자코뱅이라는 이름이 전해주는 종교적인 은유(밀고, 감시, 고발, "우리의 바깥에서는 구원이 없다"), "자코뱅적 이단 재판", "정치적 검투사", "폭력적 마키아벨리즘", "독재"……. 자코뱅주의는 대내적으로 혁명의 적들을 제거하기보다는 적들을 만들어냈으며, 대외적으로는 프랑스와 혁명에 대한 증오심을 높이는 결과를 초래했다.

왜 해방이었던 혁명이 폭력과 억압으로 변질된 것인가? 혁명에 실망한 민중이 집으로 돌아갔기 때문에, 자코뱅 클럽의 구성이 민중적이지 못했기 때문에, 엘리트들이 권력투쟁에 빠져 자해적인 공포정치를 자행했기 때문이다. 한마디로 민중과 엘리트가 유리되었기 때문에 이러한 비극이 발생했다고 민중사가는 말한다. 혁명 엘리트들은 민중을 말하고 민중의 힘을 이용했을 뿐 민중과 상의하지 않았고 민중에게서 영감을 구하지 않았다는 것이다.[17] 엘리트는 민중이 실을 가지고 조종하는 "야심많은 인형"에 불과한데, 바로 그 실이 끊어졌기 때문에 엘리트 혁명가들이 탈선했다는 것이다.[18]

로베스피에르는 자신을 공격하는 것은 민중을 공격하는 것이라며 자신과 민중을 동일시했지만, 미슐레가 보기에 로베스피에르는 민중적이지 않았다. 독선적이고 비타협적인 로베스피에르가 아니라 인간적인 당통이 민중적이었다. 미슐레는 당통이 혁명의 무대에서 사라진 것을 아쉬워한다. "당통의 위대한 꿈은 화해한 프랑스가 계급과 당파의 구별 없이 형제애의 빵을 나누는 거대한 식탁이었다."[19] 미슐레는 당통을 변호한 최초의 역사가라는 평가를 받는다.[20] 그만큼 당통을 제거한 로베스피에르에게 책임을 추궁하고 비판한다. 미슐레는 1794년 7월 27의 '열월 정변'이 아니라 파리 민중을 대변하는 에베르파와 관용적인 당통파가 제거된 1794년 3월과 4월에 공화국이 붕괴되었다고 말한다.[21]

반혁명의 보루, 교회

혁명에 맞서 반혁명이 일어나는 것은 당연했다. 프랑스의 외부에서는 왕국들이 프랑스의 혁명과 해방을 방해했는데, 미슐레에게는 특히 영국이 원흉이었다. 미슐레의 영국에 대한 반감은 《민중》과 《프랑스혁명사》에서 반복적으로 나타난다. 백년전쟁 때부터 영국은 공포의 대상이었고, 17세기의 잉글랜드혁명은 섬나라의 편협하고 이기적인 혁명이었으며, 미국 독립혁명 이후 영국은 프랑스의 불행을 원한 정도가 아니라 완전한 파괴를 원해왔다.[22]

미슐레는 "조국의 대대손손의 적", "불독", "공수병" 등과 같은 극단적인 언어를 사용하여 영국을 비난한다. 영국의 정신은 기계적이고 물질적이다. 영국의 정신에는 조국, 예술, 비판정신, 인간이 빠져 있다.[23] 한마디로 영국은 반프랑스이다. "유럽 귀족제의 앞잡이"는 새로운 프랑스가 탄생하는 것을 가만히 바라보고만 있지 않았다. "아이를 낳는 한 여인, 한 사회는 인류의 존중을, 인류의 기원祈願을 받을 자격이 있지 않은가?"[24]

프랑스 안에서도 반혁명이 일어났다. 특히 프랑스 서부에서는 1792년 중반부터 농민반란이 일어났으며, 1793년 봄부터는 전쟁으로 비화되어 혁명을 위협했다. 방데 전쟁이 바로 그것이다. 그런데 서부의 농민들은 왜 자기들을 해방시켜준 혁명을 버리고 반혁명에 가담했을까? 미슐레는 광신적인 신부들, 그들의 사주를 받은 더 광신적인 여자들에게 책임을 묻는다.

〈인간과 시민의 권리선언〉은 종교의 자유와 재산권을 보장했다는 점에서, 혁명정부의 반교회 정책은 〈인간과 시민의 권리선언〉을 위반하는 행위였다고 볼 수 있다. 그러나 미슐레는 혁명정부의 조치를 지지한다. 미슐레는 교회재산은 성직자들의 소유가 아니라 민중에 속한다고 말한다. 성직자들은 그리스도교에 의하면 재산 소유자가 될 수 없기 때문이다.[25] 성직자시민법은 국가가 독단으로 교회를 재조직하는 것이라는 점에서 동기가 불순한 면은 있지만 본래의 순수한 그리스도교로 돌아간다는 점에서 "합리적인 개혁"이었을 뿐만 아니라 "교회와 성직자의 해방"이었다는 것이다.[26]

미슐레는 교회재산을 판매함으로써 교회재산의 진정한 주인인 민중이 드디어 재산을 가지게 되어 새로운 프랑스가 탄생했다고 말한다.[27] 교회재산 매각이야말로 교회가 말로만 했던 것을 실천했다는 점에서 진정으로 혁명적이었고, "그리스도교적"이었다.[28]

재산과 권력을 빼앗긴 가톨릭교회가 혁명에 저항한 것은 당연했다. 성직자시민법, 선서 강요, 탈그리스도교 등으로 가속된 박해에 의해 수많은 신부가 수난을 당했고 순교했다. 대략 혁명 전의 전체 성직자 가운데 절반 정도가 선서를 거부했고, 선서거부신부 가운데 절반 정도가 망명을 떠났거나 유형에 처해졌다. 수천 명의 신부들이 강제수용소에서 사망하거나 공포정치에 의해 처형되었다. 성당은 폐쇄되었고 미사는 금지되었을 뿐만 아니라 그리스도교 문화 자체가 파괴되었다.

신부들은 어떻게 저항했나? 신부들은 무기를 들지는 않았지만 그들의 전통적인 무기인 미사와 강론을 통해 농민들의 저항을 부추겼고 고무시켰다. 신부들은 지옥불의 공포를 불러일으켰고, 광신적이었던 여자들은 반혁명 전사가 되어 남편이 교회재산을 구매하지 못하도록, 혁명에 가담하지 못하도록 애원하고 압박했다. "여자와 신부가 곧 방데였고, 내전이었다."[29] 1789년 10월 파리의 여자들은 왕을 파리로 데려옴으로써 혁명에 기여했다면, 방데의 여자들은 반혁명에 기여했다.

미슐레는 이렇게 신부들과 여자들이 반혁명에 앞장섰음을 강조하며, 또 그렇기 때문에 반혁명은 잔혹했다고 말한다. 방데 전쟁 초기 마슈쿨에서 농민들은 애국파를 학살함으로써 파리를 경악시켰는데, 미슐레는 농민들의 잔혹성의 상징이 된 이 마슈쿨 전투에서 농민들은 542명의 애국파를 학살했다며 그 폭력성을 고발했다. 그러나 오늘날 방데 전쟁 전문가들은 미슐레의 수치를 받아들이지 않는다.[30] 방데군에 가담하여 온갖 고초를 겪었던 라로슈자클랭 후작 부인은 방데군보다 정부군이 훨씬 더 폭력적이었다고 증언하는 데 대해, 미슐레는 방데군이 훨씬 더 잔혹했다고 반박한다.[31] 방데군이 그토록 잔인했던 이유는 무엇일까? 미슐레는 다름 아니라 교회가 부추긴 전쟁이었기 때문이라고 말한다.

> 혁명의 폭력과 신부들의 분노로 촉발된 이들 광신자들의 폭력 사이의 근본적인 차이는 혁명의 폭력은 적을 죽임으로써 적을 제거하는 것으로 끝나지만, 이단 재판 시대의 신성한 잔인함에 충실한 광신자들의 폭력은 죽이기보다는 고통 속에서 죽게 만들어 인간(유한한 불쌍한 피조물)으로부터 무한한 고통을 끌어내어 신의 복수를 한다는 것이다![32]

미슐레의 반교권주의는 유명하다. 그것은 《프랑스혁명사》의 전편에 가득하다. 미슐레에게 혁명은 구체제의 전제정으로부터 민중을 해방시킨 위대한 사건이었는데, 군주와 교회는 바로 그 전제정의 동반자였다. 미슐레는 1847년에 쓴 〈서문〉에서 혁명을 "법의 도래, 권리의 소생, 정의의 반발"이라고 정의한 후, 곧이어 "혁명은 특혜의 정부와 은총의 교회에 대한 정의의 뒤늦은 반발"이라고 강조한다. 또한 그에게 혁명은 반그리스도교이지만 동시에 진정한 그리스도교로의 복귀이다. 가톨릭 교회처럼 은총과 자의의 종교가 아니라 "만인에게 평등한 정의의 종교".[33]

반사회주의 역사학

프랑스혁명은 정치혁명을 넘어 사회혁명으로 진화하는 모습을 보여주었기 때문에 사회주의자들의 관심을 끌었다. 미슐레에 의하면 리옹 반란에서 처형당한 샬리에는 사회전쟁의 대명사였다.[34] 미슐레의 동시대인이었던 루이 블랑, 조제프 프루동 같은 초기 사회주의자들은 프랑스혁명에 대해 많은 관심을 가졌으며 직접 혁명사를 쓰기도 했다.

우리의 민중사가는 사회주의 역사학을 지지했을까? 미슐레는 우리의 예상을 깨고 동시대의 사회주의 역사학에 대해 비판적이었다. 역사가는 과거와 대화하는 만큼이나 동시대의 역사가들과 대화하는데, 《프랑스혁명사》에서 미슐레의 주요 대화 상대는 뷔세와 루, 그리고 루이 블랑이었다.

미슐레는 제3권의 권두에 붙인 〈이 책의 방법과 정신〉에서 뷔세와 루의 《프랑스혁명의 의회사》(《의회사》로 줄임)를 비판한다.[35] 프랑스혁명에서는 빈곤문제나 사회문제보다 관념문제가 더 중요했다고 말한다. 혁명은 "결핍의 자식이 아니라 철학(계몽사상)의 자식"이었다는 것이다.[36] 의회 앞에서와 마찬가지로 빵집 앞에서도 사람들은 기근보다는 거부권, 미라보의 최근 연설을 놓고 이야기를 나누었다고 말한다.

《의회사》는 라마르틴, 루이 블랑, 에스키로스 등에게 커다란 영향을 주었는데,[37] 미슐레는 이들 사회주의자들이 다음과 같은 두 가지 관점을 공유하고 있다고 요약한다. 첫째, 이들은 프랑스 철학의 전통적인 반교권주의를 간과했기 때문에 혁명이 왕들의 잘못 못지않게 신부들의 잘못 때문에 일어났다고 생각하지 않는다는 것이다. 둘째, 이들은 공안이 프랑스를 구했다며 공포정치가들에게 존경심을 표한다. 그러나 미슐레는 공포정치가들이 폭력적이었을 뿐만 아니라 "민중의 기억에서는 저주스러운" 인물로 남아 있다며 공포정치를 비판한다.

> 공포정치의 최초 시도들의 미숙한 폭력은 내적으로는 혁명에 반대하는 '새로운' 적을 수백만 명 만들어냈고 외적으로는 주변국 민중들의 동정심을 앗아가 일체의 선전을 불가능하게 만들었고 민중들과 왕들을 반혁명으로 결합시켰다. 공포정치는 극복하기 어려운 장애물들을 가지고 있었다. 그러나 장애물 가운데 가장 무시무시한 것은 그 스스로 만들어낸 것들이다. 공포정치는 그것들을 극복하지 못했고 그것들로 인해 무너졌다.[38]

1868년 판 〈서문〉에서는 구체적으로 루이 블랑에 대한 비판이 이어진다. 미슐레의 반박은 로베스피에르에게 초점이 맞춰진다. 루이 블랑이 말하듯이 로베스피에르는 사회주의의 사도이며 상징인가? 미슐레는 오히려 로베스피에르가 사회주의를 공격했고 그것 때문에 죽었다고 말한다. 로베스피에르는 파리의 노동자 거리에서 사회주의, 즉 "혁명 속의 혁명"이 싹트는 것에 놀라 그것을 공격했고, 그로 인해 급진적인 파리 민중의 지지를 받지 못해 패배했다는 것이다.[39]

루이 블랑과 달리 프루동은 미슐레의 혁명사에 대해 호의적인 반응을 보였다. 미슐레는 프랑스혁명기의 가장 기이한 인물인 마라가 '사회주의'라는 말을 프루동의 "재산, 그것은 장물"이라는 말과 비슷한 것으로 이해했다며 프루동의 말을 인용하기도 했다. 미슐레가 보는 마라는 사회주의자라기보다는 "일관성이라고는 없는 절충주의자"였다.[40] 프루동은 《프랑스혁명사》의 처음 4권을 읽고 저자에게 보낸 편지에서 미슐레가 드디어 "혁명을 소생시켰다"고 극찬한 후 혁명가들에 대한 평가, 특히 앞으로 전개될 로베스피에르에 대한 평가가 자기의 생각과 같을지, 자기는 로베스피에르가 독재자이며 열월 9일의 정변 때 승리했다면 나폴레옹처럼 쿠데타를 일으켜 군주와 같은 지위에 올랐을 것으로 생각하는데 역사가는 어떻게 생각하는지 궁금하다고 말했다.[41]

사회주의와 관련하여 재산권 논의는 중요하다. 로베스피에르는 재산권은 "법으로 제한"할 수 있으며 "재산권은 개인의 절대적인 향유 대상이 아니라 공동의 안녕을 위한 수단"이라고 말하는 등 재산권의 절대성을 부정하고 재산권을 생존권에 종속시키기도 했지만 재산권

자체를 부정하지는 않았다. 로베스피에르보다 진보적이었던 생쥐스트도 마찬가지였다. 생쥐스트는 "국가의 적이 가진 재산을 빼앗아 불행한 사람들에게 나누어주자"라며 농지법을 연상시키는 과격한 말을 했지만, 그가 열월 9일에 남긴 마지막 말은 "재산이 아니라 경작권을 나누라"였다. 자크 루나 르클레르 같은 파리의 격앙파들도 최종적으로는 재산권을 인정했다는 점에서 엄밀한 의미에서는 사회주의자가 아니었다.

이렇듯, 프랑스혁명가들 가운데 엄밀한 의미의 사회주의자로 꼽힐 사람은 없었다. 공산주의 사상을 키우고 있던 바뵈프는 예외적인 인물이었다. 국유재산 판매로 재산을 취득하게 된 사람들은 그 재산을 지키기 위해서라도 혁명을 지켜야 했다. "재산 오블리주!"[42] 로베스피에르는 재산권의 수호자로 나섬으로써 이들의 지지를 확보하려 했던 것이다.[43]

민중의 토지 소유 열망을 존중하는 미슐레 자신도 토지소유권을 부정하는 사회주의를 지지할 수 없었다. 모리스 아귈롱은 다음과 같이 평가한다. "모든 공화주의자가 사회적 변혁의 필요성을 공유하고 있었던 것은 아니다. 《민중》의 미슐레는 민중의 벗이었다. 낭만주의자이고 진실로 공화주의자였으며 명백히 반사회주의자였다."[44]

미슐레는 프랑스혁명을 '경작지를 소유하게 된 농민'-'급진적인 파리 민중'-'혁명 엘리트'의 세 요소가 만들어내는 드라마로 파악했다. 국유재산 취득자들은 재산을 지키기 위해서라도 혁명을 지지했다. 급진적인 파리 민중은 혁명의 드라마에 깊숙이 개입하여 혁명을 주도했으나 1793년 말부터는 산악파에 밀려 점점 혁명에서 배제되었다. 이들 가운데 일부는 사회주의적인 요구를 했으나 혁명 엘리트들은 그러한 과격한 요구를 수용하지 않았다. 이들은 혁명에서 나와 "집으로 돌아갔 다". 생쥐스트의 유명한 표현에 의하면 "혁명은 얼어붙었다". 권력을 장악한 로베스피에르는 '덕의 공화국'을 실현한다는 명분으로 공포정 치를 강화했으나 그것은 파멸의 길이었다.

로베스피에르에 대한 해석은 미슐레와 동시대 역사가들 사이의 쟁 점으로만 그치는 것이 아니라 오늘날 프랑스혁명에 대한 해석의 방향 을 결정하는 중요한 요소이니만큼, 미슐레가 로베스피에르를 어떻게 평가하고 있는지 구체적으로 살펴볼 필요가 있다. 미슐레는 자기 연구 의 최대 결실은 "로베스피에르를 해부"한 것이라고 말할 정도로《프랑 스혁명사》는 로베스피에르에 대한 분석과 비판으로 가득하다.[45]

구체적으로 전쟁문제와 관련하여 미슐레는 로베스피에르가 평화주 의자라는 이야기, 전쟁이 일어나면 최종적으로는 장군이 권력을 차지 하고 혁명을 파괴할 것임을 예리하게 내다보았기 때문에 전쟁에 반대 했다는 이야기 등을 받아들이지 않는다. 로베스피에르도 처음에는 전 쟁은 혁명의 자연스러운 연장이라고 생각하여 전쟁을 지지했으나 자기 의 정적인 브리소파가 전쟁을 지지하고 자기의 지지세력이 전쟁을 반 대하자 전쟁은 왕당파들의 "음모"라는 이유를 들어 전쟁에 반대하고 평화주의자로 변신했다는 것이다.[46] 왕은 실제로는 전쟁을 원하지 않 았으나 로베스피에르는 그것을 알지 못한 채 왕은 전쟁을 원한다고 '의심'하여 전쟁에 반대했다고 말한다.[47] 또한 성전으로 끝날 전쟁이

로베스피에르의 반대 때문에 잔혹하고 절망적인 방어전쟁으로 변했으며 9월 학살이 일어났다고도 말한다.[48]

전쟁문제의 경우 로베스피에르의 '의심'은 정확했다. 그는 일련의 사건들을 관찰하면서 전쟁의 '함정'을 감지했던 것이다. 미슐레는 부정했지만 전쟁은 최종적으로는 군인독재로 끝날 것이라는 로베스피에르의 분석이 예리했다는 점을 부인하기는 어렵다.

로베스피에르는 국내의 적을 제거하기 위한 권력투쟁에 몰입했다. 미슐레는 "의심", "질투", "고발", "무고", "비방", "독선", "위선" 등과 같은 용어로 로베스피에르의 행동을 분석하며, 로베스피에르를 "대고발자", "이단 재판관"이라고 규정한다. 우리의 반교권주의적 민중사가는 최고 존재 숭배를 내세워 무신론적 이성 숭배를 공격하는 로베스피에르를 용서할 수 없었다.[47] 미슐레는 로베스피에르가 "청렴지사"라는 세간의 평가를 거부하지는 않으나, 이러한 도덕주의를 무기 삼아 "내적인 숙정"을 외치는 사람보다는 "위기에 빠진 조국"을 구하기 위해서는 적과 타협하고 필요하면 매수하는 당통을 위대한 정치가로 보았다.[50]

미슐레가 보기에 로베스피에르는 고결하고 진보적인 혁명가라기보다는 "정치적 위선자"였다.[51] 루이 16세 처형에 대해서도 미슐레는 처형을 주도한 로베스피에르를 비판한다. 당시 국민은 국왕 처형을 원하지 않는데도 산악파는 다수파인 지롱드파에 대한 정치공세 차원에서 국왕 처형을 주장했고, 그 결과 왕을 순교자로 만들어 왕국을 신성하게 만들고 교회를 부활시킴으로써 공화정에 타격을 입혔다는 것이다.[52] 루이 16세는 유죄였으나 "당시로서는" 아무런 증거가 없었고 처형은 국가 이익을 해쳤다는 것이 공화주의 혁명사가가 "당시의 모든 역사가에 맞서서" 국왕 처형을 비판한 이유이다.[53]

당통과 로베스피에르는 프랑스혁명의 두 축이다. 미슐레가 동시대의 사회주의자들이 로베스피에르를 혁명의 중심으로 생각하는 것에 반대하여 당통을 혁명의 중심으로 설정한 이래 알퐁스 올라르까지 당통은 위대한 혁명가의 지위를 누려왔다. 1871년의 파리코뮌이 공포정치의 재현으로 인식되면서 이 같은 분위기가 형성되었던 것이다. 20세기초에 《사회주의적 프랑스혁명사》를 쓴 장 조레스는 마르크스와 미슐레의 영향을 받았음을 인정했는데("나의 역사 해석은 마르크스처럼 물질주의적이면서 동시에 미슐레처럼 신비주의적이다"), 미슐레와는 달리 당통이 아니라 로베스피에르를 혁명사의 중심에 배치했다.

낭만적 민중 인식

미슐레가 시도한 공화주의 프랑스혁명사의 주인공은 민중이다. 민중이 주권자이기 때문이다. 미슐레의 혁명사가 나오기 전에는 아돌프 티에르와 프랑수아 오귀스트 미녜만이 체계적인 혁명사 연구서를 발표했는데, 이들은 사회적 측면이나 경제적 측면은 무시한 채 혁명을 부르주아의 위업으로 파악했다. 미슐레는 부르주아에서 민중으로 주인공을 이동시켰다는 점에서 사학사적 평가를 받을 수 있다. 민중의 생각이나 행동을 알려주는 자료가 많지 않은 상황에서 어떻게 민중의 역사를 쓸 수 있는가? 그것은 많은 한계에도 불구하고 미슐레가 구전자료를 활용했기 때문에 가능했다. 미슐레에 대해 비판적인 역사가들도 미슐레가 문재와 자료 활용을 통해 이루어낸 "기적"은 인정한다.[54]

미슐레는 혁명이 본궤도를 달리던 시기를 민중 혹은 민중과 엘리트가 함께 혁명을 주도하던 시기로 보는데, 바로 1789년 7월 14일부터 1792년 8월 10일까지이다. 민중이 혁명 전선에서 물러나고 엘리트 혁명가들이 혁명을 주도하면서 혁명은 궤도에서 이탈했다. 로베스피에르가 주도한 공포정치 시기가 바로 그 시기이다. 미슐레는 혁명의 이 두 시기를 대조적으로 바라본다.

민중은 언제나 선하고 언제나 옳다는 그의 민중관은 다분히 낭만적인 인식임을 지적하지 않을 수 없다. 9월 학살의 민중은 7월 14일의 민중이나 8월 10일의 민중과는 다른 민중이었다는 미슐레의 변론은 역사적이지 못하다. 민중은 처음부터 폭력적이었다. 루소를 비롯한 계몽사상가들이나 브리소를 비롯한 혁명가들은 민중을 덜 계몽된 존재로 파악했고, 그리하여 프랑스에서 공화정을 수립하는 것은 시기상조라고 인식했다. 민중은 엘리트에 의해 선동당하기 십상인 존재인데, 선동당했다고 해서 혁명의 궤도 이탈에 대한 책임에서 자유로운 것은 아니다.

한나 아렌트와
프랑스혁명

전체주의의 기원

20세기의 마지막 해에, 프랑스의 권위 있는 일간지 《르몽드》는 20세기
를 대표하는 최고의 책 100권을 선정 발표했다. 1위의 영광은 알베르
카뮈의 《이방인》이 차지한 가운데, 한나 아렌트Hannah Arendt(1906~
1975)의 《전체주의의 기원》(1951)이 93위에 랭크되었다. 프낙 서점이 주
관한 여론조사이기 때문에 프랑스 작가들이 다수를 차지한 것은 당연
하다 할 것이다.

　그런 가운데에도 미국의 정치철학자인 한나 아렌트가 순위에 들어
간 것은 《전체주의의 기원》에서부터 《인간의 조건》(1958), 《예루살렘의

아이히만-악의 평범성에 대한 보고》(1963), 《혁명론》(1963), 《어두운 시대의 인간들》(1968), 《폭력론》(1970), 그리고 사후에 출판된 《정신의 삶》 등과 같은 책들에 담겨있는 인간적인 고뇌와 정치철학적인 성찰이 프랑스인들의 공감을 샀기 때문으로 생각된다. 1933년에 나치를 피해 프랑스로 이주했다가 8년 후 미국으로 망명한 한나 아렌트와 나치 독일에 굴욕적인 패배를 당한 프랑스는 전체주의의 피해자라는 공통점을 가지고 있었던 것이다.

《전체주의의 기원》은 19세기 유럽에 나타난 반유대주의, 제국주의, 그리고 제국주의의 이데올로기적 무기인 인종주의를 검토한 후, 나치 독일과 볼셰비키 러시아에 나타난 전체주의적 지배 메커니즘을 분석한 책이다. 아렌트는 소련이 반유대주의를 "정당하고 근대적인 방식으로" "청산했음"을 높이 평가한 적이 있는데,[1] 이렇게 볼셰비키를 나치와 함께 전체주의라는 '악'의 축으로 함께 묶은 것은 아렌트의 러시아에 대한 인식이 변했음을 알려준다. 그것은 아마도 러시아혁명에 대한 환상이 깨어졌기 때문일 텐데, 그것은 다시 프랑스혁명에 대한 인식 변화로 이어진다.

아렌트에 의하면, 전체주의 체제는 기존의 권위주의, 독재, 전제주의에서 자라나온 것이 아니라 전혀 새로운 체제이다. 전체주의 국가는 국민의 공적인 삶과 사적인 삶을 총체적으로 지배하고, 무조건적이고 무제한적인 충성심을 요구하기 위해 국민을 고립시키고 원자화시킨다.[2] 볼셰비키 정권이 소비에트, 지주계급, 도시의 중산계급, 농촌의 소작인 계급, 도시 노동자 계급 등을 해체하고, 마지막으로 관료들을 숙청한 것은 전체주의 지배를 위한 수순이었다. 원자화된 국민은 불안감을 느끼는 가운데 충성심을 과시하기 위해 '혐의자들'을 감시하고 고발한다. 체제가 유지되는 데는 항상 '적'이 필요했기에 하나의 적이 제거되면 곧바로 새로운 적이 만들어진다. 전체주의 체제는 이러한 적들을 제거하고 음모를 분쇄하기 위해 무자비한 폭력을 행사한다. 전체주의 체제의 작동수단은 테러이다.

전체주의는 일체의 실정법을 무시하는 대신 실정법의 근원으로 여겨지는 자연법칙이나 역사법칙을 따른다고 주장하는데,[3] 테러는 바로 이러한 자연법칙과 역사법칙을 현실로 옮기기 위한 수단이다. "테러는 자연이 '살기에 부적절한' 인종이나 개인에게 선고했고 역사가 '쇠퇴해가는 계급'에게 선고했다는 사형을, 좀 더 느리고 덜 효과적인 자연이나 역사 자체의 과정을 기다리지 않고 그 자리에서 집행한다."[4]

전체주의 체제는 이렇듯 특정 종족이나 특정 계급을 적으로 규정하여 제거함으로써 자연법칙과 역사법칙에 순응한다는 광적인 이데올로기를 가지고 무자비한 테러를 자행한 20세기의 재앙이었다. 그런데 우리의 주제와 관련하여 주목되는 것은 위에서 살펴본 전체주의 체제의 지배 메커니즘의 원형을 프랑스혁명에서 찾아볼 수 있다는 점이다.

전체주의 체제가 자행한 테러는 로베스피에르가 요구한 "신속 준엄하고 확고부동한 정의"와 다르지 않다. 자코뱅주의자들이 '정의'와 '정당성'이라는 말로 '실정법'과 합법성을 무력화시키고, 테러(공포정치)를 덕의 지배로 미화하고, 반혁명 혐의자들을 마치 저주받은 종족을 다루듯이 학살한 것은 "전체주의의 기원"을 19세기의 반유대주의와 제국주의를 넘어 프랑스혁명까지 소급하는 것이 정당하다는 생각을 하게 한다.

한나 아렌트는 《혁명론》(1963)에서 미국혁명과 프랑스혁명을 비교한 후, 미국혁명은 성공한 반면 프랑스혁명은 실패했다고 판정했으며 "혁명이 일어나지 않은 나라에서 자유가 더 잘 보존되었다"고까지 말했다.[5] 그녀가 이렇게 놀라운 주장을 한 것은 프랑스혁명에서 "자유, 평등, 형제애"가 아니라 전체주의라는 괴물을 발견했기 때문이 아닐까 싶다.

공화주의적 자유

한나 아렌트는 〈서론〉에서 전쟁과 혁명의 관계를 살펴본다. 혁명사를 보면 전쟁이 혁명으로, 혁명이 전쟁으로 이어지는 것을 자주 발견할 수 있다. 미국 독립혁명은 영국으로부터의 독립전쟁으로 시작했으며, 프랑스혁명은 국내외의 전쟁으로 비화되었고, 러시아혁명은 제1차 세계대전 중에 일어났다. 아렌트는 전쟁과 혁명은 '폭력'이라는 공통점을 지닌다고 말한다.[6]

전쟁이 폭력이라는 것은 두말할 필요도 없다. 혁명 역시 그러하다. 어원적으로 혁명revolution은 천구가 회전을 마치고 출발점으로 돌아가 새로운 회전을 시작하는 것이다. 아렌트는 여기에서 착안하여 혁명의 본질을 "새로운 시작"이라고 파악한다. 새로운 시작은 기존의 과정을 무로 돌린다는 점에서 파괴를 동반하지 않을 수 없다. 파괴를 하지 않으면 새로운 시작을 할 수 없기에 혁명 역시 전쟁과 마찬가지로 '폭력적'이지 않을 수 없는 것이다. 실제로 러시아혁명은 물론이고 프랑스혁명도 '구체제'에 대해 잔혹한 폭력을 행사했다. 구체제의 존재가 미약했던 미국에서의 혁명이 영국으로부터의 독립전쟁에 그치고 내전으로 비화되지 않은 반면, 구체제의 저항이 강력했던 프랑스에서의 혁명은 내전으로 비화된 만큼 더욱 폭력적이었다.

미국이 영국의 전제적인 지배에서 벗어나 독립국가를 세우려 했을 때 미국인들이 선택한 "새로운 시작"은 공화국의 수립이었다. 미국혁명 전문가인 버나드 베일린은 "공화국, 이는 필연적이었다"고 단언한다.[7] 1789년에 프랑스인들이 선택한 "새로운 시작" 역시 공화주의였다. 물론 엄밀한 의미에서 프랑스인들이 왕정을 무너뜨리고 공화정을 수립한 것은 혁명이 일어나고 3년이 지난 1792년 9월이지만, 삼신분회 대표들이 '국민의회'를 세우고 입헌군주정 헌법을 마련한 것을 공화정의 수립으로 볼 수도 있을 것이다. 왕정과 공화정을 구분하는 기준은 엄밀한 의미에서는 왕의 존재 유무이지만, 당시의 많은 사람은 의회의 존재를 공화정의 징표라고 보았다. 계몽사상가 루소의 공화주의 개념이 그러했다. 미국혁명에 참가하여 공화주의 사상을 가지고 귀국한 라파예트는 현실과 타협하여 입헌군주정을 지지했는데, 그는 1830년 혁명 때도 그러했듯이 입헌군주정을 공화주의적 군주정, 다시 말하면 "공화정의 제도로 둘러싸인 군주정"이라고 생각했다.

이러한 의미에서 의회의 설립은 중요한 의미를 지닌다. 국왕이 주권을 가지는 것이 아니라 국민이 주권을 가지며, 국민은 주권의 '대리인' 혹은 '수임자'인 의원들을 선출한다. 국가를 통치하는 것은 국왕의 자의적인 '칙령'이 아니라 의회가 만든 법이다. 프랑스 제헌국민의회가 공표한 〈인간과 시민의 권리선언〉은 "모든 주권의 원칙은 원칙적으로 국민에게 있다"(제3조)며 국민주권을 선언했다. 주권자인 국민이 자유롭고 평등한 것은 당연하다. "모든 사람은 자유롭고 권리에 있어서 평등하게 태어나며, 그 후로도 그러하다"(제1조).

아렌트에 의하면 프랑스혁명의 "새로운 시작"은 '자유'였다.[8] 아렌트의 자유(프리덤) 개념은 특별하다. 자유는 우리가 일상적으로 사용하는 '자유liberty', 〈인권선언〉에 명시된 '자유'와 의미가 다르다. 리버티는 "……으로부터의 자유"이다. 그것은 억압과 금지로부터의 해방, 나아가 국왕의 전제적인 지배로부터의 해방이다. 반면에 프리덤은 "……을 할 자유"이다. 주권자로서 국가 정치에 참여할 자유이다. 리버티와 프리덤을 버나드 베일린 식으로 말하면, 리버티는 소극적 자유이고 프리덤은 적극적 자유이다. 엄밀한 의미의 "새로운 시작"은 리버티에서 머무는 것이 아니라 프리덤으로 넘어가는 것이다. 프랑스혁명기의 사람들이 단순히 억압과 궁핍으로부터의 해방, 즉 리버티를 원했다면 그들은 굳이 왕정을 무너뜨릴 필요가 없었다. 리버티는 왕정에서도 가능하기 때문이다.[9] 프랑스혁명가들은 프리덤을 원했다. 다시 말해 그들은 주권자로서 국정에 참여하기를 원했다.

아렌트는 프리덤, 즉 공화주의적 자유는 그리스의 도시국가에서 시작되었다고 말한다. 공화주의적 자유는 지배자와 피지배자의 구분이 없는 무지배no-rule의 정치조직을 위한 것이었다. 도시국가의 시민들은 무지배—그들의 표현에 의하면 이소노미isonomy—가 지배하기 때문에 아무런 지배를 받지 않는다고 생각했다.[10] 이러한 의미에서 공화주의적 자유의 전제조건은 평등이었다. 공화주의적 자유는 아예 평등과 동일시되기도 했다. 이소노미에 반대한 사람들은 이소노미를 최악의 지배형태라고 생각했다. 그들이 보기에 무지배는 민중(데모스)의 지배, 즉 민주주의일 뿐이었다. 플라톤이 민주주의를 거부했다는 사실은 유명하다.

공화주의적 자유는 공화국 시민들을 평등하게 만든다. 인간은 본래 불평등하지만 도시국가에 들어감으로써 평등해지는 것이다. 아렌트는 다음과 같이 말한다. "이소노미는 평등을 보장하는데 그 이유는 인간이 평등하게 태어났거나 창조되었기 때문이 아니라 인간은 본래 불평등하여 도시국가라는 인위적인 제도를 필요로 했기 때문이다."[11] 이 같은 평등관은 "인간은 평등하게 태어났다"는 프랑스혁명의 평등관과 다르며, 인간은 본래 자유롭고 평등한 존재이지만 인위적인 제도인 사회와 국가 속에서 부자유스럽고 불평등하게 되었다는 루소의 관점과도 다르다.

공화주의적 자유가 지향하는 것은 평등이다. 그러나 현실적으로 프랑스의 모든 시민이 공화주의적 자유를 누릴 수는 없었다. 〈인권선언〉은 "법은 일반의지의 표현이다. 모든 시민은 개인적으로 혹은 그들의 대표를 통해서 그것의 형성에 협력할 권리가 있다"(제6조)고 명시했으나, 현실적으로 모든 시민에게 선거권과 피선거권을 부여하지는 않았다. 재산에 의한 제한선거제 원칙에 따라 '수동시민', '능동시민', '선거인'으로 구분하여 참정권을 제한했기 때문이다. "새로운 시작"이 완전해지기 위해서는, 다시 말해 공화주의적 자유가 완전히 보장되기 위해서는 모든 시민이 실질적으로 평등해질 필요가 있었다. 실제로 1792년 9월의 국민공회 선거는 수동시민과 능동시민의 구분을 없애고 보통선거를 실시했다. '수동시민'의 굴레에서 벗어나 선거권을 부여받은 빈민들, 특히 도시 빈민들은 완전한 평등을 요구하며 혁명에 적극 개입하게 된다.

공화주의적 자유는 평등한 시민이 '공화국'의 정치에 참여하는 것이다. 공화국 시민은 개인의 이익을 주장하기에 앞서 무엇보다도 공화국의 이익을 위해 희생하고 헌신해야 한다. 왜냐하면 공화국은 말 그대로 시민 모두의 것이기 때문이다. 이러한 점에서 공화주의적 자유(프리덤)는 자유(리버티)를 침해할 위험이 있다. 퓌스텔 드 쿨랑주는 프랑스혁명기의 혁명가들이 모방한 고대도시는 공화국이라는 이름과는 달리 자유로운 국가가 아니었음을 지적한 바 있다.[12] 토크빌은 19세기 초에 미국을 여행하며 평등이 자유를 저해할 위험이 있음을 간파했다. 한나 아렌트 같은 자유주의 사상가들은 프리덤에는 전체주의적 요소가 들어 있다고 지적한다.

아렌트는 로베스피에르가 혁명정부의 지배를 "자유의 전제專制"라는 역설적인 표현으로 정의한 것에 주목했다. 로베스피에르는 1794년 2월 5일 국민공회에서 "공화국의 내부 행정에 있어서 국민공회가 따라야 할 정치적 도덕의 원칙"에 관한 보고서를 발표했다. 이 유명한 보고서에서 로베스피에르는 '공포'의 필요성을 역설한 다음 "혁명정부는 폭정tyrannie에 대한 자유의 전제despotisme입니다"라고 말했다. 혁명기에 자유freedom는 자유의 전제로 발전하여 자유의 적들—폭정, 구체제, 반혁명파 등──을 억압하고 파괴한다. 국민은 왕의 전제 때문에 상실한 리버티를 이제는 자유(프리덤)의 전제 때문에 상실할 위험에 처한 것이다.

빈자들의 개입

미국에서는 프리덤이 공화국 수립으로 그친 반면 프랑스에서는 프리덤이 공화국 수립을 넘어 혁명을 파국으로 몰고간 원인이 어디에 있을까? 한나 아렌트는 프랑스혁명이 이렇게 '탈선'한 것을 빈자들의 개입 때문이라고 설명한다. 아렌트에 의하면 미국은 혁명 전에 이미 빈곤의 사이클에서 벗어난 "빈곤 없는 사회"였다. 다시 말하면, "프리덤을 확립하기 전에 이미 빈곤으로부터 해방되었다."[13]

프랑스혁명이 일어나기 전에 레날 신부는 아메리카의 "놀라운 번영"을 소개한 바 있는데, 아메리카의 이러한 번영은 미국혁명기의 '제헌의회'나 '인권선언' 이상으로 프랑스혁명에 영향을 주었다.[14] 반면에 프랑스는 빈곤했다. 아렌트는 조지 워싱턴, 토머스 제퍼슨, 벤자민 프랭클린, 존 애덤스 등을 증인으로 세운다. 예컨대 제퍼슨은 프랑스혁명 발발 2년 전에 다음과 같이 썼다. "2천만 명의 사람들 가운데 1천 9백만 명은 미국의 가장 비참한 사람들보다 더 비참한 환경 속에서 살고 있다." 존 애덤스는 다음과 같이 비교했다. 프랑스인들에게 "자유로운 공화국 정부는 베르사유의 왕궁 동물원에 있는 코끼리, 사자, 호랑이,

표범, 늑대, 곰에게 만큼이나 부자연스럽고, 비이성적이고, 비실용적이다."[15]

한나 아렌트는 프랑스에 체류했던 몇몇 사람들의 증언에 의거하여 혁명 전 프랑스가 극도로 빈곤했다고 말하는 것이다. 과연 그렇게 단정할 수 있을까? 사실 어느 사회에나 빈자들은 있다. "빈곤 없는 사회"였다는 혁명 전 아메리카에도 빈자들은 있었다. 혁명 전 프랑스에 빈자들이 있었다는 것은 너무나 당연하다. 여기에서 필요한 것은 빈자들이 과연 얼마나 많았으며, 그들의 수가 18세기를 통해 어떻게 변했는지를 실증적으로 확인하는 일이다. 역사가들은 프랑스혁명이 빈곤의 혁명인가 번영의 혁명인가를 놓고 논쟁을 벌였지만 우리의 정치철학자는 역사가들의 논의에 관심을 기울이지 않았다.

공화주의 역사가 미슐레는 민중의 빈곤을 프랑스혁명의 주요 원인으로 보았다. 미슐레에 의하면 프랑스의 농민들은 루이 14세 때부터 과중한 조세 부담에 시달려왔기 때문에 재산이나 가축이 거의 없었으며 경작 의욕 저하와 수지타산 부족으로 농경지를 방치하는 경우가 많았다. "17세기에 광범위한 개간으로 확대된 곡물 경작은 18세기에는 축소되었다. 토지는 더이상 생산력을 회복할 수 없었기 때문에 생산이 중단되었고 고갈되어갔다. 가축이 끝난 것처럼 토지도 끝난 것으로 보였다."[16] 르페브르에 의하면 혁명 직전 프랑스인들의 최대 적은 "굶주림"이었으며,[17] 높은 빵 가격은 혁명기에 일어난 각종 반란의 '상수'였다. 소불에 의하면 혁명 직후 프랑스 전체의 농촌 프롤레타리아의 수는 전체 농촌 인구의 약 40퍼센트인 8백만 명 정도였다.[18]

반면에 토크빌은 민중의 빈곤이 아니라 경제적 발전과 자유의 확대가 혁명을 추동했다고 주장했다. 전 유럽적으로 반봉건적 경향이 있었지만 프랑스에서만 혁명이 일어난 것은 프랑스가 정치적·경제적 측면에서 다른 국가들보다 나은 상태에 있었고, 그리하여 소멸하고 있던 봉건적 잔재들이 더욱 무겁고 참을 수 없는 것으로 여겨졌기 때문이라는 것이다. "프랑스의 번영이 계속됨에 따라 정신은 오히려 더욱 불안정하고 불안해진 것 같이 보였다. 대중의 불만은 격화되었고 모든 낡은 제도들에 대한 증오심은 커졌다. 이제 국민은 눈에 띌 만큼 하나의 혁명을 향하여 전진하고 있다."[19)]

　빈곤인가 번영인가? 미슐레와 토크빌 이후의 역사가들은 관점에 따라 빈곤 혹은 번영을 우대하는 경향을 보인다. 보수주의 역사가인 텐은 루이 16세 시대의 일기, 행정 문서, 선언문 등을 검토하여 미슐레와 같은 결론에 도달한 반면, 《프랑스혁명의 사회주의적 역사》의 저자인 조레스는 빈곤이 아니라 경제 발전에 따른 부르주아의 성장이 프랑스혁명의 원인이라고 봄으로써 토크빌을 지지했다. 조레스의 견해는 마티에, 르페브르, 소불 같은 마르크스주의 역사가들에게 계승되었을 뿐만 아니라 이들의 정통 해석에 반기를 든 수정주의 역사가들에게서도 지지를 받았다. 예컨대, 퓌레와 리셰는 다음과 같이 말한다. "왜 1789년에 혁명이 일어났는가? 우선 역설적이지만 그 부유함에 원인이 있다. 이것은 정말 새로운 사실이다. 1789년 혁명은 빈곤한 세기가 아니라 부유한 세기의 부유한 나라에서 일어난 것이다. 부유하다는 것은 물론 상대적으로 그 직전 과거와 비교해서, 그리고 대부분의 주변 국가들과 비교해서 그렇다는 것이다. 그 세기와 그 나라는 18세기 프랑스사의 비밀 중 하나인 번영과 경제적 활기로 부유했다."[20] 미국의 프랑스사 전문가인 크레인 브린튼은 근대의 혁명들을 비교 분석한 후 '번영의 혁명'이라는 결론에 도달했다.[21]

프랑스 경제사의 태두라 할 수 있는 라부르스의 거시적이고 계량적인 연구는 빈곤인가 번영인가의 문제를 심도 있게 이해할 수 있도록 도와준다. 18세기 프랑스는 인구 증가와 경제 팽창을 동시에 경험했지만 모든 사람이 번영의 열매를 똑같이 맛본 것은 아니었다. 번영의 주된 수혜자는 부르주아였다. 귀족은 지대의 상승을 통해 이익을 보았으나 부르주아와 비교하여 상대적인 몰락을 겪었으며 낭비적인 생활 때문에 물가상승의 피해를 입었다. 귀족은 자기들이 사회경제적으로 추락하고 있다고 생각하여 공격성을 보였다. 여기에 맞서 나타난 부르주아의 공격성은 사회로부터 마땅히 받아야 할 대접을 받지 못한 불만에서 비롯된 공격성이었다.

혁명의 주도권을 잡은 것은 부르주아였다. 번영의 희생자로는 농민이면서도 곡물을 구매했던 소비자 농민들을 꼽을 수 있다. 당시 농민층의 대다수를 차지했던 날품팔이 농민에서 영세농, 분익소작농에 이르는 빈농층이 바로 그들이다. 도시 민중 또한 희생자에 속했다. 18세기의 명목임금 상승은 식료품 가격의 상승을 따를 수 없었기 때문이다. 세기말에 실질임금은 감소했다. 따라서 농촌 및 도시의 민중들에게 혁명은 부분적으로는 빈곤의 혁명이었다.[22]

라부르스는 18세기의 경제적 번영에도 불구하고 농민들과 도시 민중들은 오히려 빈곤해졌다고 봄으로써 '번영의 혁명'과 '빈곤의 혁명'을 절충하고 있는 셈이다. 부유해진 부르주아가 혁명을 시작했으며, 빈곤해진 민중이 혁명에 참여하여 혁명을 추동했다는 설명이 가능한 것이다. 한나 아렌트는 바로 이렇게 빈곤해진 민중에 주목한 것이다.

요컨대 도시 부르주아는 부유해졌으나 도시 민중과 농민들은 빈곤해졌다. 부르주아가 주도한 혁명에 가담한 도시 민중을 지칭하는 용어는 상퀼로트sans-culottes이다. 상퀼로트는 빈자들인가? 상퀼로트 연구자인 소불의 연구에 의거하여 이 문제를 검토해보자. 1793년 9월 8일 보캐르의 상퀼로트협회가 국민공회에 보낸 청원문은 상퀼로트의 정체성을 잘 드러내준다. "우리는 상퀼로트이다······가난하고 고결한 우리는 수공업자들과 농민들의 협회를 결성했다 ······우리는 누가 우리의 친구인지 안다. 우리를 성직자들과 귀족으로부터, 그리고 봉건제, 십일조, 국왕 그리고 거기에 붙어 다니는 일체의 재앙으로부터 해방시켜준 사람들. 특권계급aristocrates이 무정부주의자, 반도叛徒, 마라Marat 추종자라고 부르는 사람들."[22]

상퀼로트에 가난한 사람들이 포함되어 있음은 부정할 수 없다. 극단적인 상퀼로트들은 혁명을 "부자들과 빈자들의 전쟁"으로 보기도 했다.[23] 그러나 상퀼로트들은 무산자, 즉 프롤레타리아가 아니었다. 상퀼로트 가운데 수공업자들과 소상점주들은 유산자였다. 상퀼로트 가운데에는 임금노동자가 많았지만 "넉넉한 시민", "상퀼로트 부르주아"도 적지 않았다.[24] 상퀼로트가 모두 빈자는 아니었던 것이다.

상퀼로트의 적은 특권계급이었다. 아리스토크라트는 귀족을 가리키는 말이지만, 상퀼로트들이 적대시한 아리스토크라트는 귀족이 아니라 특권계급 나아가 혁명에 반대하는 사람들이었다. "부르주아 아리스토크라트"라는 용어도 사용되었으며,[25] 혁명에 반대하는 일반 농민도 아리스토크라트라고 불리었다.[26] 상퀼로트가 아리스토크라트를 적대시한 중요한 이유는 '배고픔'이었다. 상퀼로트가 줄기차게 통제경제를 요구한 이유는 이 때문이었다.

그러나 배고픔이 전부는 아니었다. 귀족에 대한 증오, 특권계급의 음모에 대한 불안, 특권을 폐지하고 권리의 평등을 확립하려는 의지 같은 정치적인 동기들도 작용했다. 특히 프랑스혁명사에서 상퀼로트가 주목되는 것은 이들이 특권계급에 대한 원초적인 증오심이나 복수심을 폭발한 데 그치지 않고 당시로서는 여건이 성숙하지 않았음에도 불구하고 향유의 평등과 인민주권이 실현된 사회민주주의를 실현하려 했다는 점일 것이다.

이상의 논의를 통해 볼 때 아렌트가 프랑스혁명에 개입한 민중을 '빈자'라고 규정한 것은 지나치게 단순하다. 민중, 즉 상퀼로트는 빈자에서 소부르주아까지를 포함하는 폭넓은 계층이었기 때문이다. 이들이 적대시한 사람들은 '부자'라기보다는 특권계급이었으며, 이들이 지향한 가치 역시 경제적인 평등에 그치는 것이 아니라 정치적이고 사회적인 평등으로 나아갔다.

이들을 '빈자'라고 규정하는 것은 프랑스혁명의 차원을 빈자들의 반란으로 축소시킬 우려가 있다. 방데 전쟁에서 패배한 후 브르타뉴의 가난한 농민들의 보호를 받았던 라로슈자클랭 후작 부인의 사례에서 보듯이 모든 빈자가 다 혁명을 지지한 것은 아니라는 점도 고려할 필요가 있다.

민중(상퀼로트)의 개입으로 혁명은 공화정 체제의 수립을 목적으로 하는 정치혁명에서 벗어나 사회적 평등의 실현을 목적으로 하는 사회혁명으로 진화했다. 퓌레는 이러한 변화를 혁명의 "궤도 이탈"이라고 보았고, 아렌트는 "비극"이라고 보았다.

> 우리는 엄청난 비극이 프랑스에서 일어났음을 안다. 주인들로부터 혹은 주인 중의 주인인 궁핍으로부터 벗어나기를 원했던 사람들은 공적인 자유의 공간을 세우려 하던 사람들을 돕기 위해 달려갔고, 그리하여 불가피한 결과가 발생했다. 해방에게 우선권이 주어져야 했던 것이다. 혁명가들은 애초에 가장 중요한 과업으로 생각했던 국체 짜기에는 소홀하게 되었다.[27]

이렇게 민중이 부르주아 혁명가들에게 달려간 사례 가운데 대표적인 것이 1793년 9월 4~5일의 사건일 것이다. 9월 4일에 오래전부터 누적되어온 민중의 분노가 폭발했다. 파리의 노동자들은 파리코뮌에게 빵을 요구하기 하기 위해 그레브 광장에 모여들었으며, 9월 5일에는 "폭군에게 전쟁을! 귀족에게 전쟁을! 매점자에게 전쟁을!"이라고 외치며 국민공회로 돌진했다. 국민공회는 민중의 요구인 최고가격제의 전반적인 실시, 혐의자 체포, 파리 혁명군 창설 등을 마지못해 약속했다. 공포정치가 의사일정에 오른 것이다.

'행복'을 위한 사회혁명

프랑스혁명이 미국혁명과 다른 경로를 취하게 된 것은 아렌트에 의하면 빈자들이 개입하여 사회적 평등을 요구했기 때문인데, 이러한 '사회혁명'을 위해 제시된 개념이 '행복'이다. 르네상스 이후 행복은 몽테뉴와 그의 제자들의 사례에서, 나아가 볼테르 같은 계몽사상가들의 사례에서 볼 수 있듯이, 내세의 구원에 대응하여 현세의 '행복'이라는 의미로 부각되었다. 18세기에 '행복 추구'는 일종의 '강박 현상'이었다.[28] '행복의 추구'가 정치적인 의미를 가지고 제시된 것은 1776년 7월 4일의 미국 〈독립선언문〉이다.

〈독립선언문〉의 "행복"은 1789년 8월 26일의 〈인간과 시민의 권리선언〉에 "모두의 행복bonheur de tous"으로 구체화되었다. 주지하다시피 제퍼슨은 로크가 제시한 세 가지 자연권인 "생명, 자유, 재산"을 "생명, 자유, 행복 추구"로 바꾸었다. 제퍼슨이 이렇게 '재산'을 '행복 추구'로 대체하면서 생각했던 '행복'의 의미는 무엇이었을까?

아렌트에 의하면 당시에 "공적 행복public happiness"이라는 단어가 자주 사용되었다. 제퍼슨은 한 편지에서 "시민이 공권력을 공유하는 것"이라는 의미로 그 단어를 사용했다. 제퍼슨은 〈독립선언문〉을 기초할 때 "공적 행복"이 아니라 그냥 "행복"이라고 했는데 그 이유는 분명하지 않다. 아렌트는 제퍼슨이 "사적 행복"과 "공적 행복"을 구분하지 않고 이중적인 의미로 사용했다고 말한다.

1793년 6월 24일 산악파 헌법의 〈인간과 시민의 권리선언〉에도 "행복"이라는 단어가 나오며, 제1조에는 "사회의 목적은 공동의 행복le bonheur commun이다. 정부는 사람들이 자연적이고 양도 불가능한 권리들을 향유하는 것을 보장하기 위해 세워졌다"라고 강조되었다. 혁명가들이 생각한 행복은 개인의 행복이 아니라 모두의 행복이었다. '공화주의적 자유'와 함께 '공화주의적 행복'을 추구했다고 말할 수 있는 것이다.[29]

공화국 헌법과 관련된 논의에서 로베스피에르는 다음과 같은 말로 장문의 연설을 시작했다. "인간은 행복과 자유를 위해 태어났다. 어느 곳에서나 인간은 노예이고 불행하다. 사회의 목적은 그의 권리들을 보존하는 것이고 그의 존재를 완전하게 하는 것이다. 어느 곳에서나 사회는 인간을 타락시키고 억압한다."

1794년 2월 26일(혁명력 2년 풍월 8일), 생쥐스트는 투옥된 인사들에 관한 보고를 마치고 나서 혐의자들의 재산을 몰수한다는 내용의 법안을 통과시켰다. 풍월 13일에 통과된 두 번째 법안은 공안위원회에게 "혁명의 적의 재산을 가지고 모든 불행한 사람들에게 보상해주는 방법"에 관해 보고서를 제출할 임무를 부여했다. 생쥐스트는 자기의 두 번째 보고를 끝내면서 "그것(프랑스의 예)은 세상에 덕의 사랑과 행복을 퍼뜨립니다! 행복이란 유럽에서 새로운 사상입니다"라는 유명한 말을 남겼다.

행복과 관련하여 주목되는 것은 생쥐스트가 행복과 덕을 함께 말했다는 점이다. 덕이란 로베스피에르가 1794년 2월 5일 말했듯이 "조국과 법에 대한 사랑", "개인적 이익을 일반 이익에 종속시키는 것"에 다름 아니었다. 덕이란 고대 그리스의 도시국가와 로마 공화국에서 보듯 전체를 위해 개인을 희생하는 것이었다. 로베스피에르는 이것을 민중 정부의 원리이자 활력소로 삼았다. 생쥐스트가 말한 행복은 사적인 욕망의 충족이 아니었다. 생쥐스트는 1791년 6월에 출판된《혁명과 프랑스 헌법의 정신》에서 이미 이 점을 분명히했다. "국가 안에서 인간은 자기의 보존, 기쁨, 행복을 우선할 때에만 노예가 된다."[30]

아렌트는 "지롱드파의 몰락 이후에는 더이상 공화주의적 자유(프리덤)가 아니라 행복이 '유럽에서 새로운 이념'이 되었다"고 말하는데, 이때 혁명가들이 강조한 행복은 공화주의적 행복이었다.[31] 로베스피에르와 생쥐스트가 의미한 행복은 개인의 행복이 아니라 공동체의 행복이었으며, 에피쿠로스적 행복이 아니라 스토아적 행복이었다.

정치문화의 차이

프랑스혁명이 미국혁명과 달리 공화주의를 계속 유지하지 못한 이유는 어디에 있을까? 흥미롭게도 아렌트는 역사적인 이유를 들고 있다. "역사적으로 말해서 미국혁명과 프랑스혁명의 가장 분명하고 결정적인 차이는 미국혁명은 '제한군주정'에서 나왔고 프랑스혁명은 절대주의에서 나왔다는 것이다."[32] 아렌트는 "혁명은 그것이 전복시킨 정부의 유형에 의해 사전에 결정된다는 것보다 더 자연스러운 것은 없다"고 강조한다. 프랑스혁명이 새로운 절대주의로 치달은 것은 절대군주정의 뒤를 이었기 때문이라는 것이다. 실제로 프랑스혁명은 구체제를 전복시키고 공화정을 수립하였으나 1793년 말 '전쟁'을 이유로 평화시까지 '혁명정부' 체제를 가동시켰다. 혁명정부 체제는 구체제의 절대군주정보다 더 절대적이었다.[33)]

미국 혁명가들이 정부 권력을 제한할 필요성에 동의하고 영국의 헌정 체제를 모델로 삼은 몽테스키외의 권력분립론을 자명한 원리로 받아들인 반면, 프랑스혁명가들이 절대군주론의 이론적 대체물인 루소의 일반의지론을 자명한 원리로 받아들인 것은 두 나라의 정치문화가 달랐기 때문이라는 것이다.[34)] 구체제의 정치문화가 혁명에 영향을 끼쳤다고 보는 것은 당연하다. 자코뱅 혁명가들이 일종의 종교적 광신에 빠진 것도 가톨릭의 지배라는 오랜 유산과 관련이 있을 것이다.

프랑스혁명이 미국혁명과 달리 민중의 개입과 폭력으로 치달은 이유는 어디에 있을까? 19세기 초에 미국을 여행한 프랑스 사상가들이 고민한 문제는 바로 이것이었다. 대표적인 인물이 라파예트와 토크빌이다. 라파예트는 미국식 공화주의가 이상적인 정치 체제라고 생각했으면서도 1789년이나 1830년에 입헌군주정을 지지한 것은 미국과 프랑스의 역사적인 차이를 인식했기 때문이다. 토크빌은 미국에서는 사회혁명이 비폭력적으로 일어난 데에 충격을 받았다.[35)] 그는 미국의 민주주의가 성공한 배경으로 미국은 유럽으로부터 지리적으로 격리된 것, 국경에서 군사적 위협이 없던 것, 영국 퓨리터니즘의 영향, 법적 절차에 대한 존중, 사회생활 관습, 특히 봉건적 전통과 귀족이 없는 것, 프랑스에서는 종교가 혁명과 공화정에 적대적이었던 반면 미국에서는

그렇지 않았던 것 등을 들었다.[36]

　아렌트가 중시한 빈민의 존재와 개입도 그 하나의 이유이지만, 더 근본적인 문제는 오랜 역사를 거치며 사회적 불평등이 심화되었고 그에 따라 민중의 적대감과 복수심이 농축되었기 때문일 것이다. 민중의 분노가 향한 곳은 특권계급이었다. 그들은 어디에서나 특권계급 타도를 외쳤다. 프랑스와 달리 미국에는 특권계급이 존재하지 않았고 빈민의 수도 적었지만 또 빈 땅이 많았기 때문에도 사회적 불만과 분노를 해소시킬 수 있었다. 그러나 프랑스에서는 이러한 기회가 차단되었고 결국 복수심으로 폭발하였다. 분노한 상퀼로트들은 "복수는 자유의 유일한 원천"이라고 외치며 학살을 자행했고, 보복은 보복을 낳았다.

실패한 혁명, 프랑스혁명

아렌트에 의하면 프랑스혁명은 실패했다. 프랑스혁명은 미국혁명과 마찬가지로 공화국을 수립하면서 혁명의 길에 들어섰으나, 빈자들이 혁명에 개입하면서 '정의'가 '법'을 위협했고 역사적으로 누적된 고질적인 사회문제가 사회혁명을 일으켜 최종적으로 '자유의 전제', '덕의 공포', '공포정치'의 나락으로 떨어지고 말았다.

　아렌트는 무엇이 진정한 혁명인지에 대해 묻는다. 프랑스혁명이나 러시아혁명은 공화국 체제의 수립이라는 정치적인 혁명을 넘어 사회혁명으로 이어졌다는 이유로 진정한 혁명의 지위를 누려온 반면, 미국혁명은 식민지 지배로부터의 독립에 그쳤을 뿐 혁명으로 진화하지 못했다는 평가를 받아왔다. 아렌트는 이러한 일반적인 인식에 이의를 제기한다. 아렌트는 불평등, 빈민 등과 같은 사회문제를 해결한 혁명이 진정한 혁명이라는 통념을 거부하고 공화국의 수립을 진정한 혁명이라고 보는 것이다.[37]

이러한 기준에서 보면 미국혁명이 진정한 혁명이다. 프랑스혁명은 혁명의 모델이 될 수 없는데도 불구하고 러시아혁명은 프랑스혁명을 모델로 삼음으로써 그 역시 재앙으로 끝나고 말았다. 프랑스혁명은 러시아혁명의 기원이었던 셈이고, 이런 의미에서 아렌트의 '전체주의의 기원' 탐구는《혁명론》에서 완결된다고 말할 수 있다.

미국혁명이 성공한 혁명이며 프랑스혁명은 실패한 혁명이고, 프랑스혁명이 없었더라면 오히려 자유와 권리가 더 많이 보장되었을 것이라는 정치철학자의 도발적인 진술은 프랑스혁명을 "자유, 평등, 형제애"의 위대한 시민혁명으로 보는 고정관념에서 벗어나 폭력, 학살, 공포정치, 전체주의 같은 혁명의 이면을 바라보라고 요구하는 것이다.

프랑스혁명을 기준으로 미국혁명을 비혁명적이라고 비판하는 것이 잘못이듯이, 프랑스혁명의 경우에도 공포정치 시대를 기준으로 입헌군주정 시대를 반혁명적이라고 비판하는 것 역시 잘못이라고 아니할 수 없다. 반혁명이라고 단죄되었던 초기의 혁명가들, 배신자로 낙인찍힌 그 초기의 혁명가들에 대한 재평가가 필요한 것이다.

알베르 소불의 마르크스주의 프랑스혁명사

도시 민중에 주목한 마르크스주의 역사가

알베르 소불Albert Soboul은 1914년 4월 27일 알제리의 아미 무사에서 태어나 1982년 9월 11일 님에서 사망했다. 아버지 뤼시앵 소불은 아들이 태어나고 얼마 후 제1차 세계대전에 참전했다가 아라스 전투에서 사망했고, 어머니는 1920년에 재혼했으나 2년 후 폐결핵으로 세상을 떠났다. 어린 소불과 누나 지젤은 님에서 살고 있던 고모 마리 소불이 키웠다.

님의 여자사범학교 교장이었던 고모는 조카들의 교육에 신경을 썼고 큰 영향을 끼쳤다. 소불은 후일 다음과 같이 회고했다. "나는 마리 고모와 조르주 르페브르 두 분 선생님만을 인정한다. 두 분은 나의 비판정신을 단련시켰고 민중의 자유와 사랑에 관해 가르치셨다. 나는 두 분께 모든 것을 빚졌는데, 두 분이 나에게 남긴 본보기에 다가설 수 없어 안타까울 뿐이다."[1]

소불은 님과 몽플리에의 고등학교에서 공부한 후 1932년에 파리의 루이르그랑 고등학교에 들어갔다. 그러나 명문 고등사범(에콜 노르말)에는 진학하지 못하고 소르본대학에 진학했으며 1938년에 역사 교수 자격(아그레가시옹)을 획득했다. 소불은 루이르그랑에 재학할 때 이미 프랑스공산당 전위조직인 학생연맹에서 활동했으며 1939년에는 공산당에 가입했다. 제2차 세계대전 때는 마차포병대에서 복무했으나 프랑스가 일찌감치 항복하는 바람에 포 한번 제대로 쏴보지 못하고 제대했다. 비시 체제에서 소불은 몽플리에의 고등학교에 재직하다가 1942년의 프랑스혁명 기념일에 반비시 시위를 주동한 혐의로 체포되어 교사직에서 해임되었다. 그 후 그는 프랑스 남동부 베르코르 산악지대에서 레지스탕스 운동에 투신했다.

1944년 해방 후 소불은 몽플리에와 파리의 고등학교에서 교편을 잡았으며 1958년에 조르주 르페브르의 지도로 박사학위를 받았다. 박사학위 논문은 《혁명력 2년 파리의 상퀼로트들: 파리 구區들의 정치사회사, 1793년 6월 2일~혁명력 2년 열월 9일》이라는 제목으로 1958년에 출판되었다. 소불의 상퀼로트 연구는 혁명사 연구의 초점을 농민에서 도시 민중으로 옮겼다는 점에서, 그리고 미슐레 류의 낭만적 수준의 민중 연구가 아니라 사료 분석에 의거한 과학적 민중 연구였다는 점에서 혁명사 연구의 새로운 길을 연 획기적인 연구였다. 소불은 1960년에 클레르몽페랑대학 교수가 되었고 1967년에 소르본대학의 프랑스혁명사 강좌 주임교수가 되었다. 알퐁스 올라르, 필리프 사냐크, 알베르 마티에(주임교수는 아니었고 강의를 담당했다), 조르주 르페브르로 이어진 영예로운 자리를 계승한 것이다.

소불은 1982년에 세상을 떠날 때까지 마르크스주의를 고수했다. 소불 세대의 역사가들이 마르크스주의에 심취하고 공산당에 가입하여 활동한 것은 이례적인 일이 아니었다. 공산당 활동의 기로는 1956년 소련의 헝가리 침입이었다. 현실 공산주의에 실망한 역사학자들 예컨대 프랑수아 퓌레, 에마뉘엘 르 루아 라뒤리 등은 공산당원증을 반납했으나 소불은 죽을 때까지 공산당을 떠나지 않았다. 그러므로 소불이 남긴 300여 편의 저서와 논문에 마르크스주의 이념이 배어 있는 것은 당연하다 할 것이다. 특히 1962년에 출판된 《프랑스혁명사 개설》은 프랑스혁명에 대한 마르크스주의 해석의 완결판이라는 평가를 받는다.[2] 1970년에서 1983년에 걸쳐 세 권으로 출판된 《문명과 프랑스혁명》은 소불의 대표작으로 꼽히는데 《프랑스혁명사 개설》의 확장판이다. 소불은 1989년 프랑스혁명 200주년을 기념하여 《프랑스혁명사 개설》을 대폭 수정할 생각이었다. 구체적으로 서론부인 '구체제의 위기'와 제2부 제3장 '산악파와 국민공회: 민중운동과 공공안전의 독재'를 다시 쓰고, 프랑스혁명에 대한 사학사적 고찰을 추가할 계획이었다. 그러나 1982년에 갑자기 타계하는 바람에 그 책은 별다른 수정 없이 그해에 《프랑스혁명사》라는 제목으로 출판되었다.

수정 작업에 참여한 클로드 마조리크는 이 책을 "명료함, 합리적 지성, 학문적 성실함의 본보기"라고 평했다.[3] 참으로 이 책은 명쾌하다. 소불의 책은 민중적인 입장에서 사실을 밝히는 데 충실할 뿐 관념적이고 현학적인 설명을 자제하고 있어 어렵지 않게 이해할 수 있다. 그러나 그 책이 그렇게 명쾌할 수 있었던 것은 마르크스주의라는 고정된 시각으로 역사를 바라보았기 때문일 것이다. 이념은 어쩔 수 없이 편파적이고 편견을 낳는다. 소불의 《프랑스혁명사》도 이 점에서는 예외가 아니다. 이 글은 혁명사의 핵심이라고 할 수 있는 서론부, 제1부, 제2부를 도발적으로 읽어본 것이다.

도식적인 '구체제 위기론'

프랑스혁명 직전 프랑스 사회의 생산관계, 즉 영주와 농민의 관계는 어떠했을까? 《프랑스혁명사》의 서론부 '구체제의 위기'는 구체제 프랑스의 사회와 정치제도를 상세히 기술하고 있어 구체제의 구조와 기능을 이해하는 데 대단히 유익하다. 그러나 영주와 농민의 관계에 대한 기술은 중세사 연구서에서 볼 수 있는 중세의 영주와 농민의 관계에 대한 기술과 별로 다르지 않아 의문을 제기한다. 중세 말 14세기의 위기를 거치면서 농민들은 농노에서 자유민으로 신분상승했다고 보는 것이 일반적인데, 《프랑스혁명사》에 기술된 농민들은 자유민이 아니라 농노와 같은 모습을 하고 있기 때문이다. '영주부과조'에 대한 기술을 살펴보자.

봉건제는 모든 평민의 토지를 압박하여 부과조의 납부를 강요했다. 영주는 자신의 영지에서 사회적 우월성의 상징인 상급 및 하급 재판권을 행사했다. 특히 부과조의 납부를 강요하는 경제적 무기인 '하급 재판권'은 영주에게 꼭 필요한 착취수단이었다. 엄격한 의미의 영주권은 사냥 및 낚시의 독점권, 비둘기장과 토끼장을 가질 수 있는 배타적 권리, 통행료·시장세를 징수할 권리, 영주를 위한 인신적 부역을 부과할 권리, 경제적 독점의 명백한 상징인 방ban의 권리(영주가 자기 소유의 제분기, 포도 압착기, 빵 굽는 솥 등을 강제로 사용케 하여 그 요금을 받는 독점권) 등을 포함했다. '물적부과조物的賦課租'는 사람이 아니라 토지에 부과되는 것으로 간주되었다. 사실상 영주는 (토지의 용익권밖에 지니지 못한) 농민이 경작하는 토지, 즉 농민 보유지에 대하여 상급 소유권을 지녔으며, 따라서 농민은 그것에 대하여 매년 정기적으로 부과조―일반적으로 화폐로 납부하는 토지세rente et cens, 수확세champart―를 납부했고, 매매나 상속으로 소유권이 이전되었을 때는 부정기적인 '소유권 이전세'를 납부했다. 이러한 제도는 지역에 따라 강도의 차이를 보였다. 브르타뉴와 로렌에서는 특히 가혹했으며 다른 지방에서는 덜했다. 이 제도의 잔혹성을 제대로 평가하려면 위에서 언급한 부담뿐만 아니라 숱한 남용과 그것에서 야기된 굴욕감도 고려해야 한다. 18세기를 특징짓는 '영주의 반동'은 봉건제를 더욱 부담스럽게 했다.[4]

중세에서 18세기 말까지 영주와 농민의 관계에는 아무런 변화가 일어나지 않은 듯한 기술이다. 오히려 봉건제는 '영주의 반동' 때문에 악화된 것처럼 보인다. 토지를 임차한 농민이 지주—귀족이건 평민이건—에게 지대(소작료)를 내는 것은 당연하다. 혁명 전 농민들을 분노하게 한 것은 지대를 내야 해서가 아니라 영주부과조를 내야 했기 때문이다. 영주부과조는 중세의 농민들이 영주의 보호 기능을 인정하여 영주에게 내던 것이다. 농민들은 교회의 보호 기능을 인정하여 십일조를 가장 먼저 냈고, 그다음에는 영주부과조를 냈으며 그다음에는 국가에 타유세를 냈다. 그러나 근대에 들어 영주들의 이러한 보호 기능은 대폭 국가로 이관되었기 때문에 농민들은 여전히 영주에게 영주부과조를 내야 하는 것에 대해 불만이었다. 혁명 전에도 영주부과조가 존재했던 것은 사실이다. 그러나 그 영주부과조가 소불이 말하듯이 그렇게 부담스러웠을까? 소불은 "봉건적 부과조가 과중하고 굴욕적이었다"고 하는데 과연 그러했을까?

폴 부아가 《서부의 농민들》(1960)에서 보여주는 모습은 사뭇 다르다. 이 책의 연구 대상 지역은 르망 징세구로서 오늘날 사르트도의 절반과 마옌도의 일부를 포함하는 지역이다. 소불이 가혹했다고 말한 브르타뉴 지방과 인접한 곳이다. 폴 부아는 봉건적 부과조 가운데 수확세 champart(지역에 따라 terrage, quintaine, gîte 등으로 불렸다)는 이미 소멸되어 지역민들은 그것들을 아예 모르고 있었다고 말한다. 그것은 소불이 농노들과 농노 추적권이 존재했다고 말한 그야말로 봉건적인 지역—예컨대 프랑쉬콩테 같은 변경 지역—에나 해당하는 이야기였다. 구체적으로 1784년에 샤마야르 백작에 속하는 라쉬즈La Suze 코뮌의 셰노 절반

소작농가métairie의 납부명세서는 다음과 같다.

임차료Ferme: 1,400리브르

타유세稅: 178리브르 6수

십일조: 200리브르

토지세Cens et rentes: 4리브르와 호밀 12부아소(1부아소는 13리터)

호밀 12부아소는 약 24리브르이니 물적부과조로 28리브르를 낸 셈이다. 물적부과조는 십일조의 8분의 1에 불과할 정도로 대단히 적다. 영주부과조로 물적부과조(토지세)만 낸 것은 아니었다. 농민은 부정기적인 이전세를 냈다. 부유한 농민은 토지 거래를 자주했기 때문에 이전세 부담이 컸지만 가난한 농민들은 토지 거래가 거의 없었기 때문에 이전세 부담은 미미했다. 그 지역의 대영주 가운데 한 명이었던 테세 백작의 총 수입(8만 1,465리브르) 가운데 영주부과조(물적부과조와 이전세)는 7.5퍼센트 정도였다. 그 밖에도 농민은 영주재판권, 부역, 독점권(영주시설 강제사용), 통행료, 사냥권 같은 인적부과조를 내야 했지만 서부의 농민들에게는 큰 부담이 되지 않았다.[5]

폴 부아가 그리는 구체제의 농촌은 소불이 그리는 구체제의 농촌과 판이하다. 소불의 농촌은 중세적인 반면, 폴 부아의 농촌은 근대적이다. 서부의 경우에 봉건적 부과조는 농민들에게 실질적인 부담이 되지 않은 잔재의 형태로만 존재했다. 그렇기 때문에 더욱 굴욕적이고 성가시게 느껴졌을지 모르지만 경제적으로는 부담스럽지 않았다는 것이다.

귀족의 특권에 대한 설명도 정확하지 않다. 소불은 귀족이 면세특권을 누렸다고 여러 차례 이야기하고 있지만 엄밀히 말하면 그것은 사실이 아니다. 구체제의 귀족도 평민과 같은 정도는 아니지만 세금을 냈다. 소불은 타유세에 대해 다음과 같이 설명한다. "타유세는 평민들에게만 부과되었다. 북부 지방의 '대인타유세'는 소득 전체에 부과되었으나 남부 지방의 '대물타유세'는 부동산 수입에 부과되던 지조였다." 소불의 설명은 충분하지 않다. 귀족은 대인타유세는 면제받았지만 대물타유세는 내야 했다. 다시 말하면 귀족이 '평민' 토지를 소유하고 있으면 대물타유세를 냈으며, 평민이 '귀족' 토지를 소유하고 있으면 대물타유세를 내지 않았다. 대물타유세는 '토지'에 부과된 세금이었기 때문이다. 따라서 귀족이 타유세를 면제받았다고 말하는 것은 정확하지 않다.

특권계급은 '평등' 원칙에 의거하여 전 국민에게 과세된 인두세나 20분의 1세에 대해 불만이 많았다. 그러나 그들이 이 세금을 면제받은 것은 아니다. 세금을 잘 내지 않았거나 적은 액수의 약정액을 냈을 뿐이다. 일례로, 왕족들은 20분의 1세로 240만 리브르를 내야 했지만 18만 8천 리브르만 냈다. 오를레앙 공작은 자기는 내고 싶은 만큼만 낸다고 자랑했다. 브르타뉴 지방에 영지가 있는 피레 후작은 250만 리브르의 재산이 있었지만 27리브르만 냈다. 부유한 **빵집** 주인보다 적은 액수였다.[6] 귀족들은 이렇게 세금을 탈세한 것이지 법적으로 면제받은 것은 아니다. 귀족은 면세특권을 누렸다고 말할 수 없는 이유이다.

소불이 그리는 구체제는 중세적이다. 소불은 이렇게 영주와 농민의 관계를 중세적인 관계로 그림으로써 혁명의 필요성을 강조하고 혁명의 정당성을 부각시키는 것이 아닐까? 소불은 영주와 농노의 관계를 설명한 다음 "봉건적 생산양식의 구조적 위기"를 기술함으로써 마르크스주의 설명 틀 속으로 들어간다.[7]

부르주아 혁명에서 민중혁명으로

1789년 5월 5일 삼신분회 개회로 혁명이 시작되었다. 삼신분회 대표들은 6월 17일 스스로 '국민의회'를 구성한다고 선언했고 헌법 제정 작업에 착수했다. 1791년 9월 3일 의회는 헌법을 가결한 후 왕에게 제출했다. 왕은 9월 13일 헌법을 수용했고 다음 날 헌법에 선서했다. 이렇게 해서, 프랑스는 평화적인 방법으로 절대군주정에서 입헌군주정으로의 역사적인 이행을 이루어냈다.

이 시기를 주도한 바르나브 같은 혁명가들은 혁명을 여기에서 끝내려 했다. 그러나 로베스피에르가 주도하는 자코뱅파 의원들은 그럴 수 없었다. 민주주의를 향해 혁명을 계속해야 했기 때문이다. 왜냐하면 아직까지는 부르주아 혁명에 불과하기 때문이다. 소불은 1791년 헌법에 대해 다음과 같이 평가한다. "이것은 구체제와 절대주의의 폐허 위에 국민주권을 확립했다는 점에서 자유주의적이었고, 유산계급의 지배를 보장했다는 점에서 부르주아적이었다."[8] 모든 것이 부르주아에 의한 부르주아를 위한 혁명이었다. 따라서 그것은 민중에 의한 민중을 위한 혁명으로 심화되어야 했다.

헌법 제정 과정에서 선거권 부여 범위를 놓고 논란이 많았다. 국민의회는 과격파들의 반대에도 불구하고 재산 제한선거제를 확정했다. 소불은 두 단계의 재산 제한선거제로 출생에 의한 특권계급을 금전에 의한 특권계급으로 바꾸었다고 평한다.[9] 선거권이 배제된 수동시민은 3일 치 노동 분의 세금을 내지 못하는 25세 미만의 남성, 모든 하인, 모든 여성이다. 소불은 수동시민의 수를 300만 명으로 추산하고 있다. 폴 부아에 의하면 프랑스 전체 인구 2,600만 내지 2,700만 명 가운데 430만 명이 능동시민, 270만 명이 수동시민이었다. 그러나 농촌에서는 인구 1,000명 당 25세 이상 남자는 230명, 능동시민은 175명, 정주 수동시민은 5명, 하인과 성인 자식들은 35명, 유랑민은 15명이었다. 농촌에서 능동시민으로의 진입 장벽은 무의미할 정도로 낮았던 것이다. 폴 부아가 1791년 선거제도는 특히 농촌에서 "대단히 민주적이었다"고 말하는 근거이다.[10] 수동시민의 다수는 도시 빈민이었다는 것이다. 프랑수아 퓌레는 선거권 제한에도 불구하고 능동시민의 수 400만 명은 50년 후인 루이 필립 당시의 선거인 20만 명과 비교하면 대단히 많은 수치라고 평가했다.[11] 1792년 9월의 국민공회 선거에서는 능동시민과 수동시민의 구분이 없어지고 나이도 21세로 낮추었지만 하인들에게는 여전히 선거권이 제한되었다. 하인은 나이와 재산에 관계없이 주인의 의사에 따라 선거할 위험이 있는 '수동적' 존재로 인식되었던 것이다. 다시 말해 반민주적인 의도가 아니라 반귀족적인 의도에서 하인을 선거에서 배제한 것이다.

소불이 "민중은 정치활동에서 배제되었다"라고 말한 것은 비교사적

시각에 의해 교정되어야 한다. 뿐만 아니라 소불은 1789년 12월 22일의 법이 헌법 제정 과정에서 수정되었음을 충분히 밝히고 있지 않다. 소불은 다음과 같이 기술할 뿐이다. "재산 제한선거제의 특성은 더 강화되었다. 선거인이 되려면 경우에 따라 150일, 200일 혹은 400일 분의 노동량에 상당하는 재산을 소유하거나 임대해야 했다."[12] 그러나 이렇게 선거인의 자격은 높아졌지만 논란이 많았던 은화 1마르크 조항은 '1791년 헌법'에서는 삭제되어 피선거권의 장벽이 낮아졌다.[13] "모든 능동시민은, 신분, 직업, 납세액과 상관없이 국민의 대표로 선출될 수 있다"(제1장 제3절 제3조).

부르주아 혁명에 대한 평가가 인색한 만큼이나 부르주아 혁명가들에 대한 평가도 인색하다. 초기 혁명에서 가장 중요한 인물은 라파예트 후작일 것이다. 부유한 귀족 라파예트는 사비를 들여 미국 독립혁명에 참가했으며 미국의 공화주의를 체득하고 귀국했다. 그는 "두 세계의 영웅"으로서 인기와 권위의 정상에 있었다. 라파예트는 프랑스는 공화주의를 실시하기에 적절하지 않다고 판단하여 입헌군주정을 지지했다. 라파예트는 혁명가로서의 역할을 계속하는 한편 파리 국민방위대장으로서 질서를 유지한다는 양립 불가능한 어려운 일을 맡았고, 그 결과 점점 신뢰를 상실하다가 결국 민중혁명에 의해 밀려나고 말았다. 라파예트는 1792년 8월 10일 왕정이 붕괴되자 프랑스를 탈출했다. 그는 오스트리아의 감옥에 갇혀 있다가 나폴레옹 시대에 풀려났고 그 후 루이 필립 시대까지 자유주의 정치가로서 중요한 역할을 했다. 나폴레옹은 라파예트를 멍청이niais라고 불렀고, 미라보는 라파예트를 질 세자르

Gilles César라고 불렀다. 로마의 카이사르처럼 독재를 획책한 인물이지만 어리석고 순진한 바보Gille라는 뜻이다. 나폴레옹은 라파예트가 자기를 비판하기 때문에 그렇게 평가한 것이고, 미라보는 라파예트가 자기와 야심을 공유하지 않았기 때문에 그렇게 평가한 것이다. 라파예트는 바보였다기보다는 신념은 강하고 야심은 없는 사람이었다. 따라서 소불이 미라보처럼 라파예트를 질 세자르라고 부르는 것은 공정하지 못하다.[14] 라파예트를 질 세자르라고 부르는 것은 마라를 "민중의 친구"라고 부르고 로베스피에르를 "청렴지사"라고 부르는 것만큼이나 단순하고 편향적인 평가이다.

부르주아 혁명은 1792년 8월 10일 파리 민중과 연맹군이 튈르리 왕궁을 공격하여 왕정을 붕괴시킴으로써 민중혁명 단계로 넘어갔다. 소불은 "1792년 8월 10일 혁명이 시작되었다"고 보았다. 제2의 프랑스혁명, 민중혁명, 진정한 혁명이 시작되었다는 것이다. 반면 프랑수아 퓌레는 "8월 10일의 민주혁명으로 인해 프랑스의 부르주아를 19세기의 평화적인 자유주의로 인도할 통로가 일시적으로 차단되었다"고 보았다.[15] 파트리스 게니페는 왕정의 붕괴가 아니라 '헌법'의 붕괴에서 8월 10일 사건의 역사적 의미를 찾았다. "8월 10일의 봉기는 법의 지배를 힘의 지배로, 다수의 통치를 소수의 독재로 대체했다. 폭력으로 헌법을 무너뜨리는 것, 그것은 사전에 미래의 합법성을 훼손하는 것, 민중의 의지 혹은 더 정확히 말하면 민중의 이름으로 말한다고 주장하는 자들의 의지가 모든 계약이나 약속보다 우월하다는 것을 하나의 원칙으로 삼는 것이다."[16] 1789년 혁명 발발과 함께 잠재되어 있던 '공포정치'가

점점 더 뚜렷하게 모습을 드러냈다는 것이다. 이제 프랑스는 헌법 없는 국가로 돌아갔다. 8월 10일의 '반왕정', '반헌법' 봉기는 이듬해 6월 2일의 반의회 봉기로 이어질 것이었다.

파리 민중은 부르주아 혁명의 산실인 '의회'에 압박을 가해 민중을 위한 민중의 혁명으로 나아갔다. 1793년 5월 31일~6월 2일 파리 민중의 의회 압박으로 지롱드파가 몰락하고 산악파가 권력을 장악했다. 부르주아 혁명의 시각에서 본다면 합법적인 의회가 불법적인 거리의 압력에 굴복한 것인데, 소불은 이를 두고 스승인 조르주 르페브르의 뒤를 이어 "1793년 5월 31일과 6월 2일의 혁명"이라고 부른다.[17]

민중은 여세를 몰아 산악파에 공포정치와 통제경제를 요구했다. 그러나 로베스피에르를 위시한 산악파 의원들은 소불에 의하면 결국 부르주아였다. 마르크스주의 역사가에게 부르주아와 민중의 계급모순은 극복할 수 없는 것이었다. 로베스피에르는 1794년 3월에 에베르파를 제거함으로써 파리 민중과의 연대를 끊고 부르주아 혁명으로 복귀했다고 소불은 말한다. 1794년 7월 '열월 정변'에서 로베스피에르는 파리 민중의 지원을 받지 못하고 몰락했다. 열월파 국민공회에 의해 혁명은 민중혁명에서 부르주아 혁명으로 복귀했다. 퓌레 식으로 말하면 궤도를 이탈했던 혁명이 궤도에 재진입했다. 우리의 마르크스주의 역사가는 혁명이 끝났다고 본다.

혁명력 3년 목월, 즉 1795년 5월의 극적인 봉기로 인해 몰락한 상퀼로트는 정치 무대에서 사라졌으며, 이로써 1792년 8월 10일 국왕의 페위로 시작된 민주혁명은 종말을 고했다. 이 점에서 혁명력 2년 열월 9일보다는 오히려 혁명력 3년 목월 봉기에 혁명이 종결된 셈이다. 왜냐하면 바로 그때 혁명의 재생력이 결정적으로 꺾였기 때문이다.[18]

"자유의 전제專制"

소불은 "1792년 8월 10일의 혁명"부터 1795년 목월 봉기까지의 시기를 '자유의 전제. 혁명정부와 민중운동'이라는 제목으로 기술한다. 이 시기는 민중운동이 본격적으로 시작하여 민중운동이 끝나는 시기이다. 소불에 의하면 "민중은 새로운 질서의 적대세력에게 자유의 전제를 행사함으로써 특권계급의 반혁명과 유럽의 대불동맹에 대한 승리를 확보할 수 있었다."[19]

'자유'와 '전제'라는 상호 대립적인 말을 합성한 "자유의 전제"라는 말을 처음 사용한 사람은 "민중의 친구"를 자처한 마라이다. 1793년 4월, 국민공회가 혁명재판소, 감시위원회, 공안위원회 등을 설치하여 독재를 획책한다는 지롱드파의 비난에 대해 마라는 다음과 같이 응수했다. "폭력에 의해 자유를 확립해야 합니다. 왕들의 전제를 분쇄하기 위해 일시적으로 자유의 전제를 조직할 때가 도래했습니다." 로베스피에르도 1794년 2월 5일의 유명한 연설에서 "자유의 전제"를 옹호했다.

"자유의 전제"는 자유의 적들을 공포로 다스리는 것, 다시 말하면 공포정치이다. 공포정치는 탈법적 공포정치와 합법적 공포정치로 나눌 수 있다. 탈법적 공포정치는 1792년 9월 초 파리 민중이 자행한 '9월 학살'로서 제1차 공포정치라고도 불린다. 9월 2일부터 6일까지 파리 민중은 감옥에 수감된 수인 1,100여 명을 무차별 학살했다. 이 야만적인 행동에 대해 소불은 코뮌의 한 위원의 말— "민중은 복수를 함으로써 재판권을 행사했다"—과 한 민중 여성의 회상— "모든 사람은 공포에 떨면서도 그들의 행동을 정당한 것으로 간주했다"—을 소개한 후, 반혁명적인 역사가로 유명한 이폴리트 텐의 평가— "질서와 무질서 중에서 선택하는 것이 아니라 신체제와 구체제 중에서 하나를 선택하는 문제였다"—를 인용하며 9월 학살을 정당화한다. "제1차 공포정치는 민중이 떨쳐 일어선 것이며 국내의 적을 지배하는 수단이었을 뿐만 아니라 외부의 위협에 대한 반격으로서 승리를 확보하는 데 기여했다."[20]

우리의 마르크스주의 역사가는 이렇게 9월 학살을 정당화했지만 정작 당시의 민중은 9월 학살에 경악하여 미슐레에 의하면 "집으로 돌아갔다". 파리의 몇몇 구는 학살을 비난했으며 여론은 점점 반폭력주의로 기울었다.[21] 그러나 지롱드파건 산악파건 코뮌 지도자건 혁명가들은 민중의 광적인 폭력에 대해 속수무책이었다. 그들이 9월 학살의 재연을 막기 위해 취한 것은 민중이 복수하기 전에 합법적인 기구가 복수를 대행한다는 것이었다. 당통이 앞장섰다. 1793년 3월 9일 당통은 다음과 같은 유명한 말을 했다. "우리 선배들의 실책에서 교훈을 배웁시다. 입법의회가 하지 못한 것을 하자는 것입니다. 가혹한 조치를 택해 민중이 직접 가혹해지는 것을 막자는 것입니다." 이렇게 해서 혁명재판소, 감시위원회, 공안위원회 등이 설치되었고 혐의자들을 체포하여 단두대에 보내는 합법적 공포정치가 시작되었다.

합법적 공포정치는 공안위원회가 실시한 공포정치와 파견의원들이 실시한 공포정치로 구분할 수 있다. 파견의원들은 자기의 구역에서 총독과 같은 전권을 휘두르며 잔혹한 공포정치와 탈그리스도교 정책을 취한 경우가 많았기 때문에 공안위원회와 마찰을 빚었다. 로베스피에르는 1793년 말 혁명정부의 권력을 강화한 후 파견의원들을 소환하여 이들을 제어하려 했다.

파견의원들이 공포정치의 전위였던 것은 사실이나 그렇다고 해서 공안위원회가 공포정치를 마다한 것은 아니었다. 유명한 사례를 들어보자. 국민공회는 리옹 반란을 진압한 뒤 "리옹을 더이상 존재하지 않게 하라"며 파괴와 학살 명령을 내렸다. 파견의원인 쿠통은 국민공회의 가혹한 명령을 그대로 이행하지 않은 반면, 그의 후임자였던 콜로 데르부아와 푸셰는 그것을 글자 그대로 이행하여 2천 명 가까운 시민들을 처형했다.

1793년 말 방데 반란 진압 후 일부 역사가들에 의하면 '제노사이드'와 다르지 않은 학살이 자행되었다. 공안위원회가 학살을 묵인한 문서가 존재하고 튀로가 '열월 정변' 이후 벌어진 재판에서 무죄판결을 받았다는 사실은 공안위원회의 책임을 인정한 것으로 볼 수 있다. 리옹 학살과 방데 학살에 대한 소불의 기술은 공정하지 않다. 리옹 학살에 대해서는 왕당파가 주도한 반란이라고 기술하여 학살을 정당화하는 인상을 준다. 방데 학살의 경우 튀로 장군의 지옥종대에 대해서는 아무런 언급도 없다. 반혁명에 대한 진압은 정당하며 그 과정에서 발생하는 국가폭력은 그 잔혹성 여부에 관계없이 불가피하다고 보는 것일까?

로베스피에르는 1794년 3월과 4월에 에베르파와 당통파를 제거하고 권력을 잡은 후 "자유의 전제"와 "덕의 공화국"이라는 이름으로 공포정치를 강화했다. 쿠통의 발의로 제정된 혁명력 2년 목월 22일(1794년 6월 10일)의 법으로 이른바 '대공포정치'가 실시되었다. 이 법은 "폭정의 추종자들을 절멸"시키기 위한 법이었다. '모든 사람'이 혁명의 적으로 몰릴 위험에 처했다. 처형자가 급증했다. 1793년 3월부터 1794년 6월 10일까지 파리에서 처형된 사람의 수가 1,251명이었던 반면에, 이 날부터 열월 9일(7월 27일)까지 처형된 사람의 수는 1,376명에 달했다. 혁명재판소 검사였던 푸키에 탱빌은 "사람들의 목이 마치 판암 떨어지듯 잘려나갔다"고 말했다. 어떻게 평가해야 할 것인가?

소불은 "공포정치에 대한 종합적인 평가는 신중해야 한다"면서 다음과 같이 평가한다.

> 공포정치는 특권적이거나 특권계급과 운명을 같이한다는 이유로 사회적으로 동화될 수 없는 구성 요소를 국민으로부터 잘라내는 역할을 했다. 공포정치를 통해 강제력을 부여받은 정부의 양 위원회는 국가의 권위를 회복하고 공공안전의 규준을 모든 사람에게 부과할 수 있었다. 또한 공포정치는 한동안 계급적 이기주의를 침묵시킴으로써 국민적 유대감을 북돋우는 데 이바지하였다. 특히 전쟁을 수행

하고 국가의 안전을 도모하는 데 꼭 필요한 통제경제가 공포정치 덕분에 실행될 수 있었다. 이런 의미에서 공포정치는 승리의 한 요인이었다.[22]

　정말 공포정치가 승리의 한 요인이었을까? 승리의 요인이면 용인할 수 있는 것일까? 공포정치가 전쟁 승리의 한 요인이었다는 상황론적 설명을 부정할 수는 없다. 그러나 대공포정치를 실시할 즈음 전황은 프랑스에게 유리했다는 점을 동시에 고려해야 한다. 상황론에 의하면 그 시점에서 공포정치를 멈추었어야 할 것이다. 소불 자신도 "승리가 확보되자 공포정치를 정당화하고 감내하게 하는 일이 더욱 어려워졌음"을 인정했다.[23] 여론도 공포정치에 염증을 느끼고 있었다.[24]

　상황론적인 정당화를 인정한다 해도, 공포정치라는 이름으로 자행된 부당한 국가폭력에 대해서 역사가가 침묵한 것은 정의롭지 못하다. 소불이 "공포정치는 본질적으로 반란자와 반역자들로부터 국민과 혁명을 지키려는 방어수단이었다"고 말하는 것은 공포정치가들의 변명을 그대로 복창하는 것에 불과하다. 희생자들이 "반란자와 반역자들"이었나? 역사가라면 그들은 "반란자와 반역자들"로 만들어진 '반대파'로 보아야 할 것이다. 이 대목에서는 "명료함, 합리적 지성, 학문적 성실함의 본보기"라는 클로드 마조리크의 평가가 무색해진다.

　소불은 이 책의 '결론부'에서도 폭력에 대해 무심하다. 부록으로 수록된 〈혁명적 군중. 집단적 폭력과 사회적 관계. 1789~1795〉(1980)에서는 바르나브가 1789년에 한 유명한 말— "이 피가 그렇게도 순수했나?"—로 글을 맺는다. 로베스피에르나 산악파만 폭력을 행사한 것이 아니라 바르나브 같은 입헌군주주의자도 그러했다고 폭력성을 희석시키는 것이다. 또 다른 부록인 〈혁명이란 무엇인가〉(1981)는 로베스피에르가 9월 학살에 대해 한 유명한 말— "여러분은 혁명 없는 혁명을 원합니까?"—을 인용하며 폭력을 정당화시킨다. 롤랑 부인처럼 "오 자유여! 너의 이름으로 얼마나 많은 범죄가 자행되었던가!"라고 말했어야 옳지 않을까?

편파성

소불이 마르크스주의에 충실한 역사가임을 부정할 수는 없다. 마르크스주의 역사가라는 사실이 비난받을 일은 아니다. 역사가가 특정 이념이나 입장에서 벗어나기는 어렵다. 어느 누구도 공정할 수 없으며 어느 누구도 자신의 역사가 '사실'이라고 자신할 수 없다. 그렇지만 특정 입장을 따르는 것은 전체가 아니라 부분만, 공정하게가 아니라 편파적으로 보게 만든다. 앞에서 살펴보았듯이 소불이 근대의 농민을 중세의 농노처럼 묘사한 것, 귀족의 특권을 과장한 것, 부르주아 혁명의 성과에 대해 지나치게 인색한 것, 민중혁명의 폭력성에 대해 둔감한 것 등은 바로 이념적 편향성에서 나온 것이다.

　독자로서는 편파성이 부득이함을 인정하고 받아들이는 것으로 그쳐서는 안 된다. 저자의 편파성이 외면한 것들을 살펴보아야 한다. 소불이 외면한 것, 그것은 부르주아 혁명의 성과이고, '자유, 평등, 형제애'에 가려진 폭력이며, 롤랑 부인이 절규한 자유의 이름으로 자행된 "범죄"이다. 소불이 1791년 헌법을 부르주아 헌법이라고 폄하하고 1793년 산악파 헌법을 "정치 민주주의 체제의 기본적인 특징들을 확정 지은 헌법"이라고 평가하는 것은 편파적이다.[25] 1793년 헌법은 정치적인 목적으로 졸속 제정되었고, 콩도르세 헌법안보다 민주주의가 후퇴한 헌법이었다는 것이 일반적인 평가이다. 그 헌법은 헌법으로 시행하기에 적절하지 못했고 산악파 혁명가들에게는 의회 선거를 해야 한다는 부담을 주었기 때문에도 시행이 유보되었다가 폐기되었다.

소불은 마라의 죽음 앞에서 "마라는 착함bonté과 깊은 인류애 humanite로 상퀼로트의 운명을 보듬었기 때문에 매우 인기가 높았다"[26]고 애도했지만 "10만 명을 구하기 위해 한 명을 죽였다"는 샤를롯 코르데의 변도 고려해야 한다. 소불은 로베스피에르를 "어떤 상황에서도 통찰력 있고 단호하게 민중의 권리를 옹호했다"라고 평가했지만, 그는 마치 중세의 이단 재판관처럼 시종일관 내부의 적을 의심하고 고발하여 최종적으로는 에베르파와 당통파를 처단하고 독재정치를 실시한 인물임을 아울러 고려해야 한다. 소불은 로베스피에르가 부르주아로서 노출한 모순과 한계를 그가 유물론자가 아니라 유심론자였기 때문이라고 설명하는데, 이러한 설명은 자신이 마르크스주의 역사가임을 노출하는 또 다른 편견이다.

편파성이 사실성을 침해하지 않았어야 하는데 몇 가지 오류가 눈에 띈다. 소불은 "민중의 친구"를 살해한 코르데를 '왕당파'라고 단정했으나 코르데는 왕당파가 아니었다. 이 점은 소불의 프랑스혁명사 강좌 주임교수직을 계승한 장클레망 마르탱이 힘주어 지적하고 있다. "그녀는 지롱드파와 가까웠으며, 온건한 공화주의자였지 결코 왕당파는 아니었다."[27] 리옹 반란을 왕당파가 주도했다고 말한 것도 오류이다. 프레시 백작이 리옹 반란군의 지휘를 맡은 것은 사실이나 리옹 반란은 왕당파의 반란이 아니라 리옹 시민들의 반자코뱅 반란이었다. 당통이 1793년 7월 10일 공안위원회에서 "축출되었다"고 설명한 것도 잘못이다. 당통은 1793년 4월 공안위원으로 선출되고 나서 5월과 6월에 연임한 후 공안위원직에서 물러날 의사를 표명했다. 그는 7월 선거에서도 선출되었으나 고사했다.

소불은 마르크스주의 도식에 의거하여 프랑스혁명을 부르주아 혁명이라고 규정하며, 부르주아 혁명에서 민중혁명으로 이행하려는 시도가 있었음을 주목한다. 그는 '자유의 전제'에서 희망을 본다. 그는 민중에 시선을 고정시키고 혁명사를 해석하며 평가한다. 민중사가에 의하면 전제 자체가 나쁜 것은 아니다. 왕의 전제는 나쁘지만 민중의 전제는 그렇지 않다. 왕의 폭력은 나쁘지만 민중의 폭력은 그렇지 않다. 그러나 과연 그런가? 전제 그 자체가 나쁜 것이고 폭력 그 자체가 나쁜 것이 아닌가? 클로드 마조리크의 말대로 이 책이 '고전'인 것은 맞다. 그러나 정확히 말하면 마르크스주의 역사학의 고전이다.

프랑수아 퓌레의
수정주의 프랑스혁명사

공산주의자에서 자유주의자로

프랑수아 퓌레François Furet(1927~1997)는 1927년 파리의 부유한 부르주아 집안에서 태어났다. 그는 명문 고등사범학교 진학에 실패하고 소르본대학에서 문학과 법학을 공부하던 중 결핵에 걸려 학업을 중단하고 알프스 지역에서 요양한 후 파리의 '프랑스재단 요양센터'에서 학업을 계속했다. 그는 저명한 마르크스주의 사회경제사가인 에른스트 라브루스의 지도 아래 프랑스혁명기 국민의회가 봉건제 폐지를 선언한 '8월 4일의 밤'에 관해 박사학위 논문을 준비했으나 지도교수와의 정치적·역사학적 불화 때문에 학위를 포기했다. 퓌레가 이례적으로 박사학위가 없는 것은 이 때문이다. 그는 1956년에 국립과학연구소에 들어가 18세기 파리의 부르주아에 대해 연구했고, 그 결과물 가운데 일부를 아들린 도마르와 함께 《18세기 중반 파리의 사회구조와 관계》(1961)로 출판했다.

그는 일찍부터 정치에 관심이 많아 1949년에 프랑스공산당에 가입하여 활동했는데, 미래의 저명한 역사가인 에마뉘엘 르 루아 라뒤리, 드니 리셰, 알랭 브장송, 아니 크리젤 등이 투쟁 동지였다. 그러나 공산주의에 대한 환상은 오래가지 않았다. 1956년 흐루쇼프의 스탈린 개인 숭배 비판과 소련의 헝가리 침입에 충격받은 다수의 젊은 공산주의자들은 당원증을 반납하고 전향했는데 퓌레도 그중 한 명이었다.

공산당을 탈당한 후 퓌레는 마르크스주의가 지배하고 있는 프랑스 대학의 편협한 분위기에 염증을 느꼈다. 그는 페르낭 브로델의 권유로 1961년에 고등학문연구원 제6국에 들어가 1966년에 연구교수가 되었고, 2년 후에는 교육부 장관인 에드가 포르의 보좌관 일을 하기도 했다. 고등학문연구원 제6국은 1975년에 사회과학고등연구원으로 개편되었는데, 퓌레는 1977년에 중세사가인 자크 르 고프의 뒤를 이어 원장으로 선출되었다. 사회과학고등연구원은 학술지 《아날. 경제. 사회. 문명》과 함께 아날학파의 중추기관으로 일컬어진다. 퓌레는 1985년에 원장 임기를 마치고 사회과학고등연구원 연구교수로 재직하면서 생시몽 재단 설립과 레몽 아롱 연구소 설립을 주도했으며, 매년 가을에는 미국 시카고대학에서 강의했다. 그 기간은 미국의 자유주의와 개방성을 즐기고 학문적 교류를 확대할 수 있는 기회였다. 이 무렵 퓌레는 "20

세기의 가장 영향력 있는 사상가"로 떠올랐다.

퓌레는 브로델이 제시한 '장기 지속'이라는 관점에서 프랑스혁명을
바라보았다. 프랑스혁명을 이러한 시각에서 바라보면 혁명이라는 '사
건'의 의미가 축소된다. 프랑스혁명은 자유주의의 확대라는 구조적인
변화 과정에서 나타난 하나의 특별한 사건으로, 그리고 혁명기에 분출
한 민중폭력은 근대 이후에 반복적으로 나타난 폭력의 연장으로 해석
될 가능성이 컸다.

실제로 퓌레는 프랑스혁명에 대한 해석을 놓고 당대의 지배적인 마
르크스주의 역사가들과 격렬한 논쟁을 벌였다. 퓌레는 프랑스 사회당
정부가 주도한 프랑스혁명 200주년 기념 사업에서는 배제되었지만, 모
나 오주프와 함께《프랑스혁명 비판 사전》(1988)을 편집 출판했으며, 사
회과학고등연구원에서 '프랑스혁명과 근대 정치문화의 탄생'이라는
주제로 콜로키엄을 개최했다. 이 콜로키엄의 결과는 4권의 책으로 출
판되었는데, 퓌레는 모나 오주프와 함께 제3권《정치문화의 전환,
1789~1848》(1990)의 편집을 주관했다. 수잔 데즌은 프랑스혁명 200주
년 기념 논쟁에서 퓌레가 승리했다고 평가했고, 시사지《누벨 옵세르
바퇴르》는 퓌레가 "프랑스혁명의 왕"이라고 선언했다. 린 헌트는 프랑
수아 퓌레를 "우리 시대의 가장 영향력 있는 프랑스혁명사가"로 꼽았
다. 퓌레는 1997년 3월 20일 학자로서의 최고 영예인 프랑스학술원 회
원으로 선임되었으나 테니스 게임을 하다 불의의 사고로 사망하는 바
람에 공식적으로 학술원에 들어가지는 못했다.

퓌레는 프랑스혁명에 대한 수정주의적 연구로 역사가로서의 삶을

시작하여 프랑스혁명의 이데올로기적 유산인 공산주의라는 '환상'이 끝났다고 선언하는 것으로 역사가로서의 생을 마감했다. 이 글은 퓌레의 데뷔작인《프랑스혁명사》(1965), 마르크스주의 혁명사 해석을 신랄하게 비판하고 대안을 제시한《프랑스혁명 해석》(1978), 공산주의를 해부한《환상의 과거》(1995)를 중심으로 퓌레의 프랑스혁명사론을 살펴본 것이다.

혁명의 궤도 이탈

프랑수아 퓌레와 드니 리세가 공동 집필한《프랑스혁명사》가운데 논쟁을 야기한 주제는 퓌레가 집필한 제1부 '삼신분회에서 열월 9일까지'에 들어있다. 퓌레가 공산당을 탈당하고 집필한 프랑스혁명사가 당시 학계를 지배하고 있던 마르크스주의 역사가들의 거부반응을 불러일으킨 것은 당연하다 할 것이다. 공산당원이기도 한 클로드 마조리크는 이 책에 대한 비판적인 서평을 게재했고, 퓌레는 이 글의 제3장에서 분석할 논문—〈혁명의 교리문답〉—에서 체계적인 반론을 제기했다. 비판은 부르주아 혁명인가 아니면 엘리트와 계몽주의의 혁명인가, 혁명의 '궤도 이탈' 개념, 지롱드파와 산악파가 벌인 투쟁의 의미, 혁명력 2년 상퀼로트 운동의 의미에 집중되었는데, 본문의 내용을 중심으로 이 문제를 간단히 살펴보자.

'프랑스혁명'은 여러 '혁명들'로 구성되어 있다. 루이 16세의 '개혁'에 저항한 고등법원 법관들과 자유주의적 귀족들의 반절대주의 혁명—소위 말하는 전혁명前革命—과, 1789년 5월의 삼신분회 소집 이후 일어난 세 혁명—퓌레는 '국민의회의 혁명', '파리와 도시들의 혁명', '농촌의 혁명'이라고 부른다—이 그것이다. 이 세 혁명에 대한 퓌레의 평가를 먼저 들어보자.

> 국민의회의 혁명만이 명확한 정치의식과 미래사회의 비전을 가진 혁명이었다. 나머지 두 혁명에는 과거와 미래, 향수와 공상이 뒤섞여 있었다. 철학보다는 상황에 의해서 동원된 이 두 혁명은 18세기의 사상뿐만 아니라 과거로부터 전해진 빈자들의 천년왕국설에 의해 배양되었다. 특히 이 두 혁명은 구체제가 직면한 위기의 새로운 차원, 체제의 이면 같은 것을 보여주었다. 성급함과 민중폭력이 그것이다.[1]

퓌레가 보기에 진정한 의미의 혁명은 첫 번째 혁명인 '국민의회의 혁명'이다. 나머지 두 혁명은 퓌레와 리셰의 유명한 개념에 의하면 '이탈'이다. 국민의회의 혁명을 어떻게 규정할 것인가? 논점은 국민의회의 혁명이 "부르주아 혁명인가 아니면 엘리트와 계몽주의의 혁명인가"였다.

"프랑스혁명은 부르주아 혁명이다"라는 공식은 마르크스주의 역사가들의 신념이었다. 프랑스혁명은 부르주아들이 주도했으며, 프랑스가 봉건적인 사회에서 자본주의 사회로 도약하는 데 기여했고, 장차 도래할 사회주의 혁명을 주도할 전사들—상퀼로트—을 양성했다는 것이다. 그러나 이러한 인식에 대해 일찍이 1955년에 영국의 프랑스혁명사가인 알프레드 코반이 〈프랑스혁명의 신화〉라는 의미심장한 제목의 글에서 비판을 제기하면서 수정주의 혁명사가 시작되었다.[2] 퓌레가 첫 번째 혁명을 부르주아 혁명이 아니라 국민의회의 혁명, 혹은 "변호사들의 혁명"이라고 명명한 것은 이러한 생각과 궤를 같이하는 것이다.

대중교양서 형식으로 출판된 이 책에는 반부르주아 혁명론이 선명하지 않다. 그것은 논쟁적인 논문인 〈혁명의 교리문답〉의 몫이다. 퓌레는 혁명 전에 자유주의적 귀족들과 제3신분 지식인들이 계몽주의 사상을 공유했고 절대군주정을 거부했으며 "새로운 엘리트"를 형성했음을 강조하는 것으로 부르주아 혁명이라는 사회경제적인 프레임에서 벗어난다.

사실 초기의 혁명으로 시선을 옮기면 생각보다 많은 귀족이 혁명에 참여했고 심지어는 주도했음을 알 수 있다. 대표적인 인물은 단연 미라보였다. 이 계몽사상가가 귀족 대표가 아니라 제3신분 대표로 삼신분회에 참여했으며 가장 먼저 팡테옹에 안장되었다가 퇴출되었다는 사실은 대단히 상징적이다. 미라보와 함께 초기 혁명을 주도했으며 특히 파리 국민방위대장으로서 권력을 쥐고 있던 라파예트 역시 고위귀족이었다. 1790년 말까지 애국파를 주도한 삼두파—알렉상드르 드 라메트, 뒤포르, 바르나브—중 라메트는 대검귀족이었고, 뒤포르는 법복귀족이었으며, 바르나브는 변호사였다. 1790년 말까지 내각을 구성한 사람들 가운데 네케르를 제외하고는 모두 자유주의적 귀족이었다. 퓌레는 "1790년은 절대군주제에 의해서 가신화되었던 귀족계급의 복수를 해준 듯했다"고 말한다.[3]

퓌레에 의하면 국민의회의 혁명은 도시 민중과 농민들의 개입과 압력으로 계몽주의가 설정한 궤도를 이탈dérapage했고 조난당했다. 퓌레와 리셰의 《프랑스혁명사》에서 가장 많은 논란을 불러일으켰으며, 이 책을 수정 해석의 고전으로 만든 것도 이 개념이다. 후일 퓌레는 드니 리셰가 이 비유적 개념을 착안했다고 밝혔다. 정통 해석에 의하면 민중(상퀼로트)은 "정치적으로 가장 진보적인 혁명집단"이니 그들이 주도한 혁명은 부르주아 혁명을 넘어 사회주의 혁명으로 전진하는 혁명의 심화기일 것이다. 그러나 퓌레는 민중의 개입으로 혁명이 이탈했다고 말하는 것이다. 퓌레는 '맺음말'에서도 '이탈'이라는 개념으로 혁명사를 조망한다.

> 1792년 8월 10일 이후 혁명은 전쟁과 파리 군중의 압력에 의해서 18세기의 지식과 부가 그어놓은 궤도 밖으로 이탈했다. 평등주의적 열정이 표면으로 솟아올라, 응축된 굴욕감의 힘과 민중적 비전의 색깔을 빈약한 표현들 위로 드러내주었다. 드러난 것, 그것은 모든 것이 신분이오 특권이었던 구체제 사회가 전도된 모습이었다. 상퀼로트가 요구한 세계는 위계가 없고, 특별함이 없고, 재산이나 재능의 위세가 없는 세계였다. 귀족이라는 저주스러운 말이 불러일으키는 모든 것이 사라진 세계였다. 조레스가 그토록 잘 이해했던 혁명의 저편에 있던 것은 미슐레가 직관적으로 간파한 혁명, 즉 빈곤과 분노의 암울한 힘의 혁명이었다.[4]

세 번째 논점은 지롱드파와 산악파가 벌인 투쟁의 의미이다. 지롱드

파와 산악파가 상이한 정책을 취한 것은 사실이다. 그러나 퓌레는 지롱
드파와 산악파가 벌인 투쟁이 그들의 사회적 적대감에 조응한다고 보
지 않는다. 그들은 변호사, 법률가, 기자들로서 대체로 동일한 계급이
었다는 것이다.

상퀼로트의 압력 아래에서 지롱드파는 상퀼로트와의 타협을 거부
했고 산악파는 상퀼로트와 타협했지만, 산악파가 자유주의와 의회주의
를 포기했다고 보지는 않는다. 실제로 산악파는 일시적으로 상퀼로트
의 요구를 수용하여 공포정치를 취하나 1794년 봄이 되면 상퀼로트를
제거한 후 본연의 자유주의로 복귀한다. 생쥐스트는 "혁명이 얼어붙었
다"고 말했지만, 달리 보면 상퀼로트의 개입으로 이탈했던 혁명이 원
래의 궤도로 재진입한 것이다.

이러한 맥락에서 지롱드파와 산악파의 투쟁은 사회적 적대감에서
분출된 투쟁이 아니라 혁명의 키를 잡기 위한, 권력을 잡기 위한 정치
적 성격의 투쟁이었다는 것이다. 상퀼로트, 즉 민중은 산악파가 권력을
장악하기 위해 이용한 "도구"였다.[5]

마지막 논점은 상퀼로트에 대한 평가이다. 퓌레는 상퀼로트를 소불
이 말하는 "가장 진보적인 혁명집단"으로 보거나 상퀼로트 운동을 다
니엘 게랭이 말하는 프롤레타리아 혁명의 맹아라고 보기를 거부한다.
수정주의 혁명사가는 다음과 같이 정반대로 말한다.

우리가 정치적 선입견을 배제하고 전투적 행동 속에서 20세기 민주
주의의 예고편을 발견하고자 한다면 실망을 맛보게 된다. 전투적 활

동가들은 언제나 소수였고 그들이 구區에 강요한 투쟁 방식은 의아
스럽게도 2세기 전에 파리의 가톨릭 신성동맹원들이 사용하던 방법
과 유사했다. 그들은 행정회의를 공개적으로 열었고, 구두로 투표했
으며, 고발을 시민의 의무로 간주하는가 하면, 만장일치를 깨는 것
에 대해 공포를 느꼈고, 항상 폭력에 의존하는 등 매우 오래된 집단
의 기층심리를 표출했던 것이다. 소수에 속한다고 느끼면 느낄수록
그들은 '합의'를 확인하는 데 집착했으며, 최종적으로는 불가능한
설득을 가능한 강제로 바꾸었다. 혁명적 집단심성의 뒤에서, 민중의
'소요'가 항상 불타오르게 한 두 개의 열정이 분출했으니 평등과 처
벌이 그것이다.[6]

퓌레에게 있어서 상퀼로트의 무기는 폭력이었고, 그들의 행동은
"지나간 '황금시대'에 토대를 둔 고래의 유토피아와 연결된 반동적인
행태"였다. 상퀼로트의 운동에 초점을 맞추어 프랑스혁명의 성격을 규
정하면 그것은 부르주아 혁명이 아니라 반부르주아 혁명이다. 상퀼로
트 집단의 이러한 행태는 퓌레의 마지막 저작인 《환상의 과거》에 나오
는 전체주의 국가에서 그대로 재현된다.

혁명의 교리문답

'혁명의 교리문답'은 퓌레가 클로드 마조리크의 비판에 맞서 발표한

논문 제목이다. '교리문답'이라는 종교적인 말을 사용한 것은 마르크스주의 역사가들이 교조적임을 시사하는 것이다. 퓌레는 이 논문과 〈토크빌과 프랑스혁명의 문제〉, 〈오귀스트 코생: 자코뱅주의의 이론〉, 〈프랑스혁명은 끝났다〉를 엮어 1798년에 《프랑스혁명 해석》을 출판했다. 이 책은 알베르 소불이 주도하는 마르크스주의 해석 혹은 교조적 해석 혹은 자코뱅 해석에 대한 신랄한 비판이다.

퓌레는 이들 역사가의 해석은 엄밀히 말하면 마르크스의 혁명 해석과는 무관하다는 이유로 마르크스주의 혁명 해석이라는 말은 적절하지 않다고 말한다. 마르크스주의 역사학이라고 말할 때는 "속류 마르크스주의 역사학Vulgate"이라고 부연한다. 대신 퓌레는 이들이 과격 혁명가들인 자코뱅파가 구사한 수사학을 그대로 받아들이고 있다는 의미에서 자코뱅 해석이라는 말을 선호한다. 그가 소불의 《프랑스혁명사》를 "한 혁명가의 회상 수준"이라고 조롱한 것도 이 때문이다.[7] 혁명을 정당화하는 혁명가들의 변을 역사가로서의 비판과 검증 없이 그대로 수용했다는 의미이다.

퓌레는 소불과 마조리크 같은 마르크스주의 역사가들이 "목적론적 환상"에 입각하여 혁명을 바라보았다고 비판하면서 역사가의 첫 번째 의무는 목적론적 환상을 몰아내는 것이라고 말한다.[8] 다시 말하면, 이들은 프랑스혁명을 하나의 '목적'을 향해 진보하는 과정으로 인식하고, 그 목적에 의해 프랑스혁명을 바라보았다는 것이다. 그 목적이란 사회주의 혁명이고 그것은 1917년에 러시아혁명으로 실현되었으니 러시아혁명에 의해, 러시아혁명과의 비교를 통해, 러시아혁명을 예고하는 혁명으로 프랑스혁명을 바라본다는 것이다. 마르크스주의 역사가들이 상퀼로트를 가장 진보적이고 민주적인 계급으로 보는 것도 이 때문이다.

목적론적 환상을 가지고 프랑스혁명을 바라보면 프랑스혁명은 사회주의 혁명으로 나아가기 전 단계인 부르주아 혁명으로 보인다. 그러나 그 환상을 몰아내고 바라볼 때 그것은 과연 부르주아 혁명이었나? 부르주아라는 말을 대자본가, 대산업가라고 이해할 때 농업국가인 구체제 프랑스에는 이러한 부르주아들의 존재 자체가 의심스럽다는 점에서 부르주아 혁명이라는 개념은 적절하지 않다고 말할 수 있다. 이 점은 코반 이래의 수정주의 역사가들이 줄기차게 지적한 것이다. 궁여지책으로 마르크스주의 역사가인 레진 로뱅은 "구체제의 부르주아"라는 용어를 제안한다. 구체제의 부르주아란 부르주아의 어원적 의미인 도시민을 가리킨다. 삼신분회에 진출한 제3신분 대표들의 주축인 변호사들이 "구체제의 부르주아"에 속한다. 그러나 이렇게까지 '부르주아 혁명'이라는 개념을 고수하는 것은 역사적 사실을 밝히기보다는 오히려 혼란스럽게 한다.

부르주아 혁명이라는 개념으로 바라보면, 부르주아 혁명의 발발은 필연적이기 때문에 그만큼 구체제는 봉건적 생산양식의 모순이 축적된 위기의 시기여야 한다. 대부분의 프랑스혁명사 개설서가, 특히 마르크스주의 프랑스혁명사가 한결같이 '구체제의 위기'로 시작하는 것은 이 때문이다. 중세가 끝나고 300~400년이 지났음에도 혁명 전 프랑스 농촌은 여전히 가혹한 봉건적 부과조에 시달리고 있는 모습으로 그려진다. 여기에다가 혁명 전에 나타난 '귀족의 반동'은 구체제의 위기를 심화시켰다는 것이니, 봉건제를 타파하는 부르주아 혁명은 필연성과 정당성을 획득한다.

사실 퓌레도 1965년의 《프랑스혁명사》에서는 이러한 모습으로 구체제의 농촌을 서술했다. 그러나 《프랑스혁명 해석》에서는 혁명이 일어나기 전에 이미 농촌에는 귀족과 부르주아들의 자본이 침투해 들어갔다고 본다. 설사 혁명에 의해 자본주의 발전으로의 고삐가 풀렸다고 해도 자본주의로 도약하는 데에는 많은 시간이 걸리는 것인데, 실제로 그러한 도약은 교회재산의 판매로 인한 소토지 소유농의 증가로 인해 혁명 전보다 오히려 지체되었다고 말한다.[9] 혁명 초 국민의회가 추진한 자유주의적 기획은 자본주의로의 이행에 기여했지만 그 후 농민과 도시 민중의 저항에 부딪혀 오히려 자본주의 발전을 저해하는 면이 있었다고도 말한다. 퓌레는 저명한 농업사가인 폴 부아의 주장에 기대어 봉건적 부과조가 높지 않았다고 말하며, 토크빌의 주장에 기대어 봉건적 부과조의 부담이 커서가 아니라 흔적만 남았기 때문에 농민들의 불만을 샀다며 경제적 측면이 아니라 심리적이고 정치적인 측면을 강조한다. 퓌레는 귀족의 반동을 "영주의 부르주아화"라고 규정하며,[10] 1781년의 4세대 법은 평민이 아니라 귀족을 대상으로 한 것이어서 부르주아의 진입을 차단하지 않았다고 말한다.[11]

퓌레가 사회경제적인 관점을 버리고 취한 관점은 정치적인 관점이다. 왕은 계몽주의에 입각하여 국가의 개혁과 근대화를 추진했으나 귀족들의 저항에 부딪혔다. 귀족들과의 갈등을 해결하지 못한 것이 위기의 시작이었다. 1788년에 왕이 삼신분회 소집을 결정하고, 네케르를 다시 불러들이고, 고등법원 법관 추방을 철회하는 등 귀족의 요구에 항복함으로써 권력의 공백이 발생하여 권력투쟁이 벌어졌으며 그 틈으로 민중과 민중 이데올로기가 침투해 들어왔다는 것이다.[12]

정치적인 관점에서 주목하는 것은 혁명기에 발생한 '폭력'이다. 프랑스혁명의 아킬레스건인 폭력을 설명하는 논리로는 '상황론'이 대표적이다. 외국과의 전쟁과 국내의 반혁명 전쟁이라는 이중적인 위기에 봉착하여 혁명은 국가를 구하기 위해 공포정치라는 폭력에 의지하지 않을 수 없었다는 것이다.

상황론을 전적으로 부정할 수는 없다. 퓌레 역시 상황적 요인을 완전히 배제하지는 않는다. 그는 "혁명이 전쟁을 지배한 것 이상으로 전쟁은 혁명을 지배했다"고 마치 상황론자처럼 말하기도 한다.[13] 그러나 동시에 혁명 초부터 "혁명은 전쟁이었고 평화는 반혁명이었다"며 전쟁이 혁명에 내재되어 있었다고 말한다. 혁명은 전쟁을 필요로 했던 것이며, 전쟁을 결정하는 데에는 국내정치적인 고려가 중요했다는 것이다. 이렇게 혁명과 전쟁을 쌍둥이로 보는 것은 한나 아렌트의 시각이기도 하다.

혁명은 궤도 이탈의 씨앗인 전쟁을 내재하고 있다고 보는 것은 1965년의《프랑스혁명사》에서 야심차게 제시한 '이탈론'을 수정하는 것이다. 왜냐하면 민중의 개입으로 혁명이 폭력으로 비화한 것이 아니라 혁명은 본래 폭력이라고 말하는 것이기 때문이다.《역사잡지》와의 인터뷰에서는 "1793년은 이미 1789년에 배태되어 있었다", "전쟁은 혁명 그 자체의 역학에 속한다"며 1965년의 '이탈론'을 포기했음을 분명히 했다.[14]

퓌레의 제자인 파트리스 게니페는 이러한 관점을 이어받아 "혁명의 내재적인 역동성"이 전쟁이라는 '상황'을 만들어냈고 이 상황은 다시 담론과 쟁점을 과격하게 만들었다고 말한다. 공포정치는 전쟁이라는 상황에서 생겨난 일시적인 현상이 아니라 혁명에서 생겨난 필연적인 현상이라는 관점은 혁명 자체를 거부하는 것이며, 반혁명파의 혁명관이기도 하다.

퓌레의 혁명관 형성에 도움을 준 사람은 토크빌과 코생이다. 퓌레는 혁명의 개념사는 행위자들이 경험하고 전달한 혁명의 개념, 즉 혁명이 급격한 변화이며 새로운 시대의 기원이라는 개념에 대한 비판으로 시작해야 한다는 토크빌의 주장을 받아들인다.[15] 퓌레가 소불의 혁명사를 "한 혁명가의 회상"이라고 비판한 것은 이러한 맥락에서이다.

퓌레는 토크빌에 기대어 혁명을 '연속'으로 바라보는 반면, 코생에 기대어 혁명적 단절을 이해한다. 코생에 의하면 정치는 민주주의의 거짓과 위선이 꿈틀거리는 곳으로, 추상적 개인에게 부여된 이론적 자유는 구체적 인간의 예속으로 뒤집힌다. 민주주의 정치에서 개인은 개인적 자유를 잃고 공적인 삶에 전적으로 매몰된다.[16] 코생은 특별히 이러한 정치가 행해지는 곳으로 사상협회, 클럽을 지목한다.

코생에 의하면 자코뱅 클럽은 하나의 '기계'이며 회원들은 부속에 불과하다. 퓌레는 코생을 이어받아 "혁명사의 첫 번째 과제는 정치 그 자체의 분석을 재발견하는 것"이라고 말한다.[17] 혁명사 이해의 가장 빈번한 몰이해는 정치적 대립을 사회적 대립으로 환원시키는 것이다.[18] 정치구조의 파열, 권력의 공백, 그 자리에 침투한 민주적 언어의 통치,

'인민'의 이름으로 행해지는 각종 사상협회의 지배, 자유, 평등, 민중 등과 같은 혁명이념과 개인 사이의 자발적 등가성 등이 각별한 주목을 받는다.[19] 마라가 혁명이 발발하자마자 '민중의 친구'를 자처했고, 로베스피에르는 한술 더 떠 "자신은 민중의 대변인이 아니라 민중"이라고 말한 것이 바로 그것이다.

《프랑스혁명 해석》은 2부로 구성되어 있다. 제1부는 '프랑스혁명은 끝났다'이다. 이 의미심장한 제목의 글은 책 전체의 절반 가까이 차지할 정도로 길다. 혁명의 모든 과정에서 권력을 장악한 혁명가들은 혁명을 수행하는 것 못지않게 혁명을 끝내기 위해 부심했다. 1791년 9월에 프랑스 최초의 헌법을 제정한 후 제헌의회를 해산하면서 바르나브는 "혁명은 끝났다"라고 선언한 바 있다. 그러나 혁명은 정치혁명을 넘어 사회혁명으로 진행했고, 지롱드파, 산악파 모두 혁명을 끝내려 했으나 끝낼 수 없었다. 혁명을 끝내려는 것 자체가 반혁명 기도로 몰렸기 때문이다.

퓌레가 이들의 처지를 묘사하기 위해 즐겨 사용하는 표현은 fuite en avant(앞으로 도주하기)이다. 이들은 문제 해결의 대책도 의지도 없이 도주하듯이 앞으로 달려갔다는 것이다. 혁명을 수행했다기보다는 도망쳤다는 의미이다. 이러한 대책 없는 도피를 끝낸 것은 나폴레옹이다. 그는 1799년에 권력을 장악한 다음에 "혁명은 끝났다"고 선언했다. 그러나 혁명은 끝났는가?

혁명이 끝나고 200년이 지나서도 여전히 "혁명은 끝나지 않았다"라고 외치면서 프랑스혁명을 계속해야 한다고 말해 공포를 불러일으키는 사람들이 있었다. 프랑스혁명을 부르주아 혁명으로 보고, 프랑스혁명을 계승하여 사회주의 혁명을 완수해야만 혁명이 끝난다고 보는 것이다. 퓌레가 "혁명은 끝났다"고 강조하는 것은 프랑스혁명의 이데올로기적 유산도 끝났다고 말하는 것인데, 이것은 그의 마지막 대작인 《환상의 과거》에서 구체적으로 전개된다.

환상의 과거

퓌레는 1978년에 《프랑스혁명 해석》을 발표한 후 프랑스혁명의 유산이라 할 수 있는 공화주의, 좌파, 마르크스주의, 공산주의 등에 대한 연구를 계속했고, 1995년에 《환상의 과거, 20세기 공산주의 이념 연구》를 발표했다.[20] '환상'이란 공산주의를 가리킨다. '과거'라는 말은 공산주의가 끝났다passing라는 의미와 공산주의의 '과거'라 할 수 있는 프랑스혁명을 동시에 가리킨다고 생각된다. 제2차 세계대전 직후 퓌레도 프랑스의 대부분 청년지식인들처럼 공산주의에 빠져 있었기 때문에, 이 책은 공산주의 투사로서의 체험과 프랑스혁명에 대한 지식을 융합하여 20세기 공산주의 운동을 비판한 책이다.

이 책은 유럽에서 유난히 공산주의에 호의적이었던 프랑스인들의 관심을 자극하여 프랑스에서만 10만 권 이상이 팔릴 정도로 인기가 높았다. 퓌레는 이 책으로 프랑스 학술원의 고베르 대상, 독일의 한나 아렌트 상을 수상했고, 하버드대학에서 명예박사학위를 받았다. 2008년 프랑스의 프랑쉬콩테대학에서는 독일의 수정주의 역사가인 에른스트

놀테가 참석한 가운데 《환상의 과거》의 학문적 성과와 영향을 분석하는 학술대회가 열렸다.

이미 《프랑스혁명 해석》에서도 퓌레는 프랑스혁명과 러시아혁명의 상관관계를 분석한 바 있다. 러시아 혁명가들은 프랑스혁명의 영향을 받았고, 퓌레가 비판한 자코뱅 역사가들은 러시아혁명의 영향을 받았기 때문이다. 러시아의 볼셰비키들은 러시아혁명 전이나 혁명 중, 혹은 그 후에도 프랑스혁명과 러시아혁명의 친자관계를 간과하지 않았다.

그 여파로 마르크스주의 혁명사가들은 1917년에 관한 자기들의 느낌과 판단을 프랑스혁명 해석에 투사했으며, 첫 번째 혁명의 특징들 가운데 두 번째 혁명의 특징들을 예고하거나 예시하는 것처럼 보이는 것들을 강조했다. "러시아가 선을 위해서건 악을 위해서건 역사의 전위 국가로서의 역할을 프랑스로부터 이어받은 그 순간에 두 혁명에 관한 역사 담론들은 융합되었고 서로를 감염시켰다. 볼셰비키들은 자코뱅 조상들을 모시게 되었다. 자코뱅은 공산주의를 예고하는 존재가 되었다."[21]

알베르 마티에는 1920년에 공산당에 가입했으며(2년 후 탈퇴하지만), 산악파 공포정치와 볼셰비키 독재 사이의 유사성을 강조하는 팸플릿을 썼다. "자코뱅주의와 볼셰비즘은 같은 종류의 독재다. 둘 다 내란 및 외국과의 전쟁으로 생겨났으며 둘 다 계급독재이며 둘 다 같은 방법—테러, 징발, 가격통제—을 이용하며, 둘 다 궁극적으로 같은 목적, 즉 러시아나 프랑스 사회가 아니라 인류사회의 변형을 추구한다."[22]

마티에가 지적했듯이 볼셰비키의 시선은 프랑스혁명의 자코뱅 국면에 고정되어 있었다. 1903년에 이미 레닌은 자코뱅의 예를 빌려 자신의 입장을 변호했다. "자신들의 계급이해를 의식하게 된 프롤레타리아의 조직과 굳게 결속된 자코뱅이 바로 혁명적 사회민주주의의 전형이다."[23] 러시아혁명은 프랑스혁명을 이해하고 해석하는 데 커다란 영향을 끼쳤다. 프랑스혁명에 대한 관심이 1789년에서 1793년으로 이동했으며, 도시 민중, 즉 상퀼로트에 대한 연구를 촉발했다.

그러나, 다른 한편으로, 러시아혁명은 지나치게 단순화된 마르크스주의를 통해 프랑스혁명을 해석하는 부정적인 영향을 끼쳤다. 퓌레가 비판한 부르주아 혁명론이 바로 그것이다. 마티에는 러시아혁명을 통해 프랑스혁명의 공포정치를 이해하고 다시 프랑스혁명을 통해 러시아혁명의 공포정치를 이해하고 수용했지만, 퓌레는 정반대였다. 퓌레는 러시아의 굴락에서 자코뱅의 공포정치를 실감할 수 있었고, 공포정치에 대한 거부는 자코뱅 유산을 이어받은 러시아혁명과 볼셰비즘에 대한 거부로 이어졌다.

러시아혁명은 자코뱅의 이데올로기를 이어받았다. 퓌레에 의하면 이데올로기란 혁명의식을 떠받치는 두 개의 신념체계를 가리킨다. 하나는 모든 개인적·도덕적·지적 문제를 정치적인 문제로 환원하여 정치적인 해결 대상으로 보는 신념체계이다. 다른 하나는 인간의 행동과 지식과 도덕 사이에는 완전한 합치가 존재한다는 신념체계이다. 정치가 진실과 허위의, 그리고 선과 악의 영역이 될 때, 그리고 선한 것을 악한 것으로부터 가려내는 것이 정치라고 할 때 역사의 세계는 완전히 새로운 동력을 지니게 된다. 마르크스가 적절히 말했듯이, 혁명은 바로 이러한 '정치의 환상'을 구현한 것이다.[24] 이러한 점에서 혁명은 사회경제적 적대감의 산물이 아니라 정치적 환상의 산물이다.

퓌레는《환상의 과거》에서 많은 지면을 할애하여 프랑스혁명과 볼셰비즘의 유사성을 강조한다. 산악파가 1793년 헌법을 만들기 무섭게 전쟁을 구실로 헌법 없는 통치를 선언했듯이("임시정부는 평화시까지 혁명적이다!"), 레닌은 "독재는 힘에 직접 의지하는 것이지 어떠한 법에 종속되는 것이 아니다"라고 말했다.[25] 이렇게 혁명기에는 합법성보다 정당성이, 법보다 정의가 앞선다. "2월 혁명 이후의 10월 혁명은 지롱드파 이후의 산악파다", "볼셰비키가 제헌의회를 해산한 것은 1793년 6월 2일의 국민공회 숙정을 생각하면 자명해진다. 그것은 상황의 강제라기보다는 독트린의 표현이었다."[26] 스탈린이 자행한 대숙청 역시 프랑스혁명에 그 선례가 있다. "스탈린에 앞서, 로베스피에르는 혁명의 내부에 숨어 있는 혁명의 적들을 발본색원해야 했다."[27]

이제 퓌레는 '전체주의'라는 개념을 사용하여 프랑스혁명과 볼셰비즘을 비교한다. 퓌레는 한나 아렌트의 뒤를 이어 전체주의를 나치즘과 볼셰비즘을 아우르는 개념으로 사용한다. 퓌레에 의하면 파시즘(나치즘)과 볼셰비즘은 제1차 세계대전 후에 태어난 쌍둥이였고 자유민주주의를 공동의 적으로 삼으면서도 서로의 절멸을 추구한 적대적 공범자였다.[28] 퓌레는 '전체주의'를 하나의 종교라고 이해한다. "볼셰비키는 이러한 이념 통치의 성직자 집단이었고 스탈린은 그 사제장이었다."[29] 나치즘은 볼셰비즘의 위험을 구실 삼아 강력한 체제를 구축했다. 퓌레는 놀테의 수정주의는 나치즘을 정당화시키지는 않더라도 나치즘의 죄를 감면시키는 효과가 있다며 경계한다.[30]

좌파 역사가인 아르노 마이어는 독재와 전체주의 국가를 구분하면서, 독재는 폭력, 전체주의는 테러(공포정치)로 수립된다고 말한다. 그러면서도 그는 테러를 선의의 테러와 전체주의적 테러로 구분하는데, 덕과 공포를 외친 로베스피에르의 테러는 선의의 테러이고 전체주의적 테러는 정치적인 목적이 아니라 이데올로기적 목적을 가지는 것으로 볼셰비즘과 나치즘의 테러가 이에 속한다고 말한다.[31]

아르노 마이어는 자코뱅 독재를 전체주의적 테러로 구분하는 데 소극적이었지만, 퓌레는 전체주의의 이데올로기적 뿌리를 자코뱅주의에서 찾는다. 한나 아렌트도 자코뱅주의에서 전체주의의 뿌리를 발견한 바 있다.[32]

《환상의 과거》는 공산주의와 파시즘이라는 두 '환상'의 역사이다. 파시즘이라는 환상은 나름대로 숭배자들을 거느렸으나 제2차 세계대전과 유대인 학살로 끝났고 인류의 역사에서 절대악으로 단죄되었다. 공산주의의 환상은 제2차 세계대전 직후에 유럽 지식인들에게 커다란 영향을 끼쳤다. 특히 프랑스인들은 공산주의에서 프랑스혁명의 유산을 발견했을 뿐만 아니라 공산주의에서 국가의 쇠퇴를 잊고 국가적 사명을 되새길 수 있었기에 공산주의에 열광했다.[33] 퓌레도 그중 한 사람이었다. 그러나 그의 환상은 1956년에 흐루쇼프가 스탈린 개인 숭배를 비판하고 소련이 헝가리를 침입하면서 깨졌다. 프랑스혁명사가로서 퓌레는 환상에 의해 과거를 바라보지 말 것과 환상에서 깨어날 것을 강조하는 것이다.

혁명사 연구의 정치적 전환

퓌레의 수정주의 프랑스혁명사는 마르크스주의 프랑스혁명사의 "정통성"에 의문을 제기하고 그 권좌를 허무는 데 기여했다는 사학사적인 평가를 받을 수 있다. 퓌레의 프랑스혁명사가 처음 소개되었을 때 국내 학자들은 발끈했다. 위대한 시민혁명과 위대한 역사가의 존엄을 모독하는 데 대한 거부요 분노였다.[34] 국내에서는 르페브르와 소불의 마르크스주의 혁명사가 지배적이었고 교조적으로 추종되고 있었기 때문이다. 퓌레의 정치사적이고 지성사적인 해석이 사회경제적인 해석에 비해 덜 명료하여 이해하기 어려웠던 점도 한 이유였을 것이다. '정통'을 숭배하고 '수정'을 배척하는 전통문화도 일익을 담당했을 것이다. 그러나 국내에서의 반응은 수용이나 거부 여부를 떠나 프랑스혁명사 논쟁을 학술적으로 분석하고 평가할 만한 능력을 갖추지 못한 상태에서 이루어진 것이라는 불편한 진실을 감출 수 없다.

퓌레의 《환상의 과거》가 출판되고 이듬해 출판된 마르크스-레닌주의 철학자 도메니코 로수르도의 《역사에서의 수정주의》 역시 학술적인 비판이라는 평을 받기 어렵다.[35] 명백히 퓌레와 에른스트 놀테를 겨냥해 작성된 이 책은 '비교'라는 방법을 사용하여 두 수정주의 역사가를 비판하면서 '혁명'을 옹호하기에 급급하다.

로수르도의 '비교' 방법은 단순하며 편향적이다. 프랑스혁명은 유대인을 해방시킨 반면 반프랑스혁명적인 나치는 유대인을 절멸시켰다. 프랑스혁명과 달리 미국혁명은 사회혁명으로 나아가지 않았기 때문에 후일 흑인과 인디언 문제가 불거졌다, 방데인들은 아일랜드, 인디언, 흑인노예들과 달리 시민권을 획득했다. 소련이 폴란드 장교들을 카틴 숲에서 학살한 것은 이들이 저항했기 때문이다, 볼셰비키가 자행한 학살 못지않게 독일과 연합군이 자행한 학살도 많았다. 소련의 우크라이나인 학살은 농민저항, 반란, 분리주의, 내란이 촉발시킨 것이며 인종학살(제노사이드)이 아니다, 등등.

프랑스혁명사에서는 마르크스주의 역사가들을 정통주의 역사가, 이들에 반대한 역사가들을 수정주의 역사가라고 구분하는데, 이 말이 적절한지 재고할 필요가 있다. 가톨릭교회의 악명 높은 '정통'과 '이단' 구분을 연상시키기 때문이다. 사실 '이단'이란 가톨릭교회와는 '다른' 생각, 다른 선택을 한 사람들이라는 점을 고려하면, 수정주의 역사가들은 정통주의 역사가들과 '다른' 생각을 한 것이지 '틀린' 생각을 한 것이 아니다. 다른 생각을 틀린 생각이라고 단죄하는 것이야말로 독선이며 틀린 생각이다. 학문의 세계에서는 무엇이 맞고 무엇이 틀린 것인지 판별하기 어렵다는 점을 인정하고, 진정한 자유란 반대할 자유라는 고전적인 주장을 받아들인다면, 수정주의야말로 학문 발전을 위해 필수적이지 않은가 생각해볼 수 있다.

정통주의와 수정주의라는 편향적인 구분보다는 마르크스주의와 자유주의라는 구분이 적절하지 않을까 싶다. 퓌레는 마르크스주의 역사가들이 사실 마르크스를 따르고 있지 않다는 이유로, 마르크스주의 역사가인 보벨은 마르크스주의 역사가가 아닌 역사가들도 자신들의 해석을 공유하고 있다는 이유로 마르크스주의라는 말이 아니라 자코뱅이라는

말을 선호하니 자코뱅 해석이라는 용어도 받아들일 수 있을 것 같다.[36]

퓌레는 《혁명의 교리문답》에서 자코뱅 해석을 비판하는 것을 넘어 혁명사 연구의 새로운 길을 개척했고 새로운 대안을 제시했다. 1980년 대 초의 주요 문제는 더이상 사회적인 것이 아니라 정치 이데올로기와 관련되었다.[37] 퓌레의 '정치적' 프랑스혁명사 연구는 1980년대 새로운 세대의 혁명사 연구자들로부터 지지를 받았다. 장클레망 마르탱은 퓌 레의 정치적 연구가 혁명사 연구를 혁신했다고 말했다. 퓌레의 수정주 의 프랑스혁명사는 사회경제적인 측면이 아니라 정치를 우대할 뿐만 아니라 '정치'가 역사의 구조라고까지 말했다. 이러한 점에서 퓌레는 마르크스주의는 물론이고 아날학파로부터도 벗어나 독립을 획득했다 는 평가를 받는다.[38]

퓌레가 프랑스학술원 회원으로 선임되었을 때 《르 피가로》지는 퓌 레를 "혁명의 혁명가"라고 불렀으며 '퓌레 학파'라는 것이 존재한다고 평가했다. 정통 해석의 아성이라 할 수 있는 파리1대학 부설 프랑스혁 명사연구소의 소장 역사가들은 퓌레의 수정 해석에 대응하는 일종의 공동선언서를 발표할 정도이니 혁명사 연구의 판도가 바뀌었음을 알 수 있다.[39] 국내에서는 퓌레를 과거처럼 배척하지는 않지만 여전히 역 사가라기보다는 저술가로 폄하하는 경향이 있다. 퓌레를 다시 읽어볼 필요가 있는 이유이다.

장클레망 마르탱의
프랑스혁명 구하기

혁명과 폭력

장클레망 마르탱Jean-Clément Martin(1948~)은 1948년에 푸아티에에서
태어났다. 푸아티에는 푸아투 지방의 중심도시인데, 이 지방은 프랑스
혁명기의 행정구역 개편으로 방데, 되 세브르, 비엔 도道로 분리되었다.
그러니 푸아투는 넓게는 방데 전쟁의 전역에 속한다고 말할 수 있다.
방데 반혁명군 사령관이었던 앙리 라로슈자클랭 후작이 태어난 곳도
바로 이 지방이다.

　장클레망 마르탱이 파리4대학에서 방데 전쟁을 주제로 국가박사학
위 논문—〈방데 전쟁과 그 기억, 1793~1980〉—을 쓴 것도 이러한 지

역적 인연 때문이 아닐까 싶다. 그의 박사학위 논문 지도교수는 에마뉘엘 르 루아 라뒤리였다. 르 루아 라뒤리는 프랑수아 퓌레처럼 공산당 활동을 하다가 1956년의 헝가리 사태에 반발하여 탈당하고 우파로 전향한 역사가이다. 장클레망 마르탱이 프랑스혁명사를 전공하지도 않은 우파 역사가의 지도로 박사학위 논문을 준비했다는 사실은 매우 이례적이다. 그는 1987년에 박사학위를 받은 후 낭트대학 교수를 거쳐 2000년에 파리1대학 프랑스혁명사 강좌 주임교수가 되었으며, 이 대학 부설 프랑스혁명사연구소 소장직을 맡았다. 이 연구소는 1937년 조르주 르페브르가 설립한 이래 알베르 소불, 미셸 보벨 같은 소위 자코뱅 역사가들이 책임을 맡아온 프랑스혁명사 연구의 본산이다. 그러나 그는 교수직과 연구소장직을 맡은 지 불과 8년 만인 2008년에 두 자리에서 물러났고, 미셸 보벨의 제자인 피에르 세르나가 그 자리를 계승했다.

　　장클레망 마르탱이 박사학위 논문을 준비하던 무렵 프랑스혁명사 연구 분위기는 프랑수아 퓌레의 자코뱅 해석 비판으로 크게 변했다. 장클레망 마르탱은 〈방데에서 제노사이드가 자행되었나?〉라는 제목의 짧은 글(2012)에서 다음과 같이 회고했다. "1985~1986년에는 프랑수아 퓌레의 해석이 일으킨 바람이 강하게 불어, 레날 세셰Reynald Secher와 나에게 전체주의를 고발하는 한나 아렌트의 시각에서 반혁명 특히 방데 전쟁을 재고찰하도록 유도했다."

　　그가 전체주의론을 받아들인 것은 물론 아니다. 장클레망 마르탱은 2007년 《르몽드》와의 인터뷰에서, 프랑수아 퓌레는 '정치'를 사건의 중요 설명 요인으로 설정함으로써 혁명사 연구를 혁신했다고 '수정 해석'의 의미를 인정하면서도 자신은 공포정치가 1789년 혁명과 동시에 배태되어 있었다는 그의 지론과 방데 전쟁에 대한 해석에는 동의할 수 없었다고 말했다.

미셸 보벨도 《정치의 발견》(1992)에서 과거에 지배적이었던 혁명의 사회사가 쇠퇴하고 정치사가 부활했다고 말한 바 있다.[1] 아니 주르당은 《새로운 프랑스혁명사》(2018) 출판 기념 대담에서 자기의 책은 '퓌레 학파'에 맞서는 책이지만 그렇다고 알베르 소불의 부르주아 혁명론을 고수하는 것은 아니라고 말했다. 프랑스혁명사 연구 판도가 변했음을 알려주는 중요한 증언들이다.

장클레망 마르탱이 언급한 레날 세셰는 장클레망 마르탱과 같은 대학인 파리4대학에서 국가박사학위 논문을 준비하고 있었고, 1985년에 〈방데의 작은 마을 라 바스 메르 해부, 정당성과 합법성 개념에 대한 연구〉로 국가박사학위를 받았다. 유명한 우파 역사가인 피에르 쇼뉘가 논문 지도교수였으며 그의 연구와 출판을 적극 지원했다. 레날 세셰는 이듬해 박사학위 논문을 책으로 출판했고, 이 책으로 프랑스학술원 역사 부문 상을 수상했다. 같은 해 이 책은 《프랑스인의 프랑스인 제노사이드: 방데-방제》라는 도발적인 제목으로 출판되었다.[2] 경악과 충격에 뒤이어 격렬한 논쟁이 벌어졌다. 레날 세셰가 방데 전쟁기의 양민학살을 나치의 유대인 학살과 같은 제노사이드(인종학살)라고 규정했기 때문이다. 이러한 극단적인 해석 때문인지 레날 세셰는 좌파의 아성을 뚫고 대학교수가 되는 데 실패했다.

이렇듯 프랑스혁명 200주년을 즈음하여 프랑스혁명은 '자유와 평등’의 위대한 시민혁명이 아니라 인종학살과 다름없는 폭력이 자행된 비극적 사건이라는 비난을 받기까지 했다. 방데 전쟁을 전공한 두 역사가가 논쟁의 전위에 섰다. 장클레망 마르탱이 파리1 대학 프랑스혁명사 강좌 주임교수로 선임된 것도 이러한 시대적 요구와 관련 있지 않을까 싶다.

프랑수아 퓌레가 자코뱅 해석에 대해 논쟁을 제기한 후 혁명사 논쟁은 ‘혁명과 폭력’이라는 주제를 중심으로 전개되었다. 이 글은 그가 2006년에 출판한 《폭력과 혁명》을 중심으로 그의 프랑스혁명 지키기 전략과 논리를 살펴본 것이다.[3]

폭력의 평범성

《폭력과 혁명》은 구체제에서 나폴레옹 쿠데타까지 이르는 혁명의 전 기간을 ‘폭력’이라는 창을 통해서 바라본다. 자의적인 폭력, 민중폭력, 무정부주의적 폭력, 국가폭력 등 성격만 다를 뿐 폭력이 자행되었다는 점에서는 아무런 차이가 없다. 그런데 폭력은 프랑스혁명기에만 자행되었나?

장클레망 마르탱이 자코뱅 프랑스혁명사 해석을 지키기 위해 사용한 첫 번째 전략은 폭력의 ‘평범성’을 강조하는 것이었다. 장클레망 마르탱이 ‘공포정치’를 주제로 다룬 책은 공포정치의 역사성을 강조하는 것으로 시작된다. “공포는 아득한 옛날부터 사용되었다. 로마의 가도에

줄지어 세워진 십자가에 못 박혀 죽은 노예들에서부터 티무르의 명령에 따라 목이 잘린 머리들의 피라미드, 나아가 루이 14세의 군대가 초토화시킨 팔츠에 이르기까지 공포는 권력의 도구였다."[4]

공포정치는 프랑스혁명뿐만 아니라 구체제에서도 자행되었다. 방데를 휩쓴 '지옥종대'는 루이 14세의 용기병이나 1769~1770년의 코르시카 정복과 비슷한 폭력을 행사했다. 코르시카에서 프랑스군은 '지옥종대'를 조직하여 농촌을 휩쓸었고 용의자들을 체포하여 재판에 회부했는데, 두 명 중 한 명 비율로 처형했다. "이러한 방식과 비율은 몇 년 후에 벌어진 공포정치의 그것과 비슷했다."[5]

'음모'에 대한 공포도 마찬가지였다. 혁명기와 마찬가지로 구체제에서도 정부는 민중을 기근으로 내몬다는 비난을 받았고 정부의 음모에 대한 불신은 나날이 커졌다. '음모'에 대한 공포는 1760년 이후 더욱 커져 곡물 유통의 자유화로 촉발된 1775년의 '밀가루 전쟁' 시기에 정점에 달했다. 1794~1795년의 독일 팔츠 지방 '파괴'는 루이 14세 시대에 자행된 만하임, 슈파이어, 보름스, 빙겐, 하이델베르크 파괴와 다르지 않았다. "전투의 참혹함은 구체제의 파괴 관행의 연속 행위일 뿐이었다."[6] 방데 전쟁이 발발하자 제정된 1793년 3월 19일의 법, 즉 무기를 지참하고 있거나 백색 모표를 달고 있다가 검거된 사람은 약식 재판을 거쳐 처형한다는 법은 "공포정치의 시작"이라고 말할 수 있는데, "이 법은 군주정의 진압 방식을 그대로 계승한 것"이다.[7]

폭력은 프랑스혁명에서만 자행된 것이 아니었다. 두말할 필요도 없이 그것은 동시대의 대서양 연안 국가들에서 일어난 혁명에서도 자행되었다. 여기에서 장클레망 마르탱은 프랑스혁명은 다른 혁명들보다 더 폭력적이었음을 인정한다. 프랑스혁명에서는 구체제 시기에 농축된 사회적 적대감과 복수심이 폭발했기 때문이다.[8]

이와 관련하여, 아니 주르당은 《새로운 프랑스혁명사》(2018) 출판 기념 대담에서 프랑스혁명은 다른 혁명들보다 덜 폭력적이었다고 말한다. 프랑스혁명의 경우 혁명재판소는 구區와 상퀼로트가 자행하던 폭력을 통제하는 데 성공했고, 그리하여 미국 독립혁명에서보다 더 적은 수(인구 비례로)가 죽었다는 것이다. 구체적으로 프랑스에서는 전체 인구의 0.9~1.2퍼센트가 죽은 반면, 미국에서는 1.52퍼센트가 죽었다는 것이다. 가장 참혹한 혁명은 1640년의 잉글랜드혁명이었는데, 잉글랜드인의 3.7퍼센트, 스코틀랜드인의 6퍼센트, 아일랜드인의 41퍼센트가 죽었다고 말한다. 20만 명에서 60만 명으로 추산되는 크롬웰의 아일랜드인 학살도 제노사이드가 아니냐는 논란을 일으킨 바 있다.

아니 주르당은 이렇게 다른 혁명들이 더 폭력적이었는데도 불구하고 프랑스혁명이 폭력혁명의 상징으로 회자되는 것은 다른 나라의 역사가들이 프랑스의 역사가들과 달리 폭력과 내전 없는 평화적인 국가건설이라는 신화를 만들어냈기 때문이라고 주장한다. 그렇지만 아니 주르당이 제시한 수치를 그대로 받아들일 수는 없다. 프랑스혁명의 경우에도 외국과의 전쟁 과정에서 발생한 사망자를 포함시킨다면 통계수치가 크게 달라질 것이기 때문이다.

프랑스혁명의 폭력성이 극심했던 것은 그것이 구체제의 폭력의 연속이면서 동시에 '혁명'이라는 '새로운 시작'이었기 때문이다. 프랑스혁명은 미국 독립혁명과 달리 국가권력이 총체적으로 무너져 권력 공백이 생겨났고 그 틈으로 무정부주의적이고 민중적인 폭력이 스며들어 전면적인 폭력이 발생한 것이다.[9)]

이렇게 정치권력의 부재로 폭력을 설명하는 것은 프랑수아 퓌레의 설명에서도 찾아볼 수 있다. 장클레망 마르탱은 앞서 소개한 인터뷰에서 자기는 "그럼에도 퓌레주의자"라고 밝혔는데 아마도 이러한 정치적 해석에 동의했기 때문이 아닐까 싶다. 프랑스인들은 전대미문의 '혁명'을 수행하고 있다고 확신했고, 혁명이라는 말을 장식하고 있는 '갱생'의 덕성은 혁명에 수반되는 폭력이라는 악을 잊게 했다.[10)] 혁명에 수반된 폭력은 불가피하고 부차적이며 하찮은 것으로 치부되었기 때문이다. 1789년 7월 14일 바스티유 요새 점령 후 자행된 풀롱과 베르티에 학살을 변호하며 바르나브가 "그들의 피가 그렇게 순수한가"라고 말한 것은 이러한 둔감증을 잘 보여주는 예이다. 합법성이 부재한 상태에서 폭력은 복수와 정의 구현의 정당한 수단으로 인식되었기 때문에 더욱 거리낌 없었다.

마지막으로 강조되는 것은 폭력의 불가피성이다. 장클레망 마르탱은 1776년에 제퍼슨이 한 말을 인용한다. "자유의 나무는 이따금 애국파와 폭군의 피를 먹어야 한다."[11)] 아르노 마이어는 한나 아렌트, 카를 마르크스, 막스 베버, 메를로 퐁티 등을 인용하여 더욱 적극적으로 폭력의 불가피성을 강변한다.[12)] 그런데 마이어에 의하면 혁명이 불가피하게 폭력을 동반하는 이유는, 혁명은 불가피하게 반혁명을 동반하기 때문이다. 다시 말하면 반혁명 때문에 혁명은 폭력에 의지하지 않을 수 없다는 설명이다.[13] 자타가 인정하는 마르크스-레닌주의 철학자인 도메니코 로수르도는 더욱 적극적으로 폭력의 편재성과 불가피성을 주장한다.[14]

"그것은 혁명이 아니라 폭력이었다"는 수정 해석의 공세에 맞서 자코뱅 혁명사가들이 취한 전략은 '비교'라는 방법을 동원하여 혁명의 폭력성을 당연시하는 것이었다. 혁명만 폭력을 자행한 것이 아니라 반혁명도 폭력을 자행했으며, 프랑스혁명만이 아니라 다른 혁명에서도, 구체제에서도 폭력이 자행되었는데 왜 프랑스혁명만 비난하느냐는 것이다.

폭력이라는 차원에서 보면 프랑스혁명은 구체제와의 단절이 아니라 연속이다. 프랑스혁명기에 폭력이 자행된 것은 당연하다는 점을 인정하면서도 프랑스혁명기에 자행된 폭력의 평범성을 간과하지 않는 것이 역사에서 교훈을 얻을 수 있는 길이 아닐까 싶다. 전제군주나 독재자에게 폭력은 효과적인 통치수단이겠지만, 자유와 평등과 인권 존중을 외치고 저항은 권리를 넘어 의무라고까지 말한 혁명가들이 자행한 폭력은 모순이자 위선으로 여겨지기 때문이다.

방데 학살은 제노사이드가 아니다!

장클레망 마르탱의 본 무대는 방데 전쟁이다. 그는 자타가 인정하는 방데 전쟁 전문가이기 때문이다. 방데 전쟁은 1793년 3월 초 방데 지방의 여러 마을에서 30만 명 강제징집에 반대하여 일어난 자연발생적인 폭동들이 대규모 반혁명 전쟁으로 비화된 것이다. 방데 전쟁은 루아르강 이북의 브르타뉴 지방으로 확산되었다가 1793년 말에 진압되었고, 그후 수인囚人들의 루아르강 수장, 튀로 장군이 지휘하는 지옥종대의 무차별 양민학살 같은 야만적인 사건들이 벌어져, 후대의 역사가들은 물론이고 당대의 혁명가들에게도 충격을 주었다.

장클레망 마르탱은 방데 전쟁의 세부 사실에 대해 냉정한 판단을 내린다. 그는 방데군이 자행한 마슈쿨 학살의 희생자는 흔히 알려진 것처럼 400~800명이 아니라 160명 정도라고 말한다. 파견의원 카리에가 낭트 지역에서 자행한 루아르강 수장으로 수천 명의 선서거부신부, 여자, 아이들이 사망했으며 심지어는 남녀를 벌거벗긴 다음에 함께 묶어 강에 빠뜨려 죽이는 '공화파 결혼'도 체계적이지는 않지만 실시되었다고 말한다. 나치의 엽기적인 만행을 연상시키는 '인피 가공' 문제에도 시신의 피부를 벗겨 책을 만들거나 가죽을 만든 사례가 있었음을 인정한다.[15] 전체적으로 방데 전쟁에서 얼마나 많은 사람이 죽었는지는 알수 없다. 청군과 백군 합쳐서 60만 명이 희생되었다는 이야기가 있지만 아무 근거가 없다. 레날 세셰는 최소 11만 7,257명의 방데인이 1792년과 1802년 사이에 사라졌다고 주장했는데, 장클레망 마르탱은 청군 약 3만 명을 포함하여 약 20만 명이 사라졌다고 주장했다. 그가 제시하는 수치는 제노사이드론자의 수치보다 많다.

장클레망 마르탱이 제시하는 '사실'은 공정해 보인다. 그러나 '해석'에서는 역사가의 입장이 강하게 드러난다. '인피 가공' 문제에 있어서, 그러한 행위는 고대부터 18세기까지 흔하게 일어났던 일로서 혁명기에는 유행하지 않았고 정치적인 결정을 동반한 것도 산업적으로 활용된 것도 아니라고 말한다. 의미 없는 '사건'이었을 뿐인데 레날 세셰 같은 사람이 "논쟁을 위한 창작"으로 과장했다는 것이다.

레날 세셰가 제노사이드의 주범이라고 지목한 지옥종대의 학살로 2만~4만 명의 양민이 사라진 것으로 알려졌다. 반혁명에 가담한 주민들뿐만 아니라 혁명을 지지한 주민들도 '방데인'이라는 이유로 학살을 피하지 못했다. 지옥종대의 학살은 최종적으로 누구의 책임인가? 튀로 장군은 공안위원회의 지시를 이행한 것인가 아니면 자의적으로 결정한 것인가? 장클레망 마르탱은 1793년 8월 1일과 10월 1일의 법은 여자들, 아이들, 노인들, 심지어는 무기를 소지하지 않은 남자들도 보호하라고 명시했음을 강조한다. 특정 종족의 절멸을 시도한 것이 아니라는 것이다. 그러나 10월 1일의 법은 여자들과 아이들과 노인들을 학살하지 말라는 내용이 빠져 있어 오히려 양민학살을 부추기는 듯한 인상을 준다.

튀로 장군의 학살 승인 요청을 국민공회가 승인했는지 여부도 불확실하다. 공안위원회는 튀로 장군의 요청을 '사후 승인'하는 정도로 피해간 것으로 보이는데, 장클레망 마르탱은 국민공회나 공안위원회는 '제노사이드'의 의도를 가지고 있지 않았다고 말한다.[16] 그러면 튀로 장군의 책임인가? 장클레망 마르탱은 튀로 장군의 명령을 하급 지휘관들이 제대로 이행하지 않았다고 말한다. 결국 특정 인물의 책임이 아니라 군대의 무질서, 혁명이라는 상황, 전쟁이라는 상황에게로 책임이 돌아간다.

후일 튀로 장군은 파리로 소환되어 재판을 받았으나 카리에와는 달리 처형되지 않았고 복권되었다. 장클레망 마르탱은 카리에는 지역과 중앙에서 벌어진 권력투쟁의 "희생양"이었다고 말한다. 장클레망의 전반적인 설명은 공안위원회나 현지 지휘관이 아니라 상퀼로트의 책임을 묻는 것처럼 보이기도 한다. 이 시기에는 상퀼로트가 정국을 주도했다고 보기 때문이다. 지옥종대의 학살은 제노사이드인가? 장클레망 마르탱은 "제노사이드 혹은 '민중학살'이라는 말을 사용하는 것은 적절하지 않다"고 단호하게 말한다. [17)

학살은 학살이지만 제노사이드의 정의에 해당하지 않기 때문에 제노사이드는 아니라는 것이다. '민중학살populicide'이라는 말은 동시대의 과격 혁명가인 바뵈프가 낭트 학살에 대해 사용한 말이다. 장클레망 마르탱은 바뵈프의 《인구 감축 체제 혹은 카리에의 삶과 범죄》는 당시 지방에서 공포정치를 자행하다가 파리로 소환된 파견의원들에게 가해진 비난의 화살을 카리에에게로 돌리기 위해 푸셰가 바뵈프에게 주문하여 생산된 책이라고 일축한다.

"학살이지만 제노사이드는 아니다!" 이것은 장클레망 마르탱의 모든 저작에서 되풀이되는 일관된 주장이다. 낭트의 루아르강 수장에 대해서도 그것은 "전쟁 범죄"이기는 해도 "반인류 범죄"는 아니라고 말한다. [18) 파트리스 게니페는 제노사이드라는 용어는 사용하지 않아도 "반인류 범죄"라고는 인정한다. [19)

공포와 공포정치

프랑스혁명기에 자행된 폭력 가운데 가장 충격적인 사건은 제1차 공포정치라고도 불리는 9월 학살이다. 1792년 가을 프로이센-오스트리아군의 침입으로 "조국이 위기에 빠진" 상황에서, 9월 2일~6일 파리 민중은 파리에 산재한 감옥을 공격하여 1,100여 명의 수인들을 무차별적이고 야만적으로 학살했다. 민중의 광적인 복수와 처벌 앞에서 정부는 물론이고 파리코뮌의 지도부도 속수무책이었다. 이들은 사건이 진정된 후 이 사건을 정치적으로 이용하기에 급급했을 뿐이었다.

이 사건에 대한 장클레망 마르탱의 설명은 조심스럽다. 역사가는 이 학살에 대한 여러 가지 설명을 소개한 후 로베스피에르가 9월 학살을 옹호한 그 유명한 11월 5일의 연설("시민들이여, 여러분은 혁명 없는 혁명을 원합니까?…… 공공의 안전을 확보하는 데 필요한 예방조치들을 형법을 가지고 판단할 것입니까?……왜냐하면 법에 의하면 이러한 것들은 불법이기 때문입니다. 혁명도, 왕정 붕괴도, 바스티유 감옥 점령도, 자유 그 자체도 불법입니다.……폭력은 범죄를 보호하기 위해서만 행사되는 것입니까?")을 길게 인용한다.[20] 로베스피에르가 폭력을 옹호한다는 점을 비난하기 위해서가 아니라 로베스피에르의 판단에 동의해서인 것으로 보인다.

그런 다음 역사가는 다음과 같이 마무리한다. "이 사건들은 입헌군주정의 실패와 전쟁 때문에 연대가 필요한 상황에서 제2의 혁명의 탄생을 확고하게 했다."[21] 제2의 혁명이란 1792년 8월 10일 파리 민중과 연맹군이 튈르리궁을 공격하여 왕정을 붕괴시킨 사건을 말한다. 왕정 붕괴와 공화정 수립이라는 대의를 보고 긍정할 수 있다는 의미이다.

상퀼로트가 자행한 폭력은 구체제에 빈번했던 민중폭력의 반복이라는 측면도 있다는 점에서 혁명이 전적으로 책임질 사안은 아니라고 말할 수 있다. 그러나 '공포정치' 특히 1794년 봄 이후 자행된 '대공포정치'는 국가폭력이라는 점에서 혁명이 책임질 사안이라는 점을 부인하기 어렵다. 동시대인들은 물론이고 후대 역사학자들의 분노를 일으킨 공포정치를 어떻게 변호할 것인가? 이것은 혁명사 연구의 수장으로서 장클레망 마르탱이 당면한 가장 중요한 문제였을 것이다.

장클레망 마르탱의 전략은 '공포terreur'는 인정하되 '공포정치 Terreur'는 부정하는 것이었다. 방데 전쟁에서 학살은 있었어도 제노사이드는 없었듯이, 공포는 있었어도 정부 차원의 체계적이고 법적인 공포, 즉 '공포정치'는 없었다는 것이다.

소불과 퓌레를 포함한 모든 혁명사가는 1793년 9월 5일 "공포정치가 의사일정에 올랐다"고 말한다. 그날 에베르파가 주도하는 상퀼로트들은 국민공회에 또다시 압력을 가했고 국민공회는 파리 혁명군 창설, 혐의자 검거, 최고가격제 실시, 구區 회의 참석자 수당 지급 등을 결정했다. 그러나 공포정치가 의사일정에 올랐는가? 장클레망 마르탱은 당시의 의사록을 면밀히 검토해보면 베르트랑 바래르가 상퀼로트의 요구에 따라 "공포를 의사일정에 올린다"라는 말을 하기는 했으나 후속 조치는 없었다고 말한다.[22]

'공포'라는 말은 당시에 널리 사용되었다. 로베스피에르도 1793년 여름에 이 말을 사용했고, 당통은 1793년 11월에 민중은 공포정치를 의사일정에 올리기를 원한다고 말한 적이 있다. 그렇지만, 장클레망 마르탱은 공포정치는 현장의 파견의원들과 상퀼로트들이 독단적으로 자행했을 뿐이지 중앙정부에 의해 제도적이고 법적인 차원에서 시행되지는 않았다고 말하는 것이다.[23] 오히려 공안위원회는 상퀼로트가 요구하는 공포정치를 최소한으로 수용하면서 상퀼로트를 통제해나갔다고 말한다. 실제로 공안위원회는 지방에 파견된 파견의원들을 소환하는 등 상퀼로트를 제어하고 권력을 중앙집권화하는 데 성공했으며, 최종적으로 1794년 봄에 상퀼로트의 지지를 받는 에베르파와 온건한 당통파를 제거함으로써 독재의 기반을 굳혔다. 무정부주의적으로 자행되던 공포정치를 제어할 수 있게 된 것이다. 그런데 그러고 나서 공안위원회는 공포정치를 일소했나 아니면 공포정치를 중앙집중적으로 강화시켰나?

이제 해결해야 할 문제는 목월 22일(1794년 6월 10일) 법의 해석이다. 이 유명한 법은 흔히 설명하듯이 '대공포정치'를 가능하게 했나? 이 법은 "혁명재판소에 관한 법"으로 "인민의 적"을 처벌하기 위한 것이다. 이 법은 두 단계로 인민의 적을 처벌한다. 먼저 전국의 혁명위원회들이 혐의자들을 심문하고 조서를 작성하여 '인민위원회'에 보내면, 인민위원회는 그 내용을 검토하고 필요하면 재심문한다. 인민위원회는 생쥐스트가 발의하여 제정된 풍월의 법을 집행하기 위해 설치된 것으로 공안위원회의 통제 아래 있었다. 인민위원회가 기소 이유와 요구 형량을 적어 공안위원회와 보안위원회에 보내면 두 위원회가 최종 승인한다. 인민위원회는 가벼운 범죄에는 구금 혹은 유형을 제안할 수 있으며, 부당하게 수감된 애국파의 석방을 제안할 수 있다. 인민위원회는 반혁명 범죄만 파리 혁명재판소에 이송한다. 혁명재판소에 기소된 피고는 변호인의 조력을 받지 못하며 추가 심문도 없다. 배심원들은 증인들의 증언도 듣지 않고 물적 증거 없이 심적 증거만으로도 판결을 내릴 수 있을 뿐만 아니라 사형 아니면 석방이라는 양자택일을 해야 했다. 혁명재판소이니만큼 항소심은 물론 없다.

장클레망 마르탱은 이 법이 처벌자를 줄이고 공포정치를 완화시키려는 의도로 제정되었다고 판단한다. 이 법은 지방의 각종 재판소에서 판결하던 것을 파리의 혁명재판소로 일원화시키고, 각종 기관의 무분별한 기소를 억제하며, 국민공회·공안위원회·보안위원회·국민공회가 위임한 인민대표, 혁명재판소의 공공검사에게만 기소권을 부여하는 것이다. 진짜 반혁명파가 아닌 사람들에 대한 부당한 기소를 막기 위해서 인민위원회가 피고발인들을 사전 심문하여 선별적으로 혁명재판소에 기소하는 방식이었기 때문에 기소자와 처형자를 줄일 수 있었다는 것이다. 이 법은 기소와 재판을 특히 공안위원회와 보안위원회의 통제 아래 놓음으로써 각종 국가권력 기관은 물론이고 심지어는 혁명재판소의 전횡까지도 막으려 했다는 것이다.[24]

그런데 실제로는 이 법의 시행 이후 오히려 처형자가 급증했다. 이 법이 제정되기 전 45일 동안에는 577명이 처형된 데 반해 이 법이 제정되고 로베스피에르가 몰락하기까지 45일 동안에는 1,286명이 처형되었다.[25] 처형자가 급증한 이유는 무엇인가? 장클레망 마르탱은 반대파들이 법의 본래 취지를 왜곡하여 처형을 양산하고 그 책임을 로베스피에르에게 돌리려 했기 때문이라고 말한다.[26] 그렇다면, 단두대를 중앙의 튈르리에서 외곽의 앙투안 광장과 트론 광장 근처로 옮겨 선전효과를 줄인 이유는 무엇일까?[27]

반대파들의 "음모"는 또 있다. 로베스피에르와 콜로 데르부아 암살미수 사건이 일어난 후 혐의자 54명을 급하게 처형했는데, 모두 빨간옷을 입혀 처형함으로써 로베스피에르를 "조국의 아버지", "프랑스의왕"처럼 보이게 했다는 것이다. 카트린 테오 사건도 마찬가지였다. 보안의원 바디에는 6월 15일 국민공회에서 "신의 어머니"를 자처한 카트린 테오 사건을 보고했다. 이 늙은 예언가에 의하면, 로베스피에르는신이 프랑스 왕좌에 앉히기 위해 보낸 사람이었다. 파리의 여러 감옥에과다 수용되어 있던 수인들의 "음모"가 발각되어 불과 며칠 사이에 250여 명의 목이 잘린 사건도 있었다. 장클레망 마르탱은 이 사건들은 "대단히 신뢰할 수 없는 사건"이라며 음모론에 힘을 실어준다.[28] 그런데이렇게 모든 것을 로베스피에르 반대파들의 음모로 보는 것은 로베스피에르 자신이 '열월 정변' 전날 연설에서 한 말이기도 하다. 장클레망마르탱의 변론은 퓌레가 말한 "한 혁명가의 회상"에 다름 아니다.

아니 주르당은 장클레망 마르탱의 해석에 동의하지 않는다. 주르당은 공안위원회 때문에 권력을 상실한 보안위원회가 마구잡이로 처형을 양산함으로써 공안위원회와 로베스피에르에게 책임을 전가시킨 것은 아니라고 말한다. 로베스피에르 자신이 공안위원회를 움직여 인민위원회가 양 위원회를 거치지 않고 직접 혁명재판소로 사건을 이송하도록 하거나, 혁명재판소 검사인 푸키에 탱빌에게 신속한 재판을 하도록 압력을 가해 처벌을 양산한 측면도 있다는 것이다.[29] 장클레망 마르탱은 혁명재판소가 기소자의 절반 가까이를 무죄 방면했다는 사실을 강조하지만[30] 특별히 목월의 법 이후 무죄 방면자의 수가 늘어난 것도 아니었다.

목월의 법이 파리 혁명재판소로 재판을 일원화한 것은 무분별한 재판을 막기 위함이었지만 처형자 수를 줄이려거나 공포정치를 완화하기 위한 것으로는 보기 어렵다. 그것은 국가권력을 공안위원회로 집중시켜 권력을 강화하기 위함이었다. 목월의 법은 '인민의 적'을 "무력으로든지 계략으로든지 공공의 자유를 파괴하려는 자"라는 식으로 지나치게 넓고 막연하게 규정하여 모든 사람을 공포에 떨게 했다. 특히 그 법은 공안위원회가 국민공회를 거치지 않고 직접 기소할 수 있게 하여 사실상 의원 불체포특권을 폐지했기 때문에 보안위원회, 파견의원, 국민공회 의원들을 불안하게 만들었다. 몇 달 전에 당통파를 제거할 때 의원 불체포특권이 거추장스러웠기 때문에 폐지의 필요성이 제기된 것으로 보인다. '열월 정변' 직후 국민공회는 이 법을 폐지함으로써 불체포특권을 회복시켰다.

장클레망 마르탱은 목월의 법을 대공포정치법으로 보는 사람들과 자기처럼 정반대로 보는 사람들 모두 그 법이 이미 입법부와 행정부를 장악하고 있던 공안위원회와 보안위원회가 혁명재판소도 장악하여 최종적으로 삼권을 장악할 수 있게 했다는 점에는 동의한다고 말한다.[31] 공포정치까지는 아니어도 독재는 가능하게 했다는 것이다. 파트리스 게니페는 목월 22일 법이 대공포정치를 만들었음은 의심의 여지가 없는 팩트라고 말한다.[32] 파트리스 게니페에 의하면 목월 22일 법은 로베스피에르가 공안위원이 되면서부터 역설한 사법부 개혁을 실천에 옮긴 것이지 암살 음모 사건이라는 우연에 의해서 만들어진 것이 아니다.

장클레망 마르탱은 로베스피에르의 권력 집중을 두려워한 과격 공포정치가들이 목월의 법을 악용하여 죽음을 양산함으로써 로베스피에르를 독재자, 공포정치가로 만들었을 뿐만 아니라 '열월 정변'을 일으켜 로베스피에르를 제거한 후 "공포정치système de la Terreur"라는 말을 '만들어내어' 모든 책임을 로베스피에르에게 전가했다고 말한다. 공포정치가 실제로 의사일정에 오른 것은 1793년 9월 5일이 아니라 '열월 정변' 이후이며, 명실상부한 공포정치가 자행된 것도 이때라는 것이다.

장클레망 마르탱은 1793년 9월에 "공포정치가 의사일정에 올랐다à l'ordre du jour"라는 일반적인 인식을 해체한다. 그런데 공포정치가 의사일정에 오른 적이 없다는 것은 무슨 의미인가? 그것은 "국민공회는 공포정치를 실시하기로 결정한다"고 정식 의제로 상정하거나 의결하지 않았다는 것인가? 그런데 1793년 9월 국민공회가 파리 혁명군 창설, 혐의자 검거, 최고가격제 실시를 결정한 것은 비록 "공포정치를 실시한다"고 법제화하지는 않았어도 공포정치에 속하는 조치들을 실시한다고 선언한 것이 아닐까? 그리고 파견의원들과 혁명군은 이 법에 의거하여 공포정치를 자행한 것이 아닐까? 그러니 프랑스혁명기에 공포정치가 "의회의 의사일정에는 오르지 않았다"고 말할 수는 있어도 시행되지 않았다고는 말할 수 없는 것이다.

파트리스 게니페에 의하면, 공포정치는 '공식적으로는' 국민공회가 공포정치를 "의사일정에 올린" 1793년 9월 5일에 시작되어 로베스피에르가 몰락한 1794년 7월 27일에 끝나지만 공포정치의 도구는 이미 존재했다. 공포정치는 1793년 3~4월에 설치된 혁명재판소, 감시위원회, 공안위원회로, 1792년 8월 10일의 왕정 붕괴와 9월 학살, 특별형사재판소 설치, 가택 수색, 혐의자 검거 등으로, 망명자들과 선서거부신부들에 대한 특별조치로, 더 나아가 1789년 7월의 폭력에 대응하기 위해 의회와 파리코뮌에 음모자들을 소탕하기 위한 조사위원회를 설치한 것 등으로 소급해 올라갈 수 있다고 주장한다.[33] 공포정치는 1789년 7월 혁명 발발과 함께 잠재적인 형태로 존재했다는 것이다.

로베스피에르를 위한 변명

장클레망 마르탱의 '프랑스혁명 구하기' 전략은 로베스피에르를 위한 변명으로 귀착된다.

방데 전쟁에 대한 방어에서 장클레망 마르탱은 적극적으로 로베스피에르를 옹호한다. "1793년 12월부터 1794년 1월까지 로베스피에르는 방데 전쟁에 대한 논의에 일절 참여하지 않았고 정치가들의 경쟁적인 과격화에 휩쓸리지 않았다. 그는 카르노가 튀로의 제안에 원칙적인 동의를 하도록 내버려두었다."[34] 당시 로베스피에르는 공안위원회를 주도하던 인물인데 그가 방데 전쟁 같은 중요한 사건에 관여하지 않았다는 것은 납득하기 어렵다. 실제로 그는 자기의 개인정보원인 쥘리앵을 현지로 파견하여 상황을 파악하고 있었으며 카리에와 튀로에 대한 고발장을 접수했기 때문이다.

장클레망 마르탱은 "로베스피에르는 과격한 연설 외에는 별다른 개입 수단을 가지고 있지 않았다"며 "로베스피에르의 국민공회 내에서의 입지가 허약했다"고 말한다.[35] 그런데 과연 그랬을까? 목월의 법의 통과 장면을 보면 그렇지 않다는 인상을 받는다. 쿠통이 법안을 발의하자 뤼앙프, 르쿠앵트르, 바래르 등은 법안 토론을 연기하자고 제안했다. 그러자 로베스피에르가 개입하여, 법안 토론을 연기하는 것은 조국의 안전을 위협하는 것이고 가혹한 법은 음모를 꾸미는 자들과 자유의 적들에게만 무시무시할 뿐이라고 위협했다. 의원들은 위원회의 권한이 의원들에게 확대되고 모두가 잠재적인 '피고'가 되지 않을까 두려워했으나 쿠통과 로베스피에르의 위압에 밀려 저항하지 못했다.

장클레망 마르탱의 이야기와는 달리 로베스피에르가 막강한 권력자임을 보여주는 장면이 아닐 수 없다. 아니 주르당은 로베스피에르가 비록 보안위원회뿐만 아니라 공안위원회에서도 내부 반대에 부딪히기는 했지만 여전히 파리코뮌, 국민방위대, 혁명재판소, 자코뱅 클럽을 장악하고 있어서 막강했다고 말한다. 카리에 사건을 기록한 바뵈프에 의하면 로베스피에르의 권력은 압도적이었다. 많은 사람이 로베스피에르 제거 음모를 꾸몄다는 사실 자체가 로베스피에르의 존재감을 말해주는 것이다.

장클레망 마르탱이 로베스피에르는 무정부주의적으로 자행되던 폭력을 중앙에 집중하려고 했다고 보는 것은 옳다. 중앙의 공안위원회와 보안위원회, 최종적으로는 공안위원회가 권력과 폭력을 장악하려고 했음은 부인할 수 없다. 목월의 법이 특히 공안위원회와 보안위원회에 기소권을 부여한 것이 그 증거이다. 그러나 로베스피에르가 그 법을 통해 공포정치를 완화시키려 했다고 보는 것은 받아들이기 어렵다. 처벌자가 급증한 것을 로베스피에르를 독재자로 몰아붙이기 위한 정적들의 음모로 보는 것은 그의 변명을 사실로 받아들이는 것이다. 로베스피에르가 1794년 2월 5일의 유명한 연설에서 '공포'와 '덕'을 연결시킨 것은 '덕' 없는 '공포'를 일삼는 에베르파를 비난하기 위해서였을 가능성이 있지만 그렇다고 해서 로베스피에르의 '도덕적' 공포정치가 덜 잔혹했다고 말할 수는 없다. 왜냐하면 그가 지향한 '덕의 공화국'에서는 부도덕한 것도 반혁명 범죄가 되기 때문이다.

로베스피에르는 공포정치를 완화하거나 끝낼 생각이 없었다. 1793년 말 혁명정부가 "프랑스 임시정부는 평화시까지 혁명적이다"라고 선언했듯이, 공포정치는 전쟁 승리를 위해 일시적으로 실시한다는 명분으로 시작되었다. 따라서 전쟁이 끝나고 평화가 오면 공포정치를 계속할 명분이 없었다. 실제로 목월 22일의 법을 제정하고 얼마 지나지 않아 전세가 호전되었고 평화에 대한 기대가 높아졌다. 임시정부 체제를 중단하고 공포정치를 끝내라는 요구가 높아졌다. 과거 로베스피에르와 함께, 로베스피에르보다 더 잔혹한 공포정치를 실시하던 파견의원들, 보안위원회 위원들은 이러한 요구에 귀를 기울였다. 그러나 로베스피에르는 공포정치를 멈출 수 없었다. 국내의 적에 대한 전쟁이 계속 필요했을

뿐만 아니라 덕의 공화국을 건설할 필요가 있었기 때문이다.[36]

  장클레망 마르탱은 로베스피에르를 흡혈귀나 괴물이 아니라 괴물로 만들어졌을 뿐이라고 말한다.[37] 오히려 "인간과 인류의 개선을 도모한 도덕적인 혁명가"라고 본다. 로베스피에르가 강조한 '덕', 청렴지사라는 세간의 평을 순수하게 받아들이는 것 같다. 그러나 "현실주의적이고 유능한 지도자", "뛰어난 전술가요 정치가", "간교한 의회주의자"라는 퓌레의 평도 함께 고려할 필요가 있을 것이다. 장클레망 마르탱은 로베스피에르도 카리에와 마찬가지로 "속죄양"이라고 말하는데, 그를 공격한 사람들의 부도덕성과 범죄가 그의 행위에 면죄부를 주는 것은 아니다.

맺음말

자유와 평등의 혁명

프랑스혁명의 근본이념은 1789년의 〈인간과 시민의 권리선언〉에 잘
나타나 있다. 제1조는 "모든 사람은 태어나면서부터 자유롭고 권리에
있어서 평등하며 그 후로도 그러하다. 사회적인 차이는 공공의 유용성
에만 의거한다"라고 선언했고, 제2조는 "모든 정치적 결사의 목적은
인간의 자연적이고 양도 불가능한 권리들의 보존이다. 이러한 권리들
은 자유, 소유, 안전, 그리고 압제에 대한 저항이다"라고 선언했다.

　'자유'와 '평등' 가운데 자유는 자연권의 지위를 인정받은 반면, 평
등은 그러지 못했다. 사람은 자연적으로는 불평등하지만, 사회 속에 들
어와 시민이 됨으로써 법 앞에서, 법이 인정하는 "권리에 있어서 평등"

해진다. 제헌국민의회 의원들이 지향한 혁명은 자유의 혁명이었다.

자유는 구체적으로 사상의 자유, 종교의 자유, 언론의 자유, 출판의 자유 같은 '개인적' 자유였다. 제3조에서 "모든 주권의 원칙은 본질적으로 국민에게 있다"며 국민이 주권자임을 선언했지만, 평등한 주권 행사를 보장하지는 않았다. 재산에 따라 선거권에 제한을 두었고, 여성에게는 아예 선거권을 주지 않았다.

평등이 자연적 평등이 아니라 권리의 평등이었다는 점은 현실적으로 존재하는 경제적 불평등을 인정한 것이다. 그것은 소유권을 신성한 자연권으로 강조한 데에서도 확인된다. 제헌국민의회의 부르주아 의원들은 경제적 불평등을 자연법에 거슬러 시정하려고 하지 않았다.

'자유'는 자연권이라는 선언에도 불구하고, 절대적이고 완전한 자유는 아니었다. 자유는 실정법에 의해서뿐만 아니라, 공공질서, 공적인 필요성, 사회적 유용성 등에 의해서도 제약을 받았다. 자유의 취약성은 현실적으로 존재하는 불평등에 의해서도 노출되었다. 완전한 자유는 완전한 평등에 의해 보장된다는 요구가 강력했기 때문이다.

1792년 9월 21일 국민공회가 왕정 폐지를 선언함으로써 혁명은 중대한 전기를 맞이했다. 왕정 폐지와 공화정 수립에 결정적인 공을 세운 사람들은 8월 10일 왕궁을 공격한 파리 민중과 지방에서 올라온 연맹군이었다. 이들은 혁명에 직접 개입하여 부르주아들이 지배하는 의회에 맞서 직접민주주의를 요구하기도 했다.

국정을 장악한 파리코뮌은 1792년을 "자유의 제4년이며 평등의 원년"이라고 선포했다. 수동시민들도 국민공회 선거권을 획득했으며 국민방위대에 입대할 수 있게 되었다. 자코뱅 클럽은 '헌법 동지회'에서 '자유와 평등 동지회'로 이름을 바꾸었다. 의회의 부르주아 혁명가들은 자유의 이념에 충실하여 가격이 시장에서의 수요와 공급에 의해 자연스럽게 형성되기를 기대했으나, 민중은 공정가격이 존재한다고 주장했고 최고가격제와 같은 통제경제를 요구했다. 민중에게 가장 중요하고 절실한 것은 생존권이었다.

민중은 "빵이 없는 곳에는 법도, 자유도, 공화국도 더이상 존재하지 않는다"고 외쳤다. 민중은 의회제가 아니라 직접민주주의, 법이 아니라 정의, 합법성이 아니라 정당성을 외치며 근본적인 사회 개혁을 요구했다. 민중의 요구를 무시할 수 없었다. 공화국 헌법에 대한 논의에서, 로베스피에르는 "소유권은 각 시민이 법으로 보장된 재산의 일부를 향유하고 처분할 권리"라며 소유권이 더이상 신성한 자연권이 아니라 사회적 제도라고 말했고, 주권자인 인민은 위임자를 해임할 수 있다며 민중의 직접민주주의 요구에 화답했다.

1793년 6월 2일 파리 민중의 지원을 받아 권력을 장악한 산악파는 민중의 요구에 맞게 자유와 평등의 관계를 재조정했다. 1793년 6월 24일 통과되었고 국민투표를 거쳐 확정된(그러나 시행은 유도된) 산악파 헌법은 1791년 헌법과 많은 차이를 보인다. 인권선언의 제1조는 "사회의 목적은 공동의 행복이다. 정부는 인간의 자연적이고 불가침적인 권리들의 향유를 보장하기 위해 세워졌다"고 명시하여, 행복권을 자연권에 포함시켰다. 제2조에서는 평등을 자유보다 우선하는 자연권이라 규정했고, 제3조에서는 "모든 인간은 자연적으로 법적으로 평등하다"라고 규정하여, 1789년의 인권선언에서 평등을 권리의 평등으로 제한한 것을 넘어 자연적 평등으로 확대했다. 그렇지만 소유권에 제한을 가하지는 않았다.

1794년 2월 26일 에베르파와의 권력투쟁이 한창일 때 생쥐스트는 "조국의 적의 재산"을 몰수하여 "불행한 사람들"에게 분배하는 법을 통과시켰다. 이 풍월의 법을 시행하기 위해서는 조국의 적을 "신속하고 준엄하고 단호하게" 처벌할 필요가 있었고, 그것은 6월 10일의 목월 22일의 법으로 이어졌다. 이렇게 해서 대공포정치가 실시되었다. 공포정치는 처음에는 위기에 빠진 조국을 구한다는 명분 아래 한시적으로 실시되었으나 이제는 개인이 조국의 번영과 영광을 향유하는 나라, 모두가 행복한 나라, 모두가 조국을 위해 봉사하는 나라, 한마디로 덕이 지배하는 공화국을 건설하기 위해 실시되었다. 공포정치가 항구적으로 변한 것이다.

개인의 행복이 아니라 모두의 행복이, 개인의 자유가 아니라 모두의 자유가 중요해졌다. 모두의 행복은 개인의 행복의 합이 아니었다. 모두의 행복을 위해서는 개인의 행복을 제한할 필요가 있었고, 모두의 자유를 위해서는 개인의 자유를 제한할 필요가 있었다. 모두의 행복이 이루어지기 위해서는 정치적·경제적 불평등이 해소되어야 했다. 평등을 위해 자유를 희생할 필요가 있었던 것이다. 이제 개인, 개인의 자유, 개인의 행복을 주장하는 것은 이기적이었고, 덕에 위배되는 것이었고, 반공화국적이었다. 반혁명이었고, 그리하여 공포의 타격 대상이었다.

집단심성의 차원에서 민중을 사로잡은 이념은 자유를 넘어 '평등'

이었다. 전통적인 사육제 축제에서 나타난 "전도된 세계"가 혁명기에 다시 분출되었다. 1790년 5월부터 민중 사이에서 회자된 "사이라ça ira(잘 될 거야)"는 평등한 세상을 염원했다.

> 복음서의 가르침에 따르면
> 입법가로부터 모든 것이 이루어질 것이다.
> 솟아 오른 사람은 낮아질 것이고
> 낮은 사람은 높아질 것이다.
> 진정한 교리문답은 우리를 가르칠 것이고
> 끔찍한 광신은 소멸될 것이다.

1792년 8월부터 민중이 부르고 춤추기 시작한 〈카르마뇰〉에는 민중이 염원한 행복한 세상이 그려져 있다.

> 거인들을 작게 만들고
> 소인들을 더 크게 만들어야 한다.
> 모두가 같은 높이로 되는 것,
> 이것이 바로 진정한 행복이다……

1794년 7월 27일 '열월 정변'으로 로베스피에르가 몰락하면서 덕의 공화국도 폐기되었다. 1795년 8월 22일 제정된 열월파 국민공회 헌법은 혁명이 "불행한 사람들"을 위한 혁명에서 본래의 부르주아 혁명으로 복귀했음을 분명히 했다. 전문은 "프랑스 국민은 최고 존재 앞에서 인간과 시민의 권리와 의무를 선언한다"라고 형식적으로 기술했을 뿐만 아니라 '의무'를 규정하여 권리를 제한했다. 제1조는 "사회 속의 인간의 권리들은 자유, 평등, 안전, 소유이다"라고 규정하여 '자유'가 본래의 위치를 되찾았다.

평등은 "출생의 구분"과 "권력의 상속"이 없는 상태로 축소되었다. 소유권이 분명히 정의되었고 타인의 소유권을 존중하는 것은 '의무'라고 선언되었다. 인권선언을 근거로 경제적 불평등의 축소를 국가에 요구할 수 없게 되었다. 사회의 목적은 공동의 행복이라고 단언하지 않았을 뿐만 아니라 노동권, 부조권, 교육권, 봉기권도 인정하지 않았다.

1799년 11월 9일 나폴레옹 보나파르트는 쿠데타를 일으켜 총재정부를 붕괴시킨 후 "혁명은 끝났다"고 선언했으며, 1804년에는 황제정으로 복귀했다. 1804년 헌법에는 '인권선언'이 사라졌다. 10년 후인 1814년에는 부르봉 왕조가 복귀함으로써 1789년 이전 체제로 돌아갔다. 혁명은 진짜 끝났다.

자유와 평등의 혁명으로서 프랑스혁명은 위대한 성취를 이루어냈다. 삼신분회 대표들이 삼신분회를 국민의회로 개편하는 장면은 참으로 감동적이어서 전율을 일으킨다. 절대군주정이 입헌군주정, 나아가 공화정으로 바뀌면서 국민주권이 실현되었다. 삼권분립, 귀족제 폐지, 선거권 확대, 공직 개방과 공직자 선거제, 행정적 지방분권화, 사법 개혁, 국교의 폐지와 종교의 자유 부여, 노예 해방, 장자상속제 폐지, 봉건적 부과조 폐지, 동업조합 폐지, 국내시장 통합, 세제 개혁, 경제적 자유주의, 자본주의의 발전 등 프랑스혁명은 단숨에 프랑스를 중세국가에서 근대국가로 변모시켰다.

이념적으로, 자유와 평등은 양립하기 어려운 가치이다. 자유는 기본적으로 자유경쟁을 보장하는 강자의 이념이기 때문이다. 자유를 보장하면 보장할수록 불평등이 심해지고, 평등을 확대하면 자유가 위축되기 쉽다. 프랑스혁명의 과정에서도 이러한 길항 모습이 나타난다. 공화주의적 자유와 사회경제적 평등의 가치가 지배적이었던 공포정치 시기에 특히 그러했다. 혁명이 정치혁명에서 사회혁명으로 심화되면서, 개인의 자유보다는 공적인 자유, 권리의 평등이나 기회의 평등보다는 자연적 평등, 결과의 평등, 경제적 평등으로의 요구가 강해졌고, 그만큼 국가의 강제력, 폭력, 공포가 개입할 여지도 늘어났다. 그러나 폭력이 개입한다고 해서 불평등이 시정되고 평등한 사회가 건설되는 것이 아님은 현대의 역사가 잔인하게 보여주었다.[1]

형제애

자유, 평등과 함께 프랑스혁명의 기본정신으로 언급되는 것이 프라테르니테fraternité이다. 이 말은 '형제애'라는 뜻인데, 우리말로는 종종 '박애'라고도 번역되어 혼란을 일으킨다. 형제애와 박애는 비슷한 뜻을 지니면서도 정반대의 뜻을 지니기도 하기 때문이다. 다시 말해 박애는 '적'도 사랑하는 '휴머니즘'의 단어인 반면, 형제애는 형제만 사랑하고 형제가 되기를 거부하는 적에게는 '죽음'을 내리는 전투 구호로 도 사용될 수 있기 때문이다. "형제애 아니면 죽음을"은 그런 식으로 이해되었다.

혁명기에 형제애는 자유, 평등이라는 단어에 비해 사용빈도가 높지 않았다. '인권선언'의 본문에만 해도 자유, 평등은 나오지만 형제애는 나오지 않는다. 자유-평등-형제애라는 삼위일체가 공식 등장한 것은 1792년 9월에 왕정이 폐지되고 공화정이 수립된 후이다. 1793년 7월 파리 도의회는 파리도에 있는 모든 건물 정면에 "공화국의 일체성과 불가분성: 자유, 평등, 형제애가 아니면 죽음"이라는 표어를 새기게 했다. "공화국의 일체성과 불가분성 아니면 죽음: 자유, 평등, 형제애"라 는 표어도 등장했다. 자유-평등-형제애는 1848년 혁명 후 수립된 제2 공화국 헌법에 공화국의 원칙으로 정식 등재되었다.

프라테르니테를 '박애'로 번역한 것은 프랑스혁명에 대한 예찬의 소산이지만 이렇게 확대해석할 근거가 전혀 없는 것은 아니다. 인권선 언이 자유와 평등을 자연권이라고 규정한 것은 프랑스인만의 자유와 평등이 아니라 보편적인 인간의 자유와 평등을 천명한 것이다. 브리소 가 전제정과 신분사회에서 억압받고 있는 유럽의 인민을 해방시키자며 "자유의 십자군"을 제창한 것, 로베스피에르가 "모든 나라의 사람들은 형제이며, 상이한 민족은 동일한 국가의 시민으로서 자기들의 역량에 따라 서로 도와야 한다"고 말한 것은 '박애'를 표현한 것으로 볼 수 있 다. 또 프랑스혁명이 이혼을 허용하여 여자들을 남자들의 지배에서 해 방시킨 것, 유대인들에게 시민권을 부여한 것, 흑인노예제를 폐지한 것도 박애정신으로 볼 수 있다. 이제 이 문제를 하나의 블록이 아니라 여러 개의 부분으로 나누어 구체적으로 살펴보자.

프랑스혁명은 여성의 지위를 향상시켰나? 구체제의 여성들은 이혼 금지법 때문에 남자들의 지배에서 벗어날 수 없었다. 계몽사상가들, 특히 디드로, 돌바크 같은 과격 계몽사상가들은 이혼을 금하는 혼인법의 폐지를 요구했다. 이러한 사상을 계승한 미라보, 브리소, 콩도르세 같은 혁명가들은 가톨릭 계율에서 벗어난 세속적인 혼인법 제정을 요구했고, 드디어 1792년 9월 20일 호적의 세속화와 이혼을 허용하는 법이 통과되었다. 혼인법에서 탈그리스도교가 이루어진 것이다. 이 법은 왕정복고기에 폐지되었다가 제3공화국에서 부활했다. 그 밖에도 여자들은 부모의 동의 없이 결혼할 수 있게 되었고, 남편의 후견에서 해방되었으며, 균등상속을 받는 등 민법상의 지위가 향상되었다.

정치적인 지위는 어떠했을까? 물론 여성들의 정치활동도 활발해졌다. 1789년 10월 초 파리의 가난한 여자들이 민중을 이끌고 베르사유로 내려가 왕실을 파리로 옮겨온 것은 여자들이 혁명에 참여한 대표적인 사건이다. 여자들은 선거권과 피선거권이 없었기 때문에 의회에 진출하지는 못했지만, 의회 밖에서 글로써 혹은 함성으로써 정치적인 주장을 표현했다. 당시의 여권운동가 가운데 유명한 사람을 몇 명 들어보자.

계몽사상가인 콩도르세는 시대를 앞서서 남녀평등을 주장했다. 그의 부인인 소피 콩도르세는 살롱을 운영하면서 여권운동을 전개했다. 작가인 올랭프 드 구즈는 1789년의 〈인간과 시민의 권리선언〉이 남자들만의 권리선언인 데 불만을 품고 1791년 9월 〈여자들의 권리선언〉을 발표했다. 네덜란드에서 망명 온 에타 팜은 여자들로만 구성된 '진리의 친구들의 자선애국협회'를 설립하여 활동했다. 폴린 레옹과 클래르 라콩브는 코르들리에 클럽에서 활동했고 '여자 공화주의 혁명가협회'를 만들어 여자 상퀼로트를 이끌었다. 벨기에 출신의 테루아뉴 드 메리쿠르는 1789년 10월의 베르사유로의 행진, 1792년 6월 20일과 8월 10일의 역사적인 사건에 참여한 "아마존 여전사"였다.[2] "인류 역사상 처음으로 정치적으로 조직된 페미니즘이 공적 영역에서 작지만 실질적으로 독립된 좁은 영역을 정복했다."[3]

그러나 혁명기의 여권운동은 1793년 6월 지롱드파가 몰락하고 산악파 독재가 시작되면서 위축되었다. 루소주의로 무장한 산악파는 여성의 공적인 정치 활동을 인정하지 않고 여성의 영역을 '가정'으로 한정했기 때문이다. 루소의 보수적인 여성관을 받아들인 로베스피에르를 위시한 산악파 혁명가들은 프랑스의 여자들은 스파르타의 여자들을 모델로 삼아 정숙하고, 소박하고, 규율 바르고, 조국을 위해 어린 영웅들을 잘 키우는 데 헌신하고, 자기 헌신적이고, 단호하고 냉혹해야 한다고 생각했다.[4] 민중협회의 감시위원회는 여성 운동가들을 "여성에게 고유한 덕"을 망각한 위험한 여성으로 보고 감시했다. 올랭프 드 구즈는 반혁명적인 저술을 금하는 1793년 3월 20일 법을 위반한 혐의로 7월 23일 체포되었고, 지롱드파와 함께 단두대에서 처형되었다. 여자들의 정치 클럽은 폐쇄되었고, 앞에서 언급한 여성 혁명가들은 감옥이나 정신병원에 갇혔다.

프랑스혁명은 유대인들에게 시민권을 부여했다. 프랑스 남부에 거주하여 프랑스 사회에 충분히 동화되었던 세파르디 유대인들은 1790년 1월에, 동부에 마치 섬처럼 거주하던 아슈케나지 유대인들은 1791년 9월에 시민권을 얻었다. 이렇게 해서 프랑스는 유대인을 해방시킨 최초의 나라가 되었다. 그러나 유대인 해방의 공이 전적으로 혁명에 돌아가는 것은 아니다. 계몽사상가들은 유대인 해방의 대의를 주장했으며, 루이 16세는 1787년 '관용칙령'으로 프로테스탄트와 유대인에게 종교의 자유를 부여했다. 유대인에 대한 적대감이 심했던 동부의 메츠 고등법원이 칙령 등재를 거부하여 법으로서의 효력을 발휘하지 못한 상태였을 뿐이다. 따라서 국민의회는 구체제에서 시작된 유대인 해방 운동을 완성한 셈이다. 그러나 유대인들도 공포정치 시기의 탈그리스도교와 반달리즘을 피해가지 못했다. 시나고그는 파괴되었고 종교의식은 금지되었다. 특히 전쟁터로 변해버린 알자스 지방의 유대인들에게는 배신과 스파이 혐의가 추가되었고, 프랑스군과 외국군의 승패가 교차되는 가운데 번갈아가며 보복의 대상이 되었다. 유대인들의 "대탈출"이 벌어졌다. 이들은 '열월 정변'이 끝나고 총재정부 시기에 집으로 돌아왔다.

흑인노예 해방도 굴곡이 있다. 흑인노예해방운동은 1788년 2월 19일 브리소가 영국의 흑인노예제폐지운동을 모델로 삼아 설립한 '흑인우호협회'를 중심으로 전개되었다. 1789년 당시 이 협회의 멤버는 미라보, 콩도르세, 클라비에르, 랑트나, 라파예트, 그레구아르 신부, 시에예스 신부, 라로슈푸코-리앙쿠르 공작, 루이 모네롱, 제롬 페티옹 등 141명이었다. 이들은 대체로 브리소와 가까운 사람들이었고 후일 지롱드파로 활동하는 사람들이다. 로베스피에르는 이 협회에서 활동한 적이 없고, 올랭프 드 구즈도 처음에는 참여하지 않았다. 이 협회는 식민지에서 백인과 유색인의 평등, 흑인노예무역의 즉각적인 폐지, 노예제의 점진적인 폐지를 위해 노력했다.

1791년 5월 15일 국민의회는 유색인들(물라토)에게 투표권을 부여했다. '흑인우호협회'의 첫 성과였다. 그러자 생도맹그의 백인 농장주들은 불안해했고 독립을 모색했다. 유색인들은 유색인대로 완전한 권리평등을 얻지 못해 불만이었다. 유색인, 상인, 농장주들이 충돌했고, 서로 흑인노예들을 자기편으로 끌어들이기 위해 노력했다.

1791년 8월 23~24일 밤, 농장을 탈출한 노예들이 백인 시민들과 동일한 자유와 권리평등을 요구하며 반란을 일으켰다. 이어 벌어진 전투에서 당시 48세의 프랑수아 투생—후일의 투생 루베르튀르—의 활약이 두드러졌다. 1792년 3월 28일 입법의회는 모든 자유민의 권리평등을 규정했으나, 흑인을 제외했기 때문에 사태를 진정시키지 못했다. 1793년 3월 스페인과 영국이 프랑스와 전쟁에 돌입했다. 당시 생도맹그의 오른쪽 절반을 지배하고 있던 스페인은 노예반군에게 전반적인 자유를 부여한다는 조건으로 자기편에 가담하여 프랑스인들과 싸울 것을 제안했다. 노예반군은 이 제안을 수락했다. 투생은 스페인군 중장이 되어 4천 명을 지휘했고 연승을 거두었다.

프랑스 공화국은 송토낙스와 폴베렐을 6천 명의 병사와 함께 생도맹그에 파견했다. 이들 판무관들은 1793년 6월 공화국에 충성을 바치는 노예들을 해방시키기로 결정했다. 송토낙스는 1793년 8월 29일에는 북부 지역에서, 1793년 9월 4일에는 서부와 남부 지역에서 전면적인 노예 해방을 선언했다. 이에 국민공회는 1794년 2월 4일 법으로 전 프랑스 식민지의 노예 해방을 확인했다.

그러자 백인 농장주들은 영국인들에게 도움을 요청했고, 1794년 5월 7,500명의 영국군이 생도맹그에 상륙하여 수도인 포르토프랑스를 점령했다. 투생은 스페인이 약속한 노예 해방을 지체하자 프랑스 편으로 돌아섰다. 영국군은 전투에서 패하고 전염병(황열병)으로 궤멸당했다. 투생은 섬의 남부를 탈환하고 1798년 10월 영국의 최종적인 항복을 얻어냈다. 1801년 투생은 스페인이 1795년에 프랑스에 양도한 섬의 동부를 차지했는데, 이것이 제1통령 나폴레옹을 분노하게 했다. 나폴레옹은 섬에 원정군을 파견했으나 실패했고, 생도맹그는 최종적으로 독립을 쟁취했다.

생도맹그 노예 해방에는 송토낙스의 공이 크다. 그런데 그는 누구인가? 그는 일찍이 '흑인우호협회'의 노예폐지론을 열정적으로 지지한 인물이었다. 그리고 그의 생도맹그 파견을 지원한 사람은 브리소였다. 산악파는 브리소의 보편주의를 싫어했다. 산악파가 보기에 흑인노예제 폐지는 "애국적인 목표"가 아니었다.[5] 노예 해방에 대한 로베스피에르의 입장은 애매모호했다. 로베스피에르는 브리소파가 영국과 공모했으며 생도맹그의 노예들을 무장시켜서 프랑스의 식민지들을 파괴하려 했다고 비난했다.

1794년 1월 송토낙스는 국민공회에 두 명의 사절을 파견하여 자기의 노예 해방 선언에 대한 법적인 승인을 요청했으나 실패했다. 그러나 마르티니크의 백인들이 영국인들과 공모하고 생도맹그의 백인들이 영국과 스페인과 협약을 맺자, 국민공회는 백인 농장주들의 로비를 무시하고, 내키지는 않지만, 브리소가 주장했던 흑인노예들의 전반적인 해방 외에는 대안을 찾지 못했다. 이러한 정책 전환을 주도한 인물은 당통이었다. 1794년 2월 4일의 노예 해방이라는 세계 최초의 법은 바로 당통파가 이루어낸 것이다.[6] 로베스피에르는 국민공회 투표에 불참했다.

여자들의 이혼권, 유대인 시민권 부여, 노예 해방을 통해서 살펴볼 때, 프랑스혁명의 '휴머니즘'은 브리소, 콩도르세 같은 지롱드파 혁명가들에 의해 고양되었다. 로베스피에르가 이끈 산악파는 휴머니즘의 보편적인 대의보다는 외전과 내전으로부터 국가를 구한다는 이유로 '애국'을 강요할 뿐이었다.

프랑스혁명사를 공부하다보면 혁명가들이 제시한 자유, 평등, 형제애의 이념에 가슴이 벅차오르고, 영웅적인 시민혁명에 부러움을 느낀다. 그러나 혁명가들이 "혁명의 정의를 실현한다"는 명분으로 스스로 제시한 혁명이념을 파괴했을 뿐만 아니라, 혁명의 적을 만들어내고 학살하는 것을 접하게 되면 분노를 느끼며 절망한다. 혁명의 불편한 진실을 보기 때문이다. "모든 폭정 중에서 최악의 폭정은 사상이 지배하는 무정한 전제정치"라는 폴 존슨의 말을 실감하게 된다.[7] 그러면서도 평범한 사람들 속에서 위대한 휴머니즘이 살아있음을 발견하고 위로를 얻는다. 라로슈자클랭 후작 부인을 숨겨준 브르타뉴의 가난하고 무지한 농민들, 테르시에의 탈주를 도와준 브르타뉴의 여자들, 콩도르세를 숨겨준 베르네 부인, 지롱드파 의원들을 숨겨준 테레즈 부케 부인, 5천

명의 청군 포로를 석방해준 방데군 사령관 봉샹 장군과 그 부인, 오스트리아의 감옥으로 남편을 찾아가 감옥에서 함께 생활한 라파예트 부인, 위고의 《93년》에 나오는 랑트낙 후작……

프랑스혁명의 희생자

프랑스혁명의 폭력으로 인해 피해를 입은 사람이 얼마나 되는지 정확히 추산할 수는 없다. 역사가의 입장에 따라 희생자 수에 커다란 편차를 보이는데, 여기에서는 미국의 역사가인 도널드 그리어가 1935년에 발표한 연구서를 중심으로 희생자 수를 가늠해보고자 한다.[8] 이 책은 비록 오래된 책이기는 하지만 프랑스 역사가들이 최근까지도 참고할 정도로 가치를 인정받고 있다. 프랑스 역사가들의 연구가 없는 것은 정치적으로 너무 민감한 문제여서 꺼리기 때문이 아닐까 싶다. 그리어는 '공포정치'의 희생자만 살펴보고 있는데, 여기에서는 혁명전쟁까지 포함하여 전체적인 희생자를 추산할 것이다.

그리어가 의미하는 공포정치는 파리 혁명재판소가 세워진 1793년 3월 10일부터 '열월 정변'이 일어난 1794년 7월 27일까지이다. 역사가는 이 기간 동안 프랑스의 각종 재판소—파리 혁명재판소, 파견의원들이 지방에 설치한 혁명재판소, 민간위원회, 군사위원회, 그리고 각 도에 설치된 형사재판소—에서 사형선고를 내리고 실제로 집행한 건수를 월별, 지역별, 죄목별, 계층별로 통계를 낸 후, 공포정치의 이유에 대해 종합적인 판단을 내리고 있다.

역사가는 정확히 1만 6,594명의 처형자를 확인했는데, 궐석재판으로 사형선고를 받았거나, 소수지만 처형이 유예되었거나 탈옥한 사람들은 이 수치에 포함되지 않는다. 공포정치의 희생자가 1만 6,594명으로 그치는 것은 물론 아니다. 재판 없이 처형당한 사람들, 감옥에서 병사한 사람들도 많았기 때문이다. 역사가는 이들을 포함하여 공포정치의 희생자를 3만 5,000명에서 4만 명으로 추산한다. 공포정치 기간에 감옥에 수용된 혐의자의 수는 50만 명으로 추산된다.

그러면 월별 처형자 수를 살펴보자. 1793년 3월부터 10월까지 처형자 수는 매월 200명을 넘지 않았으나, 11월에는 500명으로, 12월에는 3,400명으로, 1월에는 3,500명으로 급증했다. 2~5월에는 급락하여 1,000명 안팎에 머물다가 6월에는 1,200명, 7월에는 1,400명으로 증가했다가 8월에는 100명 정도로 급락했다. 전체 처형자의 절반 가까이가 1793년 12월과 1794년 1월에 발생한 것은 방데 전쟁의 포로들을 처형했기 때문이고, 6월과 7월에 처형자가 반등한 것은 목월 22일(1794년 6월 10일) 법으로 "대공포정치"가 시행되었기 때문이다.

처형자의 지역적 분포도 차이가 크다. 전체의 16퍼센트인 2,638명이 파리에서 처형되었는데, 이들 모두가 파리 사람들이었던 것은 아니다. 이들 가운데 절반 이상은 지방에서 파리로 이관된 사람들이었다. 처형자가 가장 많이 발생한 도는 루아르 앵페리외르로 전체의 21퍼센트인 3,548명이 처형되었다. 방데의 4개 도에서 전체 처형자의 42퍼센트가 발생했다. 반면에 내전을 면한 내륙의 6개 도에서는 처형자가 한

명도 없었다. 이 지역에도 귀족과 부유한 부르주아들이 있었으나 처형
자가 발생하지 않았다는 사실은 공포정치가 계급전쟁이나 사회전쟁이
아니라 내전이라는 반혁명적 '상황'에 대응한다는 정치적 목적을 지니
고 있었음을 말해준다고 역사가는 여러 차례 강조한다.[9]

　기소 이유 분석도 같은 결론으로 이어진다. 혁명정부는 다양한 이유
로 기소하고 처벌했다. 폭동, 반역, 음모, 망명, 스파이, 적에게 자금 제
공, 반란자들과 내통, 혁명에 대한 악담, 반혁명 자료 소지, 선서거부신
부 은닉, 매점, 최고가격제 위반, 아씨냐 지폐의 수령 거부, 화폐 위조,
1793년 헌법 인정 거부, '자유의 나무'(1792년 5월에 6만 그루가 있었다)
훼손……. 이 가운데 가장 많은 것은 '폭동'으로 전체의 4분의 3을 차지
했으며, 전체적으로 반혁명과 관련된 것이 93퍼센트였다. 반면에 매점,
최고가격제 위반, 아씨냐 지폐 수령 거부, 화폐 위조 등 경제적인 이유
로 기소된 것은 전체의 1퍼센트도 되지 않았으며 처형 대상도 아니었다.

　마지막으로, 어떤 사람들이 처형되었나? 전통적인 3신분으로 구분
해보면, 전체 처형자 가운데 제1신분(성직자)은 6.5퍼센트, 제2신분(귀
족)은 8.25퍼센트, 제3신분은 84퍼센트로, 제3신분이 압도적으로 많았
다. 남자와 여자로 구분해보면, 여자는 전체 처형자의 9퍼센트 정도였
으며 특권신분 여자들이 많았다. 귀족의 20퍼센트가 여자였고 성직자
의 14퍼센트가 수녀였다. 그러나 신분별 인구 비례로 살펴보면, 성직자
처형자는 전체 성직자의 300분의 1, 귀족 처형자는 전체 귀족의 300분
의 1, 제3신분 가운데 상층 중간계급은 200분의 1, 하층 중간계급은
700분의 1, 노동자는 700분의 1, 농민은 5,000분의 1로서, 귀족, 성직

자, 상층 중간계급의 희생이 상대적으로 컸다. 이러한 통계는 언뜻 공포정치가 특권신분과 부자들에 대한 공격이라는 인상을 준다. 그러나 특권신분과 부자들의 희생이 상대적으로 컸던 것은 혁명정부가 계급전쟁을 펼쳤기 때문이 아니라 이들이 반혁명에 가담한 비율이 높았기 때문이다.

파리로 국한해볼 때, 파리에서는 상층계급이 전체 희생자의 62퍼센트로 높았다. 파리에서는 특별히 귀족, 성직자, 상층 부르주아를 타깃으로 삼았기 때문이 아니라 파리 혁명재판소의 관할 구역이 파리만이 아니라 전국이었으며, 지방에서 파리로 이관된 피고들은 대체로 귀족, 관리 등 중요 인물이었기 때문이다. 공화국은 신분과 계급을 떠나 공화국의 적에 대해서는 용서하지 않았다.

1793~1794년 겨울에 처형자가 급증한 것은 반혁명군 포로를 처형했기 때문이다. 1794년 봄이 되면 전선에서의 상황도 호전되고 처형자 수도 급감한다. 그런데 6월과 7월에 다시 처형자가 증가했고, 상층계급의 비율이 2배 이상 급증했으며, 노동자와 농민의 비율은 줄어들었다. 그 이유는 무엇일까? 그리어는 로베스피에르와 생쥐스트가 공화국의 적이라는 이유로 처형된 사람들의 재산을 민중에게 분배하는 풍월의 법(1794년 2월 26일과 3월 3일)을 제정하고, 재원을 확보하기 위해 목월 22일(1794년 6월 10일)의 법을 제정하여 "사회혁명"을 시도했기 때문이라고 설명한다. 그러나 이것도 엄밀한 의미에서는 공화국의 적의 재산을 분배하는 것이지 특정 계급을 타깃으로 한 것은 아니었다.[10]

정부가 반란을 진압하고 책임자를 처벌하는 것은 당연하다. 1793~

1794년 겨울까지의 공포정치는 방데 전쟁과 연방주의 반란의 책임자를 처벌하기 위한 것이었다는 점에서 정부의 정상적인 의무에 포함된다고 말할 수 있다. 그러나 대내외적인 상황이 호전되었기 때문에 공포정치는 이 단계에서 멈추었어야 했다. 하지만 오히려 공포정치는 가속되었고 많은 희생자를 발생시켰다. 그리어는 이전 단계의 공포정치에서는 억울한 처형자가 적었을 것이나, 이 단계에서의 공포정치에서는 373명의 목숨을 빼앗아간 '감옥 음모'의 경우에서 보듯이 억울한 희생자가 많았을 것으로 추정한다. 그리어는 이 놀랍도록 탄탄한 사회사적 연구를 끝내며 다음과 같이 마무리한다. "공포정치는 이념, 원칙 혹은 꿈이 다른 어떤 것보다 중요했던 그 위험한 세계에 살고 있던 소수집단에 의해 시행되었다."[11]

요컨대 그리어에 의하면 공포정치 기간 동안(1793년 3월 10일부터 1794년 7월 27일까지) 전국의 감옥에는 50만 명의 혐의자가 수용되어 있었고, 그 가운데 3만 5,000명에서 4만 명이 사망했다. 이 가운데 재판받고 처형된 사람은 1만 6,594명이었다. 목월 22일 법으로 사형과 석방만이 가능해지기 전까지는 사형 외에도 벌금, 징역, 유형, 갤리선 노잡이 등 다양한 형벌이 존재했는데 이들의 수는 알 수 없다.

당시의 재판소가 막무가내로 사형선고를 내린 것은 아니었다. 혁명재판소나 군사위원회의 경우도 그러했다. 예컨대 스트라스부르 혁명재판소는 29명을 사형, 163명을 벌금, 28명을 징역 혹은 유형에 처했다. 앞에서 살펴본 바 있는 리옹 군사위원회에서는 리옹 반란 기소자 가운데 절반인 2천 명 정도를 처형했다. 장클레망 마르탱에 의하면 파리 혁명재판소에서는 5,343명의 기소자 가운데 2,357명을 무죄로 석방하고 239명에게 징역형을 내렸다.[12]

혁명의 희생자에는 처형 외의 다른 처벌을 받은 사람들을 포함해야 하며, 무죄로 석방된 사람들이 겪은 고난도 고려해야 한다. 왜냐하면 당시의 감옥 시설은 식량부족과 각종 질병으로 수많은 사망자가 발생할 정도로 열악했기 때문이다.

그리어가 셈한 공포정치의 희생자는 프랑스혁명기에 발생한 희생자의 일부일 뿐이다. 1789년 7월 14일 바스티유 감옥을 공격할 때 발생한 희생자, 1792년 8월 10일 튈르리 왕궁을 공격할 때 발생한 희생자, 1792년 9월 학살 희생자, 1793년 3월 일어난 방데 전쟁 중에 발생한 청군과 백군 희생자, 연방주의 반란 희생자, 슈앙 전쟁 희생자, 백색공포 희생자, 1792년 4월부터 1815년 나폴레옹의 워털루 전투 패배까지의 혁명전쟁으로 발생한 희생자를 더해야 할 것이다. 프랑스의 역사가이자 언론인인 르네 세디요는 전문가들의 추산을 종합하여 1800년까지의 혁명전쟁으로 40만 명, 나폴레옹 전쟁으로 백만 명, 내전과 공포정치로 60만, 총 200만 명의 프랑스인이 사망했다고 추정하고 있다. 이러한 수치는 제1차 세계대전과 제2차 세계대전으로 사망한 프랑스인의 수와 비슷한데, 당시 인구를 감안하면 훨씬 치명적이었다.[13] 프랑스가 일으킨 전쟁으로 사망한 외국인은 제외하고도 말이다.

이것으로 그치지 않는다. 10만 명에서 20만 명으로 추산되는 망명자들, 물가고에 시달리던 민중들, 라로슈자클랭 후작 부인처럼 방데 전쟁이 끝난 후 1년이 넘도록 숨어 지내던 사람들, 의심과 고발이 판치던 공포 분위기 속에서 불안에 떨던 사람들, 자원병이나 징집병 가운데 탈영한 후 숨어 지내던 사람들도 희생자에 포함시킬 수 있을 것이다. 어쩌면 모든 프랑스인을 희생자에 포함시켜야 할지도 모른다. 왜냐하면 1793년 8월 23일의 국민총동원령으로 모든 프랑스인은 '군인'이 되었기 때문이다.

경제학자 슘페터의 개념을 빌리면, 혁명은 "창조적 파괴"라고 정의할 수 있다. 혁명은 구체제를 파괴하고 신체제를 건설하며, 그 창조 과정에서 파괴가 발생하는 것은 불가피하다. 프랑스혁명의 경우, 혁명은 장기적으로 자유주의 사회를 건설하는 데 기여했다. 그러나 단기적으로는 공포정치로 상징되는 파괴의 고통이 컸다. 러시아혁명보다는 작았지만, 잉글랜드 명예혁명이나 미국 독립혁명보다는 훨씬 컸다.

혁명의 교훈

희생자가 많이 발생한 이유는 무엇일까? 혁명을 했기 때문이다. 개혁이 아니라 혁명을 했기 때문이다. 이 문제에 대한 고전적인 해답은 에드먼드 버크가 제시한 바 있다. 버크는 혁명이 아니라 개혁의 가능성이 충분했다고 보았으며, 프랑스의 인권선언이 사변적이며 추상적이어서 역사적으로 형성된 제도를 파괴하는 명분으로 변할 위험을 내포하고 있다고 내다보았다. 버크가 생각하기엔 사회는 본래 불평등한 것이어서 이것을 평등하게 만들려는 것은 사물의 자연적 질서를 변화시키고 전복시킬 뿐이었다. 프랑스혁명은 버크의 예언대로 실현되었다.

프랑스혁명은 미국 독립혁명과 달리 정치혁명으로 그치지 않고 사회혁명으로 발전할 가능성이 컸다. 오랜 절대군주정 체제를 지나면서 사회적 불평등이 심화되었고 그만큼 불만이 누적되어 있었기 때문이다. 혁명에 대한 반혁명의 반발은 혁명 못지않게 커서 내전으로 충돌하기 십상이었다. 계몽사상과 미국 독립혁명의 영향을 받은 혁명가들은 이상주의로 무장했을 뿐만 아니라 내부의 적을 물리치기 위해서도 대외전쟁을 도발할 필요를 느꼈고, 유럽의 강국인 프랑스에서 일어난 혁명과 체제 변화는 주변의 왕정 국가들에게 위협적이었다. 따라서 프랑스혁명은 대외전쟁으로 발전할 가능성을 내포하고 있었다.

전쟁은 비상 체제를 요구했는데, 그것이 바로 공포정치였다. 공포정치를 낳은 것은 직접적으로는 전쟁이지만 근원적으로는 혁명이었다. 혁명은 구체제를 타도하고 신체제를 건설하여 역사의 진보에 이바지하는 측면이 있지만 공포정치와 전쟁으로 비화될 가능성이 큰 위험한 실험이다.

프랑스혁명의 비극에 계몽사상의 책임이 있는가? 계몽사상이 프랑스혁명의 발발과 진행에 영향을 주었음은 부정할 수 없다. 그러나 이 문제에 있어서만큼은 프랑스혁명과 계몽사상을 하나의 '블록'으로 보지 않아야 한다. 프랑스혁명의 입헌군주정 단계에서 영향을 끼친 계몽사상가는 볼테르, 몽테스키외, 백과전서파, 엘베시우스, 콩디약, 돌바크 같은 사람들이다. 이들은 프랑스가 절대군주정에서 벗어나 영국식의 입헌군주정 내지 공화정으로 발전하기를 희망했다.

이들의 영향을 받은 혁명가들은 프랑스의 현실을 감안하여 1791년 9월 제헌국민의회가 헌법을 제정하는 것으로 혁명을 끝마치려 했다. 이들이 원한 혁명은 '자유'의 혁명이었다. 반면에 루소의 일반의지론과 인민주권론으로 무장한 로베스피에르 같은 과격 혁명가들은 정치혁명을 넘어 사회혁명으로 나아가려 했으며, 의회제가 아니라 직접민주주의를 요구했다. 소유권을 제한하고 재산을 몰수하고 재산을 분배하려는 움직임까지 보였다. 민중이 혁명에 적극적으로 개입하여 '평등'을 요구함에 따라, 버크가 우려한 "자연적 질서의 전복"이 벌어졌다.

프랑스혁명이 계몽사상에서 발원한 인권선언에서 벗어나 국가주의로 이탈한 데에는 루소의 책임이 크다. 공포정치 시기에 루소의 이데올로기가 지배 이데올로기가 되면서 계몽사상가들이 핍박을 받았다. 공포정치에 영향을 준 것은 계몽사상이라기보다 루소주의라고 말하는 것이 정확하다. 공포정치가 종식되면서 루소의 영향력도 쇠퇴했고, 혁명 초에 주목받았던 몽테스키외의 삼권분립론과 백과전서파의 계몽사상이 공포정치기에 훼손되었던 '개인의 자유'를 보호할 수 있는 이념으로 부활했다.

프랑스혁명이 공포정치로 이탈한 것은 프랑스가 충분히 계몽되지 않은 상태에서 무리하게 혁명을 추진했기 때문이다. 계몽사상가들은 프랑스 민중이 충분히 계몽되지 않았다고 생각했으며 이 점에서는 루소도 마찬가지였다. 혁명 전부터 공화주의 사상을 가지고 있던 라파예트나 브리소 같은 혁명가들도 당시의 프랑스에 공화정을 수립하는 것은 시기상조라고 생각했다. 이들은 입헌군주정의 수립이 최선이라고 생각했다.

민중이 계몽되지 않은 상태에서 무리하게 진행된 혁명은 엄청난 부작용을 낳는다는 것을 프랑스혁명은 잔인하게 보여주었다. 혁명, 그것은 순수, 선함, 독선, 위선, 오만, 광기가 용솟음치는 거대한 소용돌이이며, 잔혹한 격전장이다. 혁명은 전쟁이고 폭력이다. 혁명의 환희와 고난을 경험한 스탈 부인은 "혁명은 악보다 더 많은 눈물을 뽑는다"며 버크처럼 말했다.[14] 혁명은 미래를 위해 희망의 이념을 제시했지만 현실에서는 엄청난 희생자를 발생시켰다. 프랑스혁명의 실상은 프랑스혁명을 "자유, 평등, 박애"의 모범적인 시민혁명으로 동경하고, 혁명을 이상적인 사회 변혁의 수단이라고 생각하는 이상주의자들에게 경종을 울린다.

***

중세 수도원에서 일어난 살인 사건을 다룬 《장미의 이름》에서 윌리엄 수도사는 다음과 같이 광신을 경계한다.

호르헤 영감의 얼굴 말이다. 철학에 대한 증오로 일그러진 그의 얼굴에서 나는 처음으로 가짜 그리스도의 얼굴을 보았다. 가짜 그리스도는, 그 사자使者가 그랬듯이 유대 족속에서 나오는 것도 아니고 먼 이방 족속에서 나오는 것도 아니다. 잘 들어두거라. 가짜 그리스도는 지나친 믿음에서 나올 수도 있고 하느님이나 진리에 대한 지나친 사랑에서 나올 수도 있는 것이다. 성자 중에서 이단자가 나오고 선견자 중에서 신들린 무당이 나오듯이……아드소, 선지자를 두렵게 여겨라. 그리고 진리를 위해 죽을 수 있는 자를 경계하여라. 진리를 위해 죽을 수 있는 자는 대체로 많은 사람을 저와 함께 죽게 하거나, 때로는 저보다 먼저, 때로는 저 대신 죽게 하는 법이다. 호르헤가 능히 악마의 대리자 노릇을 할 수 있었던 것은 저 나름의 진리를 지나치게 사랑한 나머지 허위로 여겨지는 것과 몸 바쳐 싸울 각오가 되어 있었기 때문이다. 호르헤가 아리스토텔레스의 서책을 두려워한 것은 이 책이 능히 모든 진리의 얼굴을 일그러뜨리는 방법을 가르침으로써 우리를 망령의 노예가 되지 않게 해줄 수 있는 것처럼 보였기 때문이다. 인류를 사랑하는 사람의 할 일은, 사람들로 하여금 진리를 비웃게 하고 진리로 하여금 웃게 하는 것일 듯하구나. 진리에 대한 지나친 집착에서 우리 자신을 해방시키는 일……이것이야 말로 우리가 좇아야 할 궁극적인 진리가 아니겠느냐?[15]

주

머리말

1) 김응종, 《서양의 역사에는 초야권이 없다》, 푸른역사, 2005, 제3장 〈박애인가 형제애인가〉 참고.

2) 이 프랑스혁명사 연구사 개요는 William H, Sewell, Jr., *A Rhetoric of Bourgeois Revolution. The Abbé Sieyes and What is the Third Estate?*, Duke University Press, 1994의 편집자(Keith Michael Baker, Steven Laurence Kaplan) 서문을 요약한 것이다.

3) Jean–Clément Martin, *Violence et Revolution. Essai sur la naissance d'un mythe national*, Seuil, 2006; Patrice Gueniffey, *La politique de la Terreur: essai sur la violence révolutionnaire(1789~1794)*, Fayard, 2000.

4) Bette W. Oliver, *Jacques Pierre Brissot in America and France, 1788~1793. In Search of Better Worlds*, Lexington Books, 2016, p. 53.

5) Bette W. Oliver, *Jacques Pierre Brissot in America and France, 1788~1793*, pp. 121~122.

6) Bette W. Oliver, *Jacques Pierre Brissot in America and France, 1788~1793*, p. 56;

Donald Greer, *The Incidence of Emigration during the French Revolution*, Harvard University Press, 1951. 그리어에 의하면, 망명자들의 수치는 대략 10만에서 20만 명 정도로 추산되는데, 망명자들 가운데 절반 정도는 제3신분이었다(p. 65).

7) 프랑수아 퓌레, 드니 리셰, 김응종 옮김, 《프랑스혁명사》, 일월서각, 1990(원저는 1965~66).

1. 인권선언

1) 세부 논의에 대해서는, 최갑수, 〈1789년의 '인권선언'과 혁명기의 담론〉, 《프랑스사연구》 4, 2001년 2월.

2) Godechot, *Les Constitutions de la France depuis 1789*, Garnier – Flammarion, 1970, p. 24.

3) Christine Fauré(해제), *Les déclarations des droits de l'homme de 1789*, Editions Payot, 1988, p. 30.

4) Jonathan Israel, *Revolutionary Ideas. An Intellectual History of the French Revolution from the Rights of Man to Robespierre*, Princeton University Press, 2014, p. 84.

5) Godechot, *Les Constitutions de la France depuis 1789*, p. 25.

6) Godechot, *Les Constitutions de la France depuis 1789*, p. 25; 알베르 소불, 최갑수 옮김, 《프랑스대혁명사》, 두레, 1984, 상, p. 167.

7) Hannah Arendt, *On Revolution*, The Viking Press, New York, 1963. 국내 번역으로는 홍원표 옮김, 《혁명론》, 한길사, 2004.

8) 밀튼 프리드만, 민병규·서재명·한홍순 옮김, 《선택할 자유》, 자유기업원, 2003, p. 175.

9) Godechot, *Les Constitutions de la France depuis 1789*, p. 27.

10) Christine Fauré(해제), *Les déclarations des droits de l'homme de 1789*, p. 25.

11) 에드먼드 버크, 이태숙 옮김, 《프랑스혁명에 관한 성찰》, 한길사, 2017, p. 81.

12) Arno J. Mayer, *The Furies. Violence and Terror in the French and Russian Revolutions*, Princeton University Press, 2000, p. 158.

13) Jonathan Israel, *Revolutionary Ideas*, p. 104.

14) Bette W. Oliver, *Jacques Pierre Brissot in American and France, 1788~1793*, pp. 79~80.

15) Keith Michel Baker, "Condorcet", François Furet, Mona Ozouf, *Dictionnaire critique de la Révolution française*, Flammarion, 1988, p. 241; Albert Mathiz, "La Constitution de 1793", Albert Mathiez, *Girondins et Montagnards*, Firmin – Didot et Cie, 1930, p. 87.

16) 양희영, 〈콩도르세 대 산악파 – 1793년 헌법 논쟁과 공포정치의 기원〉, 《서양사론》 114, 2012년 9월.

17) 로베스피에르가 4월 24일 국민공회에서 행한 〈인간과 시민의 권리선언 안에 이어지는 소유권에 대한 연설〉과 5월 10일의 〈헌법에 대한 연설〉.

18) Albert Mathiez, "La Constitution de 1793", p. 99.

19) Paul R. Hanson, *The Jacobin Republic under Fire. The Federalist Revolt in the French Revolution*, The Pennsylvania State University Press, 2003, p. 199.

20) 프랑수아 퓌레, 드니 리셰, 김응종 옮김, 《프랑스혁명사》, p. 227.

21) Albert Mathiez, "La Terreur. Instrument de la politique sociale des Robespierristes: Les décrets de ventôse sur le séquestre des biens des suspects et leur application", *Annales historiques de la Révolution française*, No. 27(1928, 5~6월), pp. 193~219.

22) Albert Mathiez, "La Constitution de 1793", p. 104; Jonathan Israel, *Revolutionary Ideas*, pp. 465~466.

23) Godechot, *Les Constitutions de la France depuis 1789*, p. 76.

24) Albert Mathiz, "La Constitution de 1793", p. 107.

25) Elisabeth Badinter, Robert Badinter, *Condorcet. Un intellectuel en politique*, Fayard, 1988, p. 646.

26) Bronislaw Baczko, *Ending the Terror. The French Revolution after Robespierre*, 불어 번역, Cambridge University Press, 1994, pp. 225~226.

27) Godechot, *Les Constitutions de la France depuis 1789*, p. 94; 소불, 최갑수 옮김, 《프랑스

대혁명사》 하, p. 135.

2. 방데 전쟁의 폭력성

* 이 장은 김응종, 〈방데 전쟁의 폭력성 - 학살인가 제노사이드인가?〉, 《군사》 97, 2015
년 12월, pp. 395~424를 수정, 보완한 것이다.

1) Jean -Clément Martin, *La guerre de Vendée 1793~1800*, Points, 1987, pp. 10, 299. 반
면 청군은 3만 명 정도 사망한 것으로 추정된다.

2) François Furet, "Vendée", François Furet, Monat Ozouf(ed.), *Dictionnaire critique de la
Révolution française*, Flammarion, 1988, p. 191.

3) Roger Dupuy, *Les Chouans*, Hachette, 1997, pp. 260~265.

4) Reynald Secher, *La Vendée - Vengé. Le génocide franco -français*, Perrin, 1986. '방제
Vengé'는 도道의 이름을 기존의 방데에서 방제로 바꾸는 1793년 11월 8일 국민공회
법에서 나온 말이다. 방제Vengé는 Venger(보복하다)의 과거분사이니, 국가의 보복 의지
가 천명된 것으로 볼 수 있다.

5) Reynald Secher, *La Vendée - Vengé*, p. 295.

6) Reynald Secher, *Vendée: Du Génocide au Mémoricide. Mécanique d un crime légal contre l
humanité*, Préface de Gilles -William Goldnadel, Postface de Hélène Piralian, Stéphane
Courtois, Les Editions du Cerf, 2011.

7) 앞에서 소개한 17만 명은 장클레망 마르탱의 수치이다. 레날 세셰는 1792년과 1802년
사이에 전체 인구 81만 5,029명의 14.38퍼센트인 11만 7,257명이 사라졌다고 주장했
다. Reynald Secher, *La Vendée - Vengé. Le génocide franco -français*, p. 253.

8) Reynald Secher, *La Vendée - Vengé. Le génocide franco -français*, pp. 37~60.

9) Constitution civile du clergé. 교회와 관련하여 constitution은 '법' 이라는 뜻이니 굳이
'헌법'이나 기본법이라고 번역할 필요는 없다. civil은 '시민의' 라는 뜻이다. 그러니 이
법은 성직자의 시민에 관한 부분을 규정한 법이라는 의미이다. '교리' 에 관한 부분은
이 법의 영역 밖이다.

10) 라로슈자클랭 후작 부인, 김응종 옮김, 《회고록-한 프랑스 귀족 부인이 겪은 프랑스혁명》, 한국문화사, 2018(원저는 1848), pp. 71~72.

11) Reynald Secher, *La Vendée - Vengé. Le génocide franco - français*, p. 111.

12) Jean - Clément Martin, *La guerre de Vendée en 30 questions*, Geste éditions, 1996, p. 16. 농민군은 500~600명을 학살한 것으로 소문이 났지만 실제로 확인되는 사람은 160명 정도이다.

13) 라로슈자클랭 후작 부인, 김응종 옮김, 《회고록》, p. 77.

14) Jean - Clément Martin, *Contre - Révolution, Révolution et Nation en France 1789~1799*, Seuil, 1998, p. 171, 210.

15) La virée de Galerne. 비레virée는 짧은 여행, 선회라는 뜻이고, 갈레른Galerne은 프랑스 서부 지방에 부는 차갑고 습한 북서풍을 말한다.

16) Jean - Clément Martin, *La guerre de Vendee 1793~1800*, Points, 2014, p. 145.

17) 여기에서 건물 안intérieur이란 무엇을 말하는 것일까? 전쟁터가 아니라 안전한 집을 뜻하는지, 아니면 1793년 8월 1일의 법과 1793년 10월 1일의 법을 폐기하기 위해 2012년 2월 23일 상원에 발의된 법안 설명에 나오듯, 일종의 강제수용déportation을 뜻하는지는 확실하지 않다. 실제로 국민공회에서는 방데인들을 마다가스카르로 강제이주시키자는 논의가 있었다(Jean - Clément Martin, *Contre - Révolution, Révolution et Nation en France 1789~1799*, p. 218).

18) Jean - Clément Martin, *La Vendée et la Révolution*. p. 95; Jean - Clément Martin, *La guerre de Vendee 1793~1800*, p. 304.

19) 라로슈자클랭 후작 부인, 김응종 옮김, 《회고록》, p. 194.

20) Jean - Clément Martin, *La guerre de Vendee 1793~1800*, p. 231.

21) 튀로와 공안위원회 사이의 편지는, Reynald Secher, *La Vendée - Vengé. Le génocide franco - français*, pp. 158~159.

22) Jean - Clément Martin, *La guerre de Vendee 1793~1800*, p. 232.

23) Jean - Clément Martin, *La Vendée et la Révolution*. pp. 89~90.

24) Patrice Gueniffey, *La politique de la Terreur*, Fayard, 2000, p. 263.

25) 라로슈자클랭 후작 부인, 김웅종 옮김, 《회고록》, p. 349.

26) Reynald Secher, *Vendée: Du Génocide au Mémoricide*, pp. 80~90.

27) Reynald Secher, *Vendée: Du Génocide au Mémoricide*, p. 132.

28) Gracchus Babeuf, *La guerre de la Vendée et le système de dépopulation*, Tallandier, 1987(원저는 1794); Jean −Clément Martin, *Robespierre. La fabrication d'un monstre*, Perrin, 2016, pp. 316~317.

29) Reynald Secher, *Vendée: Du Génocide au Mémoricide*, p. 120.

30) Jean −Clément Martin, *Violence et Révolution*, p. 222.

31) Reynald Secher, *La Vendée−Vengé. Le génocide franco−français*, pp. 174~175; Reynald Secher, *Vendée: Du Génocide au Mémoricide*, pp. 105~106.

32) Jean −Clément Martin, *La guerre de Vendee 1793~1800*, Points, 2014, pp. 180, 243; Jean −Clément Martin, *Un détail inutile? Le dossier des peaux tannées, Vendée 1794*, Paris, Vendémiaire, 2013.

33) Jean −Clément Martin, *Violence et Révolution*, p. 226.

34) Gracchus Babeuf, *La guerre de la Vendée et le système de dépopulation*, p. 142.

35) François Lebrun, "La guerre de Vendée : massacre ou génocide?", *L'Historien*, n.78, 1985년 5월; Jean −Clément Martin, *Violence et Révolution*, p. 162.

36) François Furet, "Vendée", François Furet, Mona Ozouf(ed.), *Dictionnaire critique de la Revolution française*, Flammarion, 1988, p. 194.

37) Steven Laurence Kaplan, *Farewell, Revolution. Disputed Legacies France, 1789/1989*, Cornell University Press, 1995, p. 100.

38) Patrice Gueniffey, *La politique de la Terreur*, p. 258.

3. 리옹 반란

* 이 장은 김웅종, 〈프랑스혁명기 리옹 반란과 혁명정부의 학살〉, 《역사와 담론》 78,

2016년 4월, pp. 315~350을 수정, 보완한 것이다.

1) 에드먼드 버크, 이태숙 옮김, 《프랑스혁명에 대한 성찰》, 한길사, 2008.

2) Paul R. Hanson, *The Jacobin Republic Under Fire. The Federalist Revolt in the French Revolution*, The Pennsylvania State University Press, 2003, p. 8.

3) Paul R. Hanson, *The Jacobin Republic Under Fire*, p. 46.

4) Paul R. Hanson, *The Jacobin Republic Under Fire*, p. 21.

5) Paul R. Hanson, *The Jacobin Republic Under Fire*, p. 24.

6) Paul R. Hanson, *The Jacobin Republic Under Fire*, p. 82.

7) Paul R. Hanson, *The Jacobin Republic Under Fire*, p. 26.

8) J.-R. Suratteau, "Lyon", in Albert Soboul(ed.), *Dictionnaire historique de La Révolution Française*, PUF, 1989, p. 689; W. D. Edmonds, *Jacobinism and the Revolt of Lyon, 1789~1793*, Oxford University Press, 1990, p. 17.

9) W. D. Edmonds, *Jacobinism and the Revolt of Lyon*, p. 115.

10) W. D. Edmonds, *Jacobinism and the Revolt of Lyon*, p. 171.

11) W. D. Edmonds, "A Jacobin Debacle: The Losing of Lyon in Spring 1793", *History* 69, 1984, p. 11.

12) W. D. Edmonds, *Jacobinism and the Revolt of Lyon*, pp. 273~274.

13) Colin Lucas, *The Structure of the Terror. The Example of Javogues and the Loire*, Oxford University Press, 1973, pp. 36~38.

14) W. D. Edmonds, *Jacobinism and the Revolt of Lyon*, p. 201.

15) Mona Ozouf, "Fédéralisme", in François Furet, Mona Ozouf, *Dictionnaire critique de la Révolution française*, Flammarion, 1988, p. 85.

16) W. D. Edmonds, "'Federalism' and Urban Revolt in France in 1793", *Journal of Modern History* 55, 1983년 3월, pp. 27~28.

17) René Moulinas, "Le Sud-Est", in Jean Tulard(ed.), *La Contre-Révolution. Origines, histoire et postérité*, Perrin, 1990, pp. 249~250; W. D. Edmonds, *Jacobinism and the Revolt of Lyon*, p. 276.

[18] W. D. Edmonds, "'Federalism' and Urban Revolt in France in 1793", p. 34.

[19] Jean-Clément Martin, *Contre-Révolution, Révolution et Nation en France, 1789~1799*, Editions du Seuil, 1998, p. 184.

[20] Paul R. Hanson, *The Jacobin Republic Under Fire*, p. 119.

[21] Mona Ozouf, "Fédéralisme", p.91; W. D. Edmonds, "'Federalism' and Urban Revolt in France in 1793", pp. 23~24; Alan Forrest, "Regionalism and Counter-Revolution in France", in Colin Lucas(ed.), *Rewriting the French Revolution*, Oxford University Press, 1991, p. 153; Paul R. Hanson, *The Jacobin Republic Under Fire*, p. 63.

[22] W. D. Edmonds, *Jacobinism and the Revolt of Lyon*, p. 228.

[23] W. D. Edmonds, *Jacobinism and the Revolt of Lyon*, p. 241.

[24] W. D. Edmonds, *Jacobinism and the Revolt of Lyon*, p. 252.

[25] W. D. Edmonds, *Jacobinism and the Revolt of Lyon*, p. 258.

[26] R. R. Palmer, Twelve who ruled. The Year of the Terror in the French Revolution, Princeton University Press, 1969, p.159.

[27] W. D. Edmonds, *Jacobinism and the Revolt of Lyon*, p.284.

[28] Palmer, *Twelve who ruled*, p. 167.

[29] W. D. Edmonds, *Jacobinism and the Revolt of Lyon*, p. 289.

[30] Palmer, *Twelve who ruled*, p. 171.

[31] W. D. Edmonds, *Jacobinism and the Revolt of Lyon*, p. 301. 희생자 수를 정확히 알 수는 없다. 팔머가 말하듯이 대략 2천 명 정도로 추산하는 것이 무난할 것이다.

[32] W. D. Edmonds, *Jacobinism and the Revolt of Lyon*, p. 301; Colin Lucas, The *Structure of the Terror. The Example of Javogues and the Loire*, p. 247.

[33] Paul Mansfield, "The Repression of Lyon, 1793~1794; Origins, Responsibility and Significance", *French Histoy* 2, 1988, p. 76; Paul R. Hanson, *The Jacobin Republic Under Fire*, p. 221.

[34] Donald Greer, *The Incidence of the Terror during the French Revolution. A Statistical Interpretation*, Harvard University Press, 1935, p. 103.

35) Paul R. Hanson, *The Jacobin Republic Under Fire*, p. 225.

36) Paul R. Hanson, *The Jacobin Republic Under Fire*, p. 196.

37) Palmer, *Twelve who ruled*, p. 175.

4. 슈앙 반혁명 운동의 여러 모습

* 이 장은 김응종, 〈프랑스혁명기 슈앙Chouans의 반혁명의식〉, 《역사와 담론》 81,
2017년 1월, pp. 303~334을 수정, 보완한 것이다.

1) Roger Dupuy, *Les Chouans, Hachette littératures*, 1997, p. 7에서 재인용.

2) J. Duchemin des Cepeaux, *Souvenirs de la Chouannerie*, Paris, Librairie de Charles
Douniol, 1855, pp. 54~55.

3) Paul Bois, *Paysans de l' Ouest*, Flammarion, 1971(원저는 1960), p. 331.

4) François Furet, Mona Ozouf, *Dictionnaire critique de la Révolution française*,
Flammarion, 1988의 "Chouannerie" 항목.

5) Roger Dupuy, *Les Chouans*, p. 39.

6) Roger Dupuy, *Les Chouans*, p. 19.

7) Roger Dupuy, *Les Chouans*, pp. 27~28.

8) 라로슈자클랭 후작 부인, 김응종 옮김, 《회고록 – 한 프랑스 귀족 부인이 겪은 프
랑스혁명》, 한국문화사, 2018(원저는 1848년). p. 222.

9) 라로슈자클랭 후작 부인, 김응종 옮김, 《회고록》, p. 237.

10) 라로슈자클랭 후작 부인, 김응종 옮김, 《회고록》, p. 327.

11) 라로슈자클랭 후작부인, 김응종 옮김, 《회고록》, pp. 308~309.

12) 미슐레의 해석에 대해서는 Jules Michelet, *Histoire de la Révolution française*, Paris,
Chamerot, librairie – éditeur, 1853, t. VII, pp. 101~103; Reynald Secher, *Vendée:
du génocide au mémoricide. Mécanique d un crime légal contre l humanité*, Les
Editions du Cerf, 2011, pp. 285~295.

[13] Paul Bois, *Paysans de l'Ouest*, p. 288.

[14] J. Duchemin des Cepeaux, *Souvenirs de la Chouannerie*, p. 46.

[15] J. Duchemin des Cepeaux, *Souvenirs de la Chouannerie*, pp. 71-2.

[16] Roger Dupuy, *Les Chouans*, p.185. 도널드 서덜랜드가 제시한 수치이다. Donald Sutherland, *The Chouans, the Social Origins of Popular Counter-Revolution in Upper Britanny, 1770~1796*, Oxford, Clarendon Press, 1982.

[17] J. Duchemin des Cepeaux, *Souvenirs de la Chouannerie*, p. 181.

[18] J. Duchemin des Cepeaux, *Souvenirs de la Chouannerie*, p. 170.

[19] J. Duchemin des Cepeaux, *Souvenirs de la Chouannerie*, pp. 207~210.

[20] J. Duchemin des Cepeaux, *Souvenirs de la Chouannerie*, p. 233.

[21] Georges de Cadoudal, *Georges Cadoudal et la chouannerie*, Paris, Librarie Plon, 1887, p. 47.

[22] Claude-Augustin Tercier, *Mémoires d'un chouan 1792~1802*, Tallandier, 1989, p. 193. "괴물 같은 혁명"(p. 46), "그 어떤 혁명보다도 이 세상을 황폐하게 만든 극악한 혁명"(p. 84).

[23] Jean Guillot et l'Association Pierre Guillemot, *Le juge et le chouan*, Editions des Montagnes noires, 2019, p. 131.

[24] Gabriel du Pontavice, *La Chouannerie*, PUF, 1991, pp.7, 97.

[25] Jean Guillot et l'Association Pierre Guillemot, *Le juge et le chouan*, p.139.

[26] Jean Guillot et l'Association Pierre Guillemot, *Le juge et le chouan*, p.143.

[27] Claude-Augustin Tercier, *Mémoires d un chouan 1792~180*, p.167.

[28] Claude-Augustin Tercier, *Mémoires d un chouan 1792~180*, p.198.

[29] Claude-Augustin Tercier, *Mémoires d un chouan 1792~180*, p. 203.

[30] Claude-Augustin Tercier, *Mémoires d un chouan 1792~180*, p. 35.

[31] Claude-Augustin Tercier, *Mémoires d un chouan 1792~180*, p. 336.

[32] Georges de Cadoudal, *Georges Cadoudal et la chouannerie*, pp. 4, 13 주. Cadoudal의 이름에서 Cado(혹은 Cadou)는 켈트어로서 '전사'라는 뜻이며, dal은 '불굴의',

'맹목적인'이라는 뜻이다.

33) Georges de Cadoudal, *Georges Cadoudal et la chouannerie*, p. 14.

34) Georges de Cadoudal, *Georges Cadoudal et la chouannerie*, p. 52.

35) Georges de Cadoudal, *Georges Cadoudal et la chouannerie*, p. 92.

36) Roger Dupuy, *Les Chouans*, p. 186. 이 가운데 3만 명 정도가 브르타뉴인이었을 것으로 추산되는데, 당시 브르타뉴의 성인 남자는 65만 명 정도였으니 약 5퍼센트에 해당하는 수치이다.

37) Roger Dupuy, *Les Chouans*, p. 68.

38) Georges de Cadoudal, *Georges Cadoudal et la chouannerie*, p. 242.

39) Georges de Cadoudal, *Georges Cadoudal et la chouannerie*, p. 171.

40) Victor Hugo, 이형식 옮김, 《93년》, 열린책들, 2011, pp. 315~317(원저는 1874).

41) Hugo, 《93년》, pp. 552~553.

5. 가톨릭교회의 수난

1) 가톨릭은 국교였지만 가톨릭을 믿지 않는 사람들이 없지는 않았다. 프랑스혁명이 일어날 무렵, 약 50만 명의 칼뱅파가 주로 남부에 거주하고 있었고, 약 20만 명의 루터파가 동부 알자스 지방에 거주하고 있었으며, 약 5만 명의 유대인들이 알자스로렌 지방과 남부 지방에 거주하고 있었다.

2) Arno Mayer, *The Furies. Violence and Terror in the French and Russian Revolutions*, Princeton University Press, 2000, p. 414.

3) Timothy Tackett, *Religion, Revolution and Regional Culture in Eighteen – Century France. The Ecclesiastical Oath of 1791*, Princeton University Press, 1986, pp. 7~11.

4) Timothy Tackett, *Religion, Revolution and Regional Culture in Eighteen – Century France*, pp. 143~145; Michel Vovelle, "La fin de l' alliance du trône et de l' autel (1789~1880)", *Histoire de la France religieuse*, sous la direction de Jacques Le Goff et René Rémond, 제

3권, Seuil, 1991, p. 76.

5) 단 그들이 예비 미사에 참석한다는 조건 아래에서였다. Timothy Tackett, "The French Revolution and Religion to 1794", in Stewart J. Brown, Timothy Tackett(ed.), *Enlightenment, Reawakening and Revolution 1660~1815*, Cambridge UP, 2006, p. 545.

6) Timothy Tackett, Religion, *Revolution and Regional Culture in Eighteen－Century France*, p. 162.

7) Jean Dumont, *Pourquoi nous ne célébrerons pas 1789*, Argé, 1987.

8) Hubert Mailfait, *La déportation & l exil du clergé français pendant la Révolution*, Paris, Librairie Bloud, 1905, p. 45. 영국으로 1만 1,000명, 스페인으로, 8천~1만 명, 이탈리아로 6천 명, 스위스로 6천 명, 나머지는 네덜란드, 독일, 포르투갈, 덴마크, 스웨덴, 러시아, 아메리카 등지로 떠났다.

9) Hubert Mailfait, *La déportation & l'exil du clergé français pendant la Révolution*, pp. 10~11.

10) Hubert Mailfait, *La déportation & l'exil du clergé français pendant la Révolution*, p. 25; http://www.foi－et－contemplation.net/amis/pretres/pretres－deportes/Hist－Pretres－Refrac.php

11) Hubert Mailfait, *La déportation & l'exil du clergé français pendant la Révolution*, pp. 6, 19.

12) Hubert Mailfait, *La déportation & l'exil du clergé français pendant la Révolution*, p. 12.

13) Michel Vovelle, *La Révolution contre l'église. De la Raison à l'Etre Supreme*, Editions Complexe, 1988, p. 63; 세르주 비앙키는 선서신부 6만 명 가운데 3만 명이 사직했다고 추산한다. Serge Bianchi, *La Révolution culturelle de l an II. Elites et peuple (1789~1799)*, Aubier, 1982, p. 118.

14) Niegel Aston, *Religion and Revolution in France, 1780~1804*, MacMillan Press Ltd., 2000, p. 249.

15) 백인호, 《창과 십자가―프랑스혁명과 종교》, 소나무, 2004, pp. 242~246.

16) Thierry Trimoreau, *Les prêtres réfractaires pendant la Révolution française. L' exemple du*

Haut−Maine, Cholet, Editions Pays& Terroirs, 2006, p. 13. Glatier de Précigné, Pinot de Souvigné, Chaumont de Bourg −le −Roi 신부들이 바로 그 사람들이다.

[17] Michel Vovelle, "Déchristianisation", Albert Soboul(dir.), *Dictionnaire historique de la Révolution française*, PUF, 1989, p. 327; 백인호, 《창과 십자가−프랑스혁명과 종교》, pp. 226~228.

[18] Michel Vovelle, *Piété baroque et déchristianisation en Provence au XVIIIe siècle*, Plon, 1973; Maurice Agulhon, *Pénitents et francs −maçons de l'ancienne Provence*, Fayard, 1968; Roger Chartier, 백인호 옮김, 《프랑스혁명의 문화적 기원》, 일월서각, 1998.

[19] 교회 파괴의 구체적인 내용은, 백인호, 《창과 십자가−프랑스혁명과 종교》, pp.236~58; Michel Vovelle, *La Révolution contre l'église. De la Raison à l'Etre Supreme*, Editions Complexe, 1988.

[20] Michel Vovelle, *La mentalité révolutionnaire. Société et mentalités sous la révolution française*, Editions sociales, 1985, p. 220.

[21] 티모시 태키트는 Nicolas −Célestin Guittard, Nicolas Ruault, Rosalie Julien 같은 당대인들의 증언을 통해 파괴적인 탈그리스도교 운동에 대한 충격과 반감을 전하고 있다. Timothy Tackett, *The Coming of the Terror in the French Revolution*, Harvard University Press, 2015, pp. 316~317.

[22] Niegel Aston, *Religion and Revolution in France, 1780~1804*, p. 271; Arno Mayer, *The Furies*, pp. 441; 알베르 소불, 최갑수 옮김, 《프랑스대혁명사》 상권, 두레, 1984, pp. 343~344; 프랑수아 퓌레, 드니 리셰, 김응종 옮김, 《프랑스혁명사》, 일월서각, 1990, pp. 260~263.

[23] Serge Bianchi, *La Révolution culturelle de l an II. Elites et peuple (1789~1799)*, Aubier, 1982, p. 290. Bronislaw Baczko, *Ending the Terror. The French Revolution after Robespierre*, 프랑스어 번역, Cambridge UP, 1994, 제4장 "The Vandal people", pp. 185~223.

[24] Serge Bianchi, *La Révolution culturelle de l an II. Elites et peuple (1789~1799)*, p. 168; Alyssa Goldstein Sepinwall, *The Abbé Grégoire and the French Revolution, The Making*

of Modern Universalism, University of California Press, 2005, p. 138; Jean −Clément Martin, *Robespierre. La fabrication d'un monstre*, Perrin, 2016, p. 240.

25) Jean −Clément Martin, *Violence et Révolution. Essai sur la naissance d'un mythe national*, Seuil, 2006, p. 283. 267명이 귀안으로 추방당했고, 156명이 로슈포르의 폐선에서 사망했고, 920명이 레 섬에, 192명이 올레롱 섬에 수용되었다. 즉결 처형은 드물었다. 백인호, 《창과 십자가−프랑스혁명과 종교》, pp. 295~302.

26) 백인호, 《창과 십자가−프랑스혁명과 종교》, pp. 312~321. 콩코르다에는 가톨릭뿐만 아니라 프로테스탄트와 유대인에 대한 규정도 들어 있다.

27) Michel Vovelle, *La Révolution contre l'église. De la Raison à l'Etre Supreme*, Editions Complexe, 1988, p. 104; Arno Mayer, *The Furies*, p. 439; Niegel Aston, *Religion and Revolution in France, 1780~1804*, p. 188, 231.

6. '열월 정변'과 공포정치의 청산

* 이 장은 김응종, 〈열월 9일 정변과 공포정치의 청산〉, 《프랑스사연구》 38, 2018년 2월, pp. 35~67을 수정, 보완한 것이다.

1) Bronislaw Baczko, *Ending the Terror. The French Revolution after Robespierre*, 불어판 번역, Cambridge University Press, 1994 (원본은 1989), p. 36.

2) Bronislaw Baczko, *Ending the Terror*, p. 259.

3) Bronislaw Baczko, *Ending the Terror*, p. 243.

4) Bronislaw Baczko, *Ending the Terror*, pp. 243~247.

5) Bronislaw Baczko, *Ending the Terror*, p. 259. Bronislaw Baczko, "Thermidoriens", François Furet, Mona Ozouf(ed.), *Dictionnaire critique de la Révolution française*, Flammarion, 1988, pp. 425~438.

6) Bronislaw Baczko, *Ending the Terror*, pp. 34~35.

7) Francois Furet, *Penser la Revolution francaise*, Gallimard, 1978, p. 104. 한국어 번역

으로는, 정경희 옮김, 《프랑스혁명의 해부》, 법문사, 1987.

8) Laura Mason, "Introduction, Forum Thermidor and the French Revolution", *French Historical Studies*, Vol. 38, No 1, 2015년, pp. 1~7. 이 포럼의 제2부는 Vol. 39, No. 3, 2016에 수록되어 있다.

9) 민석홍, 〈막시밀리앵 로베스피에르의 정치사상 연구〉, 《서양근대사연구》, 일조각, 1975, p. 314.

10) Jonathan Israel, *Revolutionary Ideas. An Intellectual History of the French Revolution from the Rights of Man to Robespierre*, Princeton University Press, 2014.

11) Françoise Brunel, "Réaction thermidorienne", Albert Soboul(ed.), *Dictionnaire historique de La Révolution française*, PUF, 1989, pp. 886~887.

12) Richard Bienvenu(ed.), *The Ninth of Thermidor: The Fall of Robespierre*, Oxford University Press, 1968, p. 68.

13) Françoise Brunel, *Thermidor. La chute de Robespierre*, Editions Complexe, 1989, p. 103; Joseph Fouché, *Mémoires*, in Richard Bienvenu(ed), *The Ninth of Thermidor: The Fall of Robespierre*, p. 114.

14) Dyzez의 편지, in Richard Bienvenu(ed), *The Ninth of Thermidor: The Fall of Robespierre*, p. 234.

15) 알베르 소불, 최갑수 옮김, 《프랑스대혁명사》 하권, 두레, 1984, pp. 70~74. 이 부분에 대한 소불의 설명은 기이하게도 조르주 르페브르의 설명을 복제한 것이다. Georges Lefebvre, *La Révolution française*, PUF, 1930, pp. 429~432.

16) David P. Jordan, "The Robespierre Problem", Colin Hayden, William Doyle(ed.), *Robespierre*, Cambridge University Press, 1999, p. 32.

17) Bronislaw Baczko, *Ending the Terror*, p. 29.

18) Tomothy Tackett, *The Coming of the Terror in the French Revolution*, Harvard UP, 2015, p. 324, 결론. 퓌레 역시 상황론을 비판하면서 공포정치는 혁명이념의 본질이라고 말한다. François Crouzet, "French historians and Robespierre", Colin Hayden, William Doyle(ed.), *Robespierre*, p.277.

19) 마라의 죽음에 대한 이야기는 Antoine–Claire Thibaudeau, *Mémoires*, in Richard Bienvenu(ed), *The Ninth of Thermidor: The Fall of Robespierre*, p. 51; 로베스피에르의 죽음에 대한 이야기는 국민공회 의원인 Baudot의 이야기이다. Françoise Brunel, *Thermidor. La chute de Robespierre*, p. 7.

20) 소불, 최갑수 옮김, 《프랑스대혁명사》 상권, pp. 303~305.

21) 퓌레·리셰, 김응종 옮김, 《프랑스혁명사》, p. 223.

22) Patrice Gueniffey, *Histoires de la Révolution et de l'Empire*, Perrin, 2011, p. 287.

23) 소불, 최갑수 옮김, 《프랑스대혁명사》 상권, p. 351,

24) Richard Bienvenu(ed.), *The Ninth of Thermidor : The Fall of Robespierre*, p. 91.

25) Françoise Brunel, *Thermidor. La chute de Robespierre*, p. 23.

26) 소불, 최갑수 옮김, 《프랑스대혁명사》 하권, p. 33; 퓌레·리셰, 김응종 옮김, 《프랑스혁명사》, p. 274.

27) Patrice Geniffey, *Histoires de la Révolution et de l'Empire*, p. 192.

28) A. Mathiez, "Robespierre et le culte de l'Etre suprême", *Autour de Robespierre*, Paris, 1925, pp. 94~129. William Doyle, Colin Haydon, "*Robespierre* : after two hundred years", Colin Hayden, William Doyle(ed.), Robespierre, pp. 405에서 재인용.

29) 소불, 최갑수 옮김, 《프랑스대혁명사》 하권, pp. 55~56.

30) Jonathan Israel, *Revolutionary Ideas*, p. 568.

31) Patrice Gueniffey, *Histoires de la Révolution et de l'Empire*, p. 233.

32) Peter Mcphee, *Robespierre. A Revolutionary Life*, p. 201.

33) Carol Blum, *Rousseau and the Republic of Virtue. The Language of Politics in the French Revolution*, Cornell University Press, 1986, pp. 247~248.

34) Annie Jourdan, "Les journées de Prarial an II : le tournant de la Révolution?", *La Révolution française*, 2016년 10월.

35) Timothy Tackett, *The Coming of the Terror in the French Revolution*, Harvard University Press, 2015.

36) Peter McPhee, *Robespierre. A Revolutionary Life*, Yale University Press, 2011, p.209.

37) Patrice Gueniffey, *Histoires de la Révolution et de l'Empire*, Perrin, 2011, p.234.

38) Françoise Brunel, *Thermidor. La chute de Robespierre*, p.95.

39) E. Ducoudray, "Commune de Paris, Département de Paris", Albert Soboul(ed.), *Dictionnaire historique de La Révolution française*, p.271.

40) 알베르 마티에, 김종철 옮김, 《프랑스혁명사》 하권, 창작과비평사, 1982, p. 609.

41) 소불, 최갑수 옮김, 《프랑스대혁명사》 하권, p. 75.

42) Bronislaw Baczko, *Ending the Terror*, pp. 60~78.

43) Antoine Claire Thibaudeau, *Mémoires*, in Richard Bienvenu(ed), *The Ninth of Thermidor : The Fall of Robespierre*, p. 326.

44) Levasseur와 Baudot의 《회고록》, in Richard Bienvenu(ed), *The Ninth of Thermidor: The Fall of Robespierre*, pp. 332~343.

45) Bronislaw Baczko, *Ending the Terror*, p. 68. 르쿠앵트르는 파리의 여러 감옥에 수용된 사람이 한 달 동안에 8,500명에서 3,500명으로 줄었다고 말했다.

46) Bette W. Oliver, *Jacques Pierre Brissot in America and France, 1788~1793. In search of Better Worlds*, Lexington Books, 2016, pp. 164~165.

47) Bronislaw Baczko, *Ending the Terror*, p. 79.

48) Bronislaw Baczko, *Ending the Terror*, p. 81.

49) Bronislaw Baczko, *Ending the Terror*, p. 248; Arno J. Mayer, *The Furies. Violence and Terror in the French and Russian Revolutions*, p. 210; Jean-Clément Martin, La Terreur. Part maudite de la Révolution, Découvertes Gallimard Histoire, 2010, p. 84.

50) 소불, 최갑수 옮김, 《프랑스대혁명사》 하권, p. 112; Bronislaw Baczko, *Ending the Terror*, p. 240.

51) John Keane, *Tom Paine. A Political Life*, Bloomsbury, 1995, pp. 423~424; 유벌 레빈, 조미현 옮김, 《에드먼드 버크와 토머스 페인의 위대한 논쟁-보수와 진보의 탄생》, 에코리브르, 2017.

52) Pierre Serna, "La Révolution française ou l'invention de la République démocratique comme socle de la France contemporaine", 최갑수 옮김, 〈혁명과 민주주의-프랑스

혁명과 민주공화국의 창출〉, 《프랑스사연구》 33호, 2015년 8월; Pierre Serna, *La République des girouettes (1789~1815... et au-delà). Une anomalie politique : la France de l extrême centre*, Champ Vallon, 2005, pp. 365~413.

⁵³⁾ Patrice Geniffey, *La politique de la Terreur*, Fayard, 2000, p. 344.

7. 라파예트 - 세 혁명의 영웅

¹⁾ Olivier Bernier, Lafayette. *Hero of Two Worlds*, E. P. Dutton, Inc, 1983, p. 21.

²⁾ Lloyd Kramer, *Lafayette in Two Worlds. Public Cultures and Personal Identities in an Age of Revolutions*, The University of North Carolina Press, 1996, p. 23.

³⁾ Kramer, *Lafayette in Two Worlds*, p. 19.

⁴⁾ Olivier Bernier, *Lafayette. Hero of Two Worlds*, p. 149.

⁵⁾ Olivier Bernier, *Lafayette. Hero of Two Worlds*, p. 165.

⁶⁾ Olivier Bernier, Lafayette. Hero of Two Worlds, p. 175.

⁷⁾ Kramer, *Lafayette in Two Worlds*, p. 12, 주 16.

⁸⁾ Olivier Bernier, *Lafayette. Hero of Two Worlds*, p. 201.

⁹⁾ 이 사건에 대한 상세한 설명은 주명철, 《근대에 부는 혁명의 바람-낭시 군사반란》, 프랑스혁명사 10부작 제4권, 여문책, 2016.

¹⁰⁾ Bette W. Oliver, *Jacques Pierre Brissot in America and France, 1788~1793. In Search of Better Worlds*, Lexington Boks, 2016, p. 86.

¹¹⁾ Olivier Bernier, *Lafayette. Hero of Two Worlds*, p. 278.

¹²⁾ Kramer, *Lafayette in Two Worlds*, p. 101.

¹³⁾ Kramer, *Lafayette in Two Worlds*, pp. 232~235.

¹⁴⁾ Olivier Bernier, *Lafayette. Hero of Two Worlds*, p. 308.

¹⁵⁾ 최갑수, 〈공화국, 공화주의, 프랑스〉, 이용재·박단(외), 《프랑스의 열정-공화국과 공화주의》, 아카넷, 2011, p. 33. 프랑수아 퓌레도 이 표현을 차용하였다. François

Furet et Ran Halévi, *La monarchie républicaine: La constitution de 1791*, Fayard, 1996.

[16] 신용우, 《샤토브리앙-생말로에서 생말로까지》, '무덤 너머의 회상록' 편역, 책과나무, 2018, p. 637.

[17] Kramer, *Lafayette in Two Worlds*, pp. 4~5.

[18] Louis Gottschalk, *Lafayette Comes to America*, Chicago, 1937.

[19] Olivier Bernier, *Lafayette. Hero of Two Worlds*, p. 27.

[20] Kramer, *Lafayette in Two Worlds*, p. 86.

[21] Kramer, *Lafayette in Two Worlds*, p. 115.

8. 시에예스 신부-혁명의 시작과 끝

[1] William H. Sewell, Jr., *A Rhetoric of Bourgeois Revolution. The Abbé Sieyes and What is the Third Estate?*, Duke University Press, 1994, p. 12.

[2] Jonathan Israel, *Revolutionary Ideas*, p. 73.

[3] J. H. Clapham, *The Abbé Sieyès. An Essay in the Politics of the French Revolution*, London, P. S. King & Son Orchard House Westminster, 1912, pp. 13~14; Jean-Denis Bredin, *Sieyés. La clé de la Révolution française*, Editions de Fallois, 1988, p. 95.

[4] Michel Vovelle, La mentalité révolutionnaire, Editions sociales, 1985, p. 145.

[5] William H. Sewell, Jr., *A Rhetoric of Bourgeois Revolution. The Abbé Sieyes and What is the Third Estate?*, p. 53.

[6] William H. Sewell, Jr., *A Rhetoric of Bourgeois Revolution. The Abbé Sieyes and What is the Third Estate?*, p.39.

[7] Murray Forsyth, *Reason and Revolution. The Political Thought of the Abbé Sieyes*, Leicester University Press, 1987, pp. 128, 141.

[8] William H. Sewell, Jr., *A Rhetoric of Bourgeois Revolution. The Abbé Sieyes and What is the Third Estate?*, pp. 131~133.

9) Jean–Denis Bredin, *Sieyès. La clé de la Révolution française*, pp. 244~247.

10) Jean–Denis Bredin, *Sieyès. La clé de la Révolution française*, p.270.

11) Marco Fioravanti, "Sieyès et le jury constitutionnaire: perspectives historico–juridiques", *Annales historiques de la Révolution française* 349, 2007년 7~9월, p. 89.

12) Jean–Denis Bredin, *Sieyès. La clé de la Révolution française*, p. 474; Murray Forsyth, *Reason and Revolution. The Political Thought of the Abbé Sieyes*, p. 193.

13) Jean–Denis Bredin, *Sieyès. La clé de la Révolution française*, pp. 14~15.

14) William H. Sewell, Jr., *A Rhetoric of Bourgeois Revolution. The Abbé Sieyes and What is the Third Estate?*, pp. 67, 188.

15) Murray Forsyth, *Reason and Revolution. The Political Thought of the Abbé Sieyes*, p. 3.

9. 콩도르세 – 계몽사상가에서 혁명가로

1) Elisabeth Badinter, Robert Badinter, *Condorcet. Un intellectuel en politique*, Fayard, 1988, p. 53.

2) Elisabeth Badinter, Robert Badinter, *Condorcet. Un intellectuel en politique*, p. 96.

3) K. M. Baker, *Condorcet, raison et politique*, 영어 번역, Paris, Hermann, 1988, p. 347.

4) Bette W. Oliver, *Jacques Pierre Brissot in America and France, 1788–1793. In Search of Better Worlds*, Lexington Books, 2016, p. 77.

5) Elisabeth Badinter, Robert Badinter, *Condorcet. Un intellectuel en politique*, p. 406.

6) Patrice Gueniffey, *La politique de la Terreur. Essai sur la violence révolutionnaire 1789–1794*, Fayard, 2000, p. 157.

7) Patrice Gueniffey, *La politique de la Terreur*, p. 122.

8) Jonathan Israel, *Revolutionary Ideas*, pp. 376~390.

9) Keith Michael Baker, "Condorcet", François Furet, Mona Ozouf(dir.), *Dictionnaire*

critique de la Révolution française, Flammarion, 1988, p. 240.

[10] Elisabeth Badinter, Robert Badinter, *Condorcet. Un intellectuel en politique*, p. 464.

[11] Elisabeth Badinter, Robert Badinter, *Condorcet. Un intellectuel en politique*, p. 466.

[12] Elisabeth Badinter, Robert Badinter, *Condorcet. Un intellectuel en politique*, p. 467.

[13] Elisabeth Badinter, Robert Badinter, *Condorcet. Un intellectuel en politique*, pp. 537~538.

[14] J. Michelet, *Les femmes de la Révolution*, Paris, 1854, p.85. Elisabeth Badinter, Robert Badinter, *Condorcet. Un intellectuel en politique*, p.700에서 재인용.

[15] Keith Michael Baker, "Condorcet", François Furet, Mona Ozouf(dir.), *Dictionnaire critique de la Révolution française*, p.244; Lyoyd Kramer, *Lafayette in Two Worlds. Public Cultures and Personal Identities in an Age of Revolutions*, p.75.

[16] Jonathan Israel, *Revolutionary Ideas*, p. 348.

[17] 양희영, 〈콩도르세 대 산악파 – 1793년 헌법 논쟁과 공포정치의 기원〉, 《서양사론》 114호, 2012년 9월, p. 218; K. M. Baker, *Condorcet, raison et politique*, p. 419.

[18] Condorcet, *Esquisse d'un tableau historique des progrès de l'esprit humain*, Librairie philosophique J. Vrin, 1970, p. 210.

[19] Condorcet, Esquisse d'un tableau historique des progrès de l'esprit humain, p. 211.

[20] K. M. Baker, "Condorcet", François Furet, Mona Ozouf(dir.), *Dictionnaire critique de la Révolution française*, p. 243.

10. 당통 – 구국의 영웅인가 부패한 기회주의자인가

[1] Philippe Tessier, "Un avocat aux Conseils du roi", Michel Biard, Hervé Leuwers(dir.), *Danton. Le mythe et l Histoire*, Armand Colin, 2016, p. 15.

[2] Haim Burstin, "Devenir révolutionnaire dans Paris", Michel Biard, Hervé Leuwers(dir.), *Danton. Le mythe et l Histoire*, p. 28.

3) J. Michelet, *Histoire de la Révolution française*, Edition établie, annotée et commentée par Gérard Walter, Edition Gallimard, 1952, 제1권, p. 494.

4) J. Michelet, *Histoire de la Révolution française*, 제1권, p.534; Norman Hampson, *Danton*, Basil Blackwell, 1978, p. 5.

5) Patrice Gueniffey, *Histoires de la Revolution et de l'Empire*, Perrin, 2011, pp. 204~205.

6) Norman Hampson, *Danton*, p. 93.

7) Jonathan Israel, *Revolutionary Ideas*, p. 280.

8) Annie Jourdan, "Terroriste avant la lettre ou terroriste à temps partiel?", Michel Biard, Hervé Leuwers(dir.), *Danton. Le mythe et l Histoire*, pp. 107~108.

9) Peter McPhee, Robespierre. *A Revolutionary Life*, Yale University Press, 2012, p. 189.

10) Albert Mathiez, *Etudes sur Robespierre*, Éditions sociales, 1973, pp. 121~156.

11) Norman Hampson, *Danton*, p. 173.

12) Micheline Besnard −Coursodon, "Diderot et Danton vus par le 19e siècle: problèmes d'une filiation", *Dix−huitième Siècle 10*, 1978.

13) J. Michelet, *Histoire de la Révolution française*, 제1권, p. 502.

14) Hervé Leuwers, "Danton et Robespierre. Le duel réinventé", Michel Biard, Hervé Leuwers(dir.), *Danton. Le mythe et l Histoire*, p. 143.

15) Norman Hampson, *Danton*, p. 8; Micheline Besnard −Coursodon, "Diderot et Danton vus par le 19e siècle: problèmes d'une filiation", p. 330.

16) Albert Mathiez, Études sur Robespierre, Éditions sociales, 1974.

17) 프랑수아 퓌레·드니 리셰, 김응종 옮김, 《프랑스혁명사》, pp. 233~234

18) *Actes du Tribunal révolutionnaire*, Mercure de France, 1986. Wikipédia, "Georges Jacques Danton"에서 재인용.

11. 로베스피에르-혁명의 수사학

[1] Peter McPhee, *Robespierre. A Revolutionary Life*, Yale University Press, 2012, p. 38.

[2] Carol Blum, *Rousseau and the Republic of Virtue. The Language of Politics in the French Revolution*, Cornell University Press, 1986, p. 156, 주6; Nathalie ─Barbara Robisco, "Le mythe de la rencontre avec Rousseau dans la formation du jeune Robespierre", Hervé Leuwers, Jean ─Pierre Hirsch, Gilles Deregnaucourt, et al., *Robespierre. De la Nation artésienne à la République et aux Nations*, Lille, Publications de l' Institut de recherches historiques du Septentrion, 1994, pp. 35~44.

[3] 김경근, 《로베스피에르-자유와 덕》, 전북대학교출판문화원, 2017, p. 50.

[4] Gérard Walter, *Robespierre. La vie*, Gallimard, 1961, 제1권, p. 81.

[5] Gérard Walter, *Robespierre. La vie*, 제1권, p.80. 로베스피에르는 1789~1794년 혁명기 의회와 정치 클럽에서 약 985회의 길고 짧은 연설을 했다. 김경근, 《로베스피에르-자유와 덕》, p. 13.

[6] Patrice Gueniffey, *La politique de la Terreur*, Fayard, 2000, p. 91.

[7] 장 마생, 양희영 옮김, 《로베스피에르, 혁명의 탄생》, 교양인, 2005(원저는 1956년), pp. 164~165.

[8] Peter McPhee, *Robespierre. A Revolutionary Life*, p. 86.

[9] 양희영, 〈프랑스혁명과 공화국의 탄생〉, 《프랑스사연구》 21, 2009년 8월, pp. 27~28.

[10] 장 마생, 양희영 옮김, 《로베스피에르, 혁명의 탄생》, p. 165.

[11] 장 마생, 양희영 옮김, 《로베스피에르, 혁명의 탄생》, p. 207.

[12] F. 퓌레, D. 리셰, 김응종 옮김, 《프랑스혁명사》, p. 164.

[13] Patrice Gueniffey, *La politique de la Terreur*, p. 159.

[14] Patrice Gueniffey, *La politique de la Terreur*, p. 143.

[15] Jonathan Israel, *Revolutionary Ideas*, p. 249.

16) Peter McPhee, *Robespierre. A Revolutionary Life*, pp. 123~124.

17) 장 마생, 양희영 옮김, 《로베스피에르, 혁명의 탄생》, p. 258.

18) Peter McPhee, *Robespierre. A Revolutionary Life*, p. 130.

19) 장 마생, 양희영 옮김, 《로베스피에르, 혁명의 탄생》, p. 373.

20) Peter McPhee, Robespierre. A Revolutionary Life, p. 156.

21) Albert Mathiez, "La Terreur instrument de la politique sociale des Robespierristes. Les décrets de ventôse et leur application", in Albert Mathiez, *Girondins et Montagnards*, Les Editions de la Passion, 1988.

22) 소불, 최갑수 옮김, 《프랑스대혁명사》 하권, pp. 28~29, p. 52; 장 마생, 양희영 옮김, 《로베스피에르, 혁명의 탄생》, pp. 539~544.

23) Patrice Gueniffey, *La politique de la Terreur*, p. 287.

24) David P. Jordan, "The Robespierre Problem", Colin Hayden, William Doyle(ed.), *Robespierre*, Cambridge University Press, 1999, p. 29.

25) Jonathan Israel, *Revolutionary Ideas*, p. 568.

26) Mona Ozouf, "Religion révolutionnaire", F. Furet, M. Ozouf(dir.), *Dictionnaire critique de la Révolution française*, Flammarion, 1988, pp. 609~610.

27) 알베르 소불, 최갑수 옮김, 《프랑스대혁명사》 하권, 두레, 1984, p. 56; Albert Soboul, "Jean-Jacques Rousseau et le jacobinisme", *Journées d Etudes sur le "Contrat social" de Jean-Jacques Rousseau*, Paris: Sociétés les Belles Lettres, 1964, p. 417.

28) 이 글 제18장 참고.

29) Peter McPhee, *Robespierre. A Revolutionary Life*, pp. 212~213.

30) Patrice Gueniffey, *Histoires de la Révolution et de l'Empire*, Perrin, 2011, p. 241.

31) Patrice Gueniffey, *La politique de la Terreur*, p. 181.

32) 장 마생, 양희영 옮김, 《로베스피에르, 혁명의 탄생》, p. 638.

33) Carol Blum, *Rousseau and the Republic of Virtue*, p. 162.

34) 장 마생, 양희영 옮김, 《로베스피에르, 혁명의 탄생》, p. 278.

35) Peter McPhee, *Robespierre. A Revolutionary Life*, p. 162.

36) Carol Blum, *Rousseau and the Republic of Virtue*, pp. 183~187.

37) Carol Blum, *Rousseau and the Republic of Virtue*, p. 201.

38) 장 마생, 양희영 옮김, 《로베스피에르, 혁명의 탄생》, p. 645.

39) Peter McPhee, *Robespierre. A Revolutionary Life*, p. 227.

40) Marc Belissa, Yannick Bosc, *Robespierre. La fabrication d un mythe*; Jean –Clément Martin, *Robespierre. La fabrication d un monstre*; Jean –Clément Martin, *Violence et Révolution*.

40) G. E. Gwynne, Madame de Staël et la Révolution française. Politique, philosophie, littérature, Edition A. –G., Ninet, 1969, pp. 229~230.

42) Jonathan Israel, *Revolutionary Ideas*, p. 292.

43) Jonathan Israel, *Revolutionary Ideas*, p. 304.

44) Peter McPhee, *Robespierre. A Revolutionary Life*, p. 138.

45) Peter McPhee, *Robespierre. A Revolutionary Life*, p. viii.

12. 마라와 코르데 - 혁명의 두 순교자

1) Christine Fauré(ed.), *Les déclarations des droits de l homme de 1789*, Payot, 1988, p. 298.

2) Jean –Clément Martin, *Violence et Révolution. Essai sur la naissance d un mythe national*, pp. 102~103.

3) Bernadine Melchior –Bonnet, *Charlotte Corday*, Tallandier, 1989, p. 19; Jean –Denis Bredin, *"On ne meurt qu'une fois" Charlotte Corday*, Fayard, 2006, p. 22.

4) Bernadine Melchior –Bonnet, *Charlotte Corday*, p. 48.

5) Bernadine Melchior –Bonnet, *Charlotte Corday*, p. 54.

6) Guillaume Mazeau, *Le bain de l histoire. Charlotte Corday et l attentat contre Marat 1793~2009*, Champ Vallon, 2009, p. 140.

7) Jean –Denis Bredin, *"On ne meurt qu'une fois" Charlotte Corday*, p.206.

8) Guillaume Mazeau, *Le bain de l'histoire. Charlotte Corday et l'attentat contre Marat 1793~2009*, p. 76.

9) Bernadine Melchior—Bonnet, *Charlotte Corday*, p. 209.

10) Jean—Clément Martin, *La terreur. Part maudite de la Révolution*, Gallimard, 2010, p. 64.

11) Jean—Denis Bredin, *"On ne meurt qu'une fois" Charlotte Corday*, pp. 247~249; Jonathan Israel, *Revolutionary Ideas*, pp. 472~473.

12) Jean—Denis Bredin, *"On ne meurt qu'une fois" Charlotte Corday*, p. 250.

13. 버크와 페인의 엇갈린 예언

* 이 장은 김응종, 〈버크와 페인 — 프랑스혁명에 대한 엇갈린 예언〉, 《역사와 담론》 87, 2018. 7, pp. 189~226을 수정, 보완한 것이다.

1) 국내 번역으로는 이태숙 옮김, 《프랑스혁명에 대한 성찰》, 한길사, 2008; 박홍규 옮김, 《인권》, 필맥, 2004. 이 글에서는 국내 번역판과 Dolphin Edition에서 출판된 두 책의 합본을 참고했다.

2) John Keane, *Tom Paine. A Political Life*, Bloomsbury, 1995, pp. 305~308.

3) 유벌 레빈, 조미현 옮김, 《에드먼드 버크와 토머스 페인의 위대한 논쟁—보수와 진보의 탄생》, 에코리브르, 2016, p. 231.

4) 버크, 이태숙 옮김, 《성찰》, p. 65.

5) 버크, 이태숙 옮김, 《성찰》, p. 71.

6) 버크, 이태숙 옮김, 《성찰》, p. 290.

7) 버크, 이태숙 옮김, 《성찰》, pp. 93~99.

8) Timothy Tackett, *Becoming a Revolutionary. The Deputies of the French National Assembly and the Emergence of a Revolutionary Culture (1789~1790)*, The Pennsylvania State University Press, 2006, p. 77과 결론.

9) 버크, 이태숙 옮김, 《성찰》, p. 122.

10) 버크, 이태숙 옮김, 《성찰》, p. 374.

11) 버크, 이태숙 옮김, 《성찰》, p. 104.

12) 버크, 이태숙 옮김, 《성찰》, p. 109.

13) 버크, 이태숙 옮김, 《성찰》, p. 144.

14) 버크, 이태숙 옮김, 《성찰》, p. 144.

15) 버크, 이태숙 옮김, 《성찰》, p. 163.

16) 버크, 이태숙 옮김, 《성찰》, p. 249.

17) 버크, 이태숙 옮김, 《성찰》, p. 211.

18) 버크, 이태숙 옮김, 《성찰》, p. 341.

19) Llyod Kramer, *Lafayette in Two Worlds. Public Culture and Personal Identities in an Age of Revolutions*, The University of North Carolina Press, 1996, p. 82.

20) John Keane, *Tom Paine. A Political Life*, p. 135.

21) Thomas Paine, *The Rights of Man*, 제1부, Dolphin Books, 1961, p. 380.

22) Paine, *The Rights of Man*, 제1부, p. 379.

23) Paine, *The Rights of Man*, 제2부, p. 413.

24) Paine, *The Rights of Man*, 제1부, p. 278.

25) Paine, *The Rights of Man*, 제1부, p. 285.

26) Paine, *The Rights of Man*, 제1부, p. 383.

27) Paine, *The Rights of Man*, 제1부, p. 301.

28) Paine, *The Rights of Man*, 제1부, pp. 287~293.

29) Paine, *The Rights of Man*, 제1부, p. 353.

30) Paine, *The Rights of Man*, 제1부, p. 325.

31) Thomas Paine, *The Age of Reason*, London, Freethought Publishing Company, 1880, p. 2.

32) Jean Lessay, *L'Américain de la Convention Thomas Paine. Professeur de révolutions, député du Pas-de-Calais*, Librairie Académie Perrin, 1987, p. 146.

33) John Keane, *Tom Paine. A Political Life*, pp. 283~284.

34) Jean Lessay, *L' Américain de la Convention Thomas Paine*, p. 160.

35) Richard Bourke, *Empire and Revolution. The Political Life of Edmund Burke*, Princeton UP, 2015, p. 815.

36) John Keane, *Tom Paine. A Political Life*, p. 373.

37) Moncure Daniel Conway(ed.), "Letter to Danton", in *The Writings of Thomas Paine III*, Online Library of Liberty.

38) Jean Lessay, *L' Américain de la Convention Thomas Paine*, pp. 171~172.

39) John Keane, *Tom Paine. A Political Life*, p. 381.

40) Mariam Touba, "Paine in the Luxembourg: The Whys and Wherefores of his Imprisonment", *Bulletin of Thomas Paine Friends*, vol. 16, no. 3, 2015년 가을.

41) John Keane, *Tom Paine. A Political Life*, p. 389.

42) Jean Lessay, *L' Américain de la Convention Thomas Paine*, p. 180.

43) Moncure Daniel Conway(ed.), "The Eighteenth Fructidor. To the People of France and the French Armies I", in *The Writings of Thomas Paine III*, Online Library of Liberty.

44) Thomas Paine, *The Age of Reason*, p. 65.

45) "Thoughts on French Affairs 1791년 12월", *Further reflections on the Revolution in France*, Edited by Daniel Ritchie, Liberty Fund, Online Library of Liberty, p. 208.

46) "The Eighteenth Fructidor. To the People of France and the French Armies I".

47) Selected Works of Edmund Burke, "Letters on a Regicide Peace IV", *Letters on a Regicide Peace*, Liberty Fund, Online Library of Liberty, p. 356.

48) Steven Blakemore, "Burke and the Revolution: Bicentennial Reflections", Steven Blakemore(ed.), *Burke and the French Revolution. Bicentennial Essays*, The University of Georgia Press, 1992, p. 147.

49) *The Rights of Man*, 제1부, p. 385.

50) John Keane, *Tom Paine. A Political Life*, p. 299.

51) John Keane, *Tom Paine. A Political Life*, pp. 386~387.

14. 미슐레의 공화주의 프랑스혁명사

* 이 장은 김응종, 〈미슐레의 공화주의 프랑스혁명사〉, 《역사와 담론》 91, 2019. 7, pp. 285~319을 수정, 보완한 것이다.

1) J. Michelet, *Histoire de France*, 1869, 〈서문〉.

2) 이 글에서는 *Histoire de la Révolution française*, Edition établie, annotée et commentée par Gérard Walter, 2 vols, Edition Gallimard, 1952을 참고했다.

3) Michelet, *Histoire de la Révolution française*, 제2권, p. 991.

4) Michelet, *Histoire de la Révolution française*, 제1권, p. 7.

5) Michelet, *Histoire de la Révolution française*, 제2권, pp. 7~8.

6) Michelet, *Histoire de la Révolution française*, 제1권, pp. 279~280.

7) Michelet, *Histoire de la Révolution française*, 제1권, p. 217.

8) Michelet, *Histoire de la Révolution française*, 제1권, p. 415.

9) René Rémond, "Michelet, ou l'inscription de l'historien dans l'histoire", *Michelet et le Peuple*, Colloque de Paris−Nanterre, 1975.

10) Michelet, *Histoire de la Révolution française*, 제1권, p. 872, 제2권, pp. 303~304.

11) Michelet, *Histoire de la Révolution française*, 제1권, p. 905.

12) Michelet, *Histoire de la Révolution française*, 제1권, p. 1021.

13) Michelet, *Histoire de la Révolution française*, 제1권, p. 1094.

14) Michelet, *Histoire de la Révolution française*, 제1권, p. 544.

15) Michelet, *Histoire de la Révolution française*, 제1권, pp. 1093~1094.

16) Michelet, *Histoire de la Révolution française*, 제1권, p. 906.

17) Michelet, *Histoire de la Révolution française*, 제1권, p. 300.

18) Michelet, *Histoire de la Révolution française*, 제1권, p. 7.

19) Michelet, *Histoire de la Révolution française*, 제2권, p. 807.

20) Michelet, *Histoire de la Révolution française*, 제1권, p. 1290.

21) Michelet, *Histoire de la Révolution française*, 제2권, p. 796.

22) Michelet, *Histoire de la Révolution française*, 제1권, pp. 191~195.

23) Michelet, *Le Peuple*, Introduction et notes par Paul Viallaneix, Flammarion, 1974, p. 145.

24) Michelet, *Histoire de la Révolution française*, 제1권, p. 434.

25) Michelet, *Histoire de la Révolution française*, 제1권, pp. 309~311.

26) Michelet, *Histoire de la Révolution française*, 제1권, p. 386.

27) Michelet, *Histoire de la Révolution française*, 제1권, p. 1124.

28) Michelet, *Histoire de la Révolution française*, 제1권, p. 1142.

29) Michelet, *Histoire de la Révolution française*, 제1권, p. 1145.

30) Michelet, *Histoire de la Révolution française*, 제2권, p. 260. 미슐레가 제시한 수치는 당시의 증인들, 정부 보고서에 나와 있는 수치이다. 방데 전쟁 전문가인 장클레망 마르탱은 160명 정도의 수치를 제시하고 있다. Jean-Clément Martin, *La guerre de Vendée en 30 questions*, Geste, 1998, p. 16.

31) Michelet, *Histoire de la Révolution française*, 제2권, pp. 719~720.

32) Michelet, *Histoire de la Révolution française*, 제2권, p. 274.

33) Michelet, *Histoire de la Révolution française*, 제2권, p. 624.

34) Michelet, *Histoire de la Révolution française*, 제2권, pp. 511~512.

35) *Histoire parlementaire de la révolution française; ou, Journal des Assemblées nationales, depuis 1789 jusqu'en 1815* (프랑스혁명의 의회사; 혹은 1789년부터 1815년까지 의회의 관보).

36) Michelet, *Histoire de la Révolution française*, 제1권, p. 293.

37) Alphonse de Lamartine은 *Histoire des Girondins* (1847), *Histoire de la Restauration* (1851), *Histoire des Constituants* (1853) 등을 썼으며, Louis Blanc은 *Histoire de la révolution française*, 12 vols., Paris, 1847~1862을 썼고, Alphonse Esquiros는

Histoire des Montagnards (1847)을 썼다.

[38] Michelet, *Histoire de la Révolution française*, 제1권, p. 297.

[39] Michelet, *Histoire de la Révolution française*, 제1권, p. 19. 루이 블랑과 미슐레에 대해서는, Marc Belissa, Yannick Bosc, *Robespierre. La fabrication d un mythe*, Ellipses, 2013, pp. 169~170.

[40] Michelet, *Histoire de la Révolution française*, 제1권, pp. 519~520.

[41] Michelet, *Histoire de la Révolution française*, 제2권, 부록 pp. 1002~1003.

[42] Michelet, *Histoire de la Révolution française*, 제2권, p. 21.

[43] Michelet, *Histoire de la Révolution française*, 제2권, p. 430.

[44] Maurice Aguhlon, *1848 ou l apprentissage de la république, 1848~1852*, Points, 1973, p. 15.

[45] Michelet, *Histoire de la Révolution française*, 제2권, '결론', p. 995.

[46] Michelet, *Histoire de la Révolution française*, 제1권, pp. 837~839. 로베스피에르와 전쟁에 대해서는, Alan Forrest, "Robespierre, the war and its organisation", Colin Haydon, William Doyle(ed.), *Robespierre*.

[47] Michelet, *Histoire de la Révolution française*, 제1권, p. 842.

[48] Michelet, *Histoire de la Révolution française*, 제1권, p. 851.

[49] François Crouzet, "French historians and Robespierre", Colin Haydon, William Doyle(ed.), *Robespierre*, p. 261.

[50] Michelet, *Histoire de la Révolution française*, 제1권, pp. 972, 1113, 1208, 1282.

[51] Michelet, *Histoire de la Révolution française*, 제2권, 1869년 판 서문 보록, p. 1019.

[52] Michelet, *Histoire de la Révolution française*, 제1권, p. 1278.

[53] Michelet, *Histoire de la Révolution française*, 제2권, p. 165.

[54] Gérard Walter, "Avant-Propos", Michelet, *Histoire de la Révolution française*, 제1권, p. xxvii.

15. 한나 아렌트와 프랑스혁명

* 이 장은 김응종, 〈한나 아렌트와 프랑스혁명〉, 《역사와 담론》 80, 2016. 10, pp. 361~399을 수정, 보완한 것이다.

[1] Domenico Losurdo, *Le Revisionisme en Histoire. Problèmes et Mythes*, tra. de l' italien par Jean-Michel Goux, Albin Michel, 2006, pp. 23~24.

[2] 한나 아렌트, 이진우·박미애 옮김, 《전체주의의 기원》, 한길사, 2006, 제2권, p. 43.

[3] 한나 아렌트, 이진우·박미애 옮김, 《전체주의의 기원》, p. 257.

[4] 한나 아렌트, 이진우·박미애 옮김, 《전체주의의 기원》, p. 265.

[5] Hannah Arendt, *On Revolution*, The Viking Press, New York, 1963, p. 111. 국내 번역으로는 홍원표 옮김, 《혁명론》, 한길사, 2004. 여기에서는 원저를 인용했다.

[6] Hannah Arendt, *On Revolution*, p. 9.

[7] 버나드 베일린, 배영수 옮김, 《미국혁명의 이데올로기적 기원》, 새물결, 1999, p. 179.

[8] Hannah Arendt, *On Revolution*, p. 21.

[9] Hannah Arendt, *On Revolution*, p. 26.

[10] Hannah Arendt, *On Revolution*, p. 23.

[11] Hannah Arendt, *On Revolution*, p. 23.

[12] 퓌스텔 드 쿨랑주, 김응종 옮김, 《고대도시-그리스, 로마의 신앙·법·제도에 대한 연구》, 아카넷, 2000(원저는 1864), 머리말.

[13] Hannah Arendt, *On Revolution*, p. 136.

[14] Hannah Arendt, *On Revolution*, p. 16.

[15] Hannah Arendt, *On Revolution*, p. 62.

[16] Jules Michelet, *Histoire de la Révolution française*, Robert Laffont, 1979, tome 1, p. 72. 여기에서는 이세희, 《프랑스혁명사 연구》, 부산대학교출판부, 2004, pp. 60~61 재인용.

[17] 조르주 르페브르, 최갑수 옮김, 《1789년의 대공포》, 까치, 2002(원저는 1932년), pp.

31, 97.

[18] 이세희, 《프랑스혁명사 연구》, p. 71.

[19] Alexis de Tocqueville, *L' Ancien Régime et la Révolution française*, Gallimard, 1967, p. 276 (이 책은 1856년에 처음 간행되었다). 이세희, 《프랑스혁명사 연구》, p. 62 재인용.

[20] 프랑수아 퓌레, 드니 리셰, 김응종 옮김, 《프랑스혁명사》, 일월서각, 1990, p. 17.

[21] 크레인 브린튼, 차기벽 옮김, 《혁명의 해부》, 학민사, 1983(원저는 1938년에 출판되었다).

[22] Ernest Labrousse, *Esquisse du mouvement des prix et des revenus en France au XVIIIe siècle*, Editions des archives contemporaines, 1934 ; *La crise de l' économie française à la fin de l' Ancien Régime et au début de la Révolution*, Paris, 1944; 최갑수, 〈프랑스혁명〉, 배영수(편), 《서양사강의》, 한울, 2000, pp. 314~316.

[23] Albert Soboul, *Les sans – culottes parisiens en l an II. Mouvement populaire et gouvernement révolutionnaire(1793~1794)*, Editions du Seuil, 1968 (초판은 1958), p. 25. 국내 번역으로는 이세희 옮김, 《상뀔로트》, 일월서각, 1990.

[24] Albert Soboul, *Les sans – culottes parisiens en l an II*, pp. 29~31.

[25] Albert Soboul, *Les sans – culottes parisiens en l an II*, p. 55.

[26] Albert Soboul, *Les sans – culottes parisiens en l an II*, p. 25.

[27] Paul Bois, *Les Paysans de l ouest*, Flammarion, 1971, p. 351 주.

[28] Hannah Arendt, *On Revolution*, p. 129.

[29] Jean Ehrad, "'Le bonheur', disait Saint – Just……", notes critiques de R. Mauzi, *L' idée du bonheur au XVIIIe siècle*, in *Annales. Economies, Sociétés, Civilisations*, n.3 1961, p. 576; Robert Mauzi, *L' idée du bonheur dans la littérature et la pensée françaises au XVIIIe siècle*, Albin Michel, 1994.

[30] '공화주의적 행복'에 대해서는, Fabrizio Calorenni, "Indépendance, égalité et possession. Saint – Just et le 'trinôme républicain'", *Annales historiques de la Révolution française*, 370호, 2012년 10~12월.

[31] Fabrizio Calorenni, "Indépendance, égalité et possession. Saint – Just et le 'trinôme républicain'", 주 63에서 재인용.

32) Hannah Arendt, *On Revolution*, p. 69.

33) Hannah Arendt, *On Revolution*, pp. 62, 156.

34) Hannah Arendt, *On Revolution*, p. 155.

35) Lloyd Kramer, *Lafayette in Two Worlds. Public Culture and Personal Identities in an Age of Revolutions*, The University of North Carolina Press, 1996, p. 198.

36) Kramer, *Lafayette in Two Worlds*, pp. 209~213.

37) Hannah Arendt, *On Revolution*, p. 49.

16. 알베르 소불의 마르크스주의 프랑스혁명사

1) 피터 맥피, 박윤덕 옮김, 〈알베르 소불〉, 필립 데일리더·필립 윌런 엮음, 《20세기 프랑스 역사가들―새로운 역사학의 탄생》, 삼천리, 2016, p. 562.

2) 피터 맥피, 〈알베르 소불〉, p. 549.

3) 알베르 소불, 최갑수 옮김, 《프랑스혁명사》, 교양인, 2018에 수록된 클로드 마조리크의 개정판 머리말, pp. 15~16.

4) 소불, 《프랑스혁명사》, pp. 72~73. 필자가 번역을 조금 수정했다.

5) Paul Bois, *Paysans de l'Ouest. Des structures économiques et sociales aux options politiques depuis l'époque révolutionnaire*, Flammarion, 1971(원저는 1960), pp. 160~179.

6) Donald M. G. Sutherland, *Révolution et contre‒Révolution en France, 1789~1815*, 영어 번역, Editions du Seuil, 1991, p. 28.

7) 이 제목의 장은 1962년 판에는 없는 것으로 1982년 판에 추가된 것이다.

8) 소불, 최갑수 옮김, 《프랑스혁명사》, p. 217.

9) 소불, 최갑수 옮김, 《프랑스혁명사》, pp. 213~214.

10) Paul Bois, *Paysans de l'Ouest*. pp. 106~112.

11) 프랑수아 퓌레, 드니 리셰, 김응종 옮김, 《프랑스혁명사》, 일월서각, 1990, p. 125.

12) 소불, 최갑수 옮김, 《프랑스혁명사》, p. 262.

13) 프랑수아 퓌레·드니 리셰, 김응종 옮김, 《프랑스혁명사》, p. 126.

14) 소불, 최갑수 옮김, 《프랑스혁명사》, p. 193.

15) 퓌레·리셰, 김응종 옮김, 《프랑스혁명사》, p. 173

16) Patrice Gueniffey, *La politique de la Terreur*, Fayard, 2000, p. 244.

17) 소불, 최갑수 옮김, 《프랑스혁명사》, pp. 360~361.

18) 소불, 최갑수 옮김, 《프랑스혁명사》, p. 297.

19) 소불, 최갑수 옮김, 《프랑스혁명사》, p. 297.

20) 소불, 최갑수 옮김, 《프랑스혁명사》, p. 308.

21) 퓌레·리셰, 김응종 옮김, 《프랑스혁명사》, p. 190; Patrice Gueniffey, *Histoires de la Révolution et de l'Empire*, Perrin, 2011, p. 204.

22) 소불, 최갑수 옮김, 《프랑스혁명사》, p. 453.

23) 소불, 최갑수 옮김, 《프랑스혁명사》, p. 471.

24) 소불, 최갑수 옮김, 《프랑스혁명사》, p. 474.

25) 소불, 최갑수 옮김, 《프랑스혁명사》, p. 362.

26) 소불, 최갑수 옮김, 《프랑스혁명사》, p. 372.

27) Jean-Clément Martin, *Robespierre. La fabrication d'un monstre*, Perrin, 2016, p. 216.

17. 프랑수아 퓌레의 수정주의 프랑스혁명사

1) 프랑수아 퓌레·드니 리셰, 김응종 옮김, 《프랑스혁명사》, 일월서각, 1990(원저는 1965~1966), pp. 107~108.

2) Alfred Cobban, *The Social Interpretation of the French Revolution*, Cambridge University Press, 1964; Alfred Cobban, *Aspects of the French Revolution*, The Norton Library, 1968.

3) 퓌레·리셰, 김응종 옮김, 《프랑스혁명사》, p. 122.

4) 퓌레·리셰, 김응종 옮김, 《프랑스혁명사》, p. 280.

5) Patrice Gueniffey, *Histoires de la Révolution et de l'Empire*, Perrin, 2011, p. 212.

6) 퓌레·리셰, 김응종 옮김, 《프랑스혁명사》, p. 228.

7) Furet, *Penser la Révolution française*, Gallimard, 1978, pp. 74~5. 국내 번역으로는, 정경희 옮김, 《프랑스혁명의 해부》, 법문사, 1987.

8) Furet, *Penser la Révolution française*, p. 155.

9) Furet, *Penser la Révolution française*, p. 158.

10) Furet, *Penser la Révolution française*, pp. 126~135.

11) Furet, *Penser la Révolution française*, p. 144.

12) Furet, *Penser la Révolution française*, p. 68.

13) Furet, *Penser la Révolution française*, p. 167.

14) *Histoire Magazine*, n.22, 1981, pp. 31~39.

15) Furet, *Penser la Révolution française*, p. 28, p. 206.

16) Patrice Gueniffey, *La politique de la Terreur*, Fayard, 2000, pp. 206~207.

17) Furet, *Penser la Révolution française*, p. 45.

18) Furet, *Penser la Révolution française*, p. 75.

19) Furet, *Penser la Révolution française*, p. 48.

20) François Furet, *Le passé d'une illusion. Essai sur l'idée communiste au XXe siècle*, Robert Laffont, 1995.

21) Furet, *Penser la Révolution française*, p. 18.

22) Furet, *Penser la Révolution française*, p. 118.

23) Furet, *Penser la Révolution française*, pp. 118~119.

24) Furet, *Penser la Révolution française*, p. 43.

25) Furet, *Le passé d'une illusion*, p. 81.

26) Furet, *Le passé d'une illusion*, p. 96.

27) Furet, *Le passé d'une illusion*, p. 280.

28) Furet, *Le passé d'une illusion*, p. 39.'

29) Furet, *Le passé d'une illusion*, pp. 167~168.

30) Furet, *Le passé d'une illusion*, p. 195. 퓌레는 주에서 놀테의 주장을 상세히 반박한다. 이에 놀테가 퓌레에게 반박 서신을 보냈고 둘 사이에 서신 논쟁이 벌어졌다. 이 논쟁은 책으로 출판되었다. *Fascisme et Communisme*, Plon, 1998.

31) Arno J. Mayer, *The Furies. Violence and Terror in the French and Russian Revolutions*, pp. 112~113.

32) Hannah Arendt, *The Origine of Totalitarianism*, 1951, p. 251.

33) Furet, *Le passé d'une illusion*, p. 482.

34) 민석홍, 〈프랑스혁명에 관한 새로운 해석과 그 문제점〉, 민석홍 엮음, 《프랑스혁명 사론》, 까치, 1987.

35) Dominico Losurdo, *Le révisionnisme en histoire. Problèmes et mythes*, 이탈리아어 번역, Albin Michel, 2006.

36) Michel Vovelle, "L'historiographie de la Révolution française à la veille du bicentenaire", *Annales historiques de la Révolution française* 272, 1988.

37) William H, Sewell, Jr., *A Rhetoric of Bourgeois Revolution. The Abbé Sieyes and What is the Third Estate?*, Duke University Press, 1994, p. 27.

38) Keith Michael Baker, Steven Laurence Kaplan, "Editors' Introduction", William H. Sewell, Jr., *A Rhetoric of Bourgeois Revolution. The Abbé Sieyes and What is the Third Estate?*, Duke University Press, 1994, p .xiv.

39) 피에르 세르나 외, 김민철·김민호 옮김, 《무엇을 위하여 혁명을 하는가—끝나지 않은 프랑스혁명》, 두더지, 2013(원저는 2012).

18. 장클레망 마르탱의 프랑스혁명 구하기

* 이 장은 김응종, 〈장클레망 마르탱의 프랑스혁명 구하기〉, 《역사와 담론》 94, 2020. 4, pp. 201~229를 수정, 보완한 것이다.

1) Michel Vovelle, *La découverte de la politique. Géopolitique de la Révolution française*,

Edition la Dédouverte, 1992, p. 7.

2) Reynald Secher, *La Vendée – Vengée. Le génocide franco – français*, Perrin, 1986.

3) Jean – Clément Martin, *Violence et Revolution. Essai sur la naissance d'un mythe national*, Seuil, 2006.

4) Jean – Clément Martin, *La Terreur, part maudite de la Révolution*, Gallimard, 2010, p. 13.

5) Jean – Clément Martin, *Violence et Revolution*, p. 21.

6) Jean – Clément Martin, *Violence et Revolution*, p. 269.

7) Jean – Clément Martin, *Violence et Revolution*, p. 150.

8) Jean – Clément Martin, *Violence et Revolution*, p. 84.

9) Jean – Clément Martin, *Violence et Revolution*, p. 51

10) Jean – Clément Martin, *Violence et Revolution*, p. 67.

11) Jean – Clément Martin, *Violence et Revolution*, p. 63.

12) Arno J. Mayeur, *The Furies. Violence and Terror in the French and Russian Revolutions*, Princeton University Press, 2000.

13) Arno J. Mayer, *The Furies*, pp. 7, 23, 93.

14) Dominico Losurdo, *Le révisionnisme en histoire. Problème et mythes*, 이탈리아어 번역, Albin Michel, 2006(원전은 1996).

15) Jean – Clément Martin, *La guerre de Vendee 1793~1800*, Points, 2014, pp. 180, 243; Jean – Clément Martin, *Un détail inutile? Le dossier des peaux tannées*, Vendée 1794, Paris, Vendémiaire, 2013.

16) Jean – Clément Martin, *Violence et Revolution*, p. 205.

17) Jean – Clément Martin, *Violence et Revolution*, p. 161.

18) Jean – Clément Martin, *Violence et Revolution*, p. 202.

19) Patrice Gueniffey, *La politique de la Terreur*, Fayard, 2000, p. 258.

20) Jean – Clément Martin, *Violence et Revolution*, p.143.

21) Jean – Clément Martin, *Violence et Revolution*, p.144.

²²⁾ Jean‑Clément Martin, *Violence et Revolution*, p. 188.

²³⁾ Jean‑Clément Martin, *Violence et Revolution*, p. 189.

²⁴⁾ Jean‑Clément Martin, *Violence et Revolution*, pp. 223~224

²⁵⁾ Annie Jourdan, "Les journées de Prarial an II: le tournant de la Révolution?", *La Révolution française*, 2016년 10월.

²⁶⁾ Jean‑Clément Martin, *Violence et Revolution*, p. 229.

²⁷⁾ Peter McPhee, *Robespierre. A Revolutionary Life*, p. 205.

²⁸⁾ Jean‑Clément Martin, *Violence et Révolution. Essai sur la naissance d un mythe national*, Seuil, 2006, p.229 ; Jean‑Clément Martin, *La Terreur. Part maudite de la Révolution*, Découvertes Gallimard, 2010, pp. 72~74.

²⁹⁾ Annie Jourdan, "Les journées de Prarial an II: le tournant de la Révolution?".

³⁰⁾ Jean‑Clément Martin, *La Terreur, part maudite de la Révolution*, p. 83.

³¹⁾ Jean‑Clément Martin, *Robespierre. La fabrication d un monstre*, Perrin, 2016, pp. 279~280.

³²⁾ Patrice Gueniffey, *La politique de la Terreur*, p.289 ; Patrice Gueniffey, *Histoires de la Révolution et de l Empire*, Perrin, 2011, pp. 257, 263.

³³⁾ Patrice Gueniffey, *La politique de la Terreur*, p. 16.

³⁴⁾ Jean‑Clément Martin, *Violence et Revolution*, p. 222.

³⁵⁾ Jean‑Clément Martin, *Violence et Revolution*, p. 226.

³⁶⁾ Patrice Gueniffey, *Histoires de la Révolution et de l Empire*, pp. 297~302.

³⁷⁾ Jean‑Clément Martin, *Robespierre. La fabrication d un monstre*.

맺음말

¹⁾ 밀튼 프리드만, 《선택할 자유》, p. 178.

²⁾ 이세희, 《프랑스대혁명과 여성·여성운동. 페미니즘의 파란만장한 드라마》, 탑북스, 2012.

3) Jonathan Israel, *Revolutionary Ideas*, p. 125.

4) Jonathan Israel, *Revolutionary Ideas*, p.563.

5) Jonathan Israel, *Revolutionary Ideas*, p. 410.

6) Jonathan Israel, *Revolutionary Ideas*, pp. 412~413.

7) 폴 존슨, 윤철희 옮김, 《지식인의 두 얼굴, 위대한 명성 뒤에 가려진 지식인의 이중성》, 을유문화사, 2005, p. 628.

8) Donald Greer, *The Incidence of the Terror during the French Revolution. A Statistical Interpretation*, Harvard University Press, 1935; Patrice Gueniffey, *La politique de la Terreur*, Fayard, 2000, pp. 234~242의 추산도 참고할 만하다.

9) Donald Greer, *The Incidence of the Terror during the French Revolution*, p. 108.

10) Donald Greer, *The Incidence of the Terror during the French Revolution*, p. 122.

11) Donald Greer, *The Incidence of the Terror during the French Revolution*, p. 128.

12) Jean-Clément Martin, *La Terreur. Part maudite de la Révolution*, Découvertes Gallimard, 2010, p. 83.

13) René Sédillot, *Le coût de la Révolution française*, Perrin, 1987, p. 11.

14) G. E. Gwynne, *Madame de Staël et la Révolution française. Politique, philosophie, littérature*, Editions A.-G. Nizet, 1968, p. 63.

15) 움베르토 에코, 이윤기 옮김, 《장미의 이름》 하권, 열린책들, 2007, p. 871.

참고문헌

김경근, 〈로베스피에르의 종교와 도덕관〉, 《서양사론》 115, 2012.

김경근, 《로베스피에르. 자유와 덕》, 전북대학교출판문화원, 2017.

김응종, 《아날학파》, 민음사, 1991.

김응종, 《서양의 역사에는 초야권이 없다 – 서양사에 관한 12가지 편견과 사실》, 푸른역사, 2005.

김응종, 《관용의 역사 – 르네상스에서 계몽주의까지》, 푸른역사, 2014.

민석홍, 〈막시밀리앵 로베스피에르의 정치사상 연구〉, 《서양 근대사 연구》, 일조각, 1975.

민석홍 엮음, 《프랑스 혁명사론》, 까치, 1987.

박윤덕, 〈프랑스혁명 전야의 팸플릿 전쟁〉, 《프랑스사 연구》 22, 2010년 2월.

박윤덕, 〈루소와 프랑스 혁명 – 《사회계약론》의 역사적 역할과 한계〉, 《프랑스학 연구》 67, 2014년 2월.

백인호, 《창과 십자가 – 프랑스 혁명과 종교》, 소나무, 2004.

신용우, 《샤토브리앙 – 생말로에서 생말로까지》, '무덤 너머의 회상록' 편역, 책과나무, 2018,

양희영, 〈프랑스 혁명과 공화국의 탄생〉, 《프랑스사 연구》 21, 2009년 8월.

양희영, 〈콩도르세 대 산악파 – 1793년 헌법 논쟁과 공포정치의 기원〉, 《서양사론》 114, 2012년 9월.

육영수, 〈책과 독서는 역사를 움직이는가 - '단턴 테제'와 '단턴 논쟁'을 중심으로〉, 《서양사론》 79, 2003년 12월.

육영수, 《책과 독서의 역사 - 활자 인간의 탄생과 근대의 재발견》, 책세상, 2010.

이세희, 《프랑스혁명사 연구》, 부산대학교출판부, 2004.

이세희, 《프랑스대혁명과 여성·여성운동. 페미니즘의 파란만장한 드라마》, 탑북스, 2012.

조승래, 《공화국을 위하여 - 공화주의의 형성과정과 핵심사상》, 길, 2010.

조승래, 《공공성 담론의 지적 계보. 자유주의를 넘어서》, 서강대학교출판부, 2014.

주명철, 〈1793년 6월 국민공회의 항의서 서명자〉, 《서양사론》 101, 2009.

주명철, 《자유 - 프랑스 혁명사 10부작》, 여문책, 2015~2019.

최갑수, 〈프랑스 혁명〉, 배영수 엮음, 《서양사 강의》, 개정판, 한울아카데미, 2000.

최갑수, 〈1789년의 '인권선언'과 혁명기의 담론〉, 《프랑스사 연구》 4, 2001년 2월.

최갑수, 〈공화국, 공화주의, 프랑스〉, 이용재·박단(외), 《프랑스의 열정. 공화국과 공화주의》, 아카넷, 2011.

Agulhon, Maurice, *Pénitents et francs - maçons de l'ancienne Provence*, Fayard, 1968.

Aguhlon, Maurice, *1848 ou l'apprentissage de la république, 1848 - 1852*, Points, 1973.

Arendt, Hannah, 홍원표 옮김, 《혁명론》, 한길사, 2004(원저는 1963).

Arendt, Hannah, 이진우·박미애 옮김, 《전체주의의 기원》, 한길사, 2006.

Aston, Niegel, *Religion and Revolution in France, 1780~1804*. MacMillan Press Ltd., 2000.

Babeuf, Gracchus, *La guerre de la Vendée et le système de dépopulation*, Tallandier, 1987(원저는 1794).

Baczko, Bronislaw, "Le contrat social des Français: Sieyès et Rousseau", Keith Michael Baker(ed.), *The French Revolution and the Creation of Modern Political Culture. The Political Culture of the Old Regime*, Pergamon press, 1986.

Baczko, Bronislaw, "Thermidoriens", François Furet, Mona Ozouf(ed.), *Dictionnaire critique de la Révolution française*, Flammarion, 1988.

Baczko, Bronislaw, "Vandalisme", F. Furet, M. Ozouf(ed.), *Dictionnaire critique de la Révolution française*, Flammarion, 1988.

Baczko, Bronislaw, *Ending the Terror. The French Revolution after Robespierre*, 불어 번역, Cambridge University Press, 1994.

Badinter, Elisabeth, Badinter, Robert, *Condorcet. Un intellectuel en politique*, Fayard, 1988.

Baecque, Antoine de, "L'homme nouveau est arrivé: La 'régénération' du français en 1789", *Dix-huitième siècle*, no. 20, 1988.

Bailyn, Bernand, 배영수 옮김, 《미국혁명의 이데올로기적 기원》, 새물결, 1999.

Baker, Keith Michel, *Condorcet, raison et politique*, 영어 번역, Paris, Hermann, 1988.

Baker, Keith Michel, "Condorcet", François Furet, Mona Ozouf, *Dictionnaire critique de la Révolution française*, Flammarion, 1988.

Barny, Roger, "Jean-Jacques Rousseau dans la Révolution", *Dix-huitième siècle*, n.6, 1974.

Barny, Roger, *Rousseau dans la Révolution: le personnage de Jean-Jacques et les débuts du culte révolutionnaire(1787~1791)*, The Voltaire Foundation, 1986.

Bart, Jean, "French Revolution", *Dictionnaire Montesquieu* (Online).

Belissa, Marc, Bosc, Yannick, *Robespierre. La fabrication d'un mythe*, Ellipses, 2013.

Bernier, Olivier, *Lafayette. Hero of Two Worlds*, E. P. Dutton, Inc, 1983.

Besnard-Coursodon, Micheline, "Diderot et Danton vus par le 19e siècle: problèmes d'une filiation", *Dix-huitième Siècle* 10, 1978.

Bianchi, Serge, *La Révolution culturelle de l'an II. Elites et peuple (1789~1799)*, Aubier, 1982.

Biard, Michel, Bourdin, Philippe(éd.), *Robespierre. Portraits croisés*, Armand Colin, 2012.

Bienvenu, Richard(ed.), *The Ninth Thermidor: The Fall of Robespierre*, Oxford University Press, 1968.

Birard, Michel, Leuwers, Hervé(dir.), *Danton. Le mythe et l'Histoire*, Armand Colin, 2016.

Blakemore, Steven(ed.), *Burke and the French Revolution. Bicentennial Essays*, The University of Georgia Press, 1992.

Blum, Carol, *Rousseau and the Republic of Virtue. The Language of Politics in the French Revolution*, Cornell University Press, 1986.

Bois, Paul, *Paysans de l'Ouest*, Flammarion, 1971(원저는 1960).

Bouloiseau, Marc, 정성진 옮김, 《로베스삐에르》, 탐구당, 1983.

Bourke, Richard, *Empire and Revolution. The Political Life of Edmund Burke*, Princeton UP, 2015.

Bredin, Jean-Denis, *Sieyès. La clé de la Révolution française*, Editions de Fallois, 1988.

Bredin, Jean-Denis, *"On ne meurt qu'une fois" Charlotte Corday*, Fayard, 2006.

Brinton, Crane, 차기벽 옮김, 《혁명의 해부》, 학민사, 1983(원저는 1938).

Brown, Stewart J., Tackett, Tackett(ed.), *Enlightenment, Reawakening and Revolution 1660~1815*, Cambridge UP, 2006.

Brunel, Françoise, *Thermidor. La chute de Robespierre*, Editions Complexe, 1989.

Brunel, Françoise, "Réaction thermidorienne", Albert Soboul(ed.), *Dictionnaire historique de La Révolution française*, PUF, 1989.

Brunel, Françoise, "Neuf Thermidor", Albert Soboul(ed.), *Dictionnaire historique de La Révolution française*, PUF, 1989.

Burke, Edmund, 이태숙 옮김, 《프랑스 혁명에 관한 성찰》, 한길사, 2017.

Burke, Edmund, *An Appeal from the New to the Old Whigs*, in Consequence of Some Late Discussions in Parliament, Relative to the Reflections on the French Revolution, London: Printed for J. Dodsley, 1791.

Burke, Edmund, "Thoughts on French Affairs 1791년 12월", *Further reflections on the Revolution in France*, Edited by Daniel Ritchie, Liberty Fund, Online Library of Liberty.

Burke, Edmund, "Letters on a Regicide Peace IV", *Letters on a Regicide Peace*, Liberty Fund, Online Library of Liberty.

Cadoudal, Georges de, *Georges Cadoudal et la chouannerie*, Paris, Librarie Plon, 1887.

Calorenni, Fabrizio, "Indépendance, égalité et possession. Saint-Just et le 'trinôme républicain'", *Annales historiques de la Révolution française*, 370호, 2012년 10~12월.

Chartier, Roger, 백인호 옮김, 《프랑스 혁명의 문화적 기원》, 일월서각, 1991.

Claeys, Gregory, "Republicanism versus commercial society: Paine, Burke, and the French Revolution debate", *History of European Ideas* 11, 1989.

Clapham, J. H., *The Abbé Sieyès. An Essay in the Politics of the French Revolution*, London, P. S. King & Son Orchard House Westminster, 1912.

Cobban, Alfred, *The Social Interpretation of the French Revolution*, Cambridge University Press, 1964.

Cobban, Alfred, *Aspects of the French Revolution*, The Norton Library, 1968.

Condorcet, Nicolas de, *Esquisse d'un tableau historique des progrès de l'esprit humain*, Librairie philosophique J. Vrin, 1970.

Conway, Moncure Daniel, *The Life of Thomas Paine*, vol. I, New York, B. Blom, 1970.

Conway, Moncure Daniel(ed.), "Letter to Danton", in *The Writings of Thomas Paine III*, Online Library of Liberty.

Conway, Moncure Daniel(ed.), "The Eighteenth Fructidor. To the People of France and the French Armies I", in *The Writings of Thomas Paine III*, Online Library of Liberty.

Coulanges, Fustel de, 김응종 옮김, 《고대도시 – 그리스, 로마의 신앙·법·제도에 대한 연구》, 아카넷, 2000(원저는 1864).

Crocker, Lester G., *Rousseau's Social Contract: An Interpretative Essay*, Cleveland: Case Western Reserve University Press, 1968.

Darnton, Robert, 조한욱 옮김, 《고양이 대학살 – 프랑스 문화사 속의 다른 이야기들》, 문학과지성사, 1996.

Darnton, Robert, 김지혜 옮김, 《로버트 단턴의 문화사 읽기》, 길, 2008.

Des Cepeaux, J. Duchemin, *Souvenirs de la Chouannerie*, Paris, Librairie de Charles Douniol, 1855.

Ducoudray, E., "Commune de Paris, Département de Paris", Albert Soboul(ed.), *Dictionnaire historique de La Révolution française*, PUF, 1989.

Dumont, Jean, *Pourquoi nous ne célébrerons pas 1789*, Argé, 1987.

Dupuy, Roger, *De la Révolution à la Chouannerie, Paysans en Bretagne 1788~1794*, Flammarion, 1988.

Dupuy, Roger, *Les Chouans*, Hachette, 1997.

Dupuy, Roger, *La Bretagne sous la Révolution et l'Empire (1789~1815)*, Editions Ouest-France, 2004.

Eco, Umberto, 이윤기 옮김, 《장미의 이름》, 열린책들, 2007.

Edmonds, W. D., "'Federalism' and Urban Revolt in France in 1793", *Journal of Modern History* 55, 1983년 3월.

Edmonds, W. D., "A Jacobin Debacle: The Losing of Lyon in Spring 1793", *History* 69, 1984.

Edmonds, W. D., *Jacobinism and the Revolt of Lyon, 1789~1793*, Oxford University Press, 1990.

Fauré, Christine(편), *Les déclarations des droits de l'homme de 1789*, Editions Payot, 1988.

Fiorvanti, Marco, "Sieyès et le jury constitutionnaire: perspectives historico-juridiques", *Annales historiques de la Révolution française* 349, 2007년 7~9월.

Forrest, Alan, "Regionalism and Counter-Revolution in France", in Colin Lucas(ed.), *Rewriting the French Revolution*, Oxford University Press, 1991.

Forsyth, Murray, *Reason and Revolution. The Political Thought of the Abbé Sieyes*, Leicester University Press, 1987.

Friedman, Milton, 민병규·서재명·한흥순 옮김, 《선택할 자유》, 자유기업원, 2003, p. 175

Furet, Francois, 정경희 옮김, 《프랑스 혁명의 해부》, 법문사, 1987.

Furet, François, "Vendée", François Furet, Monat Ozouf(ed.), *Dictionnaire critique de la Révolution française*, Flammarion, 1988.

Furet, François, "Chouannerie", François, Furet, Mona Ozouf, *Dictionnaire critique de la Révolution française*, Flammarion, 1988.

Furet, F., Ozouf, M.(ed), *The French Revolution and the Creation of Modern Political Culture, vol. 3, The Transformation of Political Culture 1789~1848*, Pergamon, 1989.

Furet, François, Richet, Denis, 김응종 옮김, 《프랑스 혁명사》, 일월서각, 1990(원저는 1965~1966).

Furet, François, *Le passé d'une illusion. Essai sur l'idée communiste au XXe siècle*, Robert Laffont, 1995.

Furet, François, Halévi, Ran, *La monarchie républicaine: La constitution de 1791*, Fayard, 1996.

Furet, François, *Fascisme et Communisme*, Plon, 1998.

Galliani, Renato, "La fortune de Montesquieu en 1789: un sondage", *Archives des lettres modernes* 197, Paris, Lettres Modernes, 1981.

Gallo, Max, 임헌 옮김, 《나폴레옹》, 문학동네, 1998.

Gay, Peter, *The Party of Humanity*, Knopf, 1964.

Gérard, Alain, "La Vendée comme expérience spirituelle", in *Mémoires de la marquise de La Rochejaquelein*, Edition critique établie et présentée par Alain Gérard, collection mémoire de Vendée, 2010.

Godechot, Jacques(해제), *Les Constitutions de la France depuis 1789*, Garnier −Flammarion, 1970.

Gottschalk, Louis, *Lafayette Comes to America*, Chicago, 1937.

Greer, Donald, *The Incidence of Emigration during the French Revolution*, Harvard University Press, 1951.

Gueniffey, Patrice, *La politique de la Terreur: essai sur la violence révolutionnaire(1789~1794)*, Fayard, 2000.

Gueniffey, Patrice, *Histoires de la Révolution et de l'Empire*, Perrin, 2011.

Guillot Jean et l'Association Pierre Guillemot, *Le juge et le chouan*, Editions des Montagnes noires, 2019.

Gwynne, G. E., *Madame de Staël et la Révolution française. Politique, philosophie, littérature*, Edition A. −G., Ninet, 1969.

Hampson, Norman, *Danton*, Basil Blackwell, 1978.

Hampson, Norman, *Will and Circumstance. Montesquieu, Rousseau and the French Revolution*, University of Oklahoma Press, 1983.

Hanson, Paul R., *The Jacobin Republic under Fire. The Federalist Revolt in the French Revolution*, The Pennsylvania State University Press, 2003.

Hayden, Colin, Doyle, William Doyle(ed.), *Robespierre*, Cambridge University Press, 1999.

Hermon −Belot, Rita, *L'abbé Grégoire, la politique et la vérité*, Edition du Seuil, 2000.

Hugges, Gérard, "Gouverneur Morris ou les ambiguïtés de l'universalisme révolutionnaire",

Revue de la Société d'études anglo-américaine ses XVIIe-XVIIIe siècles 69, 2012.

Hugo, Victor, 이형식 옮김, 《93년》, 열린책들, 2011.

Hutt, Maurice, *Chouannerie and Counter-Revolution; Puisaye, the Princes and the British Government in the 1790s*, Cambridge University Press, 1983.

Israel, Jonathan, *Revolutionary Ideas. An Intellectual History of the French Revolution from the Rights of Man to Robespierre*, Princeton University Press, 2014.

Johnson, Paul, 윤철희 옮김, 《지식인의 두 얼굴-위대한 명성 뒤에 가려진 지식인의 이중성》, 을유문화사, 2005.

Jourdan, Annie, "Les journées de Prarial an II : le tournant de la Révolution?", *La Révolution française*, 2016년 10월.

Kaplan, Steven Laurence, *Farewell, Revolution. Disputed Legacies France, 1789/1989*, Cornell University Press, 1995.

Kean, John, *Tom Paine. A Political Life*, Bloomsbury, 1995.

Kramer, Lloyd, *Lafayette in Two Worlds. Public Cultures and Personal Identities in an Age of Revolutions*, The University of North Carolina Press, 1996.

Labrousse, Ernest, *Esquisse du mouvement des prix et des revenus en France au XVIIIe siècle*, Editions des archives contemporaines, 1934.

Labrousse, Ernest, *La crise de l'économie française à la fin de l'Ancien Régime et au début de la Révolution*, Paris, 1944.

Lebrun, François, "La guerre de Vendée : massacre ou génocide?", *L'Historien*, n.78, 1985년 5월.

Lefebvre, Georges, *Études sur la Révolution française*, PUF, 1963.

Lefebvre, Georges, 최갑수 옮김, 《1789년의 대공포》, 까치, 2002(원저는 1932).

Lessay, Jean, *L'Américain de la Convention Thomas Paine. Professeur de révolutions, député du Pas-de-Calais*, Librairie Académie Perrin, 1987.

Leuwers, Hervé, Hirsch, Jean-Pierre, Deregnaucourt, Gilles et al., *Robespierre. De la Nation artésienne à la République et aux Nations*, Lille, Publications de l'Institut de recherches historiques du Septentrion, 1994.

Levin, Yual, 조미현 옮김, 《에드먼드 버크와 토머스 페인의 위대한 논쟁. 보수와 진보의 탄생》, 에코리브르, 2017.

Lewis, Joseph, *Thomas Paine, Author of the Declaration of Independence*, New York, Freethought Press Association, 1947.

Losurdo, Domenico, *Le révisionnisme en histoire. Problèmes et mythes*, 이탈리아어 번역, Albin Michel, 1996.

Lucas, Colin, *The Structure of the Terror. The Example of Javogues and the Loire*, Oxford University Press, 1973.

Lucas, Colin(ed), *The French Revolution and the Creation of Modern Political Culture, vol. 2, The Political Culture of the French Revolution*, Pergamon press, 1989.

Luzzatto, Sergio, *L'automne de la Révolution. Luttes et cultures politiques dans la France thermidorienne*, 이탈리아어 번역, Paris, Honoré Champion Editeur, 2001.

Madame la marquise de La Rochejacquelein, 김응종 옮김, 《회고록 – 한 프랑스 귀족부인이 겪은 프랑스 혁명》, 한국문화사, 2018(원저는 1848).

Mailfait, Hubert, *La déportation & l'exil du clergé français pendant la Révolution*, Paris, Librairie Bloud, 1905.

Mansfeld, Paul, "The Repression of Lyon, 1793~4: Origins, Responsibility and Significance", *French History* 2, 1988.

Marejko, Jan, *Jean – Jacques Rousseau et la dérive totalitaire*, Lausanne: L'Age d'Homme, 1984.

Martin, Jean –Clément, *La guerre de Vendée 1793~1800*, Points, 1987.

Martin, Jean –Clément, *La guerre de Vendée en 30 questions*, Geste éditions, 1996.

Martin, Jean –Clément, "Vendée: les criminels de guerre devant leurs juges", *Histoire*, n.209, 1997년 4월.

Martin, Jean –Clément, *Contre – Révolution, Révolution et Nation en France 1789 ~ 1799*, Seuil, 1998.

Martin, Jean –Clément, *Violence et Revolution. Essai sur la naissance d'un mythe national*, Seuil, 2006.

Martin, Jean –Clément, *La Vendée et la Révolution. Accepter la mémoire pour écrire l'histoire*, Perrin, 2007.

Martin, Jean –Clément, *La Terreur. Part maudite de la Révolution*, Découvertes Gallimard Histoire, 2010.

Martin, Jean –Clément, *Un détail inutile? Le dossier des peaux tannées*, Vendée 1794, Paris, Vendémiaire, 2013.

Martin, Jean –Clément, *La guerre de Vendee 1793~1800*, Points, 2014.

Martin, Jean –Clément, *Robespierre. La fabrication d'un monstre*, Perrin, 2016.

Mason, Laura, "Introduction, Forum Thermidor and the French Revolution", *French Historical Studies*, Vol. 38, No 1, 2015년.

Massin Jean, 양희영 옮김, 《로베스피에르, 혁명의 탄생》, 교양인, 2005(원저는 1956).

Mathiez, Albert, "Robespierre et le culte de l'Etre suprême", *Autour de Robespierre*, Paris, 1925.

Mathiez, Albert, "La Terreur. Instrument de la politique sociale des Robespierristes: Les décrets de ventôse sur le séquestre des biens des suspects et leur application", *Annales historiques de la Révolution française*, No. 27, 1928년 5~6월.

Mathiez, Albert, *Girondins et Montagnards*, Firmin –Didot et Cie, 1930.

Mathiez, Albert, *Études sur Robespierre*, Éditions sociales, 1974.

Mathiez, Albert, 김종철 옮김, 《프랑스 혁명사》 하권, 창작과비평사, 1982.

Mauzi, Robert, *L'idée du bonheur dans la littérature et la pensée françaises au XVIIIe siècle*, Albin Michel, 1994.

Mayer, Arno J., *The Furies. Violence and Terror in the French and Russian Revolutions*, Princeton University Press, 2000.

Mazeau, Guillaume, *Le bain de l'histoire. Charlotte Corday et l'attentat contre Marat 1793~2009*, Champ Vallon, 2009.

McPhee, Peter, *Robespierre. A Revolutionary Life*, Yale University Press, 2012.

McPhee, Peter, 박윤덕 옮김, 〈알베르 소불〉, Philip Daileader, Philip Whalen(엮음), 《20세기

프랑스 역사가들-새로운 역사학의 탄생》, 삼천리, 2016.

Melchior-Bonnet, Bernadine, *Charlotte Corday*, Tallandier, 1989.

Michelet, Jules, *Histoire de la Révolution française*, Paris, Gallimard, 1952(원저는 1847~1853).

Michelet, Jules, *Le Peuple*, Introduction et notes par Paul Viallaneix, Flammarion, 1974.

Montesquieu, Charles Secondat, 고봉만 옮김, 《법의 정신》, 책세상, 2006.

Mornet, Daniel, 주명철 옮김, 《프랑스 혁명의 지적 기원》, 민음사, 1993.

Moulinas, René, "Le Sud-Est", in Jean Tulard(ed.), *La Contre-Révolution. Origines, histoire et postérité*, Perrin, 1990.

Oliver, Bette W., *Jacques Pierre Brissot in America and France, 1788~1793. In Search of Better Worlds*, Lexington Books, 2016.

Ozouf, Mona, "Fédéralisme", in François Furet, Mona Ozouf, *Dictionnaire critique de la Révolution française*, Flammarion, 1988.

Ozouf, Mona, "Déchristianisation", François Furet, Mona Ozouf(dir.), *Dictionnaire critique de la Révolution française*, Flammarion, 1988.

Ozouf, Mona, "Régénération", F. Furet, M. Ozouf(ed.), *Dictionnaire critique de la Révolution française*, Flammarion, 1988.

Paine, Thomas, 박홍규 옮김, 《인권》, 필맥, 2004.

Paine, Thomas, *The Age of Reason*, London, Freethought Publishing Company, 1880.

Palmer, R. R., *Twelve who ruled. The Year of the Terror in the French Revolution*, Princeton University Press, 1969.

Pontavice, Gabriel du, *La Chouannerie*, PUF, 1991.

Rémond, René, "Michelet, ou l'inscription de l'historien dans l'histoire", *Michelet et le Peuple*, Colloque de Paris-Nanterre, 1975.

Rousseau, Jean-Jacques, 이용철·문경자 옮김, 《에밀 또는 교육론》, 한길사, 2007.

Rousseau, Jean-Jacques, 서익원 옮김, 《신엘로이즈》 2권, 한길사, 2008.

Rousseau, Jean-Jacques, 이환 옮김, 《사회계약론》, 서울대학교출판문화원, 2016.

Rudé, Georges, *The Crowd in History. A Study of Popular Disturbances in France and England,*

1730~1848, Lawrence and Wishard, London, 1964.

Schama, Simon, *Citizens: A Chronicle of the French Revolution*, Alfred A. Knopf, 1989.

Secher, Reynald, *La Vendée – Vengé. Le génocide franco – français*, Perrin, 1986.

Secher, Reynald, *Vendée: Du Génocide au Mémoricide. Mécanique d'un crime légal contre l'humanité*, Les Editions du Cerf, 2011.

Sédillot, René, *Le coût de la Terreur*, Perrin, 1990.

Sepinwall, Alyssa Goldstein, *The Abbé Grégoire and the French Revolution. The Making of Modern Universalism*, University of California Press, 2005.

Serna, Pierre, *La République des girouettes (1789~1815······ et au – delà). Une anomalie politique: la France de l'extrême centre*, Champ Vallon, 2005.

Serna, Pierre 외, 김민철·김민호 번역, 《무엇을 위하여 혁명을 하는가 – 끝나지 않은 프랑스 혁명》, 두더지, 2013, 최갑수 교수의 서문 〈혁명 해석의 새로운 합의를 위한 집단보고서〉.

Serna, Pierre, "La Révolution française ou l'invention de la République démocratique comme socle de la France contemporaine", 최갑수 옮김, 〈혁명과 민주주의 – 프랑스 혁명과 민주 공화국의 창출〉, 《프랑스사 연구》 33호, 2015년 8월.

Sewell, Jr., William H, Sewell, *A Rhetoric of Bourgeois Revolution. The Abbé Sieyes and What is the Third Estate?*, Duke University Press, 1994, 편집자(Keith Michael Baker, Steven Laurence Kaplan의 "서문".

Sieyès, Emmanuel Joseph, *Qu'est – ce que le Tiers – Etats?* 제2판, 1789.

Soboul, Albert, "Jean – Jacques Rousseau et le jacobinisme", *Journées d'Etudes sur le "Contrat social" de Jean – Jacques Rousseau*, Paris: Sociétés les Belles Lettres, 1964.

Soboul, Albert, 최갑수 옮김, 《프랑스대혁명사》, 두레, 1984(개정판: Soboul, Albert, 최갑수 옮김, 《프랑스 혁명사》, 교양인, 2018).

Soboul, Albert, 이세희 옮김, 《상퀼로트》, 일월서각, 1990.

Statius et Maillard(dir.), *François Furet : Révolution française, Grande Guerre, communisme*, Cerf, 2011.

Suratteau, J. –R., "Lyon", in Albert Soboul(ed.), *Dictionnaire historique de La Révolution*

Française, PUF, 1989.

Sutherland, Donald, *The Chouans, the Social Origins of Popular Counter-Revolution in Upper Britanny, 1770~1796*, Oxford, Clarendon Press, 1982.

Sutherland, Donald, *Révolution et contre-Révolution en France*, 1789~1815, 영어 번역, Editions du Seuil, 1991.

Tackett, Timothy, *Religion, Revolution and Regional Culture in Eighteen-Century France. The Ecclesiastical Oath of 1791*, Princeton University Press, 1986.

Tackett, Timothy, *Becoming a Revolutionary. The Deputies of the French National Assembly and the Emergence of a Revolutionary Culture(1789~1790)*, The Pennsylvania State University Press, 2006.

Tackett, Timothy, *The Coming of the Terror in the French Revolution*, Harvard University Press, 2015.

Takashi Koï, "La Révolution française à Lyon -liberté ou égalité" (https://unsansculotte. wordpress.com/2014/01/01).

Talmon, J. L., *The Origins of Totalitarian Democracy*, New York: Praeger, 1960.

Tercier, Claude-Augustin, *Mémoires d'un chouan 1792~1802*, Tallandier, 1989(원저는 1891).

Tocqueville, Alexis de, 이용재 옮김, 《앙시앵레짐과 프랑스 혁명》, 박영률출판사, 2006.

Touba, Mariam, "Paine in the Luxembourg: The Whys and Wherefores of his Imprisonment", *Bulletin of Thomas Paine Friends*, vol. 16, no. 3, 2015년 가을.

Trimoreau, Thierry, *Les prêtres réfractaires pendant la Révolution française. L'exemple du Haut-Maine*, Cholet, Editions Pays& Terroirs, 2006.

Viallaneix, Paul, *La voie royale. Essai sur l'idée de peuple dans l'oeuvre de Michelet*, Paris, 1959.

Viallaneix, Paul(편), *Michelet cent ans après*, Presse universitaire de Grenoble, 1975.

Voltaire, François-Marie Arouet, 송기형·임미경 옮김, 《관용론》, 한길사, 2001.

Voltaire, François-Marie Arouet, 사이에 옮김, 《불온한 철학사전》, 민음사, 2015.

Vovelle, Michel, *Piété baroque et déchristianisation en Provence au XVIIIe siècle*, Plon, 1973.

Vovelle, Michel, "La Révolution", in *Histoire de Marseille*, ed., Edouard Baratier, Toulouse, 1973.

Vovelle, Michel, *La mentalité révolutionnaire. Société et mentalités sous la révolution française*, Editions sociales, 1985.

Vovelle, Michel, *La Révolution contre l'église. De la Raison à l'Etre Supreme*, Editions Complexe, 1988.

Vovelle, Michel, "L'historiographie de la Révolution française à la veille du bicentenaire", *Annales historiques de la Révolution française* 272, 1988.

Vovelle, Michel, "Déchristianisation", Albert Soboul(dir.), *Dictionnaire historique de la Révolution française*, PUF, 1989.

Vovelle, Michel, "La fin de l'alliance du trône et de l'autel (1789~1880)", *Histoire de la France religieuse*, sous la direction de Jacques Le Goff et René Rémond, 제3권, Seuil, 1991.

Vovelle, Michel, "Du serment constitutionnel à l'ex-voto peint: un exemple d'histoire régressive", *Histoire de la France religieuse*, sous la direction de Jacques Le Goff et René Rémond, 제3권, Seuil, 1991.

Vovelle, Michel, *La découverte de la politique. Géopolitique de la Révolution française*, Edition la Dédouverte, 1992.

Walter, Gérard, *Robespierre. La vie*, Gallimard, 1961.

Whale, John(ed.), *Edmund Burke's Reflections on the Revolution in France. New interdisciplinary essays*, Manchester University Press, 2000.

Zweig, Stefan, 강희영 옮김, 《어느 정치적 인간의 초상. 프랑스 혁명을 배후조종한 배덕자 푸셰의 기묘한 생애》, 리브로, 1996.

찾아보기

이 저서는 2018년 대한민국 교육부와 한국연구재단의 지원을 받아
수행된 연구임(NRF−2018S1A6A4A01028441)

프랑스혁명사는 논쟁 중

2022년 5월 9일 초판 1쇄 발행
2023년 3월 28일 초판 2쇄 발행
글쓴이   김응종
펴낸이   박혜숙
디자인   이보용 하민우
펴낸곳   도서출판 푸른역사
우) 03044 서울시 종로구 자하문로8길 13
전화: 02)720−8921(편집부) 02)720−8920(영업부)
팩스: 02)720−9887
전자우편: 2013history@naver.com
등록: 1997년 2월 14일 제13−483호

ⓒ 김응종, 2023

ISBN 979−11−5612−218−0   93900